lonely planet

NEUSEELAND

(Aotearoa)

Roxanne de Bruyn, Brett Atkinson, … agicevich, Catherine Le Nevez, Craig McLachlan, Nicole Mudgway, Rawinia Parata, Elen Turner

INHALT

Reiseplanung

Reiseziele

Split Apple Rock, Abel Tasman National Park (S. 533)

Māori-Tänzer, Waitangi Day (S. 131)

Praktisches

Storybook

French Pass, Marlborough Sound (S. 542)

WILLKOMMEN IN NEUSEELAND

Ich wohne seit 20 Jahren in Neuseeland. Daher kann ich guten Gewissens behaupten, dass die Landschaft überall atemberaubend ist. Der Sky Tower, der sich an einem klaren Herbsttag im Hafen von Auckland widerspiegelt, die Farben der Gletscherseen, die hohen Kauri-Bäume; die Schönheit der Southern Alps – all das ist faszinierend. Die Erde ist ein fester Bestandteil der einheimischen Kultur und ihrer Geschichten, und die Bindung der Māori an ihr Land ist bemerkenswert. Manchmal scheint es so, als trüge dieses zerklüftete vulkanische Land seine Narben sichtbar auf seiner Oberfläche. Dennoch sind manche Orte völlig unberührt geblieben. Es ist immer noch recht einfach, menschenleere Regionen ungezähmter Natur zu finden – das East Cape, Hokianga und Southland fallen einem da als Erstes ein. Dort ist es noch einsam, still und wild.

Roxanne de Bruyn
@farawayworlds.com

Mein Lieblingserlebnis ist es, auf der Straße zum French Pass in den Marlborough Sounds unterwegs zu sein. Die Aussicht ist einfach unglaublich, und man fühlt sich wie am Rand der Erde.

LIEBLINGSPLÄTZE

Hier schlägt für unsere Autor:innen und Expert:innen das Herz Neuseelands.

PHOTOS BRIANSCANTLEBURY/SHUTTERSTOCK ©

In nur 30 Flugminuten von Auckland, findet man auf Aotea/Great Barrier Island eine ganz andere Facette der größten Stadt des Landes. Hier gibt es tolle Strände und Wanderwege durch Wälder. Zu den traditionellen Outdoor-Abenteuern von Aotea gibt es nun eine neuere Art von Inselunterhaltung, darunter Craftbier, handgemachter Gin und den spektakulären Nachthimmel der südlichen Hemisphäre.

Brett Atkinson

@travelwriternz

Brett reist und schreibt mit Fokus auf neu entstehende Reiseziele, Street Food und Craftbier. Mehr zu Aotea/Great Barrier Island auf S. 114.

STHAPANA SRIYINGYONG/SHUTTERSTOCK ©

Meine Heimatstadt Auckland hat mehr als 50 Vulkane, von denen viele besondere Erinnerungen in mir wach rufen. Aber der, der am tiefsten in meinem Herzen brennt, ist der Rangitoto, ein Berg mit elegant geformten Hängen inmitten der schimmernden Gewässer des Hauraki Gulf. Auf der Insel selbst bin ich nur sehr selten, aber ich sehne mich nach ihrem Anblick über der Stadt oder als Kulisse beim Faulenzen am Strand.

Peter Dragicevich

@PeterDragNZ

Peter ist Autor und Direktor einer Wohltätigkeitsorganisation mit Fokus auf Kunst und Bildung. Mehr zu Rangitoto auf S. 109.

JIRI FOLTYN/SHUTTERSTOCK ©

Die uralten Landschaften von Canterbury muten als unveränderlich an, aber nicht so die Bergregionen im Aoraki/Mt Cook National Park mit ihren Wildblumen und Vögeln, darunter dem bedrohten Felsenzaunkönig, dem bedrohten Kea (Bergpapagei) und dem seltenen Watvogel Kaki (schwarzer Stelzenläufer). Die Geschwindigkeit, mit der der tasmanische Gletscher schmilzt, erinnert dann aber stark an die Vergänglichkeit der Landschaft.

Catherine Le Nevez

lonelyplanet.com/authors/catherine-le-nevez

Catherine ist seit 2004 Autorin für Lonely Planet und hat einen Doktor in Kreativem Schreiben und eine unstillbare Wanderlust. Auf Seite 384 finden sich mehr Infos zum Aoraki/Mt Cook National Park.

BLUE PLANET STUDIO/SHUTTERSTOCK ©

Eine Schiffsfahrt auf dem Piopiotahi/Milford Sound ist sehr schön. Sie ist faszinierend, egal ob bei blauem Himmel oder bei strömendem Regen. Aus dem Nichts tauchen dann Wasserfälle auf, die an steilen Felswänden hinunterstürzen, während an einem sonnigen Tag die umliegenden Gipfel und Berge atemberaubend sind. Noch besser ist es, wenn man „den schönsten Wanderweg der Welt“, den 54 km langen Milford Track, geht, um zum Milford Sound zu gelangen.

Craig McLachlan

@yuricraig

Craig lebt in Queenstown und liebt die Stadt. Er ist Freiberufler für alles. Mehr über den Piopiotahi/Milford Sound auf S. 430.

TRAVELLINGLIGHT/GETTY IMAGES ©

Mt Maunganui war immer mein Tipp für Strände, ist aber mittlerweile bekannter geworden. Soweit das Auge reicht nur Sand und Meer. In den letzten Jahren ist die Stadt zum Leben erwacht. Sie kann sich mit vielen beliebten Geschäften brüsten, von verführerischen Boutiquen bis hin zu leckeren Cafés und Restaurants. Zudem ist sie ein guter Ausgangspunkt, um den Rest der Bay of Plenty zu erkunden.

Nicole Mudgway

@travelwithsmudge

Nicole ist eine Reise- und Food-Bloggerin und -enthusiastin. *Mehr über Mt Maunganui auf S. 274.*

DET-ANAN/SHUTTERSTOCK ©

Wer auf der South Island unterwegs ist, findet vermehrt einsame Regionen. Aber die stille Wildnis von Southern Westland auf der 120 km langen Fahrt zwischen Fox Glacier und Haast World Heritage Area ist besonders beeindruckend. Auf der Landkarte sieht man am SH6 entlang etwas, das wie kleine Ortschaften aussieht: Karangarua, Bruce Bay (siehe Foto), Paringa. Aber eigentlich gibt es dort nicht viel außer kalte Seen, breite verflochtene Flüsse, sturmumtoste Strände und unberührte Wälder an den Hängen hinunter bis zur Tasmanischen See.

Elen Turner

@eleninthewilderness

Elen ist Autorin und Redakteurin in Nelson am Top of the South. *Weitere Infos zur Southern Westland's Haast World Heritage Area auf S. 508.*

Rawinia Parata

Rawinia Parata ist Mutter von drei Kindern und lebt in Ruatoria an der East Coast. Sie entstammt dem Volk der Ngati Porou und Nga Tahu. Sie hat einen Master in Kreativem Schreiben und gewann 2021 den Brown Ink Award für ihr Debüt-Theaterstück „Our Side of the Fence“. Zudem wurde sie zum Te Pou Theatre's Koanga Festival eingeladen, bei dem sie ihr Theaterstück „Poraru“ entwickelte. Rawinia ist ein gewähltes Mitglied der Council for the Tairawhiti Region und ein aktives Mitglied ihrer Community..

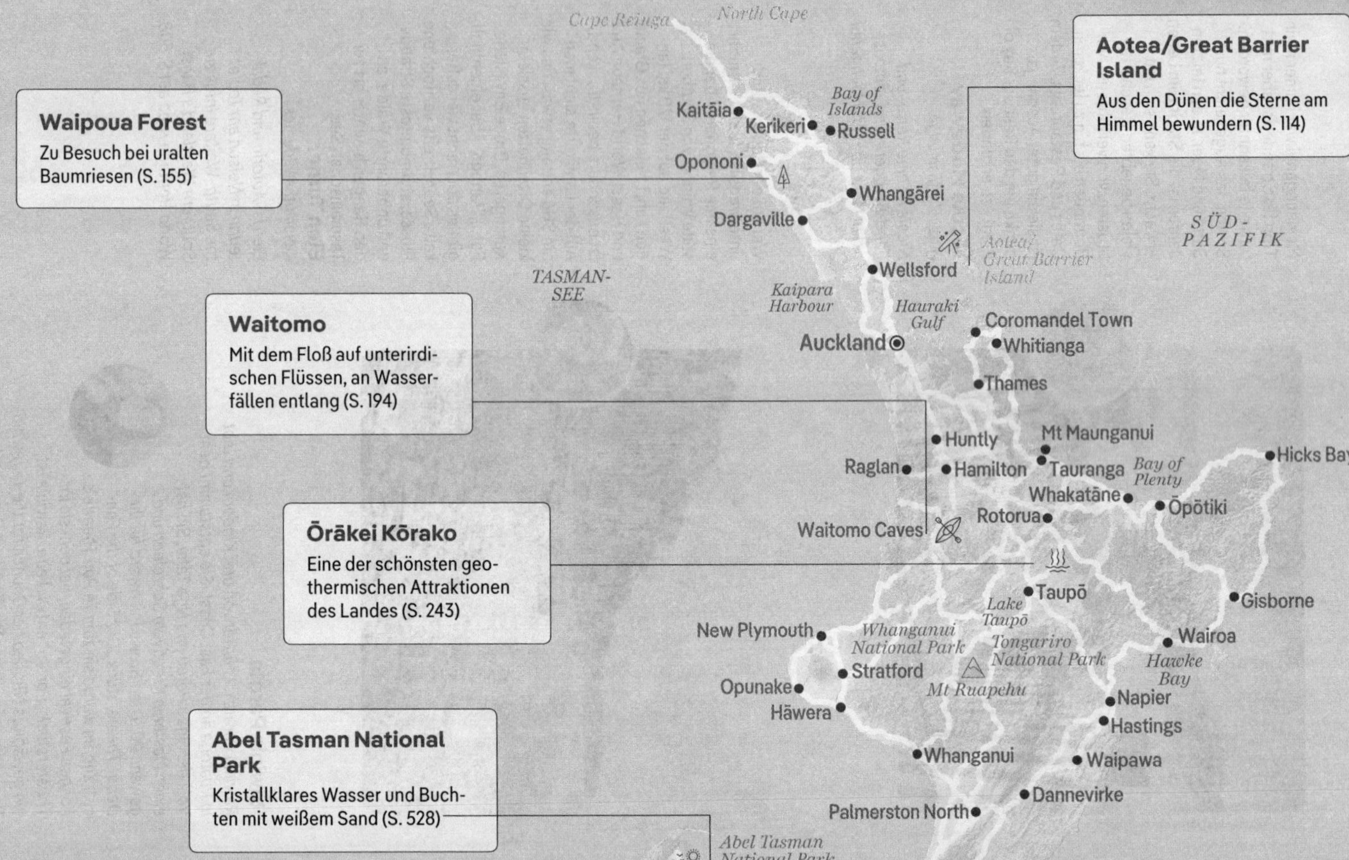
Aotea/Great Barrier Island
Aus den Dünen die Sterne am Himmel bewundern (S. 114)
Waipoua Forest
Zu Besuch bei uralten Baumriesen (S. 155)
Waitomo
Mit dem Floß auf unterirdischen Flüssen, an Wasserfällen entlang (S. 194)
Ōrākei Kōrako
Eine der schönsten geothermischen Attraktionen des Landes (S. 243)
Abel Tasman National Park
Kristallklares Wasser und Buchten mit weißem Sand (S. 528)
Cape Reinga
North Cape
Kaitāia
Kerikeri
Bay of Islands
Russell
Opononi
Whangārei
Dargaville
Wellsford
Aotea/ Great Barrier Island
SÜD-PAZIFIK
TASMAN-SEE
Kaipara Harbour
Hauraki Gulf
Coromandel Town
Whitianga
Auckland
Thames
Huntly
Mt Maunganui
Hicks Bay
Raglan
Hamilton
Tauranga
Bay of Plenty
Whakatāne
Ōpōtiki
Rotorua
Waitomo Caves
Taupō
Gisborne
Lake Taupō
New Plymouth
Whanganui National Park
Tongariro National Park
Wairoa
Stratford
Hawke Bay
Mt Ruapehu
Opunake
Napier
Hāwera
Hastings
Whanganui
Waipawa
Dannevirke
Palmerston North
Abel Tasman National Park

Martinborough
Die Erzeugnisse kleiner Weingüter verkosten (S. 354)
Kaikōura
Wale, Delfine und Robben bewundern (S. 376)
Wānaka
Mit dem Boot zu einer Insel auf dem Lake Wānaka fahren (S. 472)
Otago
Mit dem Fahrrad durch die herrliche Landschaft von Central Otago (S. 418)
Fiordland National Park
Wandern zwischen Gletschern, Wiesen und Wasserfällen (S. 421)
Kahurangi National Park
Marlborough Sounds
Nelson
Picton
Martinborough
WELLINGTON
Cook Strait
Blenheim
Westport
Murchison
St Arnaud
TASMAN-SEE
Punakaiki
Reefton
Kaikōura
Greymouth
Hanmer Springs
Hokitika
Ross
Arthur's Pass
Pegasus Bay
Franz Josef Glacier
Fox Glacier
Aoraki/Mt Cook National Park
Aoraki/Mount Cook
Christchurch
Banks Peninsula
Akaroa
Ashburton
Lake Tekapo
Haast
Lake Pukaki
Lake Tekapo
Canterbury Bight
Twizel
Timaru
Lake Wānaka
Milford Sound
Milford Sound
Wānaka
Waimate
Glenorchy
Queenstown
Ōamaru
Lake Te Anau
Doubtful Sound
Alexandra
Te Anau
Palmerston
Fiordland National Park
Lake Manapōuri
Manapōuri
Dusky Sound
Dunedin
Otago Peninsula
SÜD-PAZIFIK
Winton
Gore
Milton
The Catlins
Invercargill
Bluff
Foveaux Strait
Stewart Island/Rakiura
Oban
0
200 km

EINBLICKE

Weil Neuseeland ein Inselstaat ist, ist man nie weit von einem Strand entfernt. Hoch oben im Norden ist der Sand goldgelb, an der Ostküste ist es recht ruhig. An der Westküste findet sich Sand vulkanischen Ursprungs, und die Wellen sind wild und hoch. Weiter landeinwärts bieten die Seen und Flüsse an heißen Tagen eine gute Abkühlung. Im Winter locken Thermalbäder und Spas zu entspannenden Erlebnissen.

Sicher schwimmen

Check die Seiten safeswim.org.nz oder lawa.org.nz (im Abschnitt „Can I swim here“), um Infos zur Wasserqualität und zu Wasserständen an bewachten Stränden zu bekommen.

Schutz gegen Hitze

Man sollte die Haut bedecken, eine Sonnenbrille tragen und nach dem Schwimmen erneut Sonnenschutz auftragen. Für Kinder sind UV- oder Surf-Shirts ideal.

Eisige Gewässer

Manche Seen und Flüsse werden von Gletscherwasser gespeist und sind daher selbst im Sommer eisig kalt. Das kann besonders in Gebirgsregionen der Fall sein.

Goat Island (S. 111)

SCHÖN SCHWIMMEN

In **Hanmer Springs** ❶, einige Stunden von Christchurch entfernt, locken Thermalbäder. Zu dem Komplex gehören Kaskaden, Felsenpools und Wasserrutschen. (S. 380)

Schwimm im **Goat Island Marine Reserve** ❷, nicht weit von Auckland. (S. 111)

Entspann dich in den ruhigen Gewässern und dem weißen Sand der idyllischen **Maitai Bay** ❸ am äußersten Zipfel von Northlands Halbinsel Karikari. (S. 143)

Finde heraus, warum **Ōhope Beach** ❹ bei Whakatane oft als beliebtester Strand des Landes bezeichnet wird. (S. 283)

Ruh dich in einer Bucht im **Abel Tasman National Park** ❺, am oberen Ende der South Island, aus; danach geht es mit dem Kajak durch klare Gewässer. (S. 528)

Otago Central Rail Trail (S. 418)

AUF ZWEI RÄDERN

Auf dem wachsenden Radwegenetz Neuseelands kann man das Land in einem langsamen Tempo erkunden, denn die Wege führen durch atemberaubende Landschaften. Die Radwege führen heute kreuz und quer durch viele Teile des Landes, und mehr als 20 sogenannte „Great Rides" führen umweltschonend zu den beliebtesten Sehenswürdigkeiten.

Die Great Rides von Neuseeland

Diese 23 Radrouten führen durch einige der spektakulärsten Landschaften des Landes. Siehe nzcycletrail.com für mehr Infos zu den Trails.

Mountainbiken

Auf vielen Bergen gibt es Mountainbike-Trails: manche für Anfänger, andere für Fortgeschrittene. Einige sind ganzjährig befahrbar, andere nur zu bestimmten Jahreszeiten.

FAHRRADSPASS

Auf dem **Twin Coast Cycle Trail** ❶ kann man von Küste zu Küste radeln und kommt durch die Städte von Northland. (S. 136)

Zwischen Arrowtown und Gibbston Valley gibt es auf dem **Arrow River Bridges Trail** ❷ viele Hängebrücken. (S. 465)

Mit dem Mountainbike geht's auf den aus drei Uferwegen bestehenden **Great Lake Trails** ❸ am Lake Taupō. (S. 242)

Auf dem **Great Taste Trail** ❹ kann man das beste Essen und Trinken der Region Tasman probieren. (S. 527)

Auf dem **Lake Dunstan Trail** ❺ entdeckt man die Landschaft von Central Otago. (S. 415)

HEIMISCHE TIERE

Es gab in Neuseeland nur heimische Vögel und eine Eidechsenart: die „tuatara". Endemische Säugetiere gibt es nicht. Die Lage ohne Verbindung zu anderen Landmassen begünstigte die Entwicklung dieser Arten, denn natürliche Feinde fehlten. Seither wurden weitere Tiere angesiedelt, sodass man sich nur in Schutzgebieten ein Bild vom Neuseeland der Vergangenheit machen kann.

Flugunfähige Vögel

Weil es ihnen an natürlichen Feinden mangelt, gibt es in Neuseeland mehr flugunfähige Vögel als sonst auf der Erde, darunter den Kiwi, Kākāpō und Weka (Foto).

Sicherheit im Busch

In Neuseeland gibt es weder Schlangen, Skorpione noch giftige Insekten. Giftspinnen wie die heimische Katipo sowie die Rotrückenspinne (Foto) und australische Weißschwanzspinne sind nur selten zu sehen.

Im Meer

Im Meer finden sich Wale, Robben und Pinguine. Wale sieht man am ehesten von Kaikōura aus; Delfine und Robben sind auf beiden Inseln anzutreffen.

NATURERLEBNISSE

Am **Cape Palliser** ❶, dem südlichsten Punkt der Nordinsel kann man Robbenkolonien auf Felsblöcken sehen. (S. 353)

In **Arthur's Pass** ❷, der am höchsten gelegenen Siedlung Neuseelands an der Strecke zwischen Christchurch und der West Coast, trifft man auf die frechen Keas (Bergpapageien). (S. 374)

In **Kaikōura** ❸ leben viele Meerestiere, darunter Delfine, Orkas und natürlich die dortigen Pottwale. (S. 376)

Besuch die Albatrosse, ihre Brutplätze und beobachte ihren eleganten Flug im **Royal Albatross Centre** ❹ unweit von Dunedin. (S. 403)

Rakiura/Stewart Island ❺ gehört zu den wenigen Orten, an denen man vielleicht mal einen Kiwi in freier Natur zu Gesicht bekommt, wobei der Tokoeka (brauner Kiwi auf Rakiura) sogar am Tage aktiv ist. (S. 444)

ZU FUSS UNTERWEGS

Neuseeland ist ein wahres Wanderparadies mit verschiedensten Trails für alle Fitness-Levels und jede Erfahrung. Man kann zwischen kurzen Wanderungen in atemberaubenden Küsten- und Waldgebieten oder mehrtägigen Trekkingtouren durch das zerklüftete Bergland wählen. Einige der beliebtesten Wege führen durch faszinierende Landschaften und ermöglichent den Wanderern die Schönheit der Natur mit ihren Seen, Wasserfällen und noch unentdeckten Quellen zu genießen.

Kleidung

Am besten trägt man verschiedene Kleidungsschichten und hat zudem eine wind- und wasserfeste Jacke zum Wandern dabei. Das Wetter kann besonders in den Bergen schnell umschlagen.

Die Great Walks

Diese zehn mehrtägigen Wanderrouten (S. 560) sind gut befestigt, leicht zu finden und führen durch unglaublich schöne Landschaften. Sie sind nicht immer einfach, aber die Aussichten sind grandios!

DOC Visitor Centres

Es gibt viele DOC-Visitor-Center, oft nahe der Nationalparks. Am besten meldet man sich vor Beginn der Wanderung dort, um Tipps und Infos zum Wetter einzuholen.

Wandern im Fiordland National Park (S. 434)

HERRLICH WANDERN

Die Berglandschaft auf dem viertägigen, 54 km langen **Milford Track** ❶ ist einzigartig. Sie lässt sich noch mit einer Bootstour unter den Wasserfällen hindurch toppen. (S. 434)

Empfehlenswert ist eine Wanderung durch den urwüchsigen Buchenwald im **Mount Aspiring National Park** ❷, vorbei an Bergseen mit Ausblicken auf die Southern Alps und die gelegentlich auftauchenden Wasserfälle. (S. 463)

Der **Tongariro Alpine Crossing** ❸ ist eine der besten Tageswanderungen. Alternativ ist die **Tongariro Northern Circuit** eine Herausforderung. (S. 244)

Dreh eine Runde durch einen Kāmahi-Wald (Geisterwald) zu einigen Felsenpools und Wasserfällen auf dem **Wilkies Pools Loop Track** ❹ auf Taranaki Maunga. (S. 213)

Der **Kea Point Track** ❺ im Aoraki/Mt Cook National Park bietet Aussichten auf den Aoraki/Mt Cook, das Hooker Valley und Eisflächen. (S. 385)

SIE WAREN DIE ERSTEN

Die indigene Kultur ist integraler Bestandteil der nationalen Identität Neuseelands und hat Einfluss auf viele Bereiche des Alltagslebens wie Kunst, Politik, Sport und mehr. Man kann zwar viel über die Geschichte der Māori erfahren und ihre Kunstwerke in Museen bestaunen, aber die *maraes (meeting houses)* vor Ort sind das Herzstück der Māori-Tradition. Besucher erleben traditionelles Brauchtum, wenn sie eine *kapa haka* Vorführung (mit Gesang, Tanz und Bewegung) oder ein Māori-Dorf besuchen.

Anteil der Māori

Māori machen etwa 17 % der Gesamtbevölkerung Neuseelands aus. In den Regionen Tairāwhiti Gisborne, Northland und Bay of Plenty lebt der Großteil der Māori.

Ankunft der Māori

Nach Angaben der Ngāpuhi, einem *iwi* (Volksstamm) im hohen Norden, war Kupe der erste, der aus seiner Heimat Hawaiki vor etwa 1000 Jahren Neuseeland erreichte.

Hiesige Iwi

Es gibt über 100 *iwi* in Neuseeland, die gemeinsame Vorfahren und Wurzeln in bestimmten Teilen des Landes haben. Jeder *iwi* hat seine eigenen Geschichten.

Mine Bay (S. 236), Lake Taupō

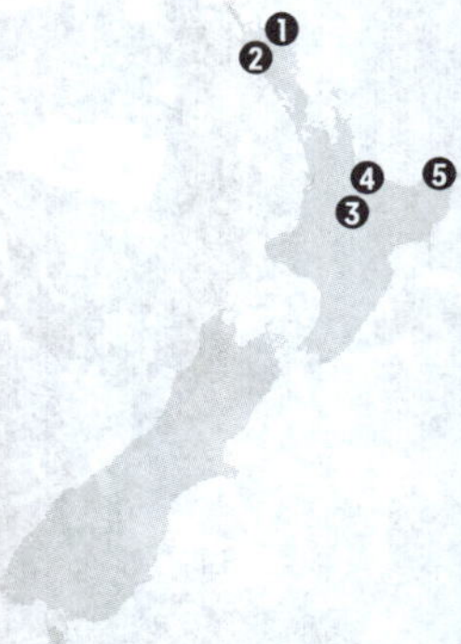

KULTUR ERLEBEN

Auf den **Waitangi Treaty Grounds** ❶ in Northland bekommen Besucher Infos zum Treaty of Waitangi und seiner Bedeutung für Neuseeland. (S. 130)

Mit Māori-Guides kann man den **Waipoua Forest** ❷ erkunden und den indigenen Geschichten über diese alten Riesen lauschen. (S. 155)

Bewundere das 10 m hohe Antlitz des Māori-Priesters und Entdeckers Ngātoro-i-rangi, das in die Klippen von **Mine Bay** ❸ am Lake Taupō gemeißelt ist. (S. 236)

Lohnenswert ist eine Besichtigungstour durch das Māori-Dorf **Te Puia** ❹ in Rotorua. Dabei kann man Gesang, Tanz, Geschichten erleben und ein *hāngi*-Gericht genießen. (S. 267)

Der Sonnenaufgang vom **Maunga Hikurangi** ❺ aus, dem heiligen Berg des Volkes der Ngai Porou, ist toll, ebenso wie die Geschichten des Halbgottes Māui. (S. 312)

Fallschirmspringen über dem Lake Taupō (S. 238)

ÜBERALL ABENTEUER

Was gibt es Besseres als die wunderschöne Umgebung mit einem Adrenalin-Kick zu erleben? Neuseeland ist bekannt für seine Extremsportarten. Queenstown gilt dabei als die Abenteuer-Hauptstadt der Welt. Also die Komfortzone verlassen und die Welt aus einer anderen Perspektive betrachten.

Einmalig auf der Welt

An der Kawarau Bridge bei Queenstown findet man den weltweit ersten kommerziell betriebene Bungee-Jumping-Veranstalter, der noch immer in Betrieb ist.

Nicht so riskant

Weniger extrem: eine Wanderung zwischen den Baumgipfeln, eine Kajakfahrt auf dem Whanganui River oder eine Jet-Board-Fahrt durch einen Canyon.

DIE GRÖSSTEN ABENTEUER

Der kontrollierte Sprung von der Aussichtsplattform des **Sky Tower** ❶ in Auckland dauert 11 Sekunden mit 85 km/h. (S 60)

Freier Fall über **Taupō** ❷, mit Ausblick vom See bis zu den schneebedeckten Bergen im Tongariro National Park. (S. 238)

In Rotorua kann man mit **Canopy Tours** ❸ über einem alten urwüchsigen Wald wandeln. (S. 265)

Erklimme über Leitern und Brücken die 60 m hohen **Twin Falls** ❹ bei Wānaka. (S. 481)

Eine Schwarzwasser-Rafting-Tour durch die mit Glühwürmchen bevölkerten **Waitomo Caves** ❺ machen. (S. 194)

HELLES LICHT AN DUNKLEN ORTEN

Mit dem unbeleuchteten Nachthimmel über Teilen der Südinsel und drei Viertel der Nordinsel ist Neuseeland ein einzigartiger Ort zur Sternbeobachtung. Besucher können die Sterne auf eigene Faust bewundern oder sich einer Führung in zwei international anerkannten Nachthimmelreservaten anschließen – dem Aoraki/Mackenzie und Wairarapa –, aber auch in Nachthimmelparks und Schutzgebieten.

Māori-Kultur

Der *maramataka* (Mondkalender) benennt die ideale Zeit zum Pflanzen, Ernten, Fischen und Jagen. Die Wiederkehr des Sternenhaufens Matariki markiert den Beginn des māorischen Neujahrs.

Tipps für Sterngucker

Wähle eine sternenklare Nacht ohne Mond, kleide dich im Zwiebel-Look, bring einen tragbaren Stuhl mit und benutze ein rotes Licht, um deine Nachtsicht zu erhalten.

SCHÖNE STERNBEOBACHTUNG

Von den Dünen am **Medlands Beach** ❶ auf Aotea/Great Barrier Island kann man die Sterne an einem Himmel beobachten, der frei von anderen Lichtquellen ist. (S. 116)

Auf **Rakiura/Stewart Island** ❷ kann man den Sonnenuntergang oder die schimmernde *aurora australis* bestaunen. (S. 444)

Lass dich vom sternenklaren Himmel des **Aoraki Mackenzie International Dark Sky Reserve** ❸ begeistern. Das geht im Mt John Observatory bei Tekapo. (S. 388)

In einer wolkenlosen Winternacht geht es zur **Wai-iti Domain** ❹ bei Nelson, um das Sternbild des Skorpions und die Milchstraße zu entdecken. (S. 525)

Schau durch das historische Thomas-Cooke-Teleskop (von 1867) und erlebe im **Carter Observatory** ❺ von Wellington, wie es sich in einem Raumschiff anfühlt. (S. 331)

STILLE SEEUFER

Die Seen des Landes sind sowohl für einheimische als auch fremde Besucher beliebte Ferienorte – und das aus gutem Grund. Das Land hat über 775 Seen, darunter Kraterseen, die nach Vulkanausbrüchen entstanden sind, entlegene Bergseen und schimmernde Gletscherseen inmitten hoher Berge. Rotorua, Tekapo, Taupō und Lake Wakatipu in Queenstown sind Fixpunkte auf den touristischen Pfaden, aber viele weitere Seen bieten stille Rückzugsorte in malerischer Umgebung.

Türkisfarbene Gewässer

Gletscherseen und Flüsse haben wunderschönes türkisfarbenes Wasser, das von feinen Schluff-Partikeln herrührt, die die Gletscher beim Schmelzen zurückgelassen haben.

Ein Vulkankrater

Lake Taupō (Foto oben und links) besteht aus einem Krater dieses Supervulkans. Die letzte große Eruption fand etwa vor 1800 Jahren statt und war die größte der Welt in den letzten 5000 Jahren.

Heilige Seen

Einige Seen wie der Rotokākahi in Rotorua und der Rotokura bei Ohakune, sind *tapu* (heilig; Badeverbot).

Lake Rotoiti (S. 269)

TOLLE SEEN ERLEBEN

An Northlands umschlossenen **Kai Iwi Lakes** ❶ mit ihrem klaren Wasser, weißen Sand und einem schattigen Kiefernwald kann man gut campen. (S. 157)

Eine Bootsfahrt zur **Insel Mou Waho** ❷ im Lake Wānaka ist lohnend, weil man dort ein Inselchen in einem See auf einer Insel in einem See erleben kann. (S. 474)

Eine Wanderung auf dem **Great Lake Pathway** ❸ erstreckt sich vom Hafen in Taupō bis nach Waitahanui durch hübsche Buchten; in manchen blubbert heißes Wasser empor. (S. 237)

Erkunde die 16 Seen im stillen **Nelson Lakes National Park** ❹ vom Dorf St Arnaud am Lake Rotoiti aus. (S. 525)

Lake Pukaki ❺ hat bewundernswert türkisfarbenes Wasser und bietet Ausblicke auf die in der Ferne liegenden schneebedeckten Gipfel des Aoraki/Mt Cook. (S. 385)

ZUM WOHL!

Viele Einheimische lieben hin und wieder Wein, Bier und mehr. Daher ist es nicht verwunderlich, dass in Neuseeland einige hervorragende Weine, Spirituosen und Biere produziert werden. Das Land ist für seine Weinanbaugebiete bekannt, besonders den Sauvignon blanc aus Marlborough und den Pinot noir aus Central Otago. Darüber hinaus gibt es eine blühende Craftbier-Szene, und in letzter Zeit haben so einige kleine Destillerien neu eröffnet.

Craft-Bier

Über 200 Brauereien produzieren und servieren gutes Bier, von leichtem Lagerbier bis zu hopfigen IPAs.

Regionaler Gin

Viele kleine Gin-Brennereien haben neu eröffnet. Sie verwenden regionale Ingredienzien, um einzigartige Produkte zu erzeugen, die im In- und Ausland zunehmend populär werden.

Regionale Weine

Sauvignon blanc, Pinot noir, Pinot gris und Chardonnay machen 90 % der Weinproduktion aus; auch Riesling, Syrah und Bordeaux-Verschnitte sind im Kommen.

Schubert Wines (S. 354), Martinborough

WEIN & BIER GENIESSEN

Entdecke auf der **Auckland Beer Mile** ❶ Craftbiere aus dem ganzen Land. Sie führt von Mt Eden über Kingsland nach Morningside. (S. 87)

In **Mt Difficulty Wines** ❷ in Bannockburn kann man ein Glas Pinot noir aus Central Otago zum Lunch genießen und den Blick über das Tal schweifen lassen. (S. 414)

Probier in der **Reefton Distilling Co** ❸ die hochwertigen Gins, Liköre, Wodkas und Whiskys aus den Regenwäldern der West Coast. (S. 496)

Die Heimat der beliebtesten Biersorte Neuseelands ist **Monteith's Brewery** ❹ in Greymouth, die seit 1868 dort gebraut wird. (S. 502)

Verbring einige Tage in **Martinborough** ❺ und probier regionale Weine von den kleinen, familiengeführten Weingütern unweit der Stadt. (S. 354)

RASTLOSE RIESEN DER ERDE

Die Aktivität der Vulkane hat in Neuseeland Spuren hinterlassen und einige außergewöhnlich schöne Landschaften geschaffen. Viele Hügel und Berge auf der Nordinsel sind erloschene oder schlafende Vulkane, darunter auch die bei Auckland. Hier sind vulkanische Landschaften Teil des Alltagslebens: Einheimische fahren Ski auf dem Mount Ruapehu oder Boot auf dem Lake Taupō (einem Kratersee) und erzeugen sogar Strom mit Geothermie. Besucher können sich (auf sicherem Wege) vielen geothermischen Aktivitäten nähern.

Vulkane bei Auckland

Auckland ist von mehr als 50 Vulkanen umgeben, die die Landschaft in und um die Stadt herum geprägt haben. Das Vulkanfeld gilt als schlafend; es ist sehr unwahrscheinlich, dass es zu Eruptionen kommt.

Whakaari/White Island

Der Whakaari ist Neuseelands aktivster Vulkan und war einst ein beliebtes Ziel für Touristen. Er ist nun nach einem todbringenden Ausbruch im Jahre 2019 nur noch aus der Ferne anzusehen.

Mount Doom

Mount Ngauruhoe im Tongariro National Park fungierte in Peter Jacksons Kinofilm *Der Herr der Ringe* als Mount Doom. Obwohl er aktiv ist, ist er ein beliebtes Wanderziel mit atemberaubenden Ausblicken.

Wairakei Terraces (S. 238)

GEOTHERMIE LIVE

Bei einer Wanderung auf den **Maungawhau/Mt Eden** ❶, den höchsten Vulkan von Auckland, kann man die Aussicht vom Gipfel und die Tiefe des Kraters bestaunen. (S. 85)

Erklimme die 156 m hinauf zum **Paritutu** ❷, dem Lavapfropf eines alten Vulkans in Taranaki und betrachte von dort oben die vulkanischen Sugar Loaf Islands (Ngā Motu). (S. 209)

In den **Wairakei Terraces** ❸ kann man sich in warmem Wasser aalen. Hier speisen unterirdische Wasser einen künstlichen Geysir und die Kaskaden, die die Terrassen hinunterplätschern. (S. 238)

Entdecke in **Ōrākei Kōrako** ❹ eine Welt aus dampfenden Quellen, kochendem Schlamm und spritzenden Geysiren. (S. 243)

Radle durch das **Waimangu Volcanic Valley** ❺ in Rotorua und erblicke den Inferno Crater Lake, der im Rhythmus seines Aufheizens und Abkühlens ansteigt und abfällt. (S. 271)

STÄDTE & REGIONEN

Entdecke dein Sehnsuchtsziel.

Auckland

STADTLEBEN, RESTAURANTS & INSELPARADIESE

Neuseelands größte Stadt ist ein ideales Sommerziel, denn sie liegt am glitzernden Hauraki Gulf. Die Bewohner der Stadt kommen aus aller Herren Länder, sodass es in Auckland richtig gutes Essen und viele verschiedene Lebensauffassungen gibt. Die weitere Umgebung rund um Auckland hat ihren Anteil an der Schönheit des Landes, wie etwa atemberaubende Strände, heimische Wälder und beschauliche Inseln.

S. 52

Waikato & Coromandel Peninsula

AUSSERGEWÖHNLICHE STRÄNDE & LÄNDLICHES KERNLAND

Die Coromandel ist mit ihrem goldenen Sand und den sicheren Schwimmstellen ideal für Strandliebhaber. Im historischen Thames und Coromandel Town sowie den nahe gelegenen Strandorten Whangamata und Pauanui gibt es einiges zu entdecken. Hamilton ist eine gute Ausgangsbasis für Reisen aufs Land, wird aber von Touristen oft gar nicht aufgesucht, und die leuchtenden Glühwürmchen-Höhlen in Waitomo sind ein wahres Highlight.

S. 159

Taranaki & Whanganui

BERG & FLUSS MIT CHARAKTER

Taranaki und Whanganui sind mittelgroße Städte, die jeweils vom großen Taranaki Maunga und Whanganui River geprägt sind. Diese Region lebt von einer atemberaubenden Landschaft und hat teils eine schwierige Vergangenheit. Hierher kommen weniger Besucher als an die East Coast. Die eindrucksvollen Nationalparks, der legendäre Surf Highway 45 von Taranaki und der Coastal Arts Trail machen eine Entdeckungsreise lohnend.

S. 200

Bay of Islands & Northland

DER WINTERLOSE NORDEN

Northland ist das ideale Ziel für Strandbesucher, denn es ist warm, die Buchten an der Ostküste sind idyllisch und familienfreundlich, und der Westen lockt mit Wind und Sanddünen. Durch die uralten Kauri-Wäldern streifen und das historisch bedeutsame Waitangi entdecken, wo das Gründungspapier Neuseelands unterzeichnet wurde.

S. 122

Rotorua & Bay of Plenty

ABENTEUER IM KULTURELLEN HERZEN DES LANDES

Nach Rotorua muss man einfach hin, denn hier können Reisende in die Kultur der Māori eintauchen, die geothermischen Wunder bestaunen und spannende Abenteuer erleben. Tiefer in der Bay of Plenty entdeckt man Obstplantagen, verborgene Wasserfälle und subtropische Wälder, um danach in der hübschen Küstenstadt Mount Maunganui zu entspannen.

S. 256

East Coast

WEIN, GESCHICHTE & FAHRTEN IN ENTLEGENE REGIONEN

Die Region an der Ostküste der North Island ist bekannt für ihre Strände und Weingüter. Das herrliche, einsame East Cape ist stark von den Māori geprägt. Sandige Ufer und Städte wie das moderne Napier säumen die gesamte Küste. Man kann überall gut schwimmen und noch besser Wein probieren.

S. 285

Taupō & die Region Ruapehu

DAS VULKANISCHE KERNLAND DER NORTH ISLAND

Neuseelands vulkanisches Erbe ist, wohin man auch schaut, überall sichtbar. Taupō, der riesige Kratersee war einst ein Vulkan. Heute sind die kühlen Wasser sehr beliebt bei Wassersportlern, während an seinen Ufern heiße Quellen blubbern. Auf drei aktiven Vulkanen kann man durch geothermische Landschaften wandern oder Ski fahren. Alternativ lockt eine der vielen anderen Abenteuer-Aktivitäten.

S. 229

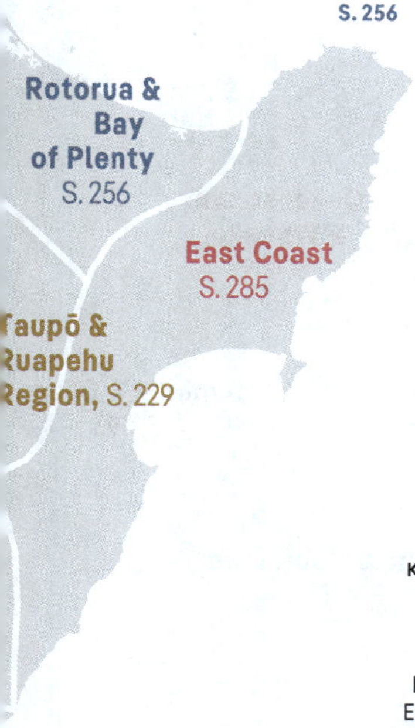

Wellington

KULTURELLE, KULINARISCHE & CRAFTBIER-ERLEBNISSE

Die Hauptstadt Neuseelands ist kompakt und lebendig, bietet gutes Essen, eine blühende Kunstszene und einen Mix aus Architekturstilen. Ein Bummel am Hafen oder ein Besuch im Te Papa Tongarewa, dem Nationalmuseum, lohnt immer. Außerhalb der Stadt locken die Kāpiti Coast mit einer gemächlichen Strandatmosphäre oder die Wairarapa mit regionalen Weingütern.

S. 314

West Coast

GLETSCHER, RELIKTE AUS DEM BERGBAU, EINSAME STRÄNDE

Die West Coast ist von kahler, zerklüfteter Schönheit, von ihrer Geschichte geprägt und bekannt für ihr regnerisches Wetter. In dieser entlegenen Region gab es Goldminen und politische Bewegungen, und heutzutage verursacht der Klimawandel die Erosion ihrer berühmten Gletscher. An einem ruhigen Tag spiegeln sich die Berge wunderbar in den Bergseen.

S. 483

Queenstown & Wānaka

BERGE, SEEN & ENDLOSE ABENTEUER

In Queenstown und Wānaka kann man die atemberaubende Schönheit Neuseelands bewundern. Beide Orte sind von herrlichen Bergen und Bergseen umgeben. Queenstown wird auch die „Hauptstadt der Abenteuer" genannt, denn hier locken zahlreiche adrenalinverdächtige Erlebnisse inmitten einer faszinierenden Umgebung. Ein wahrer Zufluchtsort für Naturfreunde: eine Region, in der Abenteuer und Komfort zusammenkommen.

S. 449

Fiordland & Southland

TRAUMHAFTE LANDSCHAFTEN

Die ungezähmte Schönheit des Fiordland National Park inmitten zerklüfteter, glitzernder Höhengipfel lockt zum Wandern. Entdecke die einsamen Catlins mit den verschiedensten Tieren der Willdnis sowie die willde, wunderschöne Küste. Die winzige Tiny Rakiura/ Stewart Island ist einer der letzten Zufluchtsorte für den frei lebenden Kiwi. Wer schon immer der realen Welt entfliehen wollte, ist hier genau richtig.

S. 421

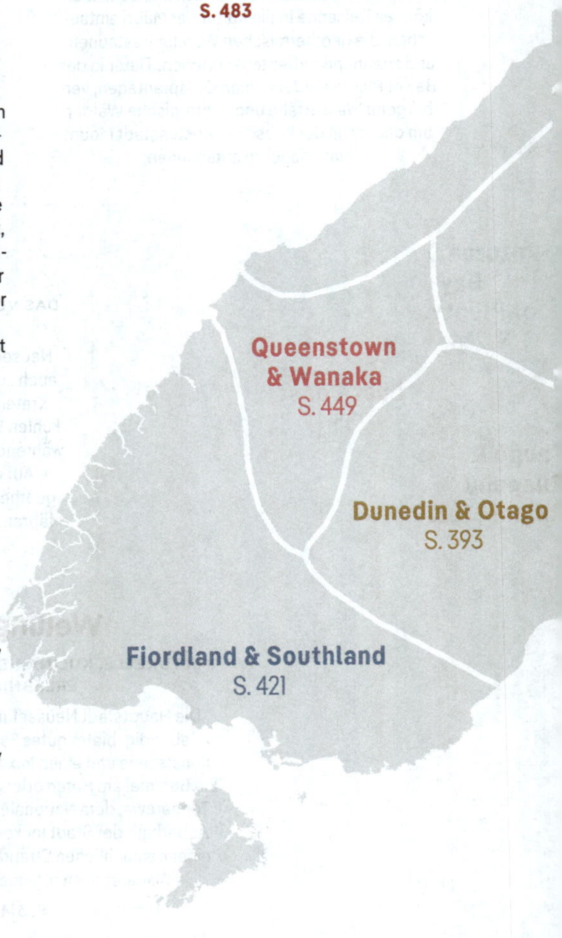

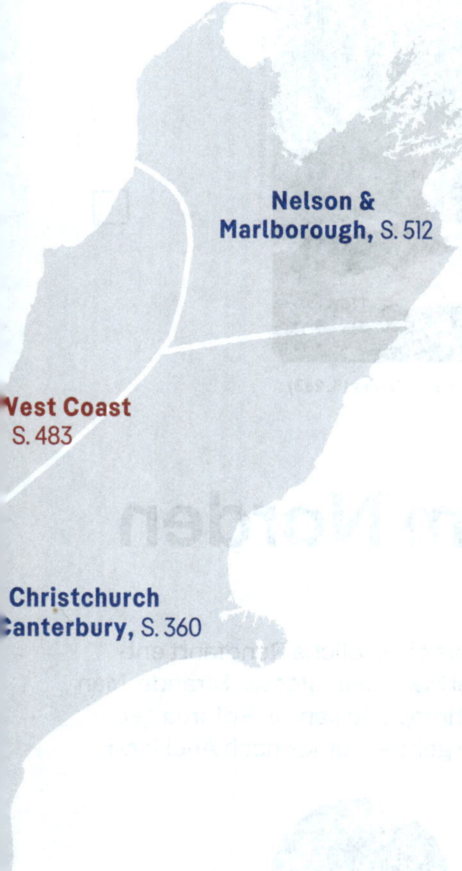

Nelson & Marlborough

STRÄNDE, NATIONALPARKS & GUTER WEIN

Am Zipfel der South Island finden Reisende ein bisschen von allem: malerische weiße Strände, schneebedeckte Berggipfel, guten Wein und hervorragende Meeresfrüchte. Nelson ist die größte Stadt in der Region, mit kolonialem Flair und einer entspannten Atmosphäre. Das kleinere Blenheim ist das Tor zur Weinregion und die Marlborough Sounds.

S. 513

Christchurch & Canterbury

STADTENTWICKLUNG & BEWUNDERNSWERTE ALPINE WILDNIS

Canterbury liegt in einer Region voller atemberaubender Gegensätze und ist ideal für Reisende, die nach Abenteuer und landschaftlicher Schönheit suchen. Erkunde die Southern Alps, beobachte die Sterne über dem Lake Tekapo, beobachte Wale in Kaikōura und entspann dich in den heißen Quellen von Hanmer Springs. Urbanes Leben lockt in Christchurch, das nach dem Erdbeben von 2011 wieder kreativ aufgebaut wurde und in neuem Glanz erstrahlt.

S. 360

Dunedin & Otago

SKURRILE STÄDTE, WILDTIERE & WEIN

Das alte Dunedin wurde einst von schottischen Einwanderern bewohnt und ist heute eine lebendige Studentenstadt mit einer blühenden Kunstszene und Top-Brauereien. An der Küste trifft man auf Wildtiere und kann das skurrile Ōamaru besuchen, das bekannt ist für seine steinernen Häuser und seinen Steampunk-Charm. Weiter draußen lockt das malerische Central Otago mit seinen berühmten Bike Trails, Obstplantagen und Pinot noir.

S. 393

Redwoods Whakarewarewa Forest (S. 263)

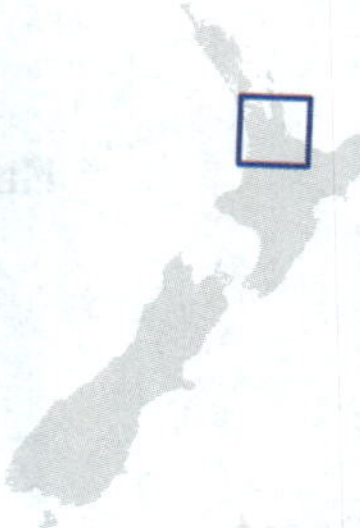

REISEROUTEN

Highlights im Norden

Dauer: 7 Tage **Strecke:** 809 km

Von Neuseelands größter Stadt führt die südliche Rundfahrt entlang der Ostküste zu einigen der bei Kiwis beliebtesten Strände. Man kommt mit der Maori-Kultur in Berührung und kann in Rotorua geothermale Wunder bestaunen. Dann geht es zurück nach Auckland.

1

AUCKLAND 2 TAGE

Einige Tage in **Auckland** (S. 52) bieten die Chance, sich vom Jet-Lag zu erholen und ein paar Highlights im Stadt-Zentrum zu besichtigen. Abendessen in einem der exzellenten Restaurants der Karangahape Rd ('K Rd'), und Umgebungs-Erkundung bei einem Ausflug zur Waiheke Island (Foto) oder zu einem der Schwarzsand-Strände an der Westküste.

2

HAHEI 2 TAGE

Die **Coromandel Halbinsel** (S. 159) ist ein beliebter Urlaubsort für die Einheimischen. Eine Küsten-Wanderung führt zur atemberaubenden Cathedral Cove (Foto) und zum Hot Water Beach, wo man sich einen Heißwasser-Pool buddeln kann. An der Spitze der Halbinsel kann man die Aussicht auf ferne Küsten genießen. Bei der Küstenstadt Whangamatā lohnt sich ein Tag mit Surfen oder einfach nur Wandern in der Umgebung.

3

MOUNT MAUNGANUI

⏱ 1 TAG

Diese hübsche Küstenstadt (S. 274) liegt um einen erloschenen Vulkan herum. Mit der großen Auswahl an Cafés, Restaurants und interessanten Läden ist der lebhafte Ort ein Anziehungspunkt für Kreuzfahrt-Schiffe und ein super Platz zum Surfen, Schwimmen oder Wandern. Entspannung findet man am langen, goldenen Hauptstrand oder etwas entfernter die Küste hinunter zum weniger bevölkerten Strand von Papamoa.

4

ROTORUA ⏱ 2 TAGE

Das Zentrum geothermaler Aktivität ist **Rotorua** (S. 262), wo man in einem Thermal-Pool einsinken, kochende Flüsse sehen und durch den überwältigenden Whakarewarewa Wald wandern kann, um die beeindruckenden Redwood-Bäume zu sehen. Hier kann man auch ein traditionelles Maori-Dorf besuchen und ein authentisches Māori-Fest genießen. Schließlich rundet ein Halt in Hobbiton oder den Waitomo-Höhlen den Trip ab auf dem Weg zurück nach Auckland.

PHOTOS BRIANSCANTLEBURY/SHUTTERSTOCK ©, BOB HILSCHER/SHUTTERSTOCK ©

VALIANT.SKIES/SHUTTERSTOCK ©

Tama Lakes (S. 249)

REISEROUTEN

Untere North Island

Dauer: 7 Tage **Strecke:** 911 km

Die Tour führt von Wellington entlang der unteren Nordinsel durch einige der schönsten, aber seltener besuchten Ecken. Man kann sehen wie die Einheimischen entlang der sanften Hügellandschaft an der Hawkes Bay leben oder im etwas touristischeren Taupō (Lake Taupo).

1

WELLINGTON 2 TAGE

Die kleine, skurrile Hauptstadt (S. 314) ist ein paar Tage Aufenthalt wert, mit einem hübschen Hafen, und umringt von sanften Hügeln und malerischen Stränden. Die Stadt ist berühmt für ihre Kunst- und Kulturszene, mit zahlreichen Gallerien, Museen und Theatern, die lokale Talente zeigen. Gastronomische Empfehlungen: das Craftbier und die lokalen Restaurants

***Abstecher:** Eine Weinprobe in **Martinborough** (S. 354) 3 Stunden.*

2

NAPIER 2 TAGE

Napier (S. 290) wurde nach einem Erdbeben in den 1930er-Jahren wiederaufgebaut und ist bekannt für seine Architektur im Art- déco-Stil. Nach dem Besuch bietet sich eine Verkostungs-Tour durch die Weingüter der Hawkes Bay-Region an. Empfehlenswert ist ein Besuch des hübschen Havelock North und die schöne Aussicht vom Te-Mata-Gipfel. Auf der Fahrt nach Gisborne kann man einen Abstecher zur Māhia Halbinsel machen.

PHILIP ARMITAGE/SHUTTERSTOCK ©, CHAMELEONSEYE/SHUTTERSTOCK ©

3
TAUPŌ 2 TAGE

Auch **Taupō** (S. 234) empfiehlt sich für mehrere Tage, denn es ist ein Paradies für Outdoor-Fans mit einer großen Auswahl an Aktivitäten wie Wanderungen am See und Genießen der Aussicht, heiße Quellen, Skydiving, Bungee-Jumping oder Wildwasser-Rafting und, und, und. Der Ort ist auch die beste Basis für den Besuch des Tongariro National Park, wo es einige der besten Wanderrouten Neuseelands gibt.

4
WHANGANUI 1 TAG

Nach dem Besuch der historischen Stadt (S. 218), kann man den Rest des Tages auf dem gleichnamigen Fluss verbringen mit Kanu- oder Kaj akfahren. Wer mehr Zeit hat, kann den Aufenthalt auf drei bis fünf Tage ausdehnen zur großen Whanganui Journey, der einzigen großen Wanderung, auf der man nicht laufen muss. Alternativ kann man mit einem Jet-Boot den Fluss hinunterfahren und dann zur „Bridge to Nowhere“ im Wald des Whanganui-National Park wandern.

GUY COWDRY/SHUTTERSTOCK ©

Hokitika Gorge (S. 501)

REISEROUTEN

Die Spitze der South Island

Dauer: 7 Tage **Strecke:** 995 km

Diese Route führt durch die magischen Landschaften der oberen Südinsel. Hier finden sich uralte Wälder, die zerklüfteten südlichen Alpen und die wilden Strände der Westküste. Die Gegensätze zwischen den Landschaften sind spektakulär, und die längeren Fahrten sind es wert.

1

CHRISTCHURCH ⏱ 2 TAGE

Christchurch (S. 364) ist bekannt für sein englisches Flair. Nach dem Erdbeben (2010/11) kam neue Architektur hinzu, die direkt neben den erhaltenen alten Gebäuden steht, dazu Straßenkunst und innovative Projekte. Entlang des Avon Flusses (Foto) sieht man beeindruckende Naturlandschaft. Schließlich sollte man einen Tag im nahe gelegenen **Akaroa** (S. 372),verbringen, mit seinen interessanten Museen und dem Naturschutzgebiet um die faszinierenden Hector-Delfine.

2

HOKITIKA ⏱ 2 TAGE

Die Route nach Hokitika (S. 497) an der Westküste führt durch den schönen Arthur's Pass. Neben dem originellen Stadtzentrum sollte man die Treibholz-Skulpturen auf dem schwarzen Strand besichtigen. Ein Muss ist die Hokitika-Schlucht, wo man nach einer kurzen Wanderung eine Hängebrücke erreicht, die sich über einen türkisfarbenen Fluss schwingt.

Abstecher: *Eine Fahrt die Küste hinunter zum* ***Franz-Josef-Gletscher****.* ⏱ *6 Stunden.*

BOYLOSO/SHUTTERSTOCK ©, MARCOBRIVIO.PHOTOGRAPHY/SHUTTERSTOCK ©

3

NELSON ⏱ 2 TAGE

Eine von Neuseelands ältesten Städten, **Nelson** (S. 518), ist bekannt für ihre blühende Kunst-Szene, Craftbier-Brauereien sowie die bunte gastronomische Kultur. Zwischen den Regionen Tasman Bay und Marlborough gelegen, ist der Ort eine ideale Basis für Tagesausflüge, z. B. zum Nelson Lakes National Park, Abel Tasman National Park, zur Golden Bay und zu den Marlborough Meerengen.

4

KAIKŌURA ⏱ 1 TAG

Kaikōura (S. 376) ist berühmt für zwei Dinge: „Whale watching" und Langusten – und man sollte beides probieren. Draußen auf dem Meer kann man Wale sehen sowie Delfine und Seehunde. In der Stadt werden an vielen Locations ausgezeichnete Meeresfrüchte angeboten, und Küsten-Wanderungen bieten atemberaubende Szenerien. Als Steigerung bietet sich Whale-Watching aus dem Hubschrauber an.

NARUEDOM YAEMPONGSA/SHUTTERSTOCK ©

Blick aus der Queenstown Gondola (S. 455)

REISEROUTEN

Erlebnis untere South Island

Dauer: 2 Wochen **Strecke:** 1146 km

Die südlichen Regionen Neuseelands sind bekannt sowohl für ihre spektakuläre Natur als auch Abenteuer-Aktivitäten. Diese Strecke bietet Kostproben von allem. Man reist vom Erholungsort Queenstown zu den historischen Zentren von Ōamaru and Dunedin, danach durch die Catlins zur Milford Meerenge, ein Highlight jeder Reise.

1

QUEENSTOWN 3 TAGE

Queenstown (S. 454) ist fußläufig und bietet viele Annehmlichkeiten, z. B. Weltklasse-Restaurants, und atemberaubende Umgebung. Man genießt die Aussicht aus der Seilbahn „Skyline Gondola“, besucht Arrowtown und Glenorchy und verkostet lokale Weine. Schließlich kann man aus einer endlosen Liste an Outdoor- und Abenteuer-Aktivitäten wählen.

2

WĀNAKA 1 TAG

Wānaka (S. 472) hat ein hübsches Stadtzentrum und viele Outdoor-Aktivitäten, z. B. Wassersport, See-Kreuzfahrten und Mountain-Biking. Für eine Wanderung im Mt Aspiring National Park (Foto) oder einen Tag auf den Ski-Hängen sollte man eine Übernachtung einplanen.

Abstecher: *Besuch in* ***Cromwell*** *und in Central Otago mit den Weingütern von* ***Bannockburn*** *(S. 414) 3 Stunden.*

3

LAKE TEKAPO 2 TAGE

Die Fahrt durch den Mackenzie-Distrikt führt zum verwunschenen **Lake Tekapo** (S. 388), bekannt für seine Stein-Kapelle und türkisfarbenes Wasser. Man verbringt eine Nacht in Twizel und betrachtet die Sterne im größten Dark-Sky-Reservat der südlichen Hemisphäre. Am nächsten Tag wandert man im Aoraki/Mt Cook National Park mit seinen überwältigenden Szenerien.

OLAF BENDER/GETTY IMAGES ©, OORIYA RON/SHUTTERSTOCK ©, BLUE PLANET STUDIO/SHUTTERSTOCK ©

4 ŌAMARU ⏱ 2 TAGE

Ōamaru (S. 406) hat ein schönes viktorianisches Viertel und eine originelle Kultur. Man erkundet die Stadtgeschichte, besucht die ältesten öffentlichen Gärten des Landes (Foto) und genießt die Atmosphäre. Abends kann man die Ankunft der blauen Zwergpinguine beobachten.

5 DUNEDIN ⏱ 2 TAGE

Dunedin (S. 398) hat nicht nur schöne viktorianische und edwardianische Architektur und alle Großstadt-Annehmlichkeiten, sondern ist auch Basis für Besucher, die sich für die Tierwelt der Otago-Region interessieren. Ein Muss ist das Royal Albatross Centre (Foto).

6 CATLINS ⏱ 1 TAG

Die **Catlins** (S. 440) sind eine Küstenlandschaft mit Wasserfällen, wie die McLean Falls (Foto), und einem versteinerten Wald. Man wandert durch den Catlins Conservation Park und beobachtet die Tierwelt, wie den neuseeländischen Seebären und den Hoiho-Pinguin.

7 TE ANAU ⏱ 2 TAGE

Te Anau (S. 426) ist ein guter Ausgangspunkt zum berühmten Milford Sound (Foto). Im Fiordland National Park kann man einen Spaziergang unternehmen, oder sich für eine mehrtägige Wanderung entscheiden. Die Milford-, Kepler- und Routeburn-Tracks beginnen alle im Park.

BESTE REISEZEIT

Neuseeland ist ein ganzjähriges Reiseziel, dessen verschiedene Jahreszeiten jeweils ihre eigenen Attraktionen zu bieten haben.

Während die Einheimischen den Sommer bevorzugen, haben auch andere Jahreszeiten viel zu bieten. Die Übergangszeiten, Frühling und Herbst, bieten ruhigere und Budget-freundlichere Möglichkeiten, mit warmen Tagen, schönen Szenerien und angenehmem Wetter. Erwartungsgemäß ist der Winter die beste Zeit für Schnee-Sport und klaren Himmel; der beste Schnee fällt im Juli und August. Sommer ist die beste Zeit, wenn man sonnige Strände, Wasser-Aktivitäten und schöne Wanderungen bevorzugt.

Die Urlaubs-Spitze

Von Dezember bis Februar, besonders um Weihnachten und Neujahr, ist Urlaubs-Spitze in Neuseeland. Die Schulferien ziehen sich von Dezember bis Ende Januar, und die Streuung von Feiertagen bedeutet, dass in dieser Zeit auch die Einheimischen verreisen. Die Preise für Unterkunft und Aktivitäten sind am höchsten, und man sollte im Voraus buchen. Von April bis Mai oder von September bis November gibt es die besten Preise.

LOCAL TIPP

SANDDÜNEN & WARMES MEER

Blair Coates aus Northland ist Gründer und Eigentümer einer Firma für natürliche Hautpflege und Wellness @nudipoint

„Wir besuchen Opononi regelmäßig; im Frühling und Sommer ist es am schönsten. Das Wasser ist warm genug zum Schwimmen, und die Dünen heben sich ab gegen den Himmel und das Meer. Opononi ist malerisch. Wenn wir ankommen und ich die hohen Dünen hinter dem Hafen sehe, weiß ich, es ist Zeit zum Entspannen und die Umgebung zu genießen."

Skifahren am Mount Ruapehu (S. 247)

REGENTAGE

Es gibt einen Grund dafür, dass Neuseeland so grün ist: Es regnet viel, und der Regen ist ziemlich gleichmäßig über das Jahr verteilt. Man sollte also immer einen Regenmantel dabei haben.

Reisewetter

JANUAR	FEBRUAR	MÄRZ	APRIL	MAI	JUNI
Temp. Max. (Durchschnitt): **22°C**	Temp. Max. (Durchschnitt): **23°C**	Temp. Max. (Durchschnitt): **22°C**	Temp. Max. (Durchschnitt): **19°C**	Temp. Max. (Durchschnitt): **17°C**	Temp. Max. (Durchschnitt): **15°C**
Regentage: **8**	Regentage: **7**	Regentage: **7**	Regentage: **8**	Regentage: **6**	Regentage: **10**

DER WÄRME FOLGEN

Für Sonnen-Liebhaber: Die Bay of Plenty, Hawke's Bay sowie Nelson und Marlborough sind die sonnigsten Orte in Neuseeland. Während der Sommer-Monate kann das Tageslicht, aufgrund der Sommerzeit, bis 21:30 Uhr dauern.

Große Events

Der Waitangi Day erinnert an den Vertrag von Waitangi, 1840. Ort des Festivals ist das Gelände der Vertragsunterzeichnung (S. 130) und zeigt traditionelle Maori-Kultur, Ansprachen und andere Aktivitäten. **Februar**

Das **Pasifika Festival** (S. 70) in Auckland feiert Neuseelands pazifische Insel-Kultur mit Musik, Tanzveranstaltungen, traditioneller Küche und Handwerks-Märkten. **März**

Drei Tage Musik, Kunst und Tanz gibt es auf dem **WOMAD-Festival** in New Plymouth mit diversen internationalen und lokalen Aufführungen. Wer eine Verschnaufpause braucht, kann an interaktiven Workshops teilnehmen oder genüsslich durch den Kunst-Markt stöbern. **März**

Das **Matariki** markiert das Neue Jahr der Maoris und feiert im ganzen Land ihre Kultur und Tradition, mit Events wie *Hāngi*-Essen, kulturellen Darbietungen und verschiedenen Ausstellungen. **Juni/Juli**

Lokale Festivitäten

Auf dem **Driftwood & Sand Festival** in **Hokitika** (S. 497), kreieren professionelle und Nachwuchs-Künstler ihre Werke auf dem Strand aus natürlichen Materialien (inklusive, wie zu vermuten, Treibholz) **Januar**

Der **Whangamatā Beach Hop** in der Küstenstadt Whangamatā (S. 169) ist ein Rock'n'Roll-Festival. Das jährliche Ereignis bietet eine Oldtimer-Parade, Livemusik und viele Marktstände. **März**

Auf dem **Arrowtown Autumn Festival** (S. 466) im gleichnamigen historischen Ort wird der Jahreszeiten-Wechsel gefeiert. Im herausgeputzten Städtchen gibt es Straßen-Paraden, Livemusik, Kunst und Handwerk sowie schöne Herbstblätter überall. **April**

11 Tage sind für **Nelson** (S. 18) während des Kunst-Festivals angemessen. Man genießt Performances und Installationen von lokalen und internationalen Künstlern. **Oktober**

LOCAL TIPP

GOLDENE WEINBERGE

Josh Barclay ist ansässig in Blenheim und ist der Nachhaltigkeits-Manager eines lokalen Weinguts @whitehavenwines

„Ich liebe Marlborough im Herbst. Nach dem Hochbetrieb der Traubenernte arbeiten die Winzer an den neuen Jahrgängen, und die Reben sehen dem Winter entgegen. Die Menschenmassen des Sommers haben sich zerstreut, und die Landschaft nimmt Gold-Schattierungen an. Die Tage sind warm und perfekt für Wanderungen durch die Weinberge und den Genuss eines Glases Wein."

Pasifika Festival (S. 70)

AUF SONNE VORBEREITET

Aufgrund des Ozonlochs und niedriger Luftverschmutzung ist die Sonneneinstrahlung sehr stark, sogar im Winter. Empfohlen wird Schicht-Bekleidung, Hut, Sonnenbrille und Sonnenschutz.

JULI	AUGUST	SEPTEMBER	OKTOBER	NOVEMBER	DEZEMBER
Temp. Max. (Durchschnitt): **14°C**	Temp. Max. (Durchschnitt): **14°C**	Temp. Max. (Durchschnitt): **16°C**	Temp. Max. (Durchschnitt): **17°C**	Temp. Max. (Durchschnitt): **22°C**	Temp. Max. (Durchschnitt): **21°C**
Regentage: **11**	Regentage: **11**	Regentage: **10**	Regentage: **9**	Regentage: **11**	Regentage: **9**

Überquerung des Tongariro (S. 245)

BESTENS VORBEREITET AUF NEUSEELAND

Nützliches für Koffer, Ohren und Kopf

Kleidung

Schichten: Das Wetter in Neuseeland kann schnell umschlagen, besonders in Berg-Regionen. Aber auch in Städten können an einem einzigen Tag vier Jahreszeiten vorkommen. Tipp „Zwiebel-Look".

Hut und Sonnenbrille: Die Sonne ist recht stark, sodass eine entsprechende Kopfbedeckung angebracht ist, auch außerhalb des Sommers.

Wasserdichte Jacke: Regen gibt es das ganze Jahr über. Eine wasserdichte Jacke ist empfehlenswert, für Wanderungen am besten eine kompakte.

Bequeme Wanderschuhe: Für längere Wanderungen sollte man ein Paar gute Wanderschuhe oder Bergstiefel dabeihaben. Wanderungen in Neuseeland können schwieriger sein als erwartet, und gute Fußbekleidung ist wichtig.

Etikette

Auf Tischen sitzen finden Maoris respektlos.

Beim Besuch in privaten Wohnungen **bitte die Schuhe ausziehen**.

Zu privaten Essens-Einladungen sollte man ein **Gastgeschenk** mitbringen, entweder einen Beitrag zum Essen oder ein Geschenk wie eine Flasche Wein oder Schokolade.

Ein paar Maori-Wörter kennen ist gut – z. B. mit der App kupu.co.nz

LESEN

Auē (Becky Manawatu; 2019) Ein fesselnder Roman über Musik, Familie und Banden-Gewalt in Neuseeland.

Drei Cousinen (Cousins) (Patricia Grace; 1992) Die Lebensgeschichten von drei Frauen von den 1940ern bis in die 1990er.

The Villa at the Edge of the Empire (Fiona Farrell; 2015) Ein Blick auf das Leben in Christchurch nach dem Erdbeben von 2011.

The Penguin History of New Zealand (Michael King; 2003) ein solider Überblick über Neuseelands Geschichte.

Sprechen

Aotearoa Der Maori-Name für Neuseeland, übersetzt: „lange weiße Wolke"
'Haere mai' „Willlkommen" steht oft auf Begrüßungs-Schildern, wenn man in eine Stadt kommt.
bach Ferienhaus, oft in Strandnähe
'bro/cuz/mate' oft benutzt, um jemanden als Freund zu bezeichnen
'Ka kite ano' „Bis bald mal wieder"
tramping Wandern oder Buschwandern
jandals Gummi-Flipflops (in Australien: „thongs")
togs Bezeichnung für Badeanzug
'Yeah, nah' unverbindliche Neutral-Aussage, oft in der Bedeutung von Nein oder Vielleicht
L&P Lemon & Paeroa, ein Softdrink mit Zitronengeschmack, ursprünglich aus der Stadt Paeroa, heute von Coca Cola Amatil.
kai Essen
koha Eigentlich „Geschenk", wird aber normalerweise für die Bezeichnung einer Spende verwendet, oft als Eintritt.
'Morena' „Guten Morgen"
'Ngā mihi' „Gruß", „Danke" oder „Mit freundlichen Grüßen". Wird oft als Abspann von E-Mails benutzt.
pākehā Neuseeländer ohne Maori-Abstammung, meistens europäisch
whanau Familie
hokey pokey Lokale Eis-Geschmacksvariante: Butter-Toffee-Stücke in Vanille-Eis
chilly bin Tragbare Kühlbox oder -tasche
'chur/chur bro' bedeutet „Danke" oder „Prost".
dairy „Tante-Emma-Laden"
'kia kaha' „Bleib stark" – oft benutzter Ausdruck
'kia ora' „Hallo"
'Sweet as' „Alles gut" oder „Gut gemacht"

ANSCHAUEN

Whina (Paula Whetu Jones und James Napier Robertson; 2022) Eine Biografie der Anwältin für die Rechte und das Land der Maoris, Whina Cooper.

Hunt for the Wilderpeople (Foto oben; Taika Waititi; 2016) Ein Klassiker; für Familien geeignet, angesiedelt in der Wildnis von Neuseeland.

Under the Vines (Erin White; 2021) Comedy-Serie über zwei Menschen, die ein Weingut erben.

New Zealand Today (Guy Williams; 2019) Ein Comedian recherchiert skurrile Geschichten im Neuseeland der einfachen Leute.

REINHÖREN

The Aotearoa History Show (Radio New Zealand; 2019) Ein Podcast über die Geschichte Neuseelands.

Castle St (SIX60; 2022) Das vierte Studio-Album dieser ikonischen neuseeländischen Band ist eine Wohlfühl-Begleitung für einen Kiwi-Sommer.

Solar Power (Lorde; 2021) Lordes drittes Album lässt einen auftanken, durchatmen und für ein paar Minuten dem Alltag entkommen.

Gone by Lunchtime (The Spinoff; 2016) Ein regelmäßiger scharfsinniger, typischer „Kiwi"-Podcast über die politische Szene Neuseelands.

Hāngī

ESSEN WIE DIE LOCALS

Tauche ein in Neuseelands köstliche Angebote von frischen Meeresprodukten, lokalen Erzeugnissen und Spitzen-Weinen.

Zu den Freuden einer Neuseeland-Reise gehört der Genuss von lokalen Speisen und Weinen. Das Land hat eine blühende kulinarische Szene, mit Köchen, Winzern und Erzeugern, die die Vorzüge der ausgezeichneten lokalen und saisonalen Produkte ausnützen. Neuseelands südpazifische Lage bewirkt ein reichliches Angebot an *kai moana* (Meeresfrüchte) und frischem Fisch. Die heterogene Bevölkerung hat eine Vielfalt an kulinarischen Varietäten hervorgebracht, besonders in Auckland und Wellington.

Wein-Liebhaber werden erfreut sein über den Reichtum an Weingütern, die fantastisches Essen anbieten. Für diejenigen, die gerne kochen, ist Selbstverpflegung kein Problem: Lokale Farmen bieten eine Vielzahl an frischen Zutaten an. Egal, ob man im Restaurant isst oder selbst kocht, das lokale Nahrungsangebot ist ein Highlight.

Māori- & Pasifika-Speisen

-Eine einfache Möglichkeit, Einblick in die Maori-Kultur zu bekommen, ist das Essen. Traditionelle Speisen wie *kai moana* (Meeresfrüchte), *hāngī* (Fleisch und Gemüse in der Erde gegart) und *kūmara* (Süßkartoffeln) bilden den Kern der Māori-Küche, wie auch einiger anderer Kulturen der südpazifischen Inseln. Um einige dieser Speisen zu probieren, sollte man an einer kulturellen Veranstaltung der Maori teilnehmen, z. B. in Rotorua, oder Festivals und Events besuchen, wo die Chance besteht, dass Imbiss-Wagen traditionelle Gerichte anbieten.

Top Gerichte

HĀNGĪ
Lamm, Schwein oder Huhn in Erdlöchern gegart.

GEBRATENES LAMM
Gewürzt mit Rosmarin, serviert mit saisonalen Gemüsen.

GRÜNLIPP-MUSCHELN
Gegrillt, gedämpft oder frittiert, dazu Weißwein.

CRAYFISH / LANGUSTEN
Ähneln kleinen Hummern; mit den Fingern gegessen.

Veganer & Vegetarier

In den letzten Jahren lag auch in Neuseeland der Fokus vermehrt auf vegan und vegetarisch. Größere Städte wie Auckland, Wellington und Christchurch beheimaten eine Reihe von pflanzenbasierten Restaurants, Cafés und Imbisswagen, und auch in kleineren Städten setzt sich dieser Trend fort. Mittlerweile findet man im ganzen Land in Restaurants und Cafés vegetarische oder vegane Optionen. Supermärkte und Spezialitäten-Geschäfte bieten eine große Auswahl an entsprechenden Produkten.

Nacht-Märkte

Nacht-Märkte dienen der Versorgung der Einheimischen, und sind auch Schaufenster für Neuseelands verschiedene Kulturen, Spezialitäten und Community. Besonders populär sind sie in Auckland, aber im Sommer gibt es sie im ganzen Land. Es erwartet einen ein Aktivitäts-Knotenpunkt mit Verkäufern, die eine Vielzahl von leckeren Streetfoods anbieten, ebenso handwerkliche und lokal hergestellte Produkte. Von authentischem asiatischem Streetfood bis hin zu modernen veganen Gerichten gibt es alles, vor dem Hintergrund von Live-Musik. Die Atmosphäre ist lebhaft, und in der Luft liegt ein Duft von brutzelndem Fleisch und aromatischen Gewürzen. Zu Einzelheiten über Nacht-Märkte kann man sich informieren auf aucklandnightmarkets.co.nz und foodtruckcollective.co.nz.

Neuseeländische Miesmuscheln

SPEISE- & WEIN-FESTIVALS

Marlborough Wine & Food Festival (marlboroughwinefestival.com; Februar) Das Marlborough Speise- und Wein-Festival in Blenheim ist berühmt als das am längsten bestehende Gastro-Festival der Region.

Hokitika Wildfrüchte Festival (wildfoods.co.nz; März) zelebriert die ungewöhnlichen und wilden Aromen und Erzeugnisse der Westküste.

Bluff Oyster & Food Festival (bluffoysterfest.co.nz; Mai) Austern, Live-Entertainment und eine Vielzahl von Meeresfrüchten und lokalen Erzeugnissen in der Küstenstadt Bluff.

Beervana (beervana.co.nz; August) In Wellington kann man Biere aus dem ganzen Land probieren, dazu Live-Performances und ausgefallene Straßen-Entertainer.

Whitianga Oceans Festival (oceansfestival.co.nz; September) zelebriert Meeresfrüchte, begleitet von Bier und Wein, Live-Bands, Straßenkünstlern und Kochkursen.

Weingut, Marlborough (S. 543)

PAVLOVA
Ein fluffiges Dessert im Meringue-Stil, gekrönt von Sahne und frischen Früchten.

KLASSISCHE PASTETE
Je nach Geschmack, am beliebtesten: entweder Steak oder Hackfleisch, jeweils mit Käse.

FISH AND CHIPS
Panierter Fisch mit „Pommes"; zum Mitnehmen von der Imbissbude am Strand oder im Pub.

PAUA
Schwarze Seeschnecken, in Sahne gekocht oder in Teig gebacken.

Klassiker

Mānuka Honig Honig aus dem Nektar des Mānuka-Baums; soll gesundheitsfördernd sein.

L&P Sprudel mit Zitronengeschmack aus der Stadt Paeroa.

Real fruit ice cream Frische Beeren, zerdrückt in Vanille-Eis.

Hokey pokey Honigwaben-Toffees in Vanilleeis.

Cheese roll Brot in Käsesoße eingeweicht, dann aufgerollt und getoastet.

Spaghetti on toast Dosen-Spaghetti, auf Toast serviert.

Kiwi onion dip Zwiebelsuppenpulver mit fettreduzierter Sahne und einem Schuss Zitrone.

Artisan cheese Einige hervorragende Käsesorten kommen aus Kapiti, Whitestone, Puhoi und dem Gibbston-Tal.

Meeresfrüchte

Miesmuscheln und Austern Entweder geräuchert auf der Coromandel Halbinsel oder mit Brühe in Marlborough.

Austern Probiere Matakana Austern oder die berühmten Te Matuku Austern auf der Waiheke-Insel.

Whitebait Winzige weiße Fische, in Teig ausgebacken.

Hokey-Pokey-Eis

Kina Seeigel (-Rogen), roh gegessen; eher eine Speise für abenteuerlustige Verkoster.

Crayfish kleine Felsenlangusten; besonders in Kaikōura berühmt.

Paua Schwarze Seeohren

White fish Snapper, Gurnard oder Terakihi.

Getränke

Pinot Noir Empfohlene Verkostung in Weingütern in Central Otago, Martinborough und Hawke's Bay.

Sauvignon Blanc Für diesen Weißwein ist Marlborough berühmt.

Craft beer Craftbier aus kleinen Brauereien ist sehr populär und wird mittlerweile im ganzen Land produziert.

GESCHMACKS-ERLEBNISSE

Arbour Restaurant (S. 545) Eins von Blenheims Spitzen-Restaurants, berühmt für sein Sieben-Gänge-Signature-Menü.

Hiakai (S. 341) Eine innovative Interpretation der Māori-Küche in der gehobenen Gastronomie Wellingtons.

Restaurant Pātaka Kai (S. 267) in Rotorua: bekannt für sein *hāngī*, gegart in Thermalwasserdampf.

Bar Magda (S. 74) eine schummrig beleuchtete Kellerbar in Auckland: verleiht saisonalen Produkten einen Filipino-Touch.

Karaka Lobster (S. 379) knapp außerhalb von Kaikōura: Langusten mit Salat und Knoblauchbrot auf Picknick-Tischen.

Mt Difficulty (S. 414) Weingut-Restaurant in Bannockburn, Central Otago. Zum lokalen Pinot Noir gibt es gemischte Platten.

SAISONALE KÜCHE

SOMMER

Zeit für Steinobst und Beeren, inklusive Pflaumen, Blaubeeren, Weintrauben, Avocados und Central-Otago-Kirschen. Die besten Früchte bekommt man auf Bauernmärkten und an Straßen-Ständen.

HERBST

Die Fülle des Herbstes genießt man mit saftigen Zitrusfrüchten, frischen Feijoas (Foto) und Feigen. Saftige Austern aus Bluff haben jetzt Saison, und es ist Erntezeit in den Weingütern.

WINTER

Jetzt schmecken Schalentiere, Fenchel, Lauch, Rhabarber, Zitrusfrüchte aus Northland, die Kiwi-Frucht, und aus der Bay-of-Plenty-Region schwarze Perigord-Trüffel (zum Selbst-Ernten in Te Puke).

FRÜHLING

Artischocken und Spargel gibt es im Überfluss, saftige Erdbeeren und Blaubeeren tauchen allmählich auf. Die Westküste ist ein Hotspot für *Whitebait*, eine populäre Fisch-Delikatesse.

Weingut im Waipara Valley (S. 373)

WIE ... Zu Besuch in Weingütern

Neuseeland ist am bekanntesten für seinen Sauvignon Blanc, erzeugt aber ebenso Weltklasse-Pinot-noir, Chardonnay und weitere Rebsorten. Die Top-Wein-Regionen bieten schöne Landschaften, sehr gute Weingut-Restaurants und weitere Aktivitäten.

Beste Besuchszeit

März und April sind ideale Monate, um Weingüter zu besuchen. Es ist Erntezeit, es gibt weniger Besucher als im Sommer, und das Wetter ist i. d. R. sonnig und warm.

Die passende Region

Marlborough und Central Otago sind Neuseelands bekannteste Wein-Regionen, aber auch die kleineren Gebiete bieten ausgezeichnete Verkostungs-Erlebnisse. Hier einige Vorschläge, Wein-Erfahrungen in die Reise zu integrieren:

Ein Trip nach **Marlborough** (S. 513) ermöglicht die Kombination von leckeren lokalen Meeresprodukten mit Neuseelands berühmtem Sauvignon Blanc. Dies ist das größte Weinbau-Gebiet in Neuseeland, das drei Viertel des Weins im Land erzeugt, einschließlich Pinot noir, Chardonnay und Riesling.

In **Central Otago** kann man seine Urlaubs-Aktivitäten mit Wein verbinden. Die südlichste Weinregion der Welt ist berühmt für ihren preisgekrönten Pinot noir und beeindruckende Landschaft. Touren durch **Bannockburn** (S. 414) und **Gibbston Valley** (S. 471) sind beide leicht zugänglich von Queenstown.

Neuseelands Wein-Tradition kann man in seinem ältesten Anbaugebiet, **Hawke's Bay** (S. 294), kennenlernen. Bekannte Produkte sind Cabernet Sauvignon und Merlot, sowie Chardonnay, Sauvignon Blanc and Syrah (Shiraz).

Bei einer Pause vom Strandleben in **Gisborne** kann man einige der besten Chardonnay- und aromatischen Weißweine probieren (S. 306).

Von Auckland aus kann man mit einer kurzen Fähren-Überfahrt **Waiheke Island** (S. 105) besuchen: Hier gibt es Cabernet-Verschnitte, Syrah und Chardonnay in Boutique-Weinkellereien mit tollen Ausblicken auf das Meer.

Von Wellington aus lohnt ein Tagesausflug in das hübsche Wein-Städtchen **Martinborough** (S. 354), nur eine Stunde entfernt. Der Ort ist bekannt für seinen eleganten Pinot noir und Familien-Weingüter, die in fußläufiger Entfernung gut erreichbar sind.

VERKOSTUNG PER RAD

Durch Weingüter radeln ist eine gute Methode, um Neuseelands Weinregionen zu erkunden. Verschiedene Routen führen durch Weinberge, mit schönen Landschaften und der Möglichkeit, Weine zu probieren: Am Start des 9 km **Gibbston River Trails** (S. 471) in Central Otago könnte man den Bungy Jump von der Kawarau Bridge wagen. Entlang des 20 km **Bridge Pa Wine Triangle** (S. 296) kann man die Hawke's Bay erkunden, mit der Art-déco-Stadt **Napier** (S. 290) und der schönen Stadt **Havelock North** (S. 298). Oder, nachdem man die Weinberge und Panoramen in Marlborough genossen hat, auf dem **Great Taste Trail** (S. 527) die Weingüter der Region Tasman entdecken.

LINKS: MOSEDALE/ALAMY STOCK PHOTO © RECHTS: JUDITH LIENERT/SHUTTERSTOCK ©

Bungee-Jumping, Kawarau Suspension Bridge (S. 466)

OUTDOOR-ERLEBNISSE

In Neuseelands abwechslungsreicher und spektakulärer Landschaft kann man von alpinen Panoramen über Urwälder bis zu unberührten Stränden alles innerhalb eines Tages erleben.

Neuseeland ist berühmt für seine faszinierenden Naturräume, und ihre Erkundung ist ein Muss für jeden Besucher. Über 30.000 km^2 Nationalparks schützen Attraktionen wie den Milford Sound, den Franz-Josef-Gletscher und die Vulkane der Nordinsel, zusammen mit einzigartiger Flora und Fauna. Goldene Strände an der Ostküste, die dramatische Westküste zum Surfen, und gewaltige Berge mit Wander- und Fahrradrouten sind leicht zugänglich.

Wandern

Wandern und Laufen (*Tramping* ist der lokale Begriff für Wandern) ist ein beliebter Zeitvertreib in Neuseeland, und es gibt Wege für jeden Fitness-Grad. Sie umfassen alles von einer mehrtägigen Wanderung (es gibt zehn) bis zum malerischen Spaziergang, und führen oft durch Urwald mit spektakulären Szenerien von Bergen, Seen oder Meer. Die Büros des Department of Conservation (DOC) beraten zu den besten Wanderungen für den persönlichen Erfahrungs-Grad und die aktuellen Zustände der Trails.

Die typische Zeit zum Wandern ist von Oktober bis April, obwohl auch Januar und Februar ziemlich warm sein können. Passende Ausrüstung und Verpflegung sowie Wasser sollte man dabei haben. Es wird empfohlen, nicht allein zu wandern und jemanden über die Route zu informieren, da einige Trails einsam und herausfordernd sein können.

Abenteuersport

JET-BOOT
Eine Fahrt durch den kurvenreichen **Dart River** (S. 463) ins Herz des Mt Aspiring National Park ist absolut aufregend.

KAJAK
Ein Fünf-Tage-Kajak-Abenteuer den **Whanganui River** (S. 225) hinunter ist offiziell eine von Neuseelands Großen Touren (Ja, wirklich!).

WILDWASSER-RAFTING
Nervenkitzel bietet der höchste kommerziell befahrene Wildwasserfall in Rotorua's **Kaituna River** (S. 265), in atemberaubender Natur.

FAMILIEN-ABENTEUER

Seehunde und Pinguine entdecken auf einer Kreuzfahrt im Piopiotahi/ Milford Sound (S. 430) in Fiordland. Die riesigen Wasserfälle sind ein Highlight.

Schnorcheln mit Fischen im Goat Island Marine Reserve (S. 111) nördlich von Auckland.

Schifffahrt über den Lake Wakatipu bei Queenstown (S. 457). Stopp an der Walter Peak Farm mit Schafen, , Alpakas und Highland-Kühen.

Nachtwandern durch Wellingtons Zealandia (S. 331), wenn Glühwürmchen, Tuatara und gefleckte Kiwis erscheinen. Es gibt kinderfreundliche Nachtwanderungen.

Sandboarden auf den Te Paki Riesen-Sanddünen (S. 143) am Cape Reinga (Northland).

Spazieren zwischen Riesenbaumkronen in Rotorua's Redwoods Treewalk (S. 263); Nachts beleuchtet.

Radfahren

Radfahren ist eine spannende Art die faszinierenden Landschaften des Landes zu erkunden. Es gibt ein umfangreiches Netz von Fahrrad-Trails, von kurzen Ein-Tages-Fahrten bis zu mehrtägigen Ausflügen wie den ikonischen Otago Rail-Trail. Die besten Jahreszeiten zum Radfahren sind Frühling und Herbst, mit angenehmen Temperaturen.

Für anspruchsvolleres Terrain ist Mountain Biking eine angesagte Möglichkeit. Es gibt viele ausgewiesene Mountain-Biking Trails, mit Schwierigkeitsgraden vom Anfänger bis zum Experten.

Wenn man kein eigenes Fahrrad dabei hat, kann man sich in den Touristen-Orten in Fahrrad-Verleihen ausstatten. Vor dem Aufbruch sollte man sich im örtlichen DOC-Büro über Trail-Bedingungen und eventuell notwendige Genehmigungen informieren.

Jet-Boot, Dart River (S. 463)

Abenteuer-Sport

Neuseeland ist bekannt als Ort für Abenteuer-Sport und ist daher ein natürlicher Spielplatz für Adrenalinjunkies. Riskanter Sport hat eine lange Tradition bis zurück zur Eröffnung der ersten Jet-Boot-Fahrt 1958 in Queenstown. Heutzutage ist Queenstown bekannt als Welt-Hotspot für Abenteuer-Sport mit einer riesigen Auswahl an Aktivitäten. Hierzu gehören Optionen wie Bungee-Jumping, Skydiving, Jet-Boot und Paragliding, aber auch ungewöhnliche Aktivitäten wie menschliche Kanonenkugeln, Riesenschaukel und ein Hochgeschwindigkeits-, halbtauchfähiges Shark-Boot. Abenteuer-Aktivitäten gibt es im ganzen Land, konzentriert sind sie in Rotorua, Taupō, Auckland and Wānaka.

Viele Abenteuer-Sport-Aktivitäten bieten dazu einzigartige Perspektiven auf Neuseeland, mit 4WD-Touren und -Trails oder Jet-Boot-Fahrten, die den Besucher zu abgelegenen Orten von wilder Schönheit bringen. Und wenn man beim Skydiving oder Paragliding durch den Himmel schwebt, bekommt man automatisch auch die besten Ansichten auf die beeindruckende Szenerie um Einen herum.

SEGELN
Man quetscht sich durch das „Loch im Felsen" (auf Motukōkako Island, S. 133) in der Bay of Islands.

KITESURFING
Auf der **Karikari Peninsula** (S. 142) in Northland kann man lernen, mit dem Kite über die Wellen zu gleiten.

SURFEN
Erlebe die starke Dünung, beständige Winde und ausgedehnte Strände in der Nähe von **Gisborne** (S. 304).

STAND-UP-PADDELN
Balance halten im ruhigen Wasser von **Tahunanui Beach** (S. 523) in Nelson, oder Stand-up-Paddling-Yoga.

ACTION AREAS

Die besten Outdoor-Erlebnisse in Neuseeland.

Surfen

1. Muriwai Beach (S. 98)
2. Ninety Mile Beach (S. 144)
3. Ōakura (S. 215)
4. Raglan (S. 188)
5. Gisborne (S. 304)

Radfahren

1. Lake Dunstan Trail (S. 415)
2. Mt Hutt Bike Park (S. 374)
3. Old Coach Rd (S. 254)
4. Old Ghost Rd (S. 492)
5. Otago Central Rail Trail (S. 418)
6. Remutaka Cycle Trail (S. 359)
7. Whakarewarewa (S. 270)

Wandern
1 Ben Lomond Track (S. 458)
2 Heaphy Track (S. 491)
3 Hooker Valley Track (S. 385)
4 Mercer Bay Loop Walk (S. 99)
5 Queen Charlotte Track (S. 539)
6 Rob Roy Track (S. 479)
7 Tongariro Alpine Crossing (S. 245)
Skifahren
1 Cardrona (S. 481)
2 Coronet Peak (S. 456)
3 Mt Hutt (S. 374)
4 Mt Ruapehu (S. 247)
5 Mt Taranaki (S. 213)
6 Treble Cone (S. 475)
Nationalparks
1 Tongariro National Park (S. 244)
2 Egmont National Park (S. 213)
3 Abel Tasman National Park (S. 528)
4 Arthur's Pass National Park (S. 375)
5 Aoraki/Mount Cook National Park (S. 384)
6 Mount Aspiring National Park (S. 463)
7 Fiordland National Park (S. 421)
National Park
Bay
Nelson
Picton
Martinborough
WELLINGTON
Cook Strait
Blenheim
Westport
Murchison
St Arnaud
Punakaiki
Reefton
Greymouth
Kaikōura
Hanmer Springs
Hokitika
Arthur's Pass
Pegasus Bay
Franz Josef Glacier
Fox Glacier
Aoraki/Mt Cook
Christchurch
Banks Peninsula
TASMAN SEA
Lake Tekapo
Ashburton
Akaroa
Haast
Lake Pukaki
Lake Tekapo
Canterbury Bight
Twizel
Timaru
Lake Wānaka
Milford Sound
Wānaka
Waimate
Glenorchy
Ōamaru
Lake Te Anau
Alexandra
Doubtful Sound
Te Anau
Queenstown
Palmerston
Manapōuri
Lake Manapōuri
Dunedin
Dusky Sound
Otago Peninsula
Winton
Gore
Milton
The Catlins
Invercargill
Bluff
Foveaux Strait
Stewart Island/ Rakiura
Oban
SOUTH PACIFIC OCEAN
0 200 km
0 100 miles

NEUSEELAND

REISEZIELE

In jeder Region starten wir mit dem perfekten Standort, um die Umgebung zu erkunden. Entdecke einzigartige Erlebnisse, Tipps unserer Autor:innen und Expert:innen, Hintergründe und Empfehlungen.

Māori-Schnitzerei, Te Puia (S. 267), Rotorua

RUTH BLACK/SHUTTERSTOCK ©

AUCKLAND

Urbane Kultur, Restaurants und Inseloasen

Ein Bummel durch multikulturelle Stadtviertel, Sport am Hauraki-Golf und eine einzigartige Landschaft mit Blick auf zwei Häfen.

Dem Māori-Namen, Tāmaki Makaurau, nach ist Auckland (Tāmaki) die „von vielen geliebte“ Stadt, was auf die große Bedeutung dieser geografisch gesegneten Stadt hindeutet. Zwei Häfen säumen eine schmale Landenge zwischen Tasmansee und Pazifischem Ozean: An der schmalsten Stelle der Stadt liegen zwischen dem Manukau-Hafen und dem Hauraki-Golf gerade einmal 1,2 km. Für die frühen Māori bedeutete die Kombination aus fruchtbarem Land, einfachem Zugang zum Meer und dem strategischen Wert ihrer auf Vulkankegeln angelegten *pā* (befestigten Siedlungen), dass Tāmaki Makaurau zudem die „von vielen umkämpfte“ Stadt war.

Im 21. Jh. ist Auckland die wirtschaftlich und demografisch wichtigste Stadt Neuseelands. Politische Deals werden vielleicht in der Hauptstadt Wellington ausgehandelt, aber Auckland ist definitiv der „Big Smoke“ im Land der langen weißen Wolke. Hier lebt fast ein Viertel der neuseeländischen Bevölkerung, und da sie das bevorzugte Ziel neuer Immigranten ist, wirkt die Stadt sehr kosmopolitisch. Das unbändige Wachstum hat zur Folge, dass die Immobilienpreise und der Berufsverkehr zuweilen frustrieren, dennoch wird Auckland regelmäßig zu einer der lebenswertesten Städte der Welt gekürt.

Der Waitematā Harbour ist heute das Tor zu Waiheke Island, wo Essen, Wein und Kunst locken, und zum weiter draußen gelegenen Aotea/Great Barrier Island für Sternegucker und Waldwanderer. Dank des Ausbaus des Hafens nutzt Auckland zunehmend seine Lage am Wasser; neben Speise- und Ausgehlokalen rund um Viaduct Harbour und im Wynyard Quarter gibt es auch in benachbarten Vierteln wie Mount Eden, Ponsonby und Parnell immer mehr Lokale. Noch Jahrhunderte nachdem die Māori auf ihnen Siedlungen anlegten, sind Aucklands *maunga* (Vulkankegel) für das Verständnis der Stadt unabdingbar. Aufgrund des wachsenden Bewusstseins der Auckländer für ihre große Bedeutung sind sie beliebte Orte für vielerlei Aktivitäten.

Herzlich willkommen in einer der großartigsten Städte am Wasser!

DIE WICHTIGSTEN ZIELE

STADTZENTRUM & HAFEN
Entdeckungen im Hafen und Nervenkitzel in der Höhe.
S. 58

PONSONBY & GREY LYNN
Gutes Essen, Kunst und Uferspaziergänge.
S. 67

KARANGAHAPE ROAD
Kulturelle und kulinarische Vielfalt.
S. 72

PARNELL & NEWMARKET
Essen, Mode, Sport und Geschichte.
S. 77

MOUNT EDEN & KINGSLAND
Stadtblick, Craftbier und tolle Restaurants.
S. 83

DEVONPORT
Aucklands historisches Hafenviertel.
S. 89

Links: *Tākapu*-(Tölpel-)Kolonie, Muriwai Beach (S. 98); oben: Zentrum von Auckland (S. 58)

TĀMAKI DRIVE
Cafés, Strände und Hafenblick.
S. 93

WEST AUCKLAND
Weingüter und wilde Küste.
S. 97

WAIHEKE ISLAND
Essen, Wein und Klippen mit Aussicht.
S. 103

MATAKANA & UMGEBUNG
Wein, Craftbier und Überraschungen an der Küste.
S. 110

AOTEA/GREAT BARRIER ISLAND
Sterne, Wandern und Nachhaltigkeit.
S. 114

SOUTH & EAST AUCKLAND
Aucklands äußerer Stadtrand.
S. 118

Erste Orientierung

Viaduct Harbour, Wynyard Quarter und die Innenstadt sind gut zu Fuß zu bewältigen. Für Ausflüge in die Vororte bietet sich das (relativ) effiziente Link-Busnetz an, und Fähren verkehren im Hauraki-Golf und im Waitematā Harbour. Für individuellere Touren in entlegenere Gebiete ist ein eigener Wagen von Vorteil.

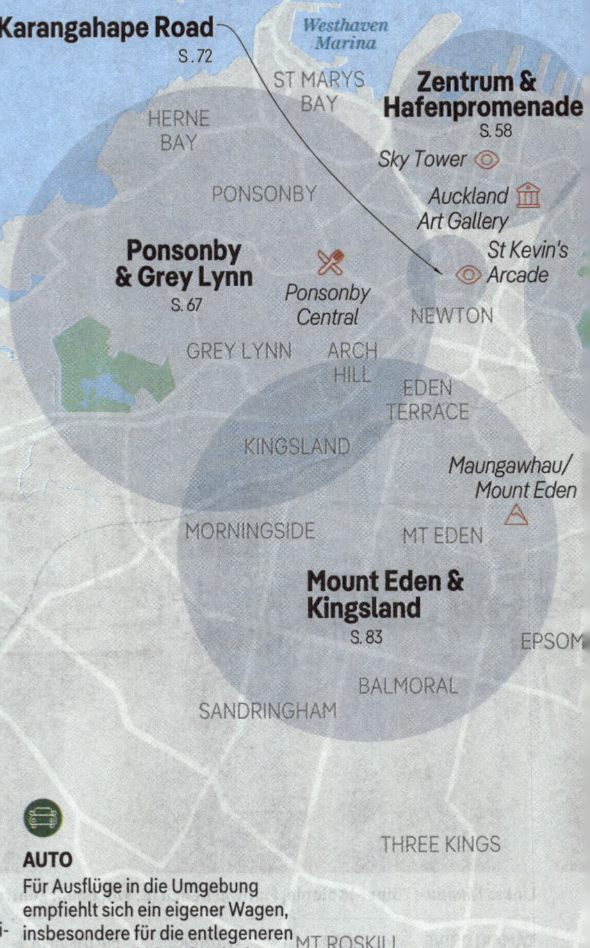

VOM FLUGHAFEN

Der Auckland International Airport befindet sich 21 km südlich der Innenstadt. SuperShuttle-Minibusse fahren die Hotels in der Stadt an, und der öffentliche AirportLink-Service bietet eine Kombination aus Bus und Bahn. Taxis und Mitfahrgelegenheiten in den CBD kosten 60–80 $.

BUS

Das Link-Busnetz umfasst CityLink, InnerLink, OuterLink und TāmakiLink und steuert die meisten Hauptattraktionen in Auckland an. Informationen über den Erwerb von Prepaid-AT-HOP-Smartcards, mit denen Busfahrten günstiger werden, liefert at.govt.nz.

FÄHRE

Die Fähren von Fullers (fullers.co.nz) verkehren nach Waiheke und zu anderen Inseln im Hauraki-Golf sowie über den Waitematā Harbour zum Vorort Devonport. SeaLink (sealink.co.nz) betreibt Autofähren nach Waiheke und Aotea/Great Barrier Island. Dorthin gibt es auch Flüge.

AUTO

Für Ausflüge in die Umgebung empfiehlt sich ein eigener Wagen, insbesondere für die entlegeneren Ecken von Waiheke Island oder die Strände und Weingüter in West Auckland und Matakana. Der öffentliche Verkehr zu den beschriebenen Zielen in South und East Auckland ist eingeschränkt.

0
4 km
BAYSWATER
Ngataringa Bay
DEVONPORT
CHELTENHAM
STANLEY BAY
Takarunga/ Mount Victoria
Maungauika/North Head
Devonport
S. 89
Kelly Tarlton's Sea Life Aquarium
Okahu Bay
Mission Bay Reserve
Tāmaki Drive
S. 93
St Heliers Bay
MECHANICS BAY
PARNELL
Parnell & Newmarket
S. 77
Hobson Bay
ORAKEI
MISSION BAY
KOHIMARAMA
ST HELIERS
Auckland Museum
Auckland Domain
MEADOWBANK
GREENLANE
Alexandra Park
ONE TREE HILL
Cornwall Park
ONEHUNGA
0
40 km
Cape Rodney-Okakari Point Marine Reserve
Te Hauturu-o-Toi / Little Barrier Island
Hirakimata
Aotea/ Great Barrier Island
S. 114
Wellsford
Matakana
S. 110
Warkworth
Kaipara Harbour
Cape Colville
Mt Moehau
Hauraki Gulf
Coromandel Peninsula
Helensville
Waiheke Island
S. 103
Muriwai Beach
Rangitoto Island
Stonyridge
Coromandel Town
West Auckland
S. 97
Auckland
Hauptkarte
Ponui Island
Piha Beach
Coromandel Forest Park
Manukau Harbour
South & East Auckland
S. 118
Firth of Thames
Hunua Ranges Regional Park
TASMAN-SEE
Pukekohe
Thames

Perfekte Tage

Aucklands vulkanische Ursprünge entdecken, die fantastische Hafenaussicht genießen und auf Waiheke Island, am Hafen oder an der Karangahape Road gut essen und trinken.

ASIATRAVEL/SHUTTERSTOCK ©

Viaduct Harbour (S. 66)

Tag 1

Vormittag

- Der Tag beginnt mit einem Frühstück im **Mount Eden Village** (S. 83), ehe der **Maungawhau/ Mount Eden** (S. 85) erklommen wird, um den Blick auf die Landenge und die Vulkane zu genießen.

Nachmittag

- Das **Auckland Museum** (S. 79) widmet sich Aucklands Geschichte, dann geht es auf den **Sky Tower** (S. 60) mit toller Aussicht. Mutige trauen sich **SkyWalk** und **SkyJump** zu. Zurück auf dem Boden locken ein Dämmerschoppen im **Viaduct Harbour** (S. 66) und der Blick von **Dr Rudi's** (S. 66).

Abend

- Nach Sonnenuntergang bewundert man das Kunstprojekt **Lighthouse** (S. 65) und überquert die **Te Wero Bridge** (S. 65), um am **North Wharf** (S. 65) im Wynyard Quarter zu Abend zu essen.

UNTEN, VON LINKS NACH RECHTS: KRITZ WORKROOM NZ/SHUTTERSTOCK ©, JULIE MACHADO/SHUTTERSTOCK ©, GRACETHANG2/SHUTTERSTOCK ©

Nicht verpassen ...

Außerhalb der City locken Klippenwanderungen, leckere Speisen, Weine und Biere sowie Segeltörns im Hauraki-Golf und zu abgelegeneren Inseln.

WESTKÜSTE

Auf dem **Mercer Bay Loop Walk** (Foto) und dem **Te Henga Walkway** (S. 99) oberhalb von West Aucklands Küste wandern.

STERNEGUCKEN

Auf **Aotea/Great Barrier Island** (S. 114) kommen am Medlands Beach oder bei Kaitoke Hot Springs Sternegucker auf ihre Kosten.

QUER DURCHS LAND

Auf dem **Coast to Coast Walkway** (S. 80) wird Aucklands Landenge überschritten, danach geht's ins **Viaduct Harbour** (S. 66).

Tag 2

Vormittag

● Mit dem TāmakiLink-Bus geht es auf dem **Tāmaki Drive** (S. 93) die Küste entlang. Unterwegs aussteigen, um Kajak zu fahren oder das innovative **Kelly Tarlton's Aquarium** (S. 94) zu besuchen.

Nachmittag

● Zurück in der Innenstadt nimmt man die Fähre vom Waitematā Harbour nach **Devonport** (S. 89). Nach dem Mittagessen in der **Lily Eatery** (S. 92) geht es mit dem **Segway** zu weiteren Vulkankegeln.

Abend

● Das Abendessen gibt es z.B. in der **Ponsonby Road** (S. 67) oder einem philippinischen, libanesischen oder peruanischen Lokal in der **Karangahape Road** (S. 72). Danach steht Livemusik in der **Whammy Bar** oder im **The Wine Cellar** (S. 75) auf dem Programm.

Tag 3

Vormittag

● Nach dem Frühstück im **Britomart Precinct** (S. 63) nimmt man die Fähre nach **Waiheke Island** (S. 103). Mit dem Mietwagen geht es vom Matiatia-Kai zum Ostende der Insel, um das **Stony Batter Historic Reserve** (S. 108) oder den **Connells Bay Sculpture Park** (S. 108) zu erkunden.

Nachmittag

● Nach einem erfrischenden Bad am **Onetangi Beach** (S. 108) speist man inmitten der Weinberge des Onetangi Valley zu Mittag. Das Abendessen gibt es im noblen **Tantalus Estate** (S. 105) oder im **The Heke** (S. 106).

Abend

● Zurück im Britomart Transport Centre nimmt man den Zug nach **Morningside** (S. 86), um an der **Auckland Beer Mile** ins **Beer Spot** oder **Urbanaut** (S. 87) zu gehen.

VOGELBEOBACHTUNG

Beim **Muriwai Beach** lebt eine **Tākapu (Tölpel)-Kolonie** (S. 98), mit der Fähre kommt man zur Vogelinsel **Tiritiri Matangi** (S. 109).

ESSEN & TRINKEN IN MATAKANA

Matakanas Weingüter, Brauereien und Bauernmarkt (S. 112) sind ein Erlebnis.

DIE ALL BLACKS

Bei der **All Blacks Experience** (S. 62) oder bei einer Führung durch das Stadion **Eden Park** (S. 86) wird man schnell zum Rugby-Fan.

SCHIFFSTOUREN

Auf einer echten America's-Cup-Rennyacht Hand anlegen oder vom Boot aus Wale und Delfine beobachten.

CITY CENTRE & HARBOURFRONT

ENTDECKUNGEN IM HAFEN UND NERVENKITZEL

Durch Aucklands Zentrum verläuft die schnurgerade, 3 km lange Queen Street, die wichtigste Geschäfts-, Einkaufs- und Entertainmentstraße der Stadt. In den letzten Jahrzehnten ist ihr Glanz etwas verblasst, aber Gastronomie und Shopping wie im Britomart Precinct und in der Commercial Bay machen das wett. Das Zentrum verfügt zudem über gute Verkehrsanbindungen via Bus, Bahn und Fähre sowie über die größte Auswahl an Unterkünften.

Zu den Highlights in der Innenstadt gehören der aufregende Sky Tower und die ruhigeren Räumlichkeiten der Auckland Art Gallery. In den restaurierten Lagerhäusern und denkmalgeschützten Gebäuden von Britomart sind Bars, Restaurants und die besten Modelabels Neuseelands untergebracht, während das historische Ferry Building das Tor zu den Inseln im Hauraki-Golf ist. Westlich des Ferry Building, an der Restaurantmeile des Viaduct Harbour, starten Bootstouren in den Hauraki-Golf, und der Wynyard Precinct ist bei den Aucklandern zum Essen, Ausgehen und Entspannen beliebt.

TOP TIPP

Im Ferry Building und an den Anlegestellen in der Nähe werden die Passagierfähren zu den Inseln im Hauraki-Golf, z.B. Waiheke, Rangitoto, Tiritiri Matangi und Rotoroa, abgefertigt. Die angrenzenden Viertel Viaduct Harbour und Wynyard Quarter erkundet man am besten zu Fuß, oder man saust mit einem Lime-E-Scooter die Hafenkante entlang.

Ferry Building (S. 65)

HIGHLIGHTS
1 Auckland Art Gallery
2 Sky Tower

SEHENSWERTES
3 Britomart Precinct
4 Maunga
5 New Zealand Maritime Museum
6 Pou Tū Te Rangi
7 Silo Park
8 Viaduct Harbour
9 Wynyard Quarter

AKTIVITÄTEN
10 SkyJump
11 SkyWalk

ESSEN
12 Baduzzi
13 Depot
14 Federal Delicatessen
15 Ghost Street
16 Hello Beasty
17 kingi
18 Mr Morris
19 The Brit

AUSGEHEN
20 Brewers Co-operative
21 Caretaker
22 Dr Rudi's Rooftop Brewing Co
23 Sixteen Tun

UNTERHALTUNG
24 All Blacks Experience
25 Wētā Workshop Unleashed

SEHENSWERTES
26 City Farmers Market
27 Deadly Ponies
29 World
30 Zambesi

Sky Tower

DIE BESTE AUSSICHT DER STADT

Mit seinen 328 m ist der Sky Tower, der von überall in der Stadt zu sehen ist, das höchste Bauwerk auf der Südhalbkugel. Die spektakuläre Beleuchtung gibt ihm nachts Space-Flair, zu besonderen Anlässen wechseln die Farben, und an Silvester erstrahlt er beim Feuerwerk. Ein Aufzug fährt in rasanten 40 Sekunden zu den Aussichtsdecks hoch; der Blick durch den Glasboden sorgt für einen extra Thrill. In der angrenzenden Federal Street gibt es Restaurants wie **Depot** und **Federal Delicatessen**, die beide dem neuseeländischen Koch Al Brown gehören.

SkyJump

Sky Tower

SkyWalk

AUCKLANDS EXTREMSTES ABENTEUER

Sind die denn verrückt? Das ist häufig die erste Reaktion beim Blick auf Aucklands schwindelerregenden SkyWalk (skywalk.co.nz). Auf 192 m Höhe, knapp unter dem Maungawhau/Mount Eden, der mit 196 m der höchste Punkt der Stadt ist, umringt diese 1,20 m breite Plattform den Sky Tower. Die SkyWalk-Gäste werden mit Gurten gesichert, es gibt aber kein Sicherheitsgeländer und keine Haltegriffe, nur die Aussicht auf einen sehr, sehr langen Sturz nach unten. Wer aber den Blick schweifen lässt, sieht den ganzen Waitematā Harbour und die Stadt – die ganz Mutigen lehnen sich sogar freihändig über die Stahlplattform.

SkyJump

AUCKLANDS ULTIMATIVES WAGNIS

Ein weiterer Beweis, dass Auckland ebenso spannende Abenteuer zu bieten hat wie Queenstown auf der Südinsel: Wer auf dem Platz unter dem Sky Tower steht, hört die Leute auf dem SkyJump (skyjump.co.nz) vermutlich, ehe er sie sieht. Die Teilnehmer in hellorangen Overalls schreien vor Aufregung und Angst, wenn sie, an Drähten gesichert, von der Aussichtsplattform in einem elf Sekunden dauernden, 85 km/h schnellen Sturz nach unten sausen; das entspricht dem freien Fall aus dem 50. Stockwerk! Wenn die Springer unten auf dem Landeplatz angekommen sind, kichern sie meistens unkontrolliert los und erhalten Applaus von den staunenden Zuschauern. Wer sowohl SkyWalk als auch SkyJump bucht, bekommt eine Ermäßigung. Und wenn bzw. falls einen danach noch nach einem Bier dürstet, ist man in lediglich drei Gehminuten in der Brewers Co-operative.

Auckland Art Gallery

TĀMAKI MAKAURAUS WICHTIGSTE KUNSTINSTITUTION

Die Auckland Art Gallery (aucklandartgallery.com), die 1887 im unteren Teil des Albert Park im Stil der französischen Renaissance erbaut wurde, bekam 2011 ein imposantes Atrium aus Glas und Holz und ist damit eines der interessantesten und überraschendsten Bauwerke in Auckland. Es präsentiert mehrere durchdachte und gut kuratierte Ausstellungen im Jahr, und regelmäßig beleben auch internationale Wanderausstellungen – 2022 etwa wurden Werke von Frida Kahlo und Diego Rivera gezeigt – die Kunstszene der Stadt.

Die Galerie, auf Māori Toi o Tāmaki („Kunst von Auckland"), besitzt Neuseelands größte Kunstsammlung aus über 17000 Werken. Neuseeländische Künstler, insbesondere Māori und von den pazifischen Inseln, sind stark vertreten, und die ständig wechselnden Ausstellungen zeigen z. B. Porträts tätowierter Māori aus dem 19. Jh. von C. F. Goldie und Gottfried Lindauer oder die mit Texten versehenen Gemälde von Colin McCahon. Weitere hier vertretene bedeutende neuseeländische Künstler sind Ralph Hōtere, Rita Angus und Robin White, aber auch Werke von Picasso, Cézanne, Gauguin und Matisse gehören zur Sammlung. Und von der **Edmiston Sculpture Terrace** auf Ebene 2 überblickt man den Albert Park. Infos über Vorträge und neue Ausstellungen liefert die Website. Kostenlose einstündige Führungen (Di–Do 13.30 Uhr) starten im Foyer; zudem gibt es ein gutes Café und einen Souvenirshop.

Auckland Art Gallery

ALBERT PARK & AUCKLAND UNIVERSITY

Der Albert Park oberhalb der Auckland Art Gallery ist ein schöner viktorianischer, formell angelegter Garten. Einst gehörte er zu den Albert Barracks (1847), einer Militäranlage, die während der Neuseelandkriege 9 ha umfasste. Auf dem nahe gelegenen Campus der Universität steht noch ein Mauerabschnitt der Kasernen. Der stattliche University Clock Tower (1926), der sowohl dem Jugendstil als auch der Chicago School verpflichtet ist, ist für gewöhnlich offen – also einfach hineinspazieren und die Abbildungen der neuseeländischen Flora und Fauna bewundern.

FESTIVALS

Auckland Buskers Festival
Internationale Straßenkünstler beleben Ende Januar anlässlich des Auckland-Jahrestags ein Wochenende lang Viaduct Harbour und Wynyard Quarter.

Auckland Anniversary Day Regatta
Am letzten Montag im Januar versammeln sich im Hafen große wie kleine Boote. Ein guter Aussichtsplatz ist der Bastion Point am Tāmaki Drive.

Lantern Festival
Zum Mondneujahrsfest (meistens im Februar) steht der Albert Park ganz im Zeichen asiatischer Kulinarik und Kultur.

Diwali
Die indische und sri-lankische Gemeinden feiern im Oktober oder November mit kulturellen Darbietungen und Street Food rund um Aotea Square und Queen Street ihr Lichterfest.

Auckland Anniversary Day Regatta

WEITERE ATTRAKTIONEN

Wētā Workshop & All Blacks

ZWEI NEUSEELÄNDISCHE INSTITUTIONEN

Auch für Leute, die sich nicht für Sport begeistern, bietet die **All Blacks Experience** (experienceallblacks.com) einen faszinierenden Einblick in die (Erfolgs-)Geschichte und die Kultur von Neuseelands bekanntester Mannschaft. Auf 45-minütigen Führungen erfährt man, warum die „ABs" das erfolgreichste Rugby-Team sind, etwa wenn man in einem nachgestellten Umkleideraum den Erinnerungen berühmter All Blacks lauscht oder den *haka*, das traditionelle Māori-Ritual vor jedem Wettkampf, erlebt. Vor dem 4 m hohen Bildschirm mit Surround-Sound fühlt man sich inmitten der All Blacks – ein ergreifendes Erlebnis.

Wer dann vom Hochgefühl des *haka* wieder runtergekommen ist, kann in der interaktiven Spielzone sein Rugby-Talent testen – ob im Kicken, im Passen oder im Lineout-Werfen –, und manche Besucher nehmen das meist richtig ernst. Nach draußen geht es durch den Souvenirladen mit All-Blacks-Trikots und anderen Artikeln.

ÜBERNACHTEN IM STADTZENTRUM

Hotel Britomart
Preisgekrönte nachhaltige Architektur unweit guter Läden und Restaurants im Britomart Precinct. **$$$**

LyLo
Sehr komfortable Schlafkojen, größere Zimmer mit Bad und stilvolle Gemeinschaftsräume. **$**

Hotel DeBrett
Das zentral gelegene historische, aber angesagte Hotel hat zwei exzellente Bars. **$$$**

Der angrenzende **Wētā Workshop Unleashed** (wetaworkshop.com) ist Aucklands Nebenstelle der Wellingtoner Firma für Filmrequisiten und Spezialeffekte, die hinter *Avatar*, *Der Hobbit* und *Der Herr der Ringe* steht. In den 90-minütigen Vorführungen, die zeigen, wie das innovative Team von Wētā Workshop Fantasy-, Science-Fiction- und Horrorfilme mit kreativer Magie ausstattet, verschmelzen Entertainment und Wissensvermittlung. Nicht versäumen: den riesigen Roboter und Jeff, einen beängstigend realistischen animatronischer Ork.

Restaurants & Läden in Britomart

ESSEN, AUSGEHEN UND ÖFFENTLICHE KUNST

Der **Britomart Precinct** erstreckt sich über neun Blocks beim Hafen und beim Britomart Transport Centre, dem Hauptbahnhof für Züge und Busse im Central Business District (CBD), er kombiniert ehemalige Lagerhäuser und historische Gebäude mit neuen, nachhaltig gestalteten Bauten. An vielen Ecken findet sich hier **öffentliche Kunst**. *Maunga* des Māori-Künstlers Shane Cotton etwa ist ein fünf Stockwerke hohes Wandbild am Excelsior-Gebäude in der Queen Street; vor dem Hotel Britomart steht Chris Baileys Installation *Pou Tū Te Rangi* aus sieben *pou whenua* (traditionellen Māori-Pfählen).

Der samstägliche **City Farmers Market** in Britomart beginnt um 8 Uhr. Nach einem Kaffee mit Crêpes, Empanadas oder Zimtschnecken müssten die meisten Läden um 10 Uhr geöffnet sein. Britomart ist Aucklands Zentrum für neuseeländische Modelabels mit Flagship-Stores von **World**, Zambesi und **Deadly Ponies**. Essen kann man z. B. im **kingi**, im schattigen Innenhof des Hotel Britomart, in dem Seafood aus nachhaltigem Fang serviert wird. Für Drinks eignet sich The Brit, ein Pub in einem einstigen Lager mit Backsteinmauern.

Eines der hervorragenden Restaurants in Britomart ist **Mr Morris**, in dem sich die Gäste in relaxtem Bistro-Ambiente asiatische und pazifische Gerichte schmecken lassen. Das **Ghost Street** in einem Keller unter dem Hotel Britomart bietet würzige Sichuan-Küche, robuste Cocktails und eine gute Bierauswahl. Und die Barkeeper des nahe gelegenen Caretaker, ebenfalls in einem Keller, zaubern Cocktails nach dem persönlichen Geschmack ihrer Gäste.

Von Polynesien zum America's Cup

NEUSEELANDS OZEANUMSPANNENDE GESCHICHTE

Von der Ankunft der ersten *waka* (polynesischen Kanus) vor rund 800 Jahren bis zur wiederholten Austragung des America's Cup blickt Auckland auf eine lange und berühmte

COMMERCIAL BAY

Spektakuläre Ausblicke von der **Commercial Bay** erinnern einen daran, dass man sich in einer der größten Hafenstädte der Welt befindet. Im Food Court **Harbour Eats** befinden sich mehr als 30 preiswerte Stände, einige Händler sind auf Angebote spezialisiert, die es nur in Auckland gibt.

Ahi bietet Gerichte aus den besten lokalen *kai moana* (Meeresfrüchten) in relaxter Kiwi-Atmosphäre, bei **Gochu** gibt es moderne koreanische Küche, und das **Origine** ist eine elegante südpazifische Version eines französischen Bistros.

Aotea führt Hautpflegeprodukte aus nachhaltigen Pflanzen von Aotea/Great Barrier Island und **Edmund Hillary** Outdoor-Kleidung, die durch den Neuseeländer Sir Edmund Hillary (1919–2008) inspiriert wurden, der 1953 zusammen mit dem nepalesisch-indischen Bergsteiger Tenzing Norgay erstmals den Mount Everest bezwang.

SHOPPEN IM STADTZENTRUM

Real Groovy
Legendärer Aucklander Plattenladen mit viel Kiwi-Vinyl, gelegentlichen Live-Gigs und einem Musikmuseum.

Kura Gallery
Design und Kunst von Māori- und neuseeländischen Künstlern. Hinter der Restaurantmeile des Viaduct Harbour.

Strangely Normal
Maßgeschneiderte Herrenmode und coole Accessoires in verspieltem Retro-Look der 1950er- und 1960er-Jahre.

ERLEBNISSE AUF & ÜBER DEM WASSER

Explore Group
Teil der Crew einer America's-Cup-Jacht werden oder im Hauraki-Golf Wale beobachten.

Sea Auckland
Mit dem Jetski Waitematā Harbour, Hauraki-Golf und sogar Waiheke Island erkunden.

Fullers
Mit der Fähre geht es vom Zentrum über den Firth of Thames nach Coromandel Town auf der Coromandel Peninsula.

Auckland Adventure Jet
Aufregende 30-minütige Spritztouren durch den Hafen. Wechselkleidung mitnehmen, denn es wird nass!

Auckland Bridge Climb & Bungy
Ein Zusatzangebot ist der 40-m-Sprung an einem Bungeeseil.

TRABANTOS/SHUTTERSTOCK ©

New Zealand Maritime Museum

Seefahrtsgeschichte zurück. Der inoffizielle Spitzname der Stadt ist „Stadt der Segel" – das Segeln ist im Hauraki-Golf sehr beliebt –, und Auckland hat angeblich die weltweit höchste Pro-Kopf-Quote an Booten in Privatbesitz, angefangen bei kleinen Edelstahlbooten („tinnies" genannt) bis hin zu schwimmenden Palästen.

Das **New Zealand Maritime Museum**, das an den Viaduct Harbour grenzt, widmet sich Neuseelands langer maritimer Geschichte und zeigt interessante Rekonstruktionen z. B. einer schaukelnden Kabine eines Zwischendecks (19. Jh.) sowie eines Ferienhauses *(bach)* aus den 1950er-Jahren. Die Abteilung Blue Water Black Magic ist ein Tribut an Sir Peter Blake, den Regattasieger des Whitbread Round the World und des America's Cup, der 2001 auf einer Amazonas-Forschungsreise ermordet wurde. Und die *Landfalls*-Ausstellung präsentiert Nachbauten der ersten polynesischen Boote, die vor Jahrhunderten den Pazifik überquerten, aber auch die Unternehmungen niederländischer, englischer, französischer und spanischer Seefahrer werden thematisiert. Die Website maritimemuseum.co.nz informiert über die Führungen.

Nach dem Museumsbesuch lockt eine Fahrt auf der historischen Ketsch-Schaluppe *Ted Ashby* oder auf dem niedlichen Dampfschlepper SS *Puke*, der durch den Innenhafen knattert.

Highlights am Hafen

BOOTSFAHRTEN UND RESTAURANTS AM WASSER

In der Vergangenheit war Auckland nicht besonders gut darin, der Allgemeinheit einen Zugang zum Hafen zu ermöglichen, aber zwei Projekte, die durch große Sportereignisse

ESSEN IM STADTZENTRUM

Cassia
Traditionelle indische Küche mit modernem Touch, dazu gibt es guten Gin und Wein. $$$

Milenta
In dem Lokal im Victoria Park Market gibt es südamerikanische Gerichte von Milentas Holzkohlengrill. $$$

Giapo
In dieser Eisdiele im Zentrum trifft kulinarische Kunst auf Erfindergeist und Innovation. $

SPAZIERGANG DURCH DAS HAFENGEBIET

Startpunkt ist das **1 Ferry Building**, das 1912 aus Ziegel- und Sandstein im edwardianischen Stil erbaut wurde. Mit einem Eis von **2 Island Gelato** geht es auf der Queens Wharf in Richtung Hafen, vorbei am weiß verkleideten Veranstaltungszentrum **3 Cloud**, zum **4 Lighthouse**. Die von Michael Parekowhai gestaltete Nachbildung des „State House" mit einer riesigen Edelstahlskulptur von Captain James Cook nimmt zum Kolonialismus Stellung. Besonders spektakulär ist sie bei abendlicher Beleuchtung. Zurück am Ferry Building geht es zur Princes Wharf und zum **5 New Zealand Maritime Museum**. Daneben, am Eingang zum Viaduct Harbour, steht die **6 KZ1**, eine strahlend weiße einrumpfige Yacht, die 1988 bei Neuseelands erfolglosem Antritt um den America's Cup mitsegelte. Sieben Jahre später sicherte sich Neuseeland diese älteste Segeltrophäe zum ersten Mal. Mit Viaduct Harbour zur Linken – vermutlich vorbei an ein paar protzigen Superjachten – geht's weiter über die **7 Te Wero Bridge** ins Wynyard Quarter. Da die Fußgängerbrücke hochgeklappt wird, wenn Boote durchfahren wollen, muss man eventuell ein paar Minuten warten. Rechts schaukeln ein paar Fischerboote im Wasser. Gleich nach der Brücke bieten die großen hölzernen Liegestühle auf der **8 Karanga Plaza** tollen Blick auf Aucklands Skyline. Zuweilen sind einige Mutige in orangen Overalls auf dem SkyWalk des Sky Tower zu sehen. Vorbei an den Lokalen der **9 North Wharf** geht es in den **10 Silo Park**. Hier gibt es einen guten Blick auf die Auckland Harbour Bridge. Vom Park sind es nur 200 m zurück zum **11 Auckland Fish Market** mit zahlreichen Möglichkeiten zum Essen.

ASIATRAVEL/SHUTTERSTOCK ©

Wynyard Quarter

KOSTENLOSE KONZERTE & FILME

Von Januar bis März sind die kostenlosen Events von **Music in Parks** (musicinparks.co.nz) und **Movies in Parks** (moviesinparks.co.nz) der Stadt Auckland eine tolle Möglichkeit, mit Anwohnern in Kontakt zu kommen und das Reisebudget zu schonen. Man nimmt etwas zu essen – es gibt in der Regel aber auch Foodtrucks – und eine Picknickdecke mit und freut sich auf Blues, Opernarien oder Hip-Hop beziehungsweise familientaugliche Filme wie *The Minions*, *Top Gun: Maverick* oder *Findet Nemo*. Für Besucher am günstigsten liegen die Veranstaltungsorte Domain und Albert Park.

angeregt wurden, haben das geändert. Der **Viaduct Harbour** war früher ein einfacher Handelshafen, in dem Fischerboote festmachten und ihre Fracht entluden. Doch nachdem 1995 Neuseeland in San Diego den America's Cup gewonnen hatte, wurde das Gebiet 2000 für das neuseeländische Team neu gestaltet, um den Titel der ältesten internationalen Sporttrophäe zu verteidigen. Heute ist dies ein beliebtes Ausgehviertel und einer der wenigen Orte in Auckland, wo allabendlich wenigstens ein bisschen etwas los ist. **Boote** fahren durch den Hafen und den Hauraki-Golf. Für Blicke aus der Vogelperspektive bietet sich **Dr Rudi's Rooftop Brewing Co** an; **Hello Beasty's** serviert an Tischen mit Meerblick japanische, koreanische und chinesische Gerichte mit modernem Touch.

Eine Fußgänger-Klappbrücke verbindet Viaduct Harbour mit dem **Wynyard Quarter**, das im Vorfeld des Rugby World Cups von 2011 angelegt wurde und mit seinen schönen Plätzen, den Restaurants am Wasser und einem Spielplatz bei den Aucklandern recht beliebt ist. Im **Silo Park** am westlichen Ende finden im Sommer Open-Air-Filmvorführungen und am Wochenende Märkte statt. Unter silopark.co.nz gibt es das Programm und eine Download-Karte mit den öffentlichen Kunstwerken in der Gegend. Zwei der hervorragenden Restaurants und Bars im Wynyard Quarter sind das **Baduzzi** mit italienischer Küche – unbedingt probieren: die Hummerfrikadellen! – und das **Sixteen Tun**, an dessem Tresen eine große Auswahl neuseeländischer Craftbiere ausgeschenkt werden.

AUSGEHEN IM STADTZENTRUM

La Fuente
Südamerikanisch inspirierte kleine Gerichte, Craftbier und Aucklands beste Mezcal-Karte.

Brewers Co-operative
In Zeitungspapier eingewickelte Fisch & Chips und Craftbier aus ganz Neuseeland.

Sunset
Cocktails, indisches Essen und Sonnenuntergang über den Waitäkere Ranges von der Dachbar vom Hotel Sudima.

PONSONBY & GREY LYNN

GUTES ESSEN, KUNST UND UFERSPAZIERGÄNGE

Die traditionellen Arbeitervororte Ponsonby und Grey Lynn haben in den letzten Jahrzehnten eine deutliche Gentrifizierung erfahren. Die hölzernen Villen und Arbeiterhäuschen aus dem 19. Jh. stehen zwar noch, aber inzwischen ist das Leben hier kostspieliger geworden. Die Ponsonby Road ist eine beliebte Café-, Bar- und Restaurantmeile, und auch die Boutiquen und Kunstgalerien sind auf eine wohlhabende Kundschaft ausgerichtet. Für Besucher bietet Ponsonby B&B- und Hostelunterkünfte in eleganten historischen Residenzen.

Das benachbarte Grey Lynn hat ebenfalls urban-dörfliches Flair, insbesondere rund um das Wohnviertel West Lynn an der Richmond Road. Am unteren Ende der steilen Great North Road liegt am Seeufer Western Springs, wo internationale Konzerte und ein Festival der Pazifik-Gemeinden Aucklands stattfinden. Das nahe gelegene MOTAT besitzt eine Luftfahrtsammlung von Weltrang, und zu den Highlights des Auckland Zoo gehören Orang-Utans und diverse Habitate mit neuseeländischen Vögeln und Reptilien.

TOP TIPP

Vom 1. Dezember bis Heiligabend erstrahlen die Häuser an Ponsonbys baumbestandener Franklin Road im Weihnachtsglanz. So gut wie alle Hausbesitzer schmücken ihr Zuhause mit flackernden Lichterketten, aufblasbaren Nikoläusen und Rentieren. Unter „Franklin Road Christmas lights“ ist auf Facebook mehr über das weihnachtliche Spektakel zu erfahren.

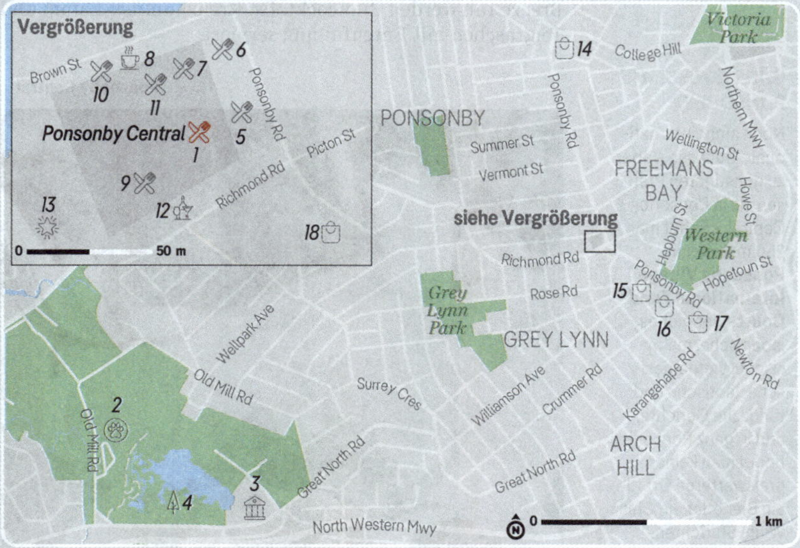

HIGHLIGHTS
1 Ponsonby Central

SEHENSWERTES
2 Auckland Zoo
3 MOTAT
4 Western Springs

ESSEN
5 Bird on a Wire
6 Blue Breeze Inn
7 Chop Chop Noodle House
8 eighthirty
9 Foxtrot Parlour
10 Gaja
11 Olas Arepas

AUSGEHEN
12 Bedford Soda & Liquor

UNTERHALTUNG
13 Silky Otter

SHOPPEN
14 Boh Runga Jewellery Bohtique
15 Curionoir
16 endemicworld
17 Haus of Flox
18 The Garden Party

Ponsonby Central

ESSEN UND TRINKEN DEN GANZEN TAG

In einer Gegend, die zu Aucklands beliebtesten Ausgehvierteln gehört, nimmt Ponsonby Central (ponsonbycentral.co.nz) eine besondere Stellung ein. In den Gassen und ehemaligen Lagerhäusern reihen sich Restaurants, Cafés, Bars und Feinkostläden aneinander und bieten vom Frühstück bis zum Abendessen und darüber hinaus Kulinarisches. Da es über 20 Lokale gibt, lohnt sich vor dem Besuch ein Blick auf ihre Websites. Auch ein Kino, das **Silky Otter**, ist vor Ort.

Einen guten Start in den Tag bieten Fair-Trade-Kaffee von **eighthirty** und ein Frühstücksburrito im **Foxtrot Parlour**. Auch seine mit Schokoladensauce gefüllten Doughnuts sind berühmt. Mittags locken frische Salate und Grillhähnchen im **Bird on a Wire**, Ramen im **Chop Chop Noodle House** oder venezolanisches Street Food im **Olas Arepas**.

Das **Bedford Soda & Liquor** mit Brooklyn-Flair ist die angesagteste Adresse in Ponsonby Central für spektakuläre Cocktails – z. B. in Rauch gehüllt oder in Form von Schneekugeln –, während **Gaja** und das **Blue Breeze Inn** asiatische Genüsse bieten. Die Bulgogi-Rindfleisch-Tacos von Gaja sind ein Gedicht, und im südpazifischen Tikibar-Interieur des Blue Breeze Inn werden Rumcocktails, Kreuzkümmel-Lamm und Teigtaschen mit Entenfüllung serviert.

Ponsonby Central

LUIS DAVILLA/GETTY IMAGES ©

GÜNSTIG ESSEN IN PONSONBY

Noch mehr internationale Genüsse – aber zu günstigeren Preisen als in Ponsonby Central – findet man 250 m weiter im **Ponsonby Village International Food Court**. Hier gibt es japanische, malaysische, vietnamesische, laotische und türkische Gerichte; und in ganz Ponsonby findet man keinen preiswerteren Ort für ein Bier oder ein Glas Wein. Studenten, die knapp bei Kasse sind, kommen auf ein Curry und ein Bier hierher, ehe sie in der **Ponsonby Pool Hall** im Keller Billard spielen.

THE GARDEN PARTY ©

The Garden Party

RUND UM PONSONBY CENTRAL

Ada
Im Hotel The Convent in Grey Lynn gibt es italienische Küche. **$$$**

Azabu
Japanisch-peruanische Nikkei-Küche mit dem frischesten Seafood. Auch in Mission Bay. **$$$**

Beau
Erstklassiges Weinangebot und französisch angehauchte Bistro-Gerichte. **$$**

Kol
Gerichte zum Teilen mit Holzfeuer- und Tandoor-Aromen sowie Cocktails. **$$$**

Ockhee
Moderne koreanische Küche, z.B. Reis-Bowl *dak gogi dubbap* mit Hühnchen. **$$**

MEHR IN PONSONBY & GREY LYNN

Nur in Ponsonby & Grey Lynn

EINZIGARTIGES DESIGN UND SOUVENIRS

Neben den Designer-Boutiquen findet man an der Ponsonby Road, einer der nobelsten Durchgangsstraßen der Stadt, auch ein paar Läden, die es nur in Auckland gibt.

Kunstdrucke und Fotografien von etablierten wie aufstrebenden neuseeländischen Künstlern führt **endemicworld**. An die 100 Künstler sind hier repräsentiert, und viele Drucke nehmen Bezug zu Neuseelands Kultur, Landschaften und Architektur. **Curionoir** ein paar Türen weiter ist auf individuelle Düfte, luxuriöse Seifen und mundgeblasene Parfümflakons spezialisiert. Parmümeurin Tiffany Witehira schöpft hier aus Māori-Traditionen und kreiert einzigartige Düfte. Die Kerzen werden in Keramikgefäßen von der Insel Waiheke gegossen. **The Garden Party** nahe der Kreuzung Ponsonby und Richmond Road führt Souvenirs mit dem Schwerpunkt Kiwiana oder Te-Reo-Māori (Māori-Sprache). Hier gibt es Werke von neuseeländischen Künstlern und Designern wie etwa Holzarbeiten von Ian Blackwell sowie

KUNST AN DER PONSONBY ROAD

Details über die Kunstgalerien an der Ponsonby Road bietet der Abschnitt über die **Karangahape Road** (S. 72).

ÜBERNACHTEN IN PONSONBY & GREY LYNN

Franklin 38
Vier noble B&B-Suiten in einer alten Villa, in Gehweite zur Ponsonby Road. **$$$**

The Convent
Einst Nonnenkloster, heute charmantes Boutiquehotel mit exzellentem italienischem Restaurant. **$$$**

Verandahs Parkside Lodge
Das etablierte Hostel ist nach wie vor eines der besten in Auckland und nahe an Ponsonby und Karangahape Road. **$**

Orang-Utans, Auckland Zoo

PASIFIKA FESTIVAL

Etwa 250 000 Auckländer – das sind 15 % der Einwohner – stammen von den Pazifik-Inseln, die größten Gemeinden bilden Menschen aus Samoa, Tonga, den Cookinseln und Niue. Ihre Kultur gewinnt in der Stadt immer mehr an Einfluss, insbesondere in Sport, Kunst und Musik, und das **Pasifika**-Festival im März ist eines der populärsten Events in Auckland. Zwei Tage lang gibt es rund um den See in Western Springs Kunst, Tanz, Kultur und Kulinarisches von den Pazifik-Inseln. Die frisch gebackenen Kokosbrötchen und *ika mata* (in Kokos marinierter roher Fisch) schmecken besonders gut.

Siebdrucke, Kissenbezüge und Einkaufstaschen mit neuseeländischen Vögeln und Pflanzen von der Straßenkünstlerin Hayley King alias „Flox“. Sie hat in Grey Lynn auch ihr eigenes Atelier mit Laden, das **Haus of Flox**.

Auch der Schmuckladen von **Boh Runga**, der Sängerin und Gitarristin der Band stellar*, bietet Einzigartiges: Ihre „Bohtique“ führt filigrane Ohrringe, Armketten und Anhänger aus Gold und Silber. Am beliebtesten ist die „Feather Kisses“-Kollektion mit zwei überkreuzten Federn des *miromiro* (Maorischnäppers).

Aucklands historische Quellen

UFERSPAZIERGÄNGE UND TRANSPORTGESCHICHTE

Das Western Springs Stadium, in dem von November bis März samstagabends Speedway-Rennen stattfinden und das auch für große Musikevents beliebt ist – 1978 kamen zu David Bowies Konzert 84 000 Menschen, das entsprach damals einem von 37 Neuseeländern –, befindet sich oberhalb des **Western Springs Lake**. Der See entstand durch einen Zusammenfluss von Lavaströmen und war im Zeitraum von 1877 bis 1902 Aucklands wichtigste Trinkwasserquelle – mehr als 4 Mio. l Wasser sprudeln hier am Tag hoch.

AUSGEHEN IN PONSONBY & GREY LYNN

Hoppers Garden Bar
Cocktails, Gin, Craftbier und relaxte Atmosphäre. Mit einem (kleinen) Hund gehört man richtig dazu.

Deadshot
Im Western-Ambiente dieser Bar werden Cocktailklassiker serviert. „Deadshot“ ist Cowboy-Slang für „starken Fusel“.

Hotel Ponsonby
Moderne Version eines klassischen Pubs mit Craftbier, Cocktails, guten Grillgerichten und Seafood.

Heute sind der See und der Park eine sehr populäre Grünanlage am südwestlichen Rand von Ponsonby und Grey Lynn. Für den 1,75 km langen Rundweg um den See ist eine halbe Stunde zu veranschlagen – mit Zwischenstopps an einem sehr schönen Spielplatz und einem formalen japanischen Garten, den 2017 Aucklands Partnerstadt Fukuoka spendierte. Auf einem hügeligen Pfad mit Fußgängerbrücken kommt man an algenbewachsenen Wasserläufen, Weiden, Papyrus und Nikau-Palmen vorbei, häufig in Gesellschaft von Gänsen, Enten, Schwänen und Purpurhühnern (Achtung: Abstand halten). Das **MOTAT** (motat.nz; Museum of Transport & Technology) in Seenähe präsentiert interessante Ausstellungen und ein Pionierdorf. Mit der Oldtimer-Tram gelangt man zum zweiten MOTAT-Standort in der Meola Road. In der dortigen Aviation Hall sind seltene Flugboote und ein Lancaster-Bomber aus dem Zweiten Weltkrieg ausgestellt. Im März steigt in Western Springs Aucklands Pasifika-Festival.

Neuseeländische Fauna in der größten Stadt des Landes

PRIMATEN UND STARS DER HEIMISCHEN TIERWELT

Der an Western Springs grenzende **Auckland Zoo** (auckland zoo.co.nz) feierte 2022 seinen 100. Geburtstag, seine heutige Gestaltung weicht jedoch enorm von der früheren ab. Fast 150 Arten und mehr als 1400 Tiere leben hier in verschiedenen Habitaten und botanischen Zonen. Der 2022 eröffnete **South East Asia Jungle Track** umfasst 20 % der insgesamt 16 ha großen Fläche. Highlights des Tracks sind ein Tieflandhabitat für Otter und Sumatra-Tiger, ein Sumpfwald mit Sunda-Gavialen und ein hohes Baumkronendach, in dem Siamangs und Orang-Utans umherschwingen. Ausschau halten sollte man nach der jungen Bahmi und ihrer Orang-Utan-Mama Melur. Auch in anderen Habitaten und an Themenpfaden sind Arten aus Afrika und Südamerika zu finden. Die exzellente Neuseeland-Abteilung **Te Wao Nui** („Lebendiges Reich") ist in sechs Zonen eingeteilt: Küste (Robben, Pinguine), Inseln (hauptsächlich Echsen wie Neuseelands Mini-Dinosaurier, der Tuatara), Feuchtgebiete (Enten, Reiher, Aale), Nacht (Kiwis, Frösche, Eulen und Weta), Wald (Vögel) und Hochland (frechere Vögel und Echsen). Im Januar und Februar bietet der Zoo häufig „Zoo Lates", dann ist er an einem Donnerstag bis 20 Uhr geöffnet. Dies ist eine gute Gelegenheit, in der relativen Kühle eines Sommerabends die Tiere aktiver zu erleben. Die Website informiert auch über „Behind the Scenes"-Führungen.

GEN WESTEN NACH WEST LYNN

Über die Ponsonby Road erreicht man – z.B. mit Uber oder E-Scooter – nach 1,5 km das Wohn- und Geschäftsviertel West Lynn. Ein attraktiver Ort, in dem man gerne leben würde. Es gibt eine exzellente Buchhandlung, **Dear Reader**, und eine Handvoll heimeliger Bars und Cafés. Der Tag könnte mit einem Brunch bei **Honey Bones** beginnen, später bietet sich das benachbarte **Lillian** für Pizza und Wein an. Das **Freida Margolis** ist eine gemütliche Eckkneipe, in der Anwohner zum Sound alter Schallplatten Sangria, Wein und Craftbier trinken. Und natürlich findet jeden Sonntagmorgen ein **Bauernmarkt** statt.

BRUNCHEN IN PONSONBY & GREY LYNN

Postal Service
Bio-Kaffee, Kombucha und vegane/vegetarische Gerichte. Köstlich: *huevos rancheros* – Eier auf mexikanische Art. **$$**

Dizengoff
Etabliertes Café in Ponsonby mit levantinischen Akzenten in der Speisekarte. Die Israeli Plate ist zu empfehlen. **$$**

Little Bird Kitchen
Roh, biologisch, vegetarisch – und verdammt lecker. Probieren: Kimchi- oder Kūmara(Süßkartoffel)-Pfannkuchen. **$$**

KARANGAHAPE ROAD

KULTURELLE UND KULINARISCHE VIELFALT

Willkommen in Aucklands buntestem Viertel! Die „K Road" ist eine kosmopolitische Straße mit Vintage-Modeläden, Restaurants und Weinbars sowie Ateliers und Kunstgalerien. Die Gentrifizierung ist hier definitiv angekommen, aber nach wie vor ist diese Straße vom ungeschminkten Bohème-Flair vergangener Jahrzehnte geprägt.

Bis Mitte der 1960er-Jahre war die Karangahape Road Aucklands geschäftigste Shoppingmeile. Ab 1965 wurden 50 000 Anwohner wegen des Autobahnausbaus umgesiedelt, Läden wanderten in die Vorstadt-Malls aus, und die K Road entwickelte sich zu Aucklands Rotlichtbezirk. Anklänge an diese Zeit sind noch zu spüren, aber heute speist man in Bistros aufstrebender Küchenchefs oder in Multikulti-Restaurants und kauft hier Kunst und Mode. Nach Einbruch der Dunkelheit liegt der Schwerpunkt auf Nachtclubs und Livemusik, zudem gibt es ein Straßenmusik-Festival. Die Galerien und Bühnen präsentieren zunehmend Pasifika-beeinflusste Kunst und Kultur.

TOP TIPP

Zu den LGBTQI+-Lokalen an der K Road gehört der schrille Nachtclub Family, Drag-Shows im G.A.Y. und die ruhigere Eagle Bar. Ihre Video-Jukebox – mit Kylie, Taylor und den Pet Shop Boys – bringt die Party schnell in Schwung. Die Auckland Pride im Februar feiert Neuseelands Regenbogen-Gemeinde.

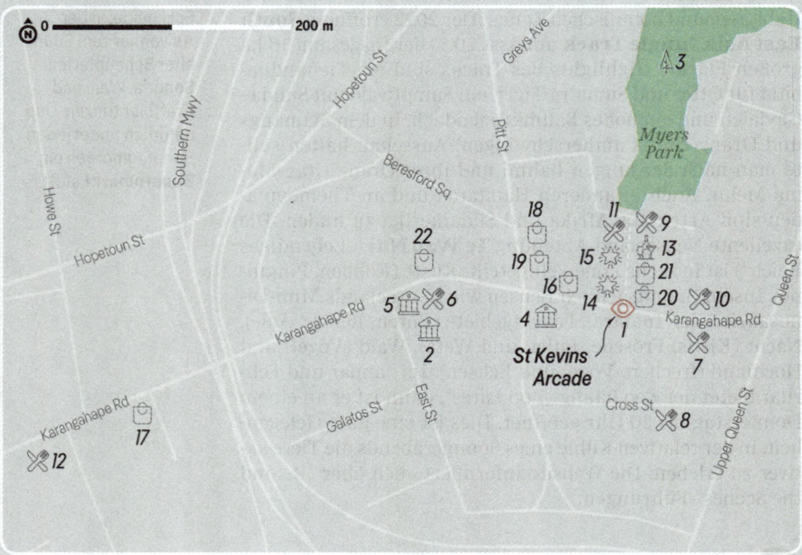

HIGHLIGHTS
1 St. Kevins Arcade

SEHENSWERTES
2 Artspace Aotearoa
3 Myers Park
4 Studio One Toi Tū
5 Tautai Pacific Arts Trust

ESSEN
6 Apero
7 Bar Céleste
8 Bar Magda
9 Bestie
10 Candela
11 Gemmayze Street
12 Madame George

AUSGEHEN
13 Lowbrow

UNTERHALTUNG
14 Whammy Bar
15 Wine Cellar

SHOPPEN
16 Crushes
17 Everyday Wine
18 Flying Out
19 Green Dolphin Bookshop
20 Norwegian Wood
21 Sinda
22 Strange Goods

St Kevins Arcade

HISTORISCHER ORT IN NEUEM GEWAND

Die 1924 als Wirkungsstätte für Aucklands beste Fotografen und Schneider eröffnete St Kevins Arcade (stkevinsarcade.co.nz) verbindet die lebhafte Energie der Karangahape Road mit der Beschaulichkeit des Myers Park. Historische Bleiglasfenster und eine hohe Kuppeldecke sorgen für luftiges Ambiente, in dem heute interessante Läden und gute Cafés, Bars und Restaurants untergebracht sind. Das Boheme-Flair der K Road untermauern beispielsweise **Norwegian Wood** mit Retro-Möbeln und -Accessoires aus der Mitte des 20. Jhs. und **Sinda** mit Vintage-Mode.

Abgesehen von den Klamotten und den Wandmalereien bietet die Arcade auch den ganzen Tag Essen aus der ganzen Welt. Tagsüber ist das **Bestie** mit Blick auf den **Myers Park** perfekt für Brunch oder Mittagessen – lecker: Pfannkuchen-Stapel mit geschlagener Butter und Ahornsirup –, später übernimmt hier **Gemmayze Street** fürs Abendessen. Es gibt libanesische Küche mit modernem Touch, darunter ein viergängiges Jeeb-Probiermenü. Oder man kombiniert ein paar Meze mit dem Anisschnaps Arak oder libanesischem Wein. Steht der gegrillte Tintenfisch auf der Karte, ist die Wahl schon klar. Für ein paar Drinks vor einem Konzert in der nahen Whammy Bar oder im Wine Cellar bietet sich das **Lowbrow** an – Bio-Wein, Craftbier, Cocktails und Brathähnchen sind klasse.

St. Kevins Arcade

NATALIACATALINA.COM/SHUTTERSTOCK ©

MYERS PARK

Der kompakte Myers Park, der sich vom Ende der St Kevins Arcade den Hügel hinunter erstreckt, ist eine gute Alternativroute zur Queens Street in Richtung Hafen. Hier gibt es einen guten **Spielplatz** und eine irgendwie unpassend wirkende Kopie von **Michelangelos Moses**, deren Rohmaterial aus demselben Carrara-Marmorsteinbruch wie das Original stammte. Von einem Fenstertisch im **Bestie** aus überblickt man den Park und den **Sky Tower**.

FANG WEI ©

Madame George

MEHR IN DER KARANGAHAPE ROAD

Genüsse aus aller Welt

BARS, BISTROS UND PREISWERTE LOKALE

Durch niedrigere Mieten angelockt haben Aucklands aufstrebende Köche und Gastronomen die Karangahape Road in den letzten Jahren zur vielfältigsten Restaurantmeile der Stadt gemacht. Und in einigen Fällen haben sie die Aromen ihrer Heimatländer nahtlos in ihre stilvollen Lokale integriert. Am Wochenende ist eine Tischreservierung anzuraten.

Im Kellerraum der **Bar Magda** präsentiert Küchenchef und Mitinhaber Carlo Buenaventura die Aromen seiner südphilippinischen Heimatprovinz Mindanao. Einfach an die Bar mit Blick in die Küche setzen – häufig richtet Carlos selbst mit ruhiger Hand die Gerichte an – und Lammrippchen mit grünem Sambal oder *albondigas* (Hackbällchen) mit Süßholzkruste bestellen.

Am anderen Ende der K Road bietet **Madame George** peruanische Küche. Mitinhaber Pablo Arrasco Paz erklärt gern das Speisenangebot, das von seinen vielen Reisen zurück nach Lima inspiriert ist. Der *tiradito* (Räucherfisch) mit *Aji*-Chilis ist eines der besten Seafood-Gerichte der Stadt, und der Pis-

WARUM ICH DIE KARANGAHAPE ROAD LIEBE

Brett Atkinson, Autor

Sogar mit einem Umweg durch die **Auckland Domain** kann ich von unserem Haus in Newmarket in rund 45 Min. zur interessantesten Straße der Stadt laufen. Tagsüber schaue ich, welche neuen Platten es bei **Flying Out** gibt, gönne mir in **Zeki's Mediterranean Bakery** türkischen Kaffee und Baklava und kaufe bei **Fort Greene** das beste Sauerteigbrot Aucklands. Abends geht es ähnlich multikulturell zu: Ich nehme einen Drink im **GGx** oder im **Bozo** und esse dann in der **Bar Magda** oder bei **Madame George**. So was gibt es nirgendwo sonst in der Stadt.

AUSGEHEN AN DER KARANGAHAPE ROAD

GGx
Tikibar-Ambiente, kreative Cocktails, gewürzte Rumdrinks und eine gut sortierte Bierauswahl.

Bozo
Sauerbier und die beste Gin-Auswahl der K Road. Ansonsten sind hier Soul R&B und Hip-Hop angesagt.

Barcita
Die pathetische Schwester-Bar des Candela bietet Cocktails, Tapas und Blick auf den Sky Tower.

co Sour schmeckt am besten an den Tischen im Freien mit Blick aufs K-Road-Publikum. Hervorzuheben sind außerdem die **Bar Céleste**, Weinbar und Restaurant zugleich und von der Neo-Bistro-Bewegung in Paris beeinflusst, das **Candela** mit spanischer Küche und das **Apero** mit hausgemachten Terrinen und Wurstwaren. Zudem liegen an der K Road indische, thailändische, türkische und malaysische Restaurants.

Kunst an der Karangahape Road

GALERIEN, ATELIERS UND PERFORMANCE-BÜHNEN

Die Lücken zwischen den multikulturellen Restaurants, hippen Weinbars und Vintage-Boutiquen füllt in der Karangahape Road die höchste Konzentration von Ateliers und Kunstgalerien in ganz Neuseeland. Im angrenzenden Ponsonby finden sich ebenfalls öffentliche und Händlergalerien, von Künstlern geführte Projekträume und Auktionshäuser. Auf der Website karangahaperoad.com/art-map kann man eine Karte mit Galerien und Ateliers rund um K Road und Ponsonby herunterladen. Und unter karangahaperoad.com/street-art-guide findet man eine Tour zu über 50 Straßenkunst-Locations.

Auckland ist eine der bedeutendsten Städte im Südpazifik, und in der hiesigen Musik- und Kunstszene ist die Pasifika-Kultur immer stärker vertreten. Der 2020 eröffnete **Tautai Pacific Arts Trust** (tautai.org) an der Karangahape Road hat eine 500 m^2 große Ausstellungsfläche für moderne pazifische Kunst, Musik, Film und Performances. Ein paar Türen weiter setzt **Artspace Aotearoa** (artspace-aotearoa.nz) neue Akzente in Kunst, Musik und Installationen. Zum vielfältigen Programm gehören Fotografie, Künstlerresidenzen und Ausstellungen von in Neuseeland geborenen Pazifik-Insulanern, die die Diaspora ihrer Heimatvölker thematisieren.

In der nahen Ponsonby Road befindet sich in den ehemaligen Newton Police Barracks von 1906 das **Studio One Toi Tū** (studioone.org.nz), eine multidisziplinäre Galerie mit Pop-up-Kunstevents, Vorträgen und Ausstellungen. Führungen durch Ateliers und Kunstgalerien an der Karangahape Road und in Ponsonby bietet **Art Travel** (arttravel.co.nz). Aber auch andere Stadtteile und Orte in der Region werden hier unter dem Aspekt Kunst und Kultur erkundet.

Vintage und mehr an der K Road

KIWI-MUSIK, -KUNST UND -DESIGN

Neben den Boutiquen für Vintage-Kleidung, den internationalen Restaurants und Läden für Hanfprodukte findet man auch andere einzigartige Shopping-Angebote. Flying Out in

STRASSENKUNST & -MUSIK

Rund um die Karangahape Road sind einige von Aucklands besten Straßenkunstwerken zu bestaunen, insbesondere an der **Cross Street** und an der **Poynton Terrace** hinter der **St Kevins Arcade**. In der Cross Street steigt auch alljährlich im März das **Cross St Music Festival** (crossstmusicfestival.co.nz). Die schmale Straße ist die perfekte Open-Air-Location, um DJs und Indie-Bands zu hören. Die Facebook-Seite des Festivals informiert auch über Live-Gigs das restliche Jahr über. Eine Außenmauer des **Rockshop** (100 Karangahape Rd.) dient als Leinwand für Porträts kürzlich verstorbener Musiklegenden – zu sehen waren schon Prince, David Bowie und Leonard Cohen.

LIVEMUSIK AN DER KARANGAHAPE ROAD

Neck of the Woods
Vielseitiger Club im Obergeschoss mit Indie-Bands, Drum&Bass und Electronica-DJs.

Whammy Bar
Punk, Hardcore und andere gitarrenschwingende Krachmacher, lokal und international.

Wine Cellar
Neo-Folk, Jazz und Alternative Country, meist relaxter als in der Whammy Bar darüber.

ROY WARD ©

Green Dolphin Bookshop

ESSEN AN DER SYMONDS STREET

Die Symonds Street, die das Ostende der K Road mit der Mount Eden Road verbindet, bietet ebenfalls internationale Genüsse.

Sid at the French Cafe Gehobene Küche mit französischen, asiatischen und pazifischen Einflüssen. $$$

Lillius Innovative Gerichte aus besten neuseeländischen Produkten wie Wapiti und *pāua* (Meeresschnecken). $$$

Mizu Bread Japanische Sandwiches aus luftigem Weißbrot und knusprigem *Katsu*-Schwein oder Hühnchen. $

Carmel Israeli Street Food Pita, Falafel und leckere Backwaren in der 500 m entfernten France Street. $

der nahen Pitt Street ist eine Top-Adresse für neuseeländische Musik. Der kleine Plattenladen ist mit Vinyl vollgestopft, und auch coole T-Shirts lohnen den Besuch. Im **Green Dolphin Bookshop** gleich nebenan lässt es sich gut für eine Stunde oder mehr stöbern. Mit seinen unzähligen Secondhand-Büchern – darunter viele seltene neuseeländische Titel – und alten Filmplakaten spiegelt er wahrscheinlich am besten die Atmosphäre der Gegenkultur in diesem Viertel in den letzten Jahrzehnten wider.

Wer seine Vintage-Garderobe vergrößern oder Kunst und Souvenirs von neuseeländischen Designern erwerben möchte, ist im **Crushes** bei der St. Kevins Arcade genau richtig. Unter den Produkten von über 60 lokalen Kunsthandwerkern, viele davon mit nachhaltiger Ausrichtung, befinden sich Tonwaren, Kleidung und Kosmetika aus heimischen Pflanzen. **Strange Goods** ist ein weiterer K-Road-Laden mit Waren aus Neuseeland: Schmuck, Keramik, Drucke sowie Booklets und Kulturzeitschriften. Mit die beste Auswahl an Bio- und Naturweinen in ganz Auckland – in den meisten Restaurants dürfen Wein und Bier mitgebracht werden – bietet das sachkundige Team von **Everyday Wine**. Auch Craftbier ist hier erhältlich.

PREISWERT ESSEN AN DER KARANGAHAPE ROAD

Uncle Man's
Malaysisches Street Food wie Satay, Roti und Currys. Dazu gibt's *kopi ais* (kalten Milchkaffee). $

Poke Poke
Aucklands beste Poke Bowls mit reichlich Meeresfrüchten und unzähligen gesunden Toppings. $

Sneaky Snacky
Großartige Doughnut-Burger mit gebratenem Hühnchen. Auch sehr gute Ramen. $

PARNELL & NEWMARKET

ESSEN, MODE, SPORT UND GESCHICHTE

Das grüne Parnell ist einer der ältesten Stadtteile Aucklands. Stattliche Gebäude aus den 1850er- und 1860er-Jahren, von denen viele von Aucklands anglikanischer Diözese errichtet wurden, sind historische architektonische Highlights, während sich hinter den alten Fassaden der Parnell Road coole Bars und Restaurants sowie Galerien für zeitgenössische Kunst befinden. Auf den Sportplätzen der nahen Auckland Domain werden am Wochenende Cricket- und Rugby-Wettkämpfe ausgetragen.

Etwa 2 km südlich liegt das Geschäftsviertel Newmarket mit dem mehrstöckigen Westfield-Einkaufszentrum. Abseits von Westfield und Broadway, Newmarkets Hauptstraße, findet man Boutiquen aufstrebender neuseeländischer Designer – lohnenswert sind insbesondere Nuffield Street und Osborne Street – und kleine Gassen mit guten Cafés und Restaurants. Newmarkets Ruf als Gourmetziel stärken zudem die preiswerten asiatischen Restaurants in der Khyber Pass Road mit authentischen Gerichten aus Malaysia, Korea und China.

TOP TIPP

Parnell und Newmarket liegen an den Busrouten InnerLink und OuterLink, die Züge der Southern Line, die vom Britomart Transport Centre abfahren, halten in Newmarket und in Parnell. Der Hop-on-Hop-off-Bus Auckland Explorer hält ebenfalls in Parnell, an der Holy Trinity Cathedral und am Auckland Museum.

Parnell Road

STEPHEN SYKES/ALAMY STOCK PHOTO ©

HIGHLIGHTS
1 Auckland Museum

SEHENSWERTES
2 Auckland Domain
3 Cornwall Park
4 Deanery
5 Domain Wintergardens
6 Holy Trinity Cathedral
7 Judges Bay
8 Kinder House
9 Maungakiekie/One Tree Hill
10 Neligan House
11 Parnell Rose Garden
12 Pukekaroa
13 St. Mary's-in-Holy-Trinity
14 St. Stephen's Chapel

AKTIVITÄTEN
15 Stardome

ESSEN
16 Alpha
17 Cornwall Park Bistro
18 Creamery
19 Wintergarden Cafe

SHOPPEN
20 Artis Gallery
21 Black Door Gallery
22 Creative & Brave
23 Fantail House
24 Huffer
25 Karen Walker
26 Kate Sylvester
27 Kiwa Art
28 Kowtow
29 Poi Room
30 Westfield

Auckland Domain Wintergardens

OBEN LINKS: TRABANTOS/SHUTTERSTOCK © UNTEN RECHTS: DAVID WALL/ALAMY STOCK PHOTO ©

Auckland Domain

HISTORISCHE GÄRTEN UND AUCKLANDS BELIEBTESTER HINTERHOF

Dieser etwa 80 ha große, hügelige Park, auch als **Pukekawa** bekannt, beherbergt das **Auckland Museum** und die **Domain Wintergardens**, zwei alte, erst kürzlich renovierte Glashäuser – eines für Pflanzen aus den gemäßigten Breiten, das andere für Tropenpflanzen –, die einen schönen Innenhof und ein Becken mit neoklassizistischen Statuen flankieren. In diesem Park liegen zudem Sportplätze – in den Sommermonaten wird Cricket gespielt, im Winter dagegen Rugby –, ein Ententeich, der gelegentlich von Kormoranen besucht wird, und das historische **Wintergarden Cafe**. Der Hügel erhebt sich mitten im Park und ist das Überbleibsel von **Pukekaroa**, einem weiteren Vulkan in Auckland. Auf seinem Gipfel ehrt ein von Palisaden umgebener Totara-Baum den ersten König der Māori.

Auckland Museum

GESCHICHTE UND TOLLE AUSSICHT

Das eindrucksvolle neoklassizistische Auckland Museum (aucklandmuseum.com) wurde 1929 erbaut und erhielt 2007 eine imposante Kupfer-Glas-Kuppel. Die Abteilungen mit Artefakten der Pazifik-Inseln und der Māori sind ein Muss, allen voran ein beschnitzter *wharenui* (Versammlungsraum) – vor dem Eintreten Schuhe ausziehen! – und die Te Toki-a-Tāpira, ein 25 m langes *waka taua* (Kriegskanu). In der 2022 eröffneten Abteilung **Tāmaki Herenga Waka** („Treffpunkt der *wakas*") erzählt ein riesiger 360-Grad-Bildschirm (7 m Durchmesser) Aucklands Geschichte. Zur faszinierenden Ausstellung über Aucklands Vulkanfelder gehört eine simulierte Eruption, in den oberen Etagen zeugen militärische Exponate von der zweiten Funktion des Gebäudes als Kriegsdenkmal. Außerdem gibt es Māori-Vorführungen und **The Incredible Rooftop Tour** mit herrlichem Blick auf die Stadt.

Auckland Museum

QUER DURCHS LAND WANDERN

Der **Coast to Coast Walkway** reicht von der Tasmansee bis zum Pazifik quer durch Neuseeland – tatsächlich führt er auf gerade einmal 16 km durch Maungakiekie/One Tree Hill, Maungawhau/Mount Eden, Auckland Domain und das Universitätsgelände. Dabei wandert man hauptsächlich auf Parkwegen statt entlang von Straßen. Der Weg zwischen Onehunga und Viaduct Harbour kann in beide Richtungen begangen werden, wir empfehlen aber, den Zug nach Onehunga zu nehmen, um am Ende in Viaduct ein Bierchen zu trinken. Vom Bahnhof Onehunga läuft man über Onehunga Mall zur Prince Street – der Walkway gen Norden beginnt am unattraktiven Park an der Autobahn. Auf die blaue Markierung achten! Infos auf aucklandcouncil.govt.nz unter „Coast to Coast Walkway".

HWA CHO YI/SHUTTERSTOCK ©

Maungakiekie/One Tree Hill

MEHR IN PARNELL & NEWMARKET

Blick über Stadt und Hafen

EIN BAUM WIRD (IRGENDWANN) ALLES BEHERRSCHEN

In früheren Jahrhunderten waren die terrassierten Hänge des Vulkankegels **Maungakiekie/One Tree Hill** die wichtigste *Pā*-Stätte der Māori an der Landenge von Auckland. Vom 182 m hohen Gipfel – zu Fuß oder mit dem Fahrrad zu erklimmen – bietet sich ein Rundumblick über die Stadt. Am Fuß des Obelisken liegt das Grab von Sir John Campbell, der das Land 1901 der Stadt schenkte und dafür die Errichtung eines Denkmals für das Volk der Māori forderte.

Wo steht eigentlich der berühmte „One Tree": Die einsame Monterey-Kiefer wurde während der Landproteste von 1994 und 2000 von Māori-Aktivisten mit einer Kettensägen beschädigt. 2016 pflanzte man auf dem Gipfel neun heimische Bäume an. Etwa 2036 werden die schwächeren Exemplare gefällt und nur ein Baum wird stehen gelassen. Gegenwärtig schätzt man, dass ein Pōhutukakwa-Baum das Rennen machen wird.

Der Maungakiekie/One Tree Hill wird vom **Cornwall Park** umgeben; dort befindet sich eine Farm (von Juli bis September kommen hier Lämmer und Kälber auf die Welt). Im Frühjahr

ESSEN IN PARNELL

Pasture
Für das kulinarische Schauspiel mit fermentierten und Holzofen-Gerichten muss man unbedingt reservieren. **$$$**

Winona Forever
Das stets gut besuchte Café bietet leckere Kneipenkost – z.B. köstliche Sahne-Doughnuts. **$$**

Gerome
Griechische Genüsse wie Lamm-*kleftiko* und Garnelen-Teigtaschen mit fermentiertem Chili. **$$**

zieren Narzissen die Alleen. Der Cornwall Park Loop Path (40 Min., 3 km) umrundet den Maungakiekie – unterwegs unbedingt ein Eis am historischen **Creamery**-Kiosk einplanen! Das entspannte **Cornwall Park Bistro** daneben ist für seinen Nachmittagstee bekannt. In Aucklands **Stardome** (stardome.org.nz), am Südwesthang des Maungakiekie/One Tree Hill gelegen, hat regelmäßig Sternenbeobachtung und planetarische Shows im Programm. Ende Juni ist Interessantes über die Kosmologie der Māori und Matariki, das Māori-Neujahr, zu erfahren.

Aucklands ältester Vorort

SAKRALE ARCHITEKTUR UND HISTORISCHE HÄUSER

Im modernen Parnell gibt es Cafés, Cocktailbars und kosmopolitische Kunstgalerien, es gilt aber auch als Neuseelands ältester Vorort, der 1841 – ein Jahr nach Unterzeichnung des Treaty of Waitangi – angelegt wurde. Nahe der Kreuzung von Parnell Road und St. Stephens Avenue stehen mehrere gotische Holzbauten, die zwischen 1861 und 1863 entstanden: eine Bibliothek, ein Baptisterium und ein Glockenturm, die der anglikanischen Diözese von Auckland gehörten. Das benachbarte **Neligan House** wurde 1908–10 im Arts-and-Crafts-Stil aus Ziegeln gebaut – sehenswert: die Privatkapelle davor –, während die **Deanery** gegenüber 1857 aus Vulkangestein der Insel Rangitoto errichtet wurde. Im selben Jahr entstand in der nahen Ayr Street das **Kinder House** aus Vulkangestein vom Maungawhau/Mount Eden – hier sind Aquarelle und Erinnerungsstücke von Reverend Dr. John Kinder (1819–1903), Direktor der Church of England Grammar School, zu besichtigen.

Die **St Mary's-in-Holy-Trinity**, zwischen anglikanischem Dekanat und Kinder House gelegen, ist eine neogotische Kirche (1886) mit leuchtenden Buntglasfenstern. Die angrenzende **Holy Trinity Cathedral** präsentiert sich in einem moderneren Stilmix. In der Judge Street steht die winzige **St Stephen's Chapel**, die für die Unterzeichnung der Verfassung der Anglikanischen Kirche Neuseelands gebaut wurde. Von dieser für Hochzeiten beliebten Kirche windet sich ein hügeliger Weg vorbei an der **Judges Bay** durch den Dove-Myer Robinson Park zum **Parnell Rose Garden**.

Kunstgalerien & Souvenirläden

MODE, KUNST UND GUTES ESSEN

Hinter vielen der historischen Holzfassaden an der Parnell Road befinden sich Kunstgalerien und Geschenkeläden. **Kiwa Art** ist auf Māori- und Pazifik-Kunsthandwerk wie Web- und

DAS BESTE SOMMEREVENT

Die Aucklander beginnen das neue Jahr gern als Zuschauer bei den Damen- und Herrenwettkämpfen des **ASB Tennis Classic** (asbclassic.co.nz) in Parnells Tennis Arena in der Stanley Street. Das Turnier findet Anfang/Mitte Januar statt und gilt bei vielen Spielern als Vorbereitungsturnier für die Australian Open in Melbourne Ende Januar. Bei den Matches sieht man häufig die eine oder andere Tennislegende gegen die besten Nachwuchstalente antreten. 2023 spielten bei den Damen Venus Williams und den Herren drei Spieler, die in den Top 10 der ATP-Weltrangliste vetreten waren.

ESSEN IN NEWMARKET

Candyshop
Eierlastige Frühstücke und koreanisch angehauchte Mittags- und Abendgerichte wie *kalbi* (Grillrippchen). **$$**

Hungry Swine
Der Kiosk verkauft hervorragende Schweinebraten-Sandwiches. **$**

VT Station
Das nach Mumbais Hauptbahnhof benannte Lokal bietet indisches Street Food, leckere Cocktails und Craftbier. **$$**

WOCHEN-END-BAUERNMÄRKTE

Zwei der besten Bauernmärkte Aucklands sind die Wochenend-Highlights bei einem Parnell-Besuch. Der **Gastro Market** rund um den italienischen Feinkostladen **Buono** bietet Livemusik und Essensstände von Neuankömmlingen aus aller Welt, die jetzt stolze Auckländer sind. Zu den Köstlichkeiten am Samstag und Sonntag gehören die geräucherten serbischen Fleisch- und Wurstwaren von **Salash** und die Seafood-Paella von **Paella Pan**. Vom **Parnell Farmers Market**, der am Samstagvormittag beim **Foundation Building** stattfindet, ist es nur ein kurzer Spaziergang zum Vorplatz des **Auckland Museum** mit Hafenblick. Mit Masala-Tee und sri-lankischen Snacks vom **7 Siri**-Stand genießt man den Blick auf die Stadt und Rangitoto Island.

HELEN SKELTON, THE FANTAIL HOUSE ©

Fantail House

Schnitzarbeiten spezialisiert, führt aber auch kleinere Artikel wie Schmuck aus *pounamu* (Jade). Das **Fantail House** bietet neuseeländische Souvenirs und Haushaltswaren, darunter Werke von 140 lokalen Kunsthandwerkern wie Kiwiana-Wandkunst aus recyceltem Holz sowie Schals und Tücher aus feiner Merino-Lammwolle. Die interessantesten Galerien an der Parnell Road sind die **Artis Gallery** mit dem Fokus auf zeitgenössischen neuseeländischen Künstlern und die **Black Door Gallery** mit Gemälden, Skulpturen und Glaskunst aus Neuseeland. Dazwischen lohnt sich ein Abstecher ins **Alpha**, die Testküche von Pasture und Boxer, für köstliche Doughnuts, die oftmals schon um 11 Uhr ausverkauft sind. Teuer, aber sehr lecker!

Newmarkets Mittelpunkt ist das riesige Einkaufszentrum **Westfield** mit einem multikulturellen Food Court sowie Restaurants auf dem Dach, die u.a. japanische, peruanische und türkische Gerichte servieren. Zum Shoppen laden z.B. **Creative & Brave** und **Poi Room** ein, beide mit Kunst und Design aus Neuseeland, sowie die Boutiquen neuseeländischer Designer wie **Karen Walker**, **Kate Sylvester** und **Kowtow**. Stilvolle, vom Snow- und Skiteboarden inspirierte neuseeländische Streetwear führt der Flagship Store von **Huffer** in Westfield.

AUSGEHEN IN PARNELL & NEWMARKET

Boxer
Innovative Cocktails und ebensolche kleine Gerichte. Gehört zum ähnlich interessanten Pasture.

Pineapple on Parnell
In stilvollem Herrenclub-Ambiente werden klassische Cocktails und Käse-Wurst-Platten serviert.

The Lumsden
Craftbier aus ganz Neuseeland, Tische im Freien und große Bildschirme für Sportübertragungen.

MOUNT EDEN & KINGSLAND

STADTBLICK, CRAFTBIER UND TOLLE RESTAURANTS

Die Wohnvororte Mount Eden und Kingsland am Maungawhau/Mount Eden, Aucklands höchstem Punkt, sind beliebte Ausgehviertel am Rand der Stadt. Sie sind vom Zentrum aus gut zu erreichen, es gibt gute Unterkünfte wie etwa B&Bs in Villen aus dem 19. Jh. Kingsland mit seiner Straßenkunst und vielen guten Bars, die sich vor allem vor Konzerten oder Rugbyspielen im Eden Park füllen, ist unkonventioneller und lebhafter, während man in den alten Holzgebäuden von Mount Eden relaxte Tagesrestaurants und Cafés findet. Die Dominion Road südlich des Eden Park ist voller guter Speiselokale. Im Balmoral-Viertel gibt es malaysische, japanische und chinesische Küche, im nahe gelegenen Sandringham liegt der Fokus auf Indien und Sri Lanka. Craftbier-Fans zieht es in die Bars und Schankstuben an der Auckland Beer Mile, die von Mount Eden über Kingsland bis nach Morningside verläuft.

TOP TIPP

Mount Eden Village, Eden Park und Dominion Road sind mit den OuterLink-Bussen zu erreichen; die Züge der Western Line, die in Britomart losfahren, halten in Kingsland. Bei Mount Eden und dem CBD wird derzeit die City Rail Link ausgebaut, inklusive neuen Bahnhöfen beim Rathaus und an der Karangahape Road.

Skyline von Auckland, Maungawhau/Mount Eden

NATHEEPAT KIATPAPHAPHONG/SHUTTERSTOCK ©

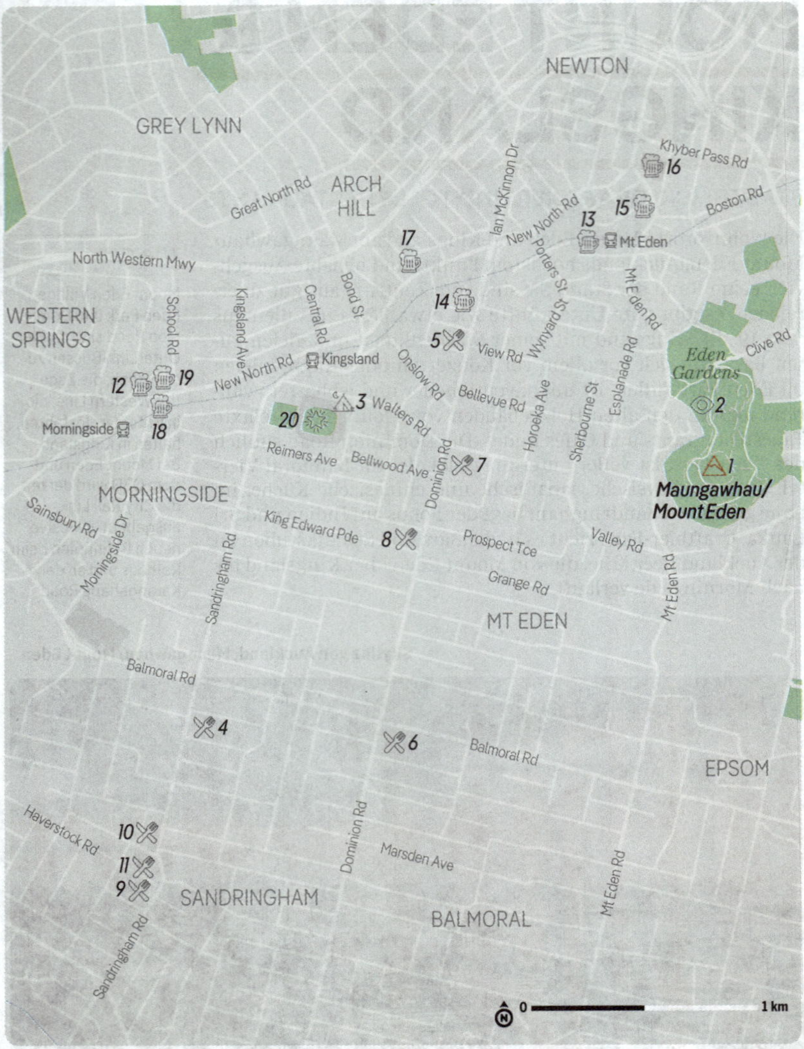

HIGHLIGHTS
1 Maungawhau/Mt. Eden

SEHENSWERTES
2 Te Ipu Kōrero o Maungawhau/Maungawhau Visitor Experience Centre

AKTIVITÄTEN
3 Staydium Glamping

ESSEN
4 Blue Rose
5 Eden Noodles
6 JadeTown
7 Jolin Shanghai
8 Mr Hao
9 Paradise
10 Satya Chai Lounge
11 St Anthony's

AUSGEHEN
12 605 Morningside Drinkery
13 Brothers Brewery
14 Churly's
15 Fridge & Flagon
16 Galbraith's Alehouse
17 Garage Project
18 The Beer Spot
19 Urbanaut

UNTERHALTUNG
20 Eden Park

Maungawhau/Mount Eden

AUCKLANDS HÖCHSTE ERHEBUNG

Die Erkundung des Maungawhau/Mount Eden (Foto unten) beginnt im **Te Ipu Kōrero o Maungawhau/Maungawhau Visitor Experience Centre** in einem 1926 im spanischen Missionsstil errichteten Pavillon am Nordhang des *maunga* (Berg). Karten, Fotos und ein 3-D-Modell erzählen die Geschichte von Aucklands Vulkanfeld und insbesondere seiner Bedeutung für die Māori. Es gibt auch ein faszinierendes zehnminütiges Video und ein gutes Café mit Stadtblick.

Vom Besucherzentrum führt die Asphaltstraße – nur Fußgänger und Fahrräder erlaubt – auf den *tihi* (Gipfel), mit 196 m Aucklands höchster Punkt. Ein Plankenweg, der den Gipfel umrundet und die Terrassenfelder und alten Vorratsgruben der Māori schützt, führt zu einer Aussichtsplattform mit Blick auf CBD, Auckland Harbour Bridge und Sky Tower. Die Rundumsicht schließt die ganze Landenge sowie Wanakau- und Waitematā-Hafen ein, am nördlichen Horizont ist im Hauraki-Golf sogar Rangitoto Island auszumachen.

Der symmetrische, 50 m tiefe Krater ist als Te Ipu Kai a Mataaho („Essschale des Mataaho", der Gottheit, die die Geheimnisse der Erde bewacht) bekannt und gilt als *tapu* (heilig), weshalb man nicht in den Krater hinabsteigen darf. Zurück zum Besucherzentrum braucht man eine knappe Stunde.

Zum Maungawhau/Mount Eden kommt man mit dem Bus 27, der vom Britomart Transport Centre zum Tahaki Reserve an der Mount Eden Road fährt.

SEITA/SHUTTERSTOCK ©

AUCKLANDS VOLCANIC FIELD

Manch eine Stadt liegt im Schatten eines einzigen Vulkans, Auckland dagegen wurde auf mehr als 50 Vulkanen errichtet. Sie sind nicht alle erloschen – zuletzt brach vor etwa 700 Jahren der Rangitoto aus –, aber keine Angst: In den letzten 20000 Jahren kam es nur 19-mal zu Eruptionen. Die einzigartige urbane Landschaft von Tāmaki Makaurau steht auf der Vorschlagsliste zum Unesco-Welterbe; und seit 2014 werden 14 der Tūpuna Maunga (Ahnenberge) von 13 Māori-*iwi* (Stämmen) mitverwaltet.

AUCKLANDS ANDERE VULKANE

Weitere bedeutsame *maunga* rund um Auckland sind **Maungakiekie/One Tree Hill** (S. 80), **Maungauika/North Head** (S. 90) und **Rangitoto** Island (S. 109).

PETER TRANT/ALAMY STOCK PHOTO ©

Die All Blacks beim *haka*, Eden Park

MORNINGSIDE PRECINCT

Der Morningside Precinct (morningside.nz) befindet sich in einer ehemaligen Gardinenfabrik und wirkt belebend auf diesen ruhigen Vorort Aucklands. Einen kurzen Spaziergang vom Bahnhof Morningside entfernt – perfekt, um sich vor einer Veranstaltung im Eden Park zu stärken – findet man hier acht Gastro-Betriebe, darunter eine Schokoladenmanufaktur und Lokale, in denen es taiwanesische Teigtaschen oder Craftbier und Brathähnchen gibt. Gesündere, vegane Optionen bietet das **Kind Cafe**. Für die erfrischenden Apfelweine von **Morningcider** werden heimische Äpfel verarbeitet. In der **Morningside Tavern** findet jeden Montagabend ein allseits beliebtes Kneipenquiz statt.

MEHR IN MOUNT EDEN & KINGSLAND

Aucklands Rugby-Festung

FÜHRUNGEN UND EINE EINZIGARTIGE UNTERKUNFT

Der 1900 an der Grenze von Mount Eden und Kingsland eröffnete **Eden Park** ist Neuseelands größtes Sportstadion mit 50 000 Plätzen der traditionelle Schauplatz großer Rugby- und Cricket-Matches. In den vergangenen Jahrzehnten feierte die neuseeländische Rugby-Nationalmannschaft, die All Blacks, ihre größten Erfolge. Der dreimalige Rugby-Weltmeister hat dort seit 1994 nicht mehr verloren. 2022 gewannen im Eden Park auch die Black Ferns, Neuseelands Damen-Rugby-Team, den Women's Rugby World Cup. In der Hoffnung auf einen weiteren Sieg füllen die Fans vor den Spielen die Bars des nahen Kingsland, und seit 2021 präsentiert das Stadion auch Open-Air-Konzerte z. B. von Billy Joel, Guns n' Roses, Ed Sheeran und Aerosmith.

Neben Rugby und Rockmusik bietet der Eden Park weitere Attraktionen. Von kompetenten Sporthistorikern geführte Stadiontouren gewähren einen Blick hinter die Kulissen, etwa in den Spielertunnel und die Umkleideräume, und bei der Tour auf dem Dach genießt man einen Rundumblick über

ÜBERNACHTEN IN MOUNT EDEN & KINGSLAND

Eden Park B&B
Edwardianische Eleganz, exzellentes Frühstück, ein sonniger Garten und Gastfreundschaft in Mount Eden. **$$$**

Bavaria B&B
Geräumige, luftige Zimmer mit Bad und Gemeinschaftsbereiche in Gehweite zur Dominion Road. **$$**

Quest Mount Eden
Studios und Apartments mit einem oder zwei Schlafzimmern unweit von Maungawhau/Mount Eden. **$$**

die Stadt. Aucklands Vulkanfeld, einschließlich Maungawhau/ Mount Eden, ist aus dieser Perspektive besonders gut zu sehen. Sicherheitsgurte sind auf dem Dach der Haupttribüne Pflicht, in 34 m Höhe bieten sich tolle Fotomotive. Ähnlich spektakulär ist das **Staydium Glamping** mit Übernachtung in zwei komfortablen Zelten hoch über dem heiligen Rasen.

Auckland Beer Mile

KNEIPEN-HOPPING AUF AUCKLANDS HOPFENSAFT-ROUTE

Tatsächlich ist dieser Bier-Rundweg von Mount Eden über Kingsland nach Morningside 4 km lang, aber wenn das Bier (und das Essen) gut ist – warum sollte man sich beschweren? Die ganze Route auf einmal zu bewältigen, ist nicht zu empfehlen, aber da sich immer zwei oder drei Lokale in unmittelbarer Nähe befinden, lässt es sich gut auf einzelne Abschnitte konzentrieren. Bahnhöfe liegen in Kingsland und Morningside, Bus 22 verkehrt auf der gesamten Route. Infos über Events gibt's auf Instagram unter @aucklandbeermile.

Im **Galbraith's Alehouse** werden Aucklands beste Sonntagsbraten und Real Ales vom Fass serviert, der sonnige Biergarten ist ideal für einen Gin am Nachmittag. Im **Fridge & Flagon** gibt es coole Straßenkunst und elf Biere von kleinen neuseeländischen Brauereien (nach den Biersorten der Small-Gods-Brauerei fragen).

Die familien- und hundefreundliche **Brothers Brewery** – mit Retro-Möbeln aus den 1970er-Jahren – bietet amerikanisches Barbecue aus dem dazugehörigen Restaurant Juke Joint. Bei **Churly's** fließen aus 20 Zapfhähnen Bier von Behemoth Brewing, die Burger und Würste sind exzellent. In der Auckland-Niederlassung von Wellingtons hervorragendem **Garage Project** gibt's Verkostungen mit sechs Hopfensäften, u. a. häufig Sauer- und spontan vergorene Biere. **The Beer Spot** bietet 40 Biere vom Fass und regelmäßige Besuche von Foodtruck-Stars wie Miso-Ra (Ramen) und Wood Spirit (türkische *pide*).

Die **605 Morningside Drinkery** lockt mit einer Kombination aus Chicken Wings und Craftbier. Und bei **Urbanaut** gibt's super Burger, Kräuter- und Trüffelpommes sowie ungewöhnliche und saisonale Biere.

MUSIK IN DER POWER STATION

Vor einem Konzert in der **Powerstation** (powerstation.net.nz) stehen die Leute für ein kühles Bier in Galbraith's Alehouse Schlange. Seit über 30 Jahren präsentiert die Powerstation Konzerte der besten neuseeländischen Bands und von internationalen Künstlern, bevor sie ihren großen Durchbruch geschafft haben. Über das anstehende Programm informiert eine Tafel am Eingang und die Website. Bislang spielten hier unter anderem Radiohead, Steve Earle, die Pixies und Public Enemy.

Aucklands Multikulti-Speisenangebot

KÜCHEN AUS ALLER WELT UND PREISWERTES ESSEN

Einer von drei Neuseeländern lebt in Auckland, und die größte Stadt des Landes ist auch die ethnisch vielfältigste. Die Kulinarik und Kultur der Pazifik-Inseln – viele Einwohner

SHOPPEN IN MOUNT EDEN & KINGSLAND

Time Out
Der Buchladen im Mount Eden Village hat eine große Auswahl an neuseeländischer Belletristik und Sachliteratur.

Royal Jewellery Studio
Kingslands Schaukasten zeitgenössischen neuseeländischen Kunsthandwerks, z. B. Schmuck aus *pounamu* (Jade).

Miann
Bio-Schokolade, von Freitag bis Sonntag Nachmittagstee und leckere Mitbringsel im Morningside Precinct.

Chinesische Nudeln

stammen von Samoa, Tonga, den Cookinseln, Fidschi, Niue und seit einiger Zeit auch aus Asien – haben eine reiche kosmopolitische Restaurantszene in dieser Millionenmetropole geschaffen. Mehrere Viertel am Rand der Innenstadt bieten authentische Aromen von Aucklands multikultureller Gegenwart und Zukunft.

Rund um die Dominion Road im Eden Quarter und in Balmoral kommen in den Restaurants die besten chinesischen Gerichte auf den Tisch. Bei **Eden Noodles** gibt es beispielsweise scharfe *Mala*-Gerichte mit Szechuanpfeffer, **Jolin Shanghai** bietet *xiao long bao* (Teigtaschen in Brühe), und **JadeTown** serviert die traditionelle uigurische Küche aus der Provinz Xinjiang. Hier lässt es sich gut zu Mittag essen, und am Abend lockt **Mr Hao** mit kühlem Bier sowie gegrillten Meeresfrüchten und Grillspießchen.

Ein paar Blocks weiter in Sandringham befinden sich die besten indischen und sri-lankischen Restaurants von Auckland. Köstliche Tandoor-Gerichte gibt es im **Paradise**, das **St Anthony's** ist für seine sri-lankischen Currys und Fladenbrote bekannt. Abends wird in der **Satya Chai Lounge** indisches Streetfood und neuseeländisches Craftbier serviert. Die Spezialitäten im **Blue Rose** in Sandringham sind Pasteten mit Einflüssen aus der Māori- und Pazifik-Küche. Besonders lecker schmecken *hāngi*-Pastete mit Schweinebauch und *kūmara* (Süßkartoffeln).

CULTUREFEST

Ende März oder Anfang April steigt im War Memorial Park in Mount Roskill dieses eintägige Fest mit Essen, Musik, Tanz und Kultur von den mehr als 70 Nationalitäten und ethnischen Gruppen, die Auckland zur kosmopolitischsten Stadt des Landes machen. Für das leibliche Wohl sorgen afghanische Kebabs oder Gerichte aus einem Māori-*hāngi* (Erdofen), äthiopischer Kaffee weckt die Lebensgeister. Beim hart umkämpften Fußballturnier tritt z.B. Somalia gegen Chile oder Irak gegen Kambodscha an. Das CultureFest ist Teil von Aucklands dreiwöchigem Festival **World of Cultures** (worldofcultures.co.nz).

ESSEN IN MOUNT EDEN & KINGSLAND

OOH-FA
Abends serviert das Lokal an der Dominion Road die vielleicht beste Pizza der Stadt. Bio-Wein und Craftbier. **$$**

Cazador
Wildgerichte und selbst gemachte Wurst wie im Iran, der Heimat des Wirtes. **$$**

ZOOLZOOL
Hervorragende Ramen, kaltes Bier und Barsnacks bietet diese moderne *izakaya* (japanischen Kneipe). **$$**

DEVONPORT

AUCKLANDS HISTORISCHES HAFENVIERTEL

Der Vorort Devonport am Hafen ist mit seinen alten viktorianischen und edwardianischen Gebäuden, Cafés, Restaurants und guten Shopping-Möglichkeiten ein angenehmer Ausflugsort. Von der Innenstadt ist er am besten mit der Passagierfähre zu erreichen, die Hafenüberfahrt bietet eine großartige Sicht auf Stadt und Auckland Harbour Bridge.

Devonports beste Aussicht bietet sich vom Maungauika/North Head und vom Takarunga/Mount Victoria, zwei der vielen Vulkane auf der Landenge. Auf beiden errichteten die Māori bereits vor Jahrhunderten Siedlungen, noch im Zweiten Weltkrieg wurde die strategische Lage geschätzt.

In knapp 15 Min. ist man von der Innenstadt in Devonport, um dort zu Mittag zu essen, am Strand Fish & Chips zu knabbern oder die tollen Läden und Kunstgalerien zu erkunden. Von Devonports Hauptstraße Victoria Street kommt man auf der King Edward Parade über die Torpedo Bay zum exzellenten Navy Museum.

TOP TIPP

Passagierfähren von Auckland Transport verkehren regelmäßig von Aucklands Ferry Building über den Hafen nach Devonport. In einem Retro-Wohnwagen am Devonport Wharf befindet sich das Devonport Information Centre (devonport.co.nz). Dort gibt es Straßenkarten und Broschüren für Spaziergänge durch diesen historischen Vorort.

HIGHLIGHTS	SEHENSWERTES	ESSEN	AUSGEHEN
1 Maungauika/North Head	**3** Cambria Reserve	**6** Devon on the Wharf	**11** Tiny Triumphs
2 Takarunga/ Mt. Victoria	**4** Torpedo Bay	**7** Lily Eatery	**12** Vondel
	5 Torpedo Bay Navy Museum	**8** Riba Fish & Chips	**UNTERHALTUNG**
		9 Signal Hill	**13** The Vic Devonport
		10 Vic Road Kitchen	

Maungauika/ North Head

DEVONPORTS VERTEIDIGUNGSBASTION

Der Maungauika/North Head dominiert die nördliche Einfahrt in den Waitematā Harbour. Vor Jahrhunderten befand sich hier ein *pā* (befestigtes Māori-Dorf), zudem gibt es Hinweise auf landwirtschaftlichen Terrassenanbau und *rua tahuhu* (Gruben zur Lagerung von Lebensmitteln). 1836 wurde eine Navigationsstation gebaut, um die Hafeneinfahrt der Kolonialsiedlung Auckland zu markieren, 1886 wurde die 8-Zoll-Kanone **Saluting Battery** zum Schutz vor der vermeintlichen Gefahr einer russischen Invasion aufgestellt. Im Ersten und Zweiten Weltkrieg wurde ein unterirdisches Netz aus Tunneln und Munitionslagern angelegt. Vom Gipfel bietet sich eine wunderbare Sicht über den Hauraki-Golf bis Rangitoto Island sowie auf **Cheltenham Beach** und **Torpedo Bay** (Te Haukapua), wo im 14. Jh. das Tainui-*waka* (Reisekanu der Māori) gelandet sein soll.

Takarunga/Mount Victoria

Takarunga/Mount Victoria

HERRLICHER BLICK VON DEVONPORTS HÖCHSTER ERHEBUNG

Der Takarunga/Mount Victoria westlich des Maungauika/ North Head ist auch ein Vulkankegel. Vom Parkplatz an der Kerr Street führt eine Straße (nur für Fußgänger, Segways und Fahrräder) zum Gipfel hoch, wo sich noch eine Kanone und eine 3-D-Reliefansicht des Hafens befindet. Die rot-weißen „Fliegenpilze" hier sind Lüftungsschächte. *Takarunga* heißt „der darüber stehende Hügel" und weist darauf hin, dass dieser Berg der höchste Punkt in der unmittelbaren Umgebung ist und dass er einst einen dritten Vulkan zwischen Takarunga und Maungauika überragte. Dieser wurde abgetragen und bildet nun das grasbewachsene **Cambria Reserve**.

Maungauika/ North Head

HEMIS/ALAMY STOCK PHOTO ©

Torpedo Bay Navy Museum

MEHR IN DEVONPORT

Die faszinierende Geschichte der Torpedo Bay

NEUSEELANDS MARINEGESCHICHTE

Devonport ist die Basis der Royal New Zealand Navy, und häufig liegen graue Schlachtschiffe an der HMNZS *Philomel*, dem Verwaltungs- und Technikzentrum der Marine westlich von Devonport Wharf. Östlich davon, am Fuß des Maungauika/ North Head, befindet sich das National Museum of the Royal New Zealand Navy, auch als **Torpedo Bay Navy Museum** (navymuseum.co.nz) bekannt. Die **Torpedo Bay** ganz in der Nähe bekam ihren Namen, als ab 1904 die Verlegung von Minen mit Elektro-Sensoren im gesamten Hafen geplant war, um sich vor einer drohenden russischen Invasion zu schützen. Nach dem Sieg Japans über Russland im Jahr 1905 wurden die Pläne jedoch aufgegeben.

Die Marine ist seit den Anfängen der Kolonie in Devonport stationiert, und das Museum erzählt anschaulich ihre Geschichte. Die Abteilungen konzentrieren sich auf Schlüsselmomente wie die wichtigen Seegefechte im Zweiten Weltkrieg im Pazifik und auf dem südamerikanischen Río de la Plata sowie auf friedenserhaltende Maßnahmen während der Balkankriege in den 1990er-Jahren. Auch Neuseelands Beitrag zu Such- und Rettungsaktionen und zur Katastrophenhilfe im Pazifik wird thematisiert. Ein Schwerpunkt sind ergreifende Geschichten über Seeleute, deshalb zieht das Museum

SEGWAY-TOUR DURCH DEVONPORT

Eine Fahrt mit dem Segway ist eine großartige Art und Weise, den Hafenvorort Devonport zu erkunden. Nach einer kurzen Einweisung am Devonport Wharf führen die Touren mit Pauline Baker von **Magic Broomstick Segway Tours** (magicbroomsticktours.co.nz) am Hafenrund der Torpedo Bay entlang über sanfte Hügel durch historische Gassen oder auf den Maungauika/ North Head und den Takarunga/Mount Victoria. Unterwegs bieten sich herrliche Blicke auf den Hafen und die Innenstadt. Pauline kennt viele interessante Anekdoten aus der Lokalgeschichte; in der Regel haben die Teilnehmer die Möglichkeit, mit dem Segway auch in einen Park zu fahren.

SHOPPEN IN DEVONPORT

Devonport Chocolates
Selbst gemachte Schokolade, von Vögeln und Blumen inspiriert. Hokey-Pokey-Schokolade ist ein Klassiker.

Peter Raos Studio Gallery
Farbenfrohe, kreative Glaskunst. Die Briefbeschwerer mit Pazifik-Motiven sind tolle Mitbringsel.

Paradox Books
Seit über 25 Jahren eine Devonporter Institution für neuseeländische Belletristik und Sachliteratur.

PAVEL DUDEK/ALAMY STOCK PHOTO ©

Victoria Road, Devonport

nicht nur militärisch interessierte Besucher an. Das Museum ist auch ein Beweis dafür, welchen Beitrag dieses kleine Land in einigen großen Konflikten bereits geleistet hat.

Mit der Fähre zum Essen

DEVONPORTS BESTE RESTAURANTS UND BARS

Die Fährfahrt über den Hafen nach Devonport gehört fest zu einem Aufenthalt in Auckland, und gutes Essen auf der anderen Seite macht das Erlebnis noch schöner. Fähren verkehren bis etwa 23.30 Uhr – bei der abendlichen Rückfahrt zum Ferry Building sind die Lichter der Stadt zu bewundern.

Wer zur Brunchzeit nach Devonport kommt, sollte schnurstracks zur **Lily Eatery** gehen und sich Maispuffer mit orientalischem Touch sowie pochierte Eier schmecken lassen. Alternativ bieten sich türkische Genüsse wie *menemen* (gebackene Eier) und Baklava im **Devon on the Wharf** an. Einen altmodischen Neuseeland-Genuss bietet **Riba Fish & Chips**. Die Fish and Chips kann man dann in der Nähe am Hang des Takarunga/Mount Victoria oder am Hafen verzehren.

Abends geht's ins **Signal Hill**, das gehobene Bistroküche serviert – an warmen Sommerabenden auf der Veranda. Die **Vic Road Kitchen** wiederum hat Devonports beste Weinauswahl und rustikale mediterrane Gerichte.

Lust auf einen Drink? Dann gilt es im **Vondel** ein paar Craftbiere von Sawmill oder McLeod's zu kippen. Natürliche Weine und Gerichte zum Teilen stehen ebenfalls im Angebot. Cocktails und weitere Craftbiere stehen im **Tiny Triumphs** im Fokus. Arthouse-Filme und Konzerte bietet das **The Vic Devonport**, ein 1910 eröffnetes Theater.

DEVONPORTS KUNSTSZENE

Devonports interessante Kunstszene stärkt den ohnehin großen Gemeinschaftssinn des Vororts zusätzlich. Neben dem Supermarkt New World liegt der **Depot Artspace** mit Wechselausstellungen lokaler und neuseeländischer Künstler aus den Genres Malerei, Bildhauerei und Fotografie. Dazu gehören auch ein Musikstudio und ein Proberaum für Musiker. Plakate zeigen Bands aus Devonport, die der Welt die Singer-Songwriterin Lorde beschert hat. Die **Flagstaff Gallery** präsentiert Werke etablierter wie aufstrebender neuer Künstler aus Neuseeland. Die **Newton Andrews Gallery** ist auf alte Landkarten, Drucke und Fotografien spezialisiert. Viele der faszinierenden Exponate stammen aus vergangenen Zeiten.

KAFFEE TRINKEN IN DEVONPORT

Corelli's Cafe
Eckcafé mit Sitzplätzen an der Sonne. Nach dem Lachs Benedict geht's auf den Takarunga/Mount Victoria.

Chiasso Coffee Roasters
Der Bio-Kaffee wird vor Ort geröstet. Unbedingt probieren: Nitro Cold Brew mit Sahne!

Five Loaves
Das Café liegt ein paar Straßen hinter dem Hafen und bietet Selbstgebackenes und exzellenten Kaffee.

TĀMAKI DRIVE

CAFÉS, STRÄNDE UND HAFENBLICK

Der Tāmaki Drive, der von der Innenstadt ins 10 km entfernte Saint Heliers führt, ist Aucklands schönste und beliebteste Küstenstraße. Am ersten Sonntag im März findet auf ihr der Volkslauf Round the Bays statt, an dem bis zu 30 000 Läufer und Walker sowie vereinzelte Inlineskater in Pokémon-Kostümen teilnehmen. Der Tāmaki Drive bildet zudem einen Abschnitt des Auckland Marathon, der im Oktober stattfindet.

Einige Wochen nach dem Marathon stehen die Pōhutukawa-Bäume am Tāmaki in leuchtendroter Blüte, nach Neujahr bis in den Sommer hinein sind die Strände voller Menschen, die baden, in Cafés und Restaurants relaxen und in einem faszinierenden Aquarium Meeresbewohner besichtigen. Und obwohl der Tāmaki Drive durch einige der exklusivsten Wohngebiete der Stadt verläuft, trifft sich hier ganz Auckland. Im Sommer sollte man besser unter der Woche kommen, um den Massen zu entgehen.

TOP TIPP

Der hellblaue Tāmaki-Link-Bus von Auckland Transport fährt vom Britomart Transport Centre den Tāmaki Drive entlang nach Saint Heliers und hält unterwegs an Stränden und Attraktionen. Beliebt sind auch Fahrrad- oder E-Scooter-Touren auf dem Radweg des Tāmaki Drive. E-Bikes und -Scooter können über Lime- und Uber-App gemietet werden.

HIGHLIGHTS
1 Kelly Tarlton's Sea Life Aquarium

SEHENSWERTES
2 Achilles Point Lookout
3 Kohimarama
4 Michael Joseph Savage Memorial
5 Mission Bay
6 Mission Bay Fountain
7 Okahu Bay
8 Orakei Domain
9 St Heliers

AKTIVITÄTEN
10 Bastion Point
11 Fergs Kayaks
12 Mission Bay Watersports

Kelly Tarlton's Aquarium

ÜBERRASCHENDES MEERESLEBEN UNTER DER ERDE

Auf einer Landzunge am östlichen Rand der Okahu Bay liegt eine der innovativsten Sehenswürdigkeiten Aucklands. In einem unterirdischen Labyrinth aus riesigen Rohren, die früher zum Entwässerungssystem der Stadt gehörten, befindet sich das lehrreiche und unterhaltsame Kelly Tarlton's Sea Life Aquarium (visitsealife.com).

Das einzigartige Aquarium ist nach Kelly Tarlton (1937–1985) benannt, einem neuseeländischen Meeresforscher und Unternehmer, der die Vision hatte, inmitten des städtischen Entwässerungssystems diese Attraktion zu bauen. Mit der Hilfe des Aucklander Ingenieurs Mike Murphy wurde diese Vision umgesetzt; und heute gehen die Besucher umgeben von Haien, Stachelrochen, Schildkröten und anderen Meeresbewohnern durch gläserne Röhren. Nach diesem ersten Unterwasserprojekt entwarf der Ingenieur in anderen Ländern wie Malta, Malaysia und den Malediven ähnliche begehbare Aquarien.

In dieser Unterwasserwelt begegnet man vielen Meerestieren Auge in Auge. Der Schwerpunkt des Aquariums liegt auf Bildung und Naturschutz, interaktive Bereiche stellen Lebensräume wie den Hauraki-Golf und die Antarktis dar. Weitere Angebote sind Penguin-Passport-Touren, das sind 60-minütige Erlebnisse hinter den Kulissen bei den Königs- und Eselspinguinen, sowie Schnorcheln und Schwimmen mit Haien beim Shark Cage Adventure. Bei Online-Buchungen gibt es manchmal Preisnachlässe.

PARNELL BATHS

Am stadtauswärtigen Ende des Tāmaki Drive befinden sich die Parnell Baths, eine seit 1914 bei Familien beliebte Badeanstalt. Die meiste Action steigt im 60 m langen Meerwasserbecken, zudem gibt es einen tollen Kinderspielplatz und beheizte Whirlpools. Designfans sollten auf das coole Retro-Wandbild aus den 1950er-Jahre achten. Vom Tāmaki Drive gelangt man über die Point-Resolution-Fußgängerbrücke in die Parnell Baths. In der Nähe befindet sich eine Bushaltestelle; aber die 2,5 km von der Innenstadt sind auch zu Fuß machbar.

Kelly Tarlton's Sea Life Aquarium

GRB/SHUTTERSTOCK ©

Mission Bay Fountain

MEHR AM TĀMAKI DRIVE

Strand-Hopping am Tāmaki Drive

SCHWIMMEN, WASSERSPORT UND GUTE RESTAURANTS

Von Aucklands Innenstadt gen Osten nach Saint Heliers locken mehrere familienfreundliche, ruhige Badestrände zum Anhalten. Weil nach starken Regenfällen die Wasserqualität beeinträchtigt sein kann, sollte man sich im Voraus auf der Website safeswim.org.nz danach erkundigen.

Der Stadt am nächsten ist die **Okahu Bay**, eine kompakte Bucht vor den Rugby-Plätzen der **Orakei Domain**. Bei Fergs kann man sich Kajaks, Paddleboards oder Inlineskates ausleihen. Hinter Kelly Tarlton's Sea Life Aquarium und Bastion Point liegt die **Mission Bay**, der beliebteste Strand am Tāmaki Drive mit den meisten Angeboten. Cafés und Restaurants bieten hier alles von Fish & Chips und mexikanischer Küche bis zu Craftbier, Kaffee und Cocktails; der **Mission Bay Fountain** (1947) ist ein Art-déco-Highlight an diesem weitläufigen Strand. **Mission Bay Watersports** ist ein Kajak- und Paddleboard-Verleih und bietet auch Kurse an.

Nur eine kurzes Stück weiter erstreckt sich der beliebte Badestrand von **Kohimarama**. Einige von Aucklands Profiseglern haben ihre Karriere im Kohimarama Yacht Club begonnen. Das Ende des Tāmaki Drive markiert **Saint Heliers**, das mit seiner Holzpromenade vage an englische Küstenorte erinnert. Von Saint Heliers führt die Cliff Road hoch zum **Achilles Point Lookout** mit einem Panoramablick auf den Waitematā Harbour und die Inseln im Hauraki-Golf.

NACH RANGITOTO PADDELN

Die Rangitoto Island, die im Hauraki-Golf liegt, ist vom Tāmaki Drive ausgezeichnet zu sehen. Von Aucklands Ferry Building verkehren Fähren zu diesem bewaldeten Vulkankegel, es ist aber auch möglich, vom Tāmaki Drive hinüberzupaddeln. **Fergs Kayaks** (fergskayaks.co.nz) in der Okahu Bay bietet sechsstündige Touren zur Insel an – inklusive Aufstieg auf den Gipfel bei Sonnenuntergang. Bei **Auckland Sea Kayaks** (auckland seakayaks.co.nz) kann man Touren tagsüber und bei Dämmerung von Saint Heliers nach Rangitoto buchen. Beide Unternehmen haben auch 45-minütige Kajakausflüge von Saint Heliers nach **Motukorea/Browns Island** im Programm.

ESSEN AM TĀMAKI DRIVE

Azabu
Im historischen melanesischen Missionsgebäude in der Mission Bay gibt's japanisch-peruanische Nikkei-Küche. **$$$**

Good George Tap Room
Craftbier, Apfelwein und selbst gemachter Gin sowie gute Kneipenkost und Blick auf den Waitematā Harbour. **$$**

Kohi Beach Eatery & Store
Frühstücks- und Brunch-Klassiker, später Abendessen. Auch Selbstgebackenes und Take-away-Sandwiches. **$$**

ORAKEI BAY VILLAGE

Von der Innenstadt fährt die Eastern Line ins Orakei Bay Village – von Aucklands Britomart Transport Centre ist es nur ein Halt bis zum Bahnhof Orakei. Nachdem man bei **Farro Fresh** essbare Mitbringsel aus neuseeländischen Produkten gekauft hat, steht ein relaxtes Mittagessen in der **Ampersand Eatery** oder ein gemütliches Abendessen im **Copia** direkt am Ufer auf dem Programm. Dort gibt es Gins aus den neuseeländischen Brennereien Source und Scapegrace, und der nahe gelegene **Brothers Beer Barrel Room** serviert Craftbier und amerikanisches Barbecue. Schon der Hinweg nach Orakei Bay Village ist ein kleines Abenteuer, denn die Bahn fährt über den Hobson Bay Causeway.

AARON CHOI/SHUTTERSTOCK ©

Michael Joseph Savage Memorial

Die Landspitze Bastion Point

GESCHICHTE UND HAFENBLICK

Auf dieser Landzunge mit wechselvoller Vergangenheit vereinen sich Politik, herrliche Aussicht auf die Küste und üppig grüne Rasenflächen. Ein prächtiges **Mausoleum** ehrt Michael Joseph Savage (1872–1940), den ersten Labour-Party-Premierminister Neuseelands, der mit seinen sozialistischen Reformen in den 1930er-Jahren sehr populär war. Über den Rasen links vom Denkmal in Richtung Küste gelangt man zu einem Geschützstellung aus dem Zweiten Weltkrieg – eine von vielen, die den Hafen säumten, um die Stadt zu schützen. Weitere Geschützstellungen und Verteidigungsanlagen befinden sich in den Klippen entlang des Tāmaki Drive.

Takaparawhau, wie die Māori Bastion Point nennen, wurde Ende der 1970er-Jahre von Mitgliedern des Ngāti Whātua Ōrākei, dem lokalen Māori-*hapu* (Unterstamm), besetzt. Die Entscheidung der neuseeländischen Krone, das Land an eine Immobilienfirma zu verkaufen, die hier Häuser für die wohlhabende Bevölkerung bauen wollte, löste diesen Protest aus. Dieser dauerte 506 Tage. Am 25. Mai 1978 vertrieben 800 Polizisten und Soldaten die Besetzer gewaltsam – dieses Ereignis trug dazu bei, die Ungerechtigkeit gegenüber den Māori deutlich zu machen. 1988 gab die Regierung Takaparawhau/Bastion Point und Ōrākei Marae als Teil der Übereinkünfte im Vertrag von Waitangi an Ngāti Whātua Ōrākei zurück.

Der 3,3 km lange **Tamaki Drive Coastal Path** beginnt an der Hapimana Street in Orakei und führt sowohl zur Mission Bay als auch zum Bastion Point.

ESSEN AM TĀMAKI DRIVE

St Heliers Bay Bistro
Klassiker wie Risotto, Burger oder Fish & Chips sowie leckere Brunchgerichte und Salate. **$$**

Porch Bar & Eatery
Das Lokal in Saint Heliers hat Tische im Freien – perfekt für ein leckeres Essen, und dazu ein Spritz oder ein Bier. **$$**

Village Co-op
Das Eis und der Kaffee schmecken am besten am Strand von Saint Heliers. **$**

WEST AUCKLAND

WEINGÜTER UND WILDE KÜSTE

West Auckland ist der Inbegriff von „rau": von den wilden Stränden mit schwarzem Sand und von Buschwerk bewachsenen Bergen bis hin zu den archetypischen „Westies" – hart arbeitenden Handwerkern, die Rockmusik hören, schwarze T-Shirts tragen und Dobermänner besitzen. Neben diesen Klischees ist der Westen von Auckland aber auch sehr vielfältig mit kosmopolitischer, multikultureller Bevölkerung und einer Restaurant-, Wein- und Bierszene, die von kroatischen Einwanderern begründet wurde, die als Erste am Fuß der Waitākere Ranges Wein anbauten. Die Weine der Familien Brajkovich und Babich sind international angesehen. Die Landschaften der ältesten Weinbauregion Aucklands locken Touristen wie Einheimische an. Windgepeitschte Surfstrände inspirieren Künstler, Wanderwege verlaufen oberhalb der Felsküste von Bucht zu Bucht. Nach einen Sommertag am Strand genießt man hier gern ein Bier im Riverhead.

TOP TIPP

Aucklands Westküsten-Gemeinden Piha, Muriwai, Karekare und Bethells Beach wurden im Februar 2023 vom Zyklon Gabrielle heimgesucht. Zum Zeitpunkt unserer Recherche waren die Straßen teilweise noch gesperrt. Aktuelle Informationen sind auf auckland emergencymanage ment.org.nz zu finden.

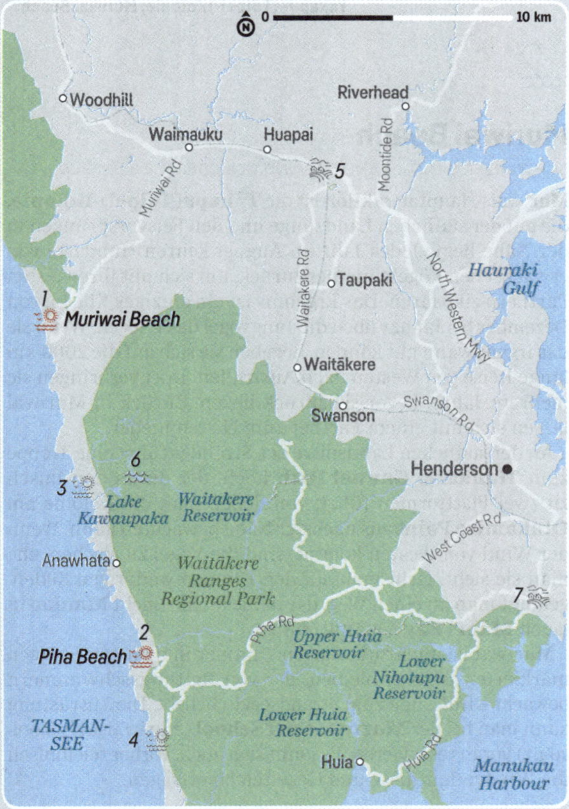

HIGHLIGHTS
1 Muriwai Beach
2 Piha Beach

SEHENSWERTES
3 Bethells Beach
4 Karekare
5 Kumeū
6 Lake Wainamu
7 Titirangi

S WATSON/SHUTTERSTOCK ©

Tākapu- (Tölpel-)Kolonie, Muriwai Beach

Muriwai Beach

SCHWARZER SAND, BRANDUNG UND GEFIEDERTE BESUCHER

Muriwais Hauptattraktion ist die **Tākapu(Tölpel)-Kolonie**, die auf der südlichen Landzunge und den Felsvorsprüngen in der Nähe liegt. Jedes Jahr im August kehren Hunderte von erwachsenen Vögeln hierher zurück, um sich mit ihren festen Partnern zu paaren. Das Ergebnis ist ein einziges Küken, von Dezember bis Januar üben die Jungvögel das Fliegen. Wenn sie das irgendwann gut können, begeben sie sich auf die 2000 km lange Reise gen Westen nach Australien. Dort verbringen sie mehrere Jahre, bevor sie zurückfliegen. Zurück in Muriwai lassen sich mit einem Partner zum Nisten nieder.

An der südlichen Landspitze des Strandes führt eine Treppe zum **Maukatia Gannet Path** hoch, der durch den Busch zu zwei Plattformen führt, von denen man die Kolonie am **Ōtakamiro Point** aus nächster Nähe betrachten kann. Wenn der Wind von Westen kommt, sind die Vögel zu riechen, ehe man sie sieht. Geht man auf den Klippen weiter gen Süden, gelangt man an einen Weg, der in die kleine Bucht **Maukatia** (auch **Māori Bay** genannt) führt.

Muriwai ist auch zum Surfen – immer in dem von Flaggen markierten Bereich bleiben, der von Rettungsschwimmern bewacht wird! – und zum Strandsegeln beliebt. Die Ausrüstung kann man bei der **Muriwai Surf School** (muriwaisurfschool.co.nz) vorab reservieren. Es lohnt sich auch, vorher telefonisch die Windverhältnisse und Gezeiten zu erfragen.

SCHUTZ DES WALDES

West Aucklands **Waitākere Ranges Regional Park** ist von der „Kauri dieback disease" betroffen, die die Kauri-Bäume der Gegend befällt. Das **Arataki Visitor Centre** informiert über diese invasive Krankheit und ob deswegen Wanderwege gesperrt sind. Am Ausgangspunkt der Wege gibt es häufig Reinigungsstationen. Jeder muss dort vor dem Betreten und Verlassen der Pfade gründlich seine Schuhe putzen und darf die Plankenwege oder die markierten Wege nicht verlassen. Wer sich nicht daran hält oder sogar gesperrte Pfade betritt, riskiert eine empfindliche Geldstrafe.

Piha Beach

KLIPPENWEGE UND SCHWARZER SAND

Die Ausblicke von der Piha Road auf die Westküste und den schwarzen Sand des Piha Beach gehören zu den spektakulärsten in der gesamten Region. Ziemlich in der Mitte des Strands erhebt sich der **Lion Rock** (101 m), dessen „Mähne" im Abendlicht manchmal golden leuchtet. Der Fels, tatsächlich der ausgewaschene Kern eines 16 Mio. Jahre alten Vulkans, war früher eine *Pā*-Stätte der Māori. Wegen Steinschlags ist die Besteigung nicht ungefährlich.

Bei Ebbe kann man am Strand gen Süden laufen und zusehen, wie die Brandung durch einen Tunnel – **Keyhole** genannt – auf einen weiteren großen Felsen, den **Camel Rock** (Taitomo in der Sprache der Māori) schießt. In der Nähe brechen die Wellen durch den **Gap** und bilden den **Blue Pool**, ein sicheres Badebecken. Der Weg am südlichen Strandende führt zu exzellenten Aussichtsplätzen am **Kaiwhare Point**.

Um Piha und die Küste von oben zu sehen, folgt dem **Mercer Bay Loop Walk** (2 km),der hoch über dem Südende des Strands beginnt. Start und Ziel der 45-minütigen Wanderung ist die Log Race Road, besonders an klaren Tagen möchte man angesichts der atemberaubenden Aussicht auf die Küste kaum glauben, dass Aucklands Innenstadt nur 40 km entfernt ist.

Vorsicht vor der heftigen Brandung und der tückischen Unterströmung. Unbedingt auch auf die Flaggen achten.

COOLE PLÄTZE MIT TOLLER AUSSICHT

Das **Murray**, eine lässige Mischung aus Taco-Lokal und DJ-Bühne, bietet coole Beats, großartigen Kaffee, Frühstücksbowls und entspanntes Piha-Flair. Die spektakuläre Kulisse bildet das zerklüftete Profil des Lion Rock.

Für ein amerikanisches Barbecue und Craftbier setzt man sich auf eines der bequemen Retro-Sofas im **Brothers Beer** neben dem Piha Surf Lifesaving Club. Ein Summer Dhaze Hazy Pale Ale mit langsam gegarter Rinderbrust ist die perfekte Piha-Kombi. Im Hochsommer ist es ganzwöchig, sonst nur freitags und samstags geöffnet.

Piha Beach

ANDREW KORSON/SHUTTERSTOCK ©

Bethells Beach

FLUSSAUFWÄRTS ZUM RIVERHEAD

Das 1857 erbaute **Riverhead** ist Neuseelands älteste Kneipe am Wasser. Bis vor Kurzem war es ein ungehobelter Treffpunkt für Biker auf einem Roadtrip, aber nach der Restaurierung präsentiert es sich mit Eleganz und Stil. Für einen Ausflug hierher in Westhaven unweit von Aucklands Innenstadt nimmt man die Fähre – und dann kann man auf der herrlichen, von Eichen beschatteten Terrasse mit Flussblick das Mittagessen genießen. Fähre und einen Tisch im Restaurant sind über theriverheadexperience.co.nz zu reservieren. Der Flusslauf war einst ein Handelsweg der Māori und Kolonisten.

MEHR IN WEST AUCKLAND

West Auckland Wine Country

AUCKLANDS ÄLTESTES WEINGEBIET LIEFERT REBENSÄFTE VON WELTRANG

In West Aucklands wichtigstem Weinanbaugebiet rund um das schnell wachsende **Kumeū** liegen Weingüter von kroatischen Familien, die Neuseelands Weinindustrie mit begründeten. Namen wie Babich und Soljan sind Synonyme für den Weinbau in diesem Gebiet – sie fingen in den 1950er-Jahren mit rustikalen Sherrys und Portweinen an, aber inzwischen sind West-Auckland-Weine hochgepriesen. Empfehlenswert ist eine Tour mit NZWINEPRO oder Auckland Wine Tours – einige ganztägige Ausflüge schließen auch Ostküsten-Weingüter bei Matakana ein; wenn jemand aus der Reisegruppe bereit ist, als Fahrer zu fungieren, stellt wineriesoutwest.co.nz gute Karten und Infos über die Weingüter zur Verfügung.

Bei **Kumeū River Wines** keltert die Familie Brajkovich Chardonnays, die zu den weltweit besten gehören. **Soljans Estate** ganz in der Nähe produziert preisgekrönte Schaumweine; im Bistro gibt es Brunch und Mittagessen. **Coopers Creek** westlich von Kumeū veranstaltet von Januar bis Ostern

ÜBERNACHTEN IN WEST AUCKLAND

Wainamu Luxury Camps
Glamping auf einem privaten Grundstück, den Safaricamps in Botswana nachempfunden. **$$$**

Piha Beachstay
Von Bäumen umgebene Öko-Lodge mit makellosen Zimmern und Gemeinschafts-Lounge und -Küche. **$$**

Vineyard Cottages
Cottages im Kolonialstil mit sonnigen privaten Innenhöfen. Gute Weinkellereien in der Nähe. **$$$**

jeden Sonntagnachmittag Jazz-Sessions und Picknick. In Waimauku, unweit der Abzweigung nach Muriwai, serviert die **Hunting Lodge** eigene Weine – darunter ein viel gerühmter 2020er Albarino – und saisonale Küche. Die dazugehörige Lawn Bar bietet Burger und Holzofenpizza mit Bieren von Liberty Brewing aus Helensville. Noch mehr Hopfensäfte inmitten der Weinregion gibt's im **Beer Spot** in Kumeū. Dort steht jede Woche ein anderer Foodtruck.

Zwei weniger überlaufene Strände

EINE WANDERUNG AM SEEUFER UND EIN WASSERFALL IM WALD

Der **Bethells Beach** (auch als Te Henga bekannt) ist ein rauer schwarzer Sandstrand mit kräftiger Brandung. Vom Hauptparkplatz geht's am breiten **Waitākere River** entlang zum Strand, an dem es häufig windiger als am Piha Beach ist. Ein anderer Parkplatz, 1 km auf der Bethells Road zurück, ist Ausganspunkt eines knapp 5 km (2 Std.) langen Rundwegs um den **Lake Wainamu**. Unterwegs heißt es Schuhe ausziehen, um durch einen Bach zu waten. Die bis zu 30 m hohen Sanddünen eignen sich zum Sandboarding.

Der **Te Henga Walkway**, ein moderater, 10 km (3–4 Std.) langer Wanderweg hoch über der Tasmansee, verbindet Bethells Beach mit dem südlichen Ende von Muriwai und bietet Blick auf Dünen, Lagunen und schwarze Sandstrände. Infos über die Strecke erhält man auf der Website doc.govt.nz unter dem Menüpunkt „Te Henga Walkway".

Das südlich von Piha gelegene **Karekare** diente schon mehrmals als Filmkulisse. Auf dem Strand wurden Szenen für den mehrfach Oscar-gekrönten Film *Das Piano* und für die Fantasy-Reihe *Xena – Die Kriegerprinzessin* gedreht. Zu den **Karekare Falls** kommt man, indem man vom Parkplatz aus die Straße über die Brücke geht und dann der Lone Kauri Road folgt. Achtung: Am Karekare Beach sollte man nur baden, wenn Rettungsschwimmer da sind.

Kunst im Wald

WESTKÜSTEN-CAFÉ UND KULTURELLE ENKLAVE

Im Dorf **Titirangi**, ein Vorort von West Auckland, befindet sich die letzte Tankstelle auf dem Weg Richtung Westen zu den zerklüfteten Surfstränden. Auf Te Reo Māori bedeutet Titirangi „Himmelsrand" – ein wirklich passender Name für das Tor zu den Waitākere Ranges.

Colin McCahon (1919–1987) gilt als Neuseeland größter moderner Maler, und das Häuschen, in dem er in den 1950er-Jahren lebte und arbeitete, das sogenannte **McCahon House**

DAS BESTE IM WESTEN!

Jasmine Tuiā ist Künstlerin, sie lebt und arbeitet in West Auckland. @jasmine.tuia

Moana Fresh
Das Moana Fresh in Avondale ist Kunstgalerie, Marktplatz und Zentrum für Pazifik- und Māori-Künstler, Kreative und Autoren aus dem Moana Nui a Kiwa (Pazifischen Ozean).

Taste of Sāmoa
Jeden Tag in der Woche gibt es hier in Henderson ein To'ona'i (Sonntagsessen) zum Mitnehmen.

Shoppen in Henderson
In Hendersons Secondhand-Läden findet man z.B. günstige Kleidung, alte Bilderrahmen und antike Vasen.

The Hollywood Avondale
Das alte Kino zeigt Filmklassiker; es finden auch Events statt.

Burnt Butter Diner
Zu süßen und pikanten Gerichten sind die typischen Geräusche des Friseursalons neben an zu hören.

OUTDOOR-ABENTEUER IN WEST AUCKLAND

Tree Adventures
Hochseilgärten und Seilrutschen inmitten des Blätterdachs im Woodhill Forest.

Woodhill Mountain Bike Park
Radverleih, Unterricht und Waldtouren für alle – von Anfängern bis zu erfahrenen Mountainbikern.

AWOL Canyoning Adventures
Abseilen an Wasserfällen und Waldteichen im Piha Canyon. Transfer von Aucklands Innenstadt ist möglich.

WHOA! STUDIOS

Dieses innovative Theater in Aucklands westlichem Vorort Henderson präsentiert spannende und zugleich lehrreiche Shows für Kinder – extremer Spaß und Respektlosigkeiten sind hier Programm. Außerdem gibt es einen super Spielplatz und die hervorragende **Grounds Eatery**. Der Spielplan steht, auf der Website whoastudios.co.nz. Die Aufführungen finden in der Regel in den Schulferien statt, aber auch sonst lohnt sich der Besuch, schon wegen des Restaurants und des Spielplatzes. Auf dem Rocket Ship, im Dragon's Castle oder in der Pirate Ship Cove können die Kids aufgestaute Energie abbauen.

EQROY/SHUTTERSTOCK ©

Te Uru Waitakere Contemporary Gallery

(mccahonhouse.org.nz), ist heute ein Museum. Im auffälligen Haus daneben wohnen Künstler, die das Glück hatten, den jährlichen McCahon Arts Residency Award zu gewinnen.

Die **Te Uru Waitakere Contemporary Gallery** (teuru.org.nz) befindet sich in einem spektakulären modernen Gebäude am Dorfrand, gleich neben dem ehemaligen Hotel Titirangi, das im spanischen Missionsstil errichtet wurde. Die wechselnden Ausstellungen und Installationen stammen aus Neuseeland und anderen Ländern. Zu besichtigen sind Fotografien und Skulpturen sowie Mixed Media und Videos. Ein kleiner Laden führt interessante Schmuckstücke, Tonwaren und andere Mitbringsel. Von den oberen Stockwerken hat man herrlichen Blick auf den Manukau Harbour.

Vor der Weiterfahrt Richtung Westen kann man sich hier mit gutem Essen und Trinken stärken, etwa nebenan in der **Deco Eatery**, die türkische Klassiker mit anderen mediterranen Aromen und Stilen kombiniert; auch die zahlreichen Stände des Food Court von **Street Feast** sind zu empfehlen. Und die besten Backwaren von Titirangi sind zweifellos beim **Crafty Baker** zu finden.

CRAFT-BIER IN WEST AUCKLAND

Hallertau
Der Biergarten in Riverhead serviert zu selbst gebrauten Bieren Holzofenpizza und ausgezeichnete Barsnacks.

The Beer Spot
In der Schänke in Kumeū gibt es 40 neuseeländische Biere vom Fass und Essen von Foodtrucks.

Liberty Brewing
Im Liberty-Schankraum in Helensville unbedingt probieren: das legendäre Citra Double IPA oder das Prohibition Porter.

WAIHEKE ISLAND

ESSEN, WEIN UND KLIPPEN MIT AUSSICHT

„Slow down. You're here" („Macht langsamer. Ihr seid hier") – Waihekes berühmte Schilder, die die Besucher begrüßen und sie ermahnen, sich an die „Inselzeit" anzupassen, sind die perfekte Einstimmung auf Aucklands beliebteste Insel im Hauraki-Golf. Smaragdgrünes Wasser schwappt an Felsenbuchten und Sandstrände, Weingüter glänzen mit hervorragenden Restaurants mit grandioser Aussicht. Kunstgalerien laden zum Besuch, und für Aktivurlauber gibt es Kajaktouren, Seilrutschen und Wanderpfade.

Waiheke ist zwar nicht mehr ganz so entspannt wie früher – der Verkehr nimmt zu, und es gibt Gerüchte, dass sich ein paar internationale Milliardäre Residenzen mit Bunkeranlagen bauen, die selbst dem Weltuntergang standhalten würden. Viel besser als ein Tagesausflug ist ein mehrtägiger Aufenthalt, um z. B. eine der besten Open-Air-Skulpturengalerien des Landes zu besuchen, an Foodtrucks und in Cafés gut zu speisen – um sich Stück für Stück dem Inseltempo anzupassen.

TOP TIPP

Von Fullers (fullers.co.nz) betriebene Passagierfähren verkehren von Aucklands Ferry Building zum Matiatia-Kai auf Waiheke. Das AT-HOP-Ticket von Auckland Transport (at.govt.nz) gilt auch für den Bus 50, der viele Orte auf der Insel ansteuert. Autofähren von SeaLink (sealink.co.nz) legen im Aucklands Wynyard Quarter und in der Half Moon Bay in East Auckland ab.

Weingut, Waiheke Island (S. 105)

HIGHLIGHTS
1 Stonyridge

SEHENSWERTES
2 Connells Bay Sculpture Park
3 Man O'War Bay
4 Motutapu Island
5 Onetangi Beach
6 Rangitoto Island
7 Rotoroa Island
8 Tiritiri Matangi

AKTIVITÄTEN
9 EcoZip Adventures
10 Kayak Waiheke
11 Stony Batter Historic Reserve
12 Waiheke Bike Shop
13 Waiheke Dive

ESSEN
14 Casita Miro
15 Ki Māha
16 Oyster Inn
17 Poderi Crisci
18 Three Seven Two

AUSGEHEN
19 Goldie Estate
20 Man O' War
21 Mudbrick
22 Tantalus Estate
23 Waiheke Distilling Co

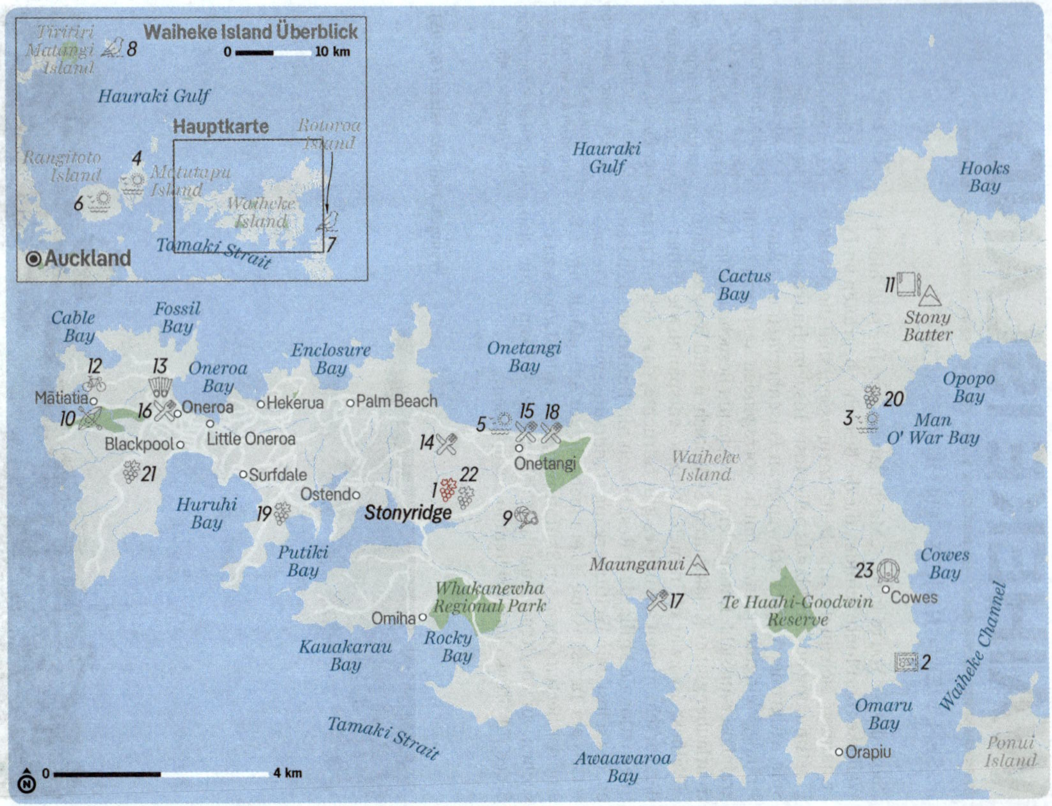

Aucklands „Weininsel“

AUSGEZEICHNETE WEINE BEI NEUSEELANDS GRÖSSTER STADT

Seit 1978 wird auf Waiheke Weinbau betrieben, heute gibt es in Aucklands größtem Weinbaugebiet (waihekewine.co.nz) mehr als 20 Verkostungsräume. Cabernet Sauvignon, Syrah (Shiraz) und Merlot waren die ersten Weinsorten von Waiheke – das Mikroklima ist dem von Bordeaux ähnlich; in den letzten Jahrzehnten kamen Chardonnay und Sauvignon Blanc dazu.

Das als Goldwater Estate gegründete **Goldie Estate** war 1978 das erste Weingut. Zu seinen Spitzenweinen zählen Cabernet Franc, Merlot und Cuvées im Bordeaux-Stil, und vom Anwesen bietet sich eine herrliche Aussicht über die Putiki Bay.

Stonyridge gehört zu einer ganzen Gruppe von Weinkellereien an der Onetangi Road und ist das bekannteste Weingut auf Waiheke. Von hier stammen weltbekannte Rotweine wie der legendäre Larose, eine Bordeaux-Cuvée – einer der besten Weine Neuseelands. Trotz des Erfolgs geht es hier entspannt zu – einfach eine Flasche Wein und eine Brotzeitplatte bestellen und in einer Hütte im Garten genießen. Das nahe gelegene **Tantalus Estate** mit spanischem Flair kombiniert gehobene Küche mit Reserve-Weinen wie seinem preisgekrönten Évoque.

Wer mit der Passagierfähre zur Matiatia Wharf kommt, gelangt mit E-Bike oder Taxi zum 3 km entfernten **Mudbrick**, einem Weingut mit Restaurant und Blick bis zu Aucklands CBD.

An der Anlegestelle ist der Weinführer (mit Straßenkarte) *Waiheke Island of Wine* erhältlich. Die meisten Kellereien sind von Donnerstag bis Sonntag geöffnet.

Mudbrick

CKTRAVELS.COM/SHUTTERSTOCK ©

WEINGÜTER-TOUR

Bus 50 fährt Weinkellereien und Brauereien rund um Onetangi an, für weitere Weingüter und Restaurants auf der Insel empfiehlt sich eine organisierte Tour, ein Privat-Shuttle oder der **Hop-on Hop-off Explorer Bus von Fuller** (fullers.co.nz). Für längere Aufenthalte lohnt sich ein Mietwagen für individuelle Ausflüge.

Ananda Tours (ananda.co.nz) und **Waiheke Wine Tours** (waiheke-winetours.co.nz) bieten Ausflüge zu Kellereien, aber auch Food- und Brennerei-Touren an.

Das **Waiheke Wine Centre** in Oneroa verkauft Produkte aller Weingüter auf Waiheke. Das Enomatic-Verkostungssystem ermöglicht es den Kunden, mehrere Weine zu probieren.

MICHAEL SNELL/ALAMY STOCK PHOTO ©

Waiheke-Austern

NICHT NUR WEIN

Die zum Tantalus Estate gehörende **Alibi Brewing Company** gilt als eine von Neuseelands besten Craftbier-Brauereien mit Spitzenprodukten wie saisonalen naturtrüben Bieren und einem hervorragenden Pilsner nach böhmischer Art. Kunden können sie im hauseigenen Restaurant genießen oder ein paar Dosen mitnehmen.

The Heke liegt ganz in der Nähe von Tantalus und Alibi. Die erfrischenden Biere werden vor Ort gebraut und mit Pizzas, Burgern und saisonalen Gerichten serviert. The Heke brennt auch Waiheke Whisky. Es gibt Probierangebote für Bier oder Whisky oder für beides („Boilermaker" – „Herrengedeck").

Im **Wild on Waiheke** werden Bogen- und Tontaubenschießen, Pétanque und Riesenschach sowie Gerichte zum Teilen und heimisches Bier und Wein geboten.

MEHR AUF WAIHEKE ISLAND

Gut essen auf Waiheke

MEDITERRANE AROMEN UND HEIMISCHE MEERESFRÜCHTE

Waiheke ist mit einem warmen und trockenen Mikroklima gesegnet, und in den Winzerlokalen sowie in anderen Restaurants, in denen häufig das frischeste Seafood auf den Tisch kommt, kann man hervorragend speisen.

Zwei Restaurants servieren südpazifische Varianten von südeuropäischen Gerichten. Inspiriert von den Spanienreisen des Besitzers bietet **Casita Miro** leckere Tapas und größere *raciones*. Die Weine stammen aus dem eigenen Weingut, und der relaxte Gastgarten ist vom spanischen Meister des Designs, Antoni Gaudí, beeinflusst. Die legendären „Sunday Long Lunches" des **Poderi Crisci** dauern rund fünf Stunden, aber auch von Donnerstag bis Samstag und montags ist dieses Stückchen Toskana auf der Südhalbkugel einen Besuch wert. Es befindet sich in einem abgeschiedenen Tal, eine Reservierung ist zu empfehlen.

Das **Three Seven Two** (das sind die ersten drei Zahlen der Telefonnummern auf Waiheke) ist eine Besonderheit am Onetangi Beach. An den Tischen im Freien genießen die Gäste

ÜBERNACHTEN AUF WAIHEKE

Fossil Bay Lodge
Preiswert übernachten in rustikalen Hütten, Glamping-Zelten und einem Selbstversorger-Apartment.**$$**

Waiheke Waterfront Lodge
Luxus-B&B nahe dem Strand von Oneroa. Die Besitzer Pip und Andy kennen die Insel wie ihre eigene Westentasche. **$$$**

Stay Waiheke
Selbstversorger-Unterkünfte auf der ganzen Insel, unter anderem Strandvillen und Retro-Cottages. **$$$**

Gerichte wie Königsmakrelen-Tataki und neuseeländisches Lamm mit Szechuanpfeffer und den Blick aufs Meer. Auf der Karte des **Ki Mahā** stehen frische Köstlichkeiten aus der **Austernfarm Te Matuku**, auch das **Oyster Inn**, ein entspanntes Bistro an der Hauptstraße von Oneroa, bietet Seafood und Muscheln. Die Fish & Chips des Oyster Inn mit einem Glas Sauvignon Blanc von Passage Rock sind typisch für Waiheke.

Tipps für Sportliche

WANDERUNGEN, KAJAKTOUREN UND SEILRUTSCHEN

Wer die Kalorien nach dem Verzehr des vielen guten Essens abtrainieren möchte, kann sich auf Waiheke inmitten der grandiosen Küstenlandschaft aktiv betätigen. Die drei Seilrutschen von **EcoZip Adventures** bieten aufregende Fahrten mit Blick auf Weinberge, Buschland und das Meer. Nach dem Nervenkitzel geht es zu Fuß 1–2 km durch den Busch zurück. Der Transfer von Matiata Wharf oder Oneroa ist inklusive, falls man kein eigenes Auto hat. Eine Buchung über ecozipadventures.co.nz ist zwingend erforderlich.

Kayak Waiheke (kayakwaiheke.co.nz) beim Fährterminal von Matiatia hat Paddeltouren vor der zerklüfteten Küste im Programm, bei denen einsame Buchten und Strände angesteuert werden, die vom Land aus nicht zu erreichen sind. Kajaks, Paddleboards und E-Bikes werden verliehen, zu den geführten Kajaktouren gehören halbtägige Küstenerkundungen und Ausflüge bei Sonnenuntergang. Auch der **Waiheke Bike Shop** (waihekebikeshop.co.nz) verleiht E-Bikes, mit denen beim Weingüter-Hopping die hügeligen Straßen gut zu bewältigen sind. **Waiheke Dive** (waihekedive.com) arrangiert Tauch- und Schnorchelausflüge. Besonders an Sommerwochenenden empfiehlt es sich, Schnorcheltouren und Leihausrüstung im Voraus zu reservieren.

Auch das Wandern ist auf Waiheke beliebt. **Te Ara Hura** ist ein 100 km umfassendes Wegenetz an der Küste, durch Wälder, zu Weingütern und historischen Stätten. Detaillierte Wanderkarten sind auf aucklandcouncil.govt.nz zu finden, einfach nach „Waiheke Island Walkways" suchen. Das **Waiheke Walking Festival** (Okt./Nov.) bietet über 50 Wanderungen zu den Themen Essen, Geschichte, Kunst und Kultur.

Waihekes Osten

MILITÄRGESCHICHTE, WEIN, GIN UND OPEN-AIR-KUNST

Waihekes zerklüftete Ostküste ist am besten mit dem eigenen Wagen zu erreichen, heimische Taxis können jedoch Fahrgäste nach Vereinbarung an bestimmten Orten absetzen und

KUNST AUF WAIHEKE

Auf Waiheke leben viele Maler, Bildhauer und Kunsthandwerker. Das Informationszentrum an der Matiatia Wharf führt die *Waiheke Art Map* mit mehr als 30 Ateliers auf der Insel samt Öffnungszeiten – dennoch ist es ratsam, vor einem Besuch dort anzurufen.

Eine der Kunstgalerien rund um Oneroa ist die täglich geöffnete **Waiheke Community Art Gallery** (waihekeart gallery.org.nz) mit einem exzellenten Laden für neuseeländische Werke; eine andere ist die **Space Art Gallery** (space artgallery.co.nz), die auf Künstler aus Waiheke spezialisiert ist. Spaziergänge durch die lokale Kunstszene bietet **Terra & Tide** (terraandtide.co.nz). In geraden Jahren steigt im März das Festival **Sculpture on the Gulf** (sotg.nz) mit einem 2,5 km langen Klippen-Skulpturenweg mit bis zu 30 Installationen.

KAFFEETRINKEN AUF WAIHEKE

Island Coffee
Lokal gerösteter Kaffee, viele alte Schallplatten und mit die besten Zimtschnecken des Landes.

Betty's Coffee Cart
Der hübsche Retro-Wohnwagen bietet cremigen Milchkaffee und Cappuccino mit süßem Gebäck.

Akito
Gesunde vegetarische Gerichte – köstlich: türkische Eier! – und der beste Kaffee an Oneroas Hauptstraße.

abholen. Wer mit dem Mietwagen unterwegs ist, muss auf einspurige Brücken, schmale und kurvige Straßen und einige holprige, unbefestigte Abschnitte gefasst sein.

Von **Onetangi Beach** führt ein Abstecher ins Inselinnere auf die Waiheke Road und weiter zum **Stony Batter Historic Reserve** (stonybattertunnels.nz), das zu Aucklands Verteidigungsanlagen aus dem Zweiten Weltkrieg gehört. Von Donnerstag bis Sonntag beginnen stündlich Führungen zu Kanonenstellungen und Tunneln.

Die Weiterfahrt von Stony Batter hoch über der Küste zur **Man O'War Bay** bietet Sicht auf die **Coromandel Peninsula** am östlichen Horizont. Die Probierstube des Weinguts **Man O'War** in einem Cottage serviert erstklassige Weine, Brotzeiten und Pizzas. Zu empfehlen sind der Valhalla-Chardonnay mit geräucherter Fischpastete. Vom **Badestrand** erstreckt sich ein Kai ins Meer, im Hauraki-Golf sind die Inseln Pakatoa und Rotoroa zu sehen. Die zweistündigen **E-Bike-Touren** durch die Farm und das Weingut sind im Voraus zu buchen. Donnerstags bis sonntags fahren Busse vom Matiatia-Fährterminal und von Onera nach Man O'War (manowar.co.nz).

Von der Man O'War Bay sind es 5 km in die **Cowes Bay** und zur **Waiheke Distilling Co** (waihekedistilling.co.nz), beliebt für Gin-Cocktails, Austern sowie Käse- und Wurstplatten. Besichtigungen der Brennerei können vorab gebucht werden. In der Nähe liegt der **Connells Bay Sculpture Park** (connellsbay.co.nz). Eine Führung durch die Open-Air-Galerie mit Werken neuseeländischer Künstler sind online zu buchen.

Onetangi Beach

CKTRAVELS.COM/SHUTTERSTOCK ©

DIE BESTEN STRÄNDE

Onetangi
Der wunderbar lange weiße Sandstrand in der Mitte der Insel ist ideal zum Bodysurfen und Bodyboarding. Drei gute Restaurants machen ihn noch beliebter.

Oneroa
Vor dem Hauptstrand der Siedlung, in dessen Nähe Läden und Cafés zu finden sind, ankern im Sommer viele Segelboote, am angrenzenden **Little Oneroa Beach** kann man gut schwimmen. Der Pizza-Caravan **Dragonfired** ist im Sommer täglich geöffnet.

Palm Beach
Die kleine Bucht zwischen Oneroa und Onetangi ist sehr populär. Im **Arcadia** kann man es sich bei Kaffee und Brunch gutgehen lassen.

FOODTRUCKS AUF WAIHEKE

Indy's Curry Pot
Die traditionellen Currys und sri-lankischen Snacks sind so beliebt, dass man vorbestellen sollte. $

Waixican
Tacos, Quesadillas und *pozole* (Suppe). In der Nähe gibt es Foodtrucks und einen Donnerstagabendmarkt. $

Island Frenchie
Gourmet-Burger und Gebäck der Superlative mit französischem Touch. Das Dessert gibt's bei Island Gelato. $

Südinsel-Sattelvogel, Tiritiri Matangi

Aucklands andere Inseln

VIELFALT IM HAURAKI-GOLF

Rangitoto Island entstand vor rund 700 Jahren, die vulkanischen Ursprünge der Insel werden in mündlichen Überlieferungen der Māori erwähnt. Ein Damm führt zur Nachbarinsel **Motutapu**, die mit etwa 178 Mio. Jahren deutlich älter ist, hier betrieben die *iwi* (Stämmen) von Auckland Ackerbau. Rangitotos bewaldeter Vulkankegel ist auf dem einstündigen, leichten **Summit Track** zu erreichen, dieser beginnt bei den Küstenmangroven und verläuft dann durch ein Lavafeld und durch Neuseelands größten Wald aus Pōhutukawa-Bäumen. Unterwegs führt ein kurzer Abstecher zu Lavaröhren (Taschenlampe mitnehmen!). Eine Wanderung auf Motuapu dauert etwa 2½ Stunden. Infos über die Wanderwege findet man unter doc.govt.nz („Rangitoto").

Früher wurden Suchtkranke zur Rehabilitierung nach **Rotoroa Island** (rotoroa.org.nz) geschickt, seit 2011 ist die Insel jedoch ein Vogelschutzgebiet. Wege führen durch einen Wald zu drei Badestränden; auf einer geführten Tour erzählt der Ranger Wissenswertes über die Flora und Fauna der Insel.

Auf **Tiritiri Matangi** (tiritirimatangi.org.nz) sind viele bedrohte neuseeländische Vögel – insgesamt fast 80 Arten – zu Hause, darunter die seltene Takahē. Gepflegte Wege führen an der Küste entlang und durch schattige Wälder. Am besten sind die gefiederten Inselbewohner auf geführten Touren zu beobachten. Nachts hat man die besten Chancen Zwergkiwis oder *kororās* (Zwergpinguine) sehen.

FÄHREN ZU DEN INSELN

Vom **Ferry Building** in Aucklands Innenstadt verkehren Fähren von Fullers (fullers.co.nz) nach Rangitoto und Rotoroa. Die Website liefert viele Infos, z.B. über die Richtlinien zur Biosicherheit, um den Status der Inseln als Wildtierschutzgebiete zu sichern. Es ist absolut ratsam, die Fährüberfahrt im Voraus zu buchen, u.a. ist es dann billiger. Da es auf beiden Inseln keine Möglichkeit zum Einkaufen gibt, sollte man etwas zu essen mitbringen.

Explore Group (exploregroup.co.nz) betreibt das ganze Jahr über Fähren nach Tiritiri Matangi, die ebenfalls in der Nähe des Ferry Building ablegen. Insbesondere an Sommerwochenenden und in den Schulferien sind Online-Buchungen im Voraus zu empfehlen. Auf der Insel gibt es ein Café mit einem eingeschränkten Angebot an Getränken und Snacks.

ÜBERNACHTEN AUF AUCKLANDS ÄUSSERSTEN INSELN

Tiritiri Matangi
Das ehemalige Leuchtturmwärterhäuschen hat Schlafsäle, eine Küche und Gemeinschaftsbereiche. **$**

Rotoroa Island Hostel
Unterkunft mit Schlafsälen und gemütlichen Cottages für bis zu sechs Personen. **$**

Kawau Lodge
Luxus-Boutique-Lodge auf der Insel Kawau. Zu erreichen per Fähre von Sandspit, dann weiter mit dem Wassertaxi. **$$$**

MATAKANA & UMGEBUNG

WEIN, CRAFTBIER UND KÜSTE

Vor etwa 20 Jahren war Matakana noch ein ländliches Dorf mit alten Häusern und einem Pub. Heute hat es eine kosmopolitische Gastronomieszene – unter anderem mit einem Bauernmarkt und exzellenten Brauereien – und ist für Auckländer ein beliebtes Ziel für einen Wochenendausflug zu den Stränden in der Umgebung und zu einigen der besten Regionalparks Aucklands.

Diese Veränderung verdankt Matakana dem Weinbau. In der Umgebung befinden sich mehr als 20 Weingüter, viele sind in Familienhand. Oft wird Wein nur in kleinen Mengen produziert, der nur bei den Winzern selbst und in Restaurants vor Ort zu haben ist. Lohnenswert sind Weine von Heron's Flight, Hyperion und Omaha Bay, um dieses kleine Weinbaugebiet in der Region Auckland etwas besser kennenzulernen.

TOP TIPP

Von Auckland aus führt der Northern Motorway (SH1) an Orewa und Waiwera vorbei gen Norden über die Northern Gateway Toll Road nach Warkworth. Die Maut ist im Voraus über tollingonline.nzta.govt.nz oder innerhalb fünf Tagen nach der Fahrt zu bezahlen. Bei Nichtzahlung werden nach 28 Tagen Strafgebühren fällig; dann wird auch der Autoverleih aktiv.

HIGHLIGHTS
1 Cape Rodney-Okakari Point Marine Reserve

AKTIVITÄTEN
2 Blue Adventures
3 Goat Island Marine Discovery Centre

ESSEN
4 Matakana Village Farmers Market

AUSGEHEN
5 8 Wired Barrelworks & Taproom
6 Sawmill Brewery and Smoko Room
7 Vintry

Goat Island

Goat Island

DAS CAPE RODNEY-OKAKARI POINT MARINE RESERVE

Dieses 547 ha große Meeresschutzgebiet wurde 1975 gegründet und ist das erste seiner Art in Neuseeland. Es befindet sich 16 km nordöstlich von Matakana. Teil des Schutzgebietes ist die Goat Island. Das Gebiet ist wie ein riesiges Aquarium und wirkt sehr ursprünglich. Besucher steigen knietief ins Wasser, um Schnapper, blaue Fegerbarsche und gestreifte Brassen zu beobachten. Schautafeln erläutern die Bedeutung der Insel für die Māori – deren Vorfahren einst hier an Land gingen. Rund um die Goat Island direkt vor der Küste gibt es Tauchplätze, man kann aber auch gleich vom Strand aus schnorcheln und tauchen. Zum Angebot gehören Ausflüge mit **Glass Bottom Boat Tours** (glassbottomboat.co.nz). Bei **Goat Island Dive & Snorkel** (goatislanddive.co.nz) gibt es Tauchkurse und den Verleih von Schorchelausrüstung. Die Sichtweite unter Wasser soll sehr oft mindestens 10 m betragen.

Goat Island Marine Discovery Centre

ALLE INFOS ÜBER GOAT ISLAND

Dieses Zentrum, in dem Absolventen der University of Auckland tätig sind, bietet viele interessante Ausstellungen über das Ökosystem des Meeresschutzgebiets. Es lohnt absolut einen Besuch, bevor man sich zum Baden ins Meer begibt. Interaktive Exponate und ein Gezeitenbecken voller Meereslebewesen machen es auch für Kinder spannend und lehrreich. Auf der Website goatislandmarine.co.nz stehen die Öffnungszeiten (in der Regel auf die Sommerwochenenden und Schulferien beschränkt). Eine 12 km lange, kurvige und unbefestigte Straße führt von Goat Island zum nordwestlich gelegenen, bei Surfern beliebten Pakiri Beach. Am östlichen Horizont erstreckt sich das Te Hauturu-o-Toi/Little Barrier Island, ein Vogelschutzgebiet.

Goat Island Marine Discovery Centre

OPEN-AIR-KUNST

Zwei Orte bei Matakana sind vor allem für Kunstliebhaber interessant.

An der Straße zum nahe gelegenen Omaha Beach weisen riesige rosa Schnecken auf das **Sculptureum** hin, das im Garten und in überdachten Galerien eine herrlich verwirrende und kontemplative Sammlung moderner Kunst präsentiert. Das dazugehörige Restaurant **Rothko** bietet Weine aus dem hauseigenen Weingut und gute Küche.

Der **Brick Bay Sculpture Trail** 10 km südlich von Matakana ist ein von Kunstinstallationen gesäumter Spazierweg (1 Std.) durch das schöne Gelände von **Brick Bay Wines**. Danach gibt's ein Mittagessen im architektonisch eindrucksvollen Café. Informieren sollte man sich über den „Folly"-Wettbewerb, bei dem ein aufstrebender Künstler aus Neuseeland einen Preis erhält, um seinen Siegerentwurf hier zu präsentieren.

STARGRASS/SHUTTERSTOK ©

Mit dem Kanu auf dem Puhoi River

MEHR IN MATAKANA & UMGEBUNG

Wein, Craftbier & mehr

DER PLATZ SCHLECHTHIN FÜR DEN SAMSTAGMORGEN

Rund um Matakana ist es schier unmöglich, *nicht* gut zu essen und zu trinken. Wein, Craftbier und einer der besten Bauermärkte der Region locken unzählige Ducklander in den Norden.

Der **Matakana Village Farmers Market** findet am Samstagmorgen an einem schattigen Platz unweit des Matakana River statt. Die lokalen Produkte wie Käse, Kefir und Oliven sowie *Rēwena*-Brot nach Art der Māori sind perfekt für ein Picknick. Auch einige der hiesigen Winzer haben hier Stände, die Weinbar Vintry ganz in der Nähe ist auf lokale Rebensäfte spezialisiert. Auf matakanawine.co.nz sind die hiesigen Weingüter und Weinkeller aufgeführt.

Liebhaber von Craftbieren sollten die Straße weiter zu **8 Wired Barrelworks & Taproom** fahren. Eine der ersten Craftbierbrauereien des Landes betreibt hier das größte Programm

ESSEN IN MATAKANA & UMGEBUNG

Charlie's Gelato
Eiscreme und Sorbets, häufig aus saisonalen Früchten. Im Sommer gibt es auch Holzofenpizza. **$**

Matakana Oysters
In einem Schuppen am Straßenrand gibt es frische Austern, die auch in den Restaurants auf den Tisch kommen. **$**

Leigh Sawmill
Burger, Tapas und Pizzas in einem schönen Garten. Regelmäßig Livemusik (Programm auf leighsawmill.co.nz). **$$**

an fassgelagertem Bier. Sie hat sich auf mit wilder Hefe produzierte Sauerbiere spezialisiert. Zu fünf Bieren im Probierformat gibt es kreative Snacks vom Sculptureum-Foodtruck. Sehr beliebt sind Biere wie Hopwired, ein kräftiges Helles aus neuseeländischem Hopfen, oder Wild Feijoa, ein Sauerbier mit Feijoa-Früchten aus lokalem Bio-Anbau.

Gutes Essen und Bier stehen auch bei **Sawmill Brewery & Smoko Room** im Mittelpunkt. Zu saisonalen naturtrüben Bieren und starken Indian Pale Ales aus neuseeländischem Hopfen gibt es mit das beste Brauerei-Essen Neuseelands, und die relaxte Gartenbar mit Blick über die ländliche Umgebung ist ein Neuseeland-Klassiker. Die Speisekarte wechselt regelmäßig, aber das Kreuzkümmel-Fladenbrot mit Wildziegenfleisch ist das ganze Jahr über zu haben. Sawmill ist als eine der nachhaltigsten Brauereien Neuseelands bekannt und wurde für ihre hohen Standards in Umwelt-, Arbeitsplatz- und gesellschaftlicher Verantwortung mit der B-Corp-Zertifizierung ausgezeichnet.

Abenteuer auf dem Wasser

KAJAKTOUREN, PADDLEBOARDING UND EIN TOLLER PUB

Rund um Matakana kann man nicht nur gut essen und trinken, sondern sich auch aktiv betätigen. In Port Wells an der Straße nach Omaha Beach bietet das Unternehmen **Blue Adventures** (blueadventures.co.nz) Kitesurfing-, Paddleboarding- und Wakeboarding-Kurse und Ausrüstungsverleih. Da das Wasser in der geschützt liegenden Omaha-Mündung ruhig ist, eignet sie sich perfekt fürs Erlernen neuer Wassersportarten. Übernachten kann man in hübschen Glamping-Zelten am Strand von Big Omaha, fünf Autominuten von Matakana entfernt, siehe tepee.co.nz.

Rund 25 km südlich von Matakana verleiht **Puhoi River Kayak Hire** (puhoikayaks.co.nz) Kajaks und Kanadier für die 8 km lange Tour auf dem Puhoi River von Puhoi Village in den Wenderholm Regional Park. Die Fahrt flussabwärts ist für die meisten Paddler gut zu bewältigen. In den neuseeländischen Schulferien im Januar und Februar kann man sich auch am Wenderholm Beach Kajaks und Paddleboards leihen. Von Wenderholm werden Rücktransporte nach Puhoi Village angeboten. Am Ende des Tages locken dann eine Mahlzeit und ein kühles Bier im historischen Puhoi Pub, der seit 1879 eine Institution im Dorf ist. An Wochenenden ist das Lokal häufig überlaufen, vor allem von Motorradgruppen.

DIE SCHÖNSTEN STRÄNDE AN DER OSTKÜSTE

Matheson Bay
Der von felsigen Landzungen flankierte Strand in dieser kleinen Bucht fällt rasch ab und ist deshalb normalerweise gut zum Schwimmen geeignet.

Orewa
Der etwa 3 km lange Strand befindet sich in einer beliebten Wohngegend mit guten Cafés. Der nahe gelegene Hatfields Beach ist ruhiger und kleiner.

Te Haruhi Bay
Dieser exzellente, von Pōhutukawa-Bäumen gesäumte Strand im Shakespear Regional Park bietet tollen Blick auf die Stadt und die Inseln im Hauraki-Golf.

Anchor Bay
Dieser etwa 400 m lange Streifen aus glitzerndem Sand ist das Kronjuwel des Tāwharanui Regional Park und der gesamten Tāwharanui-Halbinsel.

ÜBERNACHTEN IN MATAKANA & UMGEBUNG

BeauRegard Cottages
Die drei Ferienhäuschen in ländlicher Umgebung sind eine gute Ausgangsbasis zur Erkundung der Gegend. **$$**

Matakana Motel
Moderne, geräumige Motel-Wohneinheiten mit Swimmingpool nahe dem samstäglichen Bauernmarkt. **$$**

Leigh Central
Motel-Einheiten und Hütten im Bootshausstil, alle im coolen Retro-Look, sowie Stellplätze für Wohnmobile. **$$**

AOTEA/GREAT BARRIER ISLAND

STERNEGUCKEN, WANDERN UND NACHHALTIGKEIT

Diese zerklüftete Insel, von den Māori Aotea („Wolke") und von Captain James Cook Great Barrier genannt, ist mit 285 km² Neuseelands viertgrößte Insel. Wie auf der Coromandel-Halbinsel wurden hier früher Bergbau, Holzwirtschaft und Walfang betrieben, heute liegt der Schwerpunkt jedoch auf einer nachhaltigen Zukunft und auf nächtlichen Attraktionen.

Die International Dark-Sky Association ernannte Aotea/Great Barrier 2017 zum Dark Sky Sanctuary. Hier kann man hervorragend den Nachthimmel beobachten, vor allem weil hier die Lichtverschmutzung nur minimal ist.

Aotea ist nur einen kurzen Flug von Auckland entfernt und ein ganz besonderes Reiseziel – und deshalb einen Besuch wert.

TOP TIPP

Aotea/Great Barrier Island ist von Auckland aus mit Barrier Air in 30 Flugminuten oder mit der SeaLink-Fähre in fünf Stunden zu erreichen. Go Great Barrier (great-barrierisland tourism.co.nz) bietet ein Paket aus Transport, Mietwagen und Unterkunft an.

HIGHLIGHTS
1 Aotea Conservation Park
2 Glenfern Sanctuary
3 Hirakimata

SEHENSWERTES
4 Aotea Track
5 Medlands Beach
6 Whangaparapara Harbour
7 Windy Canyon

AKTIVITÄTEN
8 Kaitoke Hot Springs Track

AUSGEHEN
9 Aotea Brewing
10 Island Gin
11 The Currach Irish Pub
12 The Rocks

TRANSPORT
13 Motubikes

Windy Canyon & Hirakimata

WANDERTOUR MIT INSELWEITER AUSSICHT

Das 15-minütige Mini-Abenteuer im Windy Canyon ist die beliebteste Wandertour auf Aotea/Great Barrier. Ein hügeliger Buschpfad geht in – insgesamt etwa 150 – steile Treppenstufen über, die vorbei an steilen Felswänden durch eine enge Schlucht zu einem Aussichtspunkt hoch über Whangapoua Beach führen. Von dort geht man auf dem **Palmers Track** (3 Std.) zum **Hirakimata** (Mount Hobson, 621 m), dem höchsten Punkt der Insel, mit noch spektakulärerer Aussicht.

Nach der anstrengenden Besteigung des Hirakimata lohnt der 45-minütige Spaziergang auf dem Kaitoke Hot Springs Track von der Whangaparapara Road zu natürlichen Thermalquellen. Vor einem Bad unbedingt die Temperatur checken und nicht mit dem Kopf eintauchen! Die Website doc.govt.nz liefert Infos zu diesem und anderen Wegen auf der Insel.

Windy Canyon

Aotea Track

DAS RAUESTE ABENTEUER IM HAURAKI-GOLF

Den 25 km langen **Aotea Track** im **Aotea Conservation Park**, einem über 12 000 ha großen Naturschutzgebiet, können gut vorbereitete Wanderer mit guter Kondition in drei Tagen bewältigen. Es gibt steile Anstiege, Stufen und Brücken, und übernachtet wird in der **Mount-Heale** und der **Kaiaraara**-Hütte des Department of Conservation. Ein möglicher Abstecher führt auf den Gipfel des **Hirakimata**. Unter den Vogelarten, die zu sehen und zu hören sind, kommen viele nur noch auf den vorgelagerten Inseln Neuseelands vor. Detaillierte Informationen sind unter doc.govt.nz zu finden.

Glenfern Sanctuary

BUSCHBEWACHSENER HÜGEL MIT HAFENBLICK

Das 83 ha große Glenfern Sanctuary (glenfern.org.nz), das unweit vom Naturhafen Port Fitzroy liegt, ist ein Teil der 240 ha großen Kotuku Peninsula von von Aotea. Das Highlight dieser vor Raubtieren geschützten Vogeloase ist der eineinhalbstündige **Loop Track**, ein 2 km langer Weg mit Holztreppen, der durch schattigen Wald zum Aussichtspunkt **Sunset Rock** hochführt. Beinahe ganz oben angekommen, ist es nur ein kurzer Abstecher zu einem 600 Jahre alten Kauri-Baum. Beim Abstieg durch den Busch wird man von dem Gezwitscher der hier lebenden Vögel begleitet. Glenfern bietet auch komfortable Unterkünfte in zwei restaurierten Anwesen: **Fitzroy House** und **Glenfern Cottage**.

DIE SCHÖNSTEN STRÄNDE

Die Strände an Aoteas Westküste sind geschützt und sicher, die Brandung an der Ostküste kann jedoch gefährlich sein.

Medlands Beach
Der schönste Sandstreifen auf Aotea ist leicht zugänglich und von Landzungen umgeben. Manchmal sind Delfine zu sehen.

Mulberry Grove
Exzellenter Strand zum Schwimmen, Kajakfahren und Stehpaddeln, mit Kinderspielplatz und einem Café für den sommerlichen Eisgenuss.

Awana
Einer der besten Surfstrände auf Aotea. Die Awana-Mündung in der Nähe ist die Heimat von bedrohten Vogelarten. Vorsicht ist vor der tückischen Rückströmung in der Brandung geboten!

MAURITIUS IMAGES GMBH/ALAMY STOCK PHOTO ©

Kaitoke Hot Springs Track (S. 115)

MEHR IN AOTEA/GREAT BARRIER ISLAND

Aoteas Dark Sky Sanctuary

DER HIMMEL ÜBER DER SÜDHALBKUGEL

Je nach Zeitpunkt im astronomischen Jahr können an Aoteas Nachthimmel Jupiter, Venus und Saturn oder unscharfe, schimmernde Bilder der Magellanschen Wolken und der Milchstraße zu sehen sein. Die Look Up & Get Lost Dark Sky Experiences von **Good Heavens** (goodheavens.co.nz) werden von Hilde Hoven und Debra Kilgallon geführt, die begeistert und fachkundig den schadstofffreien Himmel über ihrer abgelegenen Heimatinsel erklären. Ihr leistungsstarkes Teleskop steht inmitten der Sanddünen am **Medlands Beach**; die Teilnehmer bekommen zudem ein paar Stücke vom wohl besten Schokokuchen Neuseelands. Es wird empfohlen, die

ÜBERNACHTEN AUF AOTEA/GREAT BARRIER

XSPOT
Großes, modernes Apartment mit einem Schlafzimmer und 270-Grad-Panorama über den Südpazifik. **$$$**

Alice's Seaside Cottages
Die zwei historische „baches" (Ferienhäuser) am Hafen wurden mit Stil und Sorgfalt restauriert. **$$$**

Weitere Unterkünfte
Über die offizielle Tourismus-Website der Insel (greatbarrier.co.nz) sind weitere Unterkünfte zu buchen. **$$**

erste Nacht auf der Insel im Voraus bei Good Heavens zu buchen, um hinsichtlich der Wetterbedingungen flexibel zu sein.

Auch Phoebe Ngawaka von **Star Treks** (startreks.kiwi) erklärt auf ihren Touren zu den Kaitoke Hot Springs den Nachthimmel und spricht auch über Maramataka, den traditionellen Mondkalender der Māori. Phoebe wuchs auf Aotea als Mitglied des Māori-Stammes Ngāti Rehua Ngātiwai ki Aotea auf. Andere Star-Trek-Angebote – häufig unter Leitung des Mitbesitzers Benny Bellerby, der ebenfalls hier geboren ist – sind die eintägige Besteigung des Inselgipfels, eine E-Bike-Tour entlang der herrlichen Küste und der Besuch einer ehemaligen Walfangstation im **Whangaparapara Harbour**. Und weil man auf Aotea/Great Barrier ist, stehen für gewöhnlich biologisch und nachhaltig produzierte Snacks und Getränke bereit.

Nachhaltigkeit auf Aotea/Great Barrier

UMWELTSCHUTZ STEHT AN ERSTER STELLE

Aotea/Great Barrier liegt herrlich abgeschieden und ist unabhängig vom Stromnetz. Es kommen immer mehr Unternehmer hierher, die an einer nachhaltigen Zukunft interessiert sind.

Andi Ross von **Island Gin** produziert in ihrer Kupferbrennerei Spirituosen aus Buschpflanzen und anderen heimischen Zutaten wie Zitrusfrüchten und wildem Honig. Besuche in dem Verkostungsraum sind nur nach Vereinbarung (Fr–So 11–14 Uhr) möglich, ihre international prämierten Gins sind im Getränkemarkt **The Rocks** in Claris erhältlich. Verwendung finden sie für einen der besten Gin Tonics Neuseelands im Currach, in Aoteas beliebtem Irish Pub. Die unverwechselbaren Island-Gin-Flaschen aus recyceltem Glas sind den *kinas* (Seeigeln) nachempfunden.

Ebenfalls im Currach und in nachfüllbaren Flaschen bei The Rocks erhältlich sind die auf der Insel gebrauten Craftbiere von **Aotea Brewing** (aoteabrewing.co.nz). Am beliebtesten ist das Solar Charged American Pale Ale. The Rocks führt vielerlei coole Merchandise-Artikel wie T-Shirts und Kappen – und die Open-Air-Konzerte bei den Aotea Brewing Summer Sessions im Januar sind sehr populär. Nähere Informationen stehen auf der Website.

Eine einzigartige umweltfreundliche Art, die Insel zu erkunden, bieten die robusten E-Motorräder von **Motubikes**. Man kann mit ihnen auch auf unbefestigten Straßen fahren; der Inhaber Seagar organisiert gern einen Bring- und Abholservice auf der Insel und hat viele Tourenvorschläge. Praktischerweise können die Bikes mit einem normalen Führerschein gemietet werden, auch die Lage in Flughafennähe ist günstig.

AKTIVITÄTEN & KUNST AUF AOTEA

Aquahut
Kajak- und Paddleboard-Verleih in der Sunset Waterfront Lodge für Fahrten rund um Mulberry Grove.

Crazyhorse Trike Tours
Aotea-Touren im Sattel eines Motor-Trikes. Inhaber Steve Billingham hat viele Geschichten und Anekdoten über die Insel auf Lager.

Hooked on Barrier
Auf Angel- und Sightseeing-Touren kann man Aoteas Berge und Strände vom Meer aus bewundern.

Aotea Community Art Gallery
Eine große gelbe Boje weist auf dieses alte Cottage hin, das heimisches Kunsthandwerk präsentiert. Hier kann man auch den Weg zu weiteren Ateliers und Werkstätten auf der Insel erfragen.

ESSEN AUF AOTEA/GREAT BARRIER

My Fat Puku
Einladendes Gartencafé mit Pizzaofen im Freien und erfrischendem Craftbier. **$$**

Swallow
Ein Imbisswagen an der Straße bietet mit frischen Zutaten belegte Burger – zu empfehlen: Pulled-Pork-Burger. **$**

The Currach
Pub-Klassiker, große Portionen Fish & Chips und hin und wieder keltisch-folkloristische Live-Gigs. **$$**

SOUTH & EAST AUCKLAND

AUCKLANDS ÄUSSERER STADTRAND

Aucklands Randgebiet im Süden und Osten werden von Besuchern häufig ignoriert. Doch für alle, die ein Auto zur Verfügung haben und etwas Abenteuerlust verspüren, lohnt sich die Erkundung der kaum frequentierten Regionalparks in dieser Gegend sowie der Küstenlandschaft mit weißen und schwarzen Sandstränden.

Wer unter der Woche die baumbestandene Pōhutukawa Coast bis zur Mataitai Bay im Waitawa Regional Park fährt, hat den Strand sehr wahrscheinlich für sich allein. Im Hunua Ranges Regional Park kann man angesichts des Wasserfalls mitten im Wald und der Buschwege kaum glauben, dass man sich noch innerhalb der Grenzen von Neuseelands größter Stadt befindet.

Auf der Āwhitu-Halbinsel spiegeln die windumtosten Strände die zerklüftete Küste nördlich der Manukau Heads in West Auckland wider, und vom Manukau Heads Lighthouse zeigt sich die Hafeneinfahrt wild und tückisch. An der Ostseite führen Landstraßen zu den geschützten Buchten des Āwhitu Regional Park.

TOP TIPP

Die Serpentinenstraße von Beachlands über Maraetai zum Duder Regionalpark erstrahlt im Sommer in der roten Blütenpracht der Pōhutukawa-Bäume und wird deshalb auch „Pōhutukawa Coast" genannt. In Maraetai gibt es Fish&Chips, die man an einem der Picknickplätze an der Straße verspeisen kann. Die Sicht über den Hauraki-Golf reicht bis zur Waiheke Island.

HIGHLIGHTS
1 Hunua Ranges Regional Park

SEHENSWERTES
2 Āwhitu Peninsula
3 Āwhitu Regional Park
4 Duder Regional Park
5 Hunua Falls
6 Karioitahi
7 Manukau Heads Lighthouse
8 Tāpapakanga Regional Park
9 Waitawa Regional Park

Hunua Ranges Regional Park

WALDWANDERUNGEN UND EIN SPEKTAKULÄRER WASSERFALL

Nur 52 km von der Innenstadt entfernt liegt mit dem Hunua Ranges Regional Park der größte Wald auf der Nordinsel in der Region Auckland. Hier verlaufen beliebte Wanderwege wie der 800 m lange leichte **Hunua Falls Path**, der zu den Hunua Falls, einer 30 m hohen spektakulären Kaskade am Wairoa River, führt. Dies ist ein beliebtes Motiv für Hochzeitsfotos – also nicht überrascht sein, wenn sich gerade frisch Vermählte vor dem Wasserfall ablichten lassen.

Ein weiterer guter Wanderweg ist der **Cossey-Massey Loop Track**, ein anspruchsvollerer, aber noch gut zu bewältigender, 8,5 km langer Weg zum Cosseys Reservoir – dies ist einer der wichtigsten Wasserspeicher Aucklands. Es gibt viele Stufen, aber der Weg ist gut markiert und instand gehalten. Sowohl der Hunua Falls Path als auch Cossey-Massey Loop Track schlängeln sich durch den Busch, in dem Farne und jahrhundertealte Bäume in diffuses Licht getaucht sind.

Dies ist ein beliebter Picknickplatz, also die „chilli bin" – Kiwi-Slang für Kühltasche – packen und am Wasserfall oder am Fluss ein picknicken. Am besten besucht man den Hunua Ranges Regional Park unter der Woche, weil er am Wochenende stark frequentiert wird. Auch das Mountainbiking ist im Park recht beliebt. Weitere Informationen gibt es auf aucklandcouncil.govt.nz (Menüpunkt „Hunua Ranges Regional Park").

Hunua Falls

ANDREW KORSON/SHUTTERSTOCK ©

SCHUTZ DES WALDES

Wie im Waitākere Ranges Regional Park westlich von Auckland sind auch die hohen Kauri-Bäume der Hunua Ranges von der „Kauri dieback disease" betroffen. Bitte immer an den Reinigungsstationen am Beginn und am Ende der Wanderwege gründlich die Schuhe säubern. Auf aucklandcouncil.govt.nz den Menüpunkt „Protect our kauri trees" anklicken – dort gibt es eine detaillierte und stets aktualisierte Karte mit geöffneten und gesperrten Wanderwegen in der gesamten Region von Auckland.

Manukau Heads Lighthouse

CLEVEDON VILLAGE FARMERS MARKET

Dieser beliebte Bauernmarkt am Sonntagvormittag setzt in Cleveland handwerkliche und kulinarische Akzente. Nach dem Frühstück aus Kaffee und Empanadas oder frisch gepresstem Saft und Speck-Ei-Brötchen kann man beispielsweise Büffelmozzarella, Räucherfisch und Sauerteigbrot fürs Picknick kaufen. Der Einkaufszettel ist anhand der Facebook-Seite leicht im Voraus zusammenzustellen. Da viele Einheimische ihre Hunde mitbringen, findet man vielleicht einen vierbeinigen Begleiter für den Marktbummel.

MEHR IN SOUTH & EAST AUCKLAND

Regional Parks in East Auckland

GESCHÜTZTE BUCHTEN UND AUSBLICKE AUF DIE KÜSTE

Drei Regionalparks im Osten der Stadt sind bei den Aucklandern besonders beliebt. Man kann stets Sicht auf den Hauraki-Golf und die Inseln, es gibt Plätze zum Schwimmen und Relaxen, und unter der Woche haben Besucher die ruhigen Buchten und Wanderwege oft für sich allein. Für diese Gegend empfiehlt sich ein Mietwagen.

Östlich von Maraetai liegt an der sanft gewundenen Pōhutukawa Coast der **Duder Regional Park**. Der Duder Sustainable Trail (4 km) führt über Koppeln und Weideflächen und

ESSEN IN SOUTH & EAST AUCKLAND

Clevedon Coast Oysters
Der Food-Galley-Imbisswagen verkauft im Sommer Rindfleisch-Austern-Pasteten und frittiertes Seafood. $

Hallertau
In diesem großen Biergarten in Clevedon gibt es Holzofenpizza, köstliche Barsnacks und Craftbier. $$

The Churchyard
Kaffee, Kombucha und Gebäck frisch aus dem Ofen, einen kurzen Spaziergang vom Strand der Kawakawa Bay entfernt. $

veranschaulicht die nachhaltige Arbeitsweise auf der Farm im Park. Vom Whakakaiwhara Point blickt man auf den Firth of Thames bis zur Coromandel-Halbinsel.

Nordöstlich vom Dorf Clevedon werden in der geschützten Kauri Bay Austern gezüchtet, und der **Waitawa Regional Park** ist ein essenzieller Zwischenstopp auf dem Weg in die Kawakawa Bay. Um Waitawas drei Landzungen winden sich vier Rundwege; Campen ist entlang der Kajakroute **Te Ara Moana** sehr beliebt. Vom Waitawa-Parkplatz am Strand aus ist es nur ein kurzer Spaziergang zu Waitawas historischem Kai.

Vorbei an der Kawakawa Bay und am Ōrere Point erreicht man Aucklands schönsten Regionalpark: **Tāpapakanga**. Der hügelige **Tāpapakanga Coastal Walk** (7,5 km) bietet Blick auf die Küste und das Landesinnere. Im Februar steigt in Tāpapakanga das Splore-Festival mit Musik, Tanz und Kunst.

Ein Tag auf der Āwhitu-Halbinsel

GESCHICHTLICHES UND BLICK ÜBER DEN HAFEN

Die meisten Reisenden sehen die Āwhitu-Halbinsel nur, wenn ihr Flugzeug aus Australien oder Südostasien kommend über der Westküste Aucklands zum Landeanflug auf dem internationalen Flughafen der Stadt ansetzt. Die Halbinsel erstreckt sich von der Mündung der Tasmansee in den Manukau Harbour gen Süden, wo der Waikato River, Neuseelands längster Fluss, ins Meer mündet.

Der **Manukau Heads Lighthouse** (manukauheadslight house.org.nz) steht an der nordwestlichen Spitze der Halbinsel und ist über befestigte und unbefestigte Straßen zu erreichen. Dies ist ein idealer Platz, um die Schönheit der Küste zu bewundern. Der gedrungene Leuchtturm, der im Jahr 2000 als Nachbau des Vorgängerbaus von 1874 errichtet wurde, bietet eine herrliche Sicht auf den Hafen bis zum zerklüfteten Whatipu Beach in West Auckland. Schautafeln berichten über die Geschichte der *HMS Orpheus*, Neuseelands schlimmster Seetragödie aller Zeiten: Als die Korvette der Marine 1863 in der Hafeneinfahrt sank, kamen 189 Menschen ums Leben. Vom Parkplatz des Leuchtturms führt ein Pfad durch Agrarland zu einer Skulptur auf einem Hügel, die die Ahnen des hiesigen Ngāti-Te-Ata-Māori-Stammes ehrt.

Der Naturhafen im **Āwhitu Regional Park** ist ideal zum Bootfahren und Schwimmen; **Karioitahi** ist ein wilder, windumtoster Surfstrand an der Westküste, an der südlichen Grenze zwischen Auckland und der Region Waikato. Da es von Aucklands Innenstadt zum Leuchtturm rund 100 km bzw. zwei Autostunden sind, ist ein Tagesausflug ratsam.

GLENBROOK VINTAGE RAILWAY

Alle an Bord für eine der schönsten Nostalgie-Touren in der Region Auckland? Die Glenbrook Vintage Railway verkehrt auf einem 7,5 km langen Abschnitt der historischen Waiuku Branch Line zwischen Glenbrook und Waiuku. Schaffner in historischen Kostümen begrüßen im liebevoll restaurierten Bahnhof Glenbrook die Fahrgäste, auch die holzverkleideten und offenen Waggons sind detailgetreu. Die 65-minütige Fahrt mit der Dampfeisenbahn führt durch Farmland und über Brücken. Am Ziel angekommen steht ein Bummel durchs historische Waiuku auf dem Programm, ehe man den Zug zurück nach Glenbrook nimmt. Der aktuelle Fahrplan ist auf der Website gvr.org.nz zu finden.

ÜBERNACHTEN IN SOUTH & EAST AUCKLAND

Castaways Resort
Glamping, moderne Chalets und ein Tages-Spa in Karioitahi hoch über der Tasmansee. $$$

Kitenga Luxury B & B
Ein Swimmingpool, architektonische Perfektion und tolle Ausblicke auf die Landschaft und Küste bei Clevedon. $$$

Ōrere Point Top 10 Holiday Park
Zeltplätze und Ferienhäuschen am Fluss. Gute Option an der Straße nach Coromandel. $

BAY OF ISLANDS & NORTHLAND

DER WINTERLOSE NORDEN

Nördlich von Auckland wird es richtig tropisch: Der Norden des Landes steht ganz oben, wenn es um Strände, Camping und Wasserabenteuer geht.

Die Bay of Islands ist nicht nur eine Region mit außerordentlich schöner Natur, sondern spielt auch in der neueren Geschichte Neuseelands eine herausragende Rolle. Hier, an der südpazifischen Küste, gründeten die Siedler, die meist europäischer Abstammung waren, die erste koloniale Niederlassung ... und verwandelten ihren Ankunftsort prompt in ein berüchtigtes „Höllenloch", wo das Recht keine Chance hatte. Im Jahr 1840 unterzeichneten im Namen der Britischen Krone ebenjene *tauiwi* (nicht-einheimische Siedler) zusammen mit einer Reihe von Anführern verschiedener *iwi* (Stämme) den Gründungsvertrag der Nation. Während der Vertrag (Treaty/Te Tiriti) noch heute gelegentlich Anlass zu Streitigkeiten gibt, ist die Bucht, in der er unterzeichnet wurde, in etwa wieder so beschaulich wie vor der „Höllenloch-Zeit". Man kann die Waitangi Treaty Grounds besuchen, auf den türkisen Wellen Segel setzen oder sich im Küstenort Russell gedanklich in die Kolonialzeit zurückversetzen.

CHAMELEONSEYE/SHUTTERSTOCK ©, SHOWN COURTESY OF WAITANGI TREATY GROUNDS.

Northland ist weitläufig, vielseitig und erfrischend wenig zugebaut. Wer ein eigenes Fahrzeug zur Verfügung hat und gerne hinter dem Lenkrad sitzt, wird überrascht sein, wie viele ehrfurchtgebietende Eindrücke und großartige Attraktionen der „winterlose Norden" zu bieten hat – vom Sandsurfen auf Dünen über enorme Kauribäume, die „Giganten des Waldes", und Tauchausflüge in kristallklaren Meeresgewässern bis zu versteckten Künstlerkolonien und weinseliger Gastronomie.

DIE WICHTIGSTEN ZIELE

BAY OF ISLANDS
Eine aus dem Meer geborene Nation.
S. 128

MANGŌNUI
Historisches Tor zum Ozean.
S. 139

WHANGĀREI
Kunst-, Food- und Naturzentrum.
S. 148

Links: *Whare waka* (Kanuhaus), Waitangi Treaty Grounds (S. 130); oben: Leuchtturm, Cape Reinga (S. 145)

BUS

Fernbusse (Intercity) verkehren täglich von Auckland aus entlang der Ostküste, halten in Whangārei und der Bay of Islands und fahren oft bis Kaitāia. Regionalbusse sind unregelmäßig unterwegs – nur in Whangārei gibt es verlässliche Verbindungen.

MIETWAGEN

In einer auf Road Trips zugeschnittenen Gegend braucht man ein eigenes Fahrzeug (Auto oder Campervan), um von Ort zu Ort zu kommen. Nur einige Hauptattraktionen wie Cape Reinga und 90 Mile Beach werden von Ausflugsbussen angefahren.

FÄHRE

Zwischen Paihia Zentrum und Russell Zentrum verkehrt regelmäßig eine Passagierfähre. Zwischen den nahe gelegenen Orten Ōpua und Okiato sowie zwischen Hokianga Harbour am Twin Coast Discovery Highway (von Rawene nach Kohukohu) verkehren Autofähren.

Erste Orientierung

Northland ist riesig und weiter von Auckland entfernt, als man vermuten könnte. Je weiter man nach Norden fährt, desto kleiner werden die Siedlungen. Zum Glück ist der nächste Strand nie fern!

Whangārei, S. 148

Northlands urbanes Zentrum ist bekannt für seine lebhafte Kunstszene und gilt als Tor zur fantastischen Küstenlandschaft. Das subtropische Klima macht es noch verführerischer.

Perfekte Tage

Die Fahrzeiten sind in Northland oftmals länger als erwartet. Die Routen führen durch ländliche und zuweilen geschichtsträchtige Siedlungen mit atemberaubenden Stränden.

RIEKEPHOTOS/SHUTTERSTOCK ©

Hole in the Rock (S. 133)

Wenig Zeit

● Die weitläufigen **Waitangi Treaty Grounds** (S. 130) umfassen mehrere Museen, Sehenswürdigkeiten und Aussichtspunkte. Sie sind gespickt mit Artefakten und spannenden Informationen. Wer will, kann aber auch die Füße ins kristallklare Wasser der Bay of Islands tauchen und beim Segeln, Kajakfahren, Schnorcheln oder Inselhüpfen viel Spaß haben: Die meisten Touren führen am berühmten **Hole in the Rock** (S. 133) vorbei. Zum Abschluss des Tages schlendert man durch **Russell** (S. 129), bevor man im **Duke of Marlborough** (S. 132) Abendessen und Pint genießt.

UNTEN, VON LINKS NACH RECHTS: JINNY GOODMAN/ALAMY STOCK PHOTO ©, CHAMELEONSEYE/SHUTTERSTOCK ©, RUDMER ZWERVER/SHUTTERSTOCK ©

Beste Reisezeit

Die milden Temperaturen locken rund ums Jahr Touristen an. Manches Städtchen hält während der ruhigeren Monate Winterschlaf – also besser reservieren. Das Meer ist von Januar bis März am wärmsten.

JANUAR

Das neue Jahr begrüßt man am besten mit den **Waipu Highland Games** (S. 155), einem schottischen Festival inkl. Tartan, Dudelsäcken und Sportsgeist.

FEBRUAR

Waitangi Day, Neuseelands Nationalfeiertag, wird am 6. Februar mit einem bunten Festival in den **Waitangi Treaty Grounds** (S. 130) gefeiert.

MÄRZ

Ideal für einen Road Trip: Das Meer ist noch angenehm warm, und auf den Campingplätzen sowie am Strand ist weniger los.

Drei Tage vor Ort

● Nach den **Waitangi Treaty Grounds** ist am nächsten Tag eine Fahrt aufs Meer hinaus genau das Richtige. Zelten auf dem Wanderweg zum **Cape Brett (S.** 133) ist eine Herausforderung: Als Belohnung winken fantastische Ausblicke aufs Meer. Gemütlicher geht es auf dem Spaziergang von den Treaty Grounds zu den **Haruru Falls** (S. 132) zu. Um wieder zu Kräften zu kommen, fährt man 20 Minuten nach **Kerikeri** (S. 135) und speist im **Marsden Estate** (S. 138) oder im **Plough & Feather** (S. 135). Bei einer Übernachtung im Schutzgebiet **Aroha Island** (S. 138) läuft einem nach Sonnenuntergang vielleicht ein Kiwi über den Weg.

Mit mehr Zeit

● Northland ruft nach einem Road Trip: Nach ein paar Tagen an der Bay of Islands geht es nach Norden. Ein oder zwei Übernachtungen in **Mangōnui** (S. 139). Auf der fast unberührten **Karikari Peninsula** (S. 142) führt die Straße weiter bis **Cape Reinga** (S. 145). Von dort fährt man wieder nach Süden, um am **Ninety Mile Beach** (S. 144) zu lernen, wie eine ordentliche Küstenstraße aussieht. Zwischenstopp zum Dünensurfen bei den **Te Paki Giant Sand Dunes** (S. 143), dann entlang der **Kauri Coast** (S. 154) im Westen mit ihren hohen Bäumen. Zum Abschluss die magischen **Kai Iwi Lakes** (S. 157) mit Campingplatz am Wasser.

JUNI

Der Aufgang der in der Māorikultur bedeutsamen Matariki-Sternenkonstellation wird inzwischen im ganzen Land gefeiert, besonders aber in **Northland**.

JULI

Das viertägige **Russell Birdman Festival** ist etwas für die ganze Familie: Hier springen Kostümierte vom Steg.

AUGUST

Das **Jazz and Blues Festival** ist die einzige Zeit im Jahr, zu der das Meer in der Bay of Islands nur die zweite Geige spielt.

NOVEMBER

Die sommerlichen Temperaturen werden schon früh erreicht und läuten die Camping- und Strandsaison ein.

BAY OF ISLANDS

Die Bay of Islands, Northlands Kronjuwel und Geburtsort des modernen Neuseelands, fasziniert mit ihrer Geschichte und der Postkartenidylle sämtliche Besucher: weiße Sandstrände, winzige rote *Pōhutukawa*-Blüten, springende Delfine in türkis schimmernden Buchten und romantische Küstenorte. In Paihia gibt es mehr Unterkünfte als im verschlafenen Russell, das nur eine kurze Fährfahrt entfernt liegt.

Richtig magisch wird es, sobald man raus aufs Meer fährt, um die unberührten Strände der mehr als 150 Inseln vor der Bucht zu erkunden, ob per Schiff, Fischerboot oder Paddle Board. Alternativ kann man auch direkt ins klare Wasser springen. Historisch interessant sind die unweit gelegenen Waitangi Treaty Grounds, wo Neuseelands Gründungsdokument von *iwi* und Vertretern der britischen Krone unterzeichnet wurde, sowie weitere bedeutsame Stätten in der Nähe.

TOP TIPP

Die Bay of Islands umfasst eine Ansammlung kleiner Städtchen, hat aber kein direktes Zentrum. Der öffentliche Nahverkehr ist allerdings nur spärlich ausgeprägt. Die beiden Zwillingsorte Paihia und Russell sind durch eine Fährroute miteinander verbunden. Das lebhaftere Paihia besitzt mehr Unterkünfte und Restaurants.

SPAZIERGANG AUF RUSSELLS UFERPROMENADE

Russell war einst als „Höllenloch des Pazifiks“ verschrieen. Zum Glück ist die Rechtlosigkeit, der Neuseelands erste Hauptstadt ihren wüsten Ruf verdankt, inzwischen kein Thema mehr. Heute ist Russell ein geschichtsträchtiger Küstenort mit reichlich Restaurants, Boutiquen und Souvenirläden: Von Paihia aus ist es per Fähre zu erreichen, die alle 10 Min. verkehrt. An der Werft geht man von Bord, orientiert sich nach rechts und spaziert The Strand entlang, vorbei an **1 Town Hall** und Kino linkerhand, bis man zum **2 Russell Museum** gelangt. Im Museum wird die Geschichte der Region auf Videos, Fotos und sogar einer digitalen Karte erfahrbar. Weiter geht es auf The Strand bis zur 1842 erbauten **3 Pompallier Mission & Printery:** Auf der Führung werden traditionelle Druck- und Buchbindertechniken gezeigt. Nach einer Kehrtwende gelangt man zur hübschen Kapelle von **4 Christ Church**, die 1836 errichtet wurde und als ältestes Gebäude gilt. Parallel zur Küstenstraße verläuft direkt dahinter die **5 York Street** mit Restaurants, Galerien und Geschäften. Von dort führt links die Cass Street zurück zu The Strand, von wo aus es nach Norden zum **6 Duke of Marlborough** geht, dem ältesten Hotel und Pub mit Schanklizenz (1827). Nach einer Pint oder einem Pub Meal marschiert man gestärkt nach Norden, vorbei am uralten **7 Morton Bay Fig Tree**. Am nördlichen Ende der Bucht beginnt ein Wanderweg (1,6 km), der bei Ebbe zugänglich ist und zum **8 Flagstaff Hill** führt, wo der legendäre Häuptling Hōne Heke als Protest gegen die Kolonialherrschaft den Fahnenmast der Briten vier Mal fällte. Heute geht es auf dem Hügel mit weitem Blick über Russell und das türkisblaue Meer wesentlich friedlicher zu.

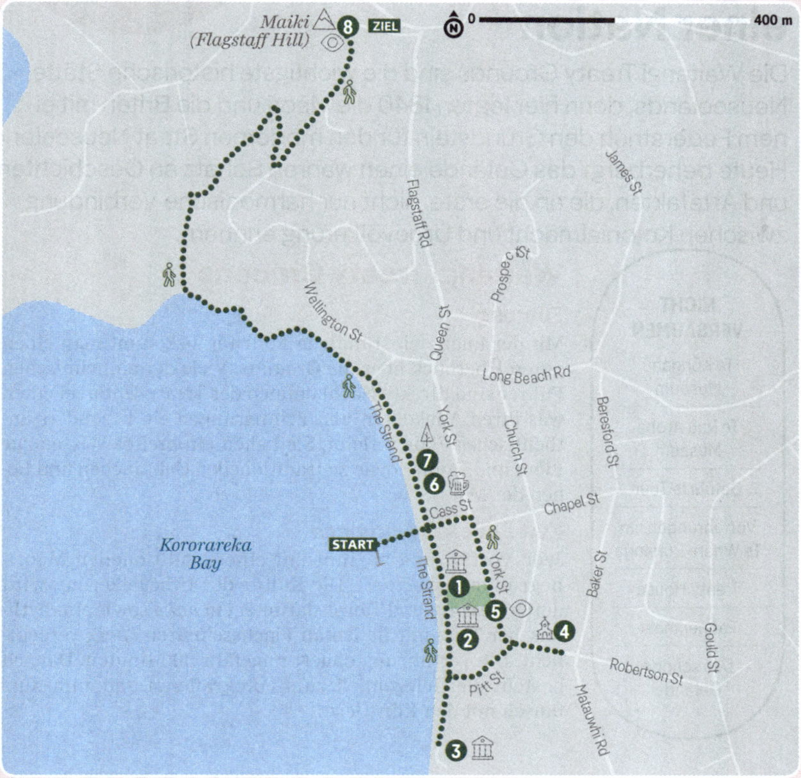

SHAUN JEFFERS/SHUTTERSTOCK © SHOWN COURTESY OF WAITANGI TREATY GROUNDS.

PRAKTISCHES
Der QR-Code verrät Öffnungszeiten, Eintrittspreise und mehr.

HIGHLIGHT

Waitangi: Geburtsort einer Nation

Die Waitangi Treaty Grounds sind die wichtigste historische Stätte Neuseelands, denn hier legten 1840 die Māori und die Briten mit einem Federstrich den Grundstein für den modernen Staat Neuseeland. Heute beherbergt das Gelände einen wahren Schatz an Geschichten und Artefakten, die an die erste, nicht nur harmonische Verbindung zwischen Kolonialmacht und Urbevölkerung erinnern.

NICHT VERSÄUMEN
- Te Kōngahu Museum
- Te Rau Aroha Museum
- Geführte Tour
- Vorführungen am Te Whare Rūnanga
- Treaty House
- Fahnenmast
- Das schöne Gelände

Waitangi Treaty Grounds

Führung

Mit der knapp einstündigen Führung bekommt man einen guten Überblick über die Grounds. Viele der einheimischen Führer sind direkte Nachkommen der Treaty-Unterzeichner, was ihren Anekdoten und Erinnerungen ein besonders authentisches Flair verleiht. Sie haben ein breites Wissen zur Flora und Fauna sowie zu traditionellen Gebräuchen und Leben der Māori.

Kulturelle Vorführungen

Jede Vorführung beginnt mit einer traditionellen Māori-Begrüßung (*pōwhiri*). Die Kultur der Urbevölkerung wird durch Gesänge und Tänze, darunter ein *haka* sowie ein rhythmischer Tanz mit Bällen an Flachsschnüren (*poi*), verdeutlicht. Die Vorführung dauert ungefähr 30 Minuten. Danach besteht die Gelegenheit zum Fotografieren und zum Austausch mit den Künstlern.

Te Whare Rūnanga

In dem beeindruckenden Versammlungshaus gegenüber des Treaty House, das innen wie außen mit kunstvollen Schnitzereien verziert ist, finden auch die Vorführungen statt. Es wurde im Jahr 1940 zum 100-jährigen Jubiläum des Treaty errichtet und symbolisiert die Partnerschaft zwischen den Māori und der britischen Krone.

Treaty House

Das auch als Residenz bezeichnete Treaty House war der Sitz von James Busby, dem ersten British Resident (diplomatischer Rang) und Vertreter der britischen Regierung. Das Haus kam in Fertigteilen aus Australien und wurde von Busby höchstpersönlich zusammengebaut. Heute klärt das Gebäude die Besucher über die britische Kolonialzeit auf.

Flagstaff (Fahnenmast)

Die Stelle, an der die Tinte aufs Pergament traf, wird von einem Fahnenmast markiert, an dem drei Fahnen wehen: die heutige Flagge Neuseelands, der britische Union Jack und die ursprüngliche Flagge der Vereinten Stämme von Neuseeland. Das wirkliche Highlight ist jedoch die Lage des Fahnenmasts, die einen Panoramablick über die Bucht bietet.

Te Rau Aroha Museum

Das jüngste Gebäude ist das 2020 eröffnete Te Rau Aroha Museum. Der Ausdruck Te Rau Aroha ist eine Respektsbekundung für Personen – ein passender Name für ein Museum, das an den Dienst der Māori in den Streitkräften Neuseelands erinnert. Die Eröffnungsausstellung trägt den Titel „Price of Citizenship". Die drei Räumlichkeiten behandeln die Themen Chronologie, persönliche Zeugnisse und Erinnerung.

Te Kōngahu Museum

Dieses zeitgenössische Museum fügt sich perfekt in die Umgebung ein. Ein Besuch ist ein absolutes Muss, denn es zeigt durch Geschichten, Videos und *taonga* (Kulturschätze) die Rolle des Treaty in Vergangenheit, Gegenwart und Zukunft von Aotearoa Neuseeland. Hier erfahren die Besucher alles über die Ereignisse, die zur Unterzeichnung des Treaty führten, über die späteren Vertragsverletzungen der Briten und die sich daraus ergebende Protestbewegung, die den aktuellen Prozess der Wiedergutmachung für die staatlichen Vergehen anstieß.

Zeremonial-Waka

Am Waitangi Day wird Ngātokimatawhaorua, das größte Zeremonialkanu der Welt *(waka)*, in der Bucht zu Wasser gelassen. In dem im trockenen Zustand über 6 t schweren Kanu sitzen mindestens 76 Ruderer. Den Rest des Jahres ist das *waka* im Trockendock im *Waka*-Haus ausgestellt – und darf sogar berührt werden!

WAITANGI DAY

Der neuseeländische Nationalfeiertag wird am 6. Februar begangen. Die Feierlichkeiten beginnen in der Morgendämmerung mit dem Gottesdienst. Dann folgen Vorführungen, Workshops und Aktivitäten für Kinder. Viele Marktstände locken zum Kauf. Meistens besucht der Premierminister das nahe *marae* (Versammlungshaus).

TOP TIPPS

- Am besten bucht man die Kulturvorführung direkt nach der Führung, denn die Runde endet am Ort der Vorführung.
- Jedes Ticket gilt für zwei aufeinanderfolgende Tage, sodass man den Besuch gut auf zwei Tage verteilen kann.
- Jede Führungsgruppe stellt einen Vertreter beim *pōwhiri* – nur nicht schüchtern sein!
- Die Māori-Worte sollte man nach Möglichkeit korrekt aussprechen. Einfach nachfragen: Niemand stört sich daran, wenn man sich Mühe gibt.
- Nicht erschrecken beim *hongi*, dem traditionellen Māori-Begrüßungsritual; dabei werden die Nasen aneinander gedrückt.

REICHLICH VERANSTALTER

Man kann den Reiseveranstalter fragen, ob man den Hinweg per Kajak und den Rückweg zu Fuß absolvieren kann, um beides zu erleben. Zu den wichtigsten Anbietern zählen **Bay of Islands Cruise & Kayak**, **Coastal Kayakers** und **Bay of Islands Kayaking**. Sie veranstalten diverse Kajaktouren, u. a. zu den Inseln in der Bucht, die für ihre wunderbaren, unberührten Strände bekannt sind. Wer weder Kajakfahren noch wandern möchte, kann auch zu den Wasserfällen fahren. Vom Parkplatz sind es nur noch wenige Minuten zu Fuß. An der Straße entlang sollte man besser nicht spazieren, da es dort keine Gehwege gibt.

IANWOOL/GETTY IMAGES ©

Haruru Falls

Auf neuen Wegen zu den Wasserfällen

ZU FUSS ODER MIT DEM KAJAK ZU DEN HARURU FALLS

Die **Haruru Falls** (*haruru* bedeutet auf Te Reo Māori „Brüllen" oder „Lärm") sind eine hufeisenförmige Kaskade am Rande von Paihia, die vom Parkplatz aus gut erreichbar ist. Aber man ist ja schließlich nicht wegen der praktisch gelegenen Parkplätze nach Neuseeland gekommen, oder? Am besten nähert man sich den Fällen wie die Māori, Missionare und Händler der vergangenen Jahrhunderte, als sich in der Lagune Neuseelands erster geschäftiger Hafen befand – zu Fuß oder über das Meer.

Der 6 km lange Spaziergang beginnt gegenüber der **Waitangi Treaty Grounds**. Vorbei am Golfplatz führt der Pfad durch dichtes Buschland entlang des Waitangi River und folgt dann einer traditionellen Route, die früher neun (inzwischen ver-

ÜBERNACHTEN AN DER BAY OF ISLANDS

Haka Lodge Backpackers
Sehr zentral gelegenes Hostel in Paihia mit modernen Schlafsälen und Zimmern mit Bad. **$**

Russell Top 10 Holiday Park
Praktisch gelegener, gepflegter Campingplatz mit sauberen Hütten und gutem Ausblick über die Bucht. **$$**

Duke of Marlborough Hotel
Kürzlich renoviertes historisches Hotel am Meer mit Pub im Erdgeschoss. **$$$**

lassene) Māori-Siedlungen miteinander verband. Der Pfad geht schließlich in einen Holzsteg über und bietet so die seltene Gelegenheit, durch einen Mangrovenwald zu spazieren, der normalerweise völlig unzugänglich ist.

Wenn man möchte, kann ma sich den Fällen auch mit dem Kajak nähern. Die geführten Touren dauern etwa 3–5 Stunden und starten in Waitangi (es bleibt reichlich Zeit zum Erkunden). Auf direktem Weg erreicht man die Fälle per Kajak in max. einer Stunde. Auf der Tour gleiten die Teilnehmer durch das Schutzgebiet des Waitangi Estuary, kurven durch den Mangrovenwald und beobachten dort unzählige Vögel (darunter Eisvögel, Reiher und Kormorane).

Kleiner Ausflug zum Rock

ÜBER LAND ODER WASSER NACH MOTUKŌKAKO

Man sollte sich nicht von dem nüchternen Namen abschrecken lassen – es hat schon seinen Grund, warum das **Hole in the Rock** auf jeder Bucket List zur Bay of Islands steht. Mit „Rock" ist **Motukōkako Island** (von Captain Cook Piercy Island genannt) gemeint, ein unbewohntes Eiland mit hochaufragenden Klippen, die an eine uneinnehmbare Festung bzw. an eine Burgruine mitten im Meer erinnern. Und das „Hole"? Ein Felsbogen am Fuß der vermeintlichen Burg, durch den ein Tourenboot gerade so durchpasst.

Auch wenn das Hole in the Rock recht beeindruckend wirkt, ist es doch nur ein Teil des großen maritimen Abenteuers. Die Bay of Islands ist ein Paradies für Meeresfreunde. Die vielleicht schönste Anreise zum Rock erfolgt per Jetboat, Kajak oder Segelboot. Verschiedene Veranstalter in Paihia oder Russell bieten die Tour an, auf der man unterwegs schnorcheln oder Parasailing praktizieren kann. Oder man entspannt ganz einfach an Deck mit einem Glas Wein, während Delfine, Robben und Vögel das Boot passieren.

Wer leicht seekrank wird, schließt sich besser einer Wanderung zum **Cape Brett** an. Der 16 km lange Weg folgt dem Grat des Kaps und ist nicht ohne. Er endet am historischen Leuchtturm, der über Motukōkako Island wacht. Die Tour dauert zwei Tage, aber der Ausblick über die Küste lässt die Anstrengung schnell vergessen.

Unterwegs sollte man im klaren Wasser der **Deep Water Cove** neben dem Wrack der *HMNZS Canterbury* schwimmen oder schnorcheln. Übernachtet wird in der DOC-Hütte (die alte Hütte des Leuchtturmwärters; unbedingt reservieren). Von dort geht es zu Fuß oder per Wassertaxi weiter, wenn man einen genauen Blick auf das Hole in the Rock werfen will.

KÄMPFE DER UREINWOHNER

Laut einer Māori-Legende ruderten Krieger durch das Hole in the Rock, um sich mit dem von der Felsdecke herabtropfenden Wasser zu salben, das Glück in der Schlacht verhieß. Es ist also gut möglich, dass man ein paar Wassertropfen abbekommt. In den vergangenen Jahren entwickelte sich ein eher ideologischer Streit zwischen den einheimischen *iwi* und den Reiseangenturen: Die *iwi* fordern als Hüter von Motukōkako eine Gebühr für die Durchfahrt eines jeden Boots. Die Gespräche laufen noch; es kann also sein, dass die Veranstalter in Zukunft einen Aufschlag verlangen werden.

UNTERWEGS VOR ORT

Air New Zealand fliegt von Auckland nach Kerikeri. Oder man nimmt den Bus oder einen Mietwagen. Paihia liegt eine knappe halbe Stunde südlich von Kerikeri. Von Paihia verkehrt stündlich eine Fußgängerfähre nach Russell. Wer Russell nicht ohne Auto besuchen möchte, nimmt die Autofähre von Ōpua (5 km von Paihia) nach Okiato (8 km von Russell). Paihias Sehenswürdigkeiten, darunter die Waitangi Treaty Grounds, sind ideal für Fußgänger.

Rund um die Bay of Islands

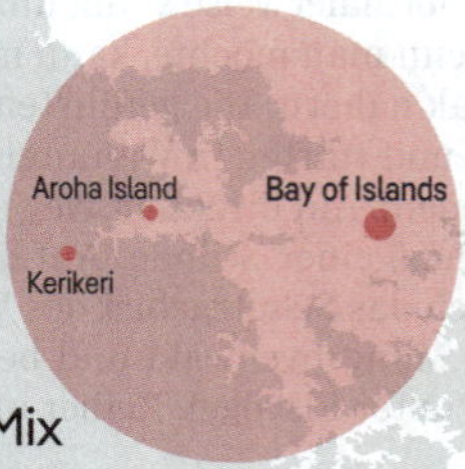

Die Bay of Islands samt Umland ist ein bunter Mix aus kleinen Dörfern, Obstgärten, Kreativshops und natürlich vielen Stränden.

Abgesehen von Bootsausflügen in der Bay of Islands und der lebendigen Geschichte in Waitangi und Russell hat die Region noch einiges mehr zu bieten: Das geschichtsträchtige Kerikeri ist ein Mekka für Foodies, die den Reiz des subtropischen Klimas durch regionale Lebensmittel (darunter die beliebte Avocado) steigern, sowie für Freunde des Kunsthandwerks. Der Twin Coast Cycle Trail, eine zweitägige Fahrradtour durch das hügelige Buschland, verbindet Pazifik und Tasmanische See. Entlang der Route locken zahlreiche lohnende Stopps, darunter die meistfotografierten Toiletten des Landes. Wer sich lieber nicht vom Fleck rührt, kann auf der verführerischen Aroha Island campen und auf eine Kiwisichtung hoffen.

TOP TIPP

Frisch gefangener Fisch und Meeresfrüchte haben es nicht weit bis zum nächsten Teller – ein guter Grund, sich Fischgerichte zu probieren.

Twin Coast Cycle Trail (S. 136)

STEVE TODD/SHUTTERSTOCK ©

TRABANTOS/SHUTTERSTOCK ©

Kerikeri

Künstlerparadies Kerikeri

KUNSTHANDWERK, WEIN UND ESSEN

Kerikeri liegt per Auto nur 25 Min. nördlich von Paihia und ist noch nicht von Touristen überrannt, was dem Ort eine erfrischende Authentizität verleiht.

In einer von Obstgärten umgebenen Stadt beginnt man den Tag am besten mit dem Obsteinkauf: Der **Bay of Islands Farmers Market** findet jeden Sonntagmorgen statt und hat Orangen, Avocados, Kiwis und viele andere Köstlichkeiten im Angebot. Am Samstagmorgen bieten einheimische Kunsthandwerker, Winzer und Bauern auf dem **Old Packhouse Market** ihre Waren an. Mit frischem Kaffee und Backwaren bleiben die Käufer bei Kräften.

Direkt am Stadtrand locken sonnige Strände und üppige Obstgärten. Für Beschäftigung an den seltenen verregneten Nachmittagen ist gesorgt, und zwar durch Kunstgalerien, Kiwiana-Kunsthandwerk, Schmuckgeschäfte und eine entzückende Kombination aus Keramik und Karamellbonbons bei **Get Fudged & Keriblue Ceramics**. In der Touristeninformation gibt es besondere Arts Trail Maps. Oder man macht ganz einfach eine spontane Spritztour.

Zum Abschluss des Tages gönnt man sich in Kerikeri gerne einen Wein. Northlands preisgekrönte rote Chambourcin-

UM DER KUNST WILLEN

Der **Wharepuke Sculpture Trail** (Zugang nach *koha*/Spende) im herrlichen Wharepuke Garden umfasst eine Sammlung aus mehr als 40 Skulpturen von einheimischen Künstlern. Nicht wirklich umwerfend, aber dafür ein netter 1-km-Spaziergang durch den Garten, der Kunst- und Naturliebhaber gleichermaßen anspricht. Der **Kerikeri Open Art Studios Trail** (KOAST) ist ein weiterer beliebter Kunstpfad, den man am besten per Auto ansteuert. Der Pfad ist nur an ganz bestimmten Terminen geöffnet (Informationen siehe folgende Webseite: koast.org.nz).

ESSEN IN KERIKERI

Plough & Feather
Wunderschönes Gastro-Pub im englischen Stil mit tollem Essen, regionalem Bier und regelmäßig Livemusik. **$$**

Rusty Tractor
Hier gibt's fantastischen Kaffee, leckeres Frühstück und einen tollen Outdoorbereich für Kinder. **$$**

Cafe Jerusalem
Israelische Speisen in großzügigen Portionen zu vernünftigen Preisen – unbedingt die Meze-Teller ausprobieren. **$$**

RADTOUR

Per Rad von Küste zu Küste

Bist du jemals von Küste zu Küste geradelt, also von einer Küste bis zur anderen? Der nicht allzu anstrengende Twin Coast Cycle Trail (87 km) belohnt dich mit sensationellen Ausblicken. Er verbindet Ōpua im Osten mit dem weit verzweigten Hokianga Harbour im Westen. Der Trail führt durch eine vielfältige Landschaft, vorbei an charmanten, nicht überlaufenen Städtchen. Transportmittel, Räder und Unterkunft sollten lange im Voraus gebucht werden.

1 Ōpua

Eine putzige Hafenstadt mit einer großen Marina und einem Fähranleger nach Russell. Nach der Restaurierung der alten Bahnlinie, steht die Trailstrecke zwischen Ōpua und Kawakawa wieder für Radfahrer zur Verfügung.

Route: Von der Baffin Street auf der Marinaseite an einem mangrovengesäumten Meeresarm vorbei, dann entlang der alten Bahnstrecke über die Long Bridge und durch einen Tunnel zur Taumarere Station. Insgesamt: 11 km.

2 Kawakawa

Lebhaftes Städtchen mit vom österreichischen Künstler Hundertwasser entworfenen Toiletten, die mit Fliesen, Skulpturen und Kopfsteinpflasterboden im Stile Gaudís dekoriert sind (Hundertwasserfans sollten sich das neue Hundertwasser Art Centre in Whangārei ansehen, S. 149.) Ansonsten Cafés, Souvenirshops, ein Museum und eine Kunstgalerie. Achtung: Ausschau halten nach der Dampflok, die wie in vielen Städtchen Neuseelands die Hauptstraße entlangfährt.

Von Hundertwasser entworfene Toiletten in Kawakawa

TRAVELLINGFATMAN/SHUTTERSTOCK ©

Route: Vom Bahnhof Kawakawa auf einem Schotterweg an einer stillgelegten Sägemühle vorbei. In gemütlichem Anstieg durch Felder und Wälder bis zur Hängebrücke über den Orauta Stream und vorbei am Kaikohe Aerodrome. Insgesamt: 34 km.

3 Kaikohe

Auf halber Strecke kann man die Beine nach einem Tag im Fahrradsattel in Kaikohe in den Waiariki Hot Pools bei Ngawha Springs entspannen. Oder man besichtigt das Kaikohe Pioneer Village, ein 2 ha großes Open-Air-Museum zur Geschichte der Region.

Route: Der Weg Richtung Osten steigt an, bis zum höchsten Punkt der Route mit Ausblick auf Hokianga Harbour und Mt. Hikurangi. Weiter geht es durch den Tahuna Tunnel und dann bergab zum Lake Omapere. Insgesamt: 14 km.

4 Ōkaihau

Ōkaihau könnte man glatt übersehen, wenn man nicht aufpasst: Es besteht aus einem Café, einem Takeaway, einem kleinen Supermarkt und öffentlichen Toiletten. Am Settlers Way kann man noch Kirchen und ein Kriegerdenkmal besuchen.

Route: Den Settlers Way entlang durch Farmland bis zu einer Reihe von Serpentinen. Dem Fluss folgend radelt man bis zu einem netten, 1200 m langen Holzweg, der sich durch ein Mangrovengebiet bis zum Hokianga Harbour schlängelt. Insgesamt: 28 km.

5 Horeke

Ein geschichtsträchtiger, kleiner Hafenort. Der Twin Coast Cycle Trail endet am Mangungu Mission House (Kulturstätte). Die beliebte Kneipe der Stadt zählt zu den ältesten des Landes. Das Wesleyan Mission House über dem Hokianga Harbour steckt voll spannender Relikte – ruhig mal ansehen. Wairere Boulders ist ideal zum Schwimmen und bietet zudem Wanderwege, Café und Unterkunft.

Kiwi

NEUSEELANDS NATIONALSYMBOL

Neuseelands berühmter, wenn auch scheuer einheimischer Vogel, ist als Brauner Kiwi *(Apteryx mantelli)* am häufigsten vertreten und kommt auch auf Aroha Island vor. Leider schrumpft die kleine Population trotz der Schutzmaßnahmen. Die schwierige Lage des Kiwis wird durch seine Flugunfähigkeit und Sehschwäche noch prekärer. Zu seinen Stärken gehören sein langer dünner Schnabel, sein guter Geruchssinn und seine erstaunliche Fähigkeit, Vibrationen im Boden zu spüren. Gefährdet wird der Kiwi durch eingeführte Arten (Katzen, Hunde und Nagetiere) und den Verlust an Lebensraum. Die einst auf dem Festland weit verbreiteten Vögel finden heutzutage fast nur noch in Schutzgebieten auf Inseln ohne Fressfeinde einen sicheren Rückzugsort.

Traube, die in der subtropischen Feuchtigkeit gedeiht, wird unterschätzt. Samuel Marsden, einer der frühen Missionare, pflanzte hier 1819 die ersten Weinstöcke des Landes. Sein Erbe wird am **Marsden Estate** bewahrt, wo auf der lauschigen Terrasse am See Weinverkostungen und ausgiebige Mittagessen stattfinden. Etwas relaxter geht es bei **Kainui Road Vineyard** zu, die Boutique-Wein und Craftbier servieren und oft Outdoor-Auftritte veranstalten.

Campen mit Kiwis

AUF DER INSEL DER LIEBE

Aroha Island (die Insel der Liebe) ist ein verstecktes Miniparadies, das 12 km nordöstlich von Kerikeri liegt. Die Flora und Fauna ist vielfältig, darunter sind auch Kiwis. Hier kann man campen, wandern und schwimmen – der perfekte Ort, um die Wildnis kennenzulernen und Aotearoas scheues nachtaktives Maskottchen zu sehen.

Per Fahrzeug erreicht man die Insel auf dem Fahrdamm durch den Mangrovenwald. Die 12 ha große Insel lässt sich auch zu Fuß erkunden. Wer übernachten möchte, sollte Vorräte mitnehmen: Man hat die Wahl zwischen Camping, Glamping und Ferienwohung.

Der 30-minütige Wildnisspaziergang rund um die Insel führt an Informationstafeln zu den einheimischen Bäumen vorbei. Vogelliebhaber sind vermutlich etwas länger unterwegs, da es hier immer etwas zu beobachten gibt – vom Eisvogel und Fischreiher bis zum beliebten Tui.

Übernachtungsgäste haben die Chance, Kiwis in natürlicher Umgebung zu sehen. Das Eco Centre informiert über Plätze, wo sich Kiwis nach Anbruch der Dunkelheit aufhalten.

UNTERWEGS VOR ORT

Zwischen Kerikeri und Paihia verkehren Busse. Für das Umland benötigt man ein eigenes Fahrzeug. In Kerikeri starten auch Busse nach Whangārei und Auckland.

MANGŌNUI

Zweifellos erstrecken sich rund um die Doubtless Bay ziemlich unwirkliche Landschaften. Die breite, flache Bucht weist unzählige schöne Plätze zum Baden auf. Trotz der landschaftlichen Idylle ist die Bucht nur spärlich besiedelt und lockt mit herrlich unberührter Umgebung.

Das Städtchen Mangōnui, einst ein wohlhabender Walfängerort, schmiegt sich an die Küste und bietet sich nun als Ausgangspunkt zur Erkundung des winterlosen Nordens an. Mangōnui bedeutet so viel wie „großer Hai" und ist passenderweise als Zentrum des Hochseeangelns (u. a. Haie) bekannt. An den nahe gelegenen Sandstränden von Coopers Beach, Cable Bay und Taipa lässt es sich herrlich relaxen.

Auch in Mangōnui findet sich eine reiche indigene und koloniale Vergangenheit. Man sieht hübsche Kolonialgebäude, die nun als Cafés, Galerien und Fish-&-Chip-Läden dienen.

TOP TIPP

Mangōnui ist ein netter Ort, aber so klein, dass man ihn sich an einem Tag angesehen hat. Nach einem Strandtag in der herrlichen Umgebung sorgt das schlichte Mangōnui am Abend für die willkommene Erholung – die ideale Basis für Ausflüge und andere Erlebnisse.

CHAMELEONSEYE/SHUTTERSTOCK ©

Mangōnui Fish Shop

Mangōnui: Damals & Heute

HISTORISCHE GEBÄUDE IN HEUTIGER ZEIT

Mangōnui war jahrhundertelang das Verwaltungszentrum der Umgebung. Noch heute existieren viele der ursprünglichen Gebäude aus der Anfangszeit und verleihen den modernen Boutiquen, Cafés und Galerien historischen Charme. Am besten erkundet man das historische Zentrum zu Fuß auf dem 3 km langen Heritage Trail. Wer vom Weg abkommt, landet bald zwischen hübschen, alten Cottages.

Die **Exhibit A Gallery** war einst ein altes Kauri Courthouse, das 1892 angesichts der schnell wachsenden Einwohnerschaft errichtet wurde. Nachdem die Gerichtsverhandlungen ins nahe gelegene Kaitāia verlagert wurden, restaurierte man das Gebäude mithilfe von Crowdfunding. Heute beherbergt es eine regionale Kunsthandwerkerkooperative, deren Werke hier ausgestellt werden.

Das **Old Oak Hotel** hat viele Wandlungen durchlaufen: Nach Pension, Privathaus, Metzgerei, Restaurant und Kunsthandwerksladen ist das zweistöckige Gebäude von 1861 nun wieder ein (Boutique-)Hotel mit renovierten Zimmern.

Das **Mangōnui Hotel** kann sich ebenfalls sehen lassen: Einst wurde es vom New Zealand Historic Places Trust zum schönsten alten Hotel des Landes gekrönt. Hier kann man seinen Drink auf der Veranda mit Blick aufs Meer genießen.

Der Besuch im **Mangōnui Fish Shop** ist ein absolutes Muss: Der Laden am Hafen verkauft nur Fisch aus nachhaltigem Fang und garantiert, dass der Fisch komplett (meist auf köstliche Weise) verwertet wird.

GROSSER HAI, GROSSER FISCH!

Bei einem Ortsnamen wie „großer Hai" verwundert es kaum, dass die Gewässer vor Mangōnui berühmt für die großen Lebewesen und das Hochseeangeln sind. Die einheimischen Fischer (und die zahlenden Gäste) hieven den ganzen Tag lang Snapper, Thunfische oder sogar Schwertfische an Bord. Hier besteht durchaus die Chance, einen Rekordfang zu machen – der schwerste hier jemals gefangene Schwertfisch wog beachtliche 230 kg! Mal auf gut Glück versuchen! Hochseeangelboote legen in Mangōnui Harbour ab. Aber wer auch nur seine Angelschnur über die Hafenmole baumeln lässt, kann eine ordentliche Ausbeute an Königsfischen, Kahawai oder Lachs erwarten.

UNTERWEGS VOR ORT

Die Ortschaft Mangōnui ist winzig, für die Umgebung benötigt man jedoch ein Auto.

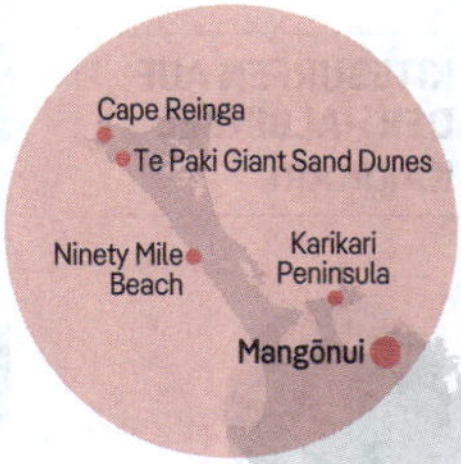

Rund um Mangōnui

Für den rustikalen Charme von Northland sollte man sich reichlich Zeit nehmen.

Der Norden von Northland ist nur dünn besiedelt, aber dafür ist es hier umso charmanter und schöner. Türkis schimmernde Buchten sind durch Wanderwege, die über riesige Dünen verlaufen, miteinander verbunden – eine Region von unvergleichlicher Naturschönheit. Cape Reinga ist der nördlichste zugängliche Punkt des Landes und hat für die *iwi* dieser Gegend eine besondere Bedeutung. An diesem Naturwunder stoßen Pazifik und Tasmanische See aufeinander.

Da es in Northland ganzjährig sommerlich ist, wird die Region nur selten überlaufen – überall finden sich ruhige Plätze. Hier kann man die ausgetretenen Pfade verlassen und alle Ecken und Winkel des weitläufigen Nordens erkunden.

TOP TIPP

Auch wenn weit und breit keine Menschenseele zu sehen ist, sollte man seine Habseligkeiten sicher verwahren und Wertgegenstände nicht im Auto lassen.

Sandsurfing auf den Riesendünen von Te Paki (S. 143)

KITESURFEN AUF DER HALBINSEL KARIKARI

Zoe Maginn arbeitet als Ausbilderin an der Airzone Kitesurf School und verrät hier ihre Lieblingsplätze zum Kitesurfen. @airzonekitesurf

Rangiputa
Ich liebe Rangiputa – Westwind, türkises Meer und weiße Sandbänke. Das hüfttiefe Wasser ist genau richtig für Anfänger – viele Buchten der Halbinsel weisen sanft abfallende Uferzonen auf.

Tokerau Beach
Tokerau Beach mag ich auch sehr gern: Hier kommen Wind und Wellen aus östlicher Richtung. Auf der Halbinsel ist es windiger als an den meisten anderen Orten, und es gibt überall Buchten. Wenn es in Rangiputa recht windig ist, dann sehe ich mir Tokerau Beach an.

MATTHEW MICAH WRIGHT/GETTY IMAGES ©

Maital Bay

Ein Tag am Strand

BEACH HOPPING AM TÜRKISEN MEER

Leichter als an den herrlichen Stränden der **Karikari Peninsula** lässt sich wohl kaum der Sand genießen. Sie ist kaum erschlossen und weitgehend unbekannt – selbst auf den Landkarten sind viele der Strände und Straßen nicht verzeichnet. Die Halbinsel ist nur 30 Autominuten von **Mangōnui** entfernt und lässt sich beim Beach Hopping an einem oder besser an mehreren Tagen erkunden.

Whatuwhiwhi Beach ist einer der Außenposten der Zivilisation und bietet einen Holiday Park, Fish-&-Chip-Shop sowie die Marina für die legendären Fischgründe der Doubtless Bay. Tannine färben den nahen **Lake Rotopokaka** (umgangssprachlich Coca Cola Lake genannt) rötlich-braun. Die Wassertemperaturen sind sehr angenehm, aber man sollte nicht das Wasser trinken!

ÜBERNACHTEN AUF DER KARIKARI PENINSULA

DOC Maitai Bay Campsite
Bei diesem beliebten, schlichten Campingplatz (wer zuerst kommt, campt zuerst) ist die Lage ausschlaggebend. $

Whatuwhiwhi Top 10 Holiday Park
Strandnah, familienfreundlich, gut ausgestattet. Grillplätze und Kajaks zu vermieten. $$

Airbnbs
Auf der Halbinsel reichlich vorhanden: von rustikalen Hütten bis zu luxuriösen Strandvillen. $$

Die idyllische, hufeisenförmige **Maitai Bay** ist Karikaris Trumpfkarte: Sie befindet sich am entfernten Ende der Halbinsel. Zusammen mit der ebenso umwerfenden **Waikato Bay** bildet sie eine halbmondförmige Doppelbucht mit kristallklarem Wasser und kleinen Felsnischen mit Sandboden. Kein Wunder, dass sie auf der Liste mit den besten Stränden immer vertreten sind. Wer nach dem Baden trocken werden und zudem noch die Aussicht genießen will, wandert 1½ Stunden auf dem Klippenpfad.

Der nahe gelegene, makellose Sandstrand **Karikari Bay** erstreckt sich gen Westen und wird vom Vulkankegel **Mt. Puheke** überragt – der perfekte Ort für den Sonnenuntergang über schneeweißen Dünen.

Der nach Westen ausgerichtete Strand **Rangiputa** ist ein weiterer Anwärter für den Preis „Bester Strand". Auf dem Pfad am Ende der Straße geht es zu diesem fast unbekannten kleinen Paradies. Wildcampen ist hier erlaubt. Schnorchel nicht vergessen: Rund um die Felsen leben viele Fische, Rochen und Tintenfische.

Die Dünen runterdüsen: Sandboarding

RICHTIG SANDIG, RICHTIG LUSTIG

Der kleine Abstecher auf dem Weg zum Cape Reinga lohnt sich: Nach 75 Min. Fahrzeit von Mangōnui erreicht man die **Te Paki Giant Sand Dunes**. Hier hält man am besten an, bevor die Temperaturen weiter ansteigen und es windig wird (meist am Nachmittag). Selbst wer nicht sandsurfen möchte, kann auf den Anblick der Dünen genießen.

Die vom DOC betreuten, 10 km langen Dünen gehören zur **Te Paki Recreation Reserve**. Dieses Stück Land gehört dem Staat, weshalb das Surfen sogar kostenlos ist, sofern man sein eigenes Board mitbringt (man kann aber auch ein Board vor Ort mieten). Im Sommer sollte man besser ein Ticket buchen und einen Lichtbildausweis mitbringen.

Um alles richtig genießen zu können, heißt es zuerst einmal die Dünen zu erklimmen. Manche Dünen sind richtig steil und bis zu 150 m hoch – es hilft, wenn man schräg nach oben läuft, und zwar barfuß. Kleine Gegenstände gut verwahren: Falls man etwas verliert, im Sand sind sie schwer zu finden.

An windigen Tagen ist das Sandsurfen oft nicht sicher. Aber keine Sorge: Der Anblick des wandernden Sands verzaubert jeden Betrachter, und die Landschaft verwandelt sich dabei in Windeseile. Selbst bei einer leichten Brise empfiehlt es sich, eine Sonnenbrille und ein Tuch im Gesicht zu tragen. Am Fuß der Dünen fließt der Te Paki. Die grüne Ufervegetation stellt einen großen Kontrast zu den goldenen Sanddünen dar.

SLIP, SLOP, SLAP & WRAP

Aufgrund der dünnen (sich langsam erholenden) Ozonschicht über Neuseeland ist die Sonneneinstrahlung sehr stark. Selbst bei bewölktem Himmel holt man sich in Neuseeland als Tourist viel schneller einen Sonnenbrand als in Europa. Die erhöhte UV-Strahlung ist in ihrer Wirkung viel intensiver, gerade bei hellhäutigen Menschen. Ein Kiwi-Spruch lautet „Slip, slop, slap & wrap" – Kleidung anziehen (um wenig Haut zu zeigen), Sonnencreme auftragen (am besten LSF 50), einen Hut aufsetzen und eine Sonnenbrille tragen. Die intensive Reflexion der Dünen kann die Sonnenbrandgefahr noch erhöhen. Am besten früh anreisen und viel Wasser trinken.

TOURVERANSTALTER

Harrisons Cape Runner
Mit dem Geländewagen am Ninety Mile Beach entlang, u.a. mit Sandsurfen und Picknick in Tapotupotu Bay. **$$**

Far North Outback Adventures
Individuelle Geländewagentouren; zu abgelegenen Ecken, u.a. Great Exhibition Bay. **$$**

Petricevich Cape Reinga Tours
Auf dem Ninety Mile Beach Highway – Cape Reinga und die Dünen von Te Paki. **$$**

Ein echter Surf-Highway

MEILENWEIT NUR STRAND

Vielleicht hat der **Ninety Mile Beach** mit seinen lediglich 88 km Länge den Namen nicht wirklich verdient: Dennoch passt die Bezeichnung zu dem spektakulär langen Strandabschnitt. Der scheinbar endlose Strand reicht im Norden bis zu **Ahipara** an Northlands Westküste und wird vom grünen, dicht bewachsenen **Aupouri Forest** gesäumt.

Der Ninety Mile Beach ist auch eine offizielle „Bundesstraße", die als landschaftlich reizvolle Alternative zu Aotearoas Lebensader SH1 gilt. Aber die Fahrt auf der flachen Strecke ist knifflig, und manche Autos bleiben sogar stecken – die Mietwagenfirmen bieten für diese Strecke keine Versicherung an. Man sollte sich an die Vorgaben halten: nur bei Ebbe fahren, den vorhandenen Reifenspuren folgen und nur mit einem vollen Tank losfahren. Wenn das zu stressig klingt, dann bucht man am besten eine Tour mit einem geländetauglichen Bus ab **Kaitāia**. Oder man geht zu Fuß, aber dann sollte man beim Queren des Strandes auf den Straßenverkehr achten!

Der Strand ist berühmt für seine Lefthander (Welle, die vom Surfer aus nach links bricht). Fast überall kann man gefahrlos schwimmen. Außerdem ist der Strand ideal zum Surf-Casting (Angeln von Land aus). Eine weitere typisch neuseeländische Aktivität: Bei Ebbe buddelt man im Sand nach *tuatua*, einer einheimischen Muschelart, die heiß mit zerlassener Butter serviert wird.

Von Mangōnui aus dauert die Fahrt ca. 90 Min. Von Kaitāia aus (40 Min. von Mangōnui entfernt) verkehren häufig Ausflugsbusse, falls man einfach abschalten möchte.

URSPRUNG DER FALSCHEN BEZEICHNUNG

Ninety Mile Beach erhielt seinen Namen vor langer Zeit, als noch das Pferd Haupttransportmittel war. Die europäischen Siedler wussten, dass ihre Pferde bis zu 30 Meilen pro Tag laufen konnten. Den Strand bewältigten sie in drei Tagen. Nach ihrer Berechnung musste er also 90 Meilen lang sein. Wie bei einer Mathe-Arbeit vergaßen sie aber, die Verzögerungen durch das langsame Gehen im Sand miteinzuberechnen. Wanderern auf dem 3000 km langen Te Araroa Trail – einem Fernwanderweg mit dem Ninety Mile Beach als erstem (oder letztem) Abschnitt – kommt die Strecke wohl tatsächlich wie 90 Meilen vor!

Ninety Mile Beach

RENATA APANAVICIENE/SHUTTERSTOK ©

ÜBERNACHTEN AM NINETY MILE BEACH

Ninety Mile Beach Premier Holiday Park
Familienfreundliche Unterkunft mit Camping und Hütten, Spielplatz und Pool. **$$**

Endless Summer Lodge
Historische Villa aus den 1870er-Jahren mit umwerfender Lage am Strand. Mietgrills und -Boards. **$$$**

Airbnbs
In der Gegend gibt es verschiedene Ferienunterkünfte mit schlichter, gehobener oder luxuriöser Ausstattung. **$$**

MARTIJN JOOSSE/SHUTTERSTOK ©

Leuchtturm von Cape Reinga

An der Spitze des Landes

KULTUR, AUSBLICKE UND EIN LEUCHTTURM

Nun, **Cape Reinga** (auch **Te Rerenga Wairua**) ist nicht wirklich die Nordspitze Neuseelands, aber nicht weit entfernt davon. Es gibt hier keine Siedlung, keine Cafés und keine öffentlichen Verkehrsmittel, auch keinen Handyempfang. Dafür einen berühmten Leuchtturm am Treffpunkt zweier Meere. Die 90-minütige Fahrt von Mangōnui bis zum Kap ist nicht ohne. Obwohl man auch per Tourenbus fahren kann, lassen sich mit eigenem Auto spontane Stopps einlegen.

In der Kultur der Maori ist Te Rerenga Wairua der „Sprungplatz der Geister", wo die Seelen der Toten ins Jenseits aufbrechen. Die Seelen rutschen die Wurzeln des uralten, knorrigen *Pōhutukawa*-Baums hinab, der sich weiter unten an den Fels klammert, und landen dann im Meer. Dort drehen sie sich um und werfen einen letzten Blick auf Three Kings Island, bevor sie ihre Reise fortsetzen. Aus Respekt sollte man am Cape Reinga weder essen noch trinken. Die idyllische Tapotupotu Bay ist dagegen gut für ein Picknick geeignet.

Beim Besuch von Cape Reinga sollte man hinunter zum Leuchtturm gehen: Der 10-minütige Spaziergang auf dem gewundenen Pfad mit gigantischem Panoramablick gleicht einem Übergangsritus. Auf Informationstafeln werden Geologie, Ökologie und kulturelle Bedeutung dieses Orts erläutert.

Wer vom Fuß des Leuchtturms gen Westen blickt, blickt auf die Tasmansee und den Südpazifik. An klaren Tagen lassen sich die beiden Meere farblich gut auseinanderhalten.

EIN BERÜHMTER LEUCHTTURM

Der erste Leuchtturm der Region, dessen Überreste heute noch zu besichtigen sind, stand auf Motuopao Island. Zu Beginn des Zweiten Weltkriegs erbaute man den Leuchtturm an der jetzigen Stelle auf dem Festland. Der 10 m hohe Leuchtturm mit Originallaterne und -lichtquelle ist eines der berühmtesten Wahrzeichen des Landes. Bis 1987 war der Turm noch bemannt, heutzutage wird die elektrische Lampe von Wellington aus betrieben – eine Entfernung von mehr als 1000 km. Der mit Solarstrom gespeiste Lichtstrahl leuchtet 49 km weit. Schiff ahoi!

UNTERWEGS VOR ORT

Um die weit verteilten Attraktionen des Nordens zu besichtigen, ist ein eigenes Fahrzeug von großer Bedeutung. Obwohl es in Kaitāia, Mangōnui und Ahipara Reiseveranstalter gibt, kommt man damit meist nur nach Cape Reinga und Ninety Mile Beach. Mit dem eigenen Auto kann man sich dagegen Zeit lassen – nur der Tank sollte in abgelegenen Gegenden immer gut gefüllt sein.

WANDERUNG

Die nächste Tour

Der Te Paki Coastal Track ist eine 48 km lange Mehrtagesstrecke und verbindet die Atmosphäre des Nordens mit umwerfenden Campingplätzen und spirituellen Erlebnissen. Noch gilt der Track nicht als eine der „Großen Wanderungen" des DOC, hat aber zweifellos die Bezeichnung „großartig" verdient. Hütten gibt es hier keine, weshalb man Zelt, Verpflegung, Wasser, Mückenspray usw. mitnehmen sollte.

1 Kapowairua (Spirits Bay)

Mit dem Shuttle geht es von Waitiki Landing zum Start in Kapowairua – der Name der Māori-Stätte heißt so viel wie „den Geist (*wairua*) erfassen (*kapo*). Goldgelber Sand, bunte Muscheln und schimmerndes Wasser vor Dünen und Marschlandschaft.

Wanderroute: Am Dünenschild landeinwärts marschieren oder den Pfad hinter den Dünen wählen. Die Lagune auf dem Holzweg durchqueren und dann einen kurzen Anstieg bewältigen. Zur Belohnung gibt es eine grandiose Aussicht. Insgesamt: 9 km, 3 Stunden.

2 Pandora

Ein abgeschiedener Campingplatz mit minimaler Ausstattung, der nur zu Fuß erreichbar ist. Im Frühjahr sollte man nach Vogelarten, z. B. dem Farnsänger und der Maorigerygone Ausschau halten. Auf dem nächsten Wegabschnitt fallen die rosa-weißen Manukabäume auf.

Wanderroute: Durch bewachsenes Gelände langsam bergauf und dann über den Grat. Vorbei an Klippen wandert man bergab zur Flussmündung zum nächsten Campingplatz. Insgesamt: 9 km, 5½ Stunden.

3 Tapotupotu Bay

Die luxuriösen Mini-Camper ignoriert man am besten und konzentriert sich lieber auf die Schönheit der üppigen Buschlandschaft und des Meeres. Weiter geht es Richtung Sandy Bay, wo sich angeblich die Wale am felsigen Ufer die Seepocken vom Bauch kratzen.

Te Werahi Beach

TOMAS PAVELKA/SHUTTERSTOCK ©

Wanderroute: Steil nach oben auf die Landspitze und dann bergab zur Sandy Bay. Am anderen Ende des Strandes klettert man hinauf zum Cape Reinga. Insgesamt: 5 km, 3 Stunden.

4 Cape Reinga

Laut der Überlieferung der Māori beginnt hier die Jenseitsreise der Geister der *tangata whenua* (Neuseelands Ureinwohner). Außerdem treffen Pazifik und Tasmanische See aufeinander.

Wanderroute: Von den rauen Klippen geht es bergab zu der Stelle, an der der Pfad die Dünen und den rosa-pfirsichfarbenen Sandstein kreuzt. Auf Wegmarkierungen achten. Insgesamt: 2 km, 45 Minuten.

5 Te Werahi Beach

Die wilde Küste von Te Werahi ist als Surferspot bekannt. Wer noch Kraft hat, macht einen 90-minütigen Abstecher zum Cape Maria Van Diemen, dem westlichsten Punkt von North Island.

Wanderroute: Der Pfad mit Panoramablick führt über pfirsichfarbene Erde und Dünengras. Der Zugang zum Campingplatz erfolgt vom Twilight Beach aus. Insgesamt: 7,25 km, 3 Stunden.

6 Twilight Beach

Ein wildromantischer Surferstrand. Vom Parkplatz aus marschiert man 1 Stunde bis zum Strand: Nur wirklich überzeugte Surfer schaffen es bis hierher! Der Campingplatz oberhalb der Brandung ist von *Pōhutukawa*-Bäumen gesäumt. Minimale Ausstattung, dafür kostenlos.

Wanderroute: Markierungen weisen den Weg durchs Buschland, bevor Stufen hinunter zum Ninety Mile Beach führen. Der Pfad geht entlang des Te Paki ins Landesinnere bis zum Parkplatz mit Toiletten. Insgesamt: 11 km, 4½ Stunden.

7 Te Paki Stream

Bevor es mit dem Shuttle zurück nach Waitiki Landing geht, sollte man noch einen Blick auf den Ninety Mile Beach und die Te Paki Giant Sand Dunes werfen.

WHANGĀREI

Die nördlichste Stadt Neuseelands liegt eingebettet zwischen grünen Hügeln. Das subtropische Klima bringt milde Temperaturen, reichlich Sonnenschein und gelegentliche Stürme. Whangāreis Stadtzentrum ist recht kompakt. Der Schwerpunkt hat sich in den vergangenen Jahren stärker zum malerischen Hātea River verlagert, der sich durch die Stadtmitte schlängelt. Das Town Basin, eine lebhafte Fußgängerzone entlang des Flussarms, hat die Attraktivität der Stadt deutlich erhöht, die aber durch die Marina schon gegeben war. 2022 wurde das prächtige Hundertwasser Art Centre endlich eröffnet, das nun zusätzlich die aktive Künstlerszene belebt. Auch die Zahl der Galerien am Wasser ist gestiegen. Die Natur ist nie weit weg – die nicht zu verachtenden Whangārei Falls sind eine der Hauptattraktionen der Stadt. Wer dort baden will, kann in das Naturbecken springen.

TOP TIPP

Northland ist nicht unbedingt günstig, aber Whangārei gleicht das wieder ein wenig aus. Bei Essen und Unterkunft gibt es reichlich Auswahl in jeder Preisklasse. Außerdem kann man zahlreiche kostenlose Angebote wahrnehmen, darunter die malerischen Whangārei Falls sowie viele Wanderwege.

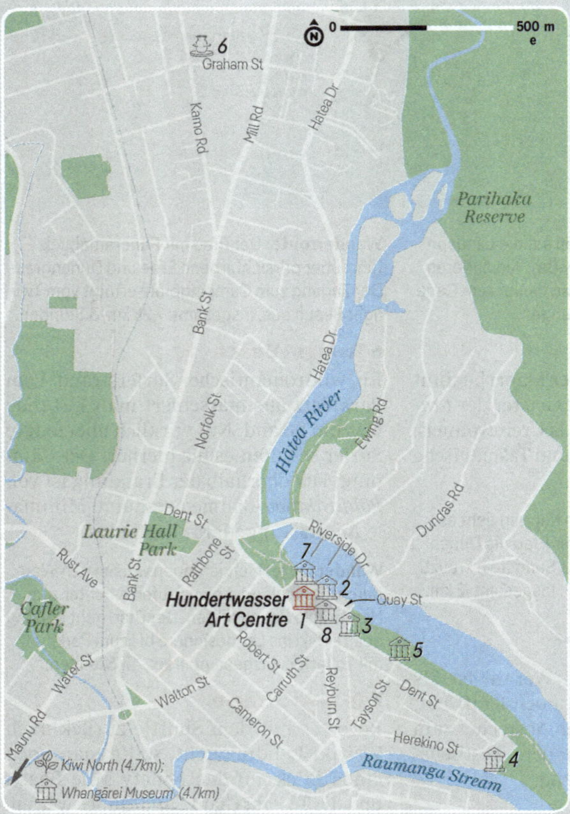

HIGHLIGHTS
1 Hundertwasser Art Centre

SEHENSWERTES
2 Burning Issues Gallery
3 Clapham's National Clock Museum
4 Hihiaua Cultural Centre
5 Reyburn House Art Gallery
6 The Papermill
7 Wairau Māori Art Gallery
8 Whangārei Art Museum

ROBERTHARDING/ALAMY STOCK PHOTO ©

Hundertwasser Art Centre

Ein kreatives Netzwerk

KUNST, MUSEEN UND GALERIEN

Whangārei war schon immer eine Talentschmiede für Künstler. Doch der strahlendste Neuzugang ist das **Hundertwasser Art Centre**. Das Zentrum wurde nach dem legendären österreichischen Künstler Friedensreich Hundertwasser benannt, der das Gebäude in den 1990er-Jahren für die Stadt entwarf. Bis zur Eröffnung im Februar 2022 dauerte es recht lange (die ersten Pläne stammen von 1993). Das Haus ist wirklich einzigartig, und zwar nicht nur aufgrund der fehlenden geraden Linien. Die Fassade ist im Schachbrettmuster schwarz-weiß verkleidet, und die gewundenen Wege ziehen sich hinauf zum auffälligen Türmchen mit Goldkuppel, während das baumbewachsene Dach vom Ethos des österreichischen Meisters zeugt, wonach Architektur und Natur eine harmonische Verbindung eingehen sollten. Im Inneren ist das Gebäude in zwei Galerien und ein Restaurant aufgeteilt. Eine Galerie zeigt eine Sammlung von 80 Kunstwerken und architektonischen Entwürfen des Künstlers: Dies ist die einzige Dauerausstellung mit Originalwerken außerhalb Österreichs.

Die zweite Galerie (**Wairau Māori Art Gallery**) ist Aotearoas erste öffentliche Kunstgalerie mit Werken zeitgenössischer Māori-Künstler, worauf Hundertwasser besonders viel Wert legte. Pro Jahr sind hier drei bis vier neue Ausstellungen zu sehen. Nur einen Steinwurf entfernt befindet sich das **Hihiaua Cultural Centre**, ein Holz-Glas-Gebäude in Fluss-

WARUM ICH WHANGĀREI LIEBE

Nicole Mudgway, Autorin

Ich liebe Whangārei, weil es gut erreichbar ist und man sich dennoch meilenweit von der Großstadtatmosphäre meines Wohnorts Auckland entfernt fühlt. Whangārei bietet eine Reihe schöner Spaziergänge und stimmungsvoller Cafés und überzeugt durch sein starkes Gemeinschaftsgefühl. Meine Wochenendtrips beginne ich am liebsten mit einem Spaziergang auf dem Hātea Loop Walkway, wobei ich in einem der Cafés am Flussufer eine Kaffeepause einlege. Manchmal schaue ich mir in einer der Galerien am Fluss die neueste Ausstellung an. Das Klima ist in Whangārei milder als in Auckland, ideal, um den Sommer hier etwas zu verlängern.

ÜBERNACHTEN IN WHANGĀREI

Whangārei Top 10 Holiday Park
Verschiedene Optionen im Zentrum in Flussnähe. Für Familien gut geeignet. **$**

Lupton Lodge
Historisches, zum B&B umfunktioniertes Gebäude: ruhiges Landhaus am Stadtrand. **$$**

Ara Roa
Architektonisch aufregende und einzigartige Boutique-Hotel-Unterkünfte auf einer Halbinsel. **$$$**

SPAZIERGANG AM BASIN

Das noch junge Whangārei Town Basin entwickelt sich stetig zum neuen Stadtzentrum. Diese Fußgängerzone am Fluss beherbergt zahlreiche Restaurants, Cafés, Galerien, Boutiquen und gelegentlich auch Marktstände, sodass eine lebhaft-lässige Atmosphäre herrscht. Es ist auch Teil des beliebten Hātea Loop Trails, weshalb man hier viele Jogger und Spaziergänger mit Hunden sieht. Startpunkt ist der 1 **Pūtahi Park** mit seinen grasbewachsenen Stufen im Halbrund vor einer großen Rasenfläche und dem innovativen Wasserspielplatz, auf dem die Kleinen ihren Spaß haben. Sehenswert ist auch die 2 **Victoria Canopy Bridge**, eine Fußgängerbrücke mit Blick über den Hātea River. Nun geht es wieder zurück und vorbei am goldenen Türmchen des faszinierenden 3 **Hundertwasser Art Centre** (S. 149). Das 2022 eröffnete Zentrum ist eines der wenigen Gebäude, die der Künstler Friedensreich Hundertwasser (1928–2000) weltweit entworfen hat, was Whangāreis Ruf als Kunstmetropole Gewicht verleiht. Der Weg führt nun Richtung Süden, wo die Tische der Straßencafés die Bürgersteige gegenüber den Masten und Segeln der Marina säumen. Im sehr beliebten 4 **Fudge Farm Cafe** kann man sich stärken, bevor man weitergeht und an der riesigen Sonnenuhr vorbeikommt, dem Wahrzeichen des 5 **Claphams National Clock Museum**. Einen Blick wert ist auf jeden Fall die an eine Rube-Goldberg-Konstruktion erinnernde 6 **Rolling Ball Clock**. Danach spaziert man am Cottage mit Rosengarten der 7 **Reyburn House Art Gallery** vorbei, bevor man auf dem Skulpturenpfad am Fluss entlangschlendert. Auf Tafeln wird die Geschichte der Region erklärt. Die Skulptur 8 **Waka and Wave** markiert das Ende des Trails.

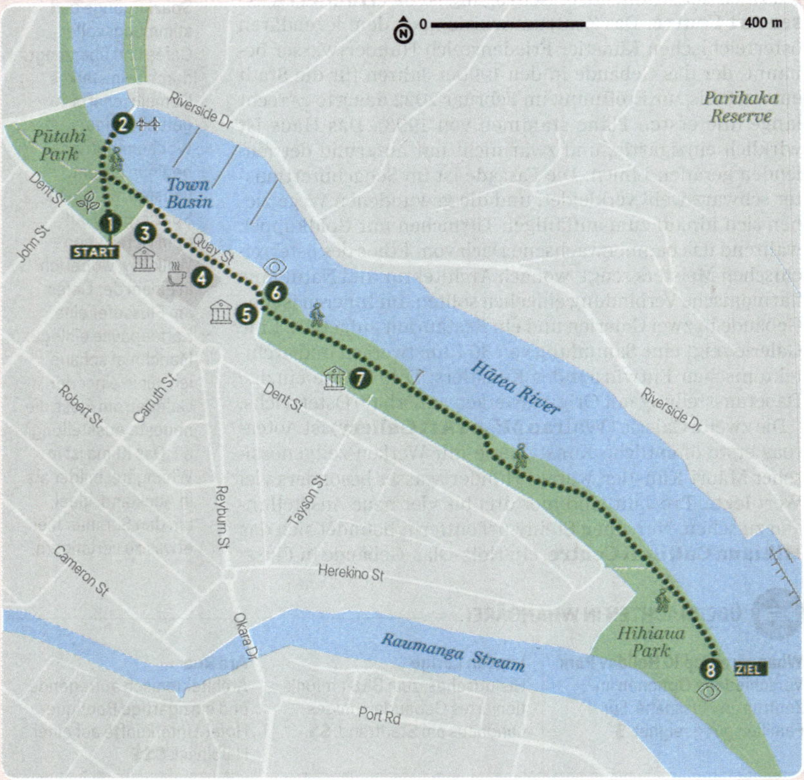

Claphams National Clock Museum

nähe, das sich der Bewahrung, Förderung und Ausstellung der Kunst und Kultur der Māori verschrieben hat.

Die Burning Issues Gallery stellt nur neuseeländische Kunst aus - von Glasbläserei über Keramik und Gemälde bis zu Skulpturen und Schmuck. Hier kann man Glasbläsern bei der Arbeit zusehen. Wer das Besondere sucht, findet es in der **Papermill**, einem Kreativraum für Künstler mit geistiger Behinderung - durch einen Besuch wird die Community unterstützt. Die Künstler lernen hier, hochwertiges handgeschöpftes Papier sowie Kunstwerke aus Naturfasern herzustellen. Auf einer Führung kann man sich alles ansehen. Man kann auch einem Workshop zur Papierherstellung teilnehmen.

Kids besuchen mit Begeisterung **Kiwi North**, einen 25 ha großen Park, der das **Whangārei Museum** beherbergt. Im Kiwihaus wird den nachtaktiven Bewohnern die falsche Tageszeit vorgegaukelt, sodass sie für die Besucher auch tagsüber zu sehen sind. Nirgendwo anders ist es so leicht, Neuseelands Nationalvogel sowie Tuatara und andere einheimische Reptilien bei der Futtersuche zu beobachten (sobald sich die Augen an die Dunkelheit gewöhnt haben). Im Park kann man zudem historische Gebäude erkunden, in denen *taonga* (Schätze der Ureinwohner) und Relikte aus Northlands früher Siedlerzeit ausgestellt sind. Das **Claphams National Clock Museum** am Fluss zeigt Besuchern seine charmante Sammlung aus Chronometern (über 2000 Exponate).

Das **Whangārei Art Museum** ist dem historischen Erbe ebenso verpflichtet wie der Kunst der Moderne: Es gibt regionale und internationale Ausstellungen sowie als Dauerausstellung die offizielle Kunstsammlung der Stadt. Die **Reyburn House Art Gallery** zeigt neben der Dauerausstellung von Exponaten aus der Kolonialzeit in monatlichem Wechsel verschiedene Werke. Wer Hand anlegen möchte, kann online Wochenendworkshops und wöchentliche Kunstkurse buchen.

GUT SPEISEN IN WHANGĀREI

Suk Jai Thai
Lebhaftes Thai-Restaurant nördlich der Innenstadt mit gutem Preis-Leistungs-Verhältnis und ordentlichen Portionen. **$$**

Mokaba Cafe
Café am Fluss mit vielen Plätzen, Blick aufs Wasser und einer Vitrine voller Naschereien. **$$**

Fat Camel Cafe
Gemütliches Lokal mit israelischen Speisen. Auch für Gäste mit speziellen Ernährungsanforderungen. **$$$**

Astroboy
Modernes Restaurant. Bekannt für Cocktails, Fusion Food im Manga-Stil und köstliche Bao Buns. **$$**

Aqua Restaurant & Bar
Gehobener Brunch und nobles Dinner im Hundertwasser Arts Centre. **$$$**

UNTERWEGS VOR ORT

Whangārei ist als Ausflugsziel mit dem Flugzeug oder mit dem Bus aus Auckland schnell erreicht. City Link Whangārei bietet innerstädtische Busverbindungen (außer Sonntag). Auch Parkplätze sind reichlich vorhanden. Allerdings verlocken die gut ausgebauten Fahrradwege die Besucher, das Auto stehen zu lassen, um lieber auf das Zweirad umzusteigen.

Rund um Whangārei

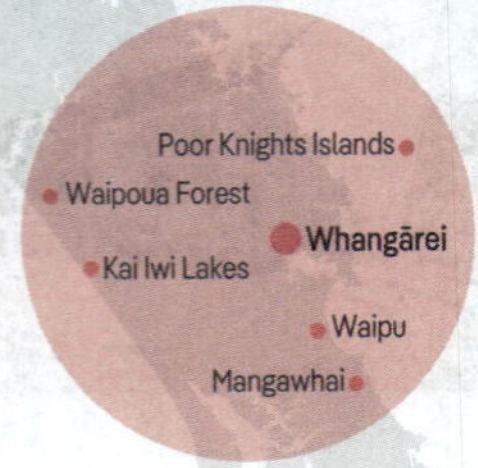

Der wahre, unverfälschte Norden lockt Outdoorfans mit großartigen Tauchplätzen, fantastischen Stränden und Kauriwäldern.

Östlich von Whangārei verbirgt die buchtenreiche Küstenlinie herrliche Strände, die sich zwischen Landzungen und raue Klippen schmiegen. Das Meer rund um die Poor Knights Islands gilt als einer der besten Tauchgründe. Landratten können die vielen Küstenwanderungen zwischen den Orten genießen, von mehreren Hügeln bieten sich wunderbare Ausblicke. Im Süden liegt das charmante Waipu, eine kleine Ortschaft mit stolzem schottischem Highlanderbe inmitten von Northlands friedlicher Küstenebene voller Buchten und Höhlen. Oder man erkundet im Westen der Nordinsel Neuseelands die schönsten Campingplätze, einsame, wilde Strände und riesige, urwüchsige Kauribäume.

TOP TIPP

Die kurvigen Straßen von Northland sind leicht ramponiert und haben nur ein oder zwei Spuren. Besonders bei stürmischem Wetter auf längere Fahrzeiten einstellen.

Poor Knights Islands

GUY HASLER/SHUTTERSTOCK ©

NATURE PICTURE LIBRARY/ALAMY STOCK PHOTO ©

Gerätetauchen, Poor Knights Islands

Unter Wasser!

NEUSEELANDS PREMIUMTAUCHDESTINATION

Die einst bewohnten **Poor Knights Islands** wurden seit 1825 sich selbst überlassen, weshalb die Natur an den Steilufern und im umgebenden Meer gut entwickeln konnte. Heute gelten die Inseln als einer der besten Tauchgründe unseres Planeten. Besucher müssen sich an die strengen Regeln halten. Die Inseln zu betreten, ist verboten, da sie den einheimischen *iwi* heilig sind (*tapu*). Nur hier brütet der Graumantel-Sturmtaucher und blüht die rote Poor Knights Lilie. Auch Neuseelands endemische Echse Tuatara findet hier Schutz. Da die Inseln so abgelegen sind, zeigt sich ein interessantes evolutionsbiologisches Phänomen – aufgrund des sogenannten Inselgigantismus werden Exemplare der Flora und Fauna hier größer als ihre Gegenstücke auf dem Festland.

Taucherboote legen an der lebhaften Marina in **Tutukaka** ab, einer winzigen Siedlung 28 km nordöstlich von Whangārei. **Yukon Dive** ist ein inhabergeführter Veranstalter, der Ausflüge in kleinen Gruppen anbietet. **Dive! Tutukaka** führt Kurse durch (darunter einen dreitägigen Kurs für den PADI-Tauchschein Open Water Diver). Daneben gibt es ebenso wie bei **Perfect Day Ocean Cruise** Kurse zum Schnorcheln, Höhlenkajaktouren und Stand-Up-Paddeling.

BESTE REISEZEIT?

Rund um die Poor Knights Islands kann man das ganze Jahr über wunderbar tauchen und schnorcheln. Von Mitte Januar bis Ende April sind die Luft- und Wassertemperaturen besonders hoch und das Wasser ist schön klar. Von Mai bis Anfang September gibt es weniger Besucher und niedrigere Temperaturen, dafür hat man im Wasser eine hervorragende Sicht (manchmal bis zu 30 m). Ein Neoprenanzug ist weiterhin ratsam! Von September bis Januar ist die Sicht am schlechtesten (10–15 m), weil dann die Planktonmenge groß ist. Dies lockt jedoch auch viele Fische an, die wiederum Raubfische im Schlepptau haben, sodass man ein großartiges Schauspiel geboten bekommt.

ÜBERNACHTEN RUND UM TUTUKAKA

Quality Hotel Oceans Tutukaka
Leicht altmodische, aber geräumige Zimmer gegenüber der Marina. Mit Restaurant. **$$**

DOC Otamure Bay Campsite
Minimale Ausstattung (kalte Duschen), aber landschaftlich reizvoll an einem von Bäumen gesäumten Sandstrand. **$**

Pacific Rendezvous
Resort hoch oben auf der Klippe mit genialer Aussicht. Auf der Landzunge südlich der Tutukaka Marina. **$$$**

SCHUHE ABSTREIFEN

Es gibt ja die Redewendung „Hinterlasse nur deine Fußspuren". In diesem Fall jedoch können genau diese Fußspuren schweren Schaden anrichten: Neuseelands Kauriwälder kämpfen unablässig gegen das sogenannte „Kauristerben", eine tödliche Pilzkrankheit, die über Erdreste übertragen wird. Die Krankheit kann einen Kauribaum töten. Man schützt die Bäume, indem man die Schuhe und Ausrüstung säubert und von Erdresten befreit. Außerdem sollte man auf den markierten Wegen bleiben und vor und nach der Wanderung die DOC-Hygienestationen aufsuchen und nutzen, damit die Ausbreitung dieses gefährlichen Pilzes eingedämmt wird.

Kauribaum im Waipoua Forest

Felsbögen, Tunnel, Schiffswracks und subtropische Fische warten auf Entdeckung. Viele Arten der Meeresfauna findet man nirgendwo sonst. Das herrlich klare Wasser und die subtropische Strömung des Korallenmeers verbinden sich zu einem Meeresbodendiorama, dessen Höhepunkt **Rikoriko** eine der weltweit größten Unterwasserhöhlen ist.

Zwischen uralten Riesen

DIE WURZELN DER KAURIBÄUME

Neuseelands hoher Norden war einst von majestätischen Kauriwäldern bedeckt. Heute wachsen diese uralten Giganten nur noch in wenigen Gebieten, vor allem entlang des entlegenen **Kauri Coastal Highway**.

Los geht es am **Kauri Museum** von Matakohe, in dem die Geschichte der Region und die zerstörerische Abholzung der Kauribäume behandelt wird. Matakohe ist ungefähr eine Stunde von Whangārei entfernt: Die landschaftlich reizvolle Fahrt führt über Hügel, durch Buschland und grüne Felder.

Fährt man auf dem Kauri Coastal Highway nach Norden, gelangt man zum **Trounson Kauri Park**, einem Kaurihain und Vogelschutzgebiet. Der Holiday Park daneben bietet Nachtspaziergänge zur Beobachtung von Kiwis und anderen nachtaktiven Waldbewohnern an.

ESSEN RUND UM WAIPU

Cove
Schönes altes Cottage am Strand. Hier gibt es alles Mögliche, von Kaffee und Bagels bis zu Burgern und Bier. $$

McLeod's Pizza Barn
Bekannt für knusprige Pizzaböden. Schmecken besonders gut mit hauseigenem Crafbier. $$

Waipu Cafe Deli
Café mit rosafarbener Holzverkleidung in Waipus Hauptstraße. Es gibt Salate, Sandwiches, Muffins und Bio-Kaffee. $$

Im majestätischen **Waipoua Forest** wachsen 75 % aller neuseeländischen Kauribäume. Der Kauri Coast Highway verläuft mittendurch. Schilder mit der Aufschrift „Kauri Walks" weisen einen 20-minütigen Spazierweg aus. Er führt an den Four Sisters (elegant ineinander verschlungene Kauribäume) vorbei zum Te-matua-ngahere, dem 2000 Jahre alten Kauribaum, der passenderweise „Vater des Waldes" genannt wird. Der größte Kauribaum steht allerdings eine kurze Autofahrt entfernt Richtung Norden: Tane-mahuta hat einen unglaublichen Umfang von fast 16 m! Nachts kann man den Waipoua Forest mit einheimischen Māori-Führern besuchen (**Footprints Waipoua**). Neben den Wahrzeichen des Waldes erläutert der Führer bezaubernde Māori-Legenden und bringt den Teilnehmern *mātauranga* (Wissen der Ureinwohner) bei. Wald, Besucherzentrum, Café und Campingplatz unterstehen der Aufsicht der einheimischen *iwi,* Te Roroa.

Feiern im Kilt

DER RICHTIGE START INS NEUE JAHR

Eine halbe Stunde Fahrt südlich von Whangārei liegt **Waipu**. 1853 siedelten sich rund 800 Schotten – Fischer, Farmer und Schiffsbauer – in der Gegend an. Die Waipu Caledonian Society wurde in den 1870er-Jahren gegründet, um das schottische Erbe zu bewahren und zu pflegen. Eineinhalb Jahrhunderte später organisiert die Society noch immer ein Ereignis, das im Kalender Northlands seinen festen Platz hat – die **Waipu Highland Games**. Das Festival findet am 1. Januar statt, sodass nicht nur stilvoll das neue Jahr eingeleitet wird, sondern auch die ehrwürdigen Traditionen der Schotten gefeiert werden: ein Spaß für die ganze Familie samt Fiedeln und Food, Karomuster und vergnüglichen Wettbewerben, z. B. das Werfen von Baumstämmen oder das Heben von schweren Steinen. Andere Bräuche, wie die Highlandtänze, haben eine lange Tradition und werden von Teilnehmern jeder Altersgruppe gepflegt. Beliebt ist das Tauziehen, wo Clans, Freunde und Familien gemeinsam an einem Strang ziehen. Die Clan Alley mit ihren bunten Zelten, Fahnen und Flaggen ist ein Highlight des Festivals. Es gibt Stände für Stoffe und Kilts im Tartanmuster sowie Einheimische, die die Gäste auf der Suche nach ihren schottischen Wurzeln unterstützen.

An allen anderen Tagen des Jahres ist der Hauptgrund für einen Besuch in Waipu die wunderschöne Küste, die man am besten von der pittoresken Waipu Cove aus genießt. Wer will, erforscht das üppig grüne Hinterland mit seinen Wasserfällen und die von Glühwürmchen bewohnten Waipu Caves sowie die berühmten „Pfannkuchenfelsen" der Waipu Cove.

BEAM ME UP, SCOTTY!

Das Waipu Museum wurde 1953 anlässlich der Hundertjahrfeier zur Niederlassung der 800 schottischen Siedler errichtet. Das House of Memories genannte Museum erweckt die Geschichte der Siedler mit Multimedia-Displays zum Leben. Gruselig ist Emma McKays Puppe, eine 200 Jahre alte, erschreckend unheimliche Gestalt, die 2019 gestohlen und zwei Tage später anonym zurückgegeben wurde (in einer Tasche, „halb skalpiert" und mit teils amputierten Gliedmaßen). Auch wenn heute nur noch 10 % der Einwohner Waipus schottischer Herkunft sind, lassen die Einheimischen keine keltische Feier aus. Die ausgestellten Bilder der Highland Games sprechen eine deutliche Sprache!

ÜBERNACHTEN AN DER KAURI COAST

Kauri Coast Top 10 Holiday Park
Hübscher Campingplatz am Fluss mit Naturbecken, Nachtführungen und Spielplatz. **$**

DOC Trounson Kauri Park
Sehr gepflegter Campingplatz mit heißen Duschen und Gemeinschaftsküche. Unweit der Wanderwege. **$**

Highland River Retreat
Romantischer Glampingplatz mit Outdoorbad in einem ursprünglichen Waldgebiet. **$$$**

Ausblick von Mangawhai auf den Archipel Hen and Chicken

WANDERUNG MIT AUSBLICK

Für die Whangārei Heads mit dem 419 m hohen Gipfel des Mt. Manaia braucht man mehr Kraft und Kondition. Die raue, zahnförmige Silhouette des Berges, der die Hafeneinfahrt markiert, sieht man meilenweit. Der Hin- und Rückweg führt über viele Stufen durch Buschland und seltenen Kauriwald. Doch die Anstrengung lohnt sich und wird mit dem Blick auf Bream Head, Whangārei Heads, Mangawhais Hafen und den Archipel Hen and Chicken Islands belohnt. Die reine Gehzeit beträgt 1½–2 Stunden, doch man sollte Zeit für ein Picknick zum Abschluss einplanen.

In luftigen Höhen

AUFSTIEG MIT BLICK AUFS MEER

Der entspannte Badeort **Mangawhai** (von Whangārei aus 55 Min. Fahrt Richtung Süden) ist für den Cliff Top Walk und den Sentinel Rock berühmt. Landschaftlich reizvolle Wanderwege durchziehen die nahe gelegenen Hügel, darunter die Brynderwyn-Hänge weiter oben an der Küste und die Steilhänge des Mount Manaia.

Der Cliff Top Walk (3 Std.) ist am beliebtesten und zudem nicht weit weg von Mangawhai. Er bildet einen Abschnitt des Te Araroa, des 3000 km langen Fernwanderwegs, der sich von Norden nach Süden durch Neuseeland zieht, und begeistert Tagesausflügler und Fernwanderer mit grandiosen Ausblicken. An einem klaren Tag sieht man von Bream Head bis zu Coromandel, inkl. Great und Little Barrier Islands sowie den Archipel Hen and Chicken.

Geparkt wird am Surf Club. Vom Strand aus geht es hinauf zum ersten von vielen Aussichtspunkten, wo man oft Walschwanzflossen im Wasser erblicken kann. Der Trail schlängelt sich über die Klippen durch Buschlandschaft und über Holzwege. Nach dem Abstieg zum Strand sollte man einen genauen Blick auf den Felsbogen rechterhand werfen: Falls Wasser hindurchfließt, wird die Flut den Strand bald unpassierbar machen und man muss wieder über den Klippenpfad zurück. Der Rundweg ist in beide Richtungen begehbar, aber die Sicht und die Fotos werden viel besser, wenn man die Sonne im Rücken hat.

ESSEN IN MANGAWHAI

Dune
Gehobenes Niveau in unerwarteter Umgebung. Am Wochenende gibt es einen hervorragenden Brunch. $$

Bennetts of Mangawhai
Üppig grüner Hof im mediterranen Stil: perfekt für süße Caféleckereien oder köstliche Schokolade. $

Mangawhai Tavern
Lässige Lage am Strand. Craftbier und deftige Kost mit Livemusik aus der Gegend. $$

Eine Süßwasseroase

BILDHÜBSCHES CAMPINGIDYLL

In einer von traumhaften Stränden geprägten Region werden Süßwasserseen gerne übersehen. Doch es gibt keinen besseren Ort, um das Salz des Meeres von der Haut zu waschen: Die **Kai Iwi Lakes** bestehen aus drei dünengesäumten Seen mit kristallklarem Wasser. Schneeweißer Sand, Wanderwege und ein Kiefernwald - einfach paradiesisch!

Die Seen liegen 30 Autominuten nördlich von Dargaville, nahe dem Waipoua Forest. Der Ozean ist nahe - nachts hört man die Brandung. Smartphones sind hier keine Navigationshilfe: Besser folgt man den Straßenschildern. Vorher unbedingt mit Vorrat eindecken: Manchmal steht im Sommer ein Food Truck an den Seen, aber rundherum gibt es keine Läden.

Am größten See **Taharoa** lassen sich Regenbogenforellen, Süßwasserkrebse und Muscheln am besten fangen. Der kleinere **Lake Kai Iwi** ist nicht weit entfernt und darf nicht mit Kraftfahrzeugen angesteuert werden; Kajakfahren und Schwimmen stehen hier hoch im Kurs. Der **Lake Waikere** („sich kräuselndes Wasser") ist besonders bei den Wasserskifahrern beliebt. An den Kai Iwi Lakes gibt es zwei Campingplätze, jeweils an den beiden Enden des Taharoa Lake. **Pine Beach**, der größere der beiden, ist besser ausgestattet (heiße Duschen mit Münzeinwurf!), während **Promenade Point** wildromantisch und abgelegen ist! Tagesausflügler sollten sich einen Platz am Strand in der Nähe von Pine Beach aussuchen, um die sanitären Einrichtungen nutzen zu können.

Lake Taharoa

IMAGEBROKER/ALAMY STOCK PHOTO ©

SEEN UMRUNDEN

Wer ein wenig Bewegung braucht, spaziert auf dem Rundweg (45 Min.) rund um den Lake Kai Iwi durch Manuka-, Kanuka- und Kiefernwald mit Blick auf das kristallklare Wasser und den weißen Sand. Am Pine Beach sollte man für wenige Minuten auf die Zugangsstraße hinaufklettern und den Blick aufs Meer genießen. Falls man noch mehr Kalorien verbrennen möchte, kann man den zweistündigen Norwest Trek durch die Hügellandschaft testen: Er führt zum Fuß des Maunganui Bluff - ein am Meer gelegener, 460 m hoher Vulkankegel. Die Tour rund um Lake Taharoa dauert 2½ Stunden (dazu kommen, wenn man mag, noch einige Badestopps).

UNTERWEGS VOR ORT

Von Whangârei starten täglich Busse nach Waipu. Tutukaka ist auch per Shuttlebus über Whangârei zu erreichen (Fahrkarten am besten im Voraus buchen). Davon abgesehen gibt es kaum öffentliche Verkehrsmittel, sodass sich ein privates Fahrzeug empfiehlt.

Links: Hahei Beach (S. 177); rechts: Surfen in der Manu Bay (S. 189), Raglan

WAIKATO & COROMANDEL PENINSULA

EINZIGARTIGE STRÄNDE UND LÄNDLICHES KERNGEBIET

Ausgedehnte grüne Felder, durchbrochen von bewaldeten Bergen und gesäumt von Stränden, die zu den schönsten Neuseelands gehören.

In den übrigen Jahreszeiten eher ruhig, ist die Coromandel Peninsula im Sommer ein beliebtes Zentrum des Badetourismus in Neuseeland. Im Januar scheint es, als ob halb Auckland und Hamilton hier gelandet wäre, um am Ende eines arbeitsreichen Jahres an den weißen Stränden der Halbinsel die Batterien aufzuladen.

Die riesige Weite des Agrarlandes, das das Kerngebiet der Region Waikato bildet, zählt zu den fruchtbarsten Regionen Neuseelands. Der Stamm der Waikato Tainui kultivierte *kūmara* (Süßkartoffeln) und andere Feldfrüchte lange vor der Ankunft der Engländer. In den Jahrzehnten vor dem Vertrag von Waitangi wurde das Stammesland der Tainui-Stämme, vereinigt unter ihrem neu ernannten Māori-König, zu einem landwirtschaftlichen Kraftzentrum, das die damals neu gegründete Stadt Auckland mit Produkten versorgte.

1863 entsandte Gouverneur Grey, begierig, seine Autorität geltend zu machen, Truppen in das Waikato-Gebiet. König Tāwhiao zog sich zwar ungeschlagen, aber unter Einbuße seines ertragreichsten Landes, in die Bergregion zurück, die seitdem King Country heißt. Das Land wurde „konfisziert" (oder vielmehr geraubt) und unter britischen Soldaten aufgeteilt. Trotz dieses Unrechts ist die Präsenz der Māori in der Region Waikato deutlich erkennbar. Es gibt viele Möglichkeiten, sich mit deren Kultur vertraut zu machen. Die Region birgt auch zwei teure Touristenattraktionen, die Waitomo Caves und das Hobbiton Movie Set.

DIE WICHTIGSTEN ZIELE

THAMES
Goldgräbergeschichte.
S. 164

WHITIANGA
Weiße Sandstrände.
S. 171

HAMILTON
Großstadt mit außergewöhnlichen Gärten.
S. 180

RAGLAN
Schwarzsandige Surfstrände.
S. 188

WAITOMO CAVES
Glühwürmchenhöhlen.
S. 194

Erste Orientierung

Die Routen südlich von Auckland verlaufen durch die grünen Felder von Waikato. Im Nordosten schließt sich die Coromandel Peninsula an. Südwestlich gelangt man ins hügelige King Country.

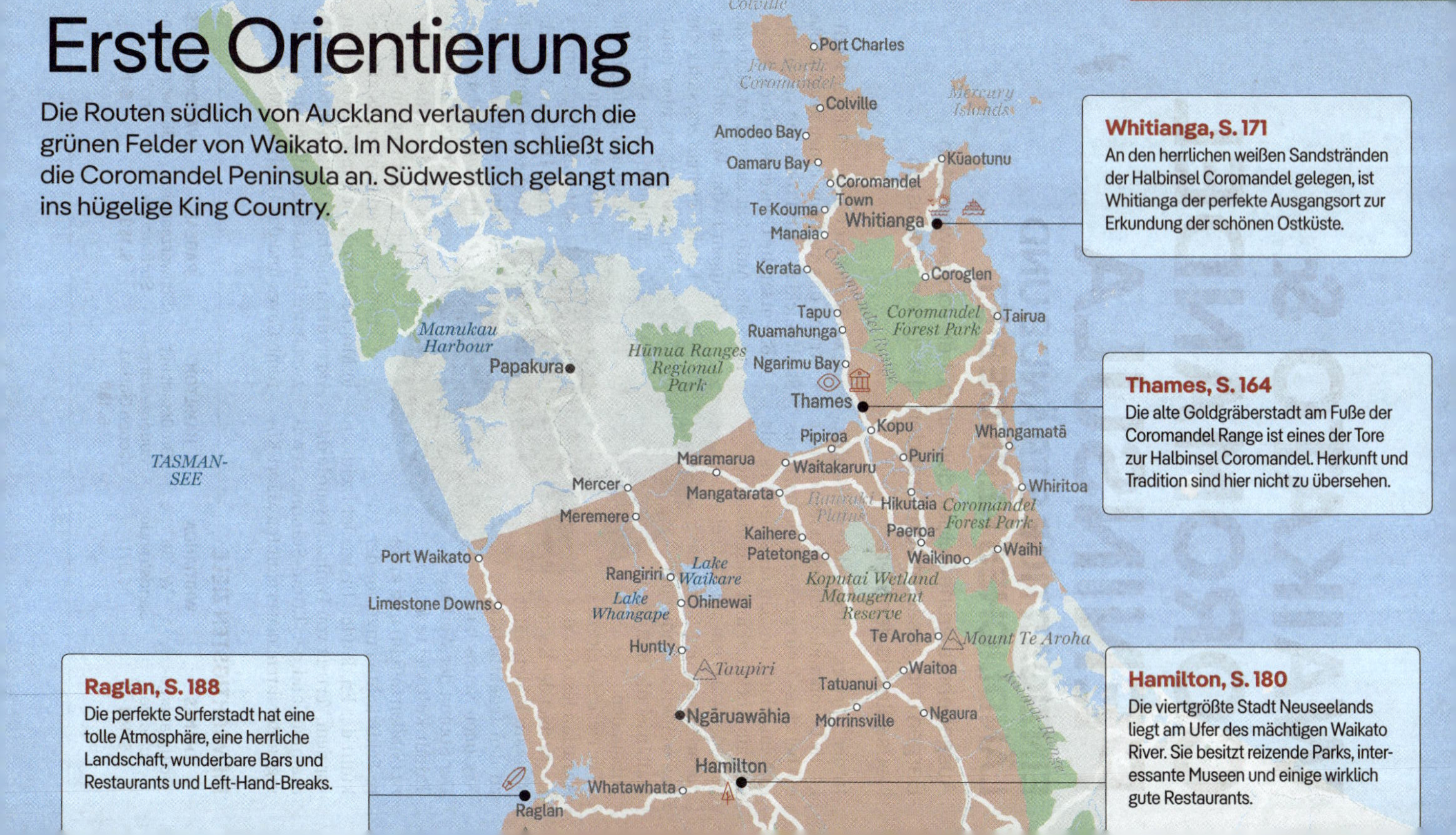

Whitianga, S. 171
An den herrlichen weißen Sandstränden der Halbinsel Coromandel gelegen, ist Whitianga der perfekte Ausgangsort zur Erkundung der schönen Ostküste.

Thames, S. 164
Die alte Goldgräberstadt am Fuße der Coromandel Range ist eines der Tore zur Halbinsel Coromandel. Herkunft und Tradition sind hier nicht zu übersehen.

Hamilton, S. 180
Die viertgrößte Stadt Neuseelands liegt am Ufer des mächtigen Waikato River. Sie besitzt reizende Parks, interessante Museen und einige wirklich gute Restaurants.

Raglan, S. 188
Die perfekte Surferstadt hat eine tolle Atmosphäre, eine herrliche Landschaft, wunderbare Bars und Restaurants und Left-Hand-Breaks.

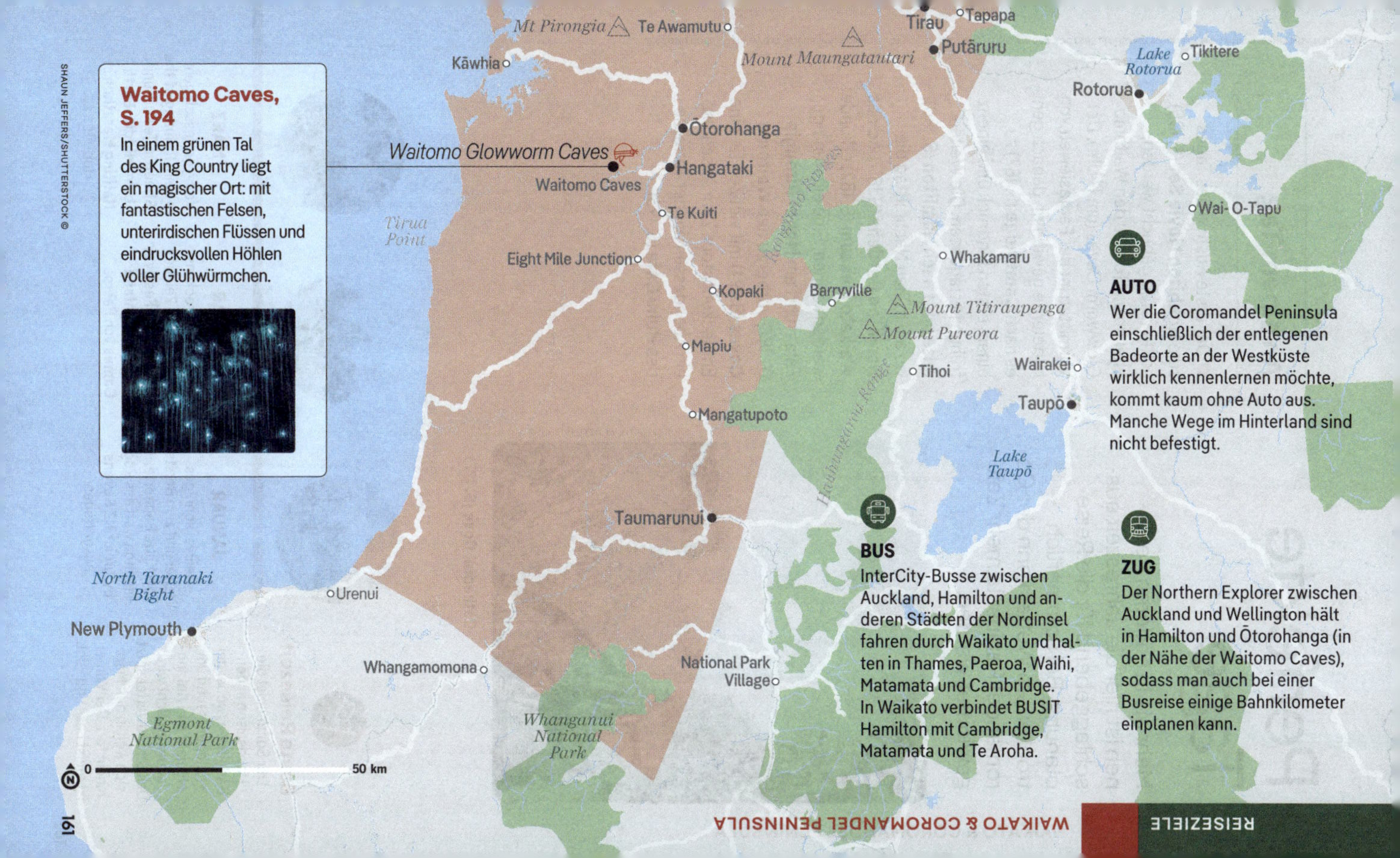

Waitomo Caves, S. 194

In einem grünen Tal des King Country liegt ein magischer Ort: mit fantastischen Felsen, unterirdischen Flüssen und eindrucksvollen Höhlen voller Glühwürmchen.

SHAUN JEFFERS/SHUTTERSTOCK ©

AUTO

Wer die Coromandel Peninsula einschließlich der entlegenen Badeorte an der Westküste wirklich kennenlernen möchte, kommt kaum ohne Auto aus. Manche Wege im Hinterland sind nicht befestigt.

BUS

InterCity-Busse zwischen Auckland, Hamilton und anderen Städten der Nordinsel fahren durch Waikato und halten in Thames, Paeroa, Waihi, Matamata und Cambridge. In Waikato verbindet BUSIT Hamilton mit Cambridge, Matamata und Te Aroha.

ZUG

Der Northern Explorer zwischen Auckland und Wellington hält in Hamilton und Ōtorohanga (in der Nähe der Waitomo Caves), sodass man auch bei einer Busreise einige Bahnkilometer einplanen kann.

Perfekte Tage

Mehr als in anderen Regionen ist hier die Jahreszeit ausschlaggebend für die Reiseplanung. Bei sommerlich trockenem Wetter kann der Coromandel Peninsula mehr Zeit gewidmet werden.

Cathedral Cove (S. 177)

An einem Tag

● Der erste Ausflug des Tages zum **Hobbiton Movie Set** (S. 185) sollte vorab gebucht werden, ebenso die Tour zu den Waitomo Glowworm Caves (um 17 Uhr). Der Vormittag ist der Fantasiewelt von Mittelerde gewidmet, danach geht es nach **Cambridge** (S. 187) zu einem ersten Eindruck und einem frühen Mittagessen. Die Weiterreise führt nach **Hamilton** (S. 180), wo am frühen Nachmittag die **Hamilton Gardens** (S.181) und das **Waikato Museum** (S. 182) erkundet werden können. Eine einstündige Fahrt führt am **Mount Pirongia** (S. 187) vorbei zu den **Waitomo Caves** (S. 194) mit viel Zeit für eine Entdeckungstour. Zum Abschluss ein Abendessen auf der Terrasse des **Huhu Cafe** (S. 196).

Beste Reisezeit

Der Sommer ist die Hochsaison in den Badeorten, wobei der Höhepunkt rund um Neujahr und Anfang Januar erreicht wird. Das Strandwetter setzt sich weit in den März hinein fort. Der Winter ist meist nass und kühl.

JANUAR

Heißes, sonniges Wetter und zum Bersten überfüllte Badeorte. In Hamilton wird das Rugbyturnier **NZ Sevens** ausgetragen.

FEBRUAR

Der wärmste, trockenste Monat ist die Zeit des **Hamilton Arts Festival** und der **Highland Games** von Paeroa.

MÄRZ

Völlig entfesselt geht es beim **Running of the Sheep** in Te Kuiti und beim **Middle-Earth Halfling Marathon** in Hobbiton zu.

Highlights in drei Tagen

● Nach einigen Stunden Aufenthalt in **Thames** (S. 164) führt die Fahrt an der Westküste der Halbinsel hinauf nach **Coromandel Town** (S. 176). An das Mittagessen kann sich eine Tour mit der **Driving Creek Railway** (S. 177) anschließen, dann geht es weiter nach **Whitianga** (S. 171). Am folgenden Tag führt der Weg nach **Hahei** (S. 178) mit einem Spaziergang zur **Cathedral Cove** (S. 177). Sind die Gezeiten günstig, lässt sich am **Hot Water Beach** (S. 178) ein eigenes kleines Thermalbecken graben. Andernfalls geht es die Küste hinunter nach **Tairua** (S. 179), **Whangamatā** (S. 169) und **Waihi** (S. 169). Von dort ist es möglich, die **Karangahake Gorge** (S. 168) zu durchfahren und die Reise nach **Matamata** (S. 184) fortzusetzen. Für den letzten Tag siehe die vorherige Route.

Eine Sommerwoche

● Am ersten Tag geht die Fahrt an der Westküste der Coromandel Peninsula entlang, wo die alten Goldgräberstädte **Thames** (S. 164) und **Coromandel Town** (S. 176) besichtigt werden. Am folgenden Vormittag ist **New Chums Beach** (S. 176) das Ziel, am Mittag dann Luke's Kitchen in **Kūaotunu** (S. 175). Nach einigen Tagen in **Whitianga** (S. 171) führt die Reise von Strand zu Strand die Küste hinunter mit den Stationen **Cathedral Cove** (S. 177), **Hot Water Beach** (S. 178), **Tairua** (S. 179; mit einem Abstecher zum Mount Pāku), **Whangamatā** (S. 169) und **Waihi Beach** (S. 169). Nach Waihi ist die **Karangahake Gorge** (S. 168) die nächste Etappe, mit einem Zwischenstopp in **Hamilton** (S. 180). Im Anschluss ist **Raglan** (S. 188) das Ziel.

AUGUST

Ein nasser winterlicher Monat. Turangawaewae Marae öffnet die Tore zum **Koroneihana**, dem Thronjubiläum des Māori-Königs.

SEPTEMBER

Das Festival **Whitianga Oceans** (S. 43) gefeiert. Der Geburtstag von Bilbo und Frodo wird am **International Hobbit Day** begangen.

OKTOBER

Künstlerisch geht es bei der **Open Studio Arts-tour** und **Art Waikino** zu. Die mörderische **K2 Cycle Classic** findet statt.

DEZEMBER

Der Sommer beginnt, der *pōhutukawa* steht in Blüte. Die Seebäder rüsten sich für die Neujahrsfeiern.

THAMES

Am unteren Ende der Westküste der Coromandel Peninsula liegt die alte Goldgräberstadt Thames. Hier ist die Atmosphäre sehr gelassen und ruhig. An manchen Orten gleicht sie einer Filmkulisse mit etlichen Gebäuden aus viktorianischer Zeit.

Als James Cook 1769 den Waihou River befuhr, erinnerte ihn der Fluss an die heimatliche Themse und er gab ihm den Namen „Thames". Zum Goldrausch kam es 1852 an einem entfernteren Küstenabschnitt; dem Stamm der Ngāti Maru gelang dies bis 1867 geheim zu halten. Innerhalb eines Jahres strömten 10 000 Glücksucher in das Gebiet, die Bevölkerungszahl erreichte 1870 ihren Höchststand von 15 000 (heute nur halb so viel), für das gesellschaftliche Bindemittel sorgten 140 Pubs.

Thames ist auch ein guter Ausgangspunkt für Wanderungen im Coromandel Forest Park und für Radtouren auf dem Hauraki Rail Trail.

TOP TIPP

Die Coromandel Peninsula wurde Anfang 2023 von dem Zyklon Gabrielle schwer getroffen. Erdrutsche verursachten schwere Schäden an den Straßen, deren Instandsetzung mancherorts noch Jahre andauern kann. Am besten stimmt man die Reiseroute mit den üblichen Navigations-Apps oder der Website der New Zealand Transport Agency ab, bevor man sich auf den Weg macht.

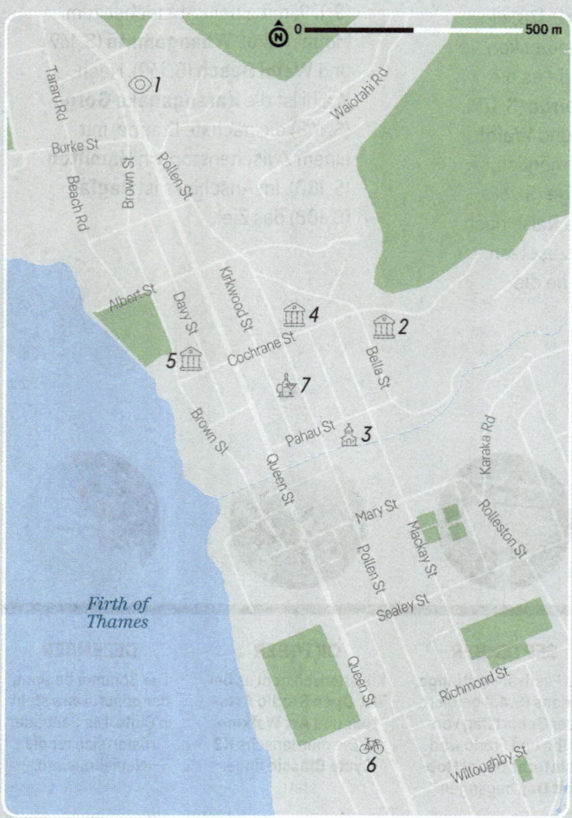

SEHENSWERTES
1 Goldmine Experience
2 Museum of Technology
3 St James Presbyterian Church
4 Thames Museum
5 Thames School of Mines & Mineralogical Museum

AKTIVITÄTEN
6 Jolly Bikes

AUSGEHEN
7 Coromandel Distilling Co

GINA SMITH/SHUTTERSTOCK ©

Thames School of Mines

DAS BESTE ESSEN IN THAMES

Coco Coffee Bar
Hier gibt es nur Thekenessen. Die Terrasse ist ein vorzüglicher Ort für einen morgendlichen Kaffee mit Mandelcroissants. **$**

Melbourne Cafe
Ein stilvolles Café mit großstädtischer Atmosphäre in einem Backsteingebäude voller Grünpflanzen. Die Speisekarte ist etwas klein, aber interessant. **$$**

Nakontong
Ein beliebtes und alteingesessenes Restaurant. Auf der riesigen Speisekarte stehen zahllose thailändische Gerichte. **$$**

Goldgräbergeschichte

MUSEEN, TOUREN UND INTERAKTIVE ERLEBNISSE

Wie bei allen Goldgräberstädten ist die Geschichte von Thames geprägt von Aufschwung, Absturz und dubiosen Geschäften – überall in der Stadt gibt es Orte, an denen davon erzählt wird. Ein solcher Ort ist die **Thames School of Mines**, die auf einer Begräbnisstätte der Māori errichtet wurde, das Land wurde einst zum Bau einer Methodistenkirche überlassen. Viele Einzelheiten sind auf einer 45-minütigen Führung durch die Schulgebäude zu erfahren, deren ältestes, eine Sonntagsschule, auf 1868 zurückgeht. Die Führungen enden im **Mineralogical Museum**,

HOTUNUI-VERSAMMLUNGSHAUS

Ein Schatz der Ngāti Maru in Thames ist das verzierte Versammlungshaus Hotunui (1878). Es ist eine Dauerleihgabe an das **Auckland Museum** (S. 79), wo es den Mittelpunkt des Māori Court des Museums bildet.

ÜBERNACHTEN IN THAMES

Brookby Motel
Fünf komfortable, gut gepflegte Wohneinheiten befinden sich verborgen in ruhiger Hanglage an einem Bach. **$$**

Lady Bowen Bed & Breakfast
In einem Haus von 1882 bietet Lady Bowen gepflegte Zimmer mit gemeinschaftlichen Badezimmern an. **$$**

Cotswold Cottage
B&B der Luxusklasse in einer hübschen edwardianischen Villa mit Blick auf den Fluss und die Rennbahn. **$$$**

wo glitzernde Kristalle, Quarzklumpen mit goldenen Einsprengseln und Fossilien zu sehen sind.

Im **Goldmine Experience** am nördlichen Stadtrand ist die Geschichte greifbar. Besucher können einen Minenschacht begehen, ein Stampfwerk beim Zertrümmern von Erzbrocken besichtigen und ihr Glück beim Goldwaschen versuchen (geöffnet Okt.–Ostern, Sa–So abweichende Zeiten).

Das **Thames Museum** bietet einen Überblick über die Stadtgeschichte, eindrucksvoll ist eine Sammlung von Holzmodellen der historischen Gebäude. Hinter dem Museum ragt das Bella Street Pumphouse auf (1896). Heute ist es an Wochenenden als **Museum of Technology** geöffnet.

GOLDSUCHE

Im Unterschied zu den Goldfeldern auf der Südinsel lag das Gold der Halbinsel Coromandel nicht einfach in den Flussbetten, wo es aufgelesen oder herausgewaschen werden konnte. Vielmehr war es (und ist es noch) in soliden Quarzadern eingeschlossen.

Zunächst muss das Quarzgestein abgetragen und zu einem Stampfwerk gebracht werden, wo es zerkleinert wird – ein Vorgang, bei dem Quarzstaub entsteht, die, wenn sie eingeatmet wird, zu Lungenfibrose, führt. Anschließend wird das Erz mit Chemikalien wie Quecksilber und Zyanid erhitzt, um Gold und Silber herauszulösen. In diesem Ausmaß verlangt die Goldgewinnung einen hohen Kapitaleinsatz.

Läden in der Pollen Street

NOSTALGISCHE GESCHÄFTE UND GIN-VERKOSTUNGEN

Die beste Art, die Atmosphäre der Stadt zu erleben, ist ein Spaziergang durch die Pollen Street, die Haupteinkaufsstraße, wo Pubs der Goldgräberzeit neben viktorianischen Läden stehen, in denen Kunst, Bücher, Vollwertkost, Antiquitäten und Vintage-Mode verkauft werden. Der interessanteste Abschnitt ist Grahamstown nördlich der großen, von Kauri-Bäumen umstandenen **Saint James Presbyterian Church** (1898).

Im hinteren Teil eines umgebauten Lagerhauses, das The Depot genannt wird, befindet sich die **Coromandel Distillery Co**. Hier kann der Gin der Awildian-Marke probiert werden; der Coromandel Dry wurde bei den World Gin Awards von 2022 in der Kategorie „Best Classic Gin“ ausgezeichnet.

Auf dem Hauraki Rail Trail

MIT DEM RAD AUF EINEM LEICHTEN GREAT RIDE

Eine schöne, von Busch umgebene Schlucht, ein Tunnel voller Glühwürmchen, zwei Thermalbäder und eine gigantische Trinkflasche sind Programmpunkte dieser mehrtägigen Fahrt durch die Hauraki Plains. Der **Hauraki Rail Trail** ist der gemäßigte der 23 offiziellen „Great Rides“ in Neuseeland und kann in mehrere kurze Etappen aufgeteilt oder an drei vollen Tagen bewältigt werden.

Von Thames ist es eine 55 km lange Fahrt entlang der Shorebird Coast nach Kaiaua oder eine 34 km lange Fahrt landeinwärts nach Paeroa. Von dort verläuft eine Nebenstrecke (24 km) durch die Karangahake Gorge nach Waihi (24 km). Der Hauptweg führt weiter nach Te Aroha (23 km) und Matamata (weitere 37 km). Veranstalter (z. B. **Jolly Bikes** in Thames) verleihen Räder und bieten Shuttles an.

NOCH MEHR GOLDGRÄBERSTÄDTE

Wer sich neben Thames noch für weitere Goldgräberstädte der Halbinsel interessiert, findet sie in **Coromandel Town** (S. 176) und **Waihi** (S.169). Auf der Südinsel liegt die schönste von allen, **Arrowtown** (S. 464), im Queenstown Lakes District.

UNTERWEGS VOR ORT

Thames ist leicht zu Fuß oder per Rad zu erkunden. Busse des Local Thames Connector, die von BUSIT betrieben werden, verkehren rund um die Stadt und die Küste bis hinauf nach Tararu.

Rund um Thames

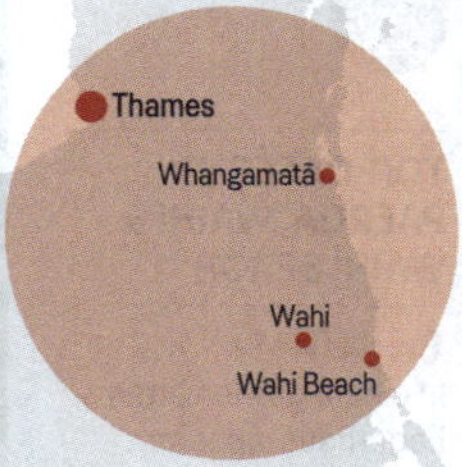

Dichter Urwald bedeckt das gebirgige Rückgrat der Halbinsel, im Osten liegen wunderschöne weißfarbige Sandstrände und eine interessante Bergbaustadt.

Thames liegt am Fuß der Coromandel Range, einer waldreichen Bergkette, die sich über die gesamte Halbinsel erstreckt. Die Fahrt nordwärts nach Coromandel Town ist besonders reizvoll, sie führt an einer Reihe kleiner felsiger Buchten vorbei, die sich im Dezember karmesinrot färben, wenn der „Weihnachtsbaum Neuseelands", der *pōhutukawa*, in Blüte steht.

Im Süden liegen die Hauraki Plains, einst weite Sumpfflächen, die in Weideland umgewandelt wurden. Der größte Ort ist Paeroa, als Zwischenstopp bei Antiquitätenfreunden beliebt, die Weiterfahrt führt durch die Karangahake Gorge.

Hinter der Schlucht befinden sich die Goldbergbaustadt Waihi und die wunderschönen Strände der Ostküste.

TOP TIPP

Wer nach Whitianga unterwegs ist, sollte sich für die längere Küstenfahrt nordwärts über Coromandel Town entscheiden.

Hauraki Gulf, Coromandel Peninsula

DMITRY NAUMOV/ GETTY IMAGES ©

TOP-CAFÉS IN PAEROA, WAIHI & WAIHI BEACH

The Refinery
In einem großen alten Lagerhaus, abseits der Hauptstraße von Paeroa, werden köstliche Backwaren serviert. **$**

Ti-Tree Cafe
Dieses kleine Café in einem Haus aus den 1880er Jahren befindet sich mitten in Waihi. Zum Lokal gehört auch ein hübscher Garten. **$**

Surf Shack Eatery
Eine coole Café-Bar mit zahlreichen Tischen im Freien am Rand von Waihi Beach. **$$**

VADIM BOUSSENKO/SHUTTERSTOCK ©

Karangahake Gorge

Karangahake Gorge

AUTOFAHREN, WANDERN UND RADFAHREN DURCH MALERISCHE LANDSCHAFT

30 Autominuten südöstlich von Thames erstreckt sich die von Busch bewachsene **Karangahake-Schlucht**; ein beeindruckender Anblick schon auf der Durchfahrt entlang der SH2. Hier haltzumachen wird mit schönen Wanderwegen durch Goldminenstätten und eine denkwürdige Badestelle unter einem Wasserfall belohnt.

Der Parkplatz in der Mitte der Schlucht ist Ausgangspunkt zweier Wanderwege von je 2½ km Länge (90 Min.). Der **Windows Walk** ist ein Rundweg durch den Busch und kurze Minenschächte, in die Licht durch Öffnungen fällt; Arbeiter schütteten hier Gestein in den Fluss. Nur an einer Stelle ist es minutenlang dunkel. Der **Rail Tunnel Loop** folgt dem Flusslauf und führt durch einen kilometerlangen Eisenbahntunnel.

Der Loop ist Teil des **Karangahake Historic Walkway**, der sich am Fluss entlang 3½ km bis zur

THERMALQUELLEN IN DER NÄHE

Es gibt drei Thermalquellen in der Umgebung von Thames: **Miranda Hot Springs** (S. 184; 25 Min. östl.), **Te Aroha Mineral Spas** (S. 184) und **Swim Zone** (beide 40 Min. südl.), sowie **Athenree Hot Springs** (S. 184; nahe bei Waihi Beach).

ÜBERNACHTEN IN WAIHI BEACH

Bowentown Beach Holiday Park
Ein freundlicher, gut gepflegter Ferienpark in schöner Lage am entfernteren Strandende. **$**

Athenree Hot Springs & Holiday Park
Gäste haben Zugang zu zwei Thermalbecken in diesem Ferienpark. **$**

Beachfront B&B
Die komfortable Erdgeschosswohnung wird ihrem Namen durch den direkten Strandzugang gerecht. **$$**

Waikino Station fortsetzt. Dies ist auch ein Abschnitt der Fahrradroute des Hauraki Rail Trail. Auf dem Weg ist die verfallene **Victoria Battery** zu sehen, eine einstige Erzverarbeitungsstätte, wo an Wochenenden Bahnfahrten und Museumsführungen veranstaltet werden.

Abseits vom Highway, am Beginn der Waitawheta Road, liegen die **Owharoa Falls**, deren Wasser sich über eine von Moos gesäumte Klippe ergießt. Zu Füßen der Fälle befindet sich ein herrliches Naturbecken.

Das goldene Erbe von Waihi

DIE LETZTE GOLDMINENSTADT VON COROMANDEL

Eine von Phönixpalmen gesäumte Prachtstraße führt auf **Waihi** (45 Automin. von Thames entfernt) zu und verweist auf die gewaltigen Schätze, die hier gehoben wurden, seitdem 1878 erstmals Gold gefunden wurde. Ursprünglich ein Stollennetz von 175 km Länge auf über 15 Ebenen, ist die **Martha Mine** heute ein immens großes Erdloch am Rand der Stadt und bietet einen kaum fassbaren Anblick. Radtouren führen auf dem 4 km (1 Std.) langen **Pit Rim Walkway** dort entlang. Ein Blick in die Tiefe ist auch vom hochragenden **Cornish Pumphouse** von 1905 möglich.

Auf der anderen Straßenseite wird im **Gold Discovery Centre** die Stadtgeschichte durch interaktive Ausstellungen und Hologramme erzählt. Hier können Führungen gebucht werden, die hinter den Zaun, jedoch nicht in die Grube selbst führen. Ein Industrieerbe ist auch die **Goldfields Railway**; eine 30-minütige Fahrt in der Museumsbahn führt nach Waikino und schließt an den Karangahake Historic Walkway an.

Von der Stadt Waihi sind es 11 km bis zum **Waihi Beach** – einem 9 km langen Sandstrand, der sich bis **Bowentown** an der nördlichen Begrenzung von Tauranga Harbour erstreckt.

Wellenreiten in Whangamatā

DAS ZIEL ALLER SURFER AUF DER COROMANDEL

An der Ostküste der Halbinsel liegt **Whangamatā** (50 Automin. von Thames), eine kleine Stadt mit angenehmer Atmosphäre. Die Einwohnerzahl schwillt zu Neujahr um das Zehnfache auf über 40 000 an, in der kühleren Zeit ist es ruhig.

Hier dreht sich alles um den langen Strand. Rettungsschwimmer halten Wacht, die Surfbedingungen sind exzellent; Unterricht für Anfänger und Fortgeschrittene bietet der **Surfsup** an. Hier kann man die nötige Ausrüstung leihen, auch geführte Ausflüge mit Kajaks und auf Paddelbrettern zum Schutzgebiet **Whenuakura** (Donut Island) werden veranstaltet.

GUT ESSEN IN WHANGAMATĀ

Blackies Cafe
Kiwi-Kaffeehausklassiker werden unter dem Zeltdach des Freiluftcafés mit Strandatmosphäre serviert. Hinter dem Surfclub. **$**

Port Road Project
Skandinavischer Stil und Gemeinschaftstische im Freien machen das Café an der Hauptstraßen zu etwas Besonderem. **$$**

Smoky Platter
Eine amerikanische Smokehouse-Bar mit einer großen Auswahl von Bieren, Burgern, Spareribs und fleischlastigen Platten mit Namen wie beispielsweise Big Bruce. **$$**

ÜBERNACHTEN IN WHANGAMATĀ

Breakers
Modernes Motel mit einem Swimmingpool an der Straße von Tairua nach Whangamatā mit Blick auf die Marina. **$$**

Surf n Stay
Drei Wohneinheiten in einem Haus unweit vom Meer. Pauschalangebote inkl. Surfunterricht. **$$**

Southpacific Motel
Motel-Anlage mit großen separaten Wohneinheiten in fußläufiger Nähe zur Hauptstraße. **$$**

DIE VOGELKÜSTE

Das Marschland des Firth of Thames zählt zu den bedeutendsten Küstenvogelhabitaten Neuseelands mit 43 Arten, die sich zumindest temporär dort aufhalten. Sie werden von dem Nahrungsangebot der 85 km² großen Wattflächen und den Rastplätzen an den großen Muschelbänken rund um Miranda angelockt. Zu sehen sind der Knuttstrandläufer und die Pfuhlschnepfe; ein Exemplar absolvierte einen Langstreckenflug von 11570 km bis nach Alaska.
Details erfährt man im **Pūkorokoro Miranda Shorebird Centre**. Dort kann man Ferngläser ausleihen, die auf den drei Hochsitzen des nahen **Robert Finlay Wildlife Area** von Nutzen sind.
In Thames gibt es auch einen Hochsitz; finanziert von der Entschädigungssumme, die Frankreich an Greenpeace für die Versenkung der *Rainbow Warrior* zahlte.

JANICE CHEN/SHUTTERSTOCK ©

Kauaeranga Kauri Trail

Wandern auf dem Kauaeranga Kauri Trail

HOHE GIPFEL BESTEIGEN

Der jeweils 6 km lange Wanderweg durch den Coromandel Forest Park zum zerklüfteten Gipfel, The Pinnacles genannt, ist die beste Tageswanderung auf der Halbinsel. Der Abstieg führt über Leitern und Klettersteige zu einem Aussichtspunkt mit einem weiten Blick über die Ostküste. Der Aufstieg dauert etwa drei Stunden, der Abstieg etwas weniger, trotzdem entscheiden sich viele Wanderer für eine Übernachtung im **Pinnacles Hut** des DOC (80 Betten; in Gipfelnähe).

Von Thames sind es 12 km zum **Kauaeranga Visitor Centre** und weitere 9 km auf einer unbefestigten Straße zum Ausgangspunkt des Wanderweges.

Ein Spaziergang durch die Rapaura Water Gardens

DER SCHÖNSTE GARTEN VON COROMANDEL

Eine etwa 30-minütige Autofahrt führt nordwärts von Thames (bei Tapu landeinwärts abbiegen) zu diesen privaten Gärten, einer penibel gepflegten Oase mitten im Busch. Ein Rundgang führt in 20 Min. auf einem geharkten Weg an mehreren Seerosenteichen und sprudelnden Wasserspielen vorbei. Ein längerer Wanderweg verläuft an größeren Seerosenteichen vorüber, die von exotischen Bäumen umstanden sind, nimmt dann aber einen zunehmend wilden Verlauf durch heimischen Busch zu einem mehrstufigen Wasserfall mit dem treffenden Namen „The Seven Stairs To Heaven".

UNTERWEGS VOR ORT

Die Gegend lässt sich am besten mit dem Auto oder dem Rad (bei einer Fahrt auf dem Hauraki Rail Trail) entdecken, Busse verkehren nur selten. Die InterCity-Verbindungen zwischen Auckland und Tauranga haben Haltestellen in Thames, Paeroa und Waihi.

WHITIANGA

Als größte Küstenstadt der Coromandel Peninsula liegt Whitianga tief in der Mercury Bay, der einige kleine Inseln und Felsen vorgelagert sind. Die große Attraktion ist der kilometerlange Buffalo Beach. Häuser säumen die Bucht, das Stadtzentrum liegt jedoch am südlichen Strandende, unweit der schmalen Durchfahrt zum Whitianga Harbour.

An imposanter Architektur hat die Stadt wenig zu bieten, dafür ist die Lage sehr schön; der Blick von den Restaurants an der Esplanade fällt auf sanfte, von Buschwerk bedeckte Hügel an der entfernter gelegenen Küste. Die lebhafte Marina, in der zahlreiche Jachten vor Anker liegen, verleiht der Stadt eine exklusive Atmosphäre, die den meisten anderen, von der Surferszene geprägten Küstenorten der Halbinsel fehlt.

Der vollständige Name Whitiangas lautet *Te Whitianga a Kupe* (Die Durchfahrt des Kupe) und erinnert an den großen polynesischen Seefahrer und Entdecker.

TOP TIPP

Whitianga Harbour ist zwar klein, aber die Hafenbucht reicht tief landeinwärts. Eine halbstündige Fahrt führt zum benachbarten Cooks Beach, der aber auch nach einer kurzen Fährfahrt sowie einem 25-minütigem Fußmarsch (10 Min. mit dem Rad) erreicht werden kann.

SEHENSWERTES
1 Cooks Beach
2 Flaxmill Bay
3 Lonely Bay
4 Lost Spring
5 Mercury Bay Museum
6 Shakespeare Cliff Lookout

AKTIVITÄTEN
7 Cave Cruzer
8 Glass Bottom Boat
9 Ocean Leopard
10 Sea Cave Adventures
11 Whitianga Rock Walk
12 Windborne

TUPUNGATO/SHUTTERSTOCK ©

Cathedral Cove (S. 177)

WARUM ICH WHITIANGA LIEBE

Peter Dragicevich, Autor

Für Aucklander wie mich ist die Coromandel Peninsula ein magischer, sommerlicher Ferienpark, ein Ort mit sandigen Stränden, endlosen Wellen zum Bodysurfing, inspirierender Landschaft und langen unbeschwerten Tagen im Schatten von *Pōhutukawa*-Bäumen. Whitianga ist größer als die meisten anderen Badeorte und bietet daher mehr Restaurants und Hotels. Aber ich könnte so sagen, dass ich Hahei, Pauanui oder Whangamatā liebe. Warum? Ganz einfach, sie gehören für mich zu den schönsten Stränden der Welt.

Auf dem Wasser

EINE VIELFÄLTIGE KÜSTE ENTDECKEN

Nicht nur der riesige Jachthafen weist Whitianga als Skipperstadt aus. Es gibt vielfältige Möglichkeiten, um aufs Meer hinauszufahren, darunter mit Charterbooten zum Sportangeln. Mercury Bay ist, vor allem von Januar bis März, ein beliebtes Revier für Sportfischer.

Wer Meereslebewesen lieber bewundern als fangen will, kann eine zweistündige Bootstour zum nahen **Te Whanganui-a-Hei Marine Reserve** unternehmen. Das Schutzgebiet besteht seit 1992 und beherbergt eine Fülle an maritimem Leben. Mit etwas Glück lassen sich Seebären, Pinguine, Delfine oder Orcas beobachten.

Bootstouren passieren verborgene Strände, Höhlen, Felsbögen (der berühmteste ist Cathedral Cove), Grotten auf zerklüfteten Inseln und sahneweiße Klippen, in denen man – sieht man nur lange genug hin – Gesichter zu erkennen glaubt. Auf den meisten Touren gibt es genügend Gelegenheiten zum Schwimmen und Schnorcheln. Veranstalter sind u. a. **Glass Bottom Boat**, **Ocean Leopard** und **Sea Cave Adventures**.

ÜBERNACHTEN IN WHITIANGA

Mercury Bay Holiday Park
Ein kleiner Ferienpark in einem Wohngebiet, jedoch nahe am Hafen, an der Marina und am Stadtzentrum. **$**

Aotearoa Lodge
Ruhiges Motel am Stadtrand; hier wird man von Vogelstimmen statt vom Straßenlärm geweckt. **$$**

Beachfront Resort
Ein mittelgroßes Motel, nur wenige Meter vom Strand entfernt am äußeren Ende des Buffalo Beach. **$$**

Cave Cruzer bietet eine Abenteuerfahrt in einem Schlauchboot mit steifem Bootskörper. Die **Windborne**, ein gaffelgetakelter Toppsegelschoner, unternimmt Buchtumsegelungen, Sonnenuntergangsfahrten und Tagesausflüge zu den Mercury Islands.

Mercury Bay Museum

REGIONALE GESCHICHTE KENNENLERNEN

Dieses kleine Museum ist in einer alten Molkerei in Ufernähe untergebracht. Hier erfährt man viel Wissenswertes über die beiden Entdecker von Whitianga: Kupe und James Cook. 1769 beobachtete Cook den Durchgang des Planeten Merkur, während sein Schiff in der Nähe vor Anker lag.

Mit der Fähre zum Cooks Beach

AUSSICHTSPUNKTE UND AUSSICHTSREICHE STRÄNDE

Ein Szenenwechsel ergibt sich auf der Fährfahrt (5 Min.) durch die schmalen Enge von Whitianga Harbour nach Cooks Beach, wo ein weiterer Badeort liegt. Von Ferry Landing sind es fünf Gehminuten zur geschützten **Flaxmill Bay** oder 25 Minuten zum lang gestreckten, sandigen **Cooks Beach**. Wer ein Fahrrad dabei hat, kann in 45 Minuten nach Hahei oder in einer Stunde zum Hot Water Beach fahren.

Vor der Fahrt kann man den 400 m langen **Whitianga Rock Walk** begehen, der zu den Überresten eines *pā* (Wehrdorfes) am Hafeneingang führt. Der längere Weg lohnt sich vor allem wegen des **Shakespeare Cliff Lookout**; dieser Aussichtspunkt befindet sich an der Spitze der Landzunge, die Flaxmill Bay von Cooks Beach trennt. Unterhalb erstreckt sich die hübsche kleine **Lonely Bay**, ein ideales Versteck, wenn man zum textilfrei baden möchte.

Eintauchen in Lost Spring

THERMALBAD VOR TROPISCHER KULISSE

Eine Häuserzeile hinter dem Buffalo Beach bietet **Lost Spring** etwas vollkommen anderes als die zahlreichen Thermalbäder Neuseelands: ein Retreat, das in eine tropische Fantasie entführt, begleitet von einem vollständigen Day-Spa-Programm und verführerischen Speisen und Cocktails. Beliebte Pauschalangebote richten sich an Paare oder an Frauen für einen Ladies-Wellness-Kurzurlaub. Ein zwar sündhaft teurer, aber dafür unvergesslicher Verwöhnaufenthalt.

KÖSTLICH SPEISEN IN WHITIANGA

Cafe Coghill House
Café an einer Seitenstraße mit Sonnenterrasse; großzügige Frühstücksgerichte. Montags zu. **$**

Hula
Entspanntes Café am Strandende der Hauptstraße mit großartigem Kaffee. **$$**

Blue Ginger
Im besten Restaurant Whitiangas gibt es die Küche Asiens als Sharing Plates (Speisen zum Teilen), dazu leuchtende Farben und eine gute Stimmung. **$$**

MEERESSCHUTZGEBIETE

Zusammen mit Te Whanganui-a-Hei gibt es 35 Meeresschutzgebiete rund um die Inseln Neuseelands. Zum Schnorcheln ist **Goat Island** (S. XXX) in der Nähe von Leigh im Norden Aucklands am leichtesten zugänglich. Ein schönes Ziel für Tauchsportler sind die **Poor Knights Islands**.

UNTERWEGS VOR ORT

Whitianga hat keine Steigungen, und das Stadtzentrum ist klein, doch sind es immerhin 45 Min. zu Fuß von einem Ende des Buffalo Beach zum anderen. Wer am Nordende eine Unterkunft hat, benötigt ein Auto oder Fahrrad, da es keine örtlichen Busverbindungen gibt. Fahrräder können auf der Passagierfähre für zusätzlich 1,50 NZ$ mitgenommen werden.

Rund um Whitianga

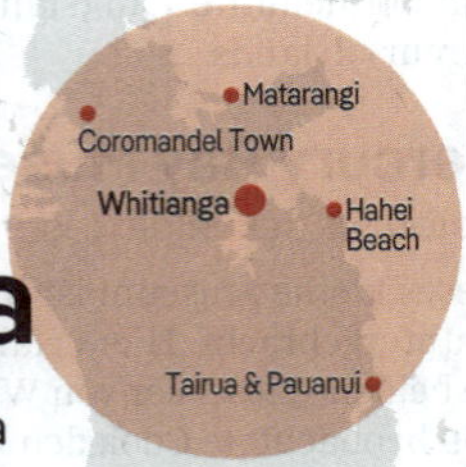

Die nördliche Hälfte der Coromandel Peninsula ist ein Ferienpark mit berühmten Stränden und einer fantastisch geformten Küstenlinie.

Sobald es Sommer wird, strömen Kiwis und Gäste aus aller Welt zu Tausenden an die Strände rund um Whitianga und verwandeln stille Küstenorte in wimmelnde Feriensiedlungen. An der Ostküste liegen einige herrliche Strände.

An der Westküste ist Coromandel Town das historische Juwel der Halbinsel, ein stimmungsvolles Erbstück aus der Zeit des ersten Goldrausches im Land. Nördlich davon sind schöne kleine Buchten durch unbefestigte Straßen verbunden, viele mit schlichten Campingplätzen notdürftig ausgestattet.

Auf kulinarischem Gebiet wird die Region für ihre Schalentiere geschätzt, insbesondere Miesmuscheln (geräuchert oder pur), Austern und Jakobsmuscheln.

TOP TIPP

Der heftigste Hochbetrieb herrscht in den Sommerferien, vor allem im Zeitraum von Weihnachten bis Ende Januar.

Matarangi

CASEY RENEE/SHUTTERSTOCK ©

MARK MEREDITH/GETTY IMAGES ©

Kūaotunu

Strände im Norden von Coromandel

FERIENANLAGEN UND ENTLEGENE BUCHTEN

Die Nordspitze der Coromandel Peninsula hat Strände, die zu den herrlichsten des Landes zählen, einige von Ferienhäusern gesäumt, andere völlig unberührt von menschlicher Besiedlung. Keiner davon wird von Rettungsschwimmern überwacht – also, Vorsicht!

Von Whitianga führt eine 20-minütige Fahrt auf dem SH25 nach **Kūaotunu**, einem Feriendorf mit einem weißen Strand, einem Laden und einem betriebsamen Café. Von dort führt eine kaum erkennbare, teilweise unbefestigte Straße über die Landspitze zum langen **Otama Beach**, der abgesehen von wenigen Bauernhäusern, menschenleer ist. Auf der Weiterfahrt erreicht man den Strand von **Opito**, der von schicken Ferienhäusern gesäumt wird.

Die nächste Abzweigung von dem SH25 nach Kūaotunu führt nach **Matarangi**, das schlichte Feriendorf liegt an einem wunderbaren Strand, der den östlichen Eingang von Whangapoua Harbour bildet. Seine Einwohnerzahl von 420 wächst im Sommer auf etwa 7000 an. Wer mit dem Rad rund

ABGELEGENE CAFÉS & BARS

Luke's Kitchen
Eine feste Größe in Kūaotunu mit rustikaler Strandhüttenatmosphäre; es gibt Kaffee, Craftbier und Pizza aus dem Holzofen. **$$**

Colenso
Café mit Tischen im Obstgarten; an der SH25 südlich von Whitianga. **$**

Coroglen Tavern
Das Idealbild eines Landgasthauses mitten im Nirgendwo; eine große Open-Air-Bühne zieht im Sommer namhafte Bands an. **$**

Hot Water Brewing Co
Eine moderne Craftbierbrauerei mit Sitzplätzen im Freien, die leckeren Pizzas kommen aus dem Holzofen . In Whenuakite südlich von Whitianga. **$$**

ÜBERNACHTEN IM NORDEN VON COROMANDEL

Leighton Lodge
Das smarte B&B in Opito bietet ein Zimmer mit Aussicht von einem Balkon sowie eine abgeschlossene Wohnung. **$$**

Mahamudra Centre
Tibetisch-buddhistisches Retreat bei Colville mit Zeltplätzen, Schlafsälen und Hütten in einer parkähnlichen Gegend. **$**

Tangiaro Kiwi Retreat
Separate Holzferienhäuser mit Grillplätzen und Wellness-Pools im Busch nahe Port Charles. **$$$**

LYL_DNZ/SHUTTERSTOCK ©

Otama Beach (S. 175)

um den Hafen fährt, gelangt nach **Whangapoua**. Die eigentliche Attraktion dieses kleinen Badeortes ist der atemberaubende New Chums Beach. **New Chums Beach** genießt einen Kultstatus bei allen, die den beschwerlichen Weg zu ihm gefunden haben. Als Erstes muss ein Parkplatz am äußeren Rand von Whangapoua gefunden werden, dann muss ein Bach durchquert und ein felsiger Küstenweg überwunden werden, bis ein kurzer Pfad durch die Landspitze erreicht ist. Wer es bis hierher geschafft hat, findet einen blendend weißen Sandstrand vor. Die Hügel, die den Strand säumen, sind von heimischem Busch bewachsen und und unbebaut. Von Zeit zu Zeit haben Landbesitzer Pläne zur Erschließung des Hinterlandes, die aber regelmäßig auf einen empörten Aufschrei der Öffentlichkeit stoßen. Noch abgeschiedener wirkt die Gegend im Norden von Coromandel Town, die über eine Schotterpiste zu erreichen ist. An der Westküste stehen auf dem Weg zu einer spektakulär aussehenden Landzunge an der **Fletcher Bay** alte *Pōhutukawa*-Bäume oberhalb von kleinen felsigen Buchten. Die Ostküste sieht noch schroffer aus, Sandstrände findet man in der **Kennedy Bay** und **Waikawau Bay**.

Coromandel Town

RÄTSELHAFTES HISTORISCHES ERBE

Im Jahr 1852 wurde im nahen Driving Creek Gold gefunden, wodurch der erste Goldrausch Neuseelands ausgelöst wur-

TOLLE FISCHGERICHTE RUND UM COROMANDEL TOWN

Coromandel Oyster Company
Frische Austern und Fischgerichte zum Mitnehmen direkt am Wasser, 5 km südlich von Coromandel Town. **$**

Coromandel Smoking Company
Ein kleines Geschäft in der Stadtmitte, in dem Räucherfisch und köstliche geräucherte Miesmuscheln verkauft werden. **$**

Coromandel Mussel Kitchen
Ansprechende Bar mit Restaurant, das sich zwischen Feldern, 3 km südlich der Stadt befindet; es gibt Miesmuscheln, Pizza und hauseigenes Craftbier. **$$**

ÜBERNACHTEN IN COROMANDEL TOWN

Tui Lodge
Angenehm ländlich liegt das beste Backpacker-Hostel von Coromandel; nur 15 Gehminuten bis zur der Stadt. **$**

Coromandel Top 10 Holiday Park
Gepflegter Campingplatz mit nett bemalten Hütten und attraktiven Wohneinheiten. **$**

Jacaranda Lodge
Das B&B mit zwei Etagen ist ein friedlicher, ländlicher Rückzugsort mit Rosengärten. **$$**

de. Einige historischen Häuser im viktorianischen Stil in den Straßen der Stadt sind die Hinterlassenschaft aus jener Zeit. Heute sind hier Cafés und Handwerksateliers statt ergrauter Glücksritter zu sehen.

Neben Charterbooten zum Sportfischen ist die Hauptattraktion heute die **Driving Creek Railway**, eine kuriose Eisenbahnstrecke durch aufgeforsteten Wald über verschiedene Kehren, Tunnel und Viadukte zum „Eye-full Tower". Die Eisenbahn war das Herzensprojekt des verstorbenen Barry Brickell, dessen Töpferwerkstatt noch betrieben wird. Die neueste Attraktion sind die **Coromandel Zipline Tours**, achtfache Seilrutschen mit einer Länge von 705 m und einem Startpunkt auf halber Höhe der Eisenbahnstrecke.

Von Whitianga verlaufen zwei landschaftlich attraktive Routen nach Coromandel Town, beide etwa 50 Min. lang – auf der Küstenstraße SH25 und auf der teilweise unbefestigten Road 309, die direkt durch die Berge führt.

Pilgerfahrt zur Cathedral Cove

BERÜHMTER STRAND MIT FELSENBOGEN

Ein Lieblingsmotiv (oder die Lieblingskulisse in der *Narnia*-Filmreihe) Neuseelands ist die **Cathedral Cove**, eine zu Recht weltberühmte Sehenswürdigkeit. Den Mittelpunkt der Bucht bildet der riesige, wie ein gotischer Spitzbogen geformte Felsbogen, der an eine Kathedrale erinnert. Die Bucht ist nur vom Wasser aus oder auf einem 30- bis 40-minütigen Spazierweg zugänglich, dennoch lockt sie im Sommer jeden Tag etwa 4000 Besucher an – um dem Andrang zu entgehen, sollte man sich außerhalb der Saison oder zu früher oder später Stunde dorthin aufmachen.

Bootstouren von Whitianga halten für einen kurzen Augenblick; es ist auch möglich, ein teureres Wassertaxi vom Strand von Hahei zu nehmen. Der Parkplatz am Spazierweg liegt 2 km hinter Hahei (eine 35-minütige Fahrt von Whitianga), ist jedoch im Sommer schnell belegt. Der Fußweg von Hahei Beach dauert etwa 70 Min. Auf dem Weg liegt die **Gemstone Bay**, wo man beim Schnorcheln Langusten, Stachelrochen und barschartige Schnapper sehen kann. Die Bucht gehört zum Te Whanganui-a-Hei Marine Reserve.

Strandleben in Hahei

EIN KLASSISCHER KIWI-STRANDORT

Die benachbarte Cathedral Cove ist schon sehenswert, aber die **Hahei Beach** steht ihr in nichts nach. Es sind nur 30 Autominuten von Whitianga zu diesem kleinen Ort. Lediglich

ESSEN & AUSGEHEN IN COROMANDEL TOWN

Umu
In diesem Café an der Hauptstraße gibt es Kiwi-Klassiker wie *mince on toast* (mit Hackfleisch) oder *sweetcorn fritters* (Maispuffer). **$$**

Weta Cafe
Café in einem kleinen Park, in dem frische Sandwiches nach Wunsch, Toasties und warme Frühstücksgerichte zubereitet werden. **$$**

Pepper Tree
Restaurant in einem Innenhof; große Portionen und viele Gerichte aus heimischem Seafood. **$$**

Star & Garter Hotel
Pub von 1873 mit Biergarten und Billard; Livemusik am Wochenende.

The Olive Motel
Anspruchsvolles Motel mit geräumigen, luxuriösen Wellness-Suiten mit einem oder zwei Zimmern. **$$**

Hush Boutique Accommodation
Rustikale, aber stilvolle Hütten mitten im Busch an einem ruhigen Ort nahe Driving Creek. **$$**

Anchor Lodge
Das Motel bei der Werft besitzt eine eigene Glühwürmchenhöhle, einen beheizten Swimmingpool und ein Spa. **$$**

ESSEN & AUSGEHEN IN HAHEI

Little Blue Kitchen
Bagels und Kaffee in einer Bretterbude nahe der Tankstelle. $

The Pour House
Die ansprechende Gartenbar und Pizzeria ist das Stammhaus der Coromandel Brewing Company. $$

The Church
Todschickes Restaurant in einer zauberhaften Holzkirche mit einer kurzgefassten, jahreszeitlich wechselnden Speisekarte. $$$

CEZARY WOJTKOWSKI/SHUTTERSTOCK ©

Hahei Beach (S. 177)

234 Menschen zählt Hahei, allerdings schwillt es im Sommer auf mehr als rund 7000 Einwohner an.

Von dem langen, weißsandigen Strand von Hahei blickt man auf mehrere zerklüftete Inseln. Mit etwas Kondition ist der steile Aufstieg (15 Min.) zum *pā* **Te Pare** zu bewältigen; diese verlassene Māori-Festung liegt an der östlichen Landspitze des Strandes, dort ist der Ausblick noch besser.

Das vorgelagerte Meeresgebiet ist Teil des Te Whanganui-a-Hei Marine Reserve; die örtlichen Veranstalter **Cathedral Cove Dive & Snorkel**, **Cathedral Cove Kayaks** und **Hahei Explorer** (Jetboats) bieten Touren an.

Sandiges Thermalbad am Hot Water Beach

EIN REISEERLEBNIS DER BESONDEREN ART

Einfach eine Mulde in den Sand graben– fertig ist ein kleines privates Thermalbecken nur wenige Meter von der Brandung des Pazifischen Ozeans entfernt.

In der Mitte des **Hot Water Beach**, 30 Autominuten von Whitianga, gibt es eine Stelle vor einem Felsvorsprung, wo heißes Wasser durch den Sand sprudelnd nach oben steigt. Dies geschieht nur an zwei Stunden vor und nach der Flut und nur hier.

In vielen Unterkünften in Whitianga und Hahei kann man Spaten ausleihen. Auch im Strandladen sind welche leihweise zu bekommen, so auch im **Moko Artspace**, wo es

MEHR THERMALQUELLEN

Hot Water Beach ist vielleicht der berühmteste Strand der Coromandel Peninsula, doch es gibt auch andere Orte auf der Nordinsel, wo heiße Quellen aus dem sandigen Boden sprudeln, z. B. **Kāwhia** (S. 193) und **Lake Taupō** (S. 236).

ÜBERNACHTEN IN HAHEI

Hahei Pavilion
Liebenswürdige Gastgeber vermieten drei Zimmer mit Bad in ihrem eigenen Heim. $$

Tatahi Lodge
Gemütliches Motel sowie preiswertere Lodge-Zimmer (mit Gemeinschaftsbädern) in einem Bromeliengarten. $$

The Church
In einem subtropischen Garten stehen wunderschön ausgestattete, rustikale Holzhäuschen mit viel Charakter. $$

zudem Kunsthandwerk nach Art der Māori und Pasifika zu kaufen gibt. Vor dem Graben sollte der sandige Untergrund geprüft werden; die Hauptströmungen treten lokal begrenzt auf, die Temperaturen können schnell von eisigkalt zu kochend heiß wechseln. Der Andrang ist manchmal sehr groß.

Hot Water Beach ist ein hinreißender Strand, allerdings gab es hier schon einige Todesfälle, denn wegen der starken Unterströmung ist es oft zu gefährlich zum Schwimmen. Einige Badegäste sind hier bereits ertrunken. Ist der Strand bewacht, sollte man sich an die von Flaggen begrenzten Bereiche halten.

Zwillingsstädte Tairua & Pauanui

ZWEI WEISSSANDIGE FERIENSTRÄNDE

Gegenüber dem Tairua Harbour liegen zwei hübsche Zwillingsstädte, die im Sommer wegen ihrer bewachten Surfstrände und einer kinderfreundlichen Badebucht besonders beliebt sind. Die eine, **Tairua** (40 Automin. von Whitianga), hat mehr Wohngebiete und eine bessere Infrastruktur, während **Pauanui** ein exklusiverer Ort ist. Im Sommer ist eine Passagierfähre in Betrieb.

Der Hafen von Tairua wird vom **Mount Pāku** begrenzt, einem kleinen erloschenen Vulkan. Ein steiler Aufstieg führt in 15 Min. zum Gipfel, von dem ein herrlicher Blick weit über weiße Sandflächen und das türkisfarbene Meer bei Pauanui reicht. Vom Parkplatz des Memorial Reserve führt der Wanderweg vorbei an Häusern und dann in ein Waldgebiet hinein.

Hot Water Beach

FOTOS593/SHUTTERSTOCK ©

SCHÖNE CAFÉS IN HOT WATER BEACH & TAIRUA

Hot Waves
Im Sommer sind die Gartentische bei den Gästen dieses hervorragenden Cafés am Hot Water Beach äußerst begehrt. **$$**

Manaia Kitchen & Bar
Eine Bar mit einem herrlich kosmopolitischen Flair liegt an der Geschäftsstraße von Tairua; die Tische im Innenhof sind ideal für einen sommerlichen Brunch. **$$**

Tairua Beach Club
In einem historischen Cottage nahe Mount Pāku verbindet sich im TBC eine ländliche Kiwiana-Atmosphäre mit köstlichem Essen. **$$**

UNTERWEGS VOR ORT

Ein Auto ist notwendig, um die meist abgelegenen Strände zu erreichen. Go Kiwi betreibt eine tägliche Shuttle-Verbindung zwischen Matarangi und Auckland mit Stopps in Kūaotunu, Whitianga, Hahei, Hot Water Beach, Tairua und Thames.

HAMILTON

Im Vergleich mit dem großstädtischen Flair von Auckland oder Wellington gebührt Hamilton die Bronzemedaille unter den Städten der Nordinsel. Es gibt alle Arten von Cafés, Restaurants und Bars, die man sich in einer Stadt mit 180 000 Einwohnern wünschen kann – und überdies ein hervorragendes Museum und einen Zoo sowie einen herrlichen Stadtpark. Die Stadt liegt im Herzen der Region Waikato am Ufer des gleichnamigen Flusses und ist ein guter Standort für Ausflüge.

Die Restaurant- und Barszene von Hamilton konzentriert sich rund um die Victoria Street, das kommerzielle Zentrum der Stadt, die parallel zum Westufer des Waikato River verläuft. Um die Ecke liegt die Hood Street mit einigen Bars. Einen Besuch wert ist auch Grey Street am anderen Flussufer in Hamilton East, dort gibt es viele Restaurants und einen Straßenmarkt, der alle 14 Tage am Sonntagmorgen stattfindet.

TOP TIPP

Jeden Sonntagmorgen wird der Hamilton Farmers' Market in einer großen Scheune hinter dem Claudelands Events Centre, auf östlicher Flussseite, abgehalten. Ein wunderbarer Ort, um frisches Obst und Gemüse, Biofleisch, Käse, Honig, Sauerteigbrot und Kombucha einzukaufen und den Verlockungen der Stände nachzugeben.

Italienischer Renaissancegarten, Hamilton Gardens

NATALIACATALINA.COM/SHUTTERSTOCK ©

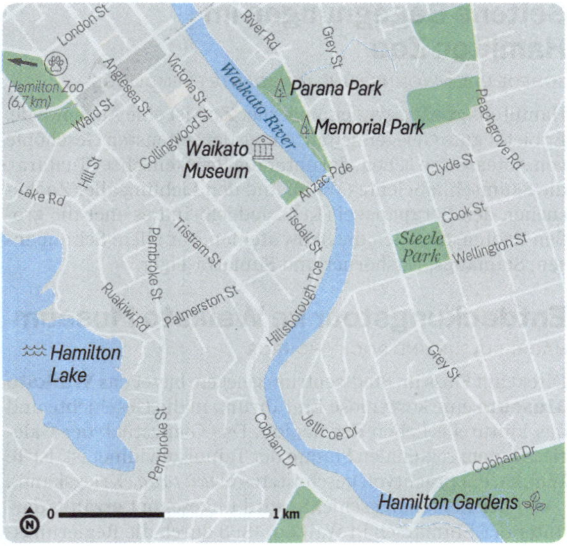

Das Paradies in den Hamilton Gardens

EINE REISE DURCH ZEIT UND RAUM

Wie im Leben selbst ist auch in Hamilton das Beste kostenlos. Am eindrucksvollsten sind die 17 ummauerten Gärten, die den attraktiven Mittelpunkt des großen Stadtparks am Fluss bilden. Der neuste ist zugleich der älteste – ein altägyptischer Tempelgarten, der 2022 eröffnet wurde.

Die Themengärten gliedern sich in drei „Sammlungen". Die Paradise Garden Collection zeigt verschiedene Vorstellungen eines irdischen Paradieses in Gartengestalt, die einen chinesischen Gelehrtengarten der Song-Dynastie ebenso umfassen wie einen Garten im Stil des kalifornischen Modernismus'. Gartenarbeit trifft in der Fantasy Garden Collection auf Kunst, zu der ein surrealistischer Garten voller großformatiger Objekte gehört. Die übrigen fallen unter die Kategorie „Productive Garden", z. B. ein den traditionellen Anbaumethoden der Māori gewidmeter Garten.

Nachdem die Besucher gründlich entrückt und verzaubert worden sind, können sie das übrige Parkgelände durchwandern und sich schließlich einen schönen Picknickplatz unter den alten Bäumen auf dem Rasen rund um den blühenden Rosengarten aussuchen.

DIE BESTEN RESTAURANTS IN HAMILTON

Chim Thai
Im nördlichen Vorort Rototuna sind hier thailändische Straßengerichte und Currys zu bekommen. **$$**

Edo
Japanisches Lokal, in dem Sushi nach Wunsch und andere traditionelle Speisen zubereitet werden. **$$**

Palate
Elegantes, modernes Restaurant mit gehobener Küche in einem schönen Bauwerk im Art-déco-Stil direkt am Fluss. **$$**

Mr Pickles Bar & Eatery
Von den Tischen im Freien blickt man auf den Fluss, dazu gibt es köstliche Gerichte und gute Cocktails. **$$**

Gothenburg
Leckere Tapas mit schwedischemTouch; Tische in einem Glaspavillon und im Freien. **$$$**

ÜBERNACHTEN IN HAMILTON

City Centre Bed & Breakfast
Apartment und ein Zimmer mit Bad und mit Blick auf einen Pool in einer ruhigen, aber zentralen Lage am Fluss. **$**

Arena Court Motel
Gut gepflegtes Motel in einer ruhigen Gegend nahe beim Waikato-Stadion und in fußläufiger Nähe zum Zentrum. **$$**

Atrium on Ulster
Das beste Motel an der etwas bedenklichen Ulster Street mit geräumigen modernen Wohnungen. **$$**

Seltene Begegnungen im Hamilton Zoo

SCHEUE UREINWOHNER UND IMPOSANTE FREMDLINGE

Hamiltons großer, grüner moderner **Zoo** ist eine Augenweide. Er bietet gute Gelegenheiten, einige der seltensten Geschöpfe von Aotearoa zu sehen, darunter die Brückenechse (Tuatara), die Saumschnabelente (Whio) und den Liebling aller Zoobesucher, den Bergpapagei (Kea). Jedoch sind es eher die großen Exoten, die allen die Show stehlen, vor allem Schimpansen, Siamangs, Nashörner und Sumatra-Tiger.

DIE BESTEN CAFÉS IN HAMILTON

Hayes Common
Ein lebhaftes Café mit einer abenteuerlich experimentierfreudigen Speisekarte in Flussnähe in Hamilton East. $$

The River Kitchen
Ein helles, schickes Café an der Hauptgeschäftsstraße; hier gibt es Kuchen, Gourmet-Frühstücksvariationen und frische saisonale Mittagsgerichte. $$

Scott's Epicurean
Gegenüber vom Museum gelegen; interessante Speisekarte. $$

Entdeckungstour im Waikato Museum

MĀORI-KULTUR UND ROCKY HORROR

Direkt am Fluss im Stadtzentrum gelegen, bietet das **Waikato Museum** eine kostenlose Einführung in die Geschichte und das kulturelle Leben der Region. Das Glanzstück der Galerie, die dem regionalen Stamm der Tainui gewidmet ist, ist Te Winika, ein prachtvoll geschnitztes *waka taua* (Kriegskanu).

Von der Regionalgeschichte wird ungeschönt erzählt, darunter der Einmarsch in Waikato 1863 durch die Regierungstruppen und die Gründung der Stadt Hamilton. Zudem gibt es ein interaktives Wissenschaftszentrum und große Galerien.

Kunst wird auch im **ArtsPost** in einem hübschen ehemaligen Postamt in herrschaftlichem Barockstil geboten. Der Fokus liegt auf regionalen zeitgenössischen Kunstwerken. Hier befindet sich auch das Besucherzentrum **Hamilton i-SITE**.

Vor den Galerien steht die **Statue of Riff Raff**, die des zeitreisenden Außerirdischen, der in *The Rocky Horror Picture Show* vom Autor des Films, Richard O'Brien, dargestellt wurde. O'Brien arbeitete als Friseur beim Embassy Theatre, das sich in der Nähe befand und als Inspiration für das Musical diente.

WAKA TAUA

Weitere besondere *waka taua* (Kriegskanus) sind im **Auckland Museum** (S. 79), in den **Waitangi Treaty Grounds** (S. 130) und im **Whanganui Regional Museum** (S. 220) zu sehen. Diese Schiffe werden als *tapu* (heilig) betrachtet und besitzen eigenes *mana* (Würde und spirituelle Kraft).

Wanderungen am Fluss & Seeufer

SPAZIERGÄNGE AM FLUSS UND IN PARKS

Durch Hamilton fließt der Waikato River, die Lebensader der Region. Am westlichen Ufer verläuft ein Wanderweg bis zu den Hamilton Gardens. Am östlichen Ufer birgt der **Memorial Park** die Überreste des *Rangiriri*, ein mit Eisen beschlagenes, dampfbetriebenes Geschützboot aus dem Waikato War, im benachbarten **Parana Park** gibt es Planschbecken und eine Voliere.

Ein weiterer schöner Wanderweg (3,8 km) führt um den **Hamilton Lake (Rotoroa)**.

UNTERWEGS VOR ORT

Im kompakten Stadtzentrum gibt es keine Steigungen, angenehm für Wanderer und Radfahrer. Parken ist im Zentrum kostenpflichtig. Hamilton besitzt ein gutes Busnetz, das von BUSIT betrieben wird, u. a. eine On-Demand-Verbindung zum Hamilton Airport.

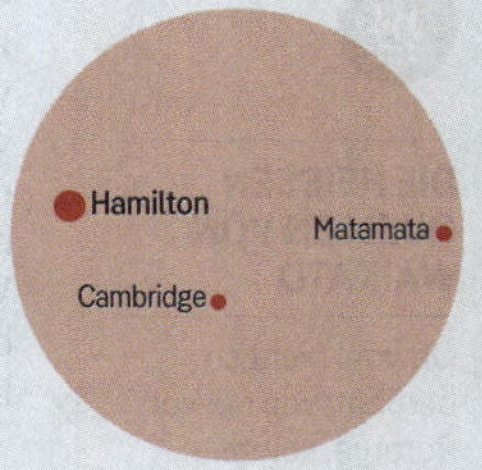

Rund um Hamilton

Ein Filmset ist die kostspielige Attraktion dieser fruchtbaren Region, hier liegen aber auch Naturschönheiten und drollige Landstädtchen.

Die Umgebung von Hamilton ist eine Idylle mit grünen Feldern und sanft gewellten Hügeln. Sie könnte nicht treffender als mit „Auenland" bezeichnet sein. Die Landschaft bildet nicht nur die Kulisse für Hobbiton (Hobbingen) – erfunden von Sir Peter Jackson für *Der Herr der Ringe* –, sie besitzt auch einen Düsterwald (Pirongia Forest Park) und ein Nebelgebirge (Kaimai Range). Die Bergkette der Kaimai Range erreicht ihren höchsten Punkt am Mount Te Aroha (952 m), der über dem gleichnamigen kleinen Kurort aufragt. Weiter südlich stürzt der höchste Wasserfall der Nordinsel in die Tiefe.

Dieses Gebiet ist das Kernland des Waikato-Tainui-Stammes und auch des Kīngitanga (Māori King Movement).

TOP TIPP

Das kleine Tīrau am SH1 bietet sich für eine Reiseunterbrechung an, es gibt gute Möglichkeiten zum Essengehen und riesige skurrile Wellblechfiguren.

Kaimai Range

Wanderung zu den Wairere Falls

DER HÖCHSTE WASSERFALL DER NORDINSEL

Die **Wairere Falls** stürzen 153 m von der Höhe der Kaimai Range in die Tiefe – der Wasserfall ist schon viele Kilometer vor dem Parkplatz zu sehen, zu dem eine einstündige Fahrt von Hamilton in das Hinterland von Matamata führt. Von dort ist es ein etwas mühsamer 40-minütiger Aufstieg zum ersten Aussichtspunkt. Auf dem Weg entlang des Laufs des Wairere Stream wird die Szenerie zunehmend schöner. Moosbewachsene Felsen sind zu sehen, wenn man die erste der vielen Stufen erreicht, die zum Aussichtspunkt hinaufführen.

Der außergewöhnliche Anblick des Wassers, das wie in Zeitlupe über eine schwarze Felswand hinabfällt und dabei Rinnsale bildet, die sich wieder vereinigen, macht den Aufstieg lohnenswert. In 45 Min. ist der oberste Aussichtspunkt mit weitem Ausblick über Waikato erreicht.

Begegnung mit Hobbits in Matamata

HOBBITS, RENNPFERDE UND THERMALBECKEN

„Welcome to Hobbiton" steht auf einem Schild, das deutlich sichtbar am Eingang der Haupteinkaufsstraße in dem grünen Landstädtchen, rund 50 Autominuten östlich von Hamilton,

Wairere Falls

SUMMER360/SHUTTERSTOCK ©

DIE HEISSEN QUELLEN VON WAIKATO

Obwohl nicht so berühmt wie die von Rotorua, kommen überall in der Region Waikato Thermalquellen vor.

Am bekanntesten und exklusivsten ist das Thermalbad von **Te Aroha**, einem charmanten kleinen Ort am Fuß der Kaimai Range. Ungefähr seit 1880 bis in die 1930er-Jahre war es ein beliebter Kurort; noch heute stehen hier einige der historischen Badehäuser.

Die meisten anderen gleichen eher Schwimmbädern, die häufig an Ferienparks angeschlossen sind. Von dieser Art sind z. B. **Opal Hot Springs** in Matamata, **Miranda Hot Springs** (bei Thames), **Athenree Hot Springs** (nahe Waihi Beach), **Waingaro Hot Springs** (östl. von Ngāruawāhia) und das **Okoroire Hot Springs Hotel** mitten im Nirgendwo.

ÜBERNACHTEN IN TE AROHA

The Nunnery
Frauenkloster aus den 1970ern, heute eine komfortable Budget-Unterkunft; viele Zimmer mit Gemeinschaftsbädern. **$**

Aroha Mountain Lodge
In zwei edwardianischen Villen, in der Nähe der Thermalquellen, bietet die Mountain Lodge erschwinglichen Luxus. **$$**

Te Aroha Motel
Ein nicht mehr neues, aber ansprechend renoviertes Motel mit behaglichen Betten bei der Quelle. **$$**

HOBBITON MOVIE SET ©

Hobbiton

steht. Allerdings befindet sich das Hobbiton Movie Set auf einer 15 km südwestlich gelegenen Farm, doch **Matamata** gefällt sich als Tor zur Hobbit-Welt. Es gibt ein Besucherzentrum, **Matamata i-SITE**, das von der Filmcrew entworfen wurde. Hier starten die Shuttles nach Hobbiton.

Die zweite Attraktion Matamatas ist ein Gestüt für Vollblutrennpferde, wie eine Pferdefigur mit Jockey nahe beim Uhrenturm an der Hauptstraße anzeigt. Mehr über die Stadtgeschichte ist im **Firth Tower Museum** zu erfahren – historische Bauten wurden um einen 18 m hohen schlossartigen Turm herum versetzt, den der Stadtgründer 1882 errichten ließ.

Die **Opal Hot Springs** sind ein schlichtes, familienfreundliches Thermalbad mit Campingplatz, 7 km östlich der Stadt. Es ist eine der preisgünstigsten Thermalquellen des Landes.

Führung durch das Hobbiton Movie Set

IN FRODOS FUSSSPUREN WANDELN

Kostspielige Touristenattraktionen halten nicht immer, was sie versprechen, das **Hobbiton Movie Set** ist das Eintrittsgeld aber allemal wert.

ESSEN & AUSGEHEN IN MATAMATA

Osteria
Beliebtes Restaurant beim Uhrenturm; die Speisekarte führt italienische Klassiker. **$$**

The Redoubt Bar & Eatery
In diesem Lokal werden Pizzas und Burger serviert; Livemusik. **$$**

Merchant of Matamata
Geräumige Außenstelle der Brauerei Good George Brewing aus Hamilton mit deftigen Gerichten, Quiz-Shows und Comedy. **$$**

ANDERE SCHAUPLÄTZE VON MITTELERDE

Obwohl keine Filmsets mehr erhalten sind, gibt es wiedererkennbare Drehorte überall im Land. Für Fans sind die Touren von **Wētā Workshop** (S. 336) auf der Miramar Peninsula von Wellington und **Wētā Workshop Unleashed** (S. 63) nahe beim Sky Tower von Auckland interessant.

ÜBERNACHTEN IN MATAMATA

Broadway Motel
Großer Motelkomplex mit einem Pool; der Familienbetrieb ist einen kurzen Fußweg von den Geschäften entfernt. **$$**

Tower Road Motel
Ein renoviertes Motel, umgeben von Feldern, 20 Gehminuten vom Stadtzentrum entfernt. **$$**

Matamata Central Motel
Anspruchsvolles, zentral gelegenes Motel mit zwei Etagen; nur 10 Gehminuten bis zur Hauptgeschäftsstraße. **$$$**

Te Waihou Blue Spring

Die Familie Alexander hatte keine Ahnung, was ihr im September 1998 bevorstand, als die Location-Scouts von New Line auf ihrer Farm, 50 Autominuten östlich von Hamilton, eintrafen und sie für Peter Jacksons Filmtrilogie *Der Herr der Ringe* in Beschlag nehmen wollten. Später wurden alle Filmkulissen wieder abgebaut; als aber die Bauten für *The Hobbit* entfernt werden sollten, bestand die Familie darauf, ihr Filmdorf zu behalten.

Führungen dauern zwei Stunden und beginnen mit einer Busfahrt durch den Schaf- und Viehzuchtbetrieb zum Filmset (mit einem Grußwort von Sir Peter höchstselbst). Besucher werden durch das Dorf mit seinen Hobbitwohnungen und akkurat gepflegten Gärten geführt und mit detailreichen Erläuterungen versorgt. Zum Ausklang werden Getränke im stimmungsvollen Green Dragon Inn (Gasthof zum Grünen Drachen) gereicht.

Wanderung zur Te Waihou Blue Spring

KRISTALLKLARES WASSER

Der Anblick von Wassergräsern, die sich in der Strömung eines ungewöhnlich klaren Gewässers sanft bewegen, hat etwas Hypnotisches.

Vom Parkplatz an der Leslie Road – bei Putāruru, etwas mehr als eine Autostunde südöstlich von Hamilton – sind es 5 Min.

GUT SPEISEN IN CAMBRIDGE

Onyx
Im loftartigen Café wird an Wochenenden Brunch angeboten, am Abend gibt es Pizza. **$$**

Paddock
Zuverlässiges Café mit Straßentischen an der Hauptstraße; hervorragendem Kaffee, kunstvoll gemachten Limonaden und vollwertigen Smoothies. **$$**

Alpha Street Kitchen & Bar
Eine anspruchsvolle und experimentierfreudige Küche in den historischen Räumen des früheren National Hotel. **$$$**

Alpino cucina e vino
In einem stilvollen, ehemaligen Postamt an der Hauptstraße kommen vorzügliche italienische Speisen auf den Tisch. **$$$**

ÜBERNACHTEN IN CAMBRIDGE

Cambridge Coach House
Am Stadtrand von Cambridge befinden sich elegante Suiten und ein separates Cottage in einem Gartengelände. **$$**

Cambridge Mews
Das Motel im Hüttenstil bietet große Wohnräume mit Wellness-Bädern; 10 Gehminuten bis zur Stadt. **$$**

Kelly Road Cambridge Lodge
Luxuriöse Motel-Unterkunft in einem modernen zweistöckigen Haus am westlichen Stadtrand. **$$$**

zu Fuß zum Waihou Stream und weitere 5 Min. zur **Quelle** selbst. Stufen führen zu einem schönen Aussichtspunkt hinauf. Auch wenn es schwerfällt, man darf hier nicht baden, da die Wasserqualität darunter leiden würde.

Die Quelle ist auch von der Whites Road aus auf dem leichten, jeweils 4,7 km langen **Te Waihou Walkway** zugänglich (Hin- und Rückweg 3 Std).

Spaziergang in Cambridge

WEGE IM GRÜNEN, ANTIQUITÄTEN UND RESTAURANTS

Eine Autofahrt von nur 20 Min. führt von Hamilton in diese wohl englischste aller Städte der Nordinsel mit reizvollen Spazierwegen, Restaurants und Antiquitätenläden. Die beste Zeit, nach **Cambridge** zu kommen, ist der Samstagvormittag, wenn auf dem auf dem Victoria Square der **Cambridge Farmers' Market** stattfindet. An Ständen kann man frische Feldfrüchte, eigenwillig geformte Würsten, Räucherfisch und Sauerteigbrot kaufen.

Anschließend bieten sich auf einem Spaziergang um den kleinen, von Bäumen gesäumten **Lake Te Koo Utu** ein wunderschönes Postkartenidyll – Trauerweiden, die sich auf der Wasseroberfläche widerspiegeln, Seerosen mit ihren breiten Blättern und dahingleitende Blässhühnern.

Wanderwege durch den Pirongia Forest Park

WANDERUNG AN DEN WALDHÄNGEN DES MOUNT PIRONGIA

Eine 30-minütige Autofahrt südwestlich von Hamilton erhebt sich der bewaldete **Mount Pirongia** (959 m), der aus allen Himmelsrichtungen zu sehen ist. Mehrere Wanderwege führen zum Gipfel; der beliebteste startet an der Corcoran Road (einfache Strecke 3–5 Std.).

Einen Eindruck vom bezaubernden (und vielleicht verzauberten) Bergwald vermittelt der beste Kurzwanderweg von Waikato, der 1½ km (50 Min.) lange **Mangakara Nature Walk**. Der Rundweg beginnt am Parkplatz am Ende der Grey Road und führt bald in ein bewaldetes Gebiet mit Rimu-Harzeiben und Neuseeländischen Warzeneiben (Kahikatea), wo das Geflecht der Rhipogonum-Ranken bis fast auf den Waldboden und einen steinigen Bach (Mangakara bedeutet „dunkles Wasser") herunterhängt. Vom Parkplatz führt auch der **Mahaukura Track** zum Gipfel (9 km, 4–6 Std.).

EIN PERFEKTER TAG IN KARĀPIRO & CAMBRIDGE

Emma Cunningham, Dozentin an der University of Waikato, verrät ihr Rezept für einen stärkenden und anregenden Tag in und um Cambridge.

The Boatshed, Karāpiro
In diesem Café am Ufer des Lake Karāpiro lässt sich das Essen und der herrliche Ausblick genießen. Nur samstags und sonntags geöffnet.

Sanctuary Mountain Maungatautari
Eine Wanderung führt durch eine schöne Buschlandschaft mit einer großen Vielfalt an Vögeln und heimischen Bäumen. Die Wege sind deutlich markiert.

Tivoli Cinema, Cambridge
Entspannung bei einem Film gibt es in diesem Kino mit gemütlichen Zweiersofas. Es gibt Kaffee und Kuchen.

UNTERWEGS VOR ORT

Mit dem Mietwagen ist man flexibel genug, um abgelegene Orte wie Wairere Falls, Te Waihou Blue Spring und Pirongia Forest Park zu erreichen. BUSIT betreibt regelmäßige Busverbindungen zwischen Hamilton und Cambridge; weniger häufig dagegen verkehren Busse des Eastern Connector zwischen Hamilton, Matamata und Te Aroha. Es gibt auch InterCity-Verbindungen von Hamilton nach Matamata und Cambridge. Diverse Shuttle-Betreiber bieten Fahrten von Matamata und Hamilton nach Hobbiton an.

RAGLAN

Raglan ist ein perfekter Ort für Surfer. Es ist klein genug, um es entspannt angehen zu lassen, aber groß genug, um interessante Shops, Bars, Restaurants und Musikbühnen (im Sommer) zu beherbergen. Die Umgebung ist außergewöhnlich schön, die kleine Hafenstadt ist von smaragdgrünem Wasser umflossen und der Horizont von Bergen begrenzt, die mit Busch bewachsen sind. Außer den schwarzsandigen Surfstränden gibt es sichere Badestrände im Hafengebiet.

Der Mittelpunkt ist Bow Street, eine lebhafte Meile mit Läden, Cafés und Bars; ein zweiter Fokus liegt auf einem Werftgelände, wo es Kunstateliers und einen Fish-&-Chip-Shop gibt.

Kinder springen gern von der Fußgängerbrücke ins Wasser, die die Stadtmitte mit der sandigen Landzunge des Te Kopua Beach verbindet. Wer auf dem schwarzen Sand weitergeht, kommt bis zur Tasmansee mit ihrer rollenden Brandung.

TOP TIPP

Die Einkaufsmeile der Bow Street endet an einem kleinen Park am Meer mit einem Bootssteg. Von dort reicht die Sicht in westlicher Richtung über den Hafeneingang bis zur Tasmansee. Es ist ein wunderbarer Standort zum Genießen des Sonnenuntergangs.

SEHENSWERTES
1 Raglan Museum
2 Raglan Old School Arts Centre

AKTIVITÄTEN
3 Indicators
4 Manu Bay
5 Ngarunui Beach
6 Raglan Kayak & Paddleboard
7 Whaingaroa Wahinemoe
8 Whale Bay

EVGENIYA HOOK MEDIA/SHUTTERSTOCK ©

Surfen in Raglan

Auf den Wellen reiten

WELTBERÜHMTE POINTBREAKS

Es waren die Bilder von Robert August beim Surfen in der einsamen Manu Bay im Kultfilm *The Endless Summer* von 1966, durch die Raglan auf den Radar von langhaarigen, barfüßigen Brandungsjüngern in aller Welt geriet. Unter Kennern gilt Raglan mit drei lang gezogenen linken Pointbreaks: **Manu Bay**, **Whale Bay** und **Indicators**) als legendär. In Manu Bay soll es den längsten Pointbreak der Welt geben.

Novizen des Surfsports sollten am besten am **Ngarunui Beach** anfangen, dem langen Sandstreifen direkt am Hafeneingang. Nur an diesem Strand halten sich in den wärmeren Monaten Rettungsschwimmer auf, er ist daher auch gut zum Bodysurfing und Boogieboarding geeignet.

Die **Raglan Surf School** bietet dort seit über 20 Jahren Unterricht an, es gibt Kurse für Kinder und Erwachsene, für Anfänger wie Fortgeschrittene.

GUT ESSEN IN RAGLAN

Rock-It
Dieses stimmungsvolle, aber ziemlich schlicht eingerichtete Café liegt auf dem Weg zu den Surfstränden. Gutes Essen. **$$**

The Shack
Das wohl beste Café in der Stadtmitte verfügt über eine interessante Speisenauswahl. **$$**

Orca
Ein vielseitiges Café mit herrlichem Meerblick, das sich im Tagesverlauf in ein gut besuchtes Bistro verwandelt. **$$**

ANDERE SURFERZIELE

Raglan nimmt eine Spitzenposition ein, doch haben sich noch andere Orte dem Surfsport verschrieben, darunter **Ahipara** (S. 144) in Northland, **Whangamatā** (S. 169) auf der Coromandel Peninsula und **Ōpunake** (S. 215) in Taranaki.

ÜBERNACHTEN IN RAGLAN

Raglan Backpackers
Eines der besten Hostels des Landes liegt direkt am Wasser – mit Kajaks und Meerblick. **$**

Bow Street Studios
Separate Studios und ein historisches Cottage am Ende der Hauptstraße und in Hafennähe. **$$**

Raglan Sunset Motel
Ein großes, anspruchsvolles Motel mit einen Innenhof; in der Nähe der Geschäfte gelegen. **$$**

Bootsfahrt in den Sonnenuntergang

HAFENBLICK UND MEERESROMANTIK

Die Sonnenuntergänge über dem westlich gelegenen Raglan sind legendär. Noch schöner sind sie an Deck des 14 m langen Katamarans **Whaingaroa Wahinemoe** mit einer Portion Fish-&-Chips und einem Drink. Auf der Fahrt erfahren die Gäste vieles von der Hafengeschichte und den Traditionen der Māori durch die ortsansässige und kundige Crew. Mittags finden 90-minütige Fahrten mit Fokus auf der Natur statt.

Im Kajak durch den Hafen

DIE KALKFELSENKÜSTE ENTDECKEN

Die vielen Hafenbuchten von Waingaroa (Raglan Harbour) bieten gute Kajakmöglichkeiten, besonders das Labyrinth der Felsformationen an der Nordküste. Bei **Raglan Kayak & Paddleboard** gibt es Boote, Unterricht und geführte Touren.

Ein Besuch im Raglan Museum

DIE SURFKULTUR BEWAHREN

Das Erdgeschoss entspricht dem Klischee eines neuseeländischen Kleinstadtmuseums: Exponate zur Stadtgeschichte und eine Sammlung altertümlicher Äxte, Moa-Knochen, Werkzeuge und alter Telefone. Das Obergeschoss ist eine völlig andere Welt – hier wird Raglan als Stern am Surferhimmel gefeiert. Swimsuits im Retrostil sind neben antiquierten Surfboards, Trophäen und Wachsdosen zu sehen. Eine Abteilung ist dem Dokumentarfilm *The Endless Summer* gewidmet. Das Museum dient auch als Informationszentrum, in dem Karten und Infomaterial zu bekommen ist.

In die Kunstszene von Raglan eintauchen

KUNST, FILME UND MÄRKTE

In einem viktorianischen Schulhaus eingerichtet, ist das **Raglan Old School Arts Centre** alles andere als altmodisch, vielmehr ein Treffpunkt der Stadt, das für einen künstlerisch-alternativen Lebensstil steht. Es gibt neben Ausstellungen regionaler Kunst auch Filmvorführungen, Pilates-Kurse, Männergruppentreffen, Ukulele-Klassen und Workshops.

Der **Raglan Creative Market** (2. So im Monat) verströmt seine Hippie-Atmosphäre mit Foodtrucks, regionalen Erzeugnissen sowie mit Kunst und Handwerk.

DIE BESTEN BARS IN RAGLAN

Harbour View Hotel
Klassisches altes Kleinstadt-Pub mit Getränken auf einer schattigen Veranda und Livemusik im Sommer.

George's Beach Club
Sonniger Biergarten in der Stadtmitte von Raglan; hier gibt es Craftbier von Good George Brewing aus Hamilton.

Iso
Ein Bistro, das auch eine schicke Cocktailbar sein kann, mit Straßentischen und einem hübschen Garten hinter dem Haus.

The Wharf Kitchen & Bar
Ein kühles Getränk schmeckt sowohl an einem sonnigen Nachmittag als auch zum Sonnenuntergang – nahe der Werft von Raglan gelegen.

UNTERWEGS VOR ORT

Die kompakte Stadtmitte liegt auf einer Halbinsel; sie ist von der Einkaufsstraße Bow Street zur Werft in 15 Gehminuten zu durchqueren. Eine Fußgängerbrücke verbindet sie mit der benachbarten Landzunge, wo Badestrände und der Ngarunui Beach in der Gegend der Hafenmündung leicht zu Fuß zu erreichen sind. Die Surfstrände sind nur mit dem Auto oder Fahrrad erreichbar. Es gibt keine öffentlichen Verkehrsmittel.

Rund um Raglan

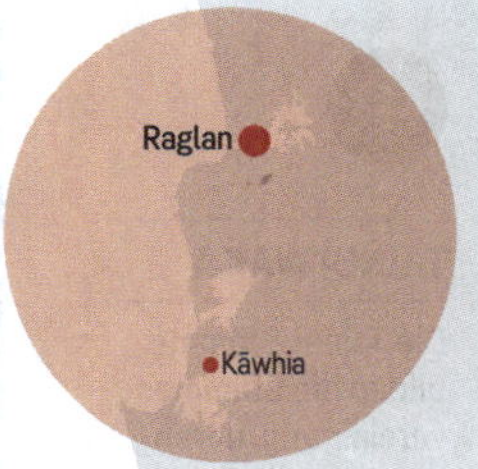

Abseits ausgetretener Pfade gibt es einen von Feen bewohnten Wasserfall, einen fernen Gipfel, eine tiefe Schlucht und eine Thermalquelle.

Die Gegend rund um Raglan ist eine schroffe, bergige Landschaft. Im Süden liegen die Gipfel von zwei erloschenen Schichtvulkanen – Karioi und Pirongia – die nach einer Māori-Legende Schwestern sind.

Die Berge markieren den Beginn des King Country, einer Bastion unabhängiger Herrschaft der Māori bis 1883, als der Māori-König Tāwhiao das Gebiet auch für Europäer zugänglich machte. Bis heute ist es ein Zentrum der Māori-Kultur, in Orten wie Kāwhia bilden die Māori immer noch die Mehrheit.

Kāwhia ist leichter von Osten her über dem SH31 zu erreichen, aber auf der kurvenreichen Straße südwärts von Raglan ist die Fahrt eindrucksvoller.

TOP TIPP

Gute Restaurants und Unterkünfte sind in Kāwhia rar, trotzdem lohnt sich ein Tagesausflugs hierher.

Die Straße nach Kāwhia (S. 193)

TAINUI WAKA

Die Tainui-Stämme bilden die Stammesvereinigung, deren Kernland die Region Waikato ist. Tainui war der Name des großen *waka* (seegängigen Kanus), mit dem ihre Vorfahren vor rund 800 Jahren in Aotearoa landeten.

Nach vielen Ereignissen rund um den oberen Teil der Nordinsel brachte die letzte Fahrt des *waka* die Tainui nach Kāwhia, wo es an einem *Pōhutukawa*-Baum festgemacht wurde, bevor es einen Hügel hinaufgezogen und begraben wurde. Der Baum am Meeresufer ist am Ende der Kaora Street zu sehen (auf die Reliefs achten). Die Stätte in den Grenzen des Maketu Marae ist nicht zugänglich, jedoch sind vom Strand die heiligen Steine zu sehen, die auf dem Hügel aufgestellt wurden, um Bug und Heck des *waka* zu kennzeichnen.

KRISTINA PARCHOMCHUK/GETTY IMAGES ©

Wairēinga

Aufstieg zum Mount Karioi

MÖRDERISCHER AUFSTIEG… UND AUSBLICK

Zwei steile, aber schöne Wanderwege führen in 2–3 Stunden zum Gipfel des **Mount Karioi** (756 m), der wohlgeformten „Sleeping Lady“, die die Landschaft rund um Raglan prägt. Der Weg kann manchmal rutschig und schlammig sein, allerdings sollte dieser Umstand kein allzu großes Hindernis auf dem Weg zum Gipfel sein.

Von Raglan ist es eine Fahrt von 30 Min. auf einer kurvenreichen, teilweise unbefestigten Straße zum Parkplatz, an dem der Wanderweg zur **Te Toto Gorge** beginnt. Der schwindelerregende Blick über die Felskanten vom **Aussichtspunkt** ist (auch ohne weitere Wanderung) lohnenswert.

Vom Gipfel des Karioi kann derselbe Rückweg oder ein ähnlich langer Weg auf der anderen Seite des Berghangs für den Abstieg genommen werden.

ÜBERNACHTEN IN KĀWHIA

Kāwhia Beachside S-Cape Holiday Park
Saubere, aber sehr einfache Zimmer direkt am Wasser. **$**

Kāwhia Motel
Ein altmodisches Motel in direkter Nähe zu den Läden und Geschäften. **$$**

Sands of Kāwhia
Beim letzten Besuch war das Hotel kurz vor der Fertigstellung; es könnte für Kāwhia einen Wandel bedeuten.

Der Wairēinga-Wasserfall

BUSCH UND WASSERFALL IM FEENLAND

Die Schönheit der Bridal Veil Falls, wie der **Wairēinga** („springendes Wasser") auch genannt wird, ist nicht zu übertreffen. Die Māori glaubten, dass das Gebiet von *patupaiarehe* (Feen) bewohnt sei, und wirklich haftet dem Ort etwas Magisches an. Vom Parkplatz (20 Automin. südlich von Raglan) folgt ein rund 10-minütiger Weg durch einen schönen, von Vögeln belebten Busch einem kleinen Wasserlauf bis zu der Stelle, an der er sich dramatisch von einer Klippe stürzt. Es ist ein hypnotischer Anblick, wenn das Wasser scheinbar in Zeitlupe 55 m tief herabstürzt und einen Dunstschleier über einem moosbewachsenen grünen Becken bildet. Ein weiterer gut 10-minütiger Weg führt zum Fuß des Wasserfalls.

Das Auto sollte wegen gelegentlichen Diebstahls besser abgesperrt werden.

Der Surfstrand von Kāwhia

RAGLANS VERTRÄUMTE SCHWESTER

Theoretisch haben**Kāwhia** und Raglan vieles gemeinsam: schwarzsandige Surfstrände und hübsche Häfen, die tief in Māori-Traditionen wurzeln. Doch während Raglan vor Betriebsamkeit nur so vibriert, herrscht in Kāwhia die verträumte Stimmung eines Fischerdorfs, das auf Gäste nicht eingestellt ist. Von Raglan ist es auf einer landschaftlich schönen Strecke am Aotea Harbour vorbei erreichbar, die Fahrt dauert ungefähr eine Stunde.

Im **Kāwhia Museum & Information Centre** im herrschaftlichen alten Ratsgebäude auf der Werft gibt es zahlreiche Infos über Restaurants, beispielsweise deren Öffnungszeiten, und die regionale Geschichte. Von der Ortsmitte ist es eine etwa 4 km lange Fahrt zum **Ocean Beach**, einem klassisch schönen Surfstrand an der Westküste... mit einer Überraschung. Wer vom Parkplatz am Ende der Te Paki Road kommend die riesigen Sanddünen überwindet, findet eine Stelle in der Gezeitenzone, wo heißes Wasser durch den Sand nach oben sprudelt – wie am Hot Water Beach der Coromandel, doch mit dem Unterschied, beinahe ungestört zu sein. Mit einem Spaten ausgerüstet, sollte man ein bis zwei Stunden vor oder nach der Ebbe hierherkommen, um sich eine Mulde zu graben.

GUT ESSEN IN KĀWHIA

The Rusty Snapper Cafe
Ein einfaches Café, in dem Frühstücksgerichte, Burger und hausgemachtes Gebäck serviert werden. $$

Kāwhia Hotel
Das gut besuchte Pub des Ortes ist oft die einzige Möglichkeit, ein Abendessen (Burger u. Ä.) zu bekommen. $

Kāwhia Boating & Angling Club
Das Clubhaus betreibt ein Bistro an Freitag- und Samstagabenden; dann werden einfache Gerichte serviert. $$

MEHR ZUR GESCHICHTE DER TAINUI

Wie im Kāwhia Museum wird die Geschichte der Tainui im **Waikato Museum** (S. 182) behandelt. Auf der Fahrt (SH3) nach Taranaki ist es möglich, beim Mōkau Museum zu halten, in dem sich die Tainui Historical Society befindet.

UNTERWEGS VOR ORT

Zur Erkundung der Gegend ist ein Mietwagen notwendig (oder die ausgezeichnete Kondition eines Radrennfahrers).

WAITOMO CAVES

Auf keiner Top-20-Liste der klassischen Kiwi-Sehenswürdigkeiten dürfte Waitomo fehlen. Die Glühwürmchenhöhlen ziehen Touristen seit 1889 in ihren Bann. Damals bot Häuptling Tāne Tinorau erstmals Führungen für zahlende Gäste an, wie es bis heute üblich ist. Es gibt rund 300 kartografierte Höhlen, nur ein Bruchteil von ihnen ist öffentlich zugänglich.

Das gleichnamige Touristendorf, das um die Höhlen herum entstand, liegt in einem grünen Tal, umrahmt von sanften Hügeln. Nahebei führt ein kurzer Wanderweg steil bergauf zu den Überresten von Opapake Pā, einem Wehrdorf aus dem 18. Jh.

In der Nähe liegt auch der Waitomo Walkway, der (3 Std. hin und zurück) am Waitomo Stream entlang zum Ruakuri Scenic Reserve führt, wo es eine natürliche Kalksteinbrücke gibt. Die Glühwürmchen von Waitomo zeigen sich auch in einer mondlosen Nacht auf der Fahrt nach Ruakuri!

TOP TIPP

Beim i-SITE in Waitomo gibt es Informationen zu geeigneten Höhlenwanderungen. Es ist möglich, eine oder mehr der drei hauptsächlich zugänglichen Höhlen zu begehen, die durch Discover Waitomo verwaltet werden, oder an individuellen Touren durch weniger bekannte Höhlen oder auch an anspruchsvollen Klettertouren teilzunehmen.

Waitomo Glowworm Caves

SHAUN JEFFERS/SHUTTERSTOCK ©

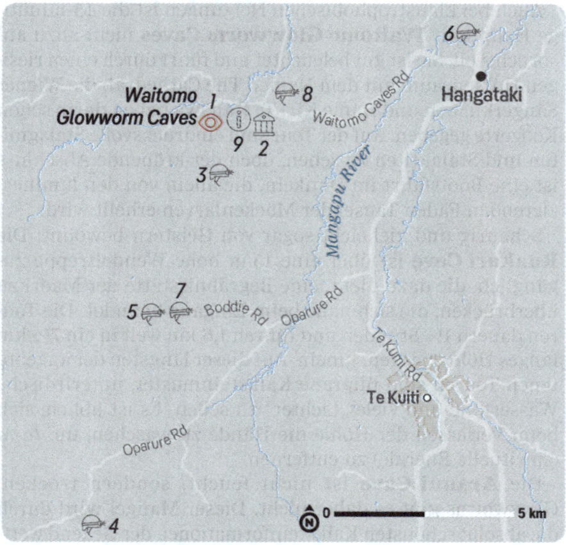

HIGHLIGHTS
1 Waitomo Glowworm Caves

SEHENSWERTES
2 Waitomo Caves Discovery Centre

AKTIVITÄTEN
3 CaveWorld
4 Down to Earth
5 Kiwi Cave Rafting
6 Legendary Black Water Rafting Co
7 Spellbound
8 Waitomo Adventures

INFORMATION
9 Waitomo Glowworm Caves Visitor Centre

In der Tiefe der Waitomo Caves

GLÜHWÜRMCHEN UND FELSFORMATIONEN

Es gehört zu den berühmtesten und zauberhaftesten Naturerlebnissen in Neuseeland, auf einem unterirdischen Fluss durch eine Kalkhöhle zu gleiten, die von Tausenden von glühenden Fäden beleuchtet wird. Eine preisgünstige, aber exzellente Einführung bietet das **Waitomo Caves Discovery Centre**, das zum **Waitomo i-SITE** gehört; man erfährt viel über die Geologie der Höhlen und die Flora und Fauna.

Am unteren Ende der Straße beim Höhleneingang befindet sich das **Waitomo Glowworm Caves Visitor Centre** von Discover Waitomo. Hier können einzelne Tickets für jede der drei elektrisch beleuchteten Haupthöhlen oder die verschiedensten Kombi-Tickets gekauft werden. Zu den Angeboten gehört auch Höhlen-Rafting *(black water rafting)*.

LEUCHTENDE MÜCKENLARVEN

Das bläuliche Lichterspektakel in der Dunkelheit ist keinesfalls romantischer Natur. Der Zweck ist viel prosaischer – wie auch der Name der Tierchen: Pilzmücken. Deren Larven spinnen klebrige Fäden und nutzen Biolumineszenz, um Insekten, ihre Beute, anzulocken. Die Glowworms sind nicht mit unseren Glühwürmchen verwandt.

Diese Glowworms benötigen Feuchtigkeit, Dunkelheit und Überhänge, um ihre Nester zu befestigen, Höhlen sind dafür ideal, ebenso das Unterholz der Wälder. Wer auf Glowworms trifft, sollte sie nicht anleuchten, keine lauten Geräusche verursachen und die herabhängenden Fäden nicht berühren. Alle diese Störungen könnten bewirken, dass sie ihr Leuchten dämpfen und dann keine Nahrung finden.

ÜBERNACHTEN BEI DEN WAITOMO CAVES

Waitomo Top 10 Holiday Park
Ein hervorragender Campingplatz in der Dorfmitte mit guten Einrichtungen, darunter ein Swimmingpool. **$**

Waitomo Caves Guest House
Ein freundliches B&B mit behaglichen Hütten am Berghang, jede mit eigenem Eingang und Badezimmer. **$$**

Abseil Inn
Charmantes B&B mit vier nach Themen gestalteten Zimmern, gutem Frühstück und freundlichen Gastgebern. **$$**

Auch bei klaustrophobischen Neigungen ist die 45-minütige Haupttour **Waitomo Glowworm Caves** nicht allzu anspruchsvoll. Sie ist gut beleuchtet und führt durch einen riesigen Höhlenraum mit dem Namen The Cathedral; die Wiener Sängerknaben und Dame Kiri Te Kanawa haben darin schon Konzerte gegeben. Auf der Tour sind eindrucksvolle Stalagmiten und Stalaktiten zu sehen, doch der krönende Abschluss ist eine Bootsfahrt im Dunkeln, die allein von den lumineszierenden Fäden Tausender Mückenlarven erhellt wird.

Schaurig und vielleicht sogar von Geistern bewohnt: Die **Ruakuri Cave** ist über eine 15 m hohe Wendeltreppe zugänglich, die dazu dient, eine Begräbnisstätte der Māori zu überbrücken, die sich nahe beim Eingang befindet. Die Touren dauern 1½ Stunden und führen 1,6 km weit in ein 7½ km langes Höhlensystem hinein. Auf dieser längsten der angebotenen Touren sind filigrane Kalksteinmuster, unterirdische Wasserfälle und viele „Lichter" zu sehen. Es ist üblich, sich beim Verlassen der Höhle die Hände zu waschen, um *tapu* (spirituelle Energie) zu entfernen.

Die **Aranui Cave** ist nicht feucht, sondern trocken, Glowworms gibt es daher nicht. Dieser Mangel wird durch die absolut schönsten Kalksteinformationen der Gegend wettgemacht – und durch eine Kolonie von *wētās*, riesigen heimischen Insekten, die wie monströse Grillen aussehen. Die einstündige Tour beginnt mit einem Gang durch Buschgelände zum verborgenen Eingang.

Mit kleineren Veranstaltern wie **Spellbound**, **CaveWorld** und **Down To Earth** hat man die Gelegenheit, auf individuellen Touren dem großen Besucherandrang zu entkommen; sie führen zu unbekannteren Höhlen, die auf umliegendem Farmland liegen. Wagemutige finden bei **Waitomo Adventures** eine Auswahl von Touren mit unterirdischem Abseilen, Höhlenklettern, Seilrutschen, *spider walking* und dem Überwinden von Wasserfällen und engen Felsspalten.

ESSEN & AUSGEHEN IN WAITOMO

Huhu Cafe
Moderne gehobene Kiwi-Küche, Weine und Craftbiere werden hier serviert. Von der Terrasse hat man einen schönen Blick über das Tal. Nur Mittag- und Abendessen. **$$**

Tomo Bar & Eatery
Freundliche Sportbar mit einigen Großbildschirmen und Bier von Fass, dazu gibt es Burger und Pizzas. **$$**

Black-Water-Rafting

EINE NEUE DIMENSION DES RAFTING

Rafting ist schon aufregend genug, aber Black-Water-Rafting ist noch etwas mehr. Es wurde in Waitomo erfunden und bedeutet, in einem Neoprenanzug mit Gummireifen auf unterirdischen Wasserläufen in den Gängen dieses riesigen Höhlensystems zu treiben – und das unter der glitzernden „Milchstraße" der Glowworms.

Zu den bekanntesten Veranstaltern gehören **The Legendary Black Water Rafting Co**, **Kiwi Cave Rafting** und **Waitomo Adventures**.

UNTERWEGS VOR ORT

Die Waitomo Caves liegen 7 km abseits des SH3 und werden von Touren- und Pendelbussen, jedoch nicht von regulären Buslinien, angesteuert. Im Ort selbst ist alles leicht zu Fuß erreichbar. Bei Touren zu abgelegenen Höhlen werden oft Transferfahrten angeboten.

Rund um die Waitomo Caves

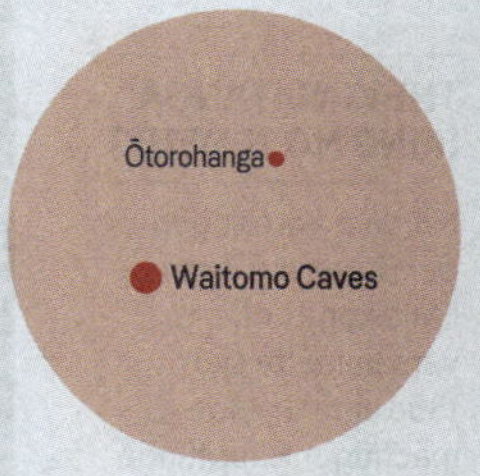

Der Nationalcharakter Neuseelands, Kiwiana genannt, wurzelt in diesem Kernland, der Geburtsstätte großer Häuptlinge und der All Blacks.

Einst von riesigen Wäldern bedeckt, liegt hier das Herz des King Country. Dorthin zog sichKönig Tāwhiao nach 1863 zurück. Die Legende besagt, dass der König seinen Hut auf eine Landkarte gesetzt und erklärt habe, dass dieses „Gebiet des Hutes" (*Te Rohe Pōtae*) unter seiner Herrschaft (*mana*) bleiben solle. Tatsächlich wurde es nie von den Briten eingenommen.

Nach der Erschließung des Landes wurden die Wälder zu Weideland, und das Klischee des lakonischen Farmers von King Country war geboren. Ein Standbild von Sir Colin Meads, Kapitän der Rugby-Nationalmannschaft All Blacks, steht in seinem Geburtsort Te Kuiti in der Nähe des „Big Shearer".

TOP TIPP

Beim i-SITE von Te Kuiti ist eine Ausstellung dem verstorbenen Sir Colin Meads und seinem Bruder Stan von den All Blacks gewidmet.

The Big Shearer, Te Kuiti

THE KĪNGITANGA (KING MOVEMENT)

Mit dem Vordringen der Briten auf ihrem Land konfrontiert, versammelte sich 1856 eine Gruppe mächtiger Häuptlinge der Nordinsel und ernannte den Waikato-Häuptling Pōtatau Te Wherowhero zum ersten Māori-König. Es bestand die Hoffnung, dass sein gesteigertes *mana* (Prestige) großen Zusammenhalt bewirken könnte.

Trotz der gewaltigen Landverluste in den Neuseelandkriegen und der Erschießung des King Country ist Te Kīngitanga bis heute die bedeutendste Kraft der Māori-Kultur. Obwohl das Amt des Königs nicht erblich ist, waren alle Monarchen Nachkommen des ersten Māori-Königs Pōtatau, so auch der gegenwärtige König Tūheitia Paki.

Das Zentrum der Kīngitanga liegt im Turangawaewae Marae in Ngāruawāhia, 19 km nördlich von Hamilton.

DOUG HOUGHTON NZ/ALAMY STOCK PHOTO ©

Ōtorohanga Kiwi House

Wanderung zum Marakopa-Wasserfall

HÖHLE UND WASSERFALL

Nach einer 40-minütigen Fahrt westlich von den Waitomo Caves weicht die Kalksteinlandschaft einer anmutigeren Szenerie, die vom Marakopa-Fluss geprägt wird. Zunächst führt ein Fußweg von 5 Min. durch Buschland zur frei zugänglichen **Piripiri Cave**, wo eine Treppe zu einer Aussichtsplattform am Fuß einer eindrucksvollen Höhle führt.

Folgt man der Straße ein paar Minuten weiter, gelangt man zu einem Wanderweg, der nach 600 m zu den prächtigen **Marakopa Falls** führt. Mit 35 m ist er weder der höchste noch mächtigste der neuseeländischen Wasserfälle, aber zweifellos einer der schönsten.

Eine Wanderung auf dieser Straße ist eine landschaftlich reizvolle Alternativroute nach Taranaki, die aber eine knappe Stunde mehr in Anspruch nimmt.

Kiwiana in Ōtorohanga

CRASH-KURS IN KIWI-KULTUR

Hängende Blumenkörbe säumen die Hauptstraße von **Ōtorohanga** (15 Automin. nordöstl. der Waitomo Caves), unter-

UNTERKÜNFTE BEI DEN WAITOMO CAVES

Nàdarra Hideaway
Hütten und B&B-Zimmer auf einer abgelegenen Farm zwischen Ōtorohanga und den Waitomo Caves. $$

Waitomo Lodge Motel
Motel in Te Kuiti mit modernen Räumen, die mit Kunstdeko, Flachbild-TV und kleinen Veranden ausgestattet sind. $$

Mōkau Motel
An der Küste bei Mōkau gelegen, bietet das Motel separate Wohneinheiten; Sportangler bekommen Ratschläge. $$

brochen von nostalgischen Ikonen, die Kiwi-Herzen höher schlagen lassen. Der Werbetrick „Kiwiana Town“ soll Durchreisende auf dem SH3 dazu verlocken, eine Pause einzulegen, gibt Besuchern aber auch Gelegenheit, die kulturellen Charakterzüge der Nation kennenzulernen.

Der **Ed Hillary Walkway** verbindet die Hauptstraße mit dem Bahnhof; Schaukästen machen mit dem Kiwi-Slang, der „Nummer-8-Mentalität“ (Improvisationsgabe) der Neuseeländer und dem „Pavlova-Streit“ zwischen Australien und Neuseeland vertraut.

Aber nichts verkörpert die Kiwiana besser als der Kiwi selbst. Das **Ōtorohanga Kiwi House** ist das landesweit älteste seiner Art. Drei der fünf Kiwi-Arten sind in seinen Nachtgehegen zu sehen, während in Außenvolieren zahlreiche andere heimische Vögel gehalten werden. Ein Highlight ist ein begehbares Gehege, wo es zu Begegnungen mit dem furchtlosen Tuatara (Brückenechse), dessen Name in der Sprache der Māori „der mit dem Stachelrücken“ bedeutet.

Naturwanderungen in Maungatautari

SCHUTZGEBIET OHNE RAUBTIERE

In diesem ambitionierten ökologischen Tierschutzgebiet an den Hängen eines erloschenen Vulkans, der sich auf Bauernland in Waikato befindet, werden Besucher in die Ära des Jura versetzt. Das **Sanctuary Mountain Maungatautari** besteht aus drei separaten Gehegen: 34 km^2 heimische Wald- und Moorflächen, die durch eine 47 km lange Umzäunung vor Raubtieren geschützt sind. Bedrohte heimische Vögel und Reptilien wurden im Schutzgebiet angesiedelt, darunter der Nördliche Streifenkiwi, das Takahē (ein flugunfähiges Purpurhuhn) und der Kākā (Waldpapagei).

Von den Waitomo Caves dauert die Fahrt etwa eine knappe Stunde bis zum Hauptzentrum am südlichen Gehege (Southern Enclosure), wo es mehrere Rundwege und einen 16 m hohen Aussichtsturm gibt, der bis zur Höhe des Blätterdaches reicht. Das nördliche Gehege (Northern Enclosure) ist kaum erschlossen, aber frei zugänglich. Mehrere Führungen werden angeboten, u. a. durch das Moorgehege, wo sich der kleine „Dinosaurier“ Neuseelands, der Tuatara, gern aufhält.

Nicht das gesamte Gelände mit drei Gipfeln (der höchste ist 797 m hoch) von Maungatautari ist umzäunt, die Vögel wechseln – naturgemäß – vielmehr in das übrige öffentliche Schutzgebiet hinüber, wie es auf einer Wanderung von ungefähr fünf Stunden auf dem **Wairere Traverse (Over The Mountain) Track** gut beobachtet werden kann.

GUTE CAFÉS BEI DEN WAITOMO CAVES

Ō
Im besten Café von Ōtorohanga gibt es Smashed Avocado und Lammfleisch-Burger. **$$**

Origin Coffee Station
Die Kaffeerösterei hat sich im historischen Bahnhof von Te Kuiti eingerichtet; der Fokus liegt eher auf Getränke. **$**

Stoked Eatery
Café mit Bar und Grill im ehemaligen Bahnhof von Te Kuiti; hier werden deftige Speisen serviert. **$$**

MEHR KIWI-HÄUSER

Andere Orte mit Kiwi-Nachtgehegen sind z. B. **Auckland Zoo** (S. 71), **Kiwi North** (S. 151; Whangārei), **National Aquarium** (S. 293; Napier), **Pūkaha National Wildlife Centre** (S. 357; Mount Bruce), **Wellington Zoo** (S. 340), **Orana Wildlife Park** (S. 368; Christchurch), **National Kiwi Centre** (S. 499; Hokitika) und **West Coast Wildlife Centre** (S. 506; Franz Josef).

UNTERWEGS VOR ORT

Es ist extrem schwierig, in dieser Gegend ohne Mietwagen voranzukommen.

TARANAKI & WHANGANUI

BERG UND FLUSS MIT PERSÖNLICHKEIT

Ein schlafender Berg und ein munterer Fluss geben dieser Agrarregion an der Westküste der Nordinsel nicht nur den Namen, sondern gestalten und beherrschen sie auch.

Für die ansässigen Māori sind Taranaki Maunga (Mount Taranaki) und Te Awa Tupua (Whanganui River) mehr als nur eine Landform oder ein Fließgewässer. Sie sind Lebewesen mit eigener Persönlichkeit und eigenen Seelen. Wer sich länger in der Region aufhält, wird die Māori verstehen.

Dazu gehören reizvolle mittelgroße Städte, in denen viele der alten Gebäude aus dem 19. Jh. erhalten blieben – elegante Relikte aus einer Zeit mit dubiosen Landverkäufen, Kriegen und der Enteignung von Landbesitz der Māori. Moderne Einigungsverträge versuchen die Schuld der Vergangenheit einzugestehen und die Verfehlungen wiedergutzumachen, dazu gehören auch die Wiedereinführung der Māori-Namen (Taranaki Maunga heißt nicht mehr Mount Egmont) und die Anerkennung des Whanganui River als eigenständiger Rechtskörper.

TOM CAMP/SHUTTERSTOCK ©

Für Outdoor-Fans sind die große Attraktion die beiden Nationalparks: Egmont und Whanganui. Surfer locken die perfekten Bedingungen am berühmten Surf Highway 45, die sich den ganzen schwarzfarbenen Strand entlangziehen. Gartenfans strömen hierher, um einige der schönsten Gärten und Parkanlagen des Landes zu besichtigen. Wenn das Wetter nicht mitspielt, bieten sich die unterschiedlichsten Museen an – und ganz zu schweigen von den insgesamt 77 Kunstgalerien, aus denen der Coastal Arts Trail besteht.

DIE WICHTIGSTEN ZIELE

NEW PLYMOUTH
Kunst, Parks und Surfbreaks.
S. 206

WHANGANUI
Baudenkmäler und Designgeschäfte.
S. 218

Links: Back Beach (S. 209), New Plymouth; rechts: Dawson Falls (S. 213), Egmont National Park

New Plymouth, S. 206

Taranakis aufstrebende Stadt bietet Surfstrände, schöne Parks, eine lebendige kulinarische Szene und innovative Kunstgalerien im Angesicht des Vulkans.

Whanganui, S. 218

Bunte Wandgemälde bringen Farbe in die Straßen mit Baudenkmälern, Kunstgalerien und -handwerkern der gemütlichen Stadt am großen trägen Fluss.

AUTO

Die Region erkundet man am besten mit dem eigenen Fahrzeug, so lassen sich auch die klassischen Nebenstraßen wie der Surf Highway, der Forgotten World Highway und Whanganui River Road gemütlich befahren.

BUS

Regionalbusse fahren rund um Taranaki Maunga und verbinden New Plymouth mit Ōakura, Ōpunake, Hāwera, Pātea, Eltham und Stratford. New Plymouth, Whanganui und Palmerston North werden durch InterCity-Busse verbunden; alle drei Orte haben auch ein städtisches Busnetz.

SHUTTLE

Pendelverkehr ist ideal, um zum Ausgangspunkt der Wanderwege im Egmont National Park und Whanganui National Park zu kommen, um nicht wieder den Weg zurückzuwandern. Es gibt auch einen Shuttle vom Flughafen New Plymouth in die Innenstadt.

Erste Orientierung

Die meisten interessanten Orte befinden sich südlich von New Plymouth und nördlich von Whanganui; zwischen den beiden Städten liegen etwas über zwei Stunden Fahrzeit. Wildes Hinterland trennt diese Gegend vom Central Plateau.

STANISLAV KACHYNA/SHUTTERSTOCK ©, BRACKISH_NZ/SHUTTERSTOCK ©

Perfekte Tage

Persönliche Vorlieben und das Wetter sind ein guter Reiseleiter. Ein Tag in jeder Stadt ist ideal als Kostprobe, wer surfen, wandern oder Kajakfahren möchte, sollte mehr Zeit einplanen.

JANICE CHEN/SHUTTERSTOCK ©

Three Sisters (S. 212)

Nur ein Kurztrip

● Bei Ebbe sollte man unbedingt auf dem Weg nach **New Plymouth** (S. 206) bei den **Three Sisters** (S. 212) anhalten. Den Rest des Vormittags verbringt man im **Puke Ariki** (S. 207) und lernt dort alles über die Geschichte der Region, ihre Kultur und die Vulkane. Das Mittagessen liefert einer der Food-Trucks der **Liardet Street Projects** (S. 209), anschließend führt ein Bummel über die Devon Street, die Haupteinkaufsstraße, zum außergewöhnlichen Len Lye Centre neben der **Govett-Brewster Art Gallery** (S. 208). Der abschließende lange Spaziergang durch den hübschen **Pukekura Park** (S. 209) wird mit einem Abendessen im **Social Kitchen** (S. 208) belohnt.

UNTEN VON LINKS NACH RECHTS: NVL/SHUTTERSTOCK ©, PPSTOCK/SHUTTERSTOCK ©, ANNAWOLKENFREIPHOTOGRAPHY/SHUTTERSTOCK ©

Beste Reisezeit

Die Sommer sind warm, die Winter gemäßigt, aber am Taranaki Maunga ist auch Wintersport möglich. Frühling und Herbst sind besonders schön. New Plymouth ist die sonnenreichste Stadt Neuseelands.

JANUAR

Der sonnigste Monat bringt **Opera Week** und **Vintage Weekend** in Whanganui, in New Plymouth das **Festival of Lights**.

FEBRUAR

Im trockensten Monat finden in Whanganui (in ungeraden Jahren) die **New Zealand Masters Games** statt und in Palmerston North das **Festival of Cultures**.

MÄRZ

Der Frühling bringt das große **WOMAD** Festival in New Plymouth sowie **Pride** und **Artists Open Studios** in Whanganui.

Ein Wochenende

- Am zweiten Tag versorgt man sich mit Picknickzubehör bei **Public Catering Co** (S. 209) und startet zu einer Tour rechts um den Berg. Kurz vor Stratford biegt man vom State Hwy (SH) 3 ab und folgt der Beschilderung zum **Taranaki Maunga** (S. 213) bis zum Dawson Falls Besucherzentrum im Egmont National Park. Der Wilkies Pools Rundweg (80 Min.) lädt zum Wandern ein. Hinterher gibt's zur Belohnung einen Imbiss (und vielleicht eine Gin-Probe) im Fenton Street Arts Collective in **Stratford** (S. 216). In **Hāwera** (S. 215) biegt man auf den **Surf Highway 45** (S. 215) ab. Nach einer Stippvisite in **Ōpunake** (S. 215) weiter nach **Ōakura** (S. 215) und dort zum Essen in der **Black Sand Pizzeria & Bistro** (S. 214).

Drei Tage

- Bis Hāwera ist das Programm gleich, dann besucht man vor der Weiterfahrt auf dem SH3 das **Tawhiti Museum** (S. 215). In Pātea beeindruckt das Aotea Waka Monument, weiter geht's dann auf dem Highway bis **Whanganui** (S. 218). Abends lockt ein Essen bei **Maria Lane** (S. 220) und das Nachtleben im **Porridge Watson** (S. 221). Am dritten Tag bummelt man durch die Altstadt von Whanganui, besucht **Ateliers und Galerien** (S. 220), fährt mit dem **Durie Hill Elevator** (S. 221) und erkundet **Pukenamu Queen's Park** (S. 219). Wer am nächsten Tag Richtung Norden fährt, sollte die **Whanganui River Road** (S. 223) durch den Whanganui National Park nehmen.

JUNI

Es wird Winter und am Taranaki Maunga beginnt die **Skisaison**. Das **Manawatū Jazz & Blues Festival** startet durch.

OKTOBER

Die Skisaison endet, der **Whanganui Heritage Month** beginnt. Das **Taranaki Garden Festival** beginnt Ende des Monats.

NOVEMBER

Der Monat beginnt mit dem **Taranaki Garden Festival** und endet mit dem **NZ Tattoo & Art Festival** in New Plymouth.

DEZEMBER

Im Sommer startet das **Festival of Lights**. In Whanganui gibt es einen Marathon, ein Motorradrennen und ein Jetboot-Rennen.

NEW PLYMOUTH

Die größte Stadt an der Westküste Neuseelands, bekannt für schöne Gärten und die schwarze Brandungsstrände, hat ein sportliches, gediegenes Ambiente. Und wo immer man sich befindet, hat man entweder Blick aufs Meer oder auf den gewaltigen Taranaki Maunga, den perfekt geformten Vulkankegel, der die Region formte und immer noch beherrscht.

In der Innenstadt blieb viel vom ursprünglichen Straßenbild erhalten, aber trotzdem ist sie nicht spießig – bunte Straßenkunst belebt die Seitenstraßen. Obwohl New Plymouth so weit abseits liegt – mehr als drei Fahrstunden von einer anderen großen Stadt entfernt – fühlt man sich nicht auf dem Abstellgleis. Es gibt eine ausgezeichnete Restaurantszene, die durch die örtliche Wirtschaft – Öl, Gas und Milchprodukte – gefördert wird. Das bunte Angebot an Events wie Festival of Lights, WOMAD und Garden Festival sorgt für Attraktivität.

TOP TIPP

New Plymouth zieht sich an der Küste entlang, aber das Geschäftszentrum (mit der Hauptstraße Devon Street) ist übersichtlich und leicht zu Fuß zu erkunden. Der Flughafen liegt 11 km östlich des Zentrums am SH3, nur 15 Min. mit Taxi oder Flughafen-Shuttle entfernt.

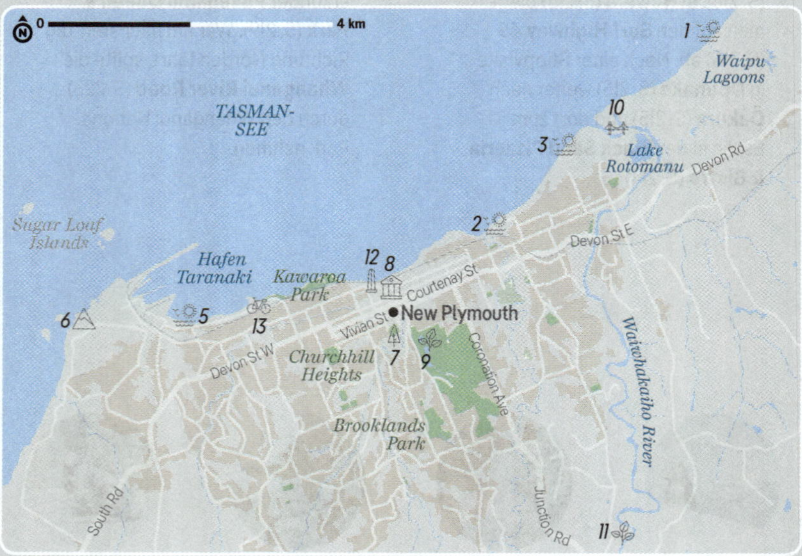

SEHENSWERTES
1 Bell Block Beach
2 East End Beach
3 Fitzroy Beach
4 Govett-Brewster Art Gallery/Len Lye Centre
5 Ngāmotu Beach
6 Paritutu
7 Pūkākā Marsland Hill Historic Reserve
8 Puke Ariki
9 Pukekura Park
10 Te Rewa Rewa Bridge
11 Tūpare
12 Wind Wand

AKTIVITÄTEN
13 New Plymouth Coastal Walkway

Puke Ariki

Ortskenntnisse im Puke Ariki

MUSEUM, GALERIE UND INFOZENTRUM

Alles was man schon immer über Taranaki wissen wollte – seine feurige Geologie, Flora und Fauna, Māori-Überlieferung und die jüngste Sozialgeschichte – wird in diesem tollen, kostenlosen Museum geboten. Bei schlechtem Wetter kann man hier gut einige Stunden verbringen. **Puke Ariki** (das heißt „Berg der Häuptlinge") befindet sich mitten im Geschehen zwischen der Hauptgeschäftsstraße und der Wasserfront am Ort eines historischen *pā* (befestigter Ort). Ein Highlight ist Te Takapou Whāriki, die stimmungsvoll beleuchtete Māori-Galerie.

Hier befindet sich auch die Hauptstelle von New Plymouths i-SITE Infozentrum.

Tūpare Gardens & House

MALERISCHE SPAZIERGÄNGE UND PICKNICK AM FLUSS

Wenn man irgendwo Lust auf ein Haus mit Garten bekommt, dann in **Tūpare**. Das beeindruckende Anwesen auf einem Hügel oberhalb des Waiwhakaiho River am Südrand der Stadt wurde in den 1930er-Jahren als Familienwohnsitz gebaut, ist

DIE BESTEN CAFÉS IN NEW PLYMOUTH

Chaos
Künstler-Café im Zentrum mit typischen Kiwi-Gerichten wie Lamingtons und Southland Cheese Rolls. $

Monica's Eatery
Gehobenes Café mit vielen Pflanzen neben der Govett-Brewster Art Gallery. $$

Federal Store
Beliebtes Café im Retro-Stil an der Hauptstraße ins East End und zu den Fitzroy Beaches. $$

DIE BESTEN OUTDOOR-AUSRÜSTER IN NEW PLYMOUTH

Beach Street Surf Shop
Verleiht und verkauft Surfboards, Paddleboards und Zubehör nahe Fitzroy Beach.

Chaddy's Charters
Verleiht Kajaks, Paddleboards und Fahrräder und bietet Bootsausflüge zu den Sugar Loaf Islands an.

Canoe & Kayak
Vermietet Kajaks und Paddleboards und bietet geführte Paddeltouren auf dem Waitara River an.

TRABANTOS/SHUTTERSTOCK ©

Te Rewa Rewa Bridge

TOP-RESTAURANTS IN NEW PLYMOUTH

Social Kitchen
Fleischlastige Gerichte zum Teilen, viele lateinamerikanisch angehaucht, in einem stimmungsvollen Altbau. **$$**

Snug
Gehobene Cocktailbar mit köstlichen japani schen Gerichten zum Teilen, u. a. Sashimi, Klöße, Yakitori und Tempura. **$$**

Meat & Liquor
Oben gibt's Burger und erstklassige dry-aged Steaks. Unten ist eine Bar mit einer eigenen guten Karte. **$$$**

aber nun ein kostenloser öffentlicher Park. Er gilt als einer der bedeutendsten Landschaftsparks des Landes.

Vom Arts-and-Crafts-Haus des bekannten lokalen Architekten James Chapman-Taylor schlängeln sich Pfade hinunter zum Fluss, wo man Grillplätze und viel Platz zum Picknick findet. Entlang des Weges finden sich plätschernde Bäche, riesige Bäume, farbenprächtige Rhododendren und Blumenteppiche im Frühjahr. Das Haus kann mit einer kostenlosen Führung besichtigt werden.

Moderne Kunst im Govett-Brewster

KUNST UND ARCHITEKTUR KOLLIDIEREN

Die **Govett-Brewster Art Gallery** war schon eine der progressivsten regionalen Galerien Neuseelands bevor das glänzende **Len Lye Centre** 2015 daneben errichtet wurde. Der mit Edelstahl verkleidete Anbau ist wahrscheinlich das auffälligste öffentliche Bauwerk Neuseelands dieses Jahrtausends. Er bildet einen Spiegel mit Rillen zum ungewöhnlichen, teils durchsichtigen neonbeleuchteten **Glockenturm** auf der anderen Straßenseite.

Das interessante Gebäude passt zu den Werken des bahnbrechenden neuseeländischen Künstlers Len Lye (1901–80). Lye ist bekannt für seine experimentellen Filme und für seine großflächigen kinetischen Werke wie die Wind Wand an New Plymouths Wasserkante und die faszinierenden Sky Snakes, hängende Silberschnüre, die sich von der Decke eines der Hauptsäle schlängeln. Er ist der einzige Künstler Neuseelands, dessen Werk in einer ausschließlich ihm gewidmeten Galerie gewürdigt wird.

ÜBERNACHTEN IN NEW PLYMOUTH

Ducks & Drakes
Hostel und Motel in einem gut erhaltenen Altbau aus den 1920er-Jahren, das auch Transport in die Berge anbietet. **$**

One Burgess Hill
5 km südlich des Zentrums mit 15 schicken Studios auf einem Hügel mit Blick über den Waiwhakaiho River. **$$**

Dawson Motel
Modernes Motel, das obere Stockwerk bietet Berg- und Meerblick. **$$**

Auf dem Coastal Walkway

RADFAHREN, JOGGEN ODER SPAZIEREN AN DER KÜSTE

Ob man die gesamten 13 km auf einmal bewältigt oder in Etappen – der **New Plymouth Coastal Walkway** ist eine fantastische Möglichkeit, um die Strände und einige Wahrzeichen der Stadt kennenzulernen. Der flache, fahrrad-, rollstuhl- und kinderwagengerechte Weg zieht sich vom kleinen **Ngāmotu Beach** im Industriegebiet bei Port Taranaki bis zum **Bell Block Beach** am nordöstlichen Stadtrand.

Der Abschnitt hinter der Mole direkt am Stadtzentrum gehört nicht zu den Schönsten, beeindruckt aber durch Len Lyes verrückte kinetische Skulptur **Wind Wand**, einen 48 m hohen roten, biegsamen Stab, der im Wind tanzt.

Vom Wind Wand sind es 4,5 km entlang des **East End** und der **Fitzroy Beaches** bis zur architektonisch beeindruckenden **Te Rewa Rewa Bridge** über den Waiwhakaiho River. Die 69 m lange Brücke für Fußgänger und Radfahrer wurde im Jahr 2010 mit weißen gekrümmten Trägern errichtet und erinnert an ein Walgerippe, perfekt ausgerichtet auf Mount Taranaki am Horizont.

Aufstieg auf Paritutu Rock

STEILER AUFSTIEG AUF EIN NATURDENKMAL

Schon von Weitem sichtbar, ragt der Paritutu Rock 156 m schroff über Port Taranaki auf. Es handelt sich dabei um den Lava-Pfropfen eines alten Vulkans, dessen Überreste schon lange erodiert sind. Der Aufstieg dauert nur etwa 15 Min., aber es geht steil bergauf, zum Schluss über einen mit Ketten gesicherten Felssteig. Kein Aufstieg für Ängstliche – und bei Sturm auch nicht für Mutige.

Von der Spitze hat man eine fantastische Aussicht über **Back Beach** (bei Surfern beliebt) und die zerklüfteten **Sugar Loaf Islands** (Ngā Motu) vor der Küste – ebenfalls Überbleibsel desselben Vulkans. Die Inseln und das umgebende Wasser sind heute ein Schutzgebiet und Heimat für unzählige Seevögel und eine Kolonie von Neuseeländischen Seebären.

Spaziergang durch Pukekura Park

NEUSEELANDS HÜBSCHESTER STADTPARK

Pukekura Park besitzt nicht nur das schönste Cricketfeld des Landes, sondern erstreckt sich über 52 ha auf einem *puke* (Hügel). Die Wege führen an Bächen und Seen entlang zu hübschen Brücken, thematischen Pflanzensammlungen, Ausstellungsgebäuden, Barockgärten, einer Farnsammlung und heimischen Gehölzen. Zu den auffälligsten Bäumen gehören ein

AUF DIE SCHNELLE

Liardet Street Projects
In dieser Straße gibt es nicht nur Straßenkunst zu sehen, sondern auch Food Trucks wie Viet Nom Nom und Gamma Ray's Burger. **$**

Public Catering Co
Die angesagte Bäckerei mit Café im White Hart Complex bietet Fleischpasteten, Gourmet-Sandwiches und Donuts. **$**

Ms White Pizza & Beer Garden
Neben dem White Hart serviert Ms White leckere italienische Pizza und eine große Auswahl an Craftbier. **$**

Metrotel
Direkt im Stadtzentrum, das dreistöckige Metropol ist eine Mischung aus Motel und Hotel. **$$**

299 On Devon West
Älteres Motel im spanischen Missionsstil mit nierenförmigem Pool, fußläufig zum Zentrum. **$$**

King & Queen Hotel Suites
Angesagtes, elegantes Boutiquehotel direkt gegenüber der Art Gallery. **$$$**

KÖSTLICHE VERBRAUCHSGÜTER

Der Trend zum Handwerk boomt seit einigen Jahren in Neuseeland und auch in New Plymouth sind viele Manufakturen vorhanden. Allein in der Innenstadt gibt es zwei kleine Kaffeeröstereien in alten, mit Street-Art geschmückten Lagerhäusern: **Escape Coffee** und **Ozone Bean Store**. Nicht weit davon entfernt vom Escape befindet sich in einem alten Lagerhaus **Shining Peak Brewing**. Im Schatten der glänzenden Braukessel kann man die unterschiedlichen IPAs, APAs, Lager, Porter und Stout testen. Etwas abgelegen in einem Industriegebiet hinter dem Krankenhaus befindet sich **Juno** – die preisgekrönten Gins und Wodkas lohnen die Anreise, Besichtigung und Verkostung werden hier angeboten.

BUTLER STOCK PHOTOGRAPHY/SHUTTERSTOCK ©

Edelpapagei, Brooklands Zoo

riesiger Gingko und ein 2000 Jahre alter Pūriri, der größte noch existierende. Außerdem gibt es einen chinesischen Garten und einen japanischen Wald.

Auf dem Hügel befindet sich die Open-Air-Bühne der Stadt, **Bowl Of Brooklands**, ein großes natürliches Amphitheater, dessen Bühne hinter einem länglichen Teich liegt. Im nahe gelegenen, **Brooklands Zoo** (Eintritt frei) leben Vögel, Reptilien, Hoftiere und kleine Exoten wie Affen, Otter, Capybaras und Erdmännchen.

Der Pukekura Park ist ganzjährig einen Besuch wert, besonders aber während des Festival of Lights im Sommer und des WOMAD Festivals im März.

Marsland Hill erkunden

AUSSICHT, DENKMÄLER, GLOCKENSPIEL UND OBSERVATORIUM

Ein einfacher zu erreichender Aussichtspunkt als Paritutu (man kann dort hinfahren) – **Pūkākā Marsland Hill Historic Reserve** war ursprünglich ein *pā*, später dann eine Kaserne. Oben befindet sich eine Ansammlung von nicht gepflegten **Kriegsdenkmälern**, ein **Glockenspiel** mit 37 Glocken von 1971 und das **New Plymouth Observatory**, das einen Blick durch ein unglaublich starkes Fernrohr bietet.

UNTERWEGS VOR ORT

Das Stadtzentrum ist übersichtlich und fußläufig, Radfahrer können auf dem ebenen Coastal Walkway schnell zu den Stränden gelangen.

Die Busse von Citylink fahren zu allen Destinationen. Parkplätze in der Innenstadt sind gebührenpflichtig, aber gut zu finden.

Rund um New Plymouth

Ein beeindruckender Vulkan steht im Zentrum der Aufmerksamkeit, umgeben von Surfstränden und hübschen Ortschaften.

Der großartige Taranaki Maunga (auch Mount Taranaki und früher Mount Egmont) ist das Wahrzeichen der Region, die seinen Namen trägt. An klaren Tagen beherrscht der 2518 m hohe Vulkankegel im Egmont National Park die Szenerie – er kann aber auch ebenso schnell hinter Wolken verschwinden.

Der Berg steht inmitten von fruchtbarem Grasland, auf dem hauptsächlich Milchwirtschaft betrieben wird. Entlang des SH3 gibt es hübsche Orte wie Inglewood, Stratford, Eltham, Hāwera und Pātea, die nicht nur Altes bewahrt haben, sondern auch eine lebendige Kunstszene bieten.

Auf der anderen Bergseite ermöglicht der Surf Highway (SH45) Zugang zu Strandorten und leeren Stränden.

TOP TIPP

Der North Egmont Parkplatz ist schnell voll (v.a. an Wochenenden im Sommer), ein Shuttle ist eine gute Alternative.

Taranaki Maunga

JANICE CHEN/SHUTTERSTOCK ©

TRABANTOS/SHUTTERSTOCK ©

Three Sisters und Elephant Rock

MĀORI TARANAKI

Mehrere Māori-Stämme sind am Taranaki zu Hause, aber um die Region gab es immer wieder Streit. In den 1820er-Jahren flohen viele Bewohner wegen einer Invasion aus dem Norden und bei Ankunft der ersten britischen Siedler 1841 schien ein großer Teil der Küste verlassen zu sein. Skrupellose Spekulanten kauften Land von den verbliebenen Māori, denen das Gebiet z. T. nicht gehörte. Die Rückkehr der Stämme führte zu Spannungen und zu zwei Kriegen in den 1860er-Jahren. Landenteignungen folgten.

Zu jener Zeit formierte sich passiver Widerstand gegen die Enteignung in Parihaka im Westen des Berges. Die Invasion und Besetzung des Ortes durch Regierungstruppen 1881 wird heute als eines der beschämendsten Ereignisse in der Kolonialgeschichte des Landes gesehen.

Unterwegs an der North Taranaki Coast

WILDE FELSFORMATIONEN UND BÖGEN

Der spektakulärste Teil der Küste Taranakis ist der Abschnitt neben dem SH3, der Hauptstrecke Richtung Norden – eine tolle zerklüftete Landschaft mit starker Brandung, schwarzen Stränden, hohen Klippen und schroffen Felsen.

Wer das absolute Highlight, die Felsformation **Three Sisters**, besuchen möchte, muss zwei Stunden vor und nach der Ebbe einplanen. Man biegt bei Tongapōrutu, 70 Min. nördlich von New Plymouth, vom Highway ab und fährt ein kurzes Stück an bunten Strandhäusern vorbei bis zum Ende der Straße. Man sollte unbedingt festes Schuhwerk tragen, denn der matschige Weg führt am Fluss entlang, vorbei an hübschen Lichtungen mit Farnen in den Klippen.

An der Flussmündung befindet sich eine kleine Insel – **Elephant Rock** (ähnelt eher einem Gürteltier), hier kann

SHUTTLE SERVICE IN TARANAKI

Taranaki Mountain Shuttle
Zwischen New Plymouth, North Egmont Visitor Centre und dem Startpunkt zum Pouākai Crossing an der Mangorei Road.

Ducks & Drakes
Das Hostel in New Plymouth bietet einen Shuttle zum Besucherzentrum und den Startpunkten der Wanderwege.

Scott's Airport Shuttle
Der einzige Service zum Flughafen New Plymouth.

man unter zwei großen Bögen hindurchgehen. Hinter einer Ecke befinden sich die Sisters, die Felsformation erinnert an die Moai der Osterinsel. Manche schein sogar „Nasen" und buschige grüne „Frisuren" zu haben.

Am gleichen Küstenabschnitt, etwas dichter an New Plymouth, liegt der **Whitecliffs Walkway** (Richtung Waiiti abbiegen und bis zum Straßenende durch die idyllische Landschaft fahren). Der 6,5 km lange, dreistündige Rundweg führt über einsame Klippen zum Wai Pingao Stream und am Strand zurück (unbedingt auf die Gezeiten achten). Der Weg verläuft über privates Gelände und ist während der Ablammsaison (Juli bis September) gesperrt.

Wege auf den Taranaki Maunga

UNTERWEGS IM EGMONT NATIONAL PARK

Sobald das Wetter mitspielt, sollte man alles liegen lassen und auf den Berg fahren. **Taranaki Maunga** bietet eine einzigartige Erfahrung und eine fantastische Aussicht über die zentrale Nordinsel, die man auch erwandern kann.
Drei Zugangswege führen halbwegs die Flanke hinauf in den **Egmont National Park**. Von New Plymouth ist es nur eine halbstündige Autofahrt über Egmont Village bis zum **North Egmont Visitor Centre**. Oder man biegt bei Stratford zur **Manganui Ski Area** am Osthang ab. Eine dritte Möglichkeit ist das **Dawson Falls Visitor Centre** weiter südwärts.

Von hier hat man den besten kurzen Weg auf den Berg, den 2,3 km langen **Wilkies Pools Loop Track**. Er führt durch einen verzauberten „Koboldwald" (die Bäume tragen alle „Bärte" aus Flechten) voller Farne zu mehreren Felstümpeln, die von Schmelzwasser gespeist werden. Ein weiterer Weg führt zu den 18 m hohen **Dawson Falls**.

Ganztagstouren starten in North Egmont und benötigen mehr Vorbereitung. Die anstrengende **Pouākai Crossing**, eine der schönsten Tagestouren, führt über eine Strecke von 19 km. Sie dauert neun Stunden, man braucht viel Wasser und muss einen Shuttle für den Transfer von einem Startpunkt zum nächsten arrangieren. Noch schwieriger (und viel tückischer) ist der 14 km lange **Summit Track**, der zum Gipfel führt (hin und zurück acht bis zwölf Stunden). Man sollte ihn nur im Sommer – möglichst mit Führer – begehen, außerdem gut vorbereitet, erfahren und fit sein.

Mehrtagestouren sind der zwei- bis dreitägige, 23 km lange **Pouākai Circuit** und der schwere vier- bis fünftägige, 52 km lange **Around the Mountain Circuit**.

TARANAKI MAUNGA

Der Taranaki entstand vor 135 000 Jahren, aber er ist noch nicht erloschen. Durchschnittlich alle 500 Jahre findet ein großer Ausbruch statt, ein kleinerer alle 90 Jahre. Da der letzte Ausbruch 1854 und der letzte große um 1655 stattfand, tickt die Uhr.

Der Name Taranaki wird meistens mit „glitzernder Gipfel" übersetzt, wahrscheinlich, weil er ganzjährig eine Schneehaube trägt. Der Berg ist für die Māori von großer spiritueller Bedeutung. Sie erzählen eine tragische Liebesgeschichte, die dazu führte, dass er hier ganz alleine ist.

Der Taranaki ist in dem Tom-Cruise-Film *Der Letzte Samurai*, (als Ersatz für den Fuji) zu sehen.

SICHERHEIT GEHT VOR

Man sollte die Risiken am Taranaki Maunga nicht unterschätzen. Seit 2007 gab es einige Todesfälle. Die sichersten Monate für eine Besteigung sind Januar bis März. Sicherheitstipps zum Wandern siehe **Sicherheit in den Bergen** (S. 247).

ÜBERNACHTEN AUF TARANAKI MAUNGA

The Camphouse
Einfache DOC-Baracke in einer aus dem 19. Jh. stammenden Kaserne hinter dem North Egmont Visitor Centre. **$**

Konini Lodge
Billige DOC-Schlafbaracke beim Dawson Falls Visitor Centre, mit Kochgelegenheit und Bad. **$**

Ngāti Ruanui Stratford Mountain House
Gut geführte Lodge mit Restaurant und Bar auf der Strecke zum Manganui Skigebiet. **$$**

GUT ESSEN AM SURF HIGHWAY

Black Sand Pizzeria & Bistro
Leckere Pizza auf einer Sonnenterrasse am Strand bei Ōakura. Nur abends. **$$**

Sugar Juice
Das Café in Ōpunake bietet Fleischpasteten, Dattel-Scones und ein fantastisches Frühstück. **$$**

Good Score Food Store
Bäckerei in Hāwera mit tollen Donuts, Sauerteigbrot, köstlichem Käse und Fleisch. Nur Donnerstag bis Samstag. **$**

Someday
Das beste Café in Hāwera bietet guten Kaffee, köstliche Scones mit Datteln und Orangen und leckeren Lachs Benedict. Nur an Wochentagen. **$$**

The Burnt Place
Hāweras anspruchsvollstes Restaurant serviert Gerichte zum gemeinsam Teilen und köstliche Cocktails. Montag und Dienstag geschlossen. **$$**

PHOTOS BRIANSCANTLEBURY/SHUTTERSTOCK ©

Ōakura

Gartenspaziergang in Pukeiti

RHODODENDREN UND REGENWALD

Ein Besuch in **Pukeiti** im Zeitraum zwischen September und November ist einfach umwerfend. Am Rand des Egmont National Parks, rund 30 Min. Fahrt südwestlich von New Plymouth, liegt einer der bedeutendsten Rhododendronparks Neuseelands. Mehr als 1250 verschiedene Pflanzen wurden hier gepflanzt und wenn im Frühling alle aufblühen, explodiert ein Farbenmeer in Weiß, Pink, Aprikot, Rot und Gelb. Toll ist auch, dass der Park keinen Eintritt kostet.

Allerdings sind von den 360 ha in Pukeiti nur etwa 25 ha von Rhododendren bewachsen; der Rest besteht aus heimischem Regenwald, der auf verschiedenen Wegen erkundet werden kann und den Park zu einem großartigen Ganzjahreserlebnis macht.

ÜBERNACHTEN AM SURF HIGHWAY

Ōakura Beach Holiday Park
Campingplatz am Strand mit unterschiedlichem Angebot, manche abgeschlossen und mit tollem Meerblick. **$**

Ahu Ahu Beach Villas
Luxuriöse, pseudo-rustikale Villen mit Blick über den schönen Ōakura Beach. **$$$**

Ōpunake Beach Holiday Park
Direkt am Strand, die Klippen bieten einen guten Windschutz für Camper. **$**

Surf Highway 45

STRANDORTE UND HOHE BRECHER

Ob man zum Surfen will oder einfach nur einen Ausflug macht, die Fahrt entlang der Küste ist eine tolle Abwechslung. Von New Plymouth braucht man auf dieser Strecke nach Hāwera 90 Min., auf der SH3 eine Stunde, man bekommt einen anderen Blick auf den Berg und kann unterwegs einen Badestopp einlegen. Im Sommer gibt es an den Surfstränden von **Ōakura** und **Ōpunake**, den beiden wichtigsten Orten, eine Badeaufsicht. Ōpunake bietet auch einen familienfreundlichen Strandsee, ein renoviertes Kino und nette Geschäfte.

Die **Pihama Lavender Farm**, 7 km hinter Ōpunake, lohnt einen Besuch, besonders wenn der Lavendel im Januar blüht. Der abgelegene **Kaupokonui Beach**, 3 km abseits des Highway, ist ein langer wilder Strand voll Treibholz, zu dem eine Fußgängerbrücke über den Fluss führt. Nahe Hāwera liegen die Strände **Ōhawe** und **Waihi**; auf dem 5 km langen Spazierweg dazwischen (Dauer 3 Std.) kann man Fossilien suchen, der Weg ist aber nur 2½ Stunden vor und nach Ebbe passierbar.

Hāweras verrückte Museen

VERSCHROBENE SAMMLUNGEN SPIEGELN PERSÖNLICHE LEIDENSCHAFTEN

Wer von New Plymouth Richtung Süden fährt, kommt durch den kleinen Ort **Hāwera**, hier treffen Surf Highway (SH45) und SH3 zusammen (ungefähr 1 Std. Fahrzeit von New Plymouth auf dem SH3). Der verschlafene kleine Ort besitzt ein paar alte Gebäude, dazu gehört der **Hāwera Water Tower** von 1914, von dessen Spitze sich eine gute Aussicht bietet.

Am Nordrand befindet sich das **Tawhiti Museum**, das als Hobby begann und sich zu einem der besten Privatmuseen des Landes entwickelte. Im Mittelpunkt stehen zahlreiche Dioramen, die das Leben in der Kolonialzeit, lokale Industrie und Nachbauten von Schlachten aus dem 19. Jh. zeigen. Dazu kommen Miniaturen, lebensgroße Figuren, die Einheimische in Geschäften und Wohnzimmern der edwardianischen Zeit darstellen. Außerdem gibt es in der Tractor Hall eine Ausstellung mit landwirtschaftlichem Zubehör. Für einen kleinen Aufpreis werden halbstündige Fahrten mit einer Schmalspurbahn durch den Busch angeboten sowie rund zehnminütige Indoor-Bootsfahrten durch Szenen mit frühen Händlern und Māori.

Und da ein Museum in einem kleinen Ort zu wenig ist, könnte man nach Anmeldung auch noch das **KD's Elvis Presley Museum** besuchen. Es ist eher ein Schrein, denn jeder Zentimeter der Garage des Sonderlings ist mit Elvis Memorabilien

TIPPS FÜR SOUTH TARANAKI

Jacqueline Dwyer, Lokalhistorikerin und Quelle des Wissens im South Taranaki i-SITE, verrät Insider-Tipps für die Region.

Pātea Dam
Für ein Abenteuer abseits des Rummels bietet sich Lake Rotorangi im Hinterland von Hurleyville an. Das kann ein Tagesausflug werden oder man zeltet wild am Staudamm (ca. 1984).

Aotea Utanganui
Das South Taranaki Museum gegenüber des Aotea Waka Denkmals im Zentrum von Pātea bietet einen geballten Einblick in die Lokalgeschichte der Māori sowie der Europäer.

The Burnt Place
Dieses Restaurant in Hāwera ist meine Wahl, wenn es um das beste Essen in der Region geht. Der Name des Lokals ist eine Anspielung auf die Bedeutung des Wortes Hāwera (Māori: „verbrannter Ort").

The Park Motel
Hāweras bestes Motel bietet 18 moderne separate Einheiten und liegt direkt gegenüber vom Schwimmbad. **$$**

Kerry Lane Motel
Das Motel am Rand von Hāwera mit 27 Zimmern hat einen schattigen Rasen und einen Streichelzoo. **$$**

Tairoa Lodge
Prächtiges Herrenhaus von 1875 mit Park in Hāwera; Zimmer und Ferienhäuser. **$$$**

bedeckt – Schallplatten, Zeitungsausschnitte, Fotos, Schlüsselringe, Feuerzeuge, in Graceland stibitzte Blätter – hier gibt es alles, was man sich vorstellt.

Eine Fahrt auf dem Forgotten World Highway

KLASSISCHE FAHRT DURCHS HINTERLAND

Die berühmte Strecke von Stratford nach Taumarunui durch einsames Hinterland bietet auf 148 km Farmland, Wald, Busch, vier malerische Pässe und Dörfer, in denen die Zeit stehen geblieben ist. Sie ist langsam (2½ Std.), kurvig und teilweise nicht asphaltiert, aber das gehört zum Spaß. Vielleicht muss man sich auch typisch neuseeländisch einen Weg durch eine Schaf- oder Kuhherde bahnen.

Hat man **Stratford** (30 Min. südlich von New Plymouth) verlassen, taucht recht bald der Mount Ruapehu am Horizont auf. Kühe und Schafe grasen auf sanften Hügeln, die bald schroffer werden. Flächen mit Buschland wechseln sich mit düsteren Wäldern ab, bis am Whangamōmona Saddle letztlich Buschland vorherrschend ist. Nach rund der Hälfte liegt das aus der Zeit gefallene **Whangamōmona**; der Ort ist so

KUNST IN ELTHAM & STRATFORD

Die beiden netten Orte, nur 10 km voneinander entfernt am SH3, haben eine ungewöhnlich aktive Kunstszene. In Eltham, dem kleineren Ort, gibzt es **The Bank**, einen skurrilen Vintage-Designladen in einem edwardianischen Haus. Hier hat der Landschaftsmaler und Mitbesitzer Mark Bellringer sein Atelier. Das **Old Eltham Post Office** nebenan ist jetzt ein schickes B&B.

In Stratford entstand aus einem prächtigen alten Gebäude das **Fenton Street Arts Collective**. Hier kann man unter einem Dach Kunst betrachten, einen Lunch essen und dann in der Haus-Destillerie einen Gin verkosten. Anschließend lohnt ein Besuch in der großen gemeinschaftsorientierten **Percy Thomson Gallery** an der Hauptstraße.

Whangamōmona Hotel

SHERYL WATSON/SHUTTERSTOCK ©

ÜBERNACHTEN AM FORGOTTEN WORLD HIGHWAY

Regan House
Elegantes B&B mit nur einem Gästezimmer; am Beginn des Highway in Stratford. **$$**

Whangamōmona Accommodation
Zimmer in einer Fleischerei (1902) und einem Eisenbahnhäuschen (1920er-Jahre). **$$**

Whangamōmona Hotel
Einfache Zimmer mit Gemeinschaftsbad über dem Pub oder Zimmer mit Bad in einem Nebengebäude. **$$**

Forgotten World Highway

abgelegen und exzentrisch, dass er sich 1989 zur unabhängigen Republik ausrief. Dabei liegt die Betonung auf „pub“ im Wort Republik, denn das **Whangamōmona Hotel** bildet das Zentrum der Gemeinschaft und stellt die „Pässe“ aus – und serviert zudem leckere Burger und bietet Zimmer.

Das Auto ist nicht die einzige Möglichkeit, um Forgotten World zu erleben. Wer fit ist und zwei bis drei Tage Zeit hat, kann den 183 km langen **Radwanderweg** (Schwierigkeitsgrad 4, für erfahrene Fahrer) unternehmen. Alternativ bietet das in Taumarunui beheimatete Büro **Forgotten World Adventures** eine Tour in umgebauten Golfcarts auf der alten Eisenbahnstrecke an. Die Tour dauert zwei Tage mit einer Übernachtung in Whangamōmona, man kann auch nur an einem Tag die Tour Taumarunui–Whangamōmona machen (selbst die Halbtagstour führt durch 10 Tunnel und über 25 Brücken).

DIE REPUBLIK WHANGAMŌMONA

Die Reform der Bezirkseinteilung führte 1989 zur seltsamsten Revolution Neuseelands. Ohne Rücksprache wurde Whangamōmona (ehemals Bezirk Taranaki) dem Bezirk Manawatū-Whanganui zugeordnet, dies trugen die Einwohner nicht mit. Aus Protest riefen sie eine unabhängige Republik aus und wählten einen einheimischen Bauern zum Präsidenten. Zu seinen Stellvertretern zählten Tai, der Pudel, und Billy Gumboot, die Ziege – Billy wurde allerdings angeklagt, weil er die gegnerischen Stimmzettel gefressen hatte.

Am 1. November feiert der Ort „Republic Day“ mit einem Straßenfest, zu dem viele Besucher aus Neuseeland über die „Grenze“ kommen. Gegen eine Gebühr (zur Unterstützung kommunaler Initiativen) kann man im Pub ein Visum oder einen Pass von Whangamōmona beantragen.

UNTERWEGS VOR ORT

Die Busse von Southlink und Connector verbinden die Ortschaften am Surf Highway und SH3. Die InterCity-Busse zwischen New Plymouth und Palmerston North sowie Wellington verkehren auch auf dem SH3. Wer am Taranaki Maunga wandern möchte, findet in New Plymouth einen Shuttledienst. Mit einem Mietwagen ist man naturgemäß wesentlich flexibler und kann auch abgelegene Strände am Surf Highway und der Küste von North Taranaki erreichen sowie den Forgotten World Highway.

WHANGANUI

Die kleine Stadt Whanganui liegt in der letzten Flussschleife des Whanganui River, bevor dieser ins Meer mündet. Der Ort ist sowohl verschlafen als auch städtisch. Er ist einer der ältesten Orte Neuseelands, die von den Briten besiedelt wurden und war bis 1936 die fünftgrößte Stadt Neuseelands. Heute kommt sie mit gut 47 000 Einwohnern kaum in die Top 20, aber das hat das Selbstvertrauen nicht erschüttert.

Nur wenige Städte auf der Nordinsel haben die alten Straßenzüge so gut bewahrt und sorgfältig gepflegt wie Whanganui. Viktorianische und edwardianische Gebäude aus der guten alten Zeit stehen neben Architektur aus der Jahrhundertmitte, alles belebt von auffälliger Street-Art. Künstler und Designer haben Ateliers und Galerien in den alten Gebäuden eröffnet und so 2021 zur Auszeichnung als Unesco City of Design beigetragen.

TOP TIPP

Unbedingt Samstagvormittag einen Besuch auf dem Markt, der sich an der Uferpromenade zwischen Taupo und Moutoa Quay erstreckt, einplanen. Und dann gleich bei i-SITE nach interessanten Broschüren schauen. Das alte Viertel befindet sich zwischen Victoria und Drews Avenue.

Downtown Whanganui

TRABANTOS/SHUTTERSTOCK ©

SEHENSWERTES
1 Durie Hill Elevator
2 New Zealand Glassworks
3 Quartz Museum of Studio Ceramics
4 Sarjeant Gallery
5 Whanganui Regional Museum

AKTIVITÄTEN
6 Alexander Library

TRANSPORT
7 MV Wairua
8 Waimarie

Ein Besuch im Pukenamu Queen's Park

MUSEUM, GALERIE, BÜCHEREI UND DENKMÄLER

Der formale Park an der Hauptstraße birgt die architektonischen Schätze Whanganuis. Die markanten Gebäude sind nicht nur schön anzusehen; man könnte gut einen halben Tag hier verbringen und Museum, Galerie und Bücherei besuchen.

Mittelpunkt ist die **Sarjeant Gallery** auf dem Hügel, ein schönes neoklassizistisches Gebäude von 1919; die moderne Erweiterung soll 2024 eröffnet werden. Daneben befindet sich die imposante **Alexander Library**; sie birgt historische Stadtfotografien. Auf dem Rasen neben der Sarjeant befindet sich das **Ehrenmal** des Ersten Weltkriegs, eine spiralförmige **Friedensskulptur** und ein kleines **Glockenspiel**.

Eine prächtige Treppe führt hinunter zu einem palmenbestandenen Platz, vorbei an einem schlafenden **Britischen Löwen** – Denkmal für royale Truppen, die während der

DARUM LIEBE ICH WHANGANUI

Peter Dragicevich,
Autor

Whanganui ist für mich am schönsten am Samstagmorgen, wenn alles zum Wochenmarkt am Flussufer strömt. *Waka ama* (Rennkanus) sausen auf dem trüben Fluss vorbei; an den Marktständen werden Kunsthandwerk, Muschelsuppe, traditionelles *rēwana* Brot und *hāngī* (dampfgegarte) Gerichte verkauft. Der Trubel zieht sich bis in den historischen Bezirk, in dem sich an jeder Ecke Galerien, Vintage-Geschäfte und riesige Street-Art-Werke befinden. Jede Menge tolle Stimmung.

ÜBERNACHTEN IN WHANGANUI

Whanganui River Top 10 Holiday Park
Ferienpark mit Stellplätzen und Unterkünften; 5 km nördlich der Dublin Street Bridge. **$**

151 on London
Schickes modernes Motel mit großen Suiten, Familiensuiten mit zwei Schlafzimmern und günstigen kleinen Studios. **$$**

Rutland Arms Inn
Hübsch eingerichtete Zimmer mit älteren Bädern über einem zentral gelegenen etablierten Pub. **$$**

JON LYALL/SHUTTERSTOCK ©

Durie Hill Elevator

Neuseelandkriege fielen. Gegenüber befinden sich ein modernistisches Veranstaltungszentrum (das bei der Eröffnung 1960 einen Architekturpreis gewann) und das fantastische **Whanganui Regional Museum**. Wer die historische und spirituelle Bedeutung des Whanganui River für die einheimischen Māori verstehen möchte, ist hier bestens aufgehoben. Zu den Highlights gehören ein großartiges 22 m langes *waka taua* (Kriegskanu) und eine Sammlung von 16 großen, ausdrucksvollen Māori-Porträts von Gottfried Lindauer aus dem späten 19. Jh. Naturgeschichtliche, nautische und kolonialzeitliche Stücke vervollständigen die Sammlung.

Ateliers & Galerien

KÜNSTLER BEI DER ARBEIT

Manchmal sieht es so aus, als wäre jedes zweite Geschäft in Whanganui eine Kunstgalerie, Glasbläserei, Goldschmiede oder eine andere Art Kunstatelier. In einem Stadtplan für Touristen sind 20 derartige Geschäfte in einem kleinen Gebiet am Fluss verzeichnet.

Zu den beeindruckendsten gehört **New Zealand Glassworks** im Art-déco-Gebäude des Chronicle an der Rutland Street. Hier kann man den Glasbläsern bei der Arbeit zusehen

GUT ESSEN IN WHANGANUI

Little Curious Bagels
AngesagtesCafé an einer Straßenecke im Vorort. **$**

The Yellow House
Café in einem bezaubernden alten Haus flussaufwärts vom Zentrum. **$$**

Maria Lane
Whanganuis beste moderne Küche mit tollen Cocktails in schickem Ambiente. Sonntag und Montag geschlossen. **$$**

Mud Ducks
Schickes Café mit Terrasse am Fluss, leckeres Essen. **$$**

High-Kut Bistro
Ziegelverblendetes Restaurant im Zentrum mit hübsch angerichteten Bistrogerichten. **$$$**

ÜBERNACHTEN IN WHANGANUI

Siena Motor Lodge
Zuverlässiges Motel im toskanischen Stil am Ende der Hauptstraße. **$$**

Kings Court Motel
Motel mit sauberen Studios und Zimmern in fußläufiger Distanz zum Geschehen. **$$**

Browns Boutique B&B
Gehobenes B&B in einem edwardianischen Haus mit zwei Zimmern, jeweils mit Bad und eigenem Eingang. **$$$**

und im Zwischengeschoss eine überwältigende Sammlung von Vasen und Schalen sowie abstrakte Kunstwerke besichtigen. Angeboten werden auch Workshops, dazu gehört ein beliebter halbstündiger Kurs, bei dem man ein „Paperweight" fertigt.

Auch einen Besuch wert ist das **Quartz Museum of Studio Ceramics**, das brutalistische Gebäude an der Bates Street zeigt 1000 Keramikarbeiten, die hauptsächlich aus Neuseeland stammen. Man kann auch einfach nur den Taupo Quay, die Drews Avenue und die Rutland Street entlangbummeln und das große Angebot betrachten.

Rundgang um den Rotokawau Virginia Lake

HÜBSCHER PARK AM SEE MIT VOLIEREN

Ob man einen Kinderwagen schiebt oder nur spazieren gehen will, der kleine **Rotokawau Virginia Lake** am Nordrand der Stadt ist eine gute Wahl. Der Rundgang dauert 25 Min. und bietet nicht nur Skulpturen, sondern auch einen Art-déco-Wintergarten, einen Spielplatz und eine Voliere.

Der Durie Hill Elevator

OLDTIMER-AUFZUG MIT SCHÖNER AUSSICHT

Der alte **Durie Hill Elevator**, ein einzigartiges Erlebnis, verbindet das Südostufer des Flusses mit dem Gipfel von Durie Hill. Er wurde 1919 gebaut, um das Wohngebiet auf dem Berg zu erschließen, ist heute aber hauptsächlich eine schrullige Touristenattraktion. Von der Straße nahe City Bridge führt ein Fußgängertunnel 213 m in den Berg hinein, von wo aus der Fahrstuhl mit Führer in 55 Sekunden 66 m nach oben rattert.

Oben gibt es zwei Türme: Im kleineren befindet sich das Maschinenhaus (41 Stufen), daneben steht der 34 m hohe War Memorial Tower von 1925 (176 Stufen). Von beiden bietet sich eine tolle Aussicht über Fluss, Innenstadt und Umgebung.

Eine Fahrt auf dem Whanganui River

REISE MIT EINEM OLDTIMER-SCHIFF

Vor mehr als 120 Jahren verkehrten regelmäßig Ausflugsdampfer auf dem Whanganui River, der als „Rhein des Pazifiks" vermarktet wurde. Zwei renovierte Schiffe stehen heute zur Verfügung: der Raddampfer **Waimarie** (1900) und das Flussschiff **MV Wairua** (1904). Die zweistündige Fahrt ist entspannt und führt durch die Stadt und die Umgebung. Auf der *Waimarie* wird die Nostalgie noch durch das Freilassen von Brieftauben verstärkt.

FEIERN IN WHANGANUI

Porridge Watson
Verrückte, angesagte Neuauflage eines alten Clubs; regelmäßig Livemusik und DJs.

Frank. Bar + Eatery
Höhlenartiges altes Gebäude wurde in eine exklusive Bar mit innovativen Cocktails umgewandelt. An den Wochenenden legen nachts DJs auf.

Savage Club
Historischer Treffpunkt mit häufigen, tollen Auftritten, u. a. vom Whanganui Musicians Club.

UNTERWEGS VOR ORT

Das Zentrum von Whanganui ist überschaubar und eben und gut zu Fuß erkundbar. Velo Ronny's und The Bike Shed vermieten Fahrräder.

Rund um Whanganui

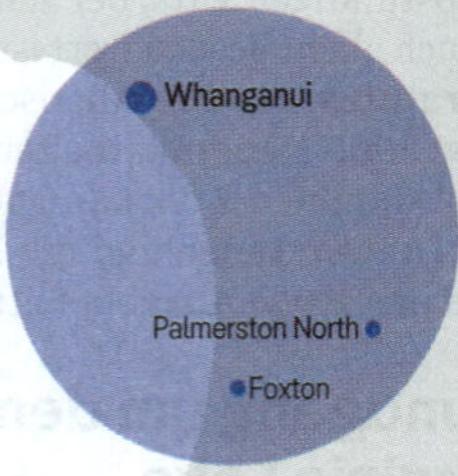

Unberührte Natur im Whanganui National Park und eine Reise durch das üppige grüne ländliche Kernland.

Die Region Manawatū-Whanganui erhielt ihren Namen von den beiden großen Flüssen, die sie geformt haben. Im Norden fließt der Whanganui River durch schroffes Bergland, das in weiten Teilen völlig menschenleer ist. Im Goldenen Zeitalter der Dampfschifffahrt Ende des 19. und Anfang des 20. Jhs. erhielt er den Beinamen „Rhein von Maoriland" und wurde zu einer der größten Touristenattraktionen. Heute ist er ein Anziehungspunkt für robuste Kanu- und Kajakfahrer, Wanderer und Mountainbiker.

Richtung Süden zum Manawatū River wird die Landschaft flacher, hier erstrecken sich grüne Weiden bis zu den Ruahine und Tararua Ranges, die den östlichen Horizont begrenzen.

TOP TIPP

Andere Standorte, um den Whanganui National Park zu erkunden, sind Taumarunui, Ōwhango und Ohakune im Ruapehu District.

Tararua Ranges

S. WATSON/SHUTTERSTOCK ©

GABOR KOVACS PHOTOGRAPHY/SHUTTERSTOCK ©

Whanganui National Park

Auf der Whanganui River Road

FAHRT DURCH DAS FELSIGE HINTERLAND

Weit ab vom Schuss – dafür steht die **Whanganui River Road**, die sich 64 km am Fluss entlangwindet, durch den stimmungsvollen **Whanganui National Park** und einige isolierte Māori-Siedlungen. Die Strecke ist keine Abkürzung, sondern verlängert die Fahrzeit von Whanganui nach Raetihi um mehr als eine Stunde. Was zählt, ist das Erlebnis.

Etwa 10 km hinter Whanganui (10 Min. Fahrzeit) zweigt die Straße vom SH4 ab und führt über einen Pass. Vom **Aramoana Lookout** bietet sich ein schöner Blick über den Fluss. Das Gelände am Fluss ist unwegsam und bergig, nur gelegentlich gibt es ebenes Gelände.

Erst ab **Ātene** überwiegt heimisches Buschland – der erste Abschnitt des Nationalparks ist erreicht. Ātene, eine Māori-Umschreibung von Athen, ist eines von mehreren *pā* (ehemals befestigten Dörfern), die die Namen bedeutender Städte aus der Alten Welt angenommen haben. Mehrere Wanderwege beginnen hier, der kürzeste ist der **Ātene Viewpoint Walk** – ein sechsstündiger Aufstieg durch den Busch zu einem Kamm mit Blick auf den Nationalpark. Erfahrene Wanderer können auf dem 18 km langen **Ātene Skyline Track** weitergehen, einem Rundweg (6–8 Std.) mit bis zu 572 m Höhe.

EIN TREFFEN MIT TE AWA TUPUA

2017 schrieb der Whanganui River Geschichte als er als juristische Person anerkannt wurde: Er gilt als Person mit eigenen Rechten und Pflichten. *Te Awa Tupua* lautet seine Bezeichnung, der Begriff schließt das gesamte Flusssystem (inklusive seiner Zuflüsse) ein – von den Bergen bis zum Meer, inklusive aller realen und spirituellen Besitzungen.

Der Fluss besitzt eine große kulturelle Bedeutung für die Te Āti Haunui-a-Pāpārangi, das Volk, das seit Jahrhunderten an seinen Ufern lebt. Diese gesetzliche Anerkennung war ein wichtiger Bestandteil des Treaty of Waitangi, in dem historische Schuld wiedergutgemacht werden soll. Wie Minister Chris Finlayson betonte, ist dieser Status auch nicht merkwürdiger als Rechtsformen, die auf Firmen übertragen werden.

ÜBERNACHTEN IM WHANGANUI NATIONAL PARK

Blue Duck Station
In Whakahoro am Nordende des Parks; Unterkünfte von Schlafsälen bis zu gemütlichen Holzhäusern. **$$**

Bridge to Nowhere Lodge
Abgelegene Lodge nahe am Matemateāonga Track; nur per Boot erreichbar. Auch einfaches Camping. **$**

The Flying Fox
Öko-Cottages und Zeltplatz nur mit Boot oder Zipline über den Fluss von Koriniti erreichbar. **$$**

EINE HEILIGE ENTSTEHT

Suzanne Aubert, 1835 in Frankreich geboren, war eine katholische Nonne, die 1860 nach Neuseeland kam. Sie machte sich schnell mit Sprache und Lebensweise der Māori vertraut, ihr besonderes Interesse galt *rongoā* (traditionelle Medizin der Māori). 1883 kam sie in Hiruhārama (Jerusalem) an und gründete den ersten eigenen Orden Neuseelands, die Sisters of Compassion. Das Kloster in Jerusalem diente als Schule, Waisenhaus, medizinisches Zentrum, Apotheke und Heim für chronisch Kranke und Behinderte.

Aubert verließ 1899 Jerusalem, aber das Kloster ist immer noch aktiv und Auberts Wohltätigkeitsarbeit wurde in Wellington noch intensiver. Papst Franziskus erklärte 2016 Suzanne Aubert als „verehrungswürdig", ein erster formaler Schritt auf dem Weg zur Heiligsprechung.

PK289/SHUTTERSTOCK ©

Hiruhārama (Jerusalem)

Die Straße führt weiter durch **Koriniti** (Korinth) nach **Matahiwi**, hier wurde ein Schulgebäude aus den 1920er-Jahren zum einzigen Café an der Strecke umgebaut. Einen Blick wert sind *waharoa* (geschnitzter Eingang) und ein Boot, das als Requisite für den Film *River Queen* (2005) diente; es gibt Quiche, Gebäck und lokale Kunst. Ein Stück weiter an der Straße steht die historische **Kawana Mill**, das Innere der wiederaufgebauten Getreidemühle (Original von 1853) kann besichtigt werden; nebenan steht ein Zwei-Zimmer-Häuschen.

Im nächsten Ort **Rānana** (London) befindet sich ein interessanter *marae* (zeremonieller Treffpunkt) mit einem *wharenui* (Versammlungshaus) neben einem Art-déco-Saal aus den 1950er-Jahren. Unbedingt um Erlaubnis fragen bevor man den Platz betritt oder fotografiert.

Der berühmteste Ort an der Strecke ist **Hiruhārama** (Jerusalem). Er ist Heimat eines katholischen Klosters, das 1892 von Suzanne Aubert gegründet wurde, Aotearoas Kandidatin für eine Heiligsprechung. Im Klostergebäude gibt es eine Ausstellung über das Leben dieser erstaunlichen Frau. Die kleine gotische Kirche könnte direkt im ländlichen Frankreich stehen, wären im Inneren nicht religiöse Kunstwerke der Māori.

Die River Road endet 12 km weiter in **Pipiriki**, gleichfalls Endpunkt der Whanganui Journey. Der 145 km lange Flusslauf Richtung Norden kann nur mit dem Boot erkundet werden. Von Pipiriki sind es 27 km bis nach Raetihi und dem SH4, nach Ohakune am Fuß des Mount Ruapehu weitere 11 km.

TOUREN IM WHANGANUI NATIONAL PARK

Bridge to Nowhere Tours
Sitz in Pipiriki; bietet Jetboot-, Kanu-, Mountainbike und Wandertouren an, mit allem, was dazugehört sowie Logistik.

Ōwhango Adventures
Kanutouren mit und ohne Führer, dazu Logistik für die Whanganui Journey; Basis ist Ōwhango.

Whanganui River Canoes
Der Veranstalter im Raetihi Holiday Park bietet Kanutouren mit und ohne Führer an, dazu Vermietung und Logistik.

Die Whanganui Journey mit dem Boot

KANUTOUR DURCH DEN WHANGANUI NATIONAL PARK

Der einzige „Great Walk“, der keine Wanderung ist: Bei der **Whanganui Journey**, einer der zehn offiziellen Great Walks Neuseelands, läuft man kaum einen Schritt. Sie bietet ein unglaubliches Kanu- oder Kajakabenteuer auf einem sonst unzugänglichen Abschnitt des Whanganui River und führt durch das Herz des **Whanganui National Parks**. Wildnis pur mit nur wenigen Zugangsmöglichkeiten.

Das fünftägige Abenteuer beginnt in Taumarunui (2 Std. Fahrt nördlich von Whanganui) und führt 145 km weit nach Pipiriki am Ende der Whanganui River Road. Alternativ kann man auch in Whakahoro beginnen und 57 km in zwei Tagen unternehmen. Mehrere Tourveranstalter bieten geführte Ausflüge an und verleihen nebenbei auch Ausrüstungen (Kanadier für zwei Personen, Kajaks, Schwimmwesten und wasserfeste Behälter). Wer auf einen Führer verzichtet, muss fit sein, ein erfahrener Schwimmer und Paddler und älter als 10 Jahre. Auf keinen Fall alleine fahren, es müssen ausreichend Erwachsene da sein, um sich um die Kinder zu kümmern. Im Winter nicht zu empfehlen.

Kajaktour auf dem Whanganui River

BRÜCKE INS NICHTS

Einer der seltsamsten Anblicke auf einer Wanderung durch Neuseeland ist die 40 m lange Betonbrücke mitten im dichten Busch im Whanganui National Park – und nirgendwo gibt es eine Straße. Sie wurde 1936 erbaut, um Farmland für die Veteranen des Ersten Weltkriegs zu erschließen. Aber die Siedlung wurde nach sechs Jahren aufgegeben.

Für Paddler auf der Whanganui Journey ist sie eine beliebte Unterbrechung, denn der Fußweg von Mangapurua Landing dauert nur 40 Min. Oder man fährt von Pipiriki, 30 km flussabwärts, mit dem Jetboot hierher.

Der Weg ist Teil des 40 km langen **Mangapurua/Kaiwhakauka Track**, einer zwei- bis dreitägigen Wanderung (mit Rad 1 Tag) zwischen Whakahoro und Mangapurua, ein Teilstück des Radwegs Mountains to Sea.

Whanganui Scenic Experience Jet
Fahrten mit Jetboot und Kanu ab einer Farm an der Whanganui River Road.

Whanganui Tours
Mit dem Postauto unterwegs auf der Whanganui River Road; auch Radtouren.

Adrift Tongariro
Im National Park Village; angeboten werden eintägige private oder dreitägige Gruppentouren mit dem Kanu.

ESSEN & AUSGEHEN IN PALMERSTON NORTH

Barista
Tagsüber Café und abends Bistro mit einem fantasievollen Wandbild an der Hauptgeschäftsstraße. $

Café Cuba
Beliebtes altmodisches Café an einer Ecke mit einer vollgepackten Vitrine. Nur tagsüber geöffnet. $

Brew Union
Craftbier und Gin-Spezialisten, in dem schick umgebauten Lagerhaus gibt es auch Pizza, Tellergerichte und Burger. $$

Little Savannah
Schicke Gastro-Bar mit südafrikanischer Atmosphäre. $$$

Nero Restaurant
Palmys exklusivstes Restaurant; in den dunklen Mauern eines beeindruckenden Gebäudes im Stadtzentrum. $$$

CHAMELEONSEYE/SHUTTERSTOCK ©

Te Marae o Hine/The Square, Palmerston North

Vogelleben im Bushy Park

EINHEIMISCHE WILDTIERE UND HIGH TEA

Es gibt nicht viele Orte, wo man erst im dichten Buschland nach gefährdeten Vögeln Ausschau hält und sich anschließend in einem eleganten edwardianischen Speisesaal einen High Tea gönnt. In diesem Öko-Schutzgebiet (Eintritt frei), 20 km Fahrt nordwestlich von Whanganui, ist das möglich.

Der Besitz wurde 1962 Forest & Bird geschenkt, dazu gehören 80 ha naturbelassener Regenwald, Feuchtgebiete und ein denkmalgeschütztes Gebäude von 1906. Um Raubtiere abzuhalten wurde 2005 das Gelände eingezäunt, eingeführte Schädlinge wurden ausgerottet – heute ist **Bushy Park Tarapuruhi** eines der besten renaturierten Projekte Australasiens. Es gibt eine Reihe von kurzen Rundwanderwegen, einer davon führt zu einem 39 m hohen Rātā-Baum. Die Vogelwelt erlebt man am besten beim 25-minütigen Wetlands Loop.

ÜBERNACHTEN IN PALMERSTON NORTH

Masonic Hotel
Der erste Eindruck täuscht – der zentral gelegene alte Pub bietet günstige, hübsch renovierte Zimmer mit Bad. $

City Corporate Motor Inn
Luxuriöse Motelzimmer mit Leder und Holz, einige mit eigenem Whirlpool für zwei Personen. $$

Hacienda Motor Lodge
Motel mit Studios und Apartments mit drei Schlafzimmern, nur 10 Min. Fußweg von The Square entfernt. $$

Wer das Vogelgezwitscher zur Morgendämmerung erleben möchte, sollte in einem der fünf B&B-Zimmer oder im Campingwagen übernachten.

Museen & Parks in Palmerston North

RUGBY-MUSEUM UND RIVERSIDE PARK

Rugby ist eine neuseeländische Sucht. Das neuseeländische Männerteam, die All Blacks, sind eines der erfolgreichsten Teams aller Zeiten, das Frauenteam, die Black Ferns, gewann 2021 den World Cup. Für Fans lohnt sich ein Besuch der unauffälligen Stadt Palmerston North (1 Std. südöstlich von Whanganui) um das **New Zealand Rugby Museum** zu besuchen. Die mit Trophäen und Andenken vollgestopften Schaukästen zeigen eine Reise durch die Rugby-Geschichte des Landes. Das Rugby-Museum, das Eintritt kostet, befindet sich neben **Te Manawa**, dem wichtigsten Museum der Stadt, das gleichfalls einen Besuch lohnt.

Das Zentrum von Palmerston North befindet sich rund um **Te Marae o Hine/The Square**, einem 7 ha großen Stadtzentrum, in dem sich auch ein Kriegsdenkmal, ein Uhrenturm und die **Palmerston North City i-SITE** (Touristeninformation) befindet.

Bei einem Besuch sollte man unbedingt auch einen Spaziergang durch die **Victoria Esplanade** machen, einen hübschen Park am Ufer des Manawatū River. Er bietet schöne Wege, Rosengärten, Volieren, Ententeiche, Skulpturen, Spielplätze und eine Miniatur-Eisenbahn.

Holland in Foxton

MUSEUM, WINDMÜHLE UND HOLLÄNDISCHE KOST

Man glaubt es kaum – im kleinen Ort Foxton am SH1, eine Stunde Fahrzeit südlich von Whanganui, steht der funktionierende Nachbau einer holländischen Windmühle aus dem 17. Jh. Der Innenraum von **De Molen** kann besichtigt werden, im kleinen Laden gibt es hier gemahlenes Mehl zu kaufen.

Direkt nebenan ist das **Te Awahou Nieuwe Stroom**, eine Kombination aus Café, Bücherei, Kunstgalerie und Museum, das die Geschichte der holländischen Siedler in Neuseeland ab Abel Tasman zeigt. Nach dem Zweiten Weltkrieg wurden Einwanderer aus den Niederlanden eine der großen, nicht-englischsprachigen Minderheiten Neuseelands (heute hat einer von 40 Kiwis holländische Vorfahren). Das Museum mit Tulpenwand, Holzschuhen und *sjoelen* (Shuffleboard) macht viel Spaß. Es gibt auch eine Ausstellung zum einheimischen Māori-Stamm Ngāti Raukawa ki te Tonga.

DER MÄCHTIGE MANAWATŪ

Der Manawatū River beginnt an der Ostseite der Ruahine Range, zwängt sich durch die buschbewachsene Manawatū Gorge (die die Ruahine und Tararua Ranges trennt) und fließt dann auf seiner Reise nach Foxton Beach an der Tasmansee durch Palmerston North. Der Fluss ist nur 180 km lang, aber in Bezug auf die Wassermenge ist er nach dem Waikato der zweitgrößte Fluss der Nordinsel.

Früher führte der SH3 durch die steile Manawatū Gorge, aber wegen häufiger Erdrutsche wurde die Straße 2017 aufgegeben. Die Gegend kann immer noch auf einer 3½-stündigen Tour – 11 km durchs Buschland hoch über dem Fluss – erkundet werden. Kürzer ist der 4 km lange Tawa Loop am Westende.

UNTERWEGS VOR ORT

Busse verkehren zwischen Whanganui und Palmerston North, für andere Ziele benötigt man ein Auto. Die Whanganui River Road kann auch mit dem Fahrrad erkundet werden.

Links: Emerald Lakes, Tongariro Northern Circuit (S. 246); rechts: Wairakei Terraces (S. 238)

TAUPŌ & DIE REGION RUAPEHU

Das vulkanische Herz der Nordinsel

Ein riesiger See und ein Trio aus drei grollenden Bergen bilden die malerische Kulisse für eine große Vielfalt an Outdoor-Abenteuern.

Diese Region ist von einigen der heftigsten Vulkanausbrüche in der Menschheitsgeschichte geprägt worden und besitzt noch heute aktive Vulkane. Seit der Ankunft der ersten Māori ist die einzigartige geologische Topografie Schauplatz von Geschichten und Legenden. Viele Orte sind den Nachfolgern der Māori, den Völkern der Ngāti Tuwharetoa und der Ngāti Rangi, noch heute heilig.

Während der Neuseeländischen Kriege bauten die Briten 1869 dort, wo sich heute die Stadt Taupō befindet, Schanzen und errichteten eine Garnison für berittene Polizei. Nach dem Krieg und angesichts des zunehmenden Eindringens britischer Siedler schenkte der Häuptling der Ngāti Tuwharetoa die Vulkangipfel des Zentralplateaus der britischen Krone, um sie so als den ersten Nationalpark Neuseelands zu schützen.

Im 20. Jahrhundert wuchs Taupō im Zuge der zunehmenden Motorisierung von einem Dorf mit 750 Einwohnern zu einem großen, von fast allen Ortschaften auf der Nordinsel leicht erreichbaren Ferienparadies. Über den Fluss Tongariro wurde der Lake Taupō mit Forellen besiedelt, am Mount Ruapehu wurden Skipisten eingerichtet.

In den Sommermonaten ist der See stark frequentiert von Touristen, die Boot fahren, angeln oder schwimmen. Im Winter ist der Tongariro National Park ein beliebtes Skigebiet. Spektakuläre Wander- oder Mountainbikerouten sind weitere Attraktionen dieser beliebten Urlaubsregion.

DIE WICHTIGSTEN ZIELE

TAUPŌ
Lebhafte Stadt am See mit heißen Quellen.
S. 234

TONGARIRO NATIONAL PARK
Drei spektakuläre Vulkangipfel.
S. 244

Erste Orientierung

Die Region ist wunderbar kompakt. In wenig mehr als einer Stunde kommt man mit dem Auto von Taupō zum Nordrand des Tongariro National Park.

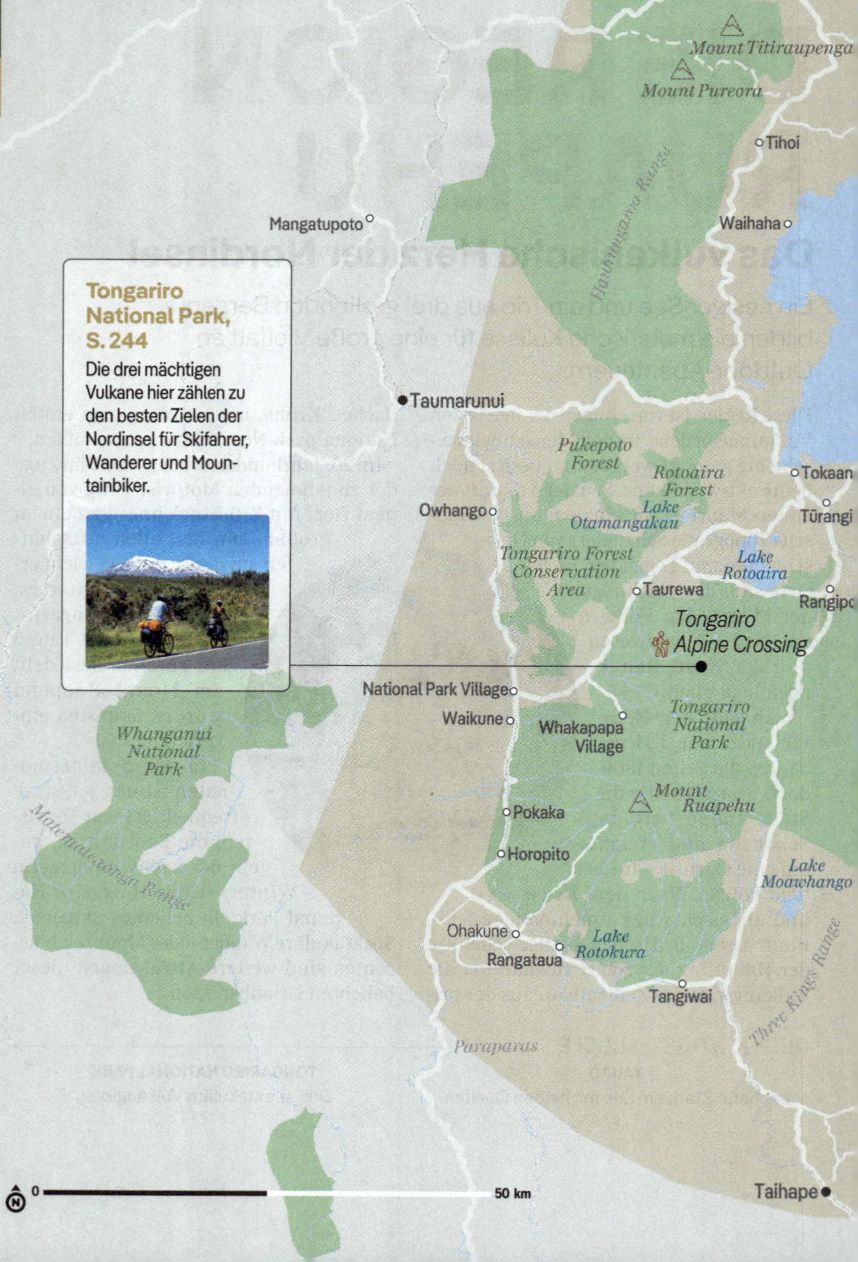

Tongariro National Park, S. 244

Die drei mächtigen Vulkane hier zählen zu den besten Zielen der Nordinsel für Skifahrer, Wanderer und Mountainbiker.

Taupō, S. 234
Dieser lebhafte Urlaubsort am riesigen Lake Taupō bietet neben Thermalquellen jede Menge Aktivitäten an Land und auf dem Wasser.

AUTO
Das beste Transportmittel ist mit Abstand das Auto. Die Sehenswürdigkeiten sind weit verteilt, öffentliche Verkehrsmittel selten. Mit einem eigenen Auto können Besucher nach Belieben an stillen Seebuchten halten und weiter entfernte Wanderwege erreichen.

BUS
Die InterCity-Busse zwischen Auckland, Hamilton und Wellington halten in Taupō, Tūrangi und Waiouru. Von Taupō aus gibt es Verbindungen nach Rotorua und Napier. Die Busse von Auckland nach Palmerston North halten am National Park Village und in Ohakune. Shuttles verkehren zu den Skipisten und Wanderwegen.

ZUG
KiwiRails Northern Explorer-Linie zwischen Auckland und Wellington hält für Touristen sehr bequem sowohl am National Park Village als auch in Ohakune, jedoch nur ein paar Mal in der Woche. Dafür ist die Route sehr malerisch, Eisenbahnfans können das als Raurimu Spiral bekannte technische Wunderwerk bewundern.

Perfekte Tage

Für manche Touren sollte man im Voraus planen, schlechtes Wetter erfordert gleichzeitig Flexibilität. Entspannte Besucher können sich aber auch einfach treiben lassen.

Tawhai Falls (S. 249)

Wenig Zeit

Die spektakulären **Huka Falls** (S. 237) auf dem Weg nach **Taupō** (S. 234) lohnen unbedingt einen Stopp. In der Stadt selbst locken die Uferpromenade und zahlreiche **Cafés** (S. 238). Bei einer Fahrt um den See sollten Besucher in **Tūrangi** (S. 251) abbiegen und über den Te Ponanga Saddle zum **Tongariro National Park** (S. 244) fahren. Hinter Whakapapa Village lohnt ein kurzer Spaziergang zu den **Tawhai Falls** (S. 249), anschließend geht es zum **Tongariro National Park Visitor Centre** (S. 246). Danach fährt man weiter zum Mount Ruapehu zum **Sky Waka** (S. 249). In den Genuss des Sonnenuntergangs kommt man bei einem Spaziergang auf dem **Ridge Walk** (S. 249).

Beste Reisezeit

Es gibt keine schlechte Reisezeit für diese Gegend. Die Skisaison reicht von Juli bis Oktober, Frühling, Herbst und Sommer sind perfekt für Wanderungen und Radtouren.

JANUAR

Der Januar ist der sonnigste und wärmste Monat. Jetzt locken der **Lake Taupō** (S. 236) und die Wanderwege.

FEBRUAR

Im Februar regnet es wenig, das Wasser ist warm. Rockfreunde freuen sich auf das **Taupō Summer Concert** (S. 240).

MÄRZ

Der Ironman New Zealand (S. 240) findet am Lake Taupō statt, das Wetter bleibt warm und trocken.

Drei Tage Zeit

● Der Aufenthalt beginnt in Taupō mit dem **Great Lake Pathway** (S. 237), bei gutem Wetter gibt es eine Erfrischung im See. Ein gutes Mittagessen serviert **Replete Café & Store** (S. 238), anschließend steht eine Bootsfahrt (S. 236) zu den Felsbildern der Māori an. Nach dem Abendessen entspannt ein Thermalbad in den **Wairakei Terraces** (S. 238) oder, wenn Kinder dabei sind, im **Taupo DeBretts Spa Resort** (S. 238).

● Der zweite Tag startet mit einem Frühstück im **Storehouse** (S. 238), es schließt sich eine Wanderung zu den **Huka Falls** (S. 237) an. Auf dem Rückweg nimmt man ein Bad im **Spa Thermal Park** (S. 238). Anschließend geht es mit dem Auto zum National Park Village, am dritten Tag folgt **Tongariro Alpine Crossing** (S. 245).

Fünf Tage

● Im Anschluss an das Programm für drei Tage gibt es einen Extratag in Taupō für die blubbernden Schlammtümpel von **Ōrākei Kōrako** (S. 243) und für eine Radtour über einen der **Great Lake Trails** (S. 242). Nach dem **Tongariro Alpine Crossing** (S. 245) geht es weiter nach Ohakune für ein Abendessen im **Out Of Order** (S. 255). Wer am nächsten Tag noch kann, fährt mit dem Rad über die **Ohakune Old Coach Road** (S. 254). Nachmittags gibt es einen Bagel im **Thorn** (S. 255). Wer dann immer noch Energie hat, macht einen Spaziergang am friedlichen **Lake Rotokura** (S. 254). Erschöpfte Besucher besuchen stattdessen das **National Army Museum** (S. 255) in Waiourou.

JUNI
Orange dominiert Ohakune während des **Carrot Carnival** (S. 253) am King's Birthday-Wochenende, ein Vorspiel der Skisaison.

JULI
Der kälteste Monat des Jahres wird am Mount Ruapehu (S. 247) mit dem Beginn der Skisaison gefeiert.

OKTOBER
Während des **Graffiato Festival** (S. 240) beleben Straßenkünstler Taupō. Am Mount Ruapehu neigt sich die Skisaison dem Ende zu.

NOVEMBER
Tausende Radfahrer nehmen an der **Lake Taupō Cycle Challenge** (S. 240) am Ende des Monats teil.

TAUPŌ

Dieser kleine Urlaubsort am Ufer eines großen Sees vereint eine malerische Kulisse mit viel Freizeitspaß, von Mountainbiken, über Jetbootfahrten, Bungeespringen und Autorennen bis hin zum Fallschirmspringen. Die Hauptattraktion bleibt jedoch ein gemütlicher Spaziergang am See, vor allem an klaren Tagen, wenn sich in der Ferne die schneebedeckten Gipfel des Tongariro National Park über dem stillen Wasser erheben. Dass der See eigentlich einer der aktivsten Supervulkane der ganzen Welt ist, erhöht die Faszination nur.

Das Stadtzentrum ist kompakt und lebhaft. Viele der Gassen schmücken Fassadenmalereien, ein Nebenprodukt des jährlichen Street-Art-Festivals. Außerdem gibt es zahlreiche gute Cafés oder Restaurants, ebenso – nach einem aktiven Tag – am Abend ausreichend Pubs und Bars.

TOP TIPP

Das Zentrum liegt zwischen dem Seeufer und dem Waikato River. Die Stadt erstreckt sich jedoch noch weiter über die benachbarten Buchten. Viele der Sehenswürdigkeiten liegen in nördlicher Richtung am Fluss, in der Umgebung von Wairakei. Acacia Bay auf der anderen Flussseite ist ein netter Strandort.

Jetbootfahren, Huka Falls (S. 234)

HIGHLIGHTS
1 Lake Taupō Cruises

SEHENSWERTES
2 Aratiatia Rapids
3 Craters of the Moon
4 Hot Water Beach
5 Huka Falls
6 Spa Thermal Park
7 Taupo DeBretts Spa Resort
8 Taupō Museum
9 Wairakei Terraces

ESSEN
10 Craters MTB Park
11 Great Lake Pathway
12 Taupo Bungy & Swing
13 Taupō Tandem Skydiving

Craters of the Moon (S. 238)

CRYSTALMAGE/SHUTTERSTOCK ©

Felsbild des Ngātoro-i-rangi, Mine Bay

Auf dem Lake Taupō

BOOTSFAHRTEN, PADDELN UND ANGELTRIPS

Der Lake Taupō sieht schon vom Ufer aus großartig aus. Noch besser ist es aber, wenn man über das Wasser fährt. Nur von dort aus kann man die Arbeiten des meisterhaften Felsenmalers Matahi Whakataka-Brightwell und dessen Schüler in der Nähe der **Mine Bay** aus den 1970er-Jahren besichtigen. Im Zentrum dieses Kunstwerks ist das stilisierte, 10 m hohe Gesicht von Ngātoro-i-rangi zu sehen, dem Māori-Priester und Entdecker, der den Stamm der Tūwharetoa ca. im 14. Jh. in die Gegend von Taupō führte. Dieses beeindruckende Kunstwerk ist der Höhepunkt der Kreuzfahrten über den Lake Taupō. Sie legen am **Taupō Boat Harbour** ab, der sich hinter der i-SITE-Touristeninformation und dem Taupō Museum an der Mündung des Waikato River befindet.

Tickets sind an dem kleinen Kiosk am Seeufer erhältlich, zur Wahl stehen Jachten, ausgefallene Boote und sogar ein kleines Dampfschiff. Die meisten Fahrten dauern eineinhalb bis zwei-

DIE WILDE GESCHICHTE DES LAKE TAUPŌ

Der heute so friedlich wirkende Lake Taupō ist ein Kratersee und liegt in der Caldera eines Supervulkans, dessen Eruptionen zu den weltweit bedeutendsten in den vergangenen 300 000 Jahren zählen. Der heutige Kessel wurde durch einen Ausbruch vor etwa 26 500 Jahren geformt, dessen Materialauswurf von 1100 km³ den Ausbruch des Krakatoa mit 8 km³ geradezu winzig erscheinen lässt. Der letzte große Ausbruch, der weltweit stärkste in den vergangenen 5000 Jahren, ereignete sich im Jahr 181 n. Chr. Noch in China und im antiken Rom wurden seltsame Sonnenuntergänge und ungewöhnliche Himmelserscheinungen bemerkt.

BOOTSFAHRTEN AUF DEM LAKE TAUPŌ

Sail Barbary
Mit einer Jacht mit Elektromotor zu den Felsritzungen fahren oder von einem 12 m langen Katamaran aus angeln.

Ernest Kemp
Ein Nachbau eines Dampfschiffs für Familienausflüge oder Fahrten inklusive Cocktails.

Chris Jolly Outdoors
Täglich Fahrten auf einem schicken Motorboot für Angler.

einhalb Stunden, bei manchen sind Essen oder Cocktails inklusive. Außerdem gibt es viele private Anbieter für Angeltouren.

Wer lieber selbst fährt, kann Kajaks, Kanus, Paddelbretter, Motor- oder Segelboote mieten, z. B. am Boat Harbour, an der Two Mile Bay und in Acacia Bay. Kajakfahrer können sich auch einer geführten Tour anschließen.

Die Stromschnellen des Waikato River

DIE TOSENDE NATUR

Die Wasserfälle des Waikato River, Neuseelands längstem Fluss, befinden sich knapp 7 km flussabwärts vom Lake Taupō. Sie sind ein spektakulärer Anblick. In der einen Kaskade fällt das Wasser 11 m tief. Durch die **Huka Falls** schießen durchschnittlich 220 000 l Wasser pro Sekunde, sie erzeugen einen faszinierenden Strudel in eisblauen Schattierungen. Von der Brücke und einem nahe gelegenen Ausguck aus können Besucher die enorme Kraft des Stroms bewundern, den die Māori Hukanui („Mächtiger Gischtkörper") nannten.

Der Weg zu den Wasserfällen etwa 3,5 km nördlich der Stadt ist gut ausgeschildert, vom Parkplatz aus sind es nur wenige Schritte. Am schönsten kommt man jedoch über die **Huka Trails** hierher, eine große Schleife aus Wander- und Mountainbikewegen, die sich bis zu den nächsten Stromschnellen am Fluss erstrecken, den **Aratiatia Rapids**.

Diese spektakulären Stromschnellen werden heute durch einen Damm zur Energieerzeugung gezähmt. Besucher können sich dieses ungeheure Schauspiel ansehen, wenn die Schleusentore um 10 Uhr und um 14 Uhr für 15 Min. geöffnet werden, von Oktober bis März zusätzlich um 16 Uhr. Nach diesem faszinierenden Schauspiel führt ein kurzer Spaziergang durch den Urwald zu zwei guten Aussichtspunkten weiter flussabwärts.

Wer möchte, kann auch mit dem Jetboot zu den Stromschnellen und Fällen fahren oder eine entspanntere Bootsfahrt zwischen beiden unternehmen.

Auf dem Great Lake Pathway

ENTSPANNT RADFAHREN UND WANDERN AM SEEUFER

Es gibt keine bessere Methode, die entspannte Atmosphäre am See zu genießen, als ganz friedlich mit dem Rad oder zu Fuß dem **Great Lake Pathway** zu folgen, der etwa 10 km vom Taupō Boat Harbour bis nach Waitahanui verläuft. Der Weg führt an hübschen Buchten vorbei, in einigen von ihnen gibt es heiße Quellen. Besonders schön sind die Exemplare des *kōwhai*, ein schöner einheimischer Baum mit leuchtend gelben Blüten im Frühling.

DIE BESTEN RESTAURANTS IN TAUPŌ

Master of India
Eines der zahlreichen indischen Restaurants im Stadtzentrum; in der großen Speisekarte stehen vor allem Balti-Gerichte. **$$**

The Bistro
Taupōs elegantestes Restaurant verwöhnt seine Gäste in einem dunkel getäfelten Speisesaal mit gutem Service und saisonalen europäischen Bistro-Gerichten. **$$$**

Brantry Eatery
In diesem schicken Glaspavillon werden vorzügliche Drei-Gänge-Menüs mit dem Schwerpunkt auf moderne neuseeländische Küche serviert. **$$$**

BOOTSFAHRTEN AUF DEM WAIKATO RIVER

Hukafalls Jet
Unterhalb der Huka Falls geht es rasant in 30 Min. flussabwärts bis zum Aratiatia Dam.

Rapids Jet
Ein sensationeller 35-minütiger Ritt über den unteren Teil der Aratiatia Rapids.

Huka Falls River Cruise
Eine entspannte 80-minütige Fahrt vom Aratiatia Dam zu den Huka Falls.

Ein malerischer Fallschirmsprung

ÜBER DEN SEE SAUSEN

Wenn erst einmal die Reißleine gezogen ist, können abenteuerlustige Besucher beim Tandem-Fallschirmsprung entspannen und auf dem Weg nach unten die malerische Landschaft genießen. Taupō ist nicht umsonst die Fallschirmspringer-Hauptstadt der Welt. Der Blick ist phänomenal, vom tiefblauen See bis zu den schneebedeckten Gipfeln des Tongariro National Park. Wer schon immer mal einen Fallschirmsprung machen wollte, ist hier richtig.

Taupō Tandem Skydiving bietet mit einem Sprung aus über 5300 m Höhe und mit 75 Sek. freiem Fall, bevor der Schirm öffnet, das ultimative Abenteuer.

Taupōs dampfende heiße Quellen

RELAXEN IN HEISSEM WASSER

Aufgrund der vulkanischen Aktivität besitzen Taupō und Umgebung zahlreiche heiße Quellen. Der Weg aus Norden nach Taupō führt durch Wairakei, der Hotspot dieser Gegend, ein geothermisches Kraftwerk. Als hier 1958 mit der Produktion von klimaneutraler Elektrizität begonnen wurde, erschuf die Veränderung des Grundwasserspiegels unbeabsichtigt das heute als **Craters of the Moon** bekannte dampfende Tal. Für einen geringen Eintrittspreis begibt man sich auf einen 45-minütigen Rundgang – vorbei an dampfenden Erdlöchern und gluckernden Schlammkratern. Farbige Mineralbecken oder Geysire wie in Rotorua oder Ōrākei Kōrako gibt es hier allerdings nicht.

An den nahe gelegenen **Wairakei Terraces** hat der Mensch der Natur nachgeholfen. Hier speist heißes unterirdisches Wasser einen künstlichen Geysir und fließt kunstvoll gestaltete Sinterterrassen in einem nachgebildeten Māori-Dorf hinunter. Das Beste hier ist jedoch die Möglichkeit, in warmem, mineralreichem Wasser inmitten eines schönen Gartens zu relaxen (Mindestalter 14 Jahre).

Wer mit Kindern hierherkommt, ist gut aufgehoben im **Taupo DeBretts Spa Resort** mit schönen Wasserrutschen und großen Außenbecken.

Besucher können sogar ohne Eintrittspreis in heißem Wasser baden. Das heiße Wasser des Otumuheke Stream trifft im **Spa Thermal Park** auf den erfrischenden Waikato River, sodass ein kostenloses Thermalbad mit natürlichen Nischen entsteht. Vom Parkplatz am Ende der County Avenue sind es auf dem Huka Falls Walkway nur zehn Fußminuten bis zum Fluss. Aber Vorsicht: Es sind schon einige Menschen ertrunken, die schnelle Strömung des Flusses sind nicht ungefährlich.

DIE BESTEN CAFÉS IN TAUPŌ

Replete Café & Store
Eine lokale Institution mit einer asiatisch geprägten Karte. $$

Storehouse
Taupōs coolstes Café erstreckt sich über zwei mit Pflanzen dekorierte Ebenen, mit einer Spielecke für Kinder und köstlichem Essen. $$

Victoria's
Ein großes, helles und modernes Café mit einem polierten Betonboden und Tischen draußen an der Hauptstraße. $$

ADRENALINSCHUB IN TAUPŌ

Taupō Tandem Skydiving
Dieser traditionsreiche Anbieter rühmt sich, schon mehr als 200 000 Menschen aus dem Flugzeug geworfen zu haben.

Formula Challenge Racing
Rasante Fahrt auf dem Taupō International Motorsport Park in einem Einsitzer oder einem Rennwagen mit 8 Zylindern.

Big Sky Parasail
Bietet einen 12 Min. langen Flug bis auf 300 m Höhe über dem See.

KDREAMS/IMAZINS/GETTY IMAGES ©

Taupō Bungy & Swing

Heißes Wasser tritt außerdem an mehreren Stellen am Lake Taupō, z. B. am **Hot Water Beach**, durch den Sand an die Oberfläche und erwärmt so das kalte Seenwasser ein wenig.

Ein Sprung mit Taupō Bungy & Swing

ÜBER DEM WAIKATO RIVER HERUNTERSTÜRZEN

Die Klippe über dem Waikato River und seinem aquamarinblauen Wasser bietet die aufregendste Unterhaltung in der Stadt: Hier kann man zusehen, wie zögernde Springer sich vorsichtig auf der 47 m hohen Plattform bewegen, um all ihren Mut zusammenzunehmen, um mit **Taupō Bungy & Swing** in die Tiefe zu springen. Einige wenige machen einen Rückzieher, die meisten aber springen unter den lauten Anfeuerungsrufen. Die Seile werden jeweils an das Gewicht angepasst, sodass Springer unten das Wasser berühren können. Es sind auch Tandemsprünge im Angebot, ebenso wie eine gigantische Schaukel, die eine Geschwindigkeit von 70 km/h erreicht.

DIE BESTEN BARS IN TAUPŌ

Vine Eatery & Bar
Die hohe Decke in dieser Kombination aus Restaurant und Weinbar ist mit Kronleuchtern aus Weingläsern dekoriert.

Craft Trout Brewing Co
Das Bier in der hauseigenen Brauerei an der Hauptstraße kommt aus dem Keller.

The Deck
Diese Bar ist nicht zuletzt wegen des Panoramablicks über den Lake Taupō so beliebt.:

ÜBERNACHTEN IN TAUPŌ

Finlay Jack's YHA
Dieses ehemalige Motel ist heute ein lebhaftes Hostel. Schöner Innenhof, gute Lage. $

Gables Lakefront Motel
Gut geführtes Motel an der Hauptstraße mit Blick auf den See. $$

The Lake Motel
In diesem Boutiquemotel im Retro-Stil fühlen die Gäste sich wie am Set von *Mad Men*. $$

FESTE & EVENTS IN TAUPŌ

Taupō Summer Concert
Am Waitangi-Wochenende (Anfang Februar) spielen international bekannte Musiker und Bands im Taupō Amphitheatre.

Ironman New Zealand
Anfang März treffen sich internationale Top-Athleten in Taupō, um sich beim Schwimmen, Radfahren und Laufen zu messen.

Graffiato: Taupō Street Art Festival
Am Labour-Day-Wochenende (Ende Oktober) erschaffen Künstler großformatige Kunstwerke auf den Straßen Taupōs.

Lake Taupō Cycle Challenge
Neuseelands größtes Radrennen des Jahres zieht am letzten Samstag im November Tausende Radfahrer an den See.

GAGLIARDIPHOTOGRAPHY/SHUTTERSTOCK ©

Craters of the Moon (S: 238)

Kunst & Geschichte im Taupō Museum

BESUCH EINES GEMEINDEHAUSES MIT SCHNITZEREIEN

Nicht-Māori bekommen nur selten die Gelegenheit, ein *wharenui* (Gemeindehaus) zu betreten. Umso faszinierender ist das **Taupō Museum**. Sein Herzstück ist das Te Aroha o Rongoheikume, ein mit kunstvollen Schnitzereien dekoriertes *wharenui* aus den 1920er-Jahren. Den Gebräuchen folgend müssen Besucher ihre Schuhe ausziehen und können anschließend die gewebten Flachspaneele, Balkenmuster und weitere Schätze bewundern. Ein anderer großer Ausstellungsraum ist der Geschichte der Ngāti Tūwharetoa, des lokalen *iwi* (Stamm), gewidmet.

Weitere Exponate illustrieren die vulkanische Aktivität, das Forellenangeln, außerdem gibt es einen schrägen Wohnwagen aus den 1960er-Jahren. Gartenfreunden ist der Rosengarten nebenan zu empfehlen, ebenso der „Ora Garden of Wellbeing" im Innenhof, eine Nachbildung von Neuseelands siegreichem Beitrag zur Chelsea Flower Show 2004.

Schlammschlacht im Craters MTB Park

MOUNTAINBIKEN AUF WALDWEGEN

Taupōs Ruf als Mountainbiker-Hochburg beruht nicht zuletzt auf den **Craters MTB Park** im Wairakei Valley. Dieser bietet 50 km an Routen für Mountainbiker aller Levels. Bei Bike Taupō kann man sich online einen Pass besorgen und Strecken für Fortgeschrittene bei Sprüngen der Kategorien 3 und 4 austesten.

UNTERWEGS VOR ORT

Taupōs Stadtzentrum ist kompakt und flach, perfekt für Fußgänger. Allerdings liegen viele Sehenswürdigkeiten eher am Stadtrand, und die Buslinien von BUSIT fahren im Allgemeinen nur ein paar Mal pro Tag. Ein Mietwagen wäre demnach sehr praktisch, aber immerhin gibt es auch ein gutes Netz aus Fahrrad- und Wanderwegen.

Rund um Taupō

Kurze Trips von Taupō aus führen zu geothermischen Wundern und einigen der besten Mountainbike-Strecken in Neuseeland.

Die Gegend nördlich vom Lake Taupō ist eine Mischung aus hügeligem Ackerland und Wäldern, geprägt vom Waikato River. Neuseelands längster Fluss entspringt in Taupō und windet sich 425 km lang bis zum Tasmanischen Meer. Auf diesem Weg, am Ufer eines der acht künstlichen Seen zur Energieerzeugung aus Wasserkraft, liegt Ōrākei Kōrako, eines der außergewöhnlichsten Thermalfelder des Landes.

Diese Region zieht Mountainbiker, z. B. mit zwei von Neuseelands insgesamt 23 offiziellen „Great Rides“, magisch an. Beide Routen führen durch entlegene, malerische Landschaften. Eine von ihnen behält dabei den größten See des Landes stets im Blick, während die andere durch tiefen Regenwald führt.

TOP TIPP

Die Fahrt zwischen Ōrākei Kōrako und Pureora führt am besten über den State Highway (SH) 30 am Waikato River entlang.

Mountainbiken, nördlich von Taupō

DMITRY NAUMOV/SHUTTERSTOCK ©

Ōrākei Kōrako

DIE SCHÖNSTEN RADTOUREN

Taupo Kayaking Adventures
Hat geführte Touren mit Kajak und Rad im Angebot, für alle örtlichen Strecken.

Chris Jolly Outdoors
Zu der Auswahl an geführten Touren zählen die Great Lake Trails, die Huka Trails und „Bikes & Coffee" im Zentrum von Taupō.

Adventure Shuttles
Haben sich auf kleine Gruppen spezialisiert und kümmern sich um die Details für Touren in der Umgebung (Fahrradverleih, Shuttles, Unterkunft).

FourB
Dieser Anbieter in der Nähe des Craters MTB Park organisiert Fahrradverleih, Shuttles und Touren.

Auf den Great Lake Trails

MOUNTAINBIKEN MIT SPEKTAKULÄREN AUSBLICKEN

Wie oft kann man auf dem Rand eines Supervulkans Mountainbiken? Die **Great Lake Trails**, einer der 23 „Great Rides" Neuseelands, setzen sich aus drei Routen am Nordufer zusammen. Jede Strecke kann, abhängig von der persönlichen Fitness, in einem halben bis einem ganzen Tag bewältigt werden. Mit Hilfe von Land- und Wassershuttles können richtig durchtrainierte Radfahrer sie zu einer dreitägigen Odyssee kombinieren. Lokale Anbieter kümmern sich bei Bedarf um die nötigen Details.

UNTERKÜNFTE, SHUTTLES & RÄDER AM TIMBER TRAIL

Epic Cycle Adventures
Shuttles, Leihräder und luxuriöse Zelte auf dem eigenen Campingplatz ungefähr auf halber Strecke. **$**

Blackfern Lodge
Eine rustikale, aber komfortable Unterkunft, außerdem Shuttles und Leihräder. **$$$**

Timber Trail Lodge
Schicke Zimmer mit Bad; Pauschalangebote inklusive Mahlzeiten, Gepäcktransfer, Shuttles und Leihrädern. **$$$**

Die Fahrt führt durch unberührte Landschaft mit vielen Vögeln, Wasserfällen, beeindruckenden Schluchten, ungewöhnlichen Felsformation und – selbstverständlich – spektakulären Seepanoramen. Und an jedem Tag ist eine Abkühlung im klaren Seewasser möglich.

Die drei Streckenabschnitte sind von Taupō aus leicht zu erreichen. Die beste Basis ist jedoch **Kinloch**, ein Städtchen an der nördlichsten Bucht des Sees, etwa 20 Autominuten westlich von Taupō gelegen.

Geothermische Wunder in Ōrākei Kōrako

FARBENFROHE TERRASSEN UND BLUBBERNDER SCHLAMM

Rund 30 Autominuten nördlich von Taupō stellt **Ōrākei Kōrako** das faszinierendste Thermalfeld der Region dar.

Es liegt am Ufer des Lake Orakuri. Der erste Teil des Abenteuers ist so eine kurze Bootsfahrt. Am Ufer angekommen, führt ein 2,5 km langer Wanderweg über Holzstege rund um die orange, grün, weiß und grau schimmernden Sinterterassen, denen der Park seine Berühmtheit verdankt. Wer mit Kindern reist, sollte unbedingt aufpassen, da es zwischen dem Pfad und den Becken voller kochendem Wasser und Schlamm keine Absperrungen gibt.

Eine kurze Abzweigung führt zur Ruatapu Cave, weltweit eine von nur zwei geothermischen Höhlen. Am Grund dieser Höhle befindet sich der jadegrüne Waiwhakaaata („das Becken der Spiegel"), der früher von Māori-Frauen bei der Vorbereitung auf Rituale (Ōrākei Kōrako bedeutet „Ort des Schmückens") genutzt wurde.

Grüne Routen im Pureora Forest Park

AUF DEM ENTLEGENEN TIMBER TRAIL

Etwa eine Autostunde nordwestlich von Taupō erstreckt sich der 78 000 ha große **Pureora Forest Park** mit den Resten eines Steineiben-Regenwaldes. Viele der Bäume sollen mehr als 1000 Jahre alt sein. Mountainbiker lieben den Park wegen des Timber Trail, einer etwa 85 km langen Route und einer der „Great Rides" Neuseelands. Die Strecke durch den Regenwald überquert acht lange Hängebrücken und nimmt zwei bis drei Tage in Anspruch.

Zu den Wanderwegen durch den Park gehören Routen auf den Gipfel des **Mount Pureora** (1165 m) und den Felsgipfel des **Mount Titiraupenga** (1042 m). Es gibt ebenfalls angenehme kurze Wanderwege, z. B. die nur 1 km lange Schleife des Tōtora Walk am Anfang des Timber Trail.

DIE RETTUNG DES PUREORA FOREST

Der Pureora Forest war 1946 einer der letzten Urwälder Neuseelands, in dem die Abholzung erlaubt wurde. In den 1970er-Jahren formierte sich jedoch eine Protestbewegung, die den noch verbliebenen Regenwald retten wollte. Der Höhepunkt war ein Protest in den Baumkronen im Jahr 1978. In der Folge wurde das Abholzen gestoppt, der Pureora Forest Park wurde eingerichtet und der Native Forest Restoration Trust gegründet, um die Kieferplantagen, die auf dem gerodeten Land gepflanzt worden waren, durch die ursprünglichen Baumarten zu ersetzen. Als nette ironische Note wurde in der Nähe der Stelle, an der der Protest seinen Höhepunkt erreichte, ein 12 m hoher Turm mit einer großartigen Aussicht über die Baumkronen errichtet.

UNTERWEGS VOR ORT

Die Anbieter von Radtouren unterhalten Shuttles von Taupō oder Kinloch zu den Great Lake Trails. Andere Ziele sind nur mit dem Auto erreichbar, da es hier keinen ÖPNV gibt.

TONGARIRO NATIONAL PARK

Die drei aktiven Vulkane im Zentrum der Nordinsel sind ein Ehrfurcht gebietender Anblick. Sie erheben sich aus einer großen Hochebene, die sowohl als Nationalpark als auch als Unesco World Heritage Area unter Schutz gestellt ist.

Der Ruapehu (2797 m) ist der höchste der drei Berge. Trotz des stetigen Vulkanschlamms (Lahar) und der gelegentlichen Ausbrüche (zuletzt 2007) halten die Menschen nie lange von seinen Hängen fern. Der Ruapehu ist das Top-Skigebiet der Nordinsel. Der 2287 m hohe Ngauruhoe besitzt eine klassische Kegelform und spielt als „Schicksalsberg" eine große Rolle in *Der Herr der Ringe.* Der Mount Tongariro (1978 m) schließlich ist ein Massiv und besteht aus zwölf Vulkankegeln. Im Jahr 2012 brach der Vulkan nach 115 Jahren wieder aus.

TOP TIPP

Die einzigen Unterkünfte im Park finden sich im Whakapapa Village am Hang des Mount Ruapehu. Die meisten Besucher wohnen deshalb am Rand des Parks, im National Park Village oder in Ohakune. Ohakune hat eine gute Infrastruktur, das National Park Village eignet sich besser für das Tongariro Alpine Crossing.

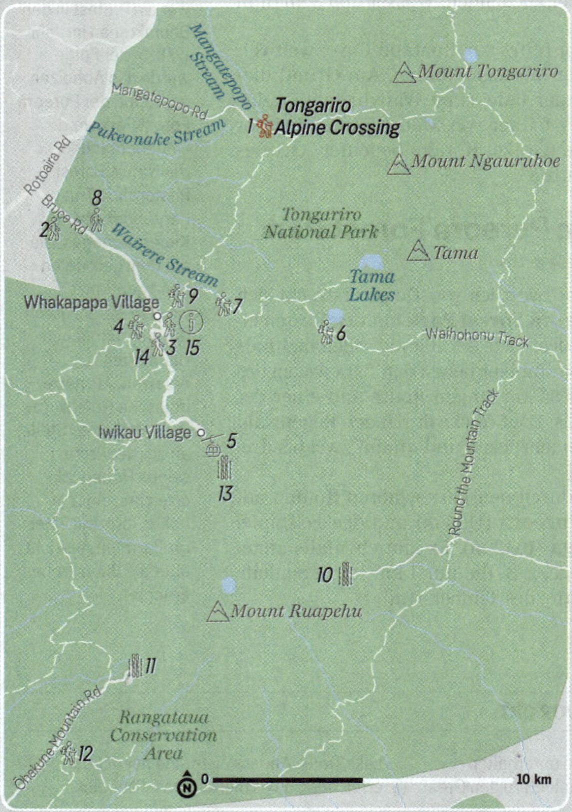

HIGHLIGHTS
1 Tongariro Alpine Crossing

AKTIVITÄTEN
2 Mounds Walk
3 Ridge Walk
4 Silica Rapids Track
5 Sky Waka
6 Tama Lakes
7 Taranaki Falls
8 Tawhai Falls
9 Tongariro Northern Circuit
10 Tukino
11 Tūroa
12 Waitonga Falls Track
13 Whakapapa
14 Whakapapa Nature Walk

INFORMATION
15 Tongariro National Park Visitor Centre

PENG SHI/500PX ©

Emerald Lakes, Tongariro Northern Circuit (S. 246)

Eine Wanderung über das Tongariro Alpine Crossing

NEUSEELANDS BESTE EIN-TAGES-WANDERUNG

Felsige Mondlandschaften, vielfarbig schimmernde Seen, dampfende Erdlöcher – es gibt viele Gründe, warum zehntausende Menschen alljährlich das **Tongariro Alpine Crossing** bewältigen. Es handelt sich um einen Kurs über Vulkane im Rahmen einer moderaten Wanderung (6–8 Std.). Das „crossing" bezieht sich auf die Überquerung des Sattels zwischen dem Mount Ngauruhoe und dem Mount Tongariro. Die höchste Stelle bildet der auf 1886 m hohe Grat des Red Crater (Mount Tongariro).

Vor Ort existiert eine große Auswahl an Serviceunternehmen, die Besucher zum Ausgangspunkt fahren und von dort wieder abholen, meistens von Whakapapa, National Park Village, Ohakune, Tūrangi oder sogar von Taupō aus. Unbedingt im Voraus buchen. Geführte Touren sind auch im Angebot.

Die Beliebtheit dieser Route ist gleichzeitig ein großer Minuspunkt, denn sie ist zuweilen mächtig überlaufen. Das Hauptproblem sind jedoch jene Wanderer, die die Tour auf Teufel

TŪWHARETOA TERRITORY

Der wichtigste *iwi* (Stamm) in Taupō und in weiten Teilen der Hochebene sind die Ngāti Tūwharetoa, einer der wenigen *iwi* in Neuseeland, die noch einen *ariki* (Oberhäuptling) haben. Heute haben wir Horonuku Te Heuheu Tukino IV., dem Urgroßvater des heutigen *ariki*, den Tongariro National Park zu verdanken. Die Berge des Nationalparks haben für die Māori eine große spirituelle Bedeutung und Horonuku war sich bewusst, dass es sich um attraktives Weideland für die Siedler handelte. Deshalb schenkte er 1887 die Berge der britischen Krone, die sich verpflichtete, hier Neuseelands ersten Nationalpark einzurichten. So konnte er die Natur und die heiligen Stätten retten.

OUTDOOR-AUSRÜSTUNG FÜR DEN TONGARIRO NATIONAL PARK

Edge to Edge
Verleiht im Skotel Alpine Resort eine große Auswahl an Ausrüstung für Skifahrer und Bergsteiger.

Ruapehu Alpine Lifts
Dieses Unternehmen verleiht in seinen Filialen in Whakapapa und Tūroa alles, was Skifahrer brauchen.

The Alpine Centre
Im National Park Village gibt es im Alpine Centre alles Nötige fürs Skifahren, Wandern und Radtouren.

komm raus abhaken möchten, unabhängig von Wetter, Fitness oder Vorbereitung. An der Strecke gibt es deshalb häufiger Rettungseinsätze, es sind auch schon Wanderer ums Leben gekommen. Es macht keinen Sinn, die Strecke im Winter zu gehen, wenn der Weg nur schwer zu finden ist. Aber auch im Sommer sind feste Schuhe, wetterfeste Kleidung (das Wetter kann sehr schnell umschlagen), Wasser und Proviant unverzichtbar.

ICH LIEBE DEN TONGARIRO NATIONAL PARK

Peter Dragicevich, Autor

Meine Highschool in West Auckland war nichts Besonderes, hatte aber einen Vorteil gegenüber feineren Schulen: ein eigenes Camp im Tongariro National Park. Als ich 14, 16 und 17 Jahre alt war, wanderten wir zu den Tama Lakes und über das Alpine Crossing, übernachteten auf dem Mount Tongariro, plantschten in den Tokaanu Thermal Pools, fuhren mit Floßen auf dem Tongariro und erkundeten Höhlen. Ich habe mich damals in diese Landschaft verliebt. Nachdem ich das gesamte Land für verschiedene Publikationen bereist habe, gehört sie immer noch zu meinen Lieblingsplätzen.

Informationen im Visitor Centre

INTERESSANTE EXPONATE UND EXPERTENTIPPS

Das **Tongariro National Park Visitor Centre** im Whakapapa Village ist weit mehr als nur eine Touristeninformation. Es beherbergt quasi ein Mini-Museum mit einem 3D-Modell des Parks und Schaukästen zu Themen wie Biodiversität und der Geschichte der Skifahrt auf dem Berg. Vor allem aber gibt es viele Informationen über den Zustand der Wege, die Wetteraussichten, die Lawinengefahr und praktische Tipps zu geeigneten Routen. Das Centre verkauft außerdem Karten und Bücher.

Tongariro Northern Circuit Expedition

EIN „GREAT WALK" UM DEN MOUNT NGAURUHOE

Der **Tongariro Northern Circuit** ist nicht umsonst einer von Neuseelands zehn offiziellen „Great Walks". Er umfasst das populäre Tongariro Alpine Crossing, den Red Crater und die Emerald Lakes. Die Schleife beginnt und endet im Whakapapa Village und umrundet über eine über Jahrtausende durch vulkanische Aktivität gebildete bizarre Landschaft vollständig den Mount Ngauruhoe. Das Highlight des letzten Abschnitts bilden die Tama Lakes.

Wandern im Tongariro National Park

SHUTTLES ZUM TONGARIRO NATIONAL PARK

Tongariro Crossing Shuttles
Shuttleservice vom National Park Village nach Whakapapa und zum Startpunkt des Tongariro Alpine Crossing.

Summit Shuttles
Shuttles vom National Park Village zum Beginn des Alpine Crossing Trail und zu den Skipisten.

Tongariro Expeditions
Shuttles von Taupō, Tūrangi und dem Beginn des Park N Ride des Ketetahi Trail zum Alpine Crossing.

FILIP FUXA/SHUTTERSTOCK ©

Red Crater

In der offiziellen Wandersaison (Mitte Oktober–April) müssen die Hütten unbedingt im Voraus gebucht werden. Außerhalb der Saison ist das Wandern wegen Schnee, Eis, den kurzen Tagen und der Lawinengefahr nicht zu empfehlen.

Die zweite epische, mehrtägige Wanderstrecke ist der 66 km lange **Round the Mountain Track** um den Mount Ruapehu herum. Hier handelt es sich um eine deutlich anspruchsvollere Tour mit einigen heiklen Flussüberquerungen, für die selbst erfahrene Wanderer vier bis sechs Tage brauchen.

Skifahren auf den Hängen des Ruapehu

EINEN AKTIVEN VULKAN HERUNTERSCHIESSEN

Der Kick, durch wunderbaren Pulverschnee zu rasen, wird dadurch erhöht, dass dies am Hang eines schlafenden Riesen passiert. Der Ruapehu ist die Top-Adresse für Skifahrer und Snowboarder auf der Nordinsel. Es gibt zwei Haupt-Skigebiete: **Whakapapa** im Nordwesten und **Tūroa** im Südwesten. Leider befindet sich das Betreiberunternehmen nach schwierigen Jahren (erst COVID-19, dann ein ungewöhnlich warmer Winter) seit Ende 2022 in selbstverwalteter Insolvenz. Es gibt aber Pläne, das Skifahren dennoch zu ermöglichen.

Die Skisaison reicht meist von Juni bis Oktober. Allerdings ist es hier nicht so schneesicher wie auf der Südinsel. Es erstreckt sich über 550 ha, der höchste Punkt liegt auf 2320 m über Meeresspiegel. Die beste Infrastruktur besitzt Whakapapa, darunter die Happy-Valley-Zone für Skischüler. Tūroa hat die längste Abfahrt (722 m) in ganz Neuseeland und Australien zu bieten,

SICHERHEIT IN DEN BERGEN

Immer wieder geraten Reisende in den Bergen Neuseelands in Schwierigkeiten und müssen gerettet werden oder kommen sogar zu Tode. In der Höhe können sich die Wetterbedingungen schnell ändern, man sollte also auf alle Eventualitäten vorbereitet sein. Angemessene Kleidung ist essentiell, besonders robuste Stiefel und warme,wasserdichte Kleidung. Ausreichend Wasser und Proviant wie auch Sonnenschutz und Verbandsmaterial gehören in jeden Rucksack.

Vor dem Start der Tour sind aktuelle Infos zum Zustand der Wege und zum Wetter vom lokalen DOC Informationszentrum unerlässlich. Viele Zentren, z. B. das in Tongariro, verleihen Notfallleuchten.

Die Website „Plan My Walk" (planmywalk.nz) des New Zealand Mountain Safety Council informiert über Wetter usw.

Tongariro Track Transport
Touren und Shuttles vom National Park Village zum Alpine Crossing und den Wanderwegen des Northern Circuit.

Active Outdoor Adventures
Shuttles von Tūrangi, dem Nationalpark und dem Anfang des Ketetahi Trail zum Alpine Crossing und den Skipisten.

Ruapehu Scenic Shuttles
Transport für Wanderer, Mountainbiker und Skifahrer nach Whakapapa, zum Sky Waka und den Wegen.

AUF DEM LAUFENDEN

Der Lockdown wegen COVID-19 und dann eine Saison mit wenig Schnee haben viele Unternehmen auf dem Ruapehu die Existenz gekostet. Zum Zeitpunkt der Recherche für diesen Reiseführer befand sich die Betreibergesellschaft der Skipisten in selbstverwalteter Insolvenz; das Chateau Tongariro, das Hotel in Whakapapa von 1929, hatte seine Tore geschlossen. Unterstützt von der Regierung sorgen die lokalen Skiclubs dafür, dass das Skigeschäft weitergeht. Es ist noch ungewiss, welche Lokale wiedereröffnen werden. Im Whakapapa-Skigebiet bekommt beim TNT Pataka Food Truck neben dem Whakapapa Holiday Park noch etwas zu essen und zu trinken.

DORADALTON/GETTY IMAGES ©

Unterwegs auf dem Round the Mountain Track (S. 247)

ebenso den höchsten Lift in Neuseeland, den High Noon Express (2322 m). Schließlich gibt es noch ein kleines Club-Gebiet, **Tukino** auf der Ostseite (170 ha) nicht überfüllter Skipisten.

Tageswanderungen auf dem Ruapehu

DIE NIEDRIGEREN HÄNGE DES RUAPEHU ERKUNDEN

Wanderer können auch ohne den Aufwand einer großen Expedition tolle Erfahrungen machen. Wasserfälle, Seen, Sinterterrassen, Eishügel, alpine Pflanzen und herrliche Ausblicke sind abseits der Straßen zu den Skigebieten möglich. Der sogar für Rollstuhlfahrer geeignete **Whakapapa Nature Walk** ist am einfachsten. Dieser 15-minütige Weg, vorbei an moosbedeckten Birken und einem murmelnden Gebirgsbach, beginnt etwa

ÜBERNACHTEN IM TONGARIRO NATIONAL PARK

Whakapapa Holiday Park
Wohnmobilplätze, eine Unterkunft für Rucksacktouristen, Hütten und Einheiten mit zwei Schlafzimmern. $

Discovery Lodge
Attraktiver Komplex unweit des Abzweigs nach Whakapapa; es gibt Zeltplätze, Holzhütten und Zimmer mit Bad. $$

Skotel Alpine Resort
Anlage in Whakapapa Village mit Zimmer für Rucksacktouristen und motelähnliche Unterkünfte. $$

250 m oberhalb vom Visitor Centre. Ganz in der Nähe liegt der **Ridge Walk**, ein 1,2 km (30–40 Min. hin und zurück) langer Weg. Er beginnt in einem Birkenwald und führt dann durch karges, von Gräsern und niedrigen Sträuchern bewachsenes Terrain zu einem Aussichtspunkt, von dem aus alle drei Gipfel und an klaren Tagen sogar tief im Westen der Mount Taranaki zu sehen sind. Bei Sonnenuntergang atemberaubend!

Fans von Mittelerde dürfen auf keinen Fall den kurzen Weg (20 Min. hin und zurück) zu den **Tawhai Falls** auslassen (beginnt 4 km die Straße zurück). Das Wasser stürzt hier von der Kante eines alten Lavastroms herunter und schießt dann über Stromschnellen in ein Becken mit einem Kiesstrand. Hier fand Gollum den verhängnisvollen Ring im Film *Der Herr der Ringe*. Etwa 1 km weiter die Straße entlang liegt der Anfangspunkt des **Mounds Walk**, eine 20-minütige Wanderung vorbei an Hügeln, Reste von Lavaströmen. Der Buckel am Ende des Wegs bietet eine wunderbare Sicht auf den Ruapehu.

Wer mehr Zeit hat und sich etwas vorbereiten kann, hat drei im Whakapapa Village beginnende Strecken zur Auswahl. Der 7 km (2½ Std. hin und zurück) lange **Silica Rapids Track** führt an einem rauschenden Fluss entlang und durch Birkenwald, bevor er auf einer cremeweißen Sinterterrasse endet. Ein 6 km (2 Std.) langer Rundweg führt zu den **Taranaki Falls**, die über einen 15 000 Jahre alten Lavastrom 20 m tief in ein Felsbecken hinunterstürzen. Man kann diese Strecke erweitern (1 Tag) und weiter bis zu den beiden farbenfrohen **Tama Lakes** auf dem Tama Saddle zwischen Ruapehu und Ngauruhoe wandern. Für diese 17 km bis zurück zum Dorf müssen 5–6 Std. eingeplant werden.

Auf der Tūroa-Seite ist der 4 km (1½ Std. hin und zurück) lange **Waitonga Falls Track** erste Sahne. Dieser Weg führt durch Birken- und Zedernwald zu einem alpinen Feuchtgebiet mit Teichen, in denen sich die majestätischen Berggipfel widerspiegeln. Der Weg führt anschließend wieder zurück in den Wald und endet am Fuß des mit 39 m höchsten Wasserfalls des Nationalparks.

Die Fahrt mit Sky Waka

OHNE ANSTRENGUNG ZU FASZINIERENDEN BLICKEN

Warum sollen nur Skifahrer und Bergsteiger die besten Blicke genießen? **Sky Waka**, eine Seilbahn mit schicken Ledersitzen, transportiert staunende Passagiere die 1,8 km vom Whakapapa-Skizentrum hinauf zum Knoll Ridge Chalet, das auf einer Höhe von 2020 m unter einem Bergkamm liegt. *Waka* ist das Wort der Māori für Kanu, kann aber auch andere Transportmittel bezeichnen.

GROLLENDER RUAPEHU

Der Mount Ruapehu wird zu den aktivsten Vulkanen auf der Welt gezählt. Im Jahr 1945 dauerte ein Ausbruch beinahe ein ganzes Jahr, ließ Lava über den Crater Lake fließen und spuckte Aschewolken bis nach Wellington. Der Name des Bergs heißt also nicht umsonst „Grube des Geräuschs".

Der Ruapehu brach erneut 1969, 1973 und zuletzt 2007 aus. Die Eruption mit den schlimmsten Auswirkungen fand jedoch an Weihnachten 1953 statt. Aus dem Kratersee rauschte ein enormer vulkanischer Schlamm- und Schuttstrom (Lahar) den Hang hinunter und zerstörte alles auf seinem Weg, u. a. eine Eisenbahnbrücke, als ein Zug sie überquerte. 151 Menschen kamen dabei ums Leben, eine der schwersten Katastrophen in der Geschichte Neuseelands.

UNTERWEGS VOR ORT

Sämtliche Fahrzeuge des öffentlichen Personenverkehrs (Züge und Busse) halten im National Park Village und in Ohakune. Von hier aus geht es ausschließlich mit Shuttles zu den Wanderwegen, zu den Skipisten und zum Whakapapa Village.

Rund um den Tongariro National Park

Natürliche Schönheit findet sich auch außerhalb des Tongariro National Park, nicht zuletzt in seiner unmittelbaren Umgebung.

Die als Central Plateau bezeichnete Umgebung des Tongariro National Park besitzt eine ganz eigene Flora, die durch die große Höhe und vulkanische Aktivität in tausenden von Jahren entstanden ist. Diese von niedrigen Sträuchern bewachsenen Ebenen haben jedoch ihre ganz eigene Schönheit.

Der zum Lake Taupō fließende Tongariro River wird von Floßfahrern und Fliegenfischern gleichermaßen geliebt. Tūrangi ist das Zentrum für beide Aktivitäten. Das National Park Village und Ohakune bilden die Eingangstore zum Nationalpark. Waiouru ist Standort eines großen Militärstützpunkts.

TOP TIPP

Ohakunes Geschäftszentrum liegt am Highway. Im Winter verlagert sich das Leben jedoch 2 km nördlich zur Ohakune Junction.

Forellenangeln im Tongariro River

DAMON TAYLOR/ALAMY STOCK PHOTO ©

Tongariro National Trout Centre

Forellenangeln in Tūrangi

FLIEGENFISCHEN IN KRISTALLKLAREN FLÜSSEN

Für Anhänger des Fliegenfischens ist **Tūrangi** ein perfekter Ort. Prominente wie die Schauspieler Harrison Ford, Liam Neeson und Michael Keaton sowie der ehemalige US-Präsident Jimmy Carter sind schon in dieses unscheinbare Städtchen (20 Autominuten nördlich vom Tongariro National Park) gereist, um knietief in dem wunderbar klaren Wasser des Tongariro die Leine auszuwerfen.

Zwischen der Grenze der Angelzone und der Mündung des Flusses in den Lake Taupō befinden sich zahlreiche natürliche Angelbecken. Wie üblich kennen die Einheimischen die besten Stellen. Es lohnt also, sich wegen Ausrüstung und Angelschein an einen der vielen lokalen Führer zu wenden.

Selbst für Nichtangler einen Besuch wert ist das **Tongariro National Trout Centre**. Schon auf dem Weg sind in dem Fluss neben dem Eingang große Exemplare zu sehen. Im Inneren gibt es Informationen und Ausstellungsstücke zur Wasserökologie, zu den Vulkanen und den Angeltechniken der Māori. Angelfreaks kommen bei alten Fliegen, Lei-

EINE RUNDE MIT FORELLE

Die Forelle ist kein einheimischer Fisch Neuseelands, sie wurde gegen Ende des 19. Jhs. von britischen Siedlern explizit fürs Angeln in den Flüssen ausgesetzt. Heute ist das Angeln streng reglementiert. Wer Forelle essen möchte, muss sie entweder selbst angeln oder für sich angeln lassen. Der amerikanische Schriftsteller Zane Grey machte das Angeln im Tongariro in den 1920er-Jahren populär.

Präzise Vorschriften regeln neben der üblichen Angleretikette, wo, wann und wie Forellen geangelt werden dürfen. Die unverzichtbaren Angelscheine sind online erhältlich (siehe unter doc.govt.nz oder fishandgame.org.nz).

ÜBERNACHTEN IN TŪRANGI

Riverstone Backpackers
Das sehr gemütliche Hostel besitzt eine gute Küche, einen großen Salon und eine Terrasse. **$**

Creel Lodge
Dieses Motel in einem üppigen Garten neben dem Tongariro River bietet seinen Gästen geräumige Zimmer. **$$**

Parklands Motor Lodge
Schicke Wohneinheiten hinter einem großen Rasenbereich neben dem SH 1. **$$**

Rafting auf dem Tongariro River

nen und Ruten auf ihre Kosten. Für Laien interessanter sind vermutlich das Frischwasseraquarium, die Forellenzucht und die Beobachtungskammer mit einem Fischaugenblick in den Fluss. Nachwuchsangler können ihr Glück in den Angelbecken für Kinder versuchen.

Auf dem Tongariro River Trail

RADFAHREN UND WANDERN AM FLUSS

Von **Tūrangi** aus verläuft ein 15 km langer Rundweg am wunderbar klaren Tongariro entlang. Der **Tongariro River Trail** führt am National Trout Centre vorüber zu einer Hängebrücke, bevor es über den Fluss und dann am anderen Ufer zurück geht. Sportliche Wanderer brauchen 2 Std., Radfahrer 30 Min. Das Panorama rechtfertigt jedoch mehr Muße.

Mit dem Floß auf dem Tongariro River

EINEN KRISTALLKLAREN FLUSS HERUNTERRAUSCHEN

Der Tongariro ist einer der besten Flüsse auf der Nordinsel für Floßfahrten, von Stromschnellen der Kategorie III bis hin zu einer sanfteren „Familienfahrt" der Kategorie II. Der normale Halbtagestripp führt auf etwa 14 km durch mehr als 60 Stromschnellen. **Tūrangi** ist die Heimat der traditionsreichen

DAS BESTE ESSEN IN TŪRANGI

Creel Tackle House & Cafe
Dieses winzige Café hinter einem Anglerladen in einer Nebenstraße serviert das beste Frühstück der Stadt. $

Rust
Hochklassige Burger-Bar im Stadtzentrum mit Sitzhockern und einem Kuhfellsofa. $$

Hare & Copper
Feines Restaurant auf Farmland mit asiatischer und lateinamerikanischer Küche. $$$

ÜBERNACHTEN IM NATIONAL PARK VILLAGE

Adventure Lodge & Motel
Mischung aus Motel und günstigeren Unterkünften; vor allem für Wanderer, die zum Alpine Crossing wollen. $$

Tongariro Crossing Lodge
Hübsches Haus im Stil eines Bauernhofs dekoriert mit babyblauen Akzenten; im Sommer inmitten eines Blütenmeers. $$

Plateau Lodge
Die King-Studio-Einheiten haben Außenbäder, die normalen Zimmer eigene oder Gemeinschaftsbäder. $$

Unternehmen **Rafting New Zealand** und **Tongariro River Rafting**. Das erste bietet auch Angeln vom Floß aus an, das zweite Unternehmen die Blue Duck Experience, eine ökologische Floßfahrt in der Hoffnung, die gefährdete *whio* (Saumschnabelente oder Blaue Ente) zu Gesicht zu bekommen.

Fortgeschrittene können von Okahune oder dem Nationalpark aus in etwa 70 Autominuten das entlegene **River Valley** erreichen, wo auf dem Rangitikei River Expeditionen der Kategorie V möglich sind.

Mountainbiketouren vom National Park Village aus

AUF ZWEI BEKANNTEN RADWEGEN STRAMPELN

Nördlich vom Tongariro National Park führen zwei klassische Downhill-Routen durch den Wald. Der **Fishers Track** ist für weniger erfahrene Mountainbiker geeignet. Er beginnt am Bahnhof des Nationalparks und verläuft dann 27 km durch Urwald und den Erua Forest (2–3 Std.). Die **42 Traverse** ist anspruchsvoller, eine rund 46 km lange Route durch den Tongariro Forest, für die vier bis sechs Stunden eingeplant werden müssen. Etwa 1,5 km vor dem Ende in Ōwhango befindet sich am Whakapapa River ein netter kleiner Swimmingpool. Ein Shuttleservice vom National Park Village aus bedient die Ausgangspunkte beider Strecken.

Ohakunes Big Carrot umarmen

NEUSEELANDS DICKES DING

Ohakune besitzt eines der bizarrsten Maskottchen überhaupt. Sogar in den dunklen Tagen vor Instagram war dieses Fotomotiv unwiderstehlich. Die **Big Carrot** wurde 1984 aufgestellt, um Ohakundes wichtigstes Gewächs zu feiern. Noch heute produzieren lokale Bauern zwei Drittel des gesamten Bedarfs der Nordinsel. Der Karottenanbau wurde hier in den 1920er-Jahren von chinesischen Siedlern eingeführt, die das Land urbar machten. Ihrer Geschichte ist der **Ohakune Carrot Adventure Park** gewidmet, ein öffentlicher Park, der um die Big Carrot herum gewachsen ist und heute auch Big Parsnip, Big Suede, Big Potato und, dem Lieblingsgemüse aller Kinder, Big Brussels Sprout, eine Heimat bietet. Immerhin besitzt der Park noch einen Spielplatz, Sportgeräte, eine Strecke für Mountainbiker, einen Pétanqueplatz, ein kleines Rhododendrontal und Rennautos in Karottenform für coole Fotos.

Die Big Carrot liegt am SH 49 am Rand von Ohakune, fünf Autominuten vom Tongariro National Park.

ESSEN & TRINKEN IM NATIONAL PARK VILLAGE

The Station
Gemütliches kleines, restauriertes Bahnhofsgebäude; es gibt Kuchen, Brunch, Sandwiches und auch ein Abendmenü. **$$**

Schnapps Bar
Beliebte Sportbar mit typischen Pubgerichten: Burger, Rippchen, Steaks, Currys. Mit Blick auf die Berge. **$$**

MOUNTAINS TO SEA

Zu den weiteren Abschnitten der Mountainbike-Route Mountains to Sea gehören der **Mangapurua/ Kaiwhakauka Track** (S. 225) und die **Whanganui River Road** (S. 223).

ÜBERNACHTEN IN OHAKUNE

Hobbit Motorlodge
Die Zimmer sind etwas in die Jahre gekommen, dafür aber sauber und preiswert. Günstige Betten in einem Schlafsaal. **$**

Peaks Motor Inn
Gut geführtes Motel mit geräumigen Zimmern mit schönen Bädern und voll ausgestatteten Küchen. **$$**

Powderhorn Chateau
Chalet-Hotel im Schweizer Stil mit viel Holz, perfekt für alpine Feiern. **$$$**

Mit dem Rad auf der Ohakune Old Coach Road

ALTER WALD UND BEEINDRUCKENDE VIADUKTE

Die **Ohakune Old Coach Road**, eine 15 km lange Strecke für Wanderer und Radfahrer, folgt der Route, die Pferdewagen seit 1886 nahmen, bis die Eisenbahnlinie hier 1908 fertiggestellt wurde. Wer sich für Ingenieurskunst interessiert, wird die eindrucksvollen Hapuawhenua- und Toanui-Viadukte bewundern – die beiden einzigen erhaltenen Bogenviadukte der südlichen Halbkugel. Die Strecke führt weiter durch einen uralten Wald, der den Vulkanausbruch des Jahres 181 n. Chr. überstand, weil er im Windschatten des Ruapehu liegt. Der Blick geht über die bizarr geformten Hügelchen am Fuss des Vulkans.

Die Route verläuft weiter zwischen Horopito und Ohakune am Südrand des Tongariro National Park. Radfahrer starten am besten in Horopito (15 Automin. von der Grenze des Tongariro National Park bei Ohakune). Es geht oft bergauf und bergab, vor allem auf den Passagen mit historischen Pflastersteinen. Die Strecke entspricht der Kategorie 3, ist also für einigermaßen erfahrene Mountainbiker geeignet. Fahrradläden an beiden Enden verleihen Räder und bieten Shuttles an, sodass man alle Abschnitte erreichen kann. Radfahrer benötigen 2½ Std. (einfache Strecke), Wanderer 4½ Std.

Die Old Coach Road ist Bestandteil der **Mountains to Sea** (Ngā Ara Tūhono), einer 231 km langen Route (inkl. 32 km mit Jetboot oder Kanu) vom Mount Ruapehu nach Whanganui.

AUF DER DESERT ROAD

Der Abschnitt des SH 1 östlich vom Tongariro National Park trägt den Namen Desert Road. Der Highway verläuft hier durch die sogenannte Rangipo Desert. Es handelt sich nicht wirklich um eine Wüste, denn es gibt hier durchaus genügend Niederschlag. Die Fahrt geht jedoch durch eine unwirtliche Landschaft aus niedrigen Büschen. Trotz ihres trostlosen Namens ist die Desert Road wegen der großartigen Sicht auf die Vulkane eine von Neuseelands reizvollsten Strecken.

Im Winter müssen Autofahrer darauf gefasst sein, dass die Straße wegen eisigen Wetters und Schneestürmen gesperrt ist. Dann wird auf den Zufahrtsstraßen mit großflächigen Schildern davor gewarnt und über Umleitungen informiert.

Wandern am Lake Rotokura

EIN HEILIGER BERG MIT BLICK AUF VULKANE

Unmittelbar außerhalb des Nationalparks führt ein Weg durch Riesenfarne und Buchenwald zu zwei entlegenen, schönen Seen. Der Ausgangspunkt liegt an einer stellenweise unbefestigten Landstraße, die von dem SH 49 abzweigt und etwa 15 Autominuten von der Grenze des Tongariro National Park bei Ohakune entfernt ist. Der breite Pfad führt 15 Min. lang zum unteren der beiden Seen, der paradoxerweise den Namen Dry Lake trägt. An dem Schilfufer des Sees plantschen Wasservögel, in der Höhe sind manchmal *kahu* (Falken) zu sehen.

Von hier aus sind es weitere 15 Min. bis zum hübschen **Lake Rotokura**, einem tiefgrünen See mit majestätischem Blick auf den sich über den Baumwipfeln erhebenden Ruapehu. Ein schmaler Buschpfad führt in 20 Min. um den See. Der Rotokura ist den Ngāti Rangi heilig, die sein Wasser für Rituale verwenden. Es ist deshalb streng verboten hier zu schwimmen oder etwas zu essen. Unten am Dry Lake steht ein Picknicktisch.

FAHRRADVERLEIH IN OHAKUNE

Mountain Bike Station
Leihräder, Shuttles zu den Routen und Gepäcktransfer.

TCB
Verleiht Räder und E-Bikes und kümmert sich um den Transport zur Old Coach Road.

Kune Shuttles & Bike Hire
Verleiht unterschiedliche Arten von Mountainbikes und bietet Shuttles zu den wichtigsten Strecken.

MARK MEREDITH/GETTY IMAGES ©

Riesenfarn, Lake Rotokura

GUT ESSEN IN OHAKUNE

Thorn
Ein kleines Café mit einer überdachten Terrasse an der Hauptstraße. Es gibt Bagels, Toast, Smoothies und Säfte. $

Osteria
In diesem rustikalen italienischen Restaurant bekommen die Gäste u.a. eine leckere Pizza oder eine große Portion Risotto. $$

Out of Order
Eine große Auswahl an Essen aus aller Welt, köstliche Desserts und viele Sorten Craftbier und Gin. $$

Waiourus National Army Museum

NEUSEELANDS MILITÄRGESCHICHTE ZUM ANSCHAUEN

Die Warnschilder, dass Autofahrer auf dem Weg nach Waiouru in ihren Autos bleiben müssen, weil hier scharf geschossen wird, sind ein untrügliches Zeichen dafür, dass es sich um eine Militärstadt handelt. Die 25 Autominuten von Ohakune am Tongariro National Park lohnen sich aber. Das geschickt angelegte und manchmal sehr berührende **National Army Museum** befindet sich in einem bunkerähnlichen, brutalistischen Gebäude neben dem Highway und wird von Artilleriegeschützen flankiert. Die Ausstellung „New Zealand at War“ umfasst die Zeitspanne von den 1840er-Jahren, mit den zahlreichen Kriegen zwischen den Briten und den Māori, bis zur Gegenwart.

MILITÄRGESCHICHTE

Wer sich für Militärgeschichte interessiert, ist im **Auckland Museum** (S. 79), im **Torpedo Bay Navy Museum** (S. 91), bei Sir Peter Jacksons Sammlung aus Militärflugzeugen im **Omaka Aviation Heritage Centre** (S. 545) und in der außergewöhnlichen Ausstellung zu Gallipoli im Wētā Workshop in **Te Papa Tongarewa** (S. 322) gut aufgehoben.

UNTERWEGS VOR ORT

Die Busse von InterCity halten in Tūrangi, Waiouru, im National Park Village und in Ohakune. Die letzten beiden Orte sind auch Stopps von KiwiRails Northern Explorer, der jedoch nicht häufig fährt. Shuttles fahren zu den Skipisten sowie Wander- und Mountainbikestrecken.

ROTORUA & BAY OF PLENTY

ABENTEUER IM KULTURELLEN HERZEN DES LANDES

Eine abwechslungsreiche Region, die eine beeindruckende sandige Küstenlinie mit einem rauen vulkanischen Binnenland vereint.

Rotorua ist weltweit bekannt und zählt zu den bedeutendsten touristischen Destinationen der Nordinsel. Wir möchten überhaupt nichts daran rütteln. Die „Abenteuerhauptstadt der Nordinsel“ kombiniert auf wunderbare Weise drei Vorzüge: eine malerische und ausdrucksstarke Landschaft, eine reiche kulturelle Tradition und, in letzter Zeit, Veranstalter, die ihren Kunden wirklich innovative und außergewöhnliche Erlebnisse ermöglichen. Reisende können hier Geothermalgebiete in einer selbst noch in der Entwicklung begriffenen Landschaft bewundern, in suptropischen Wäldern adrenalinhaltige Abenteuer erleben, um anschließend zu entspannen und sich über die Jahrtausendealte Kultur vor Ort zu informieren. Rotoruas Attraktionen sind also zahlreich und vielfältig und lassen nur eine Frage offen: Kurztrip oder eine Woche bleiben?

Wo auch immer Reisende ankommen – sie sollten sich auf jeden Fall genug Zeit für den Rest der Region nehmen, vor allem den goldenen Sand und lässig-entspannten Glanz des schönsten Strandparadieses, Mount Maunganui. Der Vorort der Hafenstadt Tauranga schmiegt sich an den Fuß des ikonischen Vulkankegels, dem er seinen Namen verdankt und kombiniert die Entspanntheit einer Surferhochburg mit einem lebhaften Städtchen und großer Gastfreundschaft. Und wer genug hat von Sonne, Sand und Meer, kann sich bei einem Tagesausflug durch endlose Obstplantagen vorbei an versteckt gelegenen Wasserfällen erholen.

DIE WICHTIGSTEN ZIELE

ROTORUA
Abenteuer, Kultur und eine faszinierende Landschaft.
S. 262

MOUNT MAUNGANUI
Ein trendiges Surferzentrum.
S. 274

Links: Mount Maunganui (S. 274); rechts: Wai-O-Tapu Thermal Wonderland (S. 271)

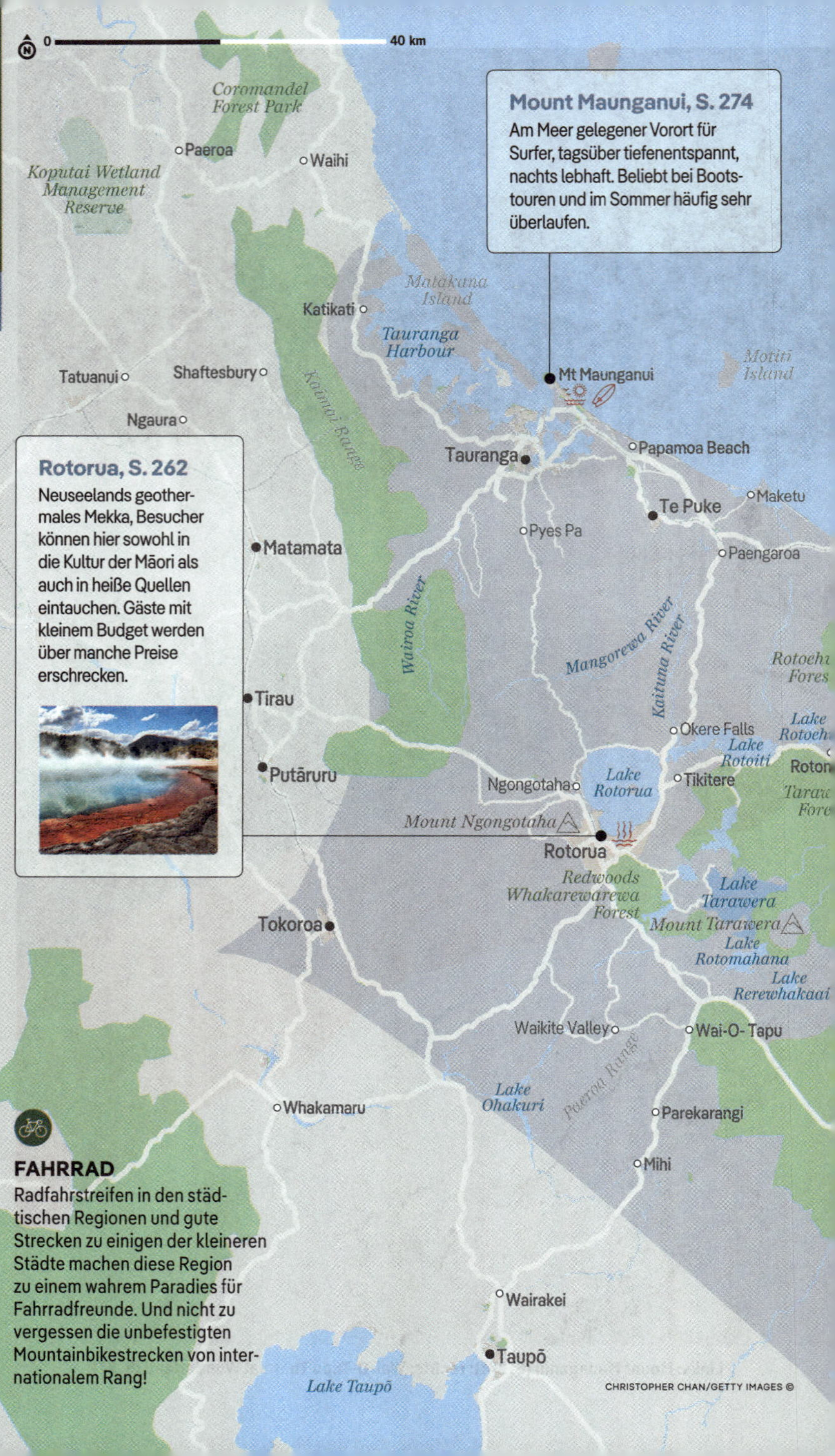

Mount Maunganui, S. 274

Am Meer gelegener Vorort für Surfer, tagsüber tiefenentspannt, nachts lebhaft. Beliebt bei Bootstouren und im Sommer häufig sehr überlaufen.

Rotorua, S. 262

Neuseelands geothermales Mekka, Besucher können hier sowohl in die Kultur der Māori als auch in heiße Quellen eintauchen. Gäste mit kleinem Budget werden über manche Preise erschrecken.

FAHRRAD

Radfahrstreifen in den städtischen Regionen und gute Strecken zu einigen der kleineren Städte machen diese Region zu einem wahrem Paradies für Fahrradfreunde. Und nicht zu vergessen die unbefestigten Mountainbikestrecken von internationalem Rang!

CHRISTOPHER CHAN/GETTY IMAGES ©

Erste Orientierung

Etwa zwei bis drei Stunden südöstlich von Auckland gelegen, ist diese Region schön kompakt. Ihre drei wichtigsten Zentren (Tauranga, Rotorua und Whakatāne) bilden ein überschaubares Dreieck und umfassen die meisten wichtigen Attraktionen dieser großen Bucht.

BUS

Zwischen Mount Maunganui und Tauranga und dann weiter nach Rotorua verkehren regelmäßig relativ preiswerte Busse. Alle größeren Städte unterhalten ein lokales Busnetz, manchmal auch zu kleineren Satellitenstädten wie Te Puke und Whakatāne.

MIETWAGEN

In einer Region mit vielen Destinationen bedeutet ein Leihwagen Freiheit und mehr Flexibilität. Praktisch unverzichtbar, wenn die entlegeneren Seen, die Wasserfälle und die östlichen Strände auf dem Reiseplan stehen.

Perfekte Tage

Die Region ist perfekt, um die Küstenorte und Strände der Bay of Plenty zu erkunden oder im Binnenland Thermalfelder zu besuchen, Abenteuer oder die Māori-Kultur zu erleben.

Redwoods Treewalk (S. 263), Rotorua

Nur ein Kurztrip

● Eilige Reisende sollten in Rotorua mit einem Spaziergang am Seeufer (S. 264) beginnen und sich anschließend die dampfenden und blubbernden Schlammlöcher im **Kuirau Park** (S. 272) und am **Sulphur Point** (S. 264) ansehen. Nach einem Mittagessen im **Eat Streat** (S. 264) geht es hinaus ins **Te Whakarewarewa Thermal Valley** (S. 266) und zum donnernden **Pōhutu Geyser** (S. 267). Für das Abendessen ist das für die Māori-Küche typische *hāngi* zu empfehlen, anschließend eine Tour über den **Redwoods Treewalk** (S. 263). Nachts erleuchten Laternen diesen 700 m langen Spaziergang in den Baumkronen. Ein zauberhaftes Erlebnis für die ganze Familie.

Beste Reisezeit

In Mount Maunganui geht im Sommer, wenn das Wasser am wärmsten ist, ohne Vorausbuchungen nichts. Die Aktivitäten oder kulturellen Attraktionen in Rotorua sind jedoch das ganze Jahr über eine Reise wert.

JANUAR

In **Mount Maunganui** (S. 274) strömen die Familien an die Strände und feierwütige Besucher zum **Bay Dreams Festival**. Der Verkehr ist häufig ein Albtraum.

FEBRUAR

Mit dem Ende der Schulferien wird es ruhiger. Das Wetter lädt aber immer noch zu Schwimmen, Wandern und Camping ein.

APRIL

Zu Ostern ist **Tauranga** (S. 275) Schauplatz des ältesten Jazzfestivals auf der südlichen Halbkugel, dazu gibt es Essen und Trinken.

Drei Tage Zeit

- Der erste Tag beginnt früh mit einem Bad in Rotoruas **Blue Lake** (S. 269). Nach einem Uferspaziergang folgt eine abenteuerliche Fahrt mit einer Seilrutsche von **Canopy Tours** (S. 265). Als Alternative bietet sich eine Bootsfahrt durch die Stromschnellen des Kaituna River oder Mountainbiken im **Whakarewarewa Forest** (S. 263) an. Nach einer Stärkung im **Ciabatta Cafe and Bakery** (S. 263) geht es am zweiten Tag Richtung Norden vorbei am **Lake Rotoiti** (S. 269) zum **Ōhope Beach** (S. 283), es schließt sich ein kurzer Spaziergang zur **Otarawairere Bay** (S. 283) an. Am dritten Tag steht Relaxen in **Mount Maunganui** (S. 274) auf dem Programm, inklusive einer Wanderung auf dem **Mauao** (S. 275) und einer Surfstunde am **Main Beach** (S. 276). Abends wird in einem Club in der Maunganui Road getanzt.

Eine ganze Woche

- Für zwei bis drei Tage stehen **Rotoruas** Geothermie und Kultur auf dem Programm. Anschließend führt die Route zur Küstenbasis **Mount Maunganui** (S. 274). Über die Hafenbrücke geht es für einen halben Tag an Taurangas Uferpromenade (S. 277) und zur **Art Gallery** (S. 277). Ein Trip ins kühlere Binnenland zum **McLaren Falls Park** (S. 279) sorgt für Erfrischung, an den Straßenständen gibt es frisches Obst und Gemüse zu kaufen. An die Erklimmung des **Mauao** (S. 275) schließt sich ein Bad am **Main Beach** an. Am letzten Tag steht die östlich gelegene **Otarawairere Bay** (S. 283) auf dem Reiseplan, bevor auf der Rückfahrt bei **Te Puke Truffles** (S. 283) nach Trüffeln gesucht wird.

JULI

Bei **Te Puke Truffles** (S. 283) besteht die Chance, sich auf die Suche nach schwarzen Périgord-Trüffeln zu machen.

AUGUST

Außerhalb der Schulferien gibt es im lebhaften **Rotorua** (S. 262) günstigere Winterpreise.

NOVEMBER

Die Pōhutukawas blühen knallrot, es wird wärmer und in der Landwirtschaft ist Erntezeit.

DEZEMBER

An Weihnachten gibt es viel Obst und Gemüse. In der Künstlerkolonie **Katikati** (S. 281) und Umgebung verkaufen Straßenhändler Avocados.

ROTORUA

In Rotorua schlägt das Herz der Nordinsel nur wenige Zentimeter unter der Oberfläche. An diesem rauen, ursprünglichen Ort zeigt die Erde ihre spektakuläre Kraft. Zuerst wird der Geruchssinn angesprochen. Die Stadt liegt in einem der aktivsten Geothermalgebiete der Welt, es wimmelt von sprudelnden Geysiren, blubbernden Schlammlöchern, fast überall riecht es stark nach Schwefel.

Diese vulkanischen Phänomene und die Māori-Kultur machen Rotoruas touristische Attraktivität aus. Die indigenen Stämme siedeln trotz der vulkanischen Aktivitäten schon seit Jahrhunderten hier. Heute haben die Einheimischen Rotorua zu einem perfekten Ort gemacht, um über Te Ao Māori („die Welt der Māori") mehr zu erfahren. Gleichzeitig ist Rotorua ein Mekka für Adrenalinjunkies. Es gibt eine riesige Auswahl an Outdoor-Aktivitäten, beispielsweise sind Weltklasse-Mountainbiketouren möglich. All dies rechtfertigt den Spitznamen „Queenstown of the North".

TOP TIPP

Die örtlichen Reiseveranstalter und -agenturen wissen, dass viele Touristen bereit sind, für das Kennenlernen der Māori-Kultur und aufregende Erlebnisse tief in die Tasche zu greifen. Zum Glück müssen Besucher für die Natur und Landschaft von Rotorua keinen Eintritt bezahlen, z. B. für die geothermischen Wunder von Kerosene Creek und Kuirau Park.

BEAUTIFULBLOSSOM/ALAMY STOCK PHOTO ©

Redwoods Treewalk

Rotoruas Hinterwald

ABENTEUER IM EXOTISCHEN WALD

Der friedliche **Redwoods Whakarewarewa Forest** ist ein Spielplatz für Outdoor-Fans mit spektakulären Strecken für Wanderer, Mountainbiker und Reiter. Ein ganzes Netz aus Wegen windet sich durch üppiges einheimisches Unterholz im kühlen Schatten hoher exotischer Baumgiganten. Ihr Blätterdach sorgt dafür, dass Besucher sich hier unabhängig vom Wetter vergnügen können.

Für Wanderer steht ein ganzes Spektrum an Wanderwegen unterschiedlicher Länge und Schwierigkeit zur Verfügung. Einige, wie der Redwood Memorial Grove und der Waitawa Walk, sind flach, einfach und vom Parkplatz aus leicht zu erreichen. Der Redwood Memorial Grove ist ein 2 km langer Rundweg durch 100 Jahre alte majestätische California Coastal Redwoods (über 75 m hoch) und Baumfarne. Erfahrenen Wanderern sei der Whakarewarewa-Rundgang empfohlen, der u. a. auf den Uferwegen am heiligen **Blue Lake** und am **Green Lake** (S. 269) verläuft.

Wer höher hinaus möchte, kann sich über den **Redwoods Treewalk** freuen. Die 28 Hängebrücken zwischen hoch gelegenen Plattformen in den Bäumen ermöglichen auf 700 m Länge einen Blick aus der Vogelperspektive. Der von David Trubridge behutsam gestaltete Parcours durch die Baumkronen ist erlebenswert. Infotafeln erzählen viel über das Ökosystem Wald. Besonders faszinierend ist dieser Pfad nach Einbruch der Dunkelheit, wenn Laternen die Strecke beleuchten.

MOUNTAINBIKEN IN ROTORUA

Annemarie Bailey ist eine einheimische Mountainbikerin und nennt ihre Lieblingsrouten. *@annemariebailey*

Meine ganzjährig geeignete Lieblingsstrecke ist der Forest Loop, eine leichte, 33 km lange Schleife mit abwechslungsreichem Terrain, unglaublicher Landschaft (inkl. Panoramablicken auf Stadt und Seen) und einfach viel Spaß. Auf dem E-Bike sollte man mit drei bis fünf Stunden rechnen, auf dem Weg gibt es Auflademöglichkeiten. Mein Tipp: Nach dem Radfahren auf der anderen Seite in den heißen Becken des Secret Spot relaxen. Das Mountainbiken im Whakarewarewa Forest MTB Park ist einzigartig in Neuseeland und hat auch weltweit kaum Konkurrenz. Leihräder gibt es vor Ort (am Waipa-State-Mill-Road-Zugang).

ESSEN IN ROTORUA

Rotorua Night Market
Donnerstagabends vewandelt sich die Tutanekai Street in einen lebhaften Mikrokosmos mit Streetfood. **$**

Ciabatta Cafe and Bakery
In diesem coolen Café im industriellen Stil gibt es guten Kaffee mit Gebäck oder Ciabatta. **$**

Atticus Finch
Ein Restaurant mit literarischen Bezügen und lustigen Cocktails sowie einer modernen Karte. **$$**

ZU FUSS UNTERWEGS: ROTORUAS SEEUFER

Der Spaziergang beginnt am **1 Kuirau Park** an der Ranolf Street, einem kostenlosen geothermischen Spektakel. In dem großen Park führen Bohlenwege und mäandernde Pfade über und um kochende Schlammbecken herum. Immer die Augen offen halten, weil es hin und wieder kleinere Eruptionen geben kann. Anschließend geht es über die Arawa Street zur Tutanekai Street und dann hinunter zur **2 Eat Streat**, einem lebhaften Zentrum des Essens unter freiem Himmel und vieler Bars, darunter einige der besten der ganzen Stadt. Wegen des dichten Blätterdachs und der geothermisch geheizten Wege ist die Eat Street bei jedem Wetter ein Muss. Direkt gegenüber finden auf dem **3 Village Green** Märkte, Festivals und Sportveranstaltungen statt. Hier kann man die entspannte Stimmung zwischen Basketballplätzen, glatten Loops für Biker und Skateboarder und einer coolen zweistufigen Rutsche für die Kleinen geradezu fühlen. Auf der Promenade finden Wanderer, Jogger und Radfahrer ebenfalls schöne Strecken. Hier bieten mehrerer Veranstalter Touren zum See und darüber hinaus an. Die Promenade führt weiter am Ufer entlang zu den makellos gepflegten **4 Government Gardens** und zum **5 Rotorua Museum**. Obwohl das Museum wegen Bauarbeiten zum Schutz vor Erdbeben bis 2025 geschlossen bleibt, ist die Fassade im Stil des Elizabethan Revival immer noch eines der beliebtesten Fotomotive in Rotorua. Der Park ist ebenfalls ein absolutes Zugpferd, nicht zuletzt wegen des **6 Te Arawa Soldiers Memorial**, der interessanten Skulpturen und der geothermischen Attraktionen. Hinweistafeln führen dann den Hatupatu Drive entlang zum **7 Sulphur Point** mit noch mehr Schlammbecken und Schwefellöchern. Schließlich geht es den Hatupatu Drive in südlicher Richtung weiter zum **8 Polynesian Spa**, einem Ensemble aus Thermalbecken unter freiem Himmel.

Wildwasser-Rafting auf dem Kaituna River

Durch die Baumkronen fliegen

IN EINEM PULSIERENDEN WALD ABHEBEN

Es gibt kaum einen besseren Weg, Neuseelands Flora durch die Augen der fliegenden Fauna zu sehen, als hoch über der Erde neben einheimischen Vögeln fast schwerelos durch die Baumkronen zu rauschen. Seilrutschen sind ein wunderbares Spielzeug für Erwachsene und Kinder gleichermaßen. In Rotorua wird der Spaß durch üppige Vegetation und friedliche Atmosphäre noch verstärkt.

Rotorua Canopy Tours ist ein lokales Unternehmen, dessen Weltklasse-Seilrutschen (ein zusammenhängender Abschnitt ist unglaubliche 200 m lang!) einen exzellenten Ruf genießen. Wer seine Grenzen austesten möchte, kann dies auf mehreren Hängebrücken, Plattformen in Baumkronen und einem Klippenweg tun, bei dem selbst Hartgesottene Puls, Herzschlag und Höhenangst bekommen. Erfahrene Führer sorgen jedoch für Sicherheit und erzählen dabei Interessantes aus Geschichte, Kultur und Natur der Region. Einfach das ultimative Öko-Abenteuer!

Der alte **Mamaku Forest**, in dem Canopy Tours arbeitet, hat sich in den letzten Jahrzehnten verändert. Als das Unternehmen 2012 seine ersten Kabel gespannt hat, war es im Wald noch friedlich. Dann allerdings ist er von eingewanderten Raubtieren - Fuchskusus, Ratten, Hermelinen - überrannt worden, die die Vogelpopulation dezimiert haben und das gesamte Ökosystem gefährden. Zum Glück finden Besucher heute wieder einen gesunden Wald vor: üppige Haine voller Vogelgesang. Und mit etwas Glück bekommen Besucher sogar Exemplare der magischen einheimischen Fauna zu Gesicht.

ADRENALINSCHUB IN ROTORUA

Eloise Roxburgh ist eine einheimische Marketingmanagerin von Rotorua Canopy Tours. Ihre Tipps für aufregende Abenteuer. @rotoruacanopytours

White-Water Rafting
Der ultimative Adrenalinschub! Am Kaituna River befindet sich der höchste Wasserfall, den kommerzielle Anbieter befahren. Diese Kombination aus einem 7 m hohen Fall, Flusslandschaft, Stromschnellen, Kulturgeschichte und freundlichen Führern ist ein Muss.

Velocity Valley
Hier prallen Geschwindigkeit, Adrenalin und Angst aufeinander, eine unglaubliche Erfahrung. Die Kombination aus herrlicher Naturlandschaft und diesem einzigartigen Erlebnis überschreitet die Komfortzone eines jeden Teilnehmers.

UNTERWEGS VOR ORT

In Rotoruas Zentrum kommen Fußgänger und Radfahrer gut zurecht. Viele Attraktionen in der Umgebung werden jede Stunde von öffentlichen Bussen angefahren, andere unterhalten ihre eigenen kostenlosen Shuttleservices. Mietwagen sind ebenfalls eine Option. Der Flughafen von Rotorua liegt 9 km nordöstlich der Stadt und ist mit Shuttles, Taxis und Bussen gut erreichbar.

BOB HILSCHER/SHUTTERSTOCK ©

PRAKTISCHES

Informationen zu Preisen, Angeboten und Öffnungszeiten unter tepuia.com.

HIGHLIGHT

Te Whakarewarewa Thermal Valley

Das Te Whakarewarewa Thermal Valley (ausgesprochen „fah-kah-reh-wah-reh-wah") ermöglicht in einer dampfenden Umgebung das Eintauchen in die Kultur der Māori. Das Tal mit seinen 500 heißen Quellen beherbergt das Dorf Whakarewarewa und den Komplex Te Puia. Es gibt das Kiwi Conservation Centre, das Māori Arts and Crafts Institute und den Pōhutu Geyser, der 20 Mal am Tag 30 m in die Höhe schießt.

NICHT VERPASSEN

- Kulturvorführungen
- Pōhutu Geyser
- Geführte Touren
- Authentitisches Essen/*hāngi*
- Whaka Geothermal Trails
- Kiwi Conservation Centre
- NZ Māori Arts & Crafts Institute

Whakarewarewa: ein lebendiges Māori Village

Die indigenen Völker der Tūhourangi und der Ngāti Wāhiao leben schon seit Jahrhunderten in Whakarewarewa, einem Ort, der durch die ursprünglichen Kräfte der Erschaffung und Zerstörung geprägt worden ist. Heute ist Whakarewarewa Neuseelands älteste Tourismusattraktion der Māori-Kultur, ein lebendes Dorf, in dem die moderne Welt und die uralte Lebensweise der Māori offensichtlich problemlos aufeinandertreffen. In den Geschäften wird authentisches Kunsthandwerk verkauft, zudem informieren die Einheimischen die Besucher gerne und freundlich über Māori-Traditionen wie beispielsweise Flachsweben, Holzschnitzen und *tā moko* (Tättowieren).

Stärken können sich die Besucher mit einer *Hāngi*-Pastete im Geyser Cafe oder gekochten Maiskolben, die direkt aus einer heißen Mineralquelle kommen – authentisches *kai* (Māori-Essen).

Eine Tour durchs Dorf

Die Einheimischen, die die Besucher durch das Dorf führen, sind direkte Nachkommen der ersten Siedler in dieser Gegend. Die Kombination aus spannenden Geschichten und Legenden und den geothermischen Attraktionen, u. a. ein Blick auf den nahe gelegenen Pōhutu Geyser, ist ein großartiges Erlebnis. Die „cultural experience" umfasst traditionelle Gesänge und Tänze und die mündliche Weitergabe von Geschichte und Wissen, für die die Māori bekannt sind.

Unterwegs beim Wandern

Die Whaka Geothermal Trails, ein Netz aus Wegen durch blubbernde Schlammlöcher, heiße Quellen und einheimisches Mānuka-Buschland, erinnern ein wenig an *Jurassic Park*. Die Wege sind flach und für jedes Alter geeignet. Wer keinen Führer engagieren möchte, sollte sich Karten besorgen und sich an Informationstafeln über die Umgebung schlau machen.

Te Puia: ein kulturelles Zentrum

Te Puia in der unmittelbaren Nachbarschaft ist schon seit Jahrhunderten ein Mekka der Māori-Kultur. Die Anlage umfasst 70 ha aus Schlammbecken, Geysiren und Sinterformationen. Der **Pōhutu Geyser** („großer Platsch") ist der größte aktive Geysir der südlichen Halbkugel. Er schießt etwa 20 Mal am Tag Wasser bis zu 30 m in die Höhe. Man sollte geduldig sein und nicht zu früh wieder gehen. Schließlich lohnt auch das dem nationalen Maskottchen gewidmete **Kiwi Conservation Centre** den Besuch.

NZ Māori Arts & Crafts Institute

Das NZMACI ist Neuseelands Zentrum für Kurse in Schnitzarbeiten (Knochen, Stein und Holz) und Flachsweben. Hier wird die nächste Generation aus dem ganzen Land in diesen traditionellen Fertigkeiten unterrichtet. Besucher können den Schülern bei der Arbeit zusehen.

Geführte Touren

Tagsüber gibt es zahlreiche geführte Touren durch den gesamten Komplex, u. a. zum mit Schnitzereien verzierten Gemeindehaus, einem wieder aufgebauten Dorf aus vorkolonialer Zeit und, unverzichtbar, zahlreichen geothermischen Highlights. Die „cultural experience" ermöglicht die Teilnahme an einem Konzert mit *pōwhiri* (traditionelle Begrüßung) und *kapa haka* (Kriegstanz). Wer abends hierher kommt, kann ebenfalls einer dieser Vorführungen beiwohnen und eine *Hāngi*-Mahlzeit (mit im Erdofen gekochtem Essen) bekommen, bevor es auf eine nächtliche Tour über die Thermalfelder geht.

Restaurant Pātaka Kai

Besucher können das faszinierende Restaurant Pātaka Kai auch ohne Eintrittskarte besuchen. Authentische *Hāngi*-Gerichte werden hier in Büfettform angeboten, die bodentiefen Panoramafenster blicken auf den Pōhutu Geyser und das Tal. Zusätzlich gibt es im Umfeld des Restaurants kulinarische Spezialitäten wie mit Hilfe von Geothermie gedämpften Pudding.

LEGENDENBILDUNG

Einer Māori-Legende zufolge lässt sich der Ursprung von Whakarewarewa auf zwei Schwestern (und Feuergöttinnen) zurückverfolgen: Te Hoata und Te Pupu. Sie kamen aus Hawaiki hierher, um ihren frierenden Bruder zu heilen. Die beiden reisten in Form des Feuers und erschufen auf diese Weise Neuseelands Vulkane, Geysire und heißen Quellen.

TOP TIPPS

- Te Puia ist teurer als Whakarewarewa, hat jedoch mehr zu bieten, u.a.den Pōhutu Geyser, das Kiwi Conservation Centre und das NZ Māori Arts & Crafts Institute.
- Der Pōhutu Geyser ist von einem sicheren Aussichtspunkt im Dorf Whakarewarewa gut zu sehen. Alle Führer wissen, wo er liegt.
- Heutzutage dürfen Besucher die Whaka Geothermal Trails auch mit dem Fahrrad befahren, eine gute Möglichkeit für eilige Gäste. E-Bikes kann man vor Ort ausleihen.
- Es empfiehlt sich, beide Attraktionen im Voraus online zu buchen. Dies gilt vor allem für das Restaurant Pātaka Kai.

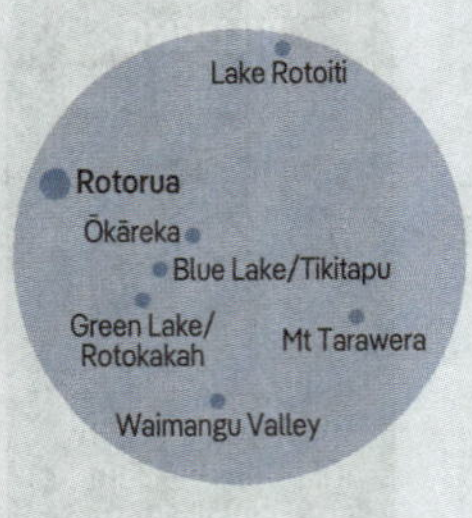

Rund um Rotorua

Das Hinterland Rotoruas verdankt seine Seen, waldigen Täler und an den Mars erinnernden Berglandschaften seiner vulkanischen Vergangenheit.

Die Süßwasserseen der Gegend (ehemalige Krater und durch Lavaströme geformte Täler) sind bei Sommerurlaubern aus den Städten der Nordinsel beliebt. Dies gilt auch für die Einheimischen, die hier gerne einen langen und entspannten Sommer verbringen. Freunde der Naturgeschichte kommen beim Mount Tarawera auf ihre Kosten. Dieser Vulkan ist berüchtigt wegen des Ausbruchs von 1886, der die benachbarten Siedlungen unter Lava und Asche begrub. Ebenfalls verschüttet wurden die Pink and White Terraces, die einst als Naturwunder angesehen wurden. Besucher können auf den Vulkan steigen, auf einem der Rundwege um den Krater wandern oder durch den Urwald gehen.

TOP TIPP

Rotoruas Seen liegen ganz in der Nähe und sind mit einem Mietwagen leicht zu erreichen. Öffentliche Verkehrsmittel sind hier selten.

Blue Lake/Tikitapu

RIEKEPHOTOS/SHUTTERSTOCK ©

JUDITH LIENERT/SHUTTERSTOCK ©

Green Lake/Rotokakahi

Sommer am See

SCHWIMMEN, WANDERN, ANGELN UND RELAXEN

Im Hochsommer macht sich (fast) ganz Neuseeland auf die Reise. Die Städte leeren sich, während die Menschen zu Zeltplätzen und Ferienhäusern an Seen und Stränden strömen. Die zentral gelegene Bay of Plenty ist besonders beliebt.

Der **Blue Lake/Tikitapu** liegt nur eine kurze Autofahrt von Rotorua entfernt und ist sowohl bei den Einheimischen als auch Touristen beliebt. Sein wunderschönes azurblaues Wasser macht ihn zu einem optimalen Schwimmrevier, ein 5,5 km langer Weg verbindet ihn praktisch mit dem Whakarewarewa Forest. Von dem Aussichtspunkt zwischen dem Blue Lake und dem benachbarten **Green Lake/Rotokakahi** aus können Wanderer den prächtigen Farbunterschied an der schmalen Landbrücke bewundern. Schwimmen ist am Green Lake verboten, dafür ist er ein malerischer Ort für ein Picknick. Nach Einbruch der Dunkelheit erhellen Glühwürmchen das einen Steinwurf vom Parkplatz entfernte kleine Tal.

An den Ufern des **Lake Rotoiti** befinden sich mehrere Orte. Jeder Trip zu diesem See sollte zu den **Manupirua Springs**

AUF DEM WEG DER HINEHOPU

Der 2,2 km lange **Hinehopu/Hongi's Track** verbindet **Lake Rotoitis** Ostseite mit dem **Lake Rotoehu** an der **Korokitewao Bay**, dem perfekten Ort für ein Picknick. Der Weg führt durch Urwald an dem beeindruckenden **Hinehopu Wishing Tree** vorüber, einer faszinierenden Landmarke am SH 30. Der Weg ist nach dem weiblichen Māori-Häuptling Hinehopu benannt, die etwa um 1620 in dieser Gegend lebte. Einer Legende zufolge soll ihre Mutter sie in diesem Baum vor Feinden versteckt haben. Als Hinehopu älter war, ist sie häufig zwischen den beiden Seen hin- und hergereist. Ein zweiter Name für diese Route lautet Hongi's Track, nach dem Anführer einer Ngāpuhi-Truppe, die etwa 200 Jahre später ihre Kanus zwischen den beiden Seen über Land zog, um in der Nähe einen Raubzug zu unternehmen.

ÜBERNACHTEN RUND UM DIE ROTORUA LAKES

Lake Ōkāreka Campsite
Einfacher und unkomplizierter DOC-Zeltplatz mit den wesentlichen Einrichtungen, ideal für Angler und Schwimmer. **$**

Blue Lake Top 10 Holiday Park
Schlichte Hütten, Suiten und Zeltplätze; unweit vom Blue Lake. **$$**

Solitaire Lodge
Eine luxuriöse All-inclusive-Anlage mit Blick auf den Lake Tarawera; mit exzellentem Restaurant. **$$$**

RADTOUR

Geothermie per Fahrrad

Mit dem Rad einige der geothermischen und kulturellen Highlights der Region Rotorua zu erkunden, ist ein wunderbares Erlebnis. Die 51 km lange, zumeist flache Route Te Ara Ahi (Thermal by Bike) beginnt am Seeufer und endet an den Waikite Valley Thermal Pools. Am schönsten ist die Fahrt an zwei Tagen mit jeweils nur einigen Stunden im Sattel. Shuttles machen auch eine eintägige Tour möglich.

1 Whakarewarewa

Der Weg beginnt am Prince's Gate & Archway unweit des i-SITE der Stadt. Die gut ausgeschilderte Strecke führt nahe am Seeufer an den Government Gardens vorbei und erreicht dann Whakarewarewa (S. 266). Hier kann man an Führungen und Vorführungen teilnehmen. Von Whakarewarewa aus gibt es einen schönen Blick auf den Pōhutu Geyser.

Die Route: Die Strecke führt über die Hemo Gorge auf dem SH 5 entlang bis zur Einfahrt des Mountain Bike Park (etwa 5 km).

2 Redwoods Mountain Bike Park

Rotorua ist berühmt für seine Mountainbike-Strecken. Jeder echte Mountainbiker würde es bereuen, nicht das (kostenlose) 150 km umfassende Wegenetz zu erkunden. Insbesondere für den Forest Loop (35 km) sollte ausreichend Zeit eingeplant werden. Danach das Kaffeedepot am „Hub" wieder auffüllen.

Die Route: Der Weg ist nun betoniert und führt weiter an der SH 5 entlang zur Waimangu Valley Road (14 km). Es schließen sich 6 km glatte und einfache Wegstrecke nach Waimangu an.

Thermalbecken, Whakarewarewa

ANUPAM HATUI/SHUTTERSTOCK ©

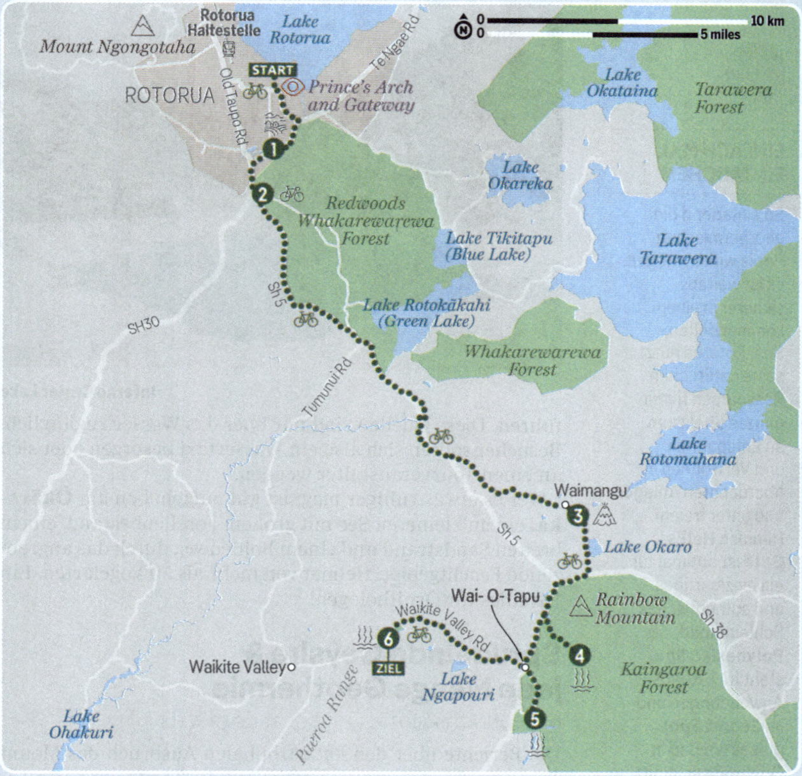

3 Waimangu Volcanic Valley

Jetzt heißt es absteigen und das Gebiet zu erkunden. Es lohnt sich wegen dem himmelblauen Wasser des Inferno Crater Lake und dem friedlichen Lake Rotomahana.

Die Route: Die Strecke führt über die Okaro Road auf die SH 38. Diese wird überquert, anschließend geht es offroad zum Rainbow Mountain, bevor die Old Waiotapu Road überquert wird. Links führt ein Abzweig zum Kerosene Creek. Dieser Abschnitt ist etwa 10 km lang.

4 Kerosene Creek

Diese bei Einheimischen sehr beliebten erfrischenden Quellen besitzen einen 2 m hohen Wasserfall, der in einen heißen Pool stürzt. Der von üppigem Urwald umgebene Ort ist eine perfekte Zuflucht für ein Thermalbad.

Die Route: Es geht zurück zum Abzweig beim Kerosene Creek, anschließend auf den Weg nach Waiotapu, ca. 8 km. Es handelt sich um den steilsten Abschnitt, an manchen Stellen geht es nicht ohne abzusteigen.

5 Wai-O-Tapu Thermal Wonderland

Dieses geothermische Wunderland lockt nicht nur wegen der Becken mit schillernden Farben (u. a. der Champagne Pool), dampfenden Seen und blubbernden Schlammlöchern, sondern auch wegen dem Lady Knox Geyser. Dieser bricht täglich pünktlich um 10.15 Uhr aus. Die Nachbarstadt Waiotapu ist für den Arataki-Honig bekannt.

Die Route: Von Waiotapu aus sind es 8 km auf der Waikite Valley Road bis zu den Thermalfeldern.

6 Waikite Valley Thermal Pools

Hier können Radfahrer die „lebenden Wasser“ des Waikite Valley in den heißen Becken und Thermalanlagen selbst erleben. Der Campingplatz bietet sich für eine Übernachtung an, bevor der Rückweg wieder nach Rotorua führt. Es sollte genug Zeit für einen Abstecher auf den Eco-Trail zur Te Manaroa Spring bleiben, Neuseelands größter Thermalquelle.

EINFACH MAL EINTAUCHEN

So einladend die geothermischen Pools wirken mögen, es ist weitaus sicherer in einem kommerziellen Spa. Rotorua nutzt seine natürlichen Ressourcen für ein ganzes Spektrum an Entspannen und Verwöhnen in überdachten Anlagen und unter freiem Himmel. **Hell's Gate** ist optimal für ein einzigartiges und authentisches Schlammbad, das **Polynesian Spa** steht für luxuriöse Anwendungen und im **Secret Spot** gibt es ein Bad in Quellwasser inmitten eines prachtvollen Waldes. Wer weniger Geld ausgeben möchte, kann im **Kerosene Creek** (S. 271) kostenlos schwimmen.

Inferno Crater Lake

führen. Diese Quellen sind nur über das Wasser zugänglich, Besucher sollten sich also ein Wassertaxi besorgen oder sich an einen Tourveranstalter wenden.

Wer es etwas ruhiger mag, ist gut aufgehoben am **Ōkāreka**, einem kleineren See mit großem Forellenbestand, einem breiten Sandstrand und einem Bohlenweg durch das angrenzende Feuchtgebiet, Heimat von mehr als 50 Vogelarten. Ein Paradies für Ornithologen!

Sprudelnde Geysire & jede Menge Geothermie

DAS JÜNGSTE GEOTHERMISCHE TAL DER WELT

Die Berichte über den katastrophalen Ausbruch des Mount Tarawera fokussieren sich meist auf die Zerstörung, von Leben, Siedlungen und den spektakulären Pink and White Terraces. Es handelt sich jedoch gleichzeitig um eine Schöpfungsgeschichte. Anstelle des ursprünglichen Gipfels, der bei der Eruption zerstört wurde, bildeten sich drei neue. Zudem entstand ein 17 km langer Riss in der Erde – das mit Kratern bestandene **Waimangu Valley** (20 Automin. von Rotorua), das schließlich im friedlichen **Lake Rotomahana** endet.

Der Geysir Waimangu („schwarze Farbe") war Anfang des 20. Jhs. der mächtigste Geysir der Welt. Damals schoss er maximal bis zu 450 m in die Höhe. Heute ist der Geysir erloschen.

Auf dem Weg durch den neuen Wald des Tals gibt es mehrere Punkte, an dem Gäste ein Shuttle zurück zum Visitor Centre nehmen können. Am Ende des 4 km langen Weges ist alternativ eine informative Bootsfahrt über den Lake Rotomahana (45 Min.) möglich.

GEOTHERMISCHE ATTRAKTIONEN

Kuirau Park
Kostenloser, zentral gelegener Park mit Bohlenwegen, die an heißen Quellen, Schlammbecken und Gärten vorbeiführen.

Wai-O-Tapu Thermal Wonderland
Ein erhabenes Erlebnis, teuer, aber die unglaublich farbenfrohe Landschaft ist es wert.

Whakarewarewa
Infos zur Kultur in dampfender Umgebung. Geführte Touren zeigen, wie die Einheimischen die Kraft der Natur nutzen.

Besucher sollten auf keinen Fall den himmelblauen **Inferno Crater Lake** auslassen, der sich regelmäßig alle 38 Tage entleert und wieder füllt. Ebenfalls einen Besuch wert sind der **Frying Pan Lake**, die größte heiße Quelle der Welt und die **Warbrick Terrace**, wo Wasserkaskaden in lebhaften Gelb- und Grüntönen schimmern.

Der an faule Eier erinnernde Geruch ist der kleine Preis, den man zu zahlen hat, für dieses zischende und brodelnde Erlebnis. Die kostenlose Waimangu App enthält interessante Informationen über das Tal und seine Highlights.

Das Tarawera-Erlebnis

SCHÖNHEIT AUS EINEM DESASTER

In den frühen Morgenstunden des 10. Juni 1886 brach der Tarawera aus und begrub die in der Nähe gelegenen Siedlungen unter einer Schicht von Asche und Schlamm. Mehr als 100 Menschen kamen ums Leben und die berühmten Pink and White Terraces wurden für immer zerstört. Noch heute finden sich in der Region überall Spuren dieser gewaltigen Katastrophe, die der Tarawera hervorrief.

Eine kürzlich erfolgte Ausgrabung eines der zerstörten Dörfer hat Neuseeland eine eigene Version von Pompeji verschafft. Im **Te Wairoa Buried Village** (20 Automin. von Rotorua) informieren Berichte von Überlebenden sowie deren Beschreibungen der Pink and White Terraces. Man kann diese archäologische Stätte selbst oder im Rahmen einer Führung erkunden.

Der **Lake Tarawera** (25 Automin. von Rotorua) bietet einige Freizeitaktivitäten, z. B. eine Bootsfahrt, im See baden oder Wanderungen. Hier werden täglich Regenbogenforellen geangelt, die sehr begehrt sind. Mit einem Mietboot oder bei einer Bootstour können Besucher einige der Thermalquellen und heißen Becken am Seeufer besichtigen. Die Wassertaxis und Rundfahrtboote legen am **Tarawera Landing** am Ende der Tarawera Road ab. Hier befinden sich außerdem ein Café, eine öffentliche Toilette, eine Bootsrampe und ein Anlegesteg.

Interesse an dem ultimativen Abenteuer? Warum also nicht das Panorama vom Gipfel des Mount Tarawera selbst genießen? Allerdings ist der Vulkan den Māori heilig. Der Krater kann deshalb nur im Rahmen einer geführten Tour bestiegen werden. Einziger Anbieter ist **Kaitiaki Adventures** (15 Automin. von Rotorua). Die geführte Wanderung führt durch eine Marslandschaft ca. 4 Std. moderat bergauf.

Eines der faszinierendsten Ergebnisse des Ausbruchs des Tarawera ist das **Waimangu Valley** (S. 271), Besucher haben die Gelegenheit das jüngste Thermalgebiet der Welt zu erkunden.

LAKESIDE ZZZS

Während es in der Gegend des Lake Tarawera jede Menge an Unterkünften gibt, ist Camping am **Hot Water Beach** in der **Te Rātā Bay** ein einzigartiges Erlebnis, weil Gäste nur mit dem Boot oder nach einer Wanderung über den Tarawera Trail hierherkommen können. Die 16 km lange Wanderroute gilt als anspruchsvoll. Sie beginnt am **Tarawera Landing** (ein wichtiger Startpunkt für den See mit einem gleichnamigen Café) und entschädigt auf dem Weg zum Campingplatz mit fesselnder Sicht auf den See und Vulkan. Das Highlight ist das Thermalwasser am Sandstrand, dem der Hot Water Beach seinen Namen verdankt. Wer es auf dem Rückweg leichter haben möchte, sollte im Voraus ein Wassertaxi reservieren.

UNTERWEGS VOR ORT

Ohne eigenes Auto oder Fahrrad geht hier nichts. Einige der kommerziellen Anbieter (z. B. Hell's Gate) bieten Transfer aus Rotorua an. Aber in Rotoruas Hinterland wird es ohne eigenen fahrbaren Untersatz sehr schwierig all die Sehenswürdigkeiten zu erreichen.

MOUNT MAUNGANUI

Das lebhafte Strandstädtchen Mount Maunganui gilt als die coolere und jüngere Schwester von Tauranga und liegt auf der anderen Seite der Bucht. Der Name Maunganui bedeutet „großer Berg", ein Verweis auf den alten Vulkankegel am Ende der schmalen Halbinsel, die eine riesige Sandbank ist. Obwohl nur 232 m hoch, ist dieser Hügel schon von Weitem zu erkennen; er verleiht der Stadt einen speziellen, ganz eigenen Charakter.

Die Einwohnerzahl schwillt im Sommer mit der Ankunft der Urlauber stark an. Der Ort ist außerdem eine beliebte Anlegestelle für Bootstouren. Der Main Beach ist ein gutes Revier für Schwimmer und Surfer, in der Pilot Bay finden Kajakfahrer gute Bedingungen. Besucher können jedoch auch einfach durch die Straßen der Stadt flanieren und die Boutiquen, Cafés und trendigen Bars frequentieren.

TOP TIPP

Im Sommer (Dez.–Feb) schießen die Preise für die Unterkünfte in die Höhe. In der Nebensaison ist es viel günstiger. Eine Unterkunft im Zentrum bietet viele Vorteile. In der Hauptsaison sollten Besucher besser ein Bett in Tauranga oder, die Küste hinunter, in Papamoa, das auch schöne Strände zu bieten hat, wählen.

Mount Maunganui

PATRICIO OGALDE/SHUTTERSTOCK ©

Start mit einem Gipfel

DEN BERG ERWANDERN

Mauao bedeutet in der Sprache der Māori „von der Abenddämmerung überrascht". In der Tat gibt es nichts Besseres, als den Tag auf dem Gipfel dieses Hügels, einem massigen Orientierungspunkt am Horizont, zu beginnen. Die Besteigung dieses 232 m hohen, heute inaktiven, Kegels ist ein Muss – das finden jährlich etwa eine Million Besucher! Man blickt auf die endlose Küste der Bay of Plenty, die Hafenstadt Tauranga und die unberührte Landschaft des Matakana Island bis zu den südlichen Ausläufern des Coromandel.

Durch falschen Sprachgebrauch wird Mauao häufig als Mount Maunganui bezeichnet, wobei es sich jedoch um den Namen

ICH MAG DEN MOUNT MAUNGANUI

Nicole Mudgway,
Autorin

Ich liebe Mount Maunganui wegen seines Lifestyle. Am liebsten stehe ich früh auf und mache vor der Arbeit einen Strandspaziergang. Es ist so befreiend, wenn die Sonne neben mir über dem Ozean aufgeht. Als Hundefreundin bin ich froh, dass der gesamte Abschnitt (außer Main Beach) hundefreundlich ist. Und überall treiben Menschen Sport oder treffen sich mit Freunden. Nachdem ich einen Kaffee aus einem der vielen lebhaften Cafés getrunken habe, kann ich spüren, wie die Stadt um mich herum zum Leben erwacht. Wenn ich noch Zeit habe, setze ich mich hin und schaue den Surfern zu.

FRISCHER KAFFEE

Three One One Six
Gegenüber vom Strand gibt es hier vor allem Kaffee und Feinkost zum Mitnehmen. **$**

Eddies & Elspeth
Eine gute Bäckerei (Elspeth) und ein Brunch-Lokal (Eddies) teilen sich einen Laden und die Leidenschaft für Kaffee. **$$**

Eightyeight
Die Backwaren in diesem trendigen Café an der Hauptstraße lassen einem das Wasser im Mund zusammenlaufen. **$$**

WHERE TO FISH IN MOUNT MAUNGANUI

Summer Mark, eine einheimische Anglerin, teilt ihr Wissen über die besten Plätze. *@asplashofsummer*

Pilot Bay
Der Tag endet hier mit einer Kajaktour bei Sonnenuntergang im Innenhafen der Pilot Bay. Ein toller Blick ist garantiert, ein Snapper oder Kahawai sehr wahrscheinlich. In der Nähe der Schlepper bleiben, um die Strömung zu vermeiden.

Omokoroa Wharf
Auf der anderen Hafenseite ist die Omokoroa Wharf eine gute Alternative. Bei Flut angeln, um nicht nur Brackwasserkrabben zu fangen.

Head out Deep
Eine organisierte Angeltour (z. B. von Blue Ocean Charters) erspart die Planung; mit Fahrt zur Mayor Island. Gute Chance, um Orcas, Delphine, Stachelrochen und Haie zu sehen, ebenso einen guten Fang zu machen.

VISUAL COLLECTIVE/SHUTTERSTOCK ©

Pōhutukawa-Baum, Mount Maunganui

der benachbarten Stadt handelt. Wenn Einheimische also davon sprechen den Mount zu besteigen, meinen sie Mauao.

Der Beschilderung zufolge dauert die Besteigung eine Stunde, viele Besucher sind jedoch schneller. Besonders eilige Wanderer nehmen die Route Waikorire (mehr Treppen!). Die andere Route, Oruahine, windet sich um den Mauao, bevor sie sich auf halber Höhe mit dem Weg für Allradfahrzeuge vereint. Am Gipfel gibt es Schatten und Sitze, um in aller Ruhe den Blick zu genießen und den Rückweg zu planen.

Eine sanftere Alternative ist der 3,4 km lange, weitgehend flache Rundweg am Fuß des Berges. Der Weg wird häufig auch von einheimischen Tieren genutzt. Im Westen bilden die leeren Strände von Matakana Island eine bezaubernde Kulisse.

Die Wege sind in einem guten Zustand und werden von Pōhutukawa-Bäumen gesäumt. Bei Ebbe ist es ungefährlich, Abzweige zu den von Muscheln übersäten Stränden und den Felsenbecken zu nehmen. Aber Vorsicht vor gefährlichen Wellen – und gelegentlich vor den Schafen!

Voll Eintauchen

SURFING ALLER SCHWIERIGKEITSGRADE

Neuseelands hipste Strandstadt, Mount Maunganui, ist ein Mekka für Sonnenanbeter, mit großartigen Wellen und Spitzenwetter. Das flache Kontinentalschelf sorgt für sanfte Brecher, perfekt für Anfänger. Die bogenförmige Küste zwischen Mauao und der östlich gelegenen Stadt Maketu bietet anspruchsvollere Brandung für jedes Niveau. Wenn ablandiger Wind weht, fällt es schwer nicht glücklich zu sein.

Im Herzen von Mount Maunganui ist der **Main/Maunganui Beach** ein Synonym für ausgezeichnete Surfbedingungen.

AUSGEHEN

Rising Tide
Im Verkostungsraum der Mount Brewing Co serviert man zum Bier leckere Knödel. **$$**

Cider Factorie
Mithilfe eines Verkostungstabletts können Gäste in dieser urigen Cider-Gaststätte die Sorten probieren. **$$**

Astrolabe Brew Bar
Dieser coole, zentral gelegene Biergarten verströmt eine schöne Retro-Atmosphäre. Die Burger sind erstklassig. **$$**

SPAZIERGANG AM UFER

Taurangas Uferbereich kombiniert tolle Blicke mit lebhafter Gastfreundschaft und einer Prise Geschichte. Zuerst geht es für frische Fish & Chips zu **1 Bobby's Fresh Fish Market**, anschließend in nördlicher Richtung auf dem von Pōhutukawa-Bäumen gesäumten Dive Crescent vorbei am **2 Hotel Trinity Wharf am Kai**. Kurz vor dem Ende der Straße lotst eine Tafel mit der Aufschrift „Marsh Street Access" zu den Treppen hinauf zum **3 Mission Cemetery**. Hier kann man etwas über die Geschichte der Māori lernen. Die Route geht anschließend über die Brücke auf der Marsh Street zur Cliff Road. Ein kleiner Abzweig die Mission Street hinunter führt zur prachtvollen Anlage **4 The Elms**, Standort einiger sehr alter Gebäude. Zurück auf der Cliff Road geht es südwärts. Nach einem kurzen Stopp im Rosengarten des **5 Robbins Park** auf der linken Seite geht es die Rasenterrassen des **6 Taumatakahawai Pā** hinunter durch die Ausgrabungsstätte **7 Monmouth Redoubt**. Das 1972 geschnitzte *waka* (Kanu) **8 Te Awanui** wird am Fuß des Hangs ausgestellt. Nach der Überquerung der Straße lohnt es sich, mit Hilfe der Informationstafel die Bedeutung der **9 Matariki Constellation Carvings** zu entschlüsseln. Zurück am Ufer geht es nach Süden unter dem **10 Herries Arch** hindurch zum „Floral Steamer", einer Schnitthecke in Schiffsform. Auf der rechten Straßenseite locken Cafés, Bars und Restaurants (Oscar & Otto, The Phoenix und Macau Bar). Kinder lieben die Bronzestatue **11 Hairy Maclary**, die die Figuren aus dem neuseeländischen Kinderbuch zeigt. Wer jetzt nicht mehr den Umweg die Wharf Street hinauf zur **12 Art Gallery** (S. 278) machen möchte, folgt dem Ufer zum **13 Harbourside Restaurant** und, für wegen dem Hafenpanorama, zum **14 Matapihi Footbridge Lookout**.

Begrenzt (und weitgehend beschützt) vom Fuß des Mauao und von Moturiki (auch Leisure Island/Freizeitinsel) ist er ein beliebter Zufluchtsort, wenn woanders der Wind auffrischt. Die gute Lage ist gleichzeitig ein großer Nachteil: Die größte Gefahr geht hier von schwimmenden Urlaubern aus.

Unmittelbar hinter dem Main Beach liegt der Strand **Mussel Rock**. Seine langsamen, erst spät brechenden Wellen sind optimal für Anfänger. Der Abschnitt **Hart Street** ist für seine stärkere Brandung bekannt, die Brecher am Strand **Tay Street** sind bei Fans langer Surfbretter beliebt. An diesem belebten Abschnitt befindet sich ein gleichnamiges Café.

Wer Surfunterricht nehmen möchte, sollte nach dem Wohnwagen von **Hibiscus** am Main Beach Ausschau halten Ebenfalls in einem Wohnwagen untergebracht, bietet **Average Joe's** Gruppen- und Einzelunterricht, zusätzlich Skateboardstunden für Landratten. Ausrüstung gibt es bei Bedarf beim **Mount Surf Shop**. Interessenten können hier Surfbretter, Skateboards und Strandkleidung kaufen, Surfbretter können auch ausgeliehen werden.

EIN TAG IN DER GALERIE

Die wenige Regentage in der Bucht sind ideal für Kunstliebhaber, um die örtlichen Kunstgalerien zu besuchen. **Sumer Contemporary Art**, um die Ecke von der Tauranga Art Gallery gelegen, stellt Künstler ganz unterschiedlicher Bekanntheitsgrade aus, von lokalen unbekannten Künstlern bis hin zu etablierten Namen. Die **Pohutukawa Gallery** in Mount Maunganui legt den Schwerpunkt auf neuseeländisches Kunsthandwerk, Schmuck, Souvenirs, Geschenke sowie Wechselausstellungen. Taurangas **Historic Village** ist eine Heimat für Kunstschaffende. Die Anlage beherbergt Kunstgalerien, Boutiquen und Ateliers. Außerdem ist sie der Standort von Initiativen zur Unterstützung von künstlerischen, kulturellen und sozialen Aktivitäten.

Die Kunstszene

WECHSELAUSSTELLUNGEN ZEITGENÖSSISCHER KUNST

Taurangas **Art Gallery** ist zentral gelegen und nur einen Block vom Strand entfernt. Sie präsentiert in lichtdurchfluteten Räumen Wechselausstellungen. Der Ton wird schon von außen mit der beeindruckenden postmodernen Fassade gesetzt, die nicht vermuten lässt, dass das Gebäude vor der Museumseröffnung 2007 eine Bank war. Einmal drinnen können Besucher sich allerdings durchaus eine Schalterhalle mit Tresorraum und Zwischengeschoss vorstellen. Wenn sie ihren Blick von der Kunst im Atrium abwenden können.

Die alte Schalterhalle ist der zentrale Ausstellungsraum, anschließend geht es die Treppe links hinauf. Im oberen Stockwerk werden häufig Multimedia-Präsentationen auf die Wände projiziert. Kleinere Räume beherbergen faszinierende Einzelausstellungen. Eine zweite Treppe führt wieder in das Erdgeschoss hinunter und – wie immer durch einen Museumsshop – bis zum Ausgang.

Die Wechselausstellungen sorgen dafür, dass jeder Besuch anders ist. Besonders beeindruckende Ausstellungen können auf der Website des Museums durch aufgezeichnete Interviews mit den Künstlern noch einmal nachvollzogen werden. Es sind sogar persönliche Treffen mit Künstlern möglich. Das Museum organisiert zusätzlich eine ganze Reihe von Veranstaltungen, Workshops, Seminare, Yogakurse. Die Website informiert über Details.

ÜBERNACHTEN

Trinity Wharf
Boutiquehotel oberhalb des Hafens mit Sporthalle, Pool und exklusivem Restaurant. **$$$**

Beachside Holiday Park
Dieser gut gepflegte Campingplatz profitiert von seiner Lage am Fuß des Mauao. **$$**

Westhaven Motel
Bescheidene, aber gut ausgestattete Einheiten in der Pilot's Bay nur einen Steinwurf von der Dorfmitte entfernt.**$$**

McLaren Falls Park

Erfrischung im Vorgebirge

SCHWIMMEN, CAMPEN, PICKNICKEN, WANDERN

Der prächtige **McLaren Falls Park** liegt nur 20 Autominuten von Mount Maunganui entfernt. Die malerische 190 ha große Anlage hat für jeden Outdoor-Fan etwas, von Forellenangeln bis hin zu Wanderungen durch den Wald zu idyllischen Picknicks und Campingplätzen. Nicht zu vergessen die McLaren Falls, im Sommer sehr beliebt. Die kleinen Becken unterhalb der Kaskaden sind ein wunderbarer Ort für Schwimmer und Sonnenanbeter. Und eine echte Show gibt es auch noch, wenn ein nahe gelegener Damm seine Schleusen öffnet (Zeiten online). Ganz in der Nähe führt ein Waldweg zu einer zweiten Wasserkaskade. Diese ist nach Sonnenuntergang, wenn Glühwürmchen die Umgebung in ein zauberhaftes Licht tauchen, ein märchenhafter Anblick.

Wer schon einmal in der Gegend ist, kann genauso gut an einem Discgolfmatch teilnehmen. Es gelten im Wesentlichen Golf-Regeln, aber es wird mit Frisbeescheiben gespielt und Drahtkörbe dienen als Löcher. Der hiesige 18-Körbe-Kurs ist mit seinen vielen Bäumen besonders schön. Besonders im Herbst sind spektakuläre Fotos und Wanderungen möglich. Eine außergewöhnlich hübsche Kulisse ist der Picknickbereich Cherry Bay, der seinen Namen der prachtvollen Kirschblüte im Frühling verdankt.

SCHWIMMEN IM SOMMER

Im Binnenland gibt es einige Süßwasserseen. Die **Kaiate Falls** sind nach einer 30-minütigen Wanderung durch den Wald zu erreichen. Der eine Wasserfall fließt über drei Stufen, der zweite stürzt 15 m tief in ein für Schwimmer geeignetes Becken. Einheimische lieben das **Wasserloch Pori Pori** in der Nähe der Brücke, die über den Wairoa River führt. Dieser Ort, nur einen kurzen Weg vom Parkplatz entfernt und inmitten von Wald und Felsen, bietet schöne Möglichkeiten, von (hohen) Felsen ins Wasser zu springen. In der Nachbarschaft ist der **Waimarino Adventure Park** ideal für einen Familienausflug. Kajaks, Boote und Wasserrutschen machen diesen Park zu einem Paradies.

UNTERWEGS VOR ORT

Im Sommer gibt es im Zentrum von Mount Maunganui häufig Verkehrsstaus, gleichzeitig ist Parkraum knapp. Glücklicherweise sind alle Attraktionen bequem zu Fuß oder mit dem Rad zu erreichen. Tauranga ist über die Harbour Bridge mit Mount Maunganui verbunden, die leuchtend gelben Busse von Bay Hopper bedienen diese Strecke alle 30 Min.

Rund um den Mount Maunganui

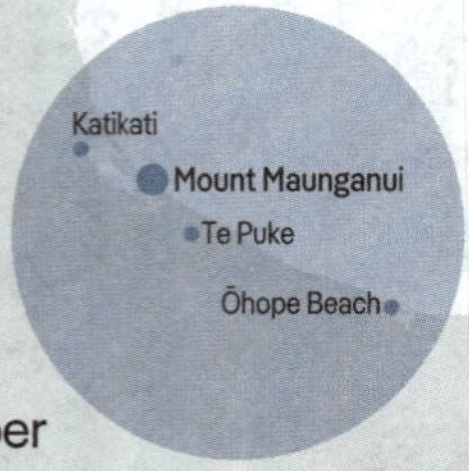

Kleine sonnenverwöhnte Orte liegen verstreut über ein Patchwork aus Obstplantagen, Bauernhöfen und Stränden. Das Meer ist niemals weit.

Die Bay of Plenty wird geprägt von endlosen Sandstränden, vom Waihi Beach und den Kaimai Ranges im Westen bis zu Ōpōtiki und den Gebirgsausläufern von Te Urewera im Osten. Die vielen kleinen Städte leben vom Reichtum der Bucht: Am Straßenrand quellen die Stände über vor günstigem Obst und Gemüse, während endlose Obstplantagen den Highway säumen. Zusätzlich ermöglichen Süßwassergewässer und das Meer das ganze Jahr über einen abwechslungsreichen Strauß an Aktivitäten. Von Whakatāne ist es nicht weit bis zu Neuseelands aktivstem Vulkan – der Vulkaninsel Whakaari. Der Ausbruch im Dezember 2019 (S. 283) forderte viele Tote.

TOP TIPP

Wer nicht nur am Strandleben interessiert ist, kann Mount Maunganuis Satellitenstädte innerhalb eines Tages besuchen.

Katikati War Memorial Hall

EINE MALERISCHE STADT

Etwa 50 Min. von Mount Maunganui entfernt liegt die urige Stadt **Katikati**, ein schöner Ort für einen Boxenstopp, um über 70 Wandgemälde, Skulpturen, Schnitzarbeiten und Mosaike zu bewundern. Die Tour beginnt am **1 Digglemann Park** (am SH 2), mit genügend Parkplätzen und einer öffentlichen Toilette. Von hier aus geht es zur Hauptstraße mit einem ersten Blick auf die vielen Wandgemälde zu Ehren der früheren Einwohner und ihres Erbes. Etwas weiter liegt die **2 Katikati War Memorial Hall**, in der häufig Märkte und Veranstaltungen stattfinden. Der Umweg den Talisman Drive hinunter zum **3 Common Ground** lohnt sich, um eine Kaffeepause einzulegen. Danach geht es über die Straße zur **4 Arts Junction**. Diese Kombination aus Besucherinformation und kreativem Zentrum stellt eine Karte zur Verfügung, mit deren Hilfe die vielen Fresken, die Katikati den Spitznamen „Neuseelands Wandgemäldestadt" eingebracht haben, gefunden werden können. Falls genügend Zeit vorhanden ist, empfiehlt sich der Besuch des **5 Western Bay Museum**, das historische Artefakte vom Stamm der Ngāi Te Rangi ausstellt. Die Gasse hinter dem Museum führt zum **6 Stadtpark**. Treppabwärts führt der **7 Haiku Pathway** zum **8 Haiku Park**; dieser soll die meisten *haiku* (japanische Gedichtform aus 3 Zeilen im 5-7-5-Silbenmuster), die am Ufer des Uretara in Stein gemeißelt sind, außerhalb Japans besitzen. An der Fußgängerbrücke besteht die Alternative, entweder auf dem Weg zum **9 Uretara Landing Reserve** noch mehr Felsdichtung zu bewundern oder aber den Hügel zu einer weiteren mit Wandmalereien geschmückten Straße hinaufzugehen und schließlich wieder am Digglemann Park zu enden.

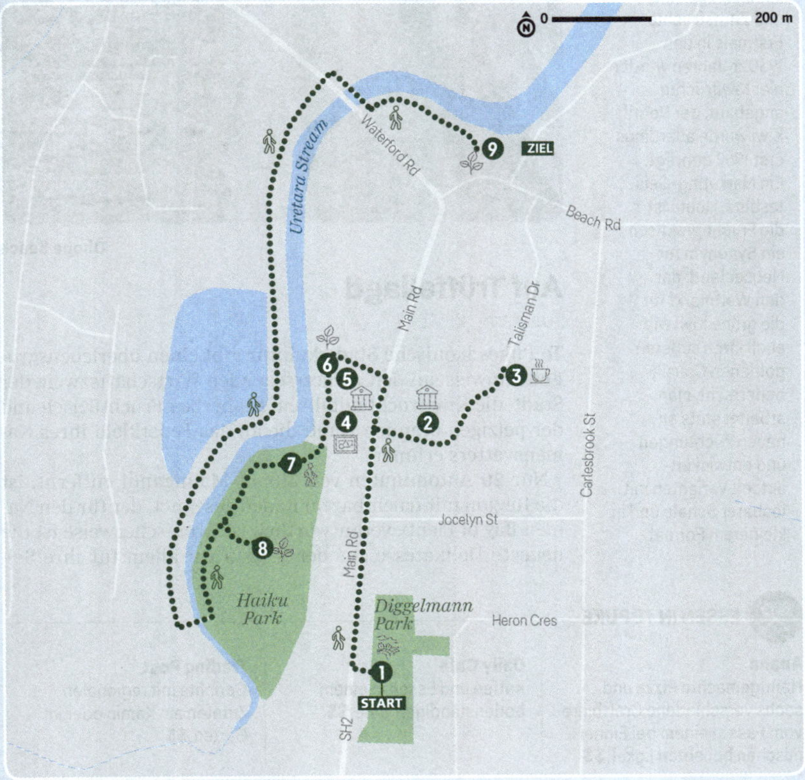

DAS FÜLLHORN DER BAY OF PLENTY

Die Bay of Plenty ist schon lange die Gartenbau-Hauptstadt Neuseelands. Die Kiwi ist nach wie vor der wichtigste Exportartikel der Hortikultur, und diese Region ist für 80 % der Produktion verantwortlich. Während auch Tabak, Hopfen, Reis und Trauben angebaut werden, gedeihen vor allem Kernobst und Zitrusfrüchte. Erstmals in den 1930er-Jahren wurden hier Kiwifrüchte angebaut, der Begriff Kiwi wurde allerdings erst 1959 geprägt. Ein Marketing-Geistesblitz. Heute ist die Frucht praktisch ein Synonym für Neuseeland, das den Weltmarkt für die grüne Kiwi wie auch ihren süßeren goldenen Cousin beherrscht. Man arbeitet stets an neuen Züchtungen und entwickelt aktuell Varianten mit lösbarer Schale und in kleinerem Format.

PETER UNGER/GETTY IMAGES ©

Ōhope Beach

Auf Trüffeljagd

ZUR SEITE, KIWI!

Te Pukes ikonische Stadtskulptur gibt einen überlebensgroßen Hinweis auf den vorherrschenden Wirtschaftszweig der Stadt, die Kiwifrucht mit ihrem süßherben Fruchtfleisch und der pelzigen braunen Haut, die an das Federkleid ihres Namensvetters erinnert.

Nur 20 Autominuten von Mount Maunganui entfernt, ist die Region mit fruchtbarem Boden gesegnet, der für den Namen Bay of Plenty verantwortlich ist. Ironischerweise ist die neueste Delikatesse aus der Region vor allem für ihre Sel-

ESSEN IN TE PUKE

Anann
Handgemachte Pizza und sechs verschiedene Craftbiere vom Fass in einem bei Einheimischen beliebten Lokal. $$

Daily Cafe
Kaffee und Essen in einem bodenständigen Café. $$

Trading Post
Gerichte mit regionalen Zutaten am Kamin oder im Garten. $$

tenheit bekannt: schwarze Périgord-Trüffel. Dieser unglaublich schwer zu züchtende und noch schwerer zu erntende Pilz fühlt sich im Mikroklima und im vulkanischen Boden der Gegend sehr wohl. In den letzten Jahren haben sich so mehrere Trüffelproduzenten in der Region angesiedelt, u. a. in Whakatāne und Kawerau.

Bei **Te Puke Truffles** können Besucher sogar selbst nach Trüffeln suchen. Nach der Anpflanzung von 212 Eichen und Haselnussbäumen im Jahr 2008 brauchte es noch sieben Jahre (und viel Geduld), bis das erste „schwarze Gold" geerntet werden konnte. Die Erntezeit liegt im Winter (Mai bis einschließlich Juli), geführte Touren finden das ganze Jahr über statt.

Die Führungen werden geleitet von Jed, dem freundlichen Trüffelhund, der über eine sehr feine Nase verfügt. Sein menschlicher Begleiter erläutert die Geschichte und den Anbau der Trüffel. Nach der Führung nehmen die Teilnehmer an einer Verkostung teil, um festzustellen wie Trüffel einfache Speisen, beispielsweise Rührei, verfeinert. Im Laden können schließlich unterschiedliche Trüffel-Produkte gekauft werden.

Eine Tasche voller Muscheln

EIN VERBORGENES JUWEL ENTDECKEN

Vom Küstenort Whakatāne hügelabwärts (ca. 1 Std. von Mount Maunganui) liegt der **Ōhope Beach**. Dieser Strand ist fast 11 km lang und, geschützt vom Whakatāne-Vorgebirge, mit seinen sanft brechenden Wellen der perfekte Standort für die lokalen Surfschulen.

Das verborgene Juwel in Ōhopes prächtiger Krone ist die **Ōtarawairere Bay**. Schon die ersten Schritte zeigen, warum dieser Strand auch Shelly Bay genannt wird. Der gesamte Strand besteht aus fein zermahlenen Muschelschalen. Besucher können hier entspannen, mit den Füßen im Wasser planschen oder die Gezeitenpools nach Krabben und Seesternen absuchen. Kinder werden die Seilschaukel lieben, während die Pōhutukawa-Bäume Schatten für ein Picknick auf diesem schönen Strand aus Muschelschalen spenden.

Am einfachsten gelangen Besucher in 20 Gehminuten vom Ende des West End hierher. Leider ist dieser Weg zuweilen wegen Erdrutsch gesperrt (am besten vorab prüfen). Aber es gibt Alternativen. Ein Zugang führt von Ende der Ōtarawairere Road hierher, eine weitere Option ist die etwas längere malerische Route von Whakatāne aus über den beliebten Wanderweg Ngā Tapuwae. Bei Flut ist dieser Weg allerdings nicht passierbar. Dann gibt es immer noch den Weg über das Wasser. Seekajaks sind dafür sehr gut geeignet, vor allem bevor der Seewind auffrischt.

WHAKAARI/ WHITE ISLAND

Von der Ōtarawairere Bay sind in östlicher Richtung häufig Rauchschwaden am Horizont zu sehen. Sie kommen vom Whakaari, Neuseelands aktivstem Vulkan. Der höchste Punkt dieser Insel liegt 321 m über dem Meeresspiegel, der größte Teil liegt jedoch unter der Wasserlinie. Die Insel war lange ein beliebtes Ziel für Touristen, die zum Krater gingen und die gelben Schwefelformationen aus der Nähe bewunderten. Am 9. Dezember 2019 jedoch gab es eine plötzliche Eruption, während sich eine Touristengruppe gerade im Krater befand. 22 der 47 Menschen starben, die Überlebenden erlitten schwere Verbrennungen. Der Tourismusbetrieb auf der Insel wurde eingestellt und ist nicht wieder aufgenommen worden.

UNTERWEGS VOR ORT

Te Puke, Whakatāne, Ōhope und Rotorua sind von Mount Maunganui aus allesamt mit den gelben Bussen von Bay Hopper gut zu erreichen. Sie fahren regelmäßig, der Fahrpreis ist moderat. Busse verkehren ebenfalls zum Katikati Beach und zum Waihi Beach im Nordwesten. Mit einem eigenen fahrbaren Untersatz sind natürlich viel mehr schöne Strände erreichbar.

Links: Blick vom Te Mata Peak (S. 300); rechts: Art-déco-Hotel Masonic (S. 293), Napier

Während der Recherchen zu diesem Kapitel fegten eine ganze Reihe Wirbelstürme durch die Ostküstenregion und hinterließen weiträumig große Schäden. Wir haben versucht, so aktuell wie möglich zu berichten. Aufgrund der ständig wechselnden Situation sollten sich jedoch Reisende vor vor dem Besuch dieser Region genau über die amtlichen Hinweise und Wetterwarnungen informieren.

EAST COAST

Wein, Geschichte und Touren durch facettenreiche Landschaften

Obst- und Weingärten sind die Basis einer hervorragenden Food- und Weinszene. Die Region ist das Kernland der Māori-Kultur, die sich authentisch und stolz widerspiegelt.

Vielfältige, wilde Landschaften sind ein weithin bekanntes Element von Neuseelands Charakter. Genauso prägend sind jedoch auch die historisch bedingten gesellschaftlichen Strukturen des Landes, die sich an der East Coast der Nordinsel intensiv widerspiegeln. Das Spektrum umfasst kleine Fischer- und Bauerndörfern rund um das East Cape, das lebendige, gut betuchte Städtchen Havelock North oder Napier mit seiner quirligen Marine Parade (Uferpromenade). Vor allem aber ist die Maōri-Kultur in Neuseeland fast nirgendwo so erlebbar wie an der East Coast. Sie zeigt sich durch zahlreiche exquisit geschnitzte *marae* (Versammlungshäuser) und den vitalen Gebrauch von *te reo* und *tikanga* (Maōri-Sprache und -Bräuche). Ein anderes Kleinod sind die Art-déco-Gebäude im Stadtbild von Napier, das vor fast einem Jahrhundert beim Wiederaufbau nach einem Erdbeben entstand. Zu den Aktivitäten zählen Radtouren entlang der Küste, Bergwanderungen auf dem Te Mata Peak oder die viertägige Great Walk Challenge auf dem Lake Waikaremoana Track im neblig-mystische Te Urewera (Nationalpark). Eine Herausforderung ist auch die Autotour auf dem Pacific Coast Highway mit Stopps an faszinierenden Orten und Abstechern zu abgelegenen Stränden. Reichlich Gelegenheit, Neuseelands berühmte Weine zu genießen, findet sich an der Hawke's Bay und rund um Gisborne.

DIE WICHTIGSTEN ZIELE

NAPIER
Art déco, Wein und Historie der Küstenstadt. S. 290

HASTINGS
Spanische Architektur und kulinarischer Genuss. S. 295

HAVELOCK NORTH
Küstenradtour, Tölpel und der Te Mata Peak. S. 298

GISBORNE
Wein, Essen, Kolonialzeit und Māori-Kultur. S. 304

PACIFIC COAST HIGHWAY
Māori-Kultur und spektakuläre Küstentour. S. 310

Erste Orientierung

Die Region Hawke's Bay ist kompakt strukturiert. Das Hinterland von Gisborne und die East-Cape-Region dagegen sind dünner besiedelt und liegen im isoliertesten Winkel Neuseelands. Nicht zu unterschätzen sind die langen Fahrzeiten bei der Anreise aus den großen Städten Auckland und Wellington.n.

Pacific Coast Highway, S. 310

Highlight bei einer kurvenreichen Autotour auf dem berühmten SH35: ein Leuchtturm am Ende der Welt, eine historischer Kai und faszinierende Einblicke in die Geschichte und Kultur der Māori..

Gisborne, S. 304

Die gemeinsame Geschichte zweier Kulturen der Region Tairāwhiti, Bio-Weine, erstaunliche Baumschätze und Stachelrochen versprechen faszinierende Erlebnisse.

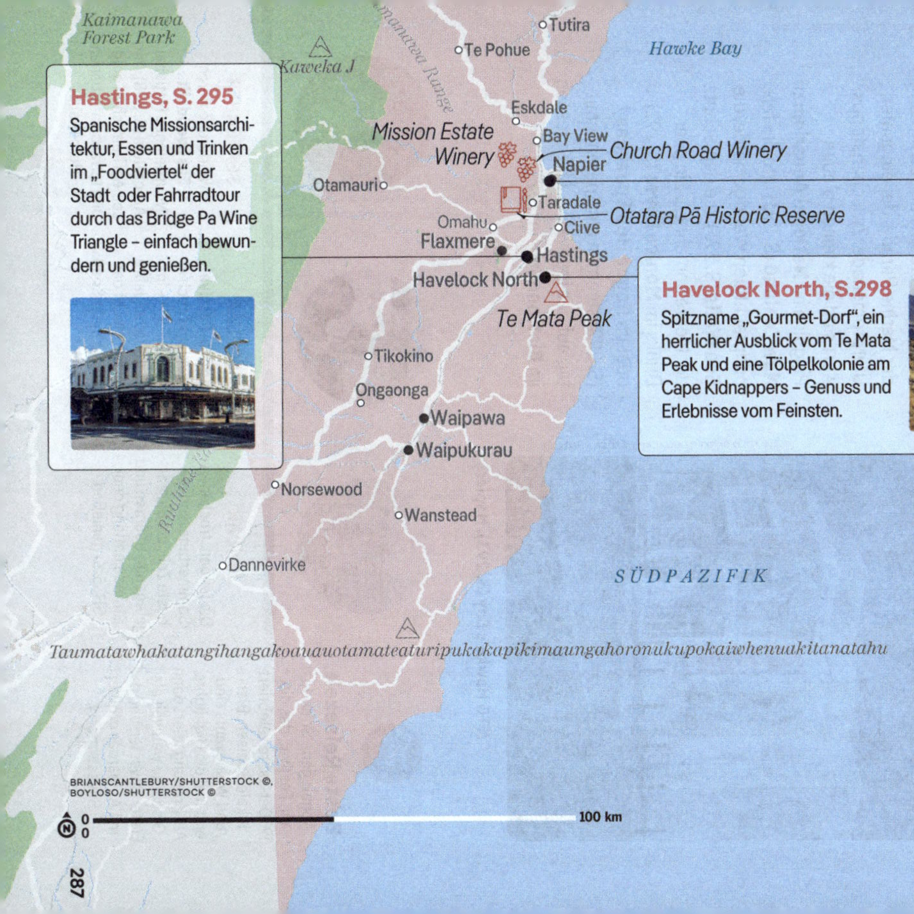

Hastings, S. 295

Spanische Missionsarchitektur, Essen und Trinken im „Foodviertel" der Stadt oder Fahrradtour durch das Bridge Pa Wine Triangle – einfach bewundern und genießen.

Napier, S. 290

Art-déco-Architektur, die Wurzeln der neuseeländischen Weinherstellung und die leichtlebige Eleganz der Marine Parade – für perfekte Entspannung.

Havelock North, S.298

Spitzname „Gourmet-Dorf", ein herrlicher Ausblick vom Te Mata Peak und eine Tölpelkolonie am Cape Kidnappers – Genuss und Erlebnisse vom Feinsten.

AUTO

Reisen mit dem Auto oder dem Wohnmobil ist am besten, um die Region zu erkunden, besonders am East Cape. Wichtig: Über Umleitungen und Verkehrsbehinderungen infolge des Zyklons Gabrielle von 2023 informiert journeys.nzta.govt.nz.

BUS

InterCity bietet eine direkte Busverbindung von Auckland und Wellington nach Napier und Gisborne. Ein Bus von InterCity fährt auch südwärts von Napier nach Gisborne. Rund um die Hawke's Bay verkehren regelmäßig Busse von goBay, die Napier, Hastings und Havelock North miteinander verbinden.

FLUGZEUG

Air New Zealand bietet regelmäßige Inlandsflüge zwischen Napier und Auckland, Wellington sowie Christchurch. Von Gisborne gibt es Flüge von/nach Auckland und Wellington. Air Ruatoria bietet gelegentliche Flüge zwischen Ruatoria und Gisborne. Autovermietungen betreiben Filialen auf dem Flughafen von Napier und Gisborne.

Perfekte Tage

Ausgezeichnetes Essen, Wein und Bier machen fit fürs Erkunden von überraschender Architektur und traditioneller Māori-Kultur. Eine kleine Klettertour führt zu einem Leuchtturm, wo ein toller Ausblick über die Hochebene mit ihrer schroffen Steilküste die Mühe belohnt.

MTG Hawke's Bay (S. 293), Napier

Wenig Zeit

- Ein Frühstück im **Mister D** ist in **Napier** (S. 290) ein solider Auftakt für eine geführte Tour zu den Highlights des großartigen architektonischen Art-déco-Erbes der Stadt. Danach geht's zum **MTG Hawke's Bay** (S. 293), um mehr über die Geschichte der Region und das Erbe der Māori zu erfahren. Dem Mittagessen mit Fisch und Meeresfrüchten aus regionalem Fang bei **Hunger Monger** (S. 291) folgt eine Tour auf einem gemieteten Fahrrad entlang der Marine Parade, der eleganten Uferpromenade. Zwischenstopps wert sind die kleinen blauen Pinguine im **National Aquarium of New Zealand** (S. 293) und die farbenprächtigen Wandgemälde, die **Sea Walls** (S. 293), die den Schutz der Meere anmahnen. Ein paar Drinks im **Monica Loves** (S. 292) oder im **Rogue Hop Speakeasy** (S. 292) stimmen am Spätnachmittag auf das innovative Abendessen im **Bistronomy** ein (S. 291).

Beste Reisezeit

Abgelegene Strände, ein Festival, das die 1930er-Jahre zelebriert, lokale Speisen, Bier- und Weinevents sind erst mal die Highlights. Als Krönung feiert dann Gisborne weltweit als Erster Silvester, und das mit Aotearoas größter Silvesterparty.

JANUAR

Die langen, trockenen Sommertage sind die beste Zeit, um die abgelegenen Buchten und Strände entlang dem SH35 zu genießen.

FEBRUAR

Art-déco-Festival mit frivolem Touch in Napier (S. 294) – im Chic der 1930er-Jahre gekleidet, macht das Feiern noch mehr Spaß..

SEPTEMBER

Wanderung durch **Eastwoodhill**, Neuseelands National Arboretum (S. 308), mit seinem herrlichen gold- und terrakottafarbenen Herbstlaub.

3-Tage-Erlebnistour

Von Napier nach **Hastings** (S. 295) und anschließend nach **Havelock North** (S. 298) ist es nicht weit. Die Muskeln in Schwung bringen dann eine Radtour durch das Weingebiet **Bridge Pa Wine Triangle** (S. 296) oder ein strammer Spaziergang auf den **Te Mata Peak** (S. 300). Kulinarische Genüsse garantieren etliche hervoragende Restaurants und Bars in Hastings Stadtteil **East 200 precinct** (S. 297). Ein Streifzug durch die Stadt gibt Einblicke in ihre faszinierende **spanische Missionsarchitektur** (S. 296). Ein Highlight für den dritten Tag ist der Ausflug zu der Brutkolonie der ***tākapu*** (Australische Tölpel) auf dem felsigen **Cape Kidnappers** (S. 302). Als Abschluss dieses Tages passen gut ein Besuch der **Giant Brewing Co** (S. 296) und anschließend ein Abendessen im urgemütlichen **Mary's** (S. 300) in Havelock North.

Länger Zeit

Faszinierende Vielfalt zeichnet die Region Tairāwhiti aus. Tiefe Einblicke in die Geschichte der Ostküste geben das **Tairāwhiti Museum** und das **C Company Memorial House** (S. 306) in Gisborne. Am **Waikanae Beach** (S. 309) ist Surfen angesagt und in der **Tatapouri Bay** (S. 309) das Tauchen – hautnah von friedlichen Stachelrochen begleitet. Richtung Norden windet sich der SH35 zu den Küstenorten **Tokomaru Bay** (S. 312) und **Tolaga Bay** (S. 313), wo Neuseelands längster hölzerner Pier und köstliche Fischpasteten zu einer Pause animieren. Im weiteren Verlauf durchquert der SH35 das Kernland der Ngāti Porou, des stolzen *iwi* (Stamm) der Region. Atemberaubend sind der Sonnenuntergang auf dem Gipfel des heiligen **Maunga Hikurangi** (S. 312) und in der Nähe von Te Araroa der Ausblick vom **East Cape Lighthouse** (S. 311) – nach einem Aufstieg über rund 800 Stufen.

OKTOBER

Mit Musik, Tanz, Kunst und Theater wird in der gesamten Region das **Hawke's Bay Arts Festival** (S. 294) gefeiert.

OKTOBER

Ebenfalls im Oktober lässt in Gisborne auf dem **First Light** Wine & Food Festival (S. 304) das Herz von Gourmets höher schlagen.

NOVEMBER

Mit Wein, Bier und Delikatessen feiert die **FAWC!** (S. 294) die heimischen Produkte der Region Hawke's Bay (ebenso im Juni).

DEZEMBER

Ab dem 29. Dezember wird in Gisborne drei Tage lang auf dem the **Rhythm and Vines Festival** (S. 304) das neue Jahr begrüßt.

NAPIER

Napier im 21. Jh. ist eine sonnige Küstenstadt mit dem subtilen Touch englischer Badeorte. Sein Flair und die Fülle an Art-déco-Architektur gehen zurück auf den Wiederaufbau nach dem verheerenden Erdbeben von 1931. Dabei setzte die Stadt konsequent auf den damals beliebten Art-déco-Stil und eine niedrige Bauweise. Wolkenkratzer wie das extravagante Chrysler Building sind also nicht zu erwarten. Das Straßenbild mit den gut erhaltenen Fassaden der 1930er-Jahre erinnert ein wenig an die wild-romantische Welt wie in *Der große Gatsby*. Stoff zum Schwärmen liefern aber auch die schönen Cafés, einige Spitzenrestaurants und zwei historische Weingüter, die den Weinmarkt des Landes prägten. Entlang der eleganten Marine Parade reihen sich die Attraktionen, wie Wassergärten und ein tolles Aquarium. Und alles lässt sich mit dem Fahrrad auf gepflegten Radwegen leicht erkunden.

TOP TIPP

In den Nebenstraßen der Marine Parade, die das Stadtzentrum durchziehen, und im nahen Ahuriri gibt es über 50 Wandgemälde von Street-Art-Künstlern, die **Sea Walls: Artists for Ocean**. Ihre Motive sind ein Appell, das maritime Ökosystem zu bewahren. (Karte bei Napier i-SITE).

Masonic Hotel (S. 293)

HIGHLIGHTS
1 Church Road Winery
2 Mission Estate Winery
3 Otatara Pā Historic Reserve

SEHENSWERTES
4 Art Deco Trust
5 ASB Bank Building
6 Bay Skate
7 Bluff Hill Lookout
8 Daily Telegraph Building
9 MTG Hawke's Bay
10 Napier Prison
11 National Aquarium of New Zealand
12 National Tobacco Company Building
13 Pania of the Reef
14 Sunken Gardens
15 Tom Parker Fountain

ESSEN
16 Pacifica
17 Poivre et Sel

AUSGEHEN
18 Urban Winery

Art déco – Napiers Baustil

DAS ARCHITEKTONISCHE ERBE EINER NATURKATASTROPHE

Nach dem verheerenden Erdbeben von 1931 planten Neuseelands Nachwuchsarchitekten den Wiederaufbau der Stadt. Dabei ließen sie sich von den damals beliebten internationalen Architekturstilen inspirieren, allen voran dem Art déco.

GUT ESSEN IN NAPIER

Bistronomy
Saisonale Gourmetgerichte, Vinothek mit Weinverkostung vor Ort und Weinverkauf erhöht die Attraktivität. **$$$**

Mister D
Seit Jahren in Napier beliebt. Tagsüber gemütliches Café, abends hippes Bistro, der Flairwechsel gelingt perfekt. **$$**

Hunger Monger
Neuseeländische *kai moana* (Meeresfrüchte), zubereitet mit Anklang an die mexikanische und italienische Küche. **$$**

PHOTOS BRIANSCANTLEBURY/SHUTTERSTOCK ©

National Tobacco Company Building

TRAGÖDIE AN EINEM DIENSTAGMORGEN

Am 3. Februar 1931 um 10.46 Uhr zerstörte ein schweres Erdbeben (7,9 auf der Richterskala) die Stadt Napier. Es gab 258 Todesopfer. Durch das Beben wurde der Erdboden aus einer Lagune um mehr als 2 m angehoben – und so vergrößerte sich die Fläche von Napier um 40 km². Man beschloss, die Stadt wieder aufzubauen, und zwar im damals sehr beliebten Architekturstil Art déco. So entstand quasi eine neue Stadt, die seither den Beinamen „Art Deco Capital of the world" (Art-déco-Hauptstadt der Welt) trägt. In Napiers Geschäftszentrum, aber auch im Vorort Marewa stehen zahlreiche prächtige Häuser im Art-déco-Stil.

So entstand eine der heute weltweit am besten erhaltenen Straßenlandschaften der 1930er-Jahre. Hervorragend geführte Stadtspaziergänge veranstaltet Napiers **Art Deco Trust** (artdeconapier.com). Als Auftakt lohnt sich ein Abstecher ins Stiftungszentrum, um den 20-minütigen Dokumentarfilm *Hawke's Bay 1931 Earthquake* anzusehen. Nach der Tour lockt dort ein Geschenkeladen mit Souvenirs im Art-déco-Stil. Spannende Alternativen sind Stadtrundfahrten im Oldtimer mit Fahrer im 1930er-Look oder speziell auf das Erdbeben bezogene Führungen. Komplett wird das Bild mit einer Privatführung, **Inside Story** genannt, durch atemberaubende Art-déco-Räumlichkeiten, die normalerweise für die Öffentlichkeit nicht zugänglich sind.

Eine streng symmetrisch gestaltete Fassade mit fontänenartigen Mustern prägt das **Daily Telegraph Building** in der 49 Tennyson Street. Eine Attraktion ist auch dessen erstklassig restauriertes Art-déco-Foyer – zugänglich während der Geschäftszeiten der Ressourcenmanagementfirma, die das Gebäude heute nutzt. In der Nähe, Ecke Hastings und Emerson Street, steht das **ASB Bank Building**, in dessen Art-déco-Baustil etliche dekorative Elemente der Māori-Kultur integriert sind, zum Beispiel Farnwedel- und Hammerhai-Symbole. Napiers architektonisches Meisterwerk ist das prächtige **National Tobacco Company Building** in Ahuriri. Sein Design besticht mit einer Kombination aus Art-déco-Formen und Art-nouveau-Motiven. Rosen, *raupō* (Rohrkolben) und Weinlaub rahmen den elegant geschwungenen Türbogen. Das Anwesen ist Sitz der **Urban Winery** (theurbanwinery.co.nz), die regelmäßig Verkostungen des weltberühmten Chardonnays des Winzers Tony Bish veranstaltet.

AUSGEHEN IN NAPIER

Monica Loves
Lässiges Großstadtflair, kreative Cocktails, lokales Craftbier und Weine aus der Region Hawke's Bay.

Rogue Hop Speakeasy
Neuseeländisches Craftbier aus 17 Zapfhähnen, gute Weinauswahl und exzellente asiatisch inspirierte Tapas.

Matisse Wine Bar
Internationale und neuseeländische Weine, dazu serviert werden Platten mit typischen Hawke's-Bay-Produkten.

Unterwegs im Küstenviertel der Stadt

STRANDPROMENADE MIT VIELEN REIZVOLLEN ATTRAKTIONEN

Motels, Cafés, Restaurants, historische Holzvillen und riesige Norfolktannen säumen die Marine Parade, Napiers Strandpromenade. Am Nordende steht der **Tom Parker Fountain**, ein Art-déco-Brunnen, dessen Fontänen nachts in spektakulär wechselnden Farben in die Höhe schießen. In der Nähe prangt die Statue der sagenumwobenen **Pania of the Reef** (2005 gestohlen, schnell wiedergefunden). Ein Highlight sind auch die **Sunken Gardens** nahe der Touristeninformation i-SITE.

Mit ihren guten Fuß- und Radwegen, die in südlicher Richtung zur Bucht führen, eignet sich die Marine Parade bestens für Erkundungstouren. Familienfreundliche Abwechslung bieten Spielplätze, Minigolfanlage und der **Bay Skate**, einer der besten Skateparks des Landes – und das **National Aquarium of New Zealand** (nationalaquarium.co.nz*).* In dem modernen Komplex am Meer mit „Stachelrochen-inspiriertem" Dach sind Zwergpinguine die Superstars. Ihre sehenswerten Fütterungen verteilen sich über den ganzen Tag. Monatlich wird sogar der „Penguin of the Month" gekürt, meist der frechste der Truppe, und auf der Instagram-Seite des Aquariums (@nationalaquariumnz) präsentiert. Im Mittelpunkt der täglich um 10.30 Uhr beginnenden Führung **Native Icons** stehen heimische Tierarten, darunter die Zwergpinguine, Kiwi, Neuseelands Nationalvogel, und der Tuatara, – die Brückenechse gilt als lebendes Fossil.

Gute Restaurants finden sich inmitten der vom Erdbeben verschonten, denkmalgeschützten Gebäude an der Marine Parade. Im **Pacifica** serviert Spitzenkoch Jeremy Rameka Fünf-Gänge-Menüs, für die er *kai moana* (Meerestiere) virtuos einsetzt. Nebenan ist das das französische Bistro **Poivre et Sel**.

Erbe & Kultur

ZEUGEN DER VERGANGENHEIT UND GEGENWART

Museum, Kunstgalerie und Kulturzentrum teilen sich das **MTG Hawke's Bay** (mtghawkesbay.com) die Räume in dem Gebäudekomplex am Meer. Tief beeindrucken die Ausstellung über das Erdbeben von 1931 und die **Taonga Māore Collection** (Kulturschätze der Māori) mit Kunst und Artefakten aus der Region Hawke's Bay. Ein Großteil der Sammlung stammt vom drittgrößten *iwi* (Stamm) des Landes, dem Ngāti Kahungunu, der in Hawke's Bay ansässig ist. Über die aktuellen Ausstellungen informiert die Website des MTG.

Einen andersartigen Einblick in die lokale Geschichte gibt das **Napier Prison** (napierprison.com). Neuseelands ältestes

AHURIRIS KÜSTENFLAIR

Vor dem Erdbeben von 1931 befand sich der Hafen von Napier an der Küste von **Ahuriri**. Der heutige Stadtteil liegt gut 3 km von der Marine Parade und dem Art-déco-Stadtzentrum entfernt. Traditionelle Holzhäuser säumen die Straßen des Viertels, das sich landeinwärts hinter Ahuriris kompakter Uferpromenade erstreckt. Die alten Lagerhäuser an den still gelegten Anlegestellen wurden in Cafés, Bars und Restaurants umgebaut. Am **West Quay** empfehlen sich das Thirsty Whale und das Gin Trap für kalte Drinks – und als Pausenstopp bei einer Tour durch Ahuriris schattige Seitenstraßen, um die **Sea Walls** zu erkunden. Gute Cafés sind **Milk & Honey** und **FG Smith**. Zu Ahuriris Vorzügen zählen Unterkünfte am Meer und ein herrliches Arthouse-Kino.

ÜBERNACHTEN IN NAPIER

Bluff Hill B&B
Gemütliche Gartenhäuschen und eine moderne Suite. Den Swimmingpool können alle Gäste nutzen. **$$**

Masonic Hotel
Art-déco-Stil, farbenprächtige Zimmer mit individuellem Charakter und eine tolle Lage an der Marine Parade. **$$$**

Navigate Seaside Hotel
Selbstversorger-Apartments in unmittelbarer Nähe der Cafés und Restaurants rund um Ahuriris Uferpromenade. **$$**

Gefängnis wurde 1862 errichtet und 1993 stillgelegt. Über 130 Jahre prägte die Haftanstalt mit psychiatrischer Abteilung und Hinrichtungsstätte den Strafvollzug des Landes. Noch heute strahlen seine Räume die tragisch-düstere Vergangenheit aus. Audioguides erzählen Geschichten über historische Schurken, Opfer, Helden und Gespenster. Zwei Attraktionen: ein eigenes Fahndungsfoto und in Escape Rooms den eigenen Gefängnisausbruch inszenieren. Entspannung bringt der Blick vom nahen **Bluff Hill** (102 m) auf die Stadt, die Bucht und den Hafen. Zum Gipfel führt von der Marine Parade eine etwa 4,5 km lange, anstrengende steile Wanderroute und eine kurvenreiche Straße.

FESTIVALS & EVENTS

Art Deco Festival
Während der dritten Februarwoche geht es in Napier bei mehr als 100 Events um das Thema Art déco.

Mission Estate Concert
Von Februar bis April veranstaltet das älteste Weingut der Region verschiedene Konzerte. Interpreten waren z.B. schon Elton John und Sting.

Hawke's Bay Arts Festival
An vielen Orten in der Region finden im Oktober Theater-, Tanz- und Musikaufführungen statt, oft ist der Eintritt frei.

FAWC! Food & Wine Classic
Entlang der Bucht wird das Festival im Juni und November mit Gourmet-Events, Weinverkostungen und kulinarischen Workshops gefeiert.

Taradale – ein historischer Ort

WURZELN DES NEUSEELÄNDISCHEN WEINBAUS

Taradale liegt am südöstlichen, ländlichen Stadtrand von Napier. In der Geschichte der Māori und des regionalen Weinbaus spielt der Ort eine Schlüsselrolle. Französische Missionare gründeten hier im Jahr 1851 die **Mission Estate Winery** (missionestate.co.nz) – das älteste Weingut und die Wiege des neuseeländischen Weinbaus. Eine Hangstraße führt direkt zum Eingang des Weinkellers im eleganten Grande Maison (ursprünglich ein Seminar). Nebenan im Restaurant mit tollem Ausblick sind das Hähnchen-Confit mit *Kūmara*-Chips (Süßkartoffelchips) und der hauseigene Jewelstone Chardonnay zu empfehlen. Bei den beliebten Konzerten dieses Weinguts traten 2023 die britischen Stars Rod Stewart und Robbie Williams auf.

Das **Church Road Winery** (church-road.com), am Fuß des Hügels, schrieb ebenfalls Weinbaugeschichte. Hier produzierte der legendäre Winzer Tom McDonald (gest. 1987) Anfang der 1960er-Jahre aus Neuseelands ersten Cabernet-Sauvignon-Reben bahnbrechende Weine. Diese nur aus besonderen Jahrgängen hergestellten „TOM-Weine" kredenzt u.a. das Restaurant Orton in der Church Road. Weitere Attraktionen in der Church Road sind Weinverkostungen in dem faszinierenden unterirdischen Weinmuseum und sporadische Livemusik am Sonntag. Von Taradales Māori-Geschichte zeugt das nahe gelegene **Ota-tara Pā Historic Reserve** (doc.govt.nz). Der Ort mit seinen Holzpalisaden, *pou whenua* (Landpfosten) und geschnitztem Tor war historisch gesehen eine der wichtigsten Siedlungen und Verteidigungsanlagen der Region. Die Besitzansprüche auf das Areal waren lange ein Streitthema zwischen den Māori. Ein Rundweg (eine Stunde) mit toller Aussicht führt über grasbewachsene Hügel.

UNTERWEGS VOR ORT

Das Stadtzentrum ist sehr fußgängerfreundlich. Die goBay-Stadtbusse fahren regelmäßig nach Ahuriri. Einfach ist es, sich einen Scooter zu mieten. Eine gute Auswahl, u.a. die Fat Boy Harley, hat Napier Scooter Hire. Für die Beam e-scooters gibt es die Beam-App. E-Scooter oder Fahrrad sind ideal für Erkundungstouren entlang des Küstenradweges. Über und die örtliche Firma Zoomy bieten Taxidienste in Napier sowie Hastings und Havelock North.

HASTINGS

Hastings, das geschäftige Handelszentrum der Region, liegt 20 km südlich von Napier im landesweit bekannten Agrargebiet Hawke's Bay Fruit Bowl. Beim Wiederaufbau nach dem Erdbeben von 1931 ließen sich die Architekten von der spanischen Missionsarchitektur der kalifornischen Erweckungsbewegung des frühen 20. Jhs. inspirieren. Bis heute ist die Stadt stolz auf diese Gebäude. Wie gut ihre jüngste Renovierung und ihre Nutzung für den Einzelhandel, die Kunst und das Gastgewerbe gelungen sind, führt ein Streifzug durch die fußgängerfreundliche Innenstadt vor Augen. Im zentralen Bezirk East 200 legt die Gastronomie auch großen Wert auf gutes Essen, Wein und Bier der Region und verleiht dem ländlichen Flair von Hastings einen kosmopolitischen Akzent. Außerhalb erstreckt sich das Bridge Pa Wine Triangle, ein Weinbaugebiet, das mit Radtouren und Weinverkostungen lockt.

TOP TIPP

Im Bareknuckle BBQ, 4 km nördlich vom Stadtzentrum, wird Low'n'Slow Barbecue authentisch zelebriert. Ob Sparerips, Pulled Pork, Burger oder Steaks, egal was der Grillmeister Jimmy Macken serviert, schmeckt köstlich. Perfekt dazu passen das Craftbier aus der Region Hawke's Bay und die beschwingte Countrymusik.

Stadtzentrum von Hastings

RADFAHREN IM BRIDGE PA WINE TRIANGLE

Inmitten der Ebene westlich der Stadt erstreckt sich das **Bridge Pa Wine Triangle** (bridge patriangle.nz) mit sieben Weingütern. Im Januar findet hier das Bridge Pa Wine Festival statt. Für Radtouren ist die Gegend ideal. Räder vermietet **On Yer Bike** (onyerbikehb. co.nz) direkt an der **Ash Ridge Winery**. Donnerstags bis sonntags sind die meisten Weinkeller für Besucher geöffnet. Highlights sind z.B. die Bio-Weine auf Gut **Alpha Domus** sowie **Trinity Hill** mit Foodtruck, spritzigem Rosé und Livemusik. Ein Kleinod ist **Oak Estate** mit seinem einzigartigen Chardonnay und den Häppchenplatten.

SEHENSWERTES
1 Harvey's Building
2 Hawkes Bay Opera House
3 Municipal Building
4 Westerman's Building

ESSEN
5 Funbuns
6 Long Island Delicatessen
7 Oh My Goodness Specialty Breads
8 Opera Kitchen
9 Sazio
10 Ya Bon French Baker

AUSGEHEN
11 Brave Brewing Co
12 Common Room
12 Decibel Central
14 Hastings Distillers

Westerman's Building

Glanzvolle Missionsarchitektur

DER ZWEITE WUNDERSCHÖNE BAUSTIL IN HAWKE'S BAY'S

Viele Architekten orientierten nach dem Erdbeben von 1931 an dem beliebten Art-déco-Stil. Zu Hastings Vorbildern zählte aber auch die spanische Missionsarchitektur, die in den 1910er-Jahren in Südkalifornien in Mode kam. Sie gilt als Hommage an die schlichten Lehmbauten, die spanische Missionare zwischen 1769 und 1834 errichteten. Wie Kalifornien ist Hastings ein sonnenverwöhnter Ort, zu dem der Baustil mit seinen Terrakottafliesen, den strukturierten Wänden und dekorativen Schmiedearbeiten genauso gut passte. Ein Rundgang, um die Missionsarchitektur der Stadt zu erkunden, beginnt am besten im Touristeninformationszentrum i-SITE im weiß getünchten **Municipal Building**. Hier gibt es auch die Broschüre *Art Deco Hastings* und Kar-

GUTES CRAFTBIER IN HASTINGS

GodsOwn Brewery
Gemütlich, europäisch inspirierte Biere und Holzofenfladen in ländlicher Gegend 22 km östlich von Hastings.

Giant Brewing Co
Hauptsitz in Havelock North, Craftbier aus 12 Zapfhähnen im Schankraum. Das Probierset mit fünf Bieren lohnt sich.

Abbey Brewery
Gehört zu einem Bridge-Pa-Weingut. Im Sommer immer am Samstag- und Sonntagnachmittag Livemusik.

ten für Stadtrundgänge. Gleich um die Ecke ist das **Hawke's Bay Opera House**. Das 1915 im Missionsstil erbaute Gebäude wurde ab 2014 renoviert, modernisiert (inkl. verstärkter Erdbebensicherung) und dann endlich 2020 als **Toitoi – Hawke's Bay Arts & Events Centre** wiedereröffnet. Beliebt für Frühstück und Mittagessen ist die nahe **Opera Kitchen**.

Zu den weiteren Gebäuden im spanischen Missionsstil zählt das elegante **Westerman's Building**. Seine Fassade enthält auch Elemente des Jugendstils, der Klassik und des Art déco – ein Beleg für die kreative Freiheit der damaligen Architekten. Nebenan in der Russell Street 106 beherbergt das 1933 erbaute **Harvey's Building** heute die **Hastings Community Arts Centre Gallery**. Hier stellen regionale Künstler und Kunsthandwerker ihre Werke aus. Übrigens: Auch in Napier entstanden nach 1931 Gebäude im spanischen Missionsstil.

Essen & Ausgehen in East 200

HASTINGS' PARADIES FÜR FEINSCHMECKER

Traditionell galt Havelock North mit seinem ländlichen Flair als das führende kulinarische Reiseziel im Süden von Hawke's Bay. Heute jedoch „pilgern" viele Gäste auch ins Stadtzentrum von Hastings, wenn es um die kulinarischen Highlights der Region geht. Ihr Ziel sind die Lokale in dem **East 200** genannte Bezirk entlang der Heretaunga Street 200 und 240. Aber auch die Gastronomie in den angrenzenden Straßen trägt viel zu Hastings Ruf als Feinschmeckerparadies bei.

Ein guter Start in den Tag sind Kaffee und Zimtrolle beim **Ya Bon French Baker** oder ein Sauerteigbrot von **Oh My Goodness Specialty Breads** und Picknickzutaten von **Long Island Delicatessen**. Mittags oder abends zu empfehlen ist z. B. das Menü „South America meets Southern Europe" im **Sazio** – authorisiert von den Mitbesitzern Daniel Pistone (Argentinier) und Laura Crespi (Italienierin). Und das **Funbuns** macht mit seinen *Bao*-Buns und -Teigtaschen seinem Namen alle Ehre. Im Schankraum der **Brave Brewing Co** locken die hauseigene Biere, z. B. das hopfige „Tigermilk IPA", Burger und Streetfood-ähnliche Köstlichkeiten. Auf regionale Weine und Craftbier ist **Common Room** spezialisiert. Im East 200 gibt es auch Gartenbars und eine tolle Musikszene – von Jazz über Country bis zu Indie. Der Schwerpunkt von **Decibel Central** liegt auf Bio-Weinen. Neuseelands erste Bio-zertifizierte Brennerei ist **Hastings Distillers**, die nur Wildgewächse oder Pflanzen aus eigenem Anbau verarbeitet. Ihr Aperitif L'Opera ähnelt einem italienischen Bitterorange-Aperitif, schmeckt also lecker in einem Negroni. Aufschlussreich sind auch die Ginverkostungen der Brennerei.

DER ZYKLON GABRIELLE

Im Februar 2023 wurden die Ostküste und andere Teile der Nordinsel vom Zyklon Gabrielle schwer getroffen. Rekordbrechende Regenfälle führten zur Überflutung vieler Dämme und Flüsse. Bis zu 7 m hoch stieg das Wasser und Weinberge und Obstgärten in Hawke's Bay versanken im Schlamm. Nördlich von Tairāwhiti floss „Splash" (Schutt aus der Forstwirtschaft) flussabwärts, zerstörte Brücken und überzog Straßen und Strände mit Müll. Leider kamen bei dem Sturm elf Menschen ums Leben, davon neun an der Ostküste. Die Sachschäden beliefen sich auf über 13 Mrd. NZ$. Die Verkehrsinfrastruktur an der Ostküste wurde stark beeinträchtigt. Wichtig für Reisende: journeys.nzta.govt.nz informiert über alle Umleitungen und tairawhitigisborne.co.nz sowie hawkesbaynz.com veröffentlichen die aktuellen Hinweise der regionalen Tourismusbehörden.

VOR ORT UNTERWEGS

Wie Napier liegt Hastings inmitten einer sehr flachen Landschaft, also ideal für Wander- oder Radtouren . Nützlich für Reisende ohne Auto sind die regelmäßigen Verbindungen von goBus nach Napier und Havelock North sowie die Fahrdienste von Uber und Zoomy.

HAVELOCK NORTH

Havelock North liegt südöstlich von Hastings. Zwischen der Kleinstadt mit eher dörflichem Flair und ihrem geschäftigeren, urbaneren Nachbarn erstrecken sich Obstgärten und Ackerland. Immerhin ist sie wohlhabender und ein beliebter Alterswohnsitz, was wohl zu ihrem coolen Charakter beiträgt. Rund um den von Pflanzen flankierten zentralen Kreisverkehr hat sich eine ausgezeichnete Gastronomieszene etabliert. Die Einheimischen besuchen die Bars, Cafés und Restaurants sehr gerne. Unweit vom Stadtzentrum finden sich einige der angesehensten Weinkellereien und ihre Restaurants. Als Ausgleich zu den kulinarischen Genüssen von Havelock North lädt der Te Mata Peak am südöstlichen Stadtrand zum Wandern und Mountainbiken ein. Vor der Morgendämmerung aufzustehen, lohnt sich, um wie viele Einheimische der Region auf dem Gipfel den Sonnenaufgang über dem Südpazifik zu beobachten.

TOP-TIPP

Rund um Havelock North beginnt die Sommerernte im Dezember mit Spargel, Artischocken, Erdbeeren und Blaubeeren. Im Spätsommer, Februar und März, sind die köstlichen Steinfrüchte dran. Auf Gerichte mit Te-Mata-Feigen hat sich das Figgery Cafe spezialisiert. Sehr zu empfehlen: die Bruschetta mit frischen Feigen.

Wandern auf dem Te Mata Peak (S. 300)

RIPIO/SHUTTERSTOCK ©

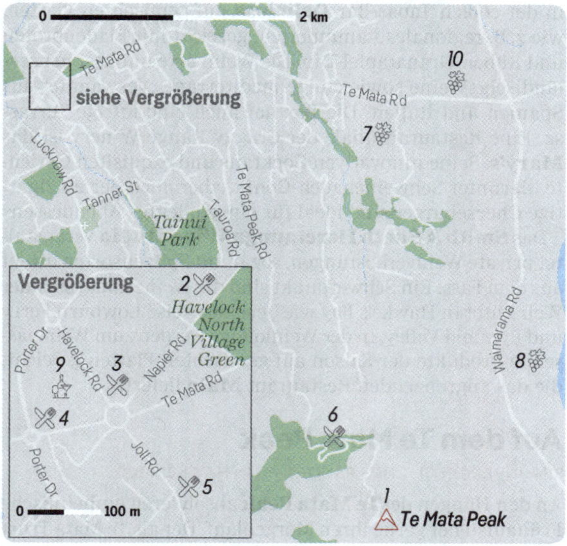

HIGHLIGHTS
1 Te Mata Peak

ESSEN
2 Deliciosa
3 Maina
4 Malo
5 Mary's
6 Peak House

AUSGEHEN
7 Black Barn Vineyards
8 Craggy Range
9 Smith & Sheth Heretaunga Wine Studio
10 Te Mata Estate

RADWEGE AN DER BUCHT

Die Hawke's Bay Trails umfassen gut 200 km Radwege (Karten und Informationen auf hbtrails.nz). Dazu zählen z.B. östlich von Havelock North der 15 km lange Küstenradweg von Clive nach Clifton und der Radweg, der in einer 30 km langen Schleife auch am Tuki Tuki River entlang verläuft. Im fahrradfreundlichen Napier beginnt und endet auf der Marine Parade ein 30 km langer Rundradweg entlang der Küste. Mit E-Bikes und Pausen für Gourmetessen und Wein lassen sich die Touren komfortabel gestalten. Coastal Wine Cycles, Bike About Tours und FishBike, alle mit Sitz an der Marine Parade in Napier, bieten derartige Ausflüge an. Radtouren zu den Weinbaugebieten Gimblett Gravels und Bridge Pa organisiert On Yer Bike.

Regional verankerte Esskultur

ESSEN UND TRINKEN VOM FEINSTEN IN HAVELOCK NORTH

Trockenes Klima, guter Boden und viel Sonne tragen dazu bei, dass die Heretaunga Plains in Hawke's Bay mit Farmen, Weinbergen und Obstgärten übersät sind. An der saisonalen Erntefülle der bekannten Fruit Bowl of New Zealand orientieren sich die Küchenchefs in Havelock North konsequent. So eröffnet allein ein Rundgang durchs Stadtzentrum mit seinen rund 15 Cafés und Restaurants kulinarische Erlebnisse.

In den Räumen eines ehemaligen Postamts mit Retro-Kiwiana-Dekor verwöhnt das **Maina** seine Gäste von morgens bis abends. Besonders köstlich schmecken z.B. die cremigen Te-Mata-Pilze auf Bio-Sauerteigbrot oder die Tacos mit gegrillten Garnelen. Pizza und die Salate der Saison sind gute Optionen, ebenso wie ein Kaffee mit Donuts oder anderem selbst gemachten Gebäck. Großes in Häppchen serviert man

ÜBERNACHTEN IM UMKREIS VON HAVELOCK NORTH

Clive Colonial Cottages
Denkmalgeschützte Cottages in ländlicher Lage, gleich weit von Napier, Hastings und Havelock North entfernt. **$$**

Clifton Glamping
Luxuscamping versteckt in einem ländlichen Tal nahe Cape Kidnappers, Stränden und Weingütern. **$$$**

Te Awanga Cottages
Stylische Selbstversorgerunterkunft in ländlicher Hanglage, dekoriert mit neuseeländischer Kunst. **$$**

in der coolen Tapas-Bar **Deliciosa** auf gemischten Platten, wie z. B. regionales Lammfleisch, gereicht mit Fladenbroten und Rüben-Granatapfel-Dip. Die Weinkarte umfasst neuseeländische Weine sowie einige mediterrane „Verwandte" aus Spanien und Italien. Die Bar hat auch eine luftige Terrasse. Eine Restaurantfiliale der Craggy Range Winery ist das **Mary's**. Seine innovativen Cocktails und exquisiten Gerichte, darunter Schweinebauch-Confit, aber auch der einzigartige Cheeseburger sind ideal für ein gepflegtes Abendessen.

Das **Smith & Sheth Heretaunga Wine Studio** veranstaltet private Weinverkostungen, sogar mit Spitzensorten direkt aus dem Fass. Ein Schwerpunkt sind die Weine aufstrebender Weingüter in Hawke's Bay wie beispielsweise Lowburn Ferry und Pyramid Valley. In der Weinlounge werden zum Wein passende Produkte der Saison auf gemischten Platten gereicht, die das angrenzenden Restaurant **Malo** liefert.

SPEKTAKULÄRE WEINGÜTER

In der von weiten Küstenebenen geprägten Region erhebt sich südöstlich von Havelock North am Tuki Tuki River fast abrupt der Te Mata Peak. In dieses Naturschauspiel fügen sich die drei renommierten Weingüter harmonisch ein. **Craggy Range** (craggyrange.com) gewinnt regelmäßig den Winery Restaurant of the Year Award des Foodmagazins Cuisine. Die Gäste speisen hier im Freien mit Blick auf den Te Mata Peak. Etwas weiter nördlich bietet **Black Barn Vineyards** (blackbarn.com) ein Gartenbistro, einen Markt am Samstag und Unterkünfte in Weinberghütten. Und **Te Mata Estate** (temata.co.nz) produziert zwei Ikonen der Weinszene Neuseelands: den Elston Chardonnay sowie den perfekten Coleraine aus Merlot, Cabernet Sauvignon und Cabernet Franc.

Auf dem Te Mata Peak

EIN UNVERGESSLICHES PANORAMA IN HAWKE'S BAY

An den Hängen des**Te Mata Peak** absolvieren einheimische Frühaufsteher gerne ihren Morgenlauf. Der als Te Mata Trust Park geschützte massive Höhenzug erhebt sich vor den Toren der Stadt. Er umfasst rund 30 km Wanderwege für Touren (40–120 Min.). Eine Karte mit den sieben beliebtesten Routen gibt es als Download auf tematapark.co.nz.

Die Touren beginnen und enden auf dem Parkplatz vor dem Haupttor des Parks. Die leichte **Pīwakawka Loop** (1,3 km, 40 Min.) führt durch Eukalyptushaine und ursprüngliches Buschland. Unterwegs ist häufig der lebhafte *pīwakawka* (Australischer Fächerschwanz) zu sehen. Anspruchsvoller ist der **Karaka Wander** (4 km, 2 Std.) zum **Saddle Lookout** mit Ausblick auf den Tuki Tuki River. Richtung Gipfel folgt ein Terrain, das an eine Mondlandschaft erinnert. Auf dem Gipfel den Aufgang der Sonne über dem Pazifik zu beoachten, ist ein besonderes Erlebnis. An der Route liegt auch ein Wald mit über 200 kalifornischen Mammutbäume (1927 gepflanzt, ursprünglich für wirtschaftliche Zwecke). Auf seiner Lichtung finden mitunter Hochzeiten und Konzerte statt. Die Te-Mata-Hänge sind auch bei Mountainbikern sehr beliebt. Von Havelock North führt eine kurvenreiche Straße direkt zum Gipel (15 Automin.) – mit Blick auf felsige Klippen, verirrte Schafe, die Küste und an klaren Tagen sogar bis zum schneebedeckten Gipfel des Ruapehu im Tongariro National Park. Nahe dem Te-Mata-Gipfel bietet das **Peak House** eine herrliche Aussicht sowie gutes Frühstück und Mittagessen.

UNTERWEGS VOR ORT

Ein Spaziergang durch das Zentrum von Havelock North macht Spaß, vor allem wegen des großen Angebots an regionalen kulinarischen Genüssen. Uber, Zoomy und goBus sorgen für gute Verbindungen nach Hastings und Napier. An Fahrrädern zum Mieten, inklusive E-Bikes für längere Wege, mangelt es in Havelock North nicht. Für die holprigen MTB-Trails an den Te-Mata-Hängen gibt es sogar voll gefederte Mountainbikes.

Rund um Havelock North

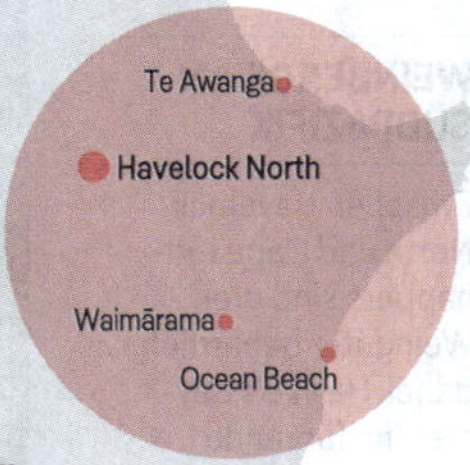

Einfach wunderschön: die Aussicht auf Cape Kidnapper und Radtouren zu Weinbergen an der Küste und abgelegenen Stränden am Südpazifik.

Eine leichte Radtour mit Aussicht auf die tobende Brandung und salzige Gischt des Meeres führt von Havelock North zu ausgezeichneten Weingütern. Besonders faszinierend auf dieser Route ist die Tölpelkolonie auf den hohen Klippen der Ostküste von Cap Kidnappers. Für einen Tagesausflug eignet sich die etwas weiter südöstlich verlaufende Radroute zu den abgelegenen Küstenorten Ocean Beach und Waimārama. Unterwegs lohnt sich ein Schwenk zu den spektakulären Maraetotara Falls. Mehr Zeit ist sinnvoll für die Tour auf dem SH2 in Richtung Süden zu dem Weinanbaugebiet rund um Martinborough. Dort locken auch abgelegene Surfstrände und das Te Angiangi Marine Reserve mit idealen Schnorchelbedingungen.

TOP TIPP

Ocean Beach, Waimārama und die Maraetotara Falls sind ideal für ein Picknick. Vor der Tour sollte man sich in Havelock North mit Gourmethappen eindecken.

Cape Kidnappers (S. 302)

WEINBERGE AM SÜDPAZIFIK

Zwischen Havelock North und Cape Kidnappers sind drei Weingüter beharrlich dabei, Hawke's Bay als eine führende Weinbauregion des Landes weiterhin zu festigen. **Elephant Hill** (elephanthill.co.nz) ist für seinen exzellenten Syrah, Cabernet Franc und Chardonnay bekannt. Hervorragend sind auch seine luxuriösen Unterkünfte in einer spektakulären Lodge. Rund 1,5 km weiter südöstlich nutzt **Clearview Estate** (clearview estate.co.nz) die günstige Lage für besondere Rebsorten. Das 1986 gegründete Weingut hat komfortable Unterkünfte in ehemaligen Schafschererquartieren. Sein Restaurant hat nur Mittwoch bis Samstag mittags geöffnet. In nächster Nachbarschaft bietet **Te Awanga Estate** (teawangaestate.co.nz) Pizza, ein Apartment im Weinberg und im Sommer Sunday Sessions mit Livemusik.

Tākapu-Kolonie (Tölpelkolonie), Cape Kidnappers

Cape Kidnappers und seine Tölpel

LAUTSTARKES SPEKTAKEL AUF DEM KAP

Rund 20 km westlich von Havelock North ist Te Awanga der Start für den Ausflug zum **Cape Kidnappers**. Von Mitte September bis Mitte April belagert eine Tölpelkolonie die Ostspitze des Kaps. Dort ziehen 7000 Brutpaare des Tākapu (Australischer Tölpel) ihre Jungen auf. Dann wandert die Vogelschar weiter nach Tasmanien und Australien. Von November bis Februar ist die beste Zeit, um die fast gänsegroßen Seevögel zu beobachten. Von Menschen lässt sich die lärmende, stinkende Vogeltruppe nicht stören. Tākapu nisten vorwiegend auf vorgelagerten Inseln, selten auf dem Festland. Die weltgrößte Festlandkolonie sind die Tölpel auf Cape Kidnappers!

GUTES ESSEN RUND UM HAVELOCK NORTH

Red Bridge
Kaffee, Eiscreme und leckeres Gebäck in einer ländlichen Location nahe dem Tuki Tuki River. **$**

Hygge at Clifton Bay
Brunch und Lunch mit Spezialitäten, darunter Ricotta-Pfannkuchen, am Ende der Cape Kidnappers Road. **$$**

Waimārama Store
Fish & Chips (fangfrischer Fisch!), Laden in Strandnähe. Was gibt es Besseres? **$**

Te Kauwae a Māui (Kieferknochen des Halbgottes Māui) nennen die Māori das lang gezogene Kap mit seinen weiß-grauen Klippen. Von Te Awanga führt ein 19 km langer Strandpfad (hin und zurück ca. 5 Std.) zum Kap. Die Wanderung ist nur bei Ebbe möglich und herabgerutschtes Geröll von den Klippen blockiert oft den Weg. Wichtig ist es, sich vor der Tour auf doc.govt.nz genau über die aktuelle Lage zu informieren.

Sicherer und bequemer bringt **Gannet Safaris** (gannetsafaris.co.nz) Besucher zum Cape Kidnappers. In einem Minibus mit Allradantrieb geht's durchs Buschland zu einer Farm und dann über Klippenstraßen hinauf auf das windgepeitschte Kap. Von dort oben reicht der Blick bis Napier und über die ganze Bucht hinweg bis zur Halbinsel Mahia. Die Touren finden von September bis April statt.

Kleine Abenteuer am Pazifik

SURFEN, SCHWIMMEN UND EIN WASSERFALL

Neben gemütlichen Küstenradwegen und Restaurants in Weinbergen hat Hawkes' Bay auch eine sportlichere Erlebniswelt, z. B. südöstlich von Havelock North am **Ocean Beach**. Die rund 20 km lange Autoroute führt über den Tuki Tuki River bis zu dem Strand, dem die Māori den Namen Waipuka gaben. Beliebte Aktivitäten an diesem abgeschiedenen, schönen Strand sind Surfen und Brandungsangeln. Wegen der Unterströmungen ist hier jedoch Vorsicht geboten. Schwimmer sollten den mit Flaggen markierten Bereich nicht verlassen und außerdem nur schwimmen gehen, wenn die Rettungsschwimmer patrouillieren. Im Norden ist in der Ferne das unverwechselbare Profil von Cape Kidnappers zu sehen.

Etwa 18 km südlich vom Ocean Beach liegt **Waimārama**. Der kleine Ort lässt sich nur über eine landeinwärts verlaufende Straße erreichen, mangels direkter Küstenstraße. Mit einem Laden, Ferienunterkünften und einem Wohnwagenpark ist Waimārama touristisch recht aktiv. Davon profitieren im Sommer auch die rund 200 Einwohner, die das ganze Jahr über hier leben. Vor der Küste ragen die markanten Klippen von **Motu o Kura (Bare Island)** aus dem Meer. In früheren Jahrhunderten nutzten die Māori die Insel als Verteidigungsstellung. Als 1769 der Entdecker James Cook hier vorbeisegelte, registrierte er lapidar: „eine ziemlich hohe weiße Insel in Küstennähe". Im Anschluss an den Ocean Beach und Waimārama locken die nahen **Maraetotara Falls**. Vom Parkplatz an der Maraetotara Road sind es 10 Gehminuten zu den 15 m hohen Wasserfällen und einem natürlichen Badeteich. Die direkte Fahrtroute von Havelock North über den Tuki Tuki River zu den Wasserfällen ist nur 16 km lang.

DER CLASSIC WINE TRAIL

Der **Classic Wine Trail** (classicwinetrail.co.nz) verläuft von **Martinborough** über die Region **Wairarapa** und dann weiter über die Cook Strait bis nach Marlborough. Die Weinroute führt durch drei der erstklassigen Weinregionen des Landes. Zu den Highlights südlich des SH2 zählen das **Paper Mulberry Cafe**, 30 km südlich von Hastings in Pukehou, und das **Central Hawke's Bay Settlers Museum**, weitere 15 km südlich in Waipawa. Ein Abstecher Richtung Osten lohnt sich. Dort gibt es abgelegene Surfstrände, die werktags und außerhalb der Sommermonate menschenleer sind. Kairakau, Mangakuri, Pourerere und Aramoana bieten Strandspaziergänge mit Treibholz- und Felsenpool-Idylle. Im **Te Angiangi Marine Reserve** südlich von Aramoana kann man in einer geschützten Lagune bei Ebbe sehr gut Schnorcheln. Tipp: auf doc.govt.nz die CWT-Broschüre downloaden.

UNTERWEGS VOR ORT

Ein Tagesausflug, der die Ocean Beach und Waimārama sowie die Maraetotara Falls umfasst, ist nur mit dem Auto zu schaffen. Eine schöne Möglichkeit für einen Nachmittag ist die kurze Fahrt nach Haumoana, um dann dort bei Coastal Wine Cycles ein Fahrrad zu mieten und die Weingüter Elephant Hill, Clearview Estate und Te Awanga Estate zu erkunden

GISBORNE

Der hübsche Ort, „Gizzy“ genannt, Tairāwhiti in Te Reo Māori, liegt eingebettet zwischen Stränden und Weinbergen. Angesagt sind Entspannung am Strand, Surfen auf sanften Wellen, coole Ausflüge, Craftbier und Wein. Seine Einwohner sehen jeden Morgen weltweit als Erste die Sonne aufgehen. Darauf ist „Gizzy“ richtig stolz, ebenso wie auf seine Festivals. Ende Dezember rocken DJs und Tanzmusik drei Tag lang das Rhythm and Vines Festival. Das Beste an Essen, Wein und Bier der Region präsentiert das First Light Festival im Oktober. Highlights zum Verlieben sind auch die wunderschöne bewaldete Umgebung und eines der besten regionalen Museen Neuseelands. Vom hoch gelegenen Titirangi Reserve ist der Blick auf die Küste spektakulär. Am Fuß des Hügels erinnert ein Denkmal im Reservat Puhi Kai Iti an die erste Begegnung der Māori mit einem britischen Entdecker.

TOP-TIPP

Das Denkmal vor der Bibliothek in der Bright Street ehrt Murray Ball (†), ehemaliger Bürger der Stadt und Schöpfer der Comics *Footrot Flats* (footrotflats.com). Es zeigt zwei Ikonen dieser Cartoons mit Kultstatus: Wal, ein typischer Kiwi (Neuseeländer), und sein treuer Hund Dog.

Tairāwhiti Museum (S. 306)

RICHARD CUMMINS/ALAMY STOCK PHOTO ©

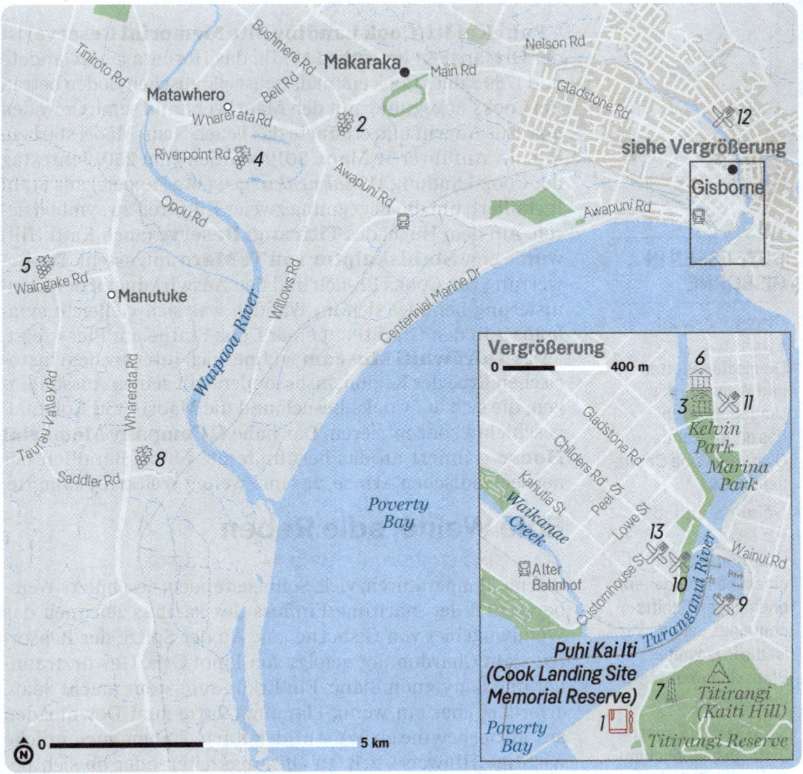

HIGHLIGHTS
1 Puhi Kai Iti (Cook Landing Site Memorial Reserve)

SEHENSWERTES
2 Bushmere Estate
3 C Company Memorial House
4 Matawhero Wines
5 Millton Vineyards & Winery
6 Tairāwhiti Museum
7 Te Maro Sculpture
8 Wright's Vineyard & Winery

ESSEN
9 Crawford Road Kitchen
10 Flagship Eatery
11 Gisborne Farmers Market
12 Neighbourhood Pizzeria
13 USSCO Bar & Bistro

Ein historischer Treffpunkt

SCHICKSALHAFTE BEGEGNUNG IN AOTEAROA

Die Bucht vor Gisborne schrieb einen markanten Teil der neuseeländischen Geschichte. Hier landeten Vorfahren der Māori in ihrem *waka* (Kanu) und James Cook erstmals in Neuseeland. Auf seine fluchtartige Abfahrt ohne neuem Proviant bezieht sich der Name Poverty Bay. An vielen Orten der Stadt erinnern Denkmäler an die gemeinsame Geschichte.

AUSGEHEN IN GISBORNE

Sunshine Brewery
Wegweisende Craftbier-Brauerei, 20 Zapfhähne heißt viel Auswahl an Gebrautem, die Pizza schmeckt gut.

Smash Palace
Beliebte „Grizzy-Bar", rustikal dekoriert mit coolen Grafiken, einem Flugzeug (abgestürzte DC3) und alten Surfbrettern.

Sudiri Wine Bar
Pizza, Wurst- und Fleischspezialitäten, regionale und internationale Weine, viele aus nachhaltigem Bio-Anbau.

Puhi Kai Iti (Cook Landing Site Memorial Reserve) ist der Ort, an dem im frühen 13. Jh. das Horouta *waka* landete und 1769 James Cook erstmals neuseeländischen Boden betrat. Bei Cooks Begegnung mit den Māori verstand seine Crew den *haka* als Angriff und eröffnete das Feuer. Neun Māori starben, u. a. ihr Anführer Te Maro. 2019 wurden zum 250. Jahrestag der Cook-Landung 112 *tukutuku* (gewebte Paneele) aus Stahl installiert, um die Begegnung zweier Kulturen zu symbolisieren. Auf dem Hügel des **Titirangi Reserve** (auch Kaiti Hill) wurde eine **Stahlskulptur von Te Maro** aufgestellt. Die Bewertung von Cooks Besuch und den Auswirkungen der Kolonisierung befindet sich im Wandel, was sich vielleicht symbolhaft in den Graffiti auf einer Cook-Statue am Fluss zeigt.

Das **Tairāwhiti Museum** widmet sich intensiv dem historischen Erbe der Region, insbesondere mit seinen Ausstellungen, die sich auf Cooks Besuch und die Māori- und Kolonialgeschichte konzentrieren. Das nahe **C Company Memorial House** erinnert an das berühmte 28. Māori-Bataillon der neuseeländischen Armee, das im Zweiten Weltkrieg kämpfte.

GUTE ESSEN IN GISBORNE

Crawford Road Kitchen
Gemischte Platten und Wein aus der Umgebung, den das angrenzende Gisborne Wine Centre liefert. $$

Neighbourhood Pizzeria
Holzofen-Pizza in einem bescheidenen, ehemaligen Schiffscontainer, sehr lecker ist die Pizza mit Blauschimmelkäse und Chorizo. $$

USSCO Bar & Bistro
Bistro in historischem Gebäude; Favoriten sind z. B. Lamm und Wild, Cocktails und Craftbier. $$$

Flagship Eatery
Guter Start in den Tag: Eier Benedict, Müsli oder Burritos. $$

Gisborne Farmers Market
Samstagsmarkt für Käse, Gebäck und kunsthandwerkliche Produkte. $

Edle Weine, edle Reben

STARS SIND CHARDONNAY UND NACHHALTIGKEIT

Warme Temperaturen, viele Sonnenstunden, geschützte Weinberge und der maritime Einfluss des Pazifiks zeichnen das Weinbaugebiet von Gisborne aus. An der Spitze der Rebsorten steht Chardonnay, gefolgt von Pinot Gris, Gewürztraminer und Sauvignon Blanc. Ein Erkundungstour macht Spaß, erfordert aber ein wenig Planung (Karte zum Downloaden auf gisbornewine.co.nz). Auf der Karte stehen auch etliche wichtige Hinweise, z. B. zu Öffnungszeiten oder ob sich Besucher vorher telefonisch anmelden müssen. Geführte Rad- und Wandertouren durch die Weinberge bietet **Experience Gisborne** (experiencegisborne.co.nz).

Wright's Vineyard & Winery (wrightswines.co.nz) wurde 2022 als Neuseelands „Sustainable Vineyard of the Year" ausgezeichnet. Seine **Brews & Vinos Tour** hat auch Craftbier im Programm. **Bushmere Estate** (bushmere.com) produziert exzellenten Chardonnay sowie in geringerer Menge Merlot, Malbec, Pinot Gris, Montepulciano und Sangiovese. Sein Restaurant „The Vines" hat treue Stammgäste, besonders beliebt sind die Sonntagnachmittage mit Livemusik. **Matawhero Wines** (matawhero.co.nz) ist bekannt für seinen Chardonnay, insbesondere den Irwin Chardonnay, der nur mit außergewöhnlichen Jahrgängen hergestellt wird. Bekannt für beste nachhaltig und biodynamisch angebaute Weine ist **Millton Vineyards & Winery** (millton.co.nz).

VOR ORT UNTERWEGS

Gisborne liegt am Zusammenfluss der Flüsse Turanganui, Taruheru und Waimata. Es ist eine kompakte Stadt, die sich leicht zu Fuß erkunden lässt. Einen Mitfahrservice gibt es nicht, aber genügend Taxis. Für eine Weinbergtour kann man ein Fahrrad mieten oder an einer geführten Tour teilnehmen. Vom Puhi Kai Iti führt ein steiler, etwa 1 km langer Wanderweg zum Titirangi Reserve hinauf. Einfacher, aber länger (ca. 2,5 km) ist Straße am Hügel.

Rund um Gisborne

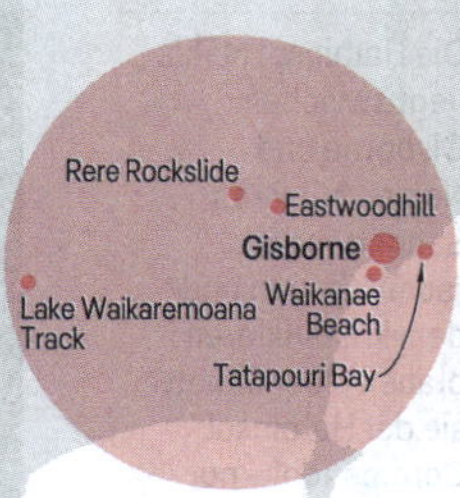

Wanderrouten nördlich, südlich und westlich von Gisborne führen zu Naturphänomenen und verlaufen durch Wälder und Wildnis.

In der Region rund um Gisborne warten zwei spannende, aber sehr unterschiedliche Naturerlebnisse. Eine hautnahe Begegnung mit faszinierenden Pazifikbewohnern ist am Tatapouri Beach angesagt. Der Strand erstreckt sich nördlich der Stadt entlang des Pacific Coast Highway. Eine besondere Welt von Bäumen und Sträuchern eröffnet sich im Eastwoodhill Arboretum, das nordwestlich der Stadt liegt. Mit natürlichen Wasserrutschen wartet der Rere Rock Slide auf. Zu den Attraktionen zählen eine Railbike-Fahrt (südlich der Halbinsel Māhia) und die Tour auf dem Lake Waikaremoana Track, um die nebligen Täler und Gipfel der Region Te Urewera zu erkunden.

TOP-TIPP

Gisborne Railbike Adventure (railbikes.nz) bietet z.B. eine Railbike-Tour auf dem Māhia Coastal Trail. Ein Railbike – zwei miteinander verschweißte Fahrräder – fährt man auf Bahngleisen (ähnlich wie eine Draisine).

Tatapouri Bay (S. 309)

S CURTIS/SHUTTERSTOCK ©

HALBINSEL MĀHIA

Die Halbinsel Māhia liegt zwischen Gisborne und Napier. Mit ihren Sandstränden, rauen Klippen und dem kristallklaren blauen Meer ähnelt sie der Halbinsel Coromandel – nur ohne deren Touristenmassen im Sommer. Der Māori-Folklore zufolge gleicht die Form der Māhia dem Te Matau a Maūi – dem Angelhaken des mythologischen polynesischen Entdeckers Maūi. Zu den Highlights zählen Wandern im **Māhia Peninsula Scenic Reserve** oder rund um die vogelreiche **Maungawhio Lagoon**; außerdem den Māhia Beach genießen, inklusive wunderschönem Sonnenuntergang. Ebenso angesagt sind Angeln und Wassersport. Vorhanden sind einige Gästehäuser, ein Freizeitpark, ein Bistro und etliche Läden (lokale Infos auf visitwairoa.co.nz). Neuseelands eigenes Raumfahrtunternehmen, Rocket Lab (rocketlabusa.com), betreibt am östlichen Rand der Halbinsel seinen Startplatz.

MARKUS BRUNNER/GETTY IMAGES ©

Eukalyptusbäume, Eastwoodhill

Neuseelands Baumparadies

WUNDERVOLLE BÄUME IN FAZINIERENDER VIELFALT

Eastwoodhill liegt 35 km nordwestlich von Gisborne und ist Neuseelands nationales Arboretum. Über 20 000 Baum-, Strauch-, Farn- und Kletterpflanzenarten wachsen auf einer atemberaubend schönen Fläche von 135 ha. Eastwoodhill umfasst die größte und artenreichste Sammlung von Gehölzen der nördlichen Hemisphäre, die südlich des Äquators existiert. Rund 25 km thematisch ausgerichtete und gut markierte Wanderwege durchziehen dieses Baumparadies. Eine immer wieder wechselnde Szenerie fasziniert und verblüfft zugleich, z. B. wenn nach einer Lichtung mit hoch aufragenden kalifornischen Küstenmammutbäumen ein schattiger Hain aus japanischem Fächer-Ahorn folgt.

SCHWIMMEN RUND UM GISBORNE

Muriwai
Strandsiedlung 20 km südlich von Gisborne an spektakulärer Küste, Anfahrt mit der Gisborne City Vintage Railway.

Rere Rockslide
Mit Boogie-Board oder Reifenschlauch geht's über eine 60 m lange Wasserrutsche hinunter in einen erfrischenden Pool.

Mōrere Hot Springs
Waldspaziergang kombiniert mit Bad in einer mit Sträuchern bewachsenen Thermalquelle, 56 km südlich von Gisborne.

Die Informationen auf der hervorragenden Website von Eastwoodhill (eastwoodhill.org.nz) erleichtern die Planung eines Tages voller Erlebnisse auf sechs Themenwegen. Der **Yellow Walk** verläuft im Zickzack hinauf zum Gipfel des **Mount Arataitai**, dem höchsten Punkt des Geländes mit herrlichem Blick auf das Arboretum und seine Umgebung. Eine beliebte halbtägige Wanderung auf dem **Green Walk** führt durch offene und bewaldete Teile des Arboretums. Besucher können im Arboretum übernachten und so auch in der Stille der Dämmerung die Schönheit dieser Naturschatzkammer genießen. Zur Verfügungen stehen Doppelzimmer mit Bad sowie Schlafsäle mit Gemeinschaftsbädern. Vorhanden sind auch eine Lounge, eine Gemeinschaftsküche, ein Parkplatz für Wohnmobile und ein Kinderspielplatz. Die interaktive Karte auf der Website präsentiert mehr als 12 500 Bäume und ist ein faszinierendes Schaufenster der unglaublichen Vielfalt von Eastwoodhill. Geführte Touren im Golf-Cart oder SUV können im Voraus online gebucht werden.

Erlebnisse an der Tatapouri Bay

MIT MEERESBEWOHNERN AUF DU UND DU

Der kurvenreiche SH35 Richtung Süden verbindet die Tolaga Bay mit Gisborne. Auf der letzten Etappe liegt 15 km nordöstlich vor der Stadt die **Tatapouri Bay**. Hier organisiert **Dive Tatapouri** (divetatapouri.com) ein besonderes maritimes Erlebnis in dem flachen, geschützten Küstengewässer der Bucht. In Anglerhosen und Gummistiefeln geht es ins Wasser, wo sich Kurzschwanz-Stachelrochen und Adlerrochen seit zehn Jahren füttern lassen. Lieblingsfutter des wohl berühmtesten „Meeresduos" der Tatapouri Bay sind Pfannkuchen und Waffeln. Wichtig: nur eine kleine Menge füttern, um das natürliche Nahrungsverhalten der Fische nicht zu beeinträchtigen. Die Tiere sind an menschliche Gesellschaft gewöhnt, sie stupsen gegen die Beine und versetzen den Futterlieferanten auch mal einen sanften Klaps mit den Flossen. Manchmal versuchen auch ein paar Königsmakrelen Futterreste zu ergattern. Dive Tatapouri bietet auch **Reef Ecology Tours** an. Eine Voranmeldung ist generell zu empfehlen.

Um die Zeit an einem der interessantesten Strände der Ostküste zu maximieren, lohnt es in der angrenzenden **Tatapouri Bay Oceanside Accommodation** (tatapouri.co.nz) zu übernachten. Zur Wahl stehen luxuriöse Zenhütten mit tollem Blick auf den Südpazifik, Glamping-Zelte, Tiny Houses und Blockhütten (alle für Selbstversorger). Zudem gibt es einen grasbewachsenen Parkplatz für Wohnmobile und ein schönes Strandcafé, das von Ende Oktober bis April geöffnet ist.

TOUREN RUND UM GISBORNE

Surfen auf den (oft) sanften Wellen der Bucht vor Tairāwhiti/ Gisborne zählt zu den beliebten Aktivitäten. Lokale Anbieter, die professionell und geduldig die Anleitungen geben, sind z.B. **Surfing with Sarah**, **New Wave NZ** und die **Salt Shack Surf School**. Ideal für Anfänger ist der **Waikanae Beach**. Die geführten halb- bis mehrtägigen Ausflüge von **Cycle Gisborne** umfassen lokale Weingüter, **Rere Rockslide** und das **Eastwoodhill Arboretum**.

Ausgerüstet mit Karten und guten Ratschlägen geht vieles auch im Alleingang. Moderat ist die Tour auf dem **Lake Waikaremoana Track** (46 km, rund 4 Tage), um die abgelegene Region Te Urewera des Ngāi Tūhoe-Stammes zu erkunden – aber nur ohne die anspruchsvolle Besteigung des Panekire Bluff (1180 m). Infos auf doc.govt.nz und ngaituhoe.iwi.nz.

VOR ORT UNTERWEGS

Ein Mietwagen gewährt viel Bewegungsfreiheit, sei es für die Tour von Gisborne zum Tatapouri Beach oder zum Rere Rockslide und für den Besuch des Eastwoodhill Arboretum. Das gilt auch für die Halbinsel Māhia, die Mōrere Hot Springs und den Lake Waikaremoana.

PACIFIC COAST HIGHWAY

Von Ōpōtiki bis Gisborne begleitet der kurvenreiche Pacific Coast Highway (SH35) die gesamte Küste der Region am East Cape. In diesem ruhigen Winkel von Neuseeland kennt jeder jeden. Ländliche Familienbetriebe und die gemeinsamen erwerbsbedingten Verbindungen zum Meer schweißen die Menschen zusammen. Reiten, Traktorfahren am Strand, frischer Fisch zum Abendessen – auch das gehört zum Alltag, genauso wie der in der ganzen Gegend spürbare Einfluss der traditionellen Māori-Kultur. Die lange Fahrt auf dem Pacific Coast Highway von Ōpōtiki über das East Cape nach Gisborne ist für Neuseeländer ein Roadtrip-Ritual. Der SH2 dagegen verbindet die beiden Städte auf direktem Weg (147 km, 2,5 Std.). Er führt über die Waioeka-Schlucht, wo sich an der historischen Tauranga Bridge die leichte Wanderung auf einem herrlicher Rundweg (2–3 Std.) lohnt.

TOP-TIPP

Die Fahrt auf dem SH35 von Ōpōtiki nach Gisborne (334 km) führt auch entlang der Bay of Plenty. Gute Reisetipps finden sich auf exploretheeastcape.co.nz. Einen Reiseführer bieten die i-SITE-Informationszentren in Gisborne sowie an verschiedenen Orten rund um die Hawke's Bay und die Bay of Plenty (Download auf der Website von i-SITE).

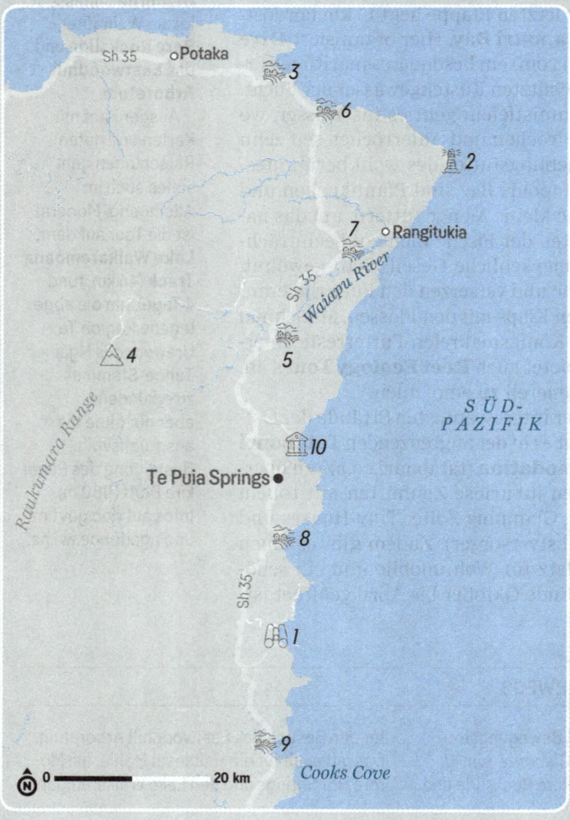

SEHENSWERTES

1 Anaura Bay
2 East Cape Lighthouse
3 Hicks Bay
4 Maunga Hikurangi
5 Ruatoria
6 Te Araroa
7 Tikitiki
8 Tokomaru Bay
9 Tolaga Bay
10 Waipiro Bay

DAVID WALL/ALAMY STOCK PHOTO ©

East Cape

Die Region East Cape erkunden

DEN ERSTEN SONNENSTRAHL AM MORGEN ALS ERSTER SEHEN

Zu den Highlights der Erkundungstour entlang dem SH35 zählt das windgepeitschte **East Cape Lighthouse** an der östlichsten Spitze Neuseelands. Um hier auch mal als Erster auf der Welt den Sonnenaufgang zu sehen, lohnt es sich, in der Nähe zu übernachten, entweder in **Hicks Bay** oder 10 km weiter östlich in **Te Araroa**. In diesem ruhigen Dorf gibt es einen Laden, eine Tankstelle, einen Imbiss, ein *marae* (Versammlungshaus) mit schönen Schnitzereien sowie einen kleiner Ferienpark mit Unterkünften. Ein Motel und das **Nga Puriri B&B** sind nur wenige Kilometer von der Hicks Bay entfernt.

Wichtig für die „Sonnenaufgang-Planung“: Von Te Araroa bis zum Leuchtturm sind es 21 km auf einer kurvenreichen, unbefestigten Straße (ca. 30 Min.). Weitere 30 Min. braucht es, um die 800 Stufen zum Leuchtturm hochzusteigen. Die Belohnung: ein besonderer Sonnenaufgang und atemberaubender Panoramablick. Zurück in Te Araroa stärkt ein Frühstück im **East Cape Manuka Cafe**, das auch Mānuka-Honig-Produkte verkauft, z. B. Seifen, Hautpflegemittel sowie Smoo-

OSTWÄRTS VON ŌPŌTIKI NACH TE ARAROA

An der SH35-Route von **Ōpōtiki nach Te Araroa** liegt der Vulkan **Whakaari** (White Island), zuletzt 2019 aktiv. Im nahen **Tōrere** schmücken *whakairo* (Schnitzereien) das Tor der Schule. Etwa 45 km weiter gab es bis Anfang des 20. Jhs. in **Te Kaha** eine Walfischstation. Sie wurde zum **Te Kaha Beach Resort** umgebaut. Rund 24 km östlich von Te Kaha an der **Papatea Bay** sind in das Tor des **Hinemahuru Marae** Porträts von Māori-Soldaten geschnitzt. Östlich von **Whangaparoa** und **Cape Runaway** macht der SH35 einen Schwenk landeinwärts durch das hügelige Gebiet der Ngāti Porou bis zur **Hicks Bay**, dann geht es an der Küste weiter nach **Te Araroa**.

GUT ESSEN AN DER SH35

Te Puka Tavern
Freundliches Pub an der Tokomaru Bay mit Blick auf die Küste. Burger, Steak, Fisch und Meeresfrüchte. **$$**

Cottle's Cafe & Bakery
Köstliche Pasteten im Ort Tolaga Bay, probieren: Fleisch-Pilz-Pastete, ein Kiwi(Neuseeländer)-Klassiker. **$**

J & A's Corner Cafe
Pāua (Pastete aus Meeresfrüchten), *ika mata* (Salat aus rohem Fisch), Fish&Chips im Ort Tolaga Bay. **$**

PHOTOS BRIANSCANTLEBURY/SHUTTERSTOCK ©

Kai an der Tokomaru Bay

RUATORIA

Richtig wach wird das verschlafene Ruatoria im Kernland der Ngāti Porou nur bei den „Pa Wars" im Januar – einem eintägigen Inter-*marae*-Sportfestival – oder wenn die East-Coast-Rugby-Mannschaft im Whakarua Park spielt. Westlich von Ruatoria liegt der **Maunga Hikurangi** (1752 m), der höchste nichtvulkanische Gipfel der Nordinsel und der heilige Berg der Ngāti Porou. Buchbar auf maungahikurangi.com sind zwei tolle Touren: eine SUV-Tour bei Sonnenaufgang, wenn das erste Tageslicht auf die neun *pou whenua* (keulenartige Pfosten) des Gipfels fällt. Eine Tagestour vermittelt tiefe Einblicke in die Kultur, Mythen und Legenden der Māori. Die kleine Fluggesellschaft Air Ruatoria bietet regionale Rundflüge (Infos auf Facebook).

thies und Käsekuchen mit Mānuka-Honig. Auf dem Schulhof in Te Araroa steht der 350 Jahre alte **Te Waha O Rerekohu**, der angeblich größte *Pōhutukawa*-Baum Neuseelands. Spektakulär ist auch die **St. Mary's Church** 24 km südlich von **Tikitiki**. Gebaut wurde sie in den 1920er-Jahren als Erinnerung an die Māori der Region East Cape, die als Soldaten im Ersten Weltkrieg kämpften. In ihrem wunderschönen Interieur vereint St. Mary's traditionelle Māori-Schnitzereien, *tukutuku* (gewebte Paneele) und ein spektakuläres Buntglasfenster. Die Kirche feierte 1926 den 100. Jahrestag ihrer Weihe und hat für den Stamm der Ngāti Porou nach wie vor eine große Bedeutung.

Rund um den Ort Tokomaru Bay

HISTORISCHES, STRÄNDE UND ZWEI SCHÖNE UMWEGE

Die kleine Gemeinde **Tokomaru Bay** (von den Einwohnern „Toke" genannt) liegt 83 km südlich von Te Araroa und eignet sich gut zum Übernachten. Auf ihrer **Stranded in Paradise Ecolodge** (stranded-in-paradise.net) bieten Angus und Leanne rustikale, aber komfortable Unterkünfte für Paare oder für bis 15 Personen – fantastische Sonnenaufgänge inklusive. Umgeben von Küstenklippen erstreckt sich an der Tokomaru Bay bogenförmig ein 8 km langer, weißer Sandstrand, der zum Baden, Surfen und Angeln einlädt. Nicht nur der beliebte Strand ist ein Highlight, sondern auch das **Cafe 35** mit seinen weltberühmten *Pāua*-Pasteten und dem wahrscheinlich besten Kaffee am SH35. Am nördlichen Ende der Tokumara Bay

ÜBERNACHTEN AN DER SH35

Lottins Point Motel
Motel mit Blick auf Küste und Meer, 4 km abseits der Hicks Bay. Beliebt bei Kanufahrern und Angelern. **$$**

Te Puka Tavern
Vier Appartments für Selbstversorger; mit Meerblick und Parkplatz für Wohnmobile. Bier gibt es ganz in der Nähe. **$$**

Tolaga Bay Holiday Park
Zeltplätze und Hütten nahe am Kai der Tolaga Bay; grasbewachsener Platz mit hohen Norfolktannen. **$**

befindet sich der verfallene **Schlachthof der New Zealand Shipping Company**. Informationstafeln geben Einblick in die Geschichte des 1963 eingestellten Betriebs. Der dazugehörige Kai an der Tokamara Bay ist aus Sicherheitsgründen geschlossen. Mithilfe von Fundraising wird versucht, ihn in seiner historischen Form wiederherzustellen.

Empfehlenswert in der Gegend sind einige vom SH35 abzweigende Umleitungsrouten. So führt z. B. 16 km südlich von Ruatoria eine 14 km lange Rundstraße zur **Waipiro Bay**. An dem abgelegenen Ort gab es früher ein Entbindungsheim und ein Kino. Sehenswert sind heute noch die anglikanische Kirche St Abraham's von 1925 und das **Iritekura Marae**. Südlich der Tokomaru Bay gibt es auf dem SH35 eine Abfahrt auf eine unbefestigte, 6 km lange Straße hinunter zur wunderschönen **Anaura Bay** und der winzigen bewaldeten **Motuoroi Island**.

Historischer Kai an der Tolaga Bay

PACIFIC VIEWS AMID A SPECTACULAR WALK

Etwa 36 km südlich von Tokomaru Bay liegt die **Tolaga Bay** (Uawa in Te Reo Māori). Das gleichnamige Dorf mit rund 800 Einwohnern ist die größte Gemeinde zwischen Ōpōtiki und Gisborne. Wichtig: das Autoradio auf Uawa FM (99,3FM) einstellen, um aktuelle Nachrichten (Wetter usw.) nicht zu verpassen. Der 660 m lange Kai an der Tolaga Bay gilt als der längste hölzerne Pier in der südlichen Hemisphäre. Von 1929 bis 1968 diente er dem Export von Wolle und Fleisch. Vor idyllischer Klippenkulisse sind hier heute Angeln und bei Teenies im Sommer „Arschbombenwettbewerbe" im türkisblauen Wasser angesagt.

Nahe dem Kai beginnt der **Cook's Cove Walkway**. Der einfache Rundweg (ca. 6 km, 2,5 Std.) verläuft durch Acker- und Buschland bis zu der Bucht, in der James Cook 1769 mit der *Endeavour* einlief. Am nördlichen Ende der Bucht führt der steile Tatarahake Cliffs Walk (15 Min.) zu einem tollen Aussichtspunkt. Am Start des Rundwegs ragt **Te Pourewa**, das **Beacon of Light** (Fanal des Lichts) empor. Die 12 m hohe Skulptur wurde 2019 errichtet, um Tupaia zu gedenken, dem legendären tahitischen Hohepriester, der Cook auf seinen Reisen begleitete und den englischen Kapitän in die traditionelle polynesische Seeschifffahrt und Navigation einführte.

EAST COAST MĀORI

Ngāti Porou (im Osten des East Cape) und Ngāti Kahungunu (Küste von Hawke's Bay) sind die zweit- bzw. drittgrößten *iwi* Neuseelands. Ende des 19. Jhs. hatten sie zwei herausragende Anführer: Āpirana Ngata und James Carroll. Ngata setzte sich für eine Wiederbelebung der Māori-Kultur ein. Teil seines Vermächtnisses sind die prächtigen *marae* (Versammlungshäuser) der Region sowie die St Mary's Church in Tikitiki.

Der Regisseur Taika Waititi gehört den Te Whānau ā Apanui (im Westen des East Cape) an. Seinen Film *Boy* (2010) drehte er an der Waihau Bay.

Die Māori in der Region East Cape leben in engen Gemeinschaften und Te Reo Māori wird häufig gesprochen. Gemäß *tikanga* (Sitte) sollten Fremde ein *marae* nur betreten, wenn man sie einlädt.

VOR ORT UNTERWEGS

Öffentliche Verkehrsmittel, die diesen Teil der East Coast abdecken, sind nicht vorhanden. Daher lässt sich der Pacific Coast Highway nicht ohne eigenes Fahrzeug erkunden. Unverzichtbar ist es auch für eigenständige Abstecher zum East Cape Lighthouse und zu abgelegenen Stränden abseits des Highways. Reisende nehmen am besten reichlich Benzin, Snacks und andere Lebensmitteln mit. Tankstellen und Lebensmittelläden sind relativ rar gesät. Unterkünfte und Möglichkeiten, Essen zu gehen, liegen weit verstreut. Gute Planung im Voraus ist also das A und O. Wichtig zu wissen: Der Zyklon Gabrielle hat 2023 den SH35 erheblich beschädigt. Viele Straßenabschnitte und Brücken mussten repariert werden. Daher heißt es, sich unbedingt vor Ort nach den Straßenverhältnissen erkundigen. Aktuelle Infos, u.a. zu Umleitungen oder Schließungen, finden sich auf journeys.nzta.govt.nz.z.

WELLINGTON

Kulturelle, kulinarische und Craftbier-Abenteuer

Genießen Sie den Hauptstadttrubel, bevor Sie sich ins raue Hinterland aufmachen, Inseln und Küsten zu erkunden und durch Weinberge zu wandern.

Stolze Einheimische stellen immer fest: „Wellington ist an einem guten Tag nicht zu schlagen.“ Und wirklich, wenn die Sonne scheint und die Stadt nicht von heftigen Winden geplagt wird - ja, „Windy Welly“ besitzt einen Ruf für gelegentlich heftige Stürme –, ist es ein großartiger Ort. Beim neuseeländischen Nationalmuseum Te Taoa Tongarewa lädt die Hafenpromenade zu einem Spaziergang, geschmückt durch Kunstwerke und mit Fuß- und Radwegen, die zu den innerstädtischen Stränden führen.

Fähren überqueren den Hafen zu einem Naturschutzgebiet und einem windgepeitschten Fahrradweg entlang der Küste, während auf bewaldeten Hügeln versteckt hinter dem CBD historische viktorianische Holzhäuser wie eine Version von San Francisco auf der südlichen Halbkugel wirken. In einem weiteren Naturschutzgebiet ohne Beutegreifer bietet Vogelgezwitscher die Geräuschkulisse für die Bewohner in den nahen Vororten.

Zurück im Zentrum von Wellington lässt sich in der kompakten Downtown das stürmische, graue kalte Wetter perfekt abschütteln. Sehr gute Cafés und Restaurants, eine der besten Craftbier-Szenen Neuseelands, Galerien, Museen und Programmkinos bieten reichlich Möglichkeiten bei schlechtem Wetter. Wellington, das nahe des geografischen Zentrums des Landes liegt, ist seit 1865 Hauptstadt von Neuseeland. Auch die Kreativen von „Wellywoods“ weltbekannter Filmindustrie sind hier zu finden. Verbesserungen am Straßensystem in der Region um Wellington machen es möglich, noch schneller nach Norden zur nahen Kāpiti Coast zu fahren; dort liefert eine legere Strandatmosphäre den perfekten Background für die Schifffahrten zum Kāpiti Island Nature Reserve. Hier lässt sich mehr über die einheimische Vogelwelt und die Māori- und Kolonialgesellschaft erfahren, bevor es zurück in die Stadt geht, um in den lebendigen Vierteln Wellingtons wie Cuba St., Aro Valley oder Newtown zu essen und zu trinken.

ROBERT CHG/SHUTTERSTOCK ©

Inspiriert von der vielfältigen kulinarischen Szene der Hauptstadt, überqueren Sie die Remutaka Ranges zur Region Wairarapa. Highlights sind leichte Fahrradausflüge in die Pinot-noir-Weinberge von Martinborough, doch auch die Schönheit der Küste im südlichen Teil von Neuseelands Nordinsel ist nie weit entfernt, bei Ausflügen zu entlegenen Zielen.

DIE WICHTIGSTEN ZIELE

CENTRAL WELLINGTON
Cafés, Craftbier und Kultur.
S. 320

KELBURN & THORNDON
Tiere, Ausblicke und Naturhäfen.
S. 329

MIRAMAR
Zauber des Kinos.
S. 334

NEWTOWN
Wellingtons unkonventionelle Innenstadtviertel.
S. 339

Links: Neuseeländisches Parlament (S. 326); rechts: Cable Car in Wellington (S. 330)

DAYS BAY & EASTBOURNE
Insel-Naturschutzgebiet und Hafenabenteuer.
S. 343

KĀPITI COAST
Vögel, sonstige Tiere und eine ausgezeichnete Küche.
S. 347

WAIRARAPA
Essen, Wein und Aktivurlaub.
S. 352

Erste Orientierung

Das Zentrum von Wellington kann leicht zu Fuß erkundet werden; Miramar und Newtown sind per Bus oder Mitfahrgelegenheit zu erreichen. Für Wairarapa und Kāpiti Coast empfiehlt sich ein Auto. Zum Hafen von Wellington kommt man mit der Fähre von Queen's Wharf nach Matiu/Somes Island und weiter zur Days Bay.

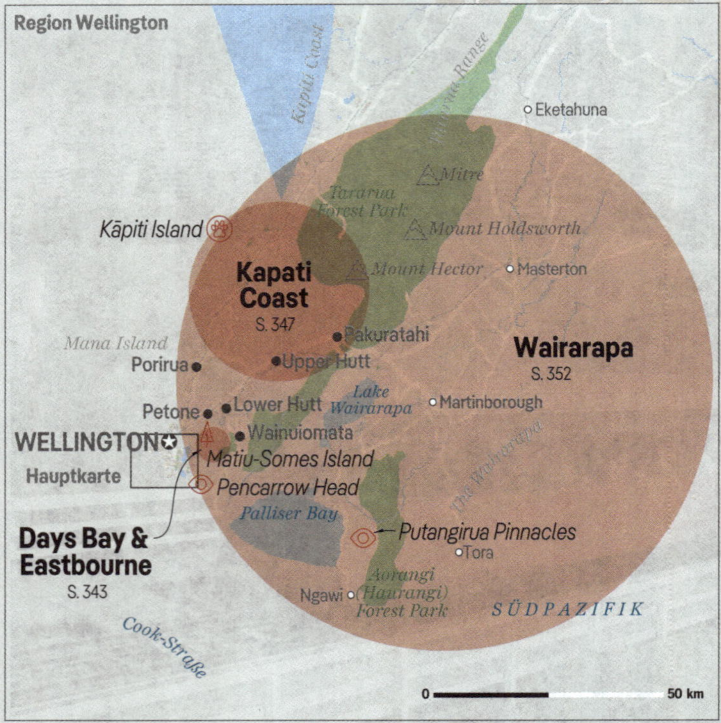

ZU FUSS

Das Zentrum von Wellington ist kompakt und die Highlights der Stadt vom Beehive und Parlament bis Te Papa Tongarewa kann gut zu Fuß erkundet werden. Ein besonders malerischer Spaziergang führt vom Queen's Wharf um den Hafen vorbei an Te Papa und bis zur Oriental Bay.

BUS & ZUG

Bei beiden gilt Wellingtons Snapper-Karte (snapper.co.nz), sie lohnt sich für Leute, die eine Woche in der Stadt sind. Züge fahren zur Kāpiti Coast und nach Masterton in Wairarapa, während Busse günstig für Fahrten nach Miramar und Newtown sind. Für die Planung metlink.org.nz.

MITFAHRGELEGENHEITEN

Zu den taxiähnlichen Anbietern zählen Uber, Ola und Zoomy; nach einem nächtlichen Ausflug sind sie eine sichere Option. Für eigene Fahrten mit dem Zweirad bietet Lime Scooter und E-Bikes, eine gute Wahl fü- kurze Wege im Business-Viertel. Flamingo ist eine örtliche E-Scooter-Alternative.

VOM FLUGHAFEN

Wellingtons Airport Express (AX) Bus fährt alle 10 bis 20 Min. durch das Zentrum von Wellington zum Bahnhof von Wellington, in Übereinstimmung mit der Ankunft der Flüge. Im Bus gibt es kostenloses WLAN und USB-Lademöglichkeiten. Fahrten vom und zum Geschäftsviertel dauern rund 30 Min.

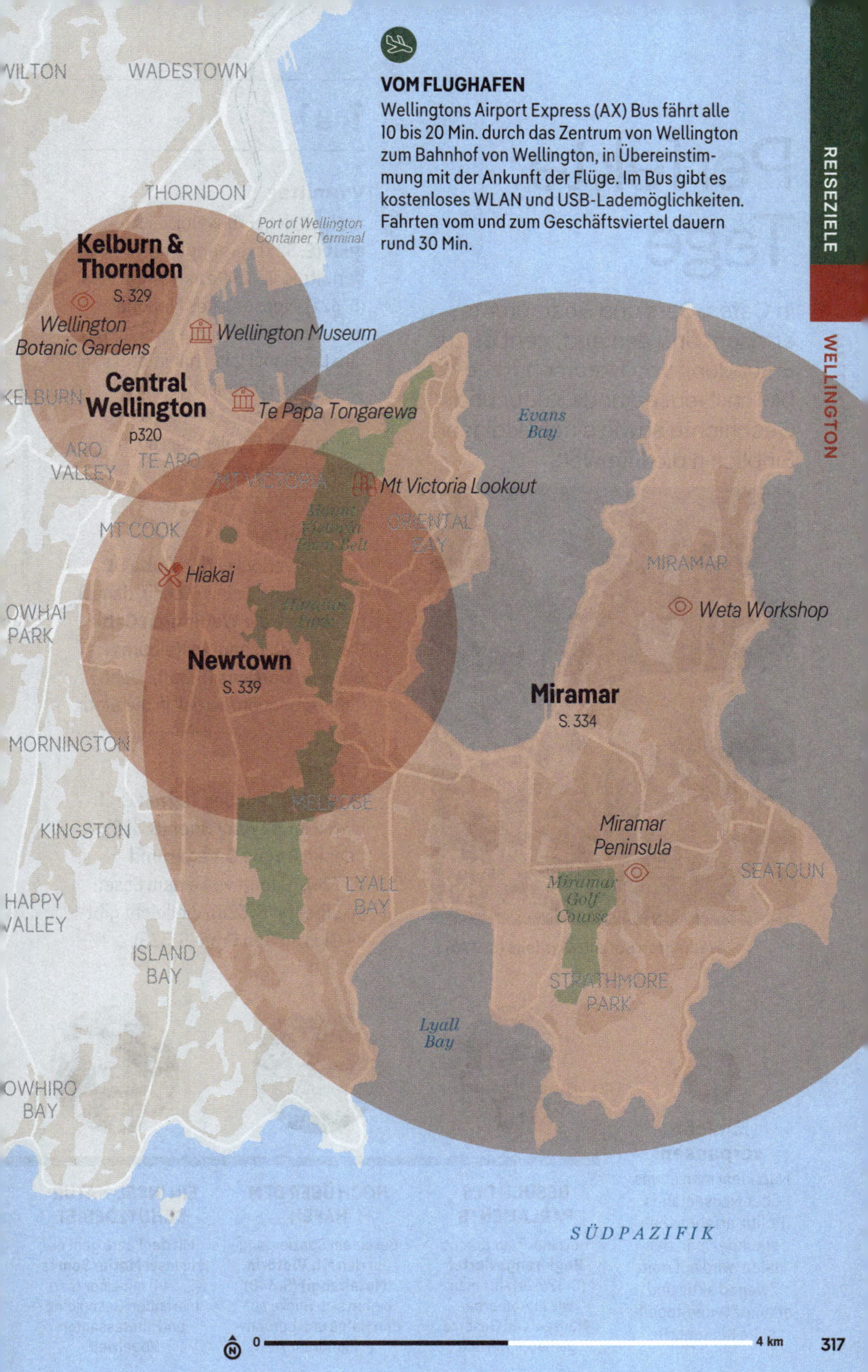

Perfekte Tage

In Cafés, Bars und Restaurants erfrischt und gestärkt, geht es zur Erkundung von Naturschutzgebieten, Neuseelands Kultur und Geschichte sowie einem kleinen Einblick n die Filmwelt.

Wellington Botanic Gardens (S. 330)

Tag 1

Vormittag

- Nach dem Frühstück im **August** (S. 325) verbringt man den Vormittag im **Te Papa Tongarewa** (S. 322). Neuseelands Nationalmuseum verbindet die spektakuläre Lage am Hafen mit interessant gestalteten Räumlichkeiten zur Vergangenheit, Gegenwart und Zukunft des Landes, das auch Aotearoa heißt.

Nachmittag

- In der verlockenden **Cuba St.** (S. 328) gibt es einen Lunch, danach nimmt man die **Wellington Cable Car** (S. 330) hinauf zu Kelburns **Botanic Gardens** (S. 330). Dann geht es bequem zurück in die Stadt.

Abend

- Ein Hoch auf den Tag mit Craftbieren im **Heyday Beer** (S. 328) oder im **Rogue & Vagabond** (S. 324), gefolgt von einem Essen im **Liberty** (S. 328). Vielleicht gibt es Gigs im **San Fran** (S. 328).

... nicht verpassen

Nachdem man etwas über Neuseelands Politik erfahren hat, erkundet man den Hafen, wird auf dem Zweirad aktiv und erkundet windgepeitsche Küstenorte.

BESUCH DES PARLAMENTS

Bei einer Tour durchs **Regierungsviertel** (S. 326) erfährt man, wie in Aotearoa/Neuseeland Gesetze gemacht werden.

HOCH ÜBER DEM HAFEN

Bei einem Spaziergang auf den **Mt. Victoria (Matairangi)** (S. 340) bieten sich Blicke auf den Hafen und berühmte Filmdrehorte.

EIN INSEL-NATURSCHUTZGEBIET

Mit der Fähre geht es zur Insel **Matiu/Somes** (S. 344) mit einer faszinierenden Geschichte und interessanten Vogelwelt.

Tag 2

Vormittag

- Zuerst gibt es Kaffee und hausgemachtes Gebäck in der **Leeds Street Bakery** (S. 342) in **Hannah's Laneway** (S. 325), dann geht es auf den kostenlosen Shuttle zu **Zealandia** (S. 331). Den Vormittag verbringt man im Wald mit der heimischen Vogelwelt.

Nachmittag

- Im **Wētā Workshop** (S. 336) werden interessante Einblicke in die Kiwi-Filmarbeit geboten. Vielleicht erholen sich einige der Wētā-Crew bei einem After-Work-Bier im nahen **Double Vision Brewing** (S. 337).

Abend

- Ein Essen in Miramar im **Oikos** (S. 338) oder im **Parrotdog**, oder man fährt in die Stadt für ein Abendessen im **Shepherd** (S. 325) in Hannah's Laneway. Am späten Abend gibt es Cocktails im **Hanging Ditch** (S. 325) direkt nebenan.

Tag 3

Vormittag

- Mit **Kāpiti Island Nature Tours** (S. 348) geht es vom Zentrum Wellingtons zum Frühstück in **Paraparaumu Beach** (S. 351), danach mit dem Schiff zum ältesten Naturschutzgebiet Neuseelands.

Nachmittag

- Nach dem sanften Auf und Ab auf dem **Okupe Valley Loop Track** (S. 348) auf **Kāpiti Island**, schmeckt das Mittagessen in der rustikalen Lodge der Insel. Etwa um 16 Uhr ist man wieder zurück.

Abend

- Mit etwas Glück hat man einen Tisch zum Abendessen im innovativen, hochgelobten Restaurant **Hiakai** (S. 341) bekommen. Falls nicht, sind die Speisen und Naturweine im **Margot** (S. 341) in Newtown eine gute Alternative.

AKTIVITÄTEN IN BREWTOWN

Einen Tag in **Brewtown** (S. 324) mit Craftbier, Go-Karts, Schlittschuhlaufen, Paintball und Bowling.

RADTOUR ZUM PENCARROW HEAD

Eine spektakuläre Fahrt führt entlang der zerklüfteten südöstlichen Küste zum **Pencarrow Head** (S. 345).

REISE ZUM ENDE DER STRASSE

Am **Cape Palliser** die **Putangirua Pinnacles** (S. 355) und den **Cape Palliser Leuchtturm** (S. 353) besichtigen.

WEINPROBEN PER FAHRRAD

In grünen **Martinborough** (S. 354) ein Fahrrad mieten und damit zu den Kellereien von Wairarapa fahren.

ZENTRUM VON WELLINGTON

CAFÉS, CRAFT-BIER & KULTUR

Im Vergleich mit anderen Hauptstädten ist das Zentrum von Wellington nicht sehr groß, doch es besitzt die Energie einer solchen Stadt. Zu den Highlights zählen Te Papa Tongarewa, Neuseelands Nationalmuseum, und ein Hafenviertel. Die Kunst an der Hafenpromenade ist innovativ und verspielt; am Sonntagmorgen kann man auf einem Markt die kulinarischen Einflüsse kennenlernen, die Ankömmlinge aus aller Welt mitgebracht haben. In Queens Wharf, dem Tor zu den Hafenfähren, gibt es beides, Galerien und Museen sowie Restaurants am Wasser. Cafés, Bars und Craftbier-Brauereien bieten Schutz vor dem oft wechselhaften Wetter am Hafen. Und man darf sich in einer Stadt wie Wellington nicht wundern, wenn man einen neuseeländischen Abgeordneten vom Hafen zum Parlament gehen sieht.

TOP TIPP

Interislander und Bluebridge betreiben Autofähren über die Cook Strait nach Picton, sie legen bei unterschiedlichen Piers direkt nördlich vom Geschäftsviertel ab. Die Fahrt dauert drei bis vier Stunden und ist bei Tageslicht am schönsten, vor allem die Fahrt durch die Marlborough Sounds. Zur Osterzeit und von Ende Dezember bis Anfang Januar lang im Voraus buchen.

Neuseelands Parlament (S. 326)

EYE35.PIX/ALAMY STOCK PHOTO ©

HIGHLIGHTS
1 Te Papa Tongarewa
2 Wellington Museum

SEHENSWERTES
3 Beehive
4 Bucket Fountain
5 City Gallery Wellington
6 New Zealand Parliament
7 New Zealand Portrait Gallery
8 Old Government Buildings
9 Parliamentary Library
10 Wellington Chocolate Factory

AKTIVITÄTEN
11 Fergs Kayaks
12 Ship 'N' Chip Tour
13 Switched On Bikes

ESSEN
14 Fidel's
15 Leeds Street Bakery
16 Liberty
17 Logan Brown
18 Pizza Pomodoro
19 Shepherd

AUSGEHEN
20 Choice Bros
21 Fortune Favours
22 Garage Project Taproom
23 Garage Project's Wild Workshop
24 Golding's Free Dive
25 Hanging Ditch
26 Hashigo Zake
27 Heyday
28 Little Beer Quarter
29 Rogue & Vagabond

SHOPPEN
30 Harbourside Market
31 Slow Boat Records
32 Wellington Apothecary
33 Ziggurat

Te Papa Tongarewa

UNTERWEGS IN NEUSEELANDS NATIONALMUSEUM

Neuseelands Nationalmuseum dominiert einen großen Teil von Wellingtons Hafenpromenade und ist nicht zu verfehlen. „Te Papa Tongarewa" lässt sich in etwa mit „Schatzkästchen" übersetzen und zu den Reichtümern im Inneren gehören Māori-Arbeiten, das eigene farbenprächtige *marae* (Versammlungshaus) des Museums und ausgezeichnete Präsentationen zur Naturgeschichte und der Umwelt. Die Ausstellung *Treaty of Waitangi: Signs of a Nation* verdeutlicht, wie das 1840 unterzeichnete Gründungsdokument des modernen Neuseeland Gesetze, Kultur und Gesellschaft von Aotearoa des 21. Jhs. noch beeinflusst. In *Tangata o le Moana: The story of Pacific people in New Zealand* und *The Mixing Room: Stories from young refugees in New Zealand* wird die gegenwärtige Vielfalt des Landes erkundet.

Die geologische Geschichte des Archipels wird dargestellt während interaktive „Entdeckungszentren" für Kinder sowohl unterhaltsam als auch lehrreich sind. Te Papa's Toi Art Gallery präsentiert Neuseelands Nationale Kunstsammlung neben neueren und zeitgenössischen Werken einheimischer Künstler.

Für viele Besucher ist die Ausstellung *Gallipoli: The Scale of Our War* das absolute Highlight des Museums. Sie wurde von Neuseelands Filmregisseur Peter Jackson und seinen Filmkollegen im Wētā Workshop geschaffen; sie zeigt auf ergreifende und spektakuläre Weise Neuseelands Teilnahme am Ersten Weltkrieg (ab April 2025). Die Website von Te Papa (tepapa.govt.nz) informiert über Wechselausstellungen.

SNACKS AM SONNTAGMORGEN

Im Schatten von Te Papa gibt es am Sonntagmorgen in Wellington den Harbourside Market mit Livemusik und Foodtrucks. Besonders beliebt sind Souvlaki von **The Greek Food Truck**, Empanadas von **The Little Chilean Kitchen** und indisches Streetfood von **Chai Walla**. An einem sonnigen Tag lohnt sich der 1 km lange Spaziergang rund um den Hafen zur **Oriental Bay** für einen Kaffee im **Beach Babylon**. Der Strand ist im Sommer sehr gut besucht.

Te Papa Tongarewa

TRABANTOS/SHUTTERSTOCK ©

New Zealand Portrait Gallery

MEHR IM ZENTRUM VON WELLINGTON

Kultur & Geschichte beim Hafen

KULTURELLE ENTDECKUNGEN AM HAFEN

Außer **Te Papa** sind drei weitere Institutionen in der Nähe von Wellingtons Hafen einen Besuch wert.

In einem Lager von 1892 am Hafen präsentiert das **Wellington Museum** (museumwellington.org.nz) einfallsreich und interaktiv Wellingtons soziale und maritime Geschichte. Zu den Highlights gehört eine bewegende Dokumentation über die *Wahine*, die Fähre zwischen den Inseln, deren Untergang 1968 53 Menschenleben kostete, und der mit Kuriositäten gefüllte Dachboden. Die Legenden der Māori werden mit winzigen Hologrammen von Schauspielern und Spezialeffekten dramatisch erzählt. Die populäre Ship'N'Chip Tour des Museums beginnt dort, bevor es zu einem Lunch mit Fish & Chips und einer Fährfahrt zur Matiu/Somes Island weitergeht. Im Voraus auf der Website des Museums buchen.

Vom Wellington Museum geht es etwa 200 m nördlich entlang am **Customhouse Quay** zur **New Zealand Portrait Gallery** (nzportraitgallery.co.nz). Die ständige Sammlung

WELLINGTONS HAFENVIERTEL ERKUNDEN

Switched on Bikes
Fahrradverleih – auch E-Bikes – und geführte Fahrradtouren durch die Stadt (switchedonbikes.co.nz).

Fergs Kayaks
Klettern an einer 12 m hohen Wand in der Halle, geführte Kajaktouren und Kajak-, Paddelboot- und Rollschuhverleih (fergskayaks.co.nz).

Te Wharewaka o Pōneke Tours
Geführte Spaziergänge mit Schwerpunkt Māori-Kultur sowie Paddeltouren im Hafen mit einem traditionellen *waka* (Kanu). (wharewakatours.maori.nz).

Māori Arts Gallery
Kunstgalerie am Hafen, die traditionellen Māori-Schmuck und Schnitzarbeiten aus Knochen und *pounamu* (Jade; maoriartsgallery.co.nz) zeigt.

NZ Academy of Fine Arts
Ausstellungen neuseeländischer Künstler, von Gemälden über Bilder bis zu Keramik und Fotografie (nzafa.com).

ÜBERNACHTEN IM ZENTRUM VON WELLINGTON

The Intrepid Hotel
Hippes Boutiquehotel mit einzigartiger Kunst in jedem Zimmer; morgens gratis Kaffee und frisches Gebäck. **$$$**

QT Wellington
Stylisher Außenposten der tasmanischen Boutiquehotel-Kette QT in der Hauptstadt mit Lage beim Hafen. **$$$**

The Marion
Holzböden und denkmalgeschützte Backsteinwände in den Schlafsälen und Zimmern vom besten Hostel der Stadt. **$**

zeigt neuseeländische Porträts und Karikaturen, in vergangenen Wechselausstellungen wurde die Geschichte der neuseeländischen Kriege im Film sowie Werke von bedeutenden neuseeländischen Fotografen präsentiert.

Einmalige Sonderausstellungen – oft mit internationalem Bezug – sind auch ein wichtiger Programmpunkt in Wellingtons nahe gelegener **City Gallery** (citygallery.org.nz), ebenso werden junge Künstler aus Neuseeland unterstützt. Die Gallery ist in Wellingtons ehemaliger öffentlicher Bibliothek untergebracht, einem Bau (1940) im Art-déco-Stil.

RICHTUNG NORDEN NACH BREWTOWN

Craftbier-Fans, die Wellington besuchen, sollten auch **Brewtown** in Upper Hutt sehen. Mit Zügen ab Wellington Railway Station kommt man zur früheren Dunlop-Reifenfabrik, wo es fünf Brauereien und eine Destillerie gibt. Highlights ist das hopfige Gebräu von **Boneface Brewing** und die interessanten fassgereiften Biere von **Kereru Brewing**. Boneface verfügt auch über eine zentraler gelegene Kneipe an der Pirie Street am Rand von Wellingtons Geschäftsviertel. In Brewtown (brewtown.co.nz) findet an jedem Sonntagmorgen ein beliebter Bauernmarkt statt, weitere Attraktionen sind eine Go-Kart-Bahn, Schlittschuhlaufen, Paintball und Bowling.

Neuseelands Craftbier-Hauptstadt

HOPFEN-ABENTEUER IM ZENTRUM VON WELLINGTON

Als Heimat von Neuseelands ersten Craftbier-Brauereien, darunter **Garage Project**, **Parrotdog** und **Tuatara**, liegt es nahe Wellington sowohl als Hauptstadt als auch als Craftbier-Kapitale des Landes zu bezeichnen. Parrotdog und Tuatara gehören mehrere Kneipen im gesamten Stadtgebiet. Aber der Wild Workshop Verkostungsraum von Garage Project und die kleineren Brauereien, die von den ersten Craftbier-Brauereien inspiriert wurden, machen das Geschäftsviertel zu einem ausgezeichneten Forschungsplatz für reisende Bierfans. Der Wild Workshop des Garage Project, das sich mit zwei Standorten im nahen Aro Valley zusammengeschlossen hat, spezialisiert sich auf die Herstellung von Naturweinen sowie fassgelagerten und spontan vergorenen Bieren mit Hefen, die in der Umgebung des Hafens von Wellington vorkommen. Am besten man kommt Freitag- oder Samstagnachmittag, um einige von Neuseelands besten Bieren und Weinen zu verkosten. Unweit von The Intrepid Hotel werden die Biere von **Choice Bros** mit Burgern und Brathähnchen serviert, während im nahen **Whistling Sisters Beer Co** auch guter Cider und Met aus regionalem Honig hergestellt werden. Etablierte Bars, die auch wichtig für die Entwicklung von Craftbieren in Wellington waren, sind u. a. das **Rogue & Vagabond** – am Sonntagnachmittag gibt es Livejazz – oder das Little Beer Quarter, vor Ort als „LBQ" bekannt und seit 2011 Unterstützer von Wellingtons Craftbier. Vor zwei Jahren wurde das **Hashigo Zake** eröffnet, das regelmäßig bierbezogene Events veranstaltet mit Livemusik, Vorführung von Kultfilmen und gelegentlich ein musikbasiertes Kneipenquiz. Auf der Website findet sich das Programm.

Craft Beer Tours NZ (craftbeertoursnz.co.nz) bietet geführte Touren zu den besten Brauereien. Das jährlich im August stattfindende **Beervana** Festival (beervana.co.nz) im Sky Stadium ist ein Paradies für Bierkenner und -freunde.

AUSGEHEN IM ZENTRUM VON WELLINGTON

Hawthorn Lounge
Herausragende Cocktails in Speakeasy-Atmosphäre der 1920er-Jahre. Es lohnt sich, sich dafür schick zu machen.

The Puffin
Die gemütliche Bar in The Intrepid Hotel ist der beste Platz in Wellington, um Natur- und Bio-Weine zu verkosten.

Humdinger
Eine legere Kneipe mit Craftbier, guten Cocktails und noch besseren Fladenbroten und Kebabs.

KRISTA ROSSOW/ALAMY STOCK PHOTO ©

Hanging Ditch

Hannah's Laneway

WELLINGTONS VIERTEL MIT INTENSIVEN AROMEN

In einer Stadt mit großartigen Lokalen ist eine denkmalgeschützte, von Backsteinbauten bestandene Straße ein wichtiges Ziel. Das Viertel **Hannah's Laneway** verbindet die Dixon St. mit der Ghuznee St. über Eva und Leeds St.; im Zentrum steht die alte Schuhfabrik Hannah's, es gibt einige Cafés, Bars und Restaurants, die während des Tages einen Besuch lohnen. Kaffee und köstliches hausgemachtes Gebäck sind das Markenzeichen der **Leeds Street Bakery** – vor allem ihre weltbekannten gesalzenen Karamelplätzchen. Auf der anderen Straßenseite zeigt ein altes Foto die Belegschaft von Hannah's. Süßes gibt es auch in der nahe gelegenen **Wellington Chocolate Factory**, die manuell gefertigten Schokoladentafeln aus Fair-Trade-Kakaobohnen herstellt. Bei Fortune Favours gibt es gegrillte Leckerbissen von **Gorilla Burger** und Craftbiere – empfehlenswert ist die Kombination aus Chili Bili Burger und NZ IPA aus Wellington –, während im Pizza Pomodoro authentische Holzofenpizza serviert wird. Auf der anderen Straßenseite befindet sich das unkonventionelle und farbenfrohe Golding's Free Dive, hier schmecken Bier und Pizza. Man beachte die schrullige Einrichtung im Golding's, darunter sind auch einige Requisiten aus Wellingtons Filmgeschichte. Nur ein paar Meter entfernt bietet Shepherd von Mittwoch- bis Sonntagabend gute Fusion-Küche – an saisonalen Gerichten werden vier Vor- und vier Hauptgerichte angeboten. Cocktails im **Hanging Ditch** sind beliebt, um den Abend in Wellington zu beenden.

LIEBLINGSORTE DER BÜRGERMEISTERIN

Tory Whanau stammt von Pakakohe und Ngā Ruahine ab, 2022 wurde sie als erste Māori-Frau ins Bürgermeisteramt von Wellington gewählt. Ihr Gefährte ist der Staffordshire-Bullterrier Teddy. @misswhanau

Le Café Plum
In der Cuba Mall mit einem Flair wie Paris/New York gibt es einige der besten Cocktails der Stadt.

Hiakai
Die Besitzerin/Köchin Monique Fiso (wir sind verwandt) führt die Māori-Küche zu neuen Höhen.

Newtown Festival
Hier gibt es Essen, Drinks, Musik und viel Multikulti.

Oriental Parade
Mein Lieblingsplatz, um mit meinem Hund Teddy spazieren zu gehen, zu schwimmen oder zu relaxen.

Matariki
Das Māori-Neujahrsfest ist einzigartig und feiert Te Ao Māori auf wunderbare Weise.

ESSEN IM ZENTRUM VON WELLINGTON

Kisa
Raffinierte Neuinterpretation türkischer und levantinischer Gerichte. Die cremigen Dips von Kisa sind sehr gut. **$$**

Egmont Street Eatery
Gemeinschaftsteller und großartiges Brunch. Besonders lecker sind die Bratkartoffeln und die Chili-Eier. **$$**

August
Brunch mit mediterranem Einfluss, etwa Arme Ritter mit Baklava-Krümeln. Tolles Gebäck zum Mitnehmen. **$$**

WELLINGTON MIT KINDERN

Wellingtons **Parliament Public Playground** liegt in den Gärten, deren Hänge zum Parliament House führen und besitzt eine tolle Rutsche, die während der Covid-19-Proteste 2022 beschädigt wurde – aber diese ist inzwischen wieder instandgesetzt worden. Zu den weiteren kinder- und familienfreundlichen Attraktionen der Stadt gehören interaktive Säle im **Te Papa** – Informationen sind unter „Kids & Families" im „Learn"-Bereich der Website des Museums zu finden – sowie die Spielplätze am Hafen, die sich an Te Papa im **Waitangi Park** und **Frank Kitts Park** anschließen. Für etwas ältere Kinder eignen sich in der Stadt die **Cable Car**, der **Wellington Zoo**, der **Wētā Workshop** und **Zealandia**.

TRABANTOS/SHUTTERSTOCK ©

Parlamentsbibliothek

Erkundung von Wellingtons Regierungsviertel

DEMOKRATIEVERSTÄNDNIS, KIWI-STIL

Neuseeland ist zwar ein junges Land, aber es besitzt eines der ältesten durchgehend arbeitenden Parlamente der Welt und hält eine ganze Reihe von Rekorden. So war es das erste, das Frauen das Wahlrecht zugestand (1893) und das erste mit einem Transgender-Abgeordneten (1999). 2022 waren die 120 Abgeordneten gleichmäßig auf die Geschlechter verteilt, 12 gehörten zu LGBTIQ+, außerdem waren Abgeordnete, die ursprünglich aus Sri Lanka, dem Iran, Eritrea, Samoa und den USA stammten, in den Entscheidungsprozess eingebunden.

Bei einer **kostenlosen einstündigen Führung** erfährt man viel über Neuseelands einzigartige und weitgehend inklusive Version von Demokratie. Unbedingt vorab auf parliament.nz buchen; die Führungen gibt es täglich von 10 bis 16 Uhr. Die Führer wissen viel über die Geschichte und die Funktionsweise der neuseeländischen Demokratie; der Besuch führt in den Regierungsflügel (auch „**Beehive**" genannt), den Debattierraum im Parlamentsgebäude und die ausgezeichnet restaurierte **Parlamentsbibliothek**. Selbst für Leute, die sich nicht für Politik interessieren, ist es ein interessantes Erlebnis. Beim Betreten des Beehive erfolgt eine Sicherheitskontrolle ähnlich der am Flughafen.

Gegenüber vom Parlament liegen die Old Government Buildings (visitheritage.co.nz), ein großartiges Gebäude im italienisierenden Stil, errichtet 1876. Heute gehört es zur juristischen Fakultät der Victoria University, es ist eines der größten Holzgebäude der südlichen Hemisphäre, sieht aber aus wie

ESSEN IM ZENTRUM VON WELLINGTON

Ortega
Das Lokal am Mt. Victoria ist für Fisch und Meeresfrüchte sowie Craftbier bekannt. Nur Abendessen. **$$$**

Chaat Street
Indisches Streetfood, das am besten mit innovativen, überraschend guten Cocktails genossen wird. **$$**

Highwater
Leckeres vom Holzkohlegrill kommt aus Highwaters spanischem Pira-Ofen. Am Freitag und Samstag ist Brunch. **$$$**

SKULPTURENWEG DURCH WELLINGTON

Start ist am Post Office Sq., wo Bill Culberts **1 SkyBlues** sich gen Himmel schrauben. Dann überquert man den Jervois Quay und geht vorbei an den Academy Galleries und dem Wellington Museum. Am Ufer am Queens Wharf rechts ab zu Len Lyes **2 Water Whirler**, einer Wasser versprühenden Skulptur. Weiter geht es auf der Promenade unterhalb vom **3 Mast der Wahine** (S. 346), die tragischerweise 1968 im Hafen von Wellington sank. Um die Ecke liegt der weiße, walähnliche **4 Albatross Fountain**. Ein Umweg führt über die skulpturhaft anmutende **5 City to Sea Bridge** zum Civic Sq., um Ronnie van Houts beunruhigende Gesicht/Hand **6 Quasi** auf der City Gallery Wellington zu sehen. Ganz in der Nähe ist die **7 Rugby-World-Cup**-Statue des Wētā Workshop, die für die Weltmeisterschaft 2011 geschaffen wurde, deren Gastgeber Neuseeland war. Vorbei am *whare waka* (Kanuhaus) führt der Weg zurück zur Uferpromenade und der **8 Taranaki Wharf Jump Platform**. Dann geht es weiter am Pier entlang zur Bronze **9 Solace in the Wind**. Rechts abbiegen, dann durch den Waitangi Park, über die Cable St., die Chaffers St. entlang zur Blair St. mit den alten Lagerhäusern. Am Courtenay Place sieht man den **10 Tripod**, eine Hommage an die hiesige Filmindustrie, dann biegt man rechts ab und geht weiter zum **11 Te Aro Park**. An der Cuba St. biegt man links ab und geht die Fußgängerzone hinauf. Vorsicht vor dem Wasser spritzenden **12 Bucket Fountain** (S. 328). Der Bummel führt bis ans Ende der Cuba St., wo eine umstrittene Umgehungsstraße verläuft. Regan Gentrys Umriss eines zerstörten Hauses, **13 Subject to Change**, befindet sich neben dem von Wurzeln durchzogenen Tonks' Well aus den 1860er-Jahren.

Straßenparade, Newtown

ein steinerner Bau. Sehenswert sind die fantastische Hängetreppe, der frühere Kabinettsraum und Ausstellungen zur Geschichte im Parterre und im 1. Stock. Man kann es auf eigene Faust besichtigen oder sich einer Führung anschließen.

Angesagteste Gegend im Zentrum von Wellington

CAFÉS UND COOLES SHOPPING IN DER CUBA STREET

Ständige Anwärter auf den Titel als angesagtestes Viertel von Wellington sind sowohl die **Cuba Street** als auch **Newtown**, doch da die Stadt wirklich kompakt ist, lassen sich leicht beide bei einem Besuch kennenlernen. Die Cuba Street läuft vom Hafen fünf Blocks nach Süden, aber richtig lebhaft wird sie, wenn sie sich nach der Dixon St. in eine Fußgängerzone verwandelt. Der kitschige Bucket Fountain wird gleichermaßen verspottet und bewundert; junge Reisende fühlen sich von ihm magisch angezogen, ebenso beschwipste Nachtschwärmer. Wer ihm zu nahe kommt, wird durchnässt.

Zu den interessanten Läden an der Cuba Street gehört Slow Boat Records, ein beliebter Plattenladen. **Ziggurat** verkauft Vintage und Second-Hand-Kleidung, Hunters & Collectors hat ein ähnliches Sortiment, aber etwas punkiger. Die **Wellington Apothecary** ist spezialisiert auf Naturheilmittel, botanische Tees und Pflegeprodukte – viele davon sind aus Bio-Zutaten.

Zwischen den Einkäufen lassen sich mit einem Lunch und Kaffee bei **Floridita's** oder Fidel's neue Kräfte sammeln. **Heyday Beer** ist eine von Neuseelands innovativsten neuen Brauereien. Vor dem Abendessen ist noch Zeit für Craftbier im Loan Brown in der Cuba Street. Danach genießt man saisonale Gerichte im schlichten **Liberty**. Ende März geht es hier während des **CubaDupa**-Festivals hoch her.

ABSTECHER INS ARO VALLEY

Etwa 700 m westlich der Cuba St. liegt **Aro Valley**, ein innerstädtisches Viertel mit alten Holzhäusern zwischen bewaldeten Hügeln. Der stolze liberale, politisch leicht „grün" angehauchte Ort lohnt einen Besuch, weil es hier einen Schankraum von Garage Project gibt, der Mikrobrauerei von Weltruf, die 2011 hier im Valley begann. Ein bekanntes GP-Bier ist u. a. Pernicious Weed, ein herausragendes achtprozentiges IPA mit Nelson-Sauvin- und Rakau-Hopfen, der in der Region Tasman im Norden der Südinsel wächst. Nahe beim Garage Project bietet **Rita** von Mittwoch bis Samstag jeweils ein anderes dreigängiges Menü. Man sollte jedoch unbedingt vorab reservieren; das saisonale innovative Dinner wird in zwei Schichten serviert.

LIVEMUSIK IM ZENTRUM VON WELLINGTON

San Fran
Viel Bier beflügelt die Gigs von bekannten neuseeländischen Acts ebenso wie von international bekannten Bands.

Meow
Hier gibt es alles von den Aussie-Punks The Chats bis zu Albumveröffentlichungen von lokalen alternativen Folk-Acts.

Valhalla
Nicht gerade göttlich, aber doch ein guter Ort, um Live-Rock-Gigs mit Neuseelands kommenden Stars zu erleben.

KELBURN & THORNDON

TIERE, AUSBLICKE UND NATURSCHUTZGEBIETE

Westlich etwas oberhalb des Stadtzentrums bilden Kelburn und das nahe Thorndon eine grüne Oase in Citynähe. Dank visionärer Entscheidungen im 19. Jh. – darunter die Einrichtung des „Town Belt", einer weitläufigen geschützten Waldfläche – ist es ein beliebtes Sport- und Erholungsgebiet. Die Regenerierung der Waldflächen und der Umweltschutz haben die Rückkehr einheimischer Vogelarten gefördert.

Das umzäunte Naturschutzgebiet Zealandia lässt sich am besten bei einem geführten Spaziergang erkunden; zum Botanischen Garten am Hügel gehören ein Rosengarten und Bäume aus aller Welt. Ein Fußweg verbindet die Gärten mit dem Stadtzentrum; er führt über einen Friedhof, wo die ersten Siedler der heutigen Hauptstadt Neuseelands begraben liegen.

TOP TIPP

In Thorndon gibt es nicht gerade viele Übernachtungsmöglichkeiten, aber die günstige Lage zum Geschäftsviertel ist von Vorteil. The Dwellington ist ein ausgezeichnetes Gästehaus aus mehreren denkmalgeschützten Häusern nahe der US-Botschaft. Es gibt Schlafsäle und geräumige Doppel- und Familienzimmer. Das Sky Stadium ist nicht weit entfernt.

Zealandia (S. 331)

HIGHLIGHTS
1 Wellington Botanic Gardens

SEHENSWERTES
2 Bolton Street Cemetery
3 Cable Car Museum

AKTIVITÄTEN
4 Space Place

ESSEN
5 Cable Top Eatery

TRANSPORT
6 Clifton Cable Car Station
7 Kelburn Cable Car Station
8 Salamanca Cable Car Station
9 Wellington Cable Car

Wellington Botanic Gardens

Wellington Botanic Gardens

TOLLE AUSBLICKE UND SCHATTIGE ÜBERRASCHUNGEN

Am besten kommt man mit der **Wellington Cable Car** in diesen 25 ha großen Botanischen Garten. Er rühmt sich eines Bestands an ursprünglichem Wald, des wunderschönen Lady Norwood Rose Garden, eines Kinderspielplatzes und 25 000 Tulpen im Frühling. Pflanzen und Blumen aus tropischen und gemäßigten Zonen werden im Begonia House präsentiert, während das benachbarte Picnic Cafe eine hübsche Gartenkulisse bietet. Nicht weit davon locken ein Wasserfall und der Peace Garden. Der beste Weg, um den ganzen Garten zu sehen, ist der gut ausgeschilderte **Downhill Walk Trail**, der beim Cable Car and Space Place beginnt und in Windungen durch den **Bolton Street Cemetery** führt.

Bolton Street Cemetery

ZURÜCK IN DER ZEIT

Der Weg durch den Friedhof am Ende des Downhill Walk Trail vom Botanischen Garten her ist ein nachdenkliches und besinnliches Erlebnis. Unter einem Baldachin aus Eichen und Pōhutukawa-Bäumen – heute eingezwängt zwischen Autobahnabfahrten und Apartmenttürmen – geht dieses malerische Relikt aus Wellingtons Kolonialgeschichte auf die 1840er-Jahre zurück. Bis 1892 wurden Tausende von Bewohnern Wellingtons hier begraben und bis 1972 ruhten sie in Frieden. Dann wurde der Wellington Urban Motorway mitten hindurch gebaut. Die sterblichen Überreste von 3693 Leichen wurden exhumiert und in einem gemeinsamen Gewölbe am Rand des Friedhofs zur Ruhe gebettet.

Takahē, Zealandia

Zealandia

WELTBERÜHMTE GESCHICHTE DES NATURSCHUTZES

Das bahnbrechende Naturschutzgebiet Zealandia (visitzealandia.com) liegt, versteckt zwischen Hügeln, etwa 2 km westlich des Stadtzentrums von Wellington. In diesem umzäunten Habitat leben mehr als 30 einheimische Vogelarten völlig frei, darunter der Zwergkiwi, der Takahe, der Sattelvogel und der Stichvogel. Mehr als 32 km gepflegte Wanderwege durchziehen das 225 ha große Schutzgebiet, das Ende der 1990er-Jahre eröffnet wurde, als das Einzugsgebiet des früheren Karori-Damms unter den Schutz des Karori Sanctuary Trust gestellt wurde. Das historische Pumpenhaus des Damms ist unweit vom Eingang des Schutzgebietes noch zu erkennen.

Die bewaldeten Wege von Zealandia können individuell oder im Rahmen von Führungen erkundet werden, beginnend mit einer spektakulären Multimedia-Präsentation im Besucherzentrum, u.a. zu den Māori und der Naturgeschichte Zealandias. Highlights der zweistündigen Führungen sind der Check der Nistplätze für die Tuatara (Brückenechse) und die Kakas (Waldpapageien) an den Futterstationen. Die beliebtesten Führungen sind die Touren **Zealandia by Night**, die in der Abenddämmerung starten und die beste Chance bieten, Glühwürmchen und die nachtaktiven Zwergkiwis zu sehen. Alle Führungen sind gut zu bewältigen und ohne große Steigungen; aber Zealandia bietet auch steilere, schwierigere Wege auf den bewaldeten Hügeln um das frühere Karori Reservoir.

Wer mit öffentlichen Verkehrsmitteln hierher kommen will, nimmt den kostenlosen Shuttle-Bus, der beim i-SITE-Infozentrum an der Wakefield St. im Stadtzentrum abfährt.

Space Place

EIN BLICK IN WELLINGTONS NACHTHIMMEL

Im Carter Observatory ganz oben im Botanischen Garten bietet die Kuppel des Planetariums (museumswellington.org.nz) Termine zur Sternenbeobachtung durch das historische Thomas-Cook-Teleskop, das 1867 in York, England konstruiert wurde. Beliebt sind auch digitale Shows, vor allem die Darstellungen des Nachthimmels aus der traditionellen Māori-Perspektive. Die Zeiten und Details zu den interaktiven Displays und den Multimedia-Präsentationen sind auf der Website zu finden. Im Tūhura Space Module können Besucher erleben, wie man sich in einem Raumschiff fühlt.

Carter Observatory

PHILIP ARMITAGE/SHUTTERSTOCK ©

Wellington Cable Car

CABLE-CAR MUSEUM

Dieses kleine, aber faszinierende Museum (museums wellington.org.nz) ist ein interessanter Schlusspunkt auf dem Weg bergauf vom Lambton Quay nach Kelburn. Zu den Highlights gehören einige ältere Cable Cars. Der historische „Grip Car No 3", der im frühen 20. Jh. verkehrte, ist ein Beispiel für viktorianische Ingenieurskunst, während der „Relentless Red Rattler" aus den 1950er-Jahren seinen Namen eindeutig von dem Lärm bekam, den er machte. Er war fester Bestandteil des Systems, bis er 1978 durch einen modernen Schweizer Entwurf ersetzt wurde, dessen Original-Zugmaschine erstaunlich groß ist. Nicht versäumen sollte man den Film, der gut 120 Jahre Auf und Ab auf Wellingtons hügeligem Terrain dokumentiert.

MEHR IN KELBURN & THORNDON

Fahrt mit einer Ikone Wellingtons

CABLE-CAR-FAHRT MIT TOLLER AUSSICHT

Eine von Wellingtons beliebtesten Attraktionen ist der kleine rote Cable Car, der den Hang vom Lambton Quay nach Kelburn hinaufklettert. Am oberen Ende der Steigung liegen die Wellington Botanic Gardens, der Space Place und das Cable Car Museum. Auf der Fahrt nach oben geht es durch zwei 100 m lange Tunnels, die von leicht psychedelischen LED-Lichtern erhellt werden, deren Farben oft Festivals oder andere Events, die in der Stadt stattfinden, repräsentieren.

1902 fuhr die erste Bahn, heute verkehrt sie im Zehn-Minuten-Takt, sodass es gut möglich ist, unterwegs ein paar Zwischenstopps einzulegen. An der **Clifton Cable Car Station** verdeutlicht das Wandgemälde Cable Car Transition Vergangenheit und Gegenwart des Dienstes, während an der **Talavera Station** ein Zwischenstopp empfohlen wird, um von der Brücke aus zu beobachten, wie zwei Cable Cars aneinander vorbeifahren. Bei der **Salamanca Station** gibt es einen groß-

ESSEN IN KELBURN & THORNDON

Hillside Kitchen
Saisonale Zutaten stehen im Mittelpunkt der pflanzenbasierten Gerichte in diesem Lokal in Thorndon. **$$$**

goods manufactory & cafe
Sehr guter Kaffee und frisches Gebäck an der Thordons Tinakori Road. Die Zimtschnecken sind sehr beliebt. **$$**

Graze Wine Bar
Lokal mit innovativen Gemeinschaftstellern und Naturweinen in Kelburn. **$$**

artigen Kinderspielplatz und den Kelburn Park Fountain aus den 1940er-Jahren. Beim Ausstieg an der Endstation, **Kelburn Cable Car Station**, hat man vom Kelburn Lookout fantastische Ausblicke auf Stadt und Hafen, außerdem locken **Cable Top Eatery** und **Cable Car Museum**. Um wieder in die Stadt zu gelangen, kann man eine Rückfahrtticket kaufen oder den Fußweg durch den Botanischen Garten nehmen. Die Cable Cars (wellingtoncablecar.co.nz) verkehren von etwa 7.30 bis 20 Uhr. Die genauen Zeiten sind auf der Website zu finden. Wer eine Snapper Card für Wellingtons Busse und Bahnen hat, bekommt bei einer Fahrt mit der Cable Car ab Lambton Quay eine Ermäßigung.

Ein historisches Naturparadies

WELLINGTONS ÄLTESTE BÄUME

Ein einzigartiges Naturschutzgebiet, das mehr als 100 ha alten Wuchses und nachwachsenden Waldes sowie 5 ha mit Pflanzensammlungen besitzt, ist Ōtari-Wilton's Bush (owbt.nz), der einzige Botanische Garten Neuseelands, der sich auf einheimische Flora spezialisiert hat. Vor Ankunft der Europäer nannten die Māori das Gebiet Ōtarikākā – „Platz, um Vögel mit Schlingen zu fangen"; es war traditionell ein *mahinga kai*, ein Platz, um Nahrungsmittel zu sammeln, der von den *iwi* der Gegend sehr geschätzt wurde.

Einst war es eine Landschaft von Rimu-Harzeiben und Eisenholzbäume, die über kleineren Pflanzen aufragen. Der Wald wurde bei Rodungen während der europäischen Kolonisierung verschont, weil einer der frühen Landbesitzer, Job Wilton, beschloss, dass Land zu bewahren und es einzuzäunen. 1906 wurde es als Landschaftsschutzgebiet ausgewiesen, schließlich wurde der Ōtari-Wilton's Bush vom New Zealand's Gardens Trust of the Royal New Zealand Institute of Horticulture zum Garten von internationaler Bedeutung mit sechs Sternen erklärt.

In Ōtari gedeihen mehr als 1200 Pflanzenarten, darunter ein Bereich, in dem die ältesten Bäume der Stadt stehen, wie der „Moko", eine 800 Jahre alte Harzeibe. Zu den einheimischen Vögeln zählen Kākā, Kererū (Maori-Fruchttaube), Piwakawka (Neuseelandfächerschwanz), Tūī und Kākāriki (Laufsittiche), die regelmäßig zu sehen und zu hören sind. Es gibt 11 km Fußwege – der Circular Walk ist ein Rundweg von etwa 1 km Länge (1 Std.), während der Kaiwharawhara Track 2,4 km lang ist und an einem sanften Bach entlang verläuft. Ein Baumwipfelpfad in 18 m Höhe ermöglicht den Blick von oben. Außerdem gibt es ein hervorragendes Infozentrum und Picknickplätze. Mit dem Bus Nr. 14 kommt man hierher.

WARUM ICH KELBURN LIEBE

Brett Atkinson, Autor

In einer kompakten Stadt mit einem Geschäftsviertel, das sich bis zum Hafen erstreckt, sind die Wildnis der Naturschutzgebiete wie Zealandia und Ōtari-Wilton's Bush etwas Besonderes. Wohl keine Hauptstadt der Welt besitzt solche Destinationen nur eine kurze Fahrt vom nationalen Parlament und dem Geschäftsviertel entfernt. Nach der Erkundung von Wellingtons Cafés, Restaurants und Bars werde ich gern aktiv und suche die Balance mit der Natur in den beiden Schutzgebieten. Im Gespräch mit Einheimischen in Kelburn wird deutlich, dass die Vogelwelt in den Gärten deutlich zunimmt, mit farbenprächtigen Kākā, rundlichen Kererū und melodiösen Tūī, die häufig zu sehen sind.

AUSGEHEN IN KELBURN & THORNDON

Sprig + Fern Tavern
Craftbier von Nelson's Sprig + Fern Brewing. Besonders gute Stimmung herrscht am Dienstagabend beim Kneipenquiz.

Kelburn Village Pub
Burger, Pizza und gutes Bier wird in diesem bei den Einheimischen beliebten Pub in Kelburn serviert.

The Shepherds Arms
Historisches Pub (ca. 1870) an der Thorndon's Tinakori Rd. Würstchen mit Kartoffelbrei sowie Fish & Chips.

MIRAMAR

MAGIE DES FILMEMACHENS

Die Geschichte des Filmemachens geht in Miramar weit zurück, Neuseelands National Film Unit (NFU) wurde 1936 eingerichtet. Der neuseeländische Filmregisseur Sir Peter Jackson kaufte die NFU im Jahr 2000 und errichtete sein eigenes Filmstudio um die früher im Regierungsbesitz befindlichen Einrichtungen. Gleichzeitig begann die Firma für Spezialeffekte Wētā Workshop mit Jackson an der Filmtrilogie *Der Herr der Ringe* zu arbeiten. Jetzt ist der Vorort Miramar ein Zentrum der Filmindustrie, wo Regisseure wie James Cameron und Taika Waititi arbeiten.

Für internationale Gäste ist es faszinierend, etwas über die Spezialeffekte in dem Wētā Workshop zu erfahren. Die Cafés, Restaurants, und Mikrobrauereien sorgen alle dafür, dass fürs leibliche Wohl der Filmschaffenden gesorgt ist. Außer der Tatsache, dass Miramar das kreative Zentrum von „Wellywood" ist – der einst selbstironische Spitzname erfüllt die Landeshauptstadt heute mit Stolz –, bietet die Lage des Vororts auf einer Halbinsel Zugang zu Stränden und der Geschichte des Hafens von Wellington.

TOP TIPP

Vom Zentrum von Wellington gibt es verschiedene Fahrtmöglichkeiten zum Wētā Workshop. Metlinks häufig verkehrende Nr. 2 setzt Besucher etwa 200 m von der Wētā Cave entfernt ab. Wētā hat auch ein ausführlicheres Angebot, das 90-minütige Führungen mit einstündigen Einführungsworkshops kombiniert, die Kostümbildnerei, Spezialeffekte oder Bildhauerei umfassen.

Scorching Bay (S. 337)

HIGHLIGHTS
1 Miramar Peninsula
2 Weta Workshop

SEHENSWERTES
3 Breaker Bay
4 Lyall Bay
5 Massey Memorial
6 Moa Point
7 Scorching Bay
8 Wellington Sign
9 Wētā Cave

ESSEN
10 Chocolate Fish Cafe
11 Maranui Cafe
see 15 Roxy Cafe
12 Scorch O Rama

AUSGEHEN
13 Black Sparrow

UNTERHALTUNG
14 Embassy Theatre
15 The Roxy

Wellington Sign
(S. 337)

Tour durch den Wētā Workshop

HINTER DEN KULISSEN MIT WELLINGTONS OSCARPRÄMIERTEN SUPERSTARS

Die 90-minütige Führung durch den Wētā Workshop (weta workshop.com), der von einer riesigen Ork-Statue aus der *Herr der Ringe* bewacht wird, beginnt in der Wētā Cave, einer Mischung aus Filmmuseum und Souvenirladen, einem wichtigen Ziel für Filmfans. Erinnerungsstücke an die vielen Filme, für welche die oscarprämierte Firma Requisiten und Spezialeffekte geschaffen hat, gibt es neben einer Riesenauswahl an Büchern, Figurinen und Sammlerstücken. Eine gute Gelegenheit, um ein einzigartiges, oft teures, Souvenir zu kaufen.

Im Wētā Workshop führen die verbindlichen und unterhaltsamen Führer – die meisten haben tatsächlich bei einigen Filmen mitgearbeitet – die Gruppen durch Studios und Ateliers. Kostüme, Spezialeffekte, Make-up-Technik und Requisitenwaffen aus Filmen, darunter *Der Herr der Ringe, Avatar* und *District 9* werden gezeigt. Die Führungen sind unterhaltsam, selbst wenn man kein Fan dieser Filme ist. Für Fotos ist es möglich eine Kampfrüstung anzuziehen oder mit Requisitenwaffen herumzufuchteln.

400 m die Straße entlang liegt die Miniaturbühne *Thunderbirds Are Go*, ein faszinierender Einblick, wie Wētā Workshop 2015 ein Relaunch der 1960er-Puppen-SF-Serie schuf. Hier ist die Chance, in einem Thunderbird 2 zu sitzen. Fantastisch!

WĒTĀ'S ERSTAUNLICHE GESCHICHTE

Neben den reich prämierten Filmen wie *Der Herr der Ringe, Der Hobbit* und *Avatar* haben die innovativen Designer, Techniker und Künstler des Wētā Workshop an vielen weiteren Filmprojekten mitgewirkt, darunter:
Last Samurai (2003)
King Kong (2005)
Planet der Affen: Prevolution (2011)
Mad Max: Fury Road (2015)
Thor: Tag der Entscheidung (2017)
Planet Dune (2021)

Unter wetaworkshop.com/projects-in-depth/ lässt sich finden, an welchen Produktionen aktuell gearbeitet wird.

Wētā Workshop

TRABANTOS/SHUTTERSTOCK ©

Ein Toast auf Wellywood

WELLINGTONS FILMISCHER RUHM

Miramars Straßen wirken ruhig und grün, man ahnt nicht den Einfluss der Filmindustrie auf diesen Teil der Stadt. Neben Wētā zählt zu den weltweit führenden Studios auch Sir Peter Jacksons Park Road Postproduktionsfirma, in der seine Dokumentation von 2021 *The Beatles: Get Back* geschnitten wurde.

Wētā und der oscarprämierte Regisseur der Trilogien *Der Herr der Ringe* und *Der Hobbit* hatten wesentlich Einfluss bei der Auferstehung von **The Roxy**, einem Art-déco-Kino in Miramar, das 1928 gebaut wurde und heute Wellingtons elegantester Ort ist, um einen Film zu sehen. Selbst wenn man keinen Film ansieht, lohnt es sich die Gestaltung des Inneren, eine von Wētā gestaltete Mischung aus Glitzer der 1940er-Jahre und Steampunk, mit vielen Erinnerungsstücken, u. a. ein echter Oscar, anzusehen. Oder man trinkt einen Kaffee im **Roxy Cafe**. Im Geschäftsviertel ist das Embassy Theatre aus den 1920er-Jahren ebenso schick; Hier fanden die Weltpremieren von zwei von Sir Peter Jacksons Mittelerde-Spektakeln statt. Unten im Black Sparrow gibt es gute Cocktails.

Eine Attraktion, die sich auf Wellywood bezieht ist das **Wellington Sign** auf einem bewaldeten Hügel an der Südwestseite der Halbinsel Miramar. 2012 errichtet, erinnert die Installation dem berühmten Hollywood Sign in Los Angeles, doch die Version auf der Südhalbkugel zollt Wellingtons berüchtigt windigem Wetter Tribut: die letzten drei Buchstaben scheinen vom Wind fortgeblasen zu werden.

Erkundung der Halbinsel Miramar

STRÄNDE, CAFÉS UND GESCHICHTE DES HAFENS

Mit dem eigenen Auto oder dem Fahrrad eine Runde um die Halbinsel **Miramar** zu unternehmen, ist eine gute Möglichkeit um viel Interessantes über den Hafen von Wellington zu erfahren. Vom **Wellington Sign** sind es rund 20 km, zunächst im Uhrzeigersinn um die Nordspitze der Halbinsel und dann weiter über **Scorching Bay** und **Breaker Bay** mit dem **Maranui Cafe** als Schlusspunkt, von dort blickt man auf die sanfte Brandung der **Lyall Bay**. Ein Abstecher, etwa 7 km zusätzlich, ist der Beginn an der **Oriental Bay**, einem familienfreundlichen Strand bei Wellingtons Geschäftsviertel mit glitzerndem Sand.

Am Westrand der Halbinsel verläuft die Shelly Bay Road vom Wellington Sign nach Norden zum Café **Chocolate Fish** an

MITTELERDE IN WELLYWOOD

Leidenschaftliche Fans von Sir Peter Jacksons *Der Herr der Ringe* und *Der Hobbit* sollten sich einer Führung anschließen, um die Drehorte in der Gegend um Wellington zu besichtigen. Es ist nicht unwahrscheinlich, dass der Führer der Tour einige der Statisten kennt, die an dem Projekt mitgearbeitet haben. Der Einsatz einiger Filmszenen lässt alles noch lebendiger werden. Bei Xplor tours (xplortours.nz) gibt es halb- und ganztägige Touren zu diesen und anderen Drehorten.

Mount Victoria
Hobbit's Hideaway.

Dry Creek Quarry
Der Drehort für Helm's Deep und Minas Tirith.

Kaitoke Regional Park
Der bewaldete Platz von Rivendell und den Fords of Isen.

AUSGEHEN IN MIRAMAR

Double Vision Brewing
An der Straße zu Wēta gelegen und ein Favorit durstiger Filmemacher für ein After-Work-Craftbier.

Fortune Favours
Gute Craftbiere werden mit Gegrilltem von Gorilla Burger in Miramar serviert.

Parrotdog
Weitläufiger, familienfreundlicher Hauptsitz einer Mikrobrauerei aus Wellington in Lyall Bay. Ausgezeichnete Speisen.

Massey Memorial

der Shelly Bay, das in einer früheren Militärbasis von 1982 untergebracht ist und legendäre Sandwiches mit frischem Fisch serviert. Ein 40-minütiger Rundweg führt zum **Massey Memorial** an der Nordspitze der Insel mit gutem Ausblick zur **Matiu/Somes Island**. Im Uhrzeigersinn geht es weiter zur **Scorching Bay**, einem geschützten Strand, an dem man gut schwimmen kann, danach gibt es einen klassischen Milkshake im retro gestalteten **Scorch-O-Rama**. Nahe der Südostspitze der Halbinsel erinnert ein Park an der **Breaker Bay** an das Unglück der *Wahine* 1968, als eine Passagierfähre an der Einfahrt zum Hafen von Wellington sank. In der Nähe bietet der wenig besuchte **Moa Point** eine malerische Felsküste mit Blick auf die raue **Cook Strait**. Die Straße verläuft dann 3 km weiter am Flughafen Wellington vorbei zur Lyall Bay.

GUT FÜR EINEN KAFFEE

Ständiger Nachschub an Koffein ist wichtig für die Filmproduktion im Stil von Wellington und so ist es kein Zufall, dass sich einige der besten Cafés der Stadt in Miramar befinden.

Swimsuit Coffee
Ein entspanntes Lokal im Ort Miramar mit leckeren veganen Toasts. $$

Fika
Cooles skandinavisches Design, hausgemachtes Gebäck und ausgezeichneter Kaffee und Smoothies – alles serviert aus einigen umgewidmeten Frachtcontainern. $

Cafe Polo
Hoch aufgetürmte Burger und in Wellywood berühmte Kuchen und Doughnuts. Perfekt um sich an die letzte Schnittversion zu machen. $

ESSEN IN MIRAMAR

Oikos
Traditionelle griechische Gerichte mit kosmopolitischem Flair nahe dem Flughafen von Wellington. $$

Nicoletta's
Bäckerei im italienischen Stil in Miramar, es gibt u. a. köstliche Focaccia, Calzone und Doughnuts. $

Maranui Cafe
Klassiker werden im Maranui Surf Life Saving Club an der Lyall Bay mit Wein oder Craftbier kombiniert. $$

NEWTOWN

WELLINGTONS AUSGEHVIERTEL

In diesem traditionellen Arbeiterviertel sind Menschen aus aller Welt zusammengekommen und nicht nur die Restaurants sind international, sondern auch der Einzelhandel. Newtowns seit Langem bekannte Konzentration auf preiswerte internationale Küche wird durch eine neue Art von Restaurants ergänzt. Es gibt innovative Speise- und trendige Weinkarten; im Vorort Mt Cook liegt mit dem Hiakai eines der besten Restaurants der Welt.

Außer Newtowns Fokus auf Gemeinschaft, Küche und Kultur ziehen zwei weitere Highlights Besucher an. Am Nordrand des Viertels nahe dem Zentrum von Wellington erreicht man den Gipfel des Mt Victoria am besten über einen Waldweg vorbei an einigen Mittelerde-Drehorten, während südlich von Newtown der Zoo von Wellington in einer historischen Gartenlandschaft wichtige ökologische Arbeit leistet. Nach einem Hallo an die Schimpansen und Schneeleoparden ist es nur ein kurzer Bummel zur Riddiford St. in Newtown, wo es Kaffee oder Craftbier gibt.

TOP TIPP

Anfang März bietet das Newtown Festival (newtownfestival.org.nz) ein Straßenfest mit Livemusik und leckerem Essen, das die multikulturelle Zusammensetzung des Viertels widerspiegelt. Im Dezember verwandelt Beers at the Basin (beersatthebasin.co.nz) die Basin Reserve – sonst ein Cricket-Platz – in den Schauplatz von Wellingtons bestem Craftbier-Festival.

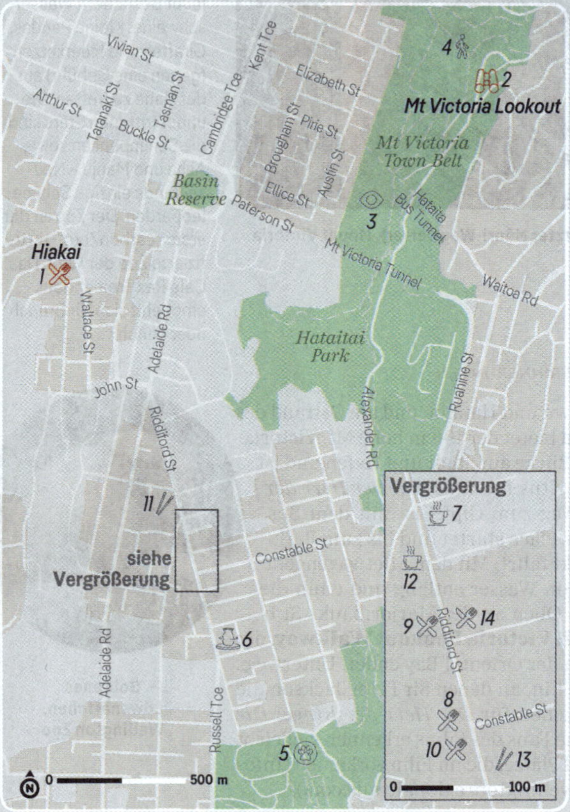

HIGHLIGHTS

1 Hiakai
2 Mt. Victoria Lookout

SEHENSWERTES

3 Hobbits Hideaway
4 Mt. Victoria Lookout Walkway
5 Wellington Zoo

AKTIVITÄTEN

6 Shoe School

ESSEN

7 Cafe Laz
8 Chan's Eatery
9 French Cancan
10 Indian Sweets & Snacks
11 Pho Viet Street Food
12 Pranah Cafe
13 Ramen Shop
14 Viva Mexico

OBEN LINKS: JOPPI/SHUTTERSTOCK © UNTEN RECHTS: SELINA GULLIVER/SHUTTERSTOCK ©

Pou **(geschnitzter Māori-Wegweiser), Mount Victoria**

Mount Victoria

HAFENBLICKE UND HOBBITERINNERUNGEN

Am Nordende von Newtown und Hataitai und am Ostrand des Zentrums von Wellington bietet der 196 m hohe Mt. Victoria (Matairangi) großartige Blicke auf Stadt und Hafen und ist auch eine Art Initiationsritus für Fans von *Der Herr der Ringe*. Der bequemste Weg zum Gipfel ist mit dem Bus Nr. 20, der am Courtenay Place startet und bis zum Parkplatz beim Aussichtspunkt fährt. Mit dem Mietwagengeht es auf der Oriental Pde am Wasser entlang und dann die Carlton Gore Rd hinauf. Oben an der Marjoribanks St beginnt der 4,5 km lange **Mt Victoria Lookout Walkway**, der durch Wald führt und an der Oriental Bay endet. Unterwegs weisen Schilder auf Orte hin, an denen Sir Peter Jackson die **Hobbit's-Hideaway**-Szenen für *Der Herr der Ringe: Die Gefährten* drehte. Manche Fans des Films erkennen vielleicht noch einzelne Bäume und Plätze, die im Film vorkamen (Infos unter „Mt Victoria" auf wellingtonregionaltrails.com).

Wellington Zoo

MIT SCHIMPANSEN UND GROSSKATZEN ABHÄNGEN

Der Wellington Zoo (wellingtonzoo.com) liegt inmitten eines Gartens und widmet sich dem Erhalt, der Forschung, der Nachzucht; hier leben Tiere, wie Löwen, Tiger, Geparden und Tamarine. Im Noctarium gibt es Neuseelands „lebenden Dinosaurier", den Tuatara. „Close encounters" erlaubt Besuchern Wasserschweine, Kleine Pandas, Giraffen und Meerkatzen (gegen eine Gebühr) aus der Nähe zu treffen. Die unbestrittenen Stars sind die Schimpansen sowie Asha und Manju – Neuseelands einzige Schneeleoparden. Der Zoo ist der erste „carbonZero"-zertifizierte Zoo der Welt. Das Café Rex Tremendous empfiehlt sich für Brunch oder Lunch.

Goldenes Löwenäffchen, Wellington Zoo

AMBER-JAYNE BAIN ©

Hiakai

MEHR IN NEWTOWN

Neue Aromen in Newtown

EIN AUFSTREBENDES GASTRONOMIEVIERTEL

Gut essen und trinken ist ein guter Grund, um die 3 km vom Zentrum Wellingtons nach Süden nach Newtown zu fahren. Innovative Kneipengerichte, lateinamerikanische Aromen und Pizzas sind die Highlights in den besten Bars des Viertels, während das 2022 eröffnete Margot's versucht, den kulinarischen Wert der Gegend anzuheben, die traditionell mehr auf internationale Küche zum guten Preis-Leistungs-Verhältnis spezialisiert ist.

In einem eleganten Raum nahe der Riddiford Street verbindet **Margot** mediterrane Gerichte mit einer der besten Weinkarten in Wellington. Man sitzt an der Bar und genießt orangefarbene Weine aus Marlborough oder Hawkes Bay mit einer Schweine-, Kaninchen- und Pistazienterrine oder mit *tua tua* (neuseeländische Muscheln) mit Fregula-Nudeln und Fenchel. Die Bewohner Wellingtons wissen, dass ein Tisch bei Margot der ideale Platz an einem sonnigen Samstagnachmittag ist. Es gibt saisonale, stetig wechselnde Menüs und vielleicht Gelegenheit mit freundlichen Einheimischen zu plaudern.

NEUSEELANDS INNOVATIVSTES RESTAURANT

Sowohl das *Time Magazine* als auch Lonely Planet's *Best in Travel stufen das* **Hiakai** als absolut außergewöhnlich ein. Die Küchenchefin Monique Fiso lässt sich durch ihre samoanischen Wurzeln inspirieren und kreiert mehrgängige Degustationsmenüs, die die „Moderne Māori-Küche" in den Mittelpunkt stellen. Zu den Zutaten zählen Schalentiere, *mamaku* (Farnwedel), *kawakawa* und *horopito* (Waldkräuter) und *tītī* (Kurzschwanzsturmtaucher) – die Menüs spiegeln die Māori-Jahreszeiten wider. Alkoholische und nichtalkoholische Getränke sind ebenso innovativ. Das Hiakai hat nur Freitag- und Samstagabend geöffnet und die Buchungen (wichtig) werden auf saisonaler Basis veröffentlicht. Man muss sich online registrieren, um die Mitteilung zu bekommen, wann die Buchungen beginnen; trotzdem sollte man sich auf die Warteliste setzen lassen.

AUSGEHEN IN NEWTOWN

Bebemos
Eines der bekanntesten Craftbiere der Stadt und dazu lateinamerikanisch beeinflusste Küche.

Auntie Social Lounge
Cool Cocktails und innovative Kneipengerichte in 1970er-Atmosphäre. Unbedingt die leckeren Pickles kosten.

Moon 1
Gourmet-Pizza – benannt nach Musiklegenden –, örtliches Craftbier und Livemusik mit Indie-Touch.

Den Einfluss von Margots gehobener Küche verstärken die italienischen Gerichte in der nahen **Cicio Cacio Osteria**. Zu den leckeren Pappardelle mit Lamm-Ragù passen ein kräftiger Rotwein aus Sizilien oder aus der Toskana. Einige der besten Kaffees von Wellington werden in den Cafés von Newtown serviert, darunter **Frank's**, **People's Coffee** und **Rich Coffee Roasters**. Wen es nach den gesalzenen Karamellplätzchen aus der Leeds Street Bakery gelüstet, findet vermutlich bei Frank's das Richtige. Etwas substanzieller ist eine kräftige Scheibe Sauerteigtoast mit Wellingtons eigener Fix & Fogg Erdnussbutter.

Essen rund um die Welt

NEWTOWNS MULTIKULTI-SPEISEKARTE

Dank einer Vielzahl von Bewohnern aus anderen Ländern, ist Newtown eines von Wellingtons multikulturellsten Vierteln und Aromen aus aller Welt finden sich zwischen farbenfroher Street-Art, Second-Hand-Läden und Klamottenshops. Hier gibt es einige der leckersten und preisgünstigsten Mahlzeiten der Stadt. Im März gibt es auch beim jährlichen Newtown Festival großartige Speisen.

Das **Pho Viet Street Food** serviert ausgezeichnete vietnamesische *Banh-mi*-Sandwiches, eine Filiale gibt es auch in der Dixon Street im Stadtzentrum. An einem kühleren Tag in Wellington ist eine warme Schüssel *Pho ga* (Nudel-Hühner-Suppe) einfach perfekt.

Kebabs und cremige Dips sollte man auf der anderen Straßenseite im **Cafe Laz** bestellen – unbedingt versuchen sollte man das würzige Iskender Kebab –, außerdem locken leckeres *lokum* (türkische Süßigkeit) und *baklava* als Dessert. An der Kreuzung Riddiford und Constable Street befinden sich zwei indische Lokale, das **Fusion Food** – probieren sollte man hier einen der köstlichen *Kathi*-Wraps – und das **Indian Sweets & Snacks**. **The Ramen Shop** und **Chan's Eatery** stillen den Hunger auf Teigtaschen oder eine Schüssel warme Nudeln, während **Viva Mexico** Wellingtons einziges Taco-Restaurant in mexikanischem Besitz ist. Wer dann immer noch Appetit hat – was eher unwahrscheinlich ist –, findet im **French Cancan** authentisches Pariser Gebäck, im **Pranah Cafe** wird veganes und vegetarisches Essen serviert. Pranahs preisgünstiges Frühstück – einschließlich cremiger Pilze und Eggs Florentine – kostet immer etwas weniger als jene in den schicken Cafés in der Cuba Street.

EIGENE SNEAKERS ODER SANDALEN HERSTELLEN

Hier kann man sich in Wellingtons kreativstem Viertel auch selbst einen Tag lang beschäftigen. Die Kurse in Newtowns **Shoe School** (shoe-school.com) reichen von hochkonzentrierten eintägigen Workshops, bei denen man seine eigenen Sneakers, Sandalen oder Mules macht – der Besitzer und Designer Lou Clifton hilft das Material aus Leinen, Stoff oder Leder auszuwählen – bis zu vier oder fünf Tagen, um ein Paar Stiefel zu kreieren. Lou reiste nach Japan und Australien, um das Handwerk von erfahrenen Schuhmachern zu erlernen, bevor er seinen Laden in Neuseeland eröffnete. Wenn man nur wenig Zeit hat, bietet sich ein zweieinhalbstündiger Lil'-Wallet-Workshop an, um eine individuelle Geldbörse zu fertigen.

SHOPPEN IN NEWTOWN

The Axe
Haushaltswaren, Geschenke und Kunsthandwerk, vieles davon in Neuseeland entworfen und hergestellt.

Creeps Record Parlour
Jede Menge Vinyl, Abzeichen von fast vergessenen Punk- und New-Wave-Bands und die besten T-Shirts der Stadt.

Newtown Vintage & Craft Market
Am 1. und 2. Samstagvormittag im Monat, großartig für den Kauf von Geschenken.

DAYS BAY & EASTBOURNE

GESCHÜTZTE INSEL UND HAFEN-ABENTEUER

Einst kam man nur per Fähre nach Days Bay und Eastbourne. Die Straßen südlich von Wellington waren unbefestigt und die Dampffähren waren die zuverlässigeren Verkehrsmittel für Pendler, die in der Stadt arbeiteten. Heute sind die Straßen gut, aber die Fähren ab Queen's Wharf sind immer noch beliebt. Days Bay und Eastbourne sind entspannte Abstecher. Days Bay ist im Sommer ein populäres Ziel und auf dem Weg vom Stadtzentrum her liegt auch Matiu/Somes Island. Hinter Eastbourne wird der Ostrand des Hafens rauer, es gibt Erinnerungen an die Militärgeschichte und eine Gedenkstätte an das schwerste Schiffsunglück in Neuseeland in jüngerer Zeit. Beim Blick über die Cook Strait sieht man manchmal die Südinsel und ein rostiges Wrack verdeutlicht, wie sehr diese Küste den Elementen ausgesetzt ist.

TOP TIPP

Man fährt mit der East-by-West-Fähre vom Queens Wharf über den Hafen nach Days Bay. Manche legen auch auf Matiu/Somes Island an. Die 2022 von East by West zu Wasser gelassene *Ika Rere* („Fliegender Fisch") ist eine elegants Elektro-Fähre. Mehr als 20% der Metlink-Busse in Wellington sind elektrisch betrieben.

HIGHLIGHTS
1 Matiu/Somes Island

SEHENSWERTES
2 ANZAC Memorial Pōhutukawa Tree
3 Burdan's Gate
4 East Harbour Regional Park
5 Eastbourne Library
6 Mākoro
7 Muritai Bay
8 Muritai Bay
9 Rona Bay Wharf

AKTIVITÄTEN
10 Wildfinder | Days Bay
11 Wildfinder | Pencarrow

Matiu/Somes Island

WELLINGTONS NATURSCHUTZGEBIET AUF DER HAFENINSEL

Bevor man sich auf die Wege von **Matiu/Somes Island** begibt, muss erst etwas erledigt werden. Nach dem Verlassen der Fähre wendet man sich an einen der Ranger des Department of Conservation (DOC) in der *Whare-kiore*-Hütte beim Pier. Hier gibt es eine Einführung, wie wichtig es ist, die Insel frei von Beutegreifern zu halten – Ratten und andere Nager sind eine Gefahr für die Vogelwelt der Insel –, außerdem sollen Besucher ihre Taschen untersuchen, um sicherzugehen, dass kein unerwünschter Besucher dabei ist. Vom Pier aus wird das Schutzgebiet durch ein Māori-*waharoa* (geschnitzter Eingang) betreten, Tane Te Waiora benannt und 2018 errichtet, um zu verdeutlichen, dass das Naturschutzgebiet unter *kaitiakitanga* (Schirmherrschaft) der Māori steht, gemeinsam mit dem DOC.

Seit 1989 gibt es auf der Insel keine Beutegreifer mehr, zu sehen sind hier Kākāriki (Ziegensittich) und Pīwakawaka (Neuseelandfäscherschwanz). Meeresvögel nisten auf den Hügeln und nach Einbruch der Dunkelheit sind Kororā (Zwergpinguine) zu sehen. Zu den Reptilien der Insel gehört der Tuatara.

Die Wege führen zu Aussichtspunkten mit Blick auf die Stadt, einen Leuchtturm und Geschützständen aus dem Zweiten Weltkrieg. Die Geschichte von Matiu/Somes Island wird im Besucherzentrum auf dem Hügel vorgestellt. Von dort ist es nur ein kurzer Fußweg zu „Neuseelands meistfotografiertem Schaf“. Es gibt Stellplätze für Zelte und zwei Cottages (Buchungen unter doc.govt.nz).

VERTEIDIGUNG & INTERNIERUNG

Matiu/Somes Island hat viele Rollen gespielt, von einem strategischen *Pā*-Platz für Māoris vor vielen Jahrhunderten bis zu der Zeit als landwirtschaftliche Quarantänestation für über 100 Jahre bis 1995. Zu den „Feindlichen Ausländern“, die während des Ersten und des Zweiten Weltkriegs hier interniert waren, gehörten deutsche Kriegsgefangene und Neuseeländer japanischer Abstammung. 1942 wurde auf dem höchsten Punkt der Insel eine Flugabwehrstellung installiert. Sie wurden zwar nie betätigt, aber allein ihre Existenz verdeutlicht den strategischen Wert der Insel im Hafen von Wellington.

Matiu/Somes Island

ANNALUCIA/SHUTTERSTOCK ©

YIUCHEUNG/SHUTTERSTOCK ©

Mountaibiker, Pencarrow Coast

Per Rad zum Pencarrow Head

EINE RAUE, SPEKTAKULÄRE FAHRT ENTLANG DER KÜSTE

Start ist am **Burdan's Gate**, 500 m südlich von der Busendhaltestelle in Eastbourne, diese Fahrt an der Küste entlang zum **Pencarrow Head** ist eine beliebte Mountainbike-Tour. Ein Fahrradverleih gibt es bei **Wildfinder** (wildfinder.co.nz), am Burdan's Gate, oder bei **Switched on Bikes'** am Queens Wharf (switchedonbikes.co.nz), von wo aus das Fahrrad mit der Passagierfähre nach Days Bay mitgenommen werden kann. Wer bei Wildfinder mietet, nimmt Metlinks Bus Nr. 83 von Days Bay zur Endhaltestelle Eastbourne oder läuft etwa 4 km. Es wird empfohlen Fahrräder vorzubestellen, vor allem an Wochenenden oder an Feiertagen.

Von Burdan's Gate sind es 7 km auf einer Schotterstraße am Meer entlang bis zum Pencarrow Head. An klaren Tagen bietet sich ein toller Blick auf den Hafen und die Cook Strait. Am Pencarrow Head gibt es einen Leuchtturm an der Küste und einen zweiten Leuchtturm auf einem Hügel. Er wurde 1859 als Neuseelands erster Leuchtturm gebaut, hier war Mary Jane Bennett, eine Witwe mit sechs Kindern, Neuseelands erste Leuchtturmwärterin. Etwa 3 km weiter auf einem immer holpriger werdenden Weg, vorbei an zwei Strandseen kommt man zum Wrack der *SS Paiaka* von 1906. Hier weht der Wind sehr stark, ein E-Bike wäre von Vorteil. Unbedingt die Fährzeiten von Days Bay zurück zum Queens Wharf checken!

IM EAST HARBOUR REGIONAL PARK

An der Nordostecke des Hafens von Wellington liegt der **East Harbour Regional Park**, der bei Spaziergängern und Mountainbikern beliebt ist. Zu den empfohlenen Aktivitäten zählen der **Cameron Ridge Loop**, ein 90-minütiger, 4,2 km langer Weg mit Blick auf den Hafen von Wellington und die Cook Strait, und der **Days Bay Loop**, der am Williams Park beginnt, auf einen Bergrücken hochführt und dann auf dem einfacheren **Korimako Track** nach Days Bay hinunter verläuft.

Information zu den Wegen in den drei Teilgebieten des Parks findet sich unter „East Harbour Regional Park" auf gw.govt.nz: Para garahu Lakes, Baring Head und Northern Forest.

DAVID WALL/ALAMY STOCK PHOTO ©

Days Bay

MEHR TAGE IN BAY & EASTBOURNE

Erkundung von Eastbournes Erbe

KRIEGSGESCHICHTE UND EINE TRAGÖDIE IM HAFEN

Nach dem Schwimmen, Entspannen oder Kajakfahren in Days Bay – der Anbieter **Wildfinder's Days Bay** für Paddelboot- und Kajakverleih hat im Sommer geöffnet – geht es auf eigene Faust auf einen Spaziergang durch das Erbe des nahen Eastbourne. Stadtpläne mit 16 verschiedenen interessanten Punkten gibt es in der **Eastbourne Library**. Von Days Bay ist es ein 4 km langer Bummel am Hafen entlang bis zum letzten Punkt am Wahine Memorial. Von der nahen Endhaltestelle Eastbourne fährt der Bus Nr. 83 zurück nach Days Bay. Die historische Bushaltestelle unterhalb der Küstenklippen wurde Ende der 1930er-Jahre gebaut.

Zu den Höhepunkten am Weg zählen folgende:

Eastbourne's **Rona-Bay-Pier** wurde erstmalig 1906 für die Passagierfähren von Wellington angelegt, 2016 wurde es wiedererrichtet. Herrlicher Blick auf die Days Bay.

Der überlebende von zwei 1916 gepflanzten Bäumen ist Eastbournes historischer **ANZAC Memorial Pōhutukawa-Baum**; er ist den Gefallenen gewidmet, die im Ersten Weltkrieg in Gallipoli kämpften. Der Baum (Ecke Oroua/Rata St) ist Neuseelands älteste Gedenkstätte für Gallipoli.

Während des Zweiten Weltkriegs erstreckte sich eine Anti-U-Boot-Sperre fast 2 km weit von **Muritai Bay** ins nahe **Mākoro** (Ward Island).

Der Spaziergang endet am **Wahine Memorial**, das an das Schiffsunglück von 1968 erinnert, bei dem die Inselfähre *Wahine* im Hafen von Wellington sank und 53 Menschen in den Tod riss. Die Gedenkstätte am Strand von **Korohiwa Bay** ist der Fockmast des Schiffes.

IDEAL ZUM ESSEN GEHEN

Days Bays Pavilion
Erfrischende Eiscreme und Holzofenpizza; oder Futter für die Enten kaufen. $

Cotti Cafe
Der Ort in Days Bay für einen Kaffee zum Mitnehmen, von der Rösterei Ripe in Wellington; außerdem werden hier üppige mediterrane Mahlzeiten serviert. $$

Sea Salt Cafe
Herrlicher Blick auf Days Bay; ein beliebter Treffpunkt zum Wochenend-Brunch. $$

Chocolate Dayz
Lässige Sommertage im entspannten Café in Days Bay mit rustikalen Tischen und einigen Souvenirläden in der Nähe. $$

Tartines
In dem Lokal in Eastbourne gibt es leckere Sandwiches im französischen Stil und gutes hausgemachtes Gebäck. $$

ESSEN & AUSGEHEN AM QUEENS WHARF

Kaffee Eis Kiosk
Bei einem Bummel am Hafen ein Eis aus dem vielfältigen Angebot schlecken. $

Shed 5
Perfekte Lage am Wasser mit großartigen Meeresfrüchten und Fisch. $$$

Bin 44
Entspannung bei einem Craftbier nach der Fahrradfahrt zu Pencarrow Heads. $$

KĀPITI COAST

VÖGEL, TIERBEOBACHTUNG, TOP-GASTRONOMIE

Die weiten schwarzsandigen Strände und Kāpiti Island sind gut besuchte Sommerziele der Bewohner von Wellington und auch ein beliebtes Wohngebiet für die Hauptstädter. Für Besucher, die mit dem Schiff kommen, ist Neuseelands ältestes Vogelschutzgebiet ein echtes Erlebnis; zum Aufenthalt auf Kāpiti Island gehört auch die Wanderung auf gut gekennzeichneten Wegen zu den Aussichtspunkten. Auf dem Festland sind Wandern und Radfahren beliebt, um den Queen Elizabeth Park zu erkunden, während die Sicht auf die Küste ein Highlight des Paekākāriki Escarpment Walkway sind. Das Ngā Manu Reserve und die Waikanae-Mündung bieten beide Gelegenheit zur Tierbeobachtung, sie sind nur eine kurze Fahrt vom Wellingtoner Zentrum entfernt. In Kāpiti gibt es zudem ein Automobilmuseum, im nahen Porirua eine Kunstgalerie. Für kulinarische Genüsse sorgen Cafés, Restaurants und Brauereien sowie Bauernmärkte, saisonale Beerenfarmen und eine renommierte Kochschule.

TOP TIPP

Für Besucher, die mit öffentlichen Verkehrsmitteln unterwegs sind, ist der Zug die bequemste Möglichkeit, um von Wellington zur Kāpiti Coast zu kommen. Haltestellen an Metlinks Kāpiti Line ab dem Bahnhof Wellington sind Paekākāriki, Paraparaumu und Waikanae. Sounds Air bieten ab Paraparaumus Kāpiti Coast Airport Flüge über die Cook Strait nach Blenheim und Nelson.

Paekākāriki Escarpment Track (S. 351)

NEW ZEALAND TRANSITION/GETTY IMAGES ©

HIGHLIGHTS
1 Kapiti Island

SEHENSWERTES
2 Adrenalin Forest
3 Hemi Matenga Memorial Park Scenic Reserve
4 Ngā Manu Nature Reserve
5 Pātaka Art + Museum
6 Pukerua Bay
7 Queen Elizabeth Park
8 Raumati Beach
9 Southward Car Museum
10 Waikanae Beach
11 Waikanae Estuary

AKTIVITÄTEN
12 Paekākāriki Escarpment Walkway
13 Tararua Forest Park

SHOPPEN
14 Paraparaumu Beach Market

DIE GESCHICHTE VON KĀPITI ISLAND

In vergangenen Jahrhunderten war Kāpiti Island sowohl für die Māori als auch für die kolonialen Siedler von strategischer Bedeutung. Die einheimischen *iwi* lebten auf der Insel, als Captain James Cook 1770 eintraf. Er nannte die Insel Entry Island wegen der Lage an der Einfahrt zur Cook Strait. Zwischen 1827 und 1831 war die Insel die Basis für Te Rauparaha, einen Māori-Häuptling der Nordinsel, der oft Angriffe gegen die Stämme der Südinsel führte. Er förderte auch den Walfang und die Jagd auf Robben.

Kāpiti Island Nature Reserve

NEUSEELANDS ÄLTESTES VOGELSCHUTZGEBIET

Kāpiti Island (doc.govt.nz) dominiert den westlichen Horizont nördlich von Wellington. Die bewaldete Insel mit 10 mal 2 km Fläche ist schon seit 1897 Naturschutzgebiet; da hier seit 1998 keine Raubtieren mehr existieren hat sich die Vogelwelt gut erholt. Bei **Kapiti Island Nature Tours** (kapitiisland.com) können Fahrten mit der Fähre, geführte Tagestouren und Touren mit Übernachtung, Mahlzeiten und Kiwibeobachtung nach Einbruch der Dunkelheit gebucht werden. Die Firma wird von einer Māori-Familie geführt, deren Geschichte auf der Inseln bis ins 19. Jh. zurückgeht. Die Tourboote für die 20-minütige Fahrt starten am Paraparaumu Beach. Fährentransfer und Touren müssen früh gebucht werden, vor allem an Wochenenden und im Sommer. Für geführte Touren gibt es günstige Transfers von/nach Wellington – praktisch, wenn man keinen Mietwagen hat.

Zwei Bereiche von Kāpiti stehen Besuchern offen. Auf der Ostseite ist **Rangatira** der Startpunkt für den leichten **Rangatira Loop Track** (90 Min.); der **Wilkinson** und der **Trig Track** (beide 2 Std.) sind schwerere Wanderwege, die auf den höchsten Berg der Insel (521 m) führen. Geführte Touren am **North End** erläutern Kāpitis Natur- und Kulturgeschichte; den Spaziergang auf dem **Okupe Valley Loop Track** (90 Min.) kann man individuell unternehmen. Neben dem Blick auf die **Okupe Lagoon** erlebt man ein Vogelkonzert, dargeboten von *kākā* (Papageien), *hihi* (Stichvögel) und *kōkako* (Lappenkrähen). Nach dem Aufstieg ist der Blick auf die Küste fantastisch.

DANITA DELIMONT/ ALAMY STOCK PHOTO ©

Southward Car Museum

MEHR AN DER KĀPITI COAST

Ein überraschendes Automuseum

JAHRZEHNTE GROSSARTIGER AUTOS

Selbst wenn man einen Mercedes nicht von einem Mitsubishi unterscheiden kann, lohnt es sich das **Southward Car Museum** (southwardcarmuseum.co.nz) zu besuchen, das als eine der weltweit besten Oldtimer-Ausstellungen gilt. Die vielfältige Sammlung wurde vom verstorbenen Sir Len Southward, einem Ingenieur, Geschäftsmann und Philanthropen aus Wellington zusammengetragen, mehr als 500 Fahrzeuge werden in einem großen hangarähnlichen Bau präsentiert. Es gibt einen empfohlenen Weg durch die Sammlung, aber es macht auch Spaß, einfach herumzuschlendern und die Autos zu bewundern. Für Fans von *Zurück in die Zukunft* gibt es einen coolen DeLorean, mit einem Day-Glo Hoverboard und einer Schaufensterpuppe mit der Perücke von Dr. Emmett Brown. Am Cadillac von 1950, der dem Gangster Mickey Cohen aus Los Angeles gehörte, sind noch die Einschusslöcher zu sehen. Ein anderer offener „Caddy" Cabriolet gehörte der berühmten Schauspielerin Marlene Dietrich; es gibt auch reichlich Beispiele für wunderschöne italienische Sportwagen. Ein türkisblauer

SCHNELLERE STRASSEN RUND UM DIE HAUPTSTADT

Die 2022 eröffnete Autobahn Transmission Gully SH1 (von Wellington nach Norden) hat die Fahrt von Wellington zur Kāpiti Coast deutlich beschleunigt; für die Einheimischen ist es nun einfacher und schneller, um in die Hauptstadt zu kommen. Eine langsamere und landschaftlich schönere Strecke ist der SH59 entlang der Küste. Der 27 km lange Transmission-Gully-Abschnitt des SH1 verbindet direkt südlich von Paekākāriki an Mackays Crossing den Kāpiti Expressway mit der vierspurigen Autobahn Richtung Norden nach Ōtaki, von der Anfang 2023 ein neues Stück eröffnet wurde. Bis 2029 soll diese Straße bis nach Levin im Norden weitergeführt werden.

ÜBERNACHTEN AN DER KĀPITI COAST

Raumati Sands Resort
Bequeme Apartments für Selbstversorger nur 200 m vom Raumati Beach entfernt. Es gibt auch einen Pool. **$$**

White House
Ein luxuriöses B&B in Paraparaumu mit tollen Blicken auf die Küste und auf Kāpiti Island. **$$**

Paekakariki Holiday Park
Grüner Campingplatz mit Hütten und Motelzimmern für Selbstversorger; unweit vom Queen Elizabeth Park. **$**

EIN KLEINER ABSTECHER NACH PORIRUA

Mehr als die Hälfte der Einwohner sind von Māori-, pazifischer oder asiatischer Abstammung, so ist **Porirua City** eine stolze multikulturelle Stadt in der Region Wellington. Ein Stopp lohnt sich im **Pātaka Art + Museum**, Poriruas Galerie zeitgenössischer Kunst und Museum der Māori-, pazifischen und neuseeländischen Kultur. Der Māori-Name bedeutet „Lagerhaus". Wer von Norden von Wellington zur Kāpiti Coast kommt, fährt vom SH1 ab und auf den SH59 zum Standort am Südende des Hafens von Porirua. Die Website informiert über aktuelle Ausstellungen und Programme (pataka.org.nz). Zu den Kletter-, Zipline- und Baumkronen-Abenteuern sind es nur fünf Autominuten.

WIRESTOCK CREATORS/SHUTTERSTOCK ©

Waikanae Beach

Davis Divan, 1949 gebaut und einer von nur noch zwölf existierenden Divans, ist gleichzeitig retro und futuristisch. Viele dieser „winzigen Automobile" waren vielleicht lange vor unserer Zeit eine Lösung der Probleme im Straßenverkehr des 21. Jhs. Details aus Sir Lens faszinierendem Leben, u. a. Autorallyes und sein geliebtes *Redhead*-Rennboot, mit dem er einen Weltrekord aufstellte. Wenn man nach dem Museumsbesuch wieder ins Auto steigt, dann sollte man sich nicht dem Geschwindigkeitsrausch auf Wellingtons neuer vierspuriger Schnellstraße hingeben.

Aktiv an der Kāpiti

STRÄNDE, DÜNEN, KLIPPEN UND WÄLDER

Paekākāriki's Queen Elizabeth Park (gw.govt.nz/parks) aus Dünen und Feuchtgebieten erstreckt sich auf einer Fläche von 650 ha an der Kāpiti Coast; er ist ein beliebtes Ausflugsziel der Einheimischen und der Einwohnern von Wellington, um hier zu schwimmen, wandern oder Rad zu fahren. Die Küstenort war früher eine Māori-Siedlung, im Zweiten Weltkrieg war sie eine Basis von 20 000 US-Marines. Verschlungene Wege führen durch die Dünen und bieten tolle Ausblicke Richtung Westen auf Kāpiti Island. Zur Vogelwelt gehören der *kawau* (Kormoran), der *tōrea* (Austernfischer) und der *tūī* (Tuihonigfresser), der für seinen melodischen Klang bekannt ist. In heimischem Buschwerk leben die *kererū* (Maori-Frauchttauben) und die *pīwakawka* (Neuseelandfächerschwänze). Der beliebte einstündige **Whareroa Stream Loop** verläuft durch Felder und Dünen. Weitere Plätze zum Schwimmen sind der **Waikanae Beach** und der **Raumati Beach**.

CRAFTBIER AN DER KĀPITI COAST

Duncan's Brewing Company
Innovative Mikrobrauerei in Paraparaumu, die herausragende säuerliche Biere und Pastry Stouts produziert.

Tuatara Brewery
Großer Schankraum einer innovativen Brauerei in Paraparaumu. Es gibt gutes Essen und Führungen.

Salt and Wood Collective
Die Zentrale der North End Brewery in Waikanae; es gibt Bier mit Barbecue im amerikanischen Stil.

Ein weiterer beliebter Weg ist der Paekākāriki Escarpment Track, ein magischer 10 km langer Küstenweg von **Paekākāriki** südlich nach **Pukerua Bay**. Er steigt bis auf 220 m Höhe und bietet eine großartige Sicht auf die bewaldete Kāpiti Island am Horizont. Achtung: Es ist ein steiler, schmaler, relativ ausgesetzter Weg, der für Leute mit Höhenangst nicht zu empfehlen ist. Der Menüpunkt „Escarpment" auf der Website wellingtonregionaltrails.com bietet mehr Information, auch Empfehlungen zu anderen Wegen im Umkreis der Landeshauptstadt. Zu den beliebten Wanderwegen im Tararua Forest Park, einem rauen Naturschutzgebiet, das eine natürliche Barriere zwischen der Kāpiti Coast und Wairarapa bildet, gehören der 3,5 km lange Flussuferweg **Donnelly Flat Loop Walk**, und der drei Tage dauernde 24 km lange **Mt. Holdsworth-Jumbo Circuit**. Mehr Information unter doc.govt.nz.

Tiere in Waikanae

ZWEI DER TYPISCHSTEN NEUSEELÄNDISCHEN ARTEN

Zu den Attraktionen von **Waikanae** am Nordrand der Kāpiti Coast zählen ein Strand, häufig mit einer sanften Brandung, und das Ngā Manu Nature Reserve (ngamanu.co.nz). Auf 14 ha bewaldetem Gelände gibt es Picknick-Bereiche, Buschwanderungen, Volieren und ein Nachttierhaus mit Kiwis und Tuataras. Täglich um 14 Uhr werden die bedrohten Neuseeländischen Langflossenaale gefüttert. Unbedingt im Voraus buchen muss man das **Kiwi Encounter** (Do–So abends) mit interessanten Infos zu Neuseelands Nationalvogel. Wer einen tiefen Einblick in die Arbeit des Schutzgebietes gewinnen möchte, kann sich in das Programm **Ranger-for-the-Day** einschreiben und einen Tag in Ngā Manu mit einem Ranger unterwegs sein. Um das Ganze ohne Trubel zu genießen, kann man im zum Schutzgebiet gehörigen **Theo's Cottage** übernachten.

Ein weiteres nahe gelegenes Natur-Highlight ist der Hemi Matenga Memorial Park Scenic Reserve, ein 33 ha großes Schutzgebiet mit Blick auf Waikanae, das einen großen Bestand an *Kohekohe*-Wald (Mahagoniengewächs) besitzt. Eine steile Wanderung (3–4 Std.) führt zum höchsten Punkt, Te Aue (514 m), doch es gibt auch den **Kohekohe Walk**, ein leichter 30-minütiger Spaziergang auf einem besseren Weg. Hier sollte man nach Vögeln Ausschau halten, darunter *tūī*, *kererū* (Maori-Frauchttaube) und *korimako* (Maori-Glockenhonigfresser). Interessant sind auch die Führungen von **Kapiti Bird Tours** (kapitibirdtours.co.nz) an der Waikanae-Mündung. Mehr als 100 Vogelarten leben hier zum Teil ganzjährig. Man kann das Wegenetz im Mündungsgebiet auch auf eigene Faust durchstreifen. Weitere Informationen unter doc.govt.nz.

KĀPITIS BESTE GASTRO-ERLEBNISSE

Paraparaumu Beach Market
Ein wichtiges Ziel am Samstagvormittag für Lebensmittel, Gebäck und Häppchen.

Waikanae Saturday Market
Lokale Bäcker, Imker, Kaffeeröster und Olivenölproduzenten bieten ihre besten Produkte an.

Ruth Pretty's
Eine Verbindung aus Gartencafé, Küchenladen und renommierte Wochenend-Kochkurse.

Penray Gardens
Von November bis Juni werden Erdbeeren, Himbeeren und andere Früchte angeboten. PYO (Pick Your Own – selbst pflücken) ist sehr beliebt.

Kāpiti Island Honey
Der Mānuka-Honig schmeckt einfach wunderbar. Die Bienenstöcke auf dieser isolierten Insel sind geschützt.

ESSEN AN DER KĀPITI COAST

Hola
In diesem beliebten Lokal in Paraparaumu gibt es Cocktails und mexikanisch inspiriertes Streetfood. **$$**

50/50
Innovative sechs- oder neungängige Degustationsmenüs von Mittwoch bis Samstag. **$$$**

Long Beach Tavern
Holzofenpizza, North-End-Craftbier und guter Brunch bei der Waikanae-Brandung. **$$**

WAIRARAPA

GASTRONOMIE, WEIN UND OUTDOOR-ABENTEUER

Von den Tararua und Remutaka Ranges eingerahmt ist Wairarapa eine weite ländliche Region nördlich von Wellington. Es ist ein traditionelles Schafzuchtgebiet; Siedler der Kolonialzeit legten die ersten Schafstationen in dieser abgelegenen Landschaft an. Auch heute noch sind Herden zu sehen, vor allem von Palliser Bay nach Süden, aber auch der Weinbau spielt eine große Rolle. Weine von Weltruf, vor allem Pinot noir, entstehen in den Weingärten um Martinborough, auch weiter nördlich um Masterton und Gladstone sind Weingüter zu finden. Es gibt auch eine herausragende Gastro-Szene mit Cafés, Restaurants und Foodtrucks, die vor allem von Wochenendgästen aus der Hauptstadt besucht werden. Neben den städtischen Attraktionen in Wairarapa lockt eine raue Küstenlandschaft mit etlichen abgelegenen Leuchttürmen. Wandern und Radfahren sind sehr beliebt. Natur und Umwelt sind von großer Bedeutung, so wurde ein Waldgebiet zum Schutz einheimischer Arten eingerichtet.

TOP TIPP

Martinborough besucht man am besten von Mittwoch bis Freitag, weil viele Restaurants auf haben, aber dann nicht so viele Besucher aus Wellington kommen wie am Wochenende. Für die Lokale der Weingüter sollte man stets reservieren. Das Wein- und Gastro-Festival Toast Martinsborough (toastmartinborough.co.nz) im November ist sehr beliebt. Unterkünfte muss man dann frühzeitig buchen.

Cape Palliser

GEGENÜBER: ALVOV/SHUTTERSTOCK ©; LINKS: NAZAR_AB/GETTY IMAGES ©

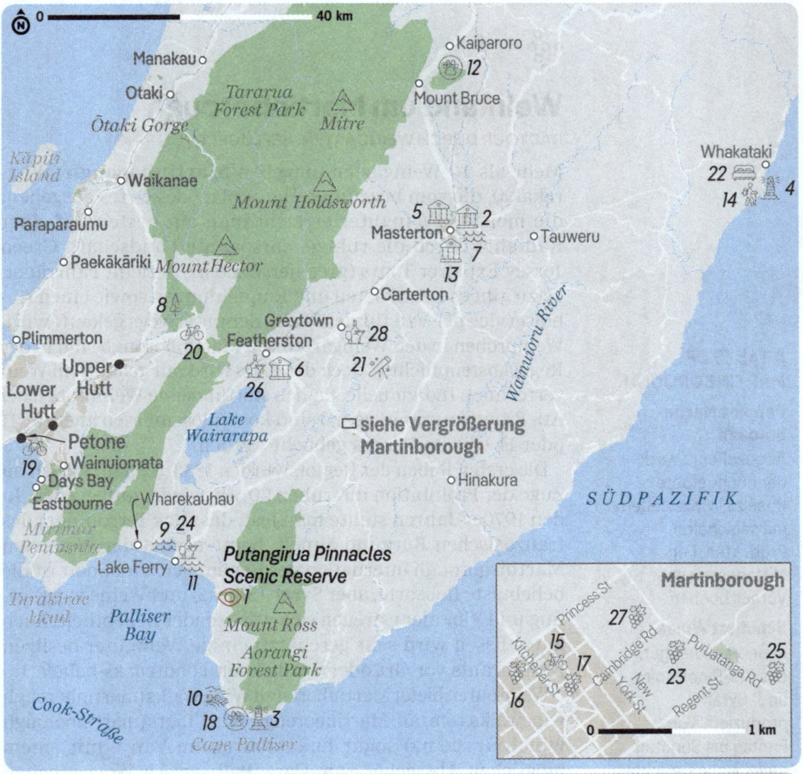

HIGHLIGHTS
1 Putangirua Pinnacles Scenic Reserve

SEHENSWERTES
2 Aratoi Wairarapa Museum of Art & History
3 Cape Palliser Lighthouse
4 Castlepoint Lighthouse
5 ConArt Gallery & Studios
6 Featherston Heritage Museum
7 Henley Lake
8 Kaitoke Regional Park
9 Lake Ōnoke
10 Ngāiwi
11 Ōkorewa Lagoon
12 Pūkaha National Wildlife Centre
13 Wool Shed

AKTIVITÄTEN
14 Deliverance Cove Track
15 Green Jersey Explorer Tours
16 Martinborough Wine Tours
17 Martinborough Wine Walks
18 New Zealand Fur Seal Colony
19 Remutaka Cycle Trail
20 Remutaka Rail Trail
21 Star Safari

SCHLAFEN
22 Castlepoint Holiday Park & Motels

AUSGEHEN
23 Ata Rangi
24 Lake Ferry Hotel
25 Poppies Martinborough
26 Royal Hotel
27 Schubert Wines
28 White Swan

Cape Palliser Lighthouse

Cape Palliser Lighthouse

WICHTIGE REISE ZUM ENDE DER STRASSE

Von den Putangirua Pinnacles führt eine 25 km lange Küstenstraße zum **Cape Palliser Lighthouse**. Zwischenstopps sind **Ngāiwi**, ein einsames Fischerdorf mit zahllosen rostigen Traktoren, die alle genutzt wurden, um die Fischerboote aufs Land zu ziehen. Näher am Leuchtturm ist eine **Kolonie Neuseeländischer Seebären**. Cape Pallisers Leuchtturm wurde 1897 gebaut. 253 Stufen führen nach oben. Viel Glück!

Weinland um Martinborough

RADTOUR DURCH WEINGÄRTEN, BEFLÜGELT VON PINOT

Mehr als 40 Weingärten umgeben **Martinborough** (Wharekaka), die vom begrünten Hauptplatz des Ortes ausgehen; die meisten Weingüter erreicht man am besten auf einer Radfahrt durch die ruhige, entspannte Landschaft. Green Jersey Explorer Tours (greenjersey.co.nz) verleiht Fahrräder. Dazu gibt es Landkarten und Empfehlungen sowie einen Abholservice per Van für den Wein, der unterwegs gekauft wird. Weinproben in den Weingärten von Martinborough sind in der Regel kostenpflichtig, doch der Preis wird mit gekauftem Wein verrechnet. Individuelle, täglich stattfindende Weinproben bei Ata Rangi (atarangi.co.nz) sind kostenlos, müssen aber für 11 oder 14 Uhr im Voraus gebucht werden.

Die ersten Reben der Region wurden 1883 gepflanzt, doch im Zuge der Prohibition im frühen 20. Jh. wieder aufgegeben. In den 1970er-Jahren stellte man fest, dass das Terroir dem des französischen Burgund ähnelt, heute besitzt der Wein vom Martinsborough internationales Renommee. Pinot noir ist die beliebteste Rebsorte, aber Syrah (Shiraz) und Weine wie Riesling und Viognier erfreuen sich wachsender Beliebtheit. Auch gutes Essen wird sehr geschätzt; einige Weingüter besitzen Restaurants vor Ort oder werden von Foodtrucks beliefert.

Weintouren bietet Martinborough Wine Walks (martinborough winewalks.com) an, Martinborough Wine Tours (martinborough winetours.co.nz) sogar Luxustouren im Van – mit einem möglichen Abstecher zum Cape Palliser. An Wochenenden herrscht ein ziemlich lebhafter Fahrradverkehr zwischen den Verkostungslokalen und den Restaurants.

A TASTE OF MARTINBOROUGH

Poppies Martinborough
Augeschenkt wird der hochgelobte Rosé zu Winzertellern mit saisonalen Produkten. Fürs Mittagessen im Voraus buchen.

Schubert Wines
Kleineres Weingut, das Bio-Pinot-noir und -Syrah produziert. Von Freitag bis Sonntag italienische Gerichte vom Foodtruck der Gnocchi Brothers.

Colombo
Pizza und Platten kombiniert mit Pinot noir, Chardonnay und gelegentlicher Livemusik am Wochenende.

Moy Hall Wines
Lunch mit einfallsreichen Gemeinschaftsteller, serviert im hübschen Garten; dazu Sauvignon blanc, Viognier und Pinot noir.

Moy Hall Wines

MARK DUNN/ALAMY STOCK PHOTO ©

Putangirua Pinnacles Scenic Reserve

Putangirua Pinnacles Scenic Reserve

EIN GEHEIMNISVOLLES UND OSCARPRÄMIERTES ZIEL

Schon der Weg zum Putangirua Pinnacles Scenic Reserve (doc.govt.nz) ist ein Abenteuer, über eine sich windende Straße durch Schafweiden mit dem großen türkisen Wasser der Palliser Bay im Hintergrund. Vom Pinnacles Parkplatz aus gibt es mehrere Möglichkeiten, diese faszinierende, vom Regen erodierte Landschaft mit hohen, dünnen Felsspitzen zu erkunden, die in Peter Jacksons *Der Herr der Ringe: Die Rückkehr des Königs* als Dimholt Road zu sehen ist. Entweder geht es durch ein steiniges Flussbett – bei Regen kann es zu Sturzfluten kommen – oder über den Pinnacles Track durch Wald und einen felsbedeckten Abhang hinauf zu den Pinnacles. Eine dritte Möglichkeit bietet der Ridge Walk, der durch den Wald auf einen Aussichtsplatz hinaufführt, von dem man die Pinnacles von oben sehen kann. Nach dem Weg kann man sich gut bei Fish & Chips und Bier stärken – und zwar im beliebten Lake Ferry Hotel am Ufer des Lake Ōnoke mit Blick auf die Palliser Bay. Hier gibt es auch ein gutes Motel sowie Wanderwege zur Vogelbeobachtung zwischen den Dünen der nahen Ōkorewa-Lagune.

Wandern im Putangirua Pinnacles Scenic Reserve

ÜBERQUERUNG DER REMUTAKA RANGES

Bei der Überquerung der Remutaka Hill Road, die Wairarapa mit Wellington verbindet, führt ein Stopp am Gipfel zum Denkmal für die Soldaten des Ersten Weltkriegs, die vom Camp Featherston über die Remutaka Ranges zum Camp Trentham in Wellington marschierten. 1915–18 absolvierten über 60000 Soldaten die drei Tage/zwei Nächte dauernde Übung. In der ersten Nacht wurde in einem Biwak geschlafen, wo heute der **Kaitoke Regional Park** ist, ein Waldpark, der in der Filmtrilogie *Der Herr der Ringe* als Drehort für Bruchtal diente. An Wochenenden geöffnet ist das **Featherston Heritage Museum** (featherstonheritagemuseum.co.nz), das über das Ausbildungslager aus dem Ersten Weltkrieg informiert; im Zweiten Weltkrieg waren hier japanische Kriegsgefangene interniert.

GARY WEBBER/ALAMY STOCK PHOTO ©

Kākā

MEHR IN WAIRARAPA

Geschichte, Kunst & Kultur

VON MĀORI- UND KOLONIALZEITEN ZU ZEITGENÖSSISCHEN THEMEN

Masterton (Whakaoriori) ist der zentrale Ort in Wairarapa für die landwirtschaftlich geprägte Umgebung. Nach einem Bummel um den **Henley Lake** steht ein Besuch im Wool Shed (woolshednz.com) an, einem interessanten Museum zu Neuseelands berühmter Schafschur und Wollindustrie. Das National Museum of Sheep and Shearing befindet sich in zwei Wollschuppen, die von einer Farm hierher versetzt wurden. Hier kann man auch gut Wollhandschuhe und nette handgestrickte Mützen kaufen, bevor es in die alpinen Gebiete Neuseelands geht. Wer einer Schafschur beiwohnen möchte, muss vorher anrufen. Der im März in Masterton abgehaltene

ÜBERNACHTEN IN WAIRARAPA

Pinot Villas
Luxuriöse Selbstversorger-Unterkunft nahe dem Hauptplatz von Martinborough. **$$$**

Altitude Studios
Zwei elegant ausgestattete Studio-Apartments in einem historischen Hotel in Martinborough. **$$**

Greyfriars Motel
Von interessanter Kunst belebt und super zentral gelegen im Herzen des historischen Greytown. **$$**

Golden-Shears-Wettbewerb (goldenshears.co.nz) gilt international als Olympiade der Schafschur.

Einen kurzen Spaziergang von The Wool Shed zeigt das Aratoi Wairarapa Museum of Art & History (aratoi.co.nz) eine umfangreiche Sammlung von Māori- und europäischen Artefakten, außerdem ein beeindruckendes Programm an Wechselausstellungen, viele unter Beteiligung örtlicher Künstler und Geschichtenerzähler. In farbenprächtigen Containern sind die benachbarten **ConArt Gallery & Studios** (conart.nz) ein Arbeitsplatz für Künstler aus Wairarapa, die hier Gemälde, Fotos, Schmuck und Keramiken schaffen und verkaufen.

Rund 25 km südwestlich von Masterton säumen denkmalgeschützte viktorianische Häuser in **Greytown** (Te Hūpēnui) die Hauptstraße mit Cafés, Restaurants und Souvenirläden, die am Wochenende von Gästen aus Wellington besucht werden. Mit der *Historic-Greytown*-Karte aus dem Informationszentrum kann man Greytowns Geschichte als Neuseelands erste geplante Stadt im Landesinneren erkunden. Ein Vermächtnis der Initiative Greytowns, 1890 als erste neuseeländische Stadt den Arbor Day zu feiern, sind die prächtigen Bestände großer europäischer Bäume, beispielsweise Eichen, Eschen oder Buchen.

Naturwunder

BERÜHMTE TIERE UND EIN WINDGEPEITSCHTER LEUCHTTURM

Nur etwa 30 km nördlich von Masterton liegt das Pūkaha National Wildlife Centre (pukaha.org.nz), ein wichtiges Schutzgebiet für einheimische Tiere; es ist auch ein Zuchtzentrum für gefährdete Vogelarten, darunter der für Neuseeland charakteristische Kiwi. Weitere Stars unter den Vögeln, die teilweise in der großen begehbaren Voliere des Pūkaha leben, sind der sehr gesellige Kahurangi (Māori für „blau“), eine geschwätzige Lappenkrähe (*kōkako*) mit einem leuchtend blauen Kehllappen, außerdem viele listige und neugierige *kākā*. Zu den Reptilien hier gehören Skinks, Geckos und die urweltlichen Brückenechsen (Tuatara); die Neuseeländischen Langflossenaale werden um 13.30 Uhr gefüttert. Es ist eine ziemlich glitschige Angelegenheit. Weiter geht es auf sanft geschwungenen Wegen durch den Wald oder auf dem schwierigeren zweistündigen Rundweg Te Arapiki o Tawhiti. Auf der Website stehen die Zeiten für Vorträge der Ranger und für Führungen. Am beliebtesten sind zweistündige Nachttouren, bei denen oftmals Kiwis und Glühwürmchen zu sehen sind. Farbenprächtige *pou* (geschnitzte Māori-Wegweiser) stehen überall im Zentrum, alle wurden vor Ort im *whare whakairo* (Schnitzatelier) von Pūkaha geschaffen.

NACH EINBRUCH DER DUNKELHEIT

Wie in anderen Teilen Neuseelands wird die Sternenbeobachtung auch in Wairarapa immer beliebter. Im Januar 2023 ernannte die International Dark Sky Association die Region zum neuesten Lichtschutzgebiet des Planeten.
Möglichkeiten zur Erforschung des Nachthimmels bieten u. a. **Star Safari** (star-safari.nz) in Carterton und **Under the Stars Astronomy Tours** (underthestars.co.nz), die ihre Ausrüstung auch bei den Unterkünften der Gäste aufstellen. Touren zum Sternegucken muss man unbedingt im Voraus buchen; zudem ist es ratsam ein paar Tage alternativ einzuplanen, falls der Himmel bewölkt ist. Star Safari bietet in wolkigen Nächten die Virtual Night Sky Tours an – eine gute Alternative für ein interessantes Erlebnis –, falls die Wettergötter von Wairarapa nicht mitspielen.

ESSEN IN WAIRARAPA

Karahui Wine Bar & Eatery
Naturweine und Craftbiere zu saisonalen Speisen in Martinboroughs früherer Bank of NZ. **$$**

The Offering
Ganztägig geöffnetes Lokal in Greytown mit Brunch, Snacks und Bier. **$$**

Solway Pie Shop
Hervorragendes Gebäck für unterwegs am Südrand von Masterton. **$**

Remutaka Cycle Trail

An der Küste 68 km östlich von Masterton liegt der spektakuläre **Castlepoint** mit dem 162 m hohen **Castle Rock**, auf dem ein **Leuchtturm** steht und der leicht in einem 30-minütigen Spaziergang auf einer erhöhten Promenade zu erreichen ist. Es ist ein grandioser Anblick, vor allem bei Sonnenaufgang, dafür lohnt sich eine Übernachtung im **Castlepoint Holiday Park & Motels** (castlepoint.co.nz). Ein weiterer Rundweg führt von der **Deliverance Cove zum** Castle Rock (90 Min.). Am Castlepoint kann es extrem windig sein, aber das gehört an diesem entlegenen, einsamen Ort einfach dazu.

Tunnel & Trails auf zwei Rädern

EINE VON NEUSEELANDS 23 GROSSEN TOUREN ERLEBEN

Der gesamte **Remutaka Cycle Trail** (wellingtonregional trails.com) verbindet Wellingtons Hafenvorort Petone mit der Mündung des Ōrongorongo River am westlichsten Rand der Palliser Bay – 113 km, die meist in drei Tagen zurückgelegt werden. Eine beliebte Ein-Tages-Tour ist bei Besuchern der Region Wairarapa der Trail ab dem Bahnhof Maymorn entlang dem **Remutaka Rail Trail** zum Cross Creek. Es geht 25 km entlang der Originalbahnstrecke über die Remutaka Ranges; zwischen dem Mangaroa Valley und Wairarapa führt die beliebte Route durch Tunnels und über Drehbrücken. Ein relativ sanfter Anstieg führt zum höchsten Punkt der Route an den Remutaka Summit Rail Yards, dann geht es über einen steileren Weg zum Cross Creek. Der Siberia Gully wird auf einer spektakulären Drehbrücke überquert. Danach sind es noch 14 km mit mehreren Tunnels bis zum ikonischen **Royal Hotel** in Featherston, wo die meisten Radfahrer zum Abschluss ein kaltes Bier trinken. Eine optionale Verlängerung von etwa 15 km führt dann weiter nach Greytown über eine 150 m lange Hängebrücke, die Ende 2022 eröffnet wurde und eine der längsten Hängebrücken in Neuseeland ist. Ein kaltes Getränk im Pub **White Swan** in Greytown steht definitiv auf dem Programm eines jeden Radfahrers nach einem großartigen Tag. Green Jersey Explorer Tours in Martinborough verleiht Fahrräder und bietet eine Shuttle-Fahrt zum Ausgangspunkt der Strecke. Auch zwei- und dreitägige Touren auf dem gesamten Remutaka Cycle Trail können gebucht werden. **Cycle Remutaka by Wildfinder** (remutakacycletrail.co.nz) ist ein weiterer Anbieter für Touren auf dem Remutaka Cycle Trail, von denen einige mit der gründlichen Erkundung von Cape Palliser oder dem Weinland um Martinsborough locken.

BESTES SHOPPEN IN WAIRARAPA

Martinborough Wine Merchants
Hier gibt es Wein und Craft-Gin aus der ganzen Region.

Martinborough Bookshop
Gut ausgestattet mit Büchern regionaler Autoren und zu neuseeländischer Kunst, Kultur und Geschichte.

C'est Cheese
In Featherston bietet dieser Laden manuell gefertigten Käse aus dem ganzen Land an. Ab 9 Uhr werden frisch gebackene Käse-Scones serviert.

Schoc Chocolates
Greytowns preisgekrönte Schokolade mit Aromen wie Kaffee und Walnuss oder Rosa Pfeffer.

AUF ZWEI RÄDERN UNTERWEGS

Green Jersey Explorer Tours verfügt über ein Fahrradverleih und bietet Shuttles zum Startpunkt des Weges sowie geführte Touren auf dem Remutaka Cycle Trail an.

AUSGEHEN IN WAIRARAPA

Martinborough Brewery
Eine Hopfenoase im Weinland. Die Terrasse vor dem Haus bietet sich für eine genussvolle Verkostung an.

Tonic Bistro & Bar
Ausgezeichnete Snacks, Gin Tonics und Martinboroughs beste Auswahl an neuseeländischem Craftbier.

The White Swan
Historisches Country-Pub in Greytown; alle Weine sind im Umkreis von 27 km gewachsen.

CHRISTCHURCH & CANTERBURY

STADTERNEUERUNG UND GROSSARTIGE ALPINE WILDNIS

Canterbury kombiniert herrliche Naturlandschaften mit dynamischen urbanen Zentren, darunter Christchurch, die zweitgrößte Stadt des Landes.

Canterbury bietet Inspirationen in Hülle und Fülle. Das riesige Gebiet rühmt sich einiger der typischsten neuseeländischen Landschaften sowie der größten Stadt von Te Waipounamu (der Südinsel): Christchurch/Ōtautahi.

Die Region Canterbury, Waitaha für die Māori, präsentiert vielfältige und spektakuläre Szenerien. An der Ostküste erstrecken sich Surfstrände, geschützte Buchten und Felsenküsten mit einer reichen Tierwelt – von verspielten Kegelrobben bis hin zu Zwergpinguinen und Pottwalen. Im Landesinneren wird das Terrain noch dramatischer. Imposante Erhebungen (darunter Neuseelands höchster Berg, Aoraki/Mount Cook, und größter Gletscher, Haupapa/Tasman) überragen Tussock-Graslandschaften, Skigebiete, urwüchsige, von Wander- und Radwegen durchzogene Wälder aus heimischem Busch, rauschende, kristallklare Flüsse, die ideal fürs Rafting, Kanu- und Kajakfahren sind, glitzernde, von schneebedeckten Gipfeln umgebene Seen sowie Ebenen. Ausgedehntes Ackerland und ertragreiche Weinberge machen Canterbury zu einem landwirtschaftlichen Zentrum.

Wenn es Nacht wird, spielt sich im Aoraki Mackenzie International Dark Sky Reserve dank der minimalen Lichtverschmutzung bei klarem Wetter ein atemberaubendes Sternenspektakel ab.

Doch am inspirierendsten sind die Einwohner. Noch immer dauern nach den Erdbeben von Christchurch 2010 und 2011 und nach dem Kaikōura-Erdbeben von 2016 die Regenerierung der Landschaften und der Wiederaufbau der Stadtviertel an. Unermüdlich restaurieren die Menschen ihre architektonischen Schätze und schaffen lebendige neue Räume und damit die Zukunft dieser Region.

DIE WICHTIGSTEN ZIELE

CHRISTCHURCH
Grüne Stadt im Zeichen der Erneuerung.
S. 364

KAIKŌURA
Wilde Tierwelt an der Küste und Seafood.
S. 376

HANMER SPRINGS
Waldabenteuer und Thermalquellen.
S. 380

AORAKI/MOUNT COOK
Mächtiger Berg- und Gletscherexpeditionen.
S. 384

Links: Buckelwal, Kaikōura (S. 376); rechts: Hooker Valley Track (S. 385)

Erste Orientierung

Mit 44504 km² ist Canterbury Neuseelands größte Region. Erstes Ziel ist das zentral gelegene Christchurch mit internationalem Flughafen und wunderbaren Bahnstrecken (Christchurch–Greymouth Tranz-Alpine und Christchurch–Picton Coastal Pacific).

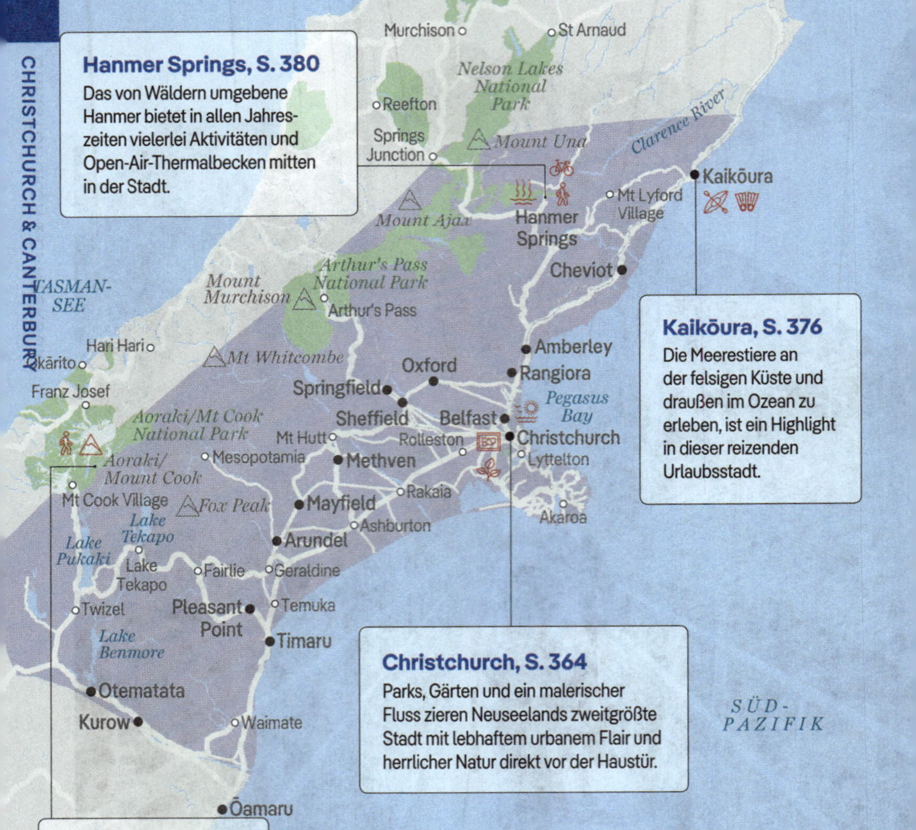

Hanmer Springs, S. 380

Das von Wäldern umgebene Hanmer bietet in allen Jahreszeiten vielerlei Aktivitäten und Open-Air-Thermalbecken mitten in der Stadt.

Kaikōura, S. 376

Die Meerestiere an der felsigen Küste und draußen im Ozean zu erleben, ist ein Highlight in dieser reizenden Urlaubsstadt.

Christchurch, S. 364

Parks, Gärten und ein malerischer Fluss zieren Neuseelands zweitgrößte Stadt mit lebhaftem urbanem Flair und herrlicher Natur direkt vor der Haustür.

Aoraki/Mount Cook, S. 384

Die majestätischen Bergszenerien rund um den höchsten Gipfel des Landes sind auf Sightseeing-Flügen von oben zu bewundern.

AUTO

Mit einem Auto ist man unabhängig, und für abgelegenere Ziele ist es sogar unerlässlich. Für die engen, kurvigen Bergstraßen ist reichlich Zeit einzuplanen, und Vorsicht an unbeschilderten Kreuzungen auf den Canterbury-Ebenen!

BUS

Ohne eigenes Fahrzeug sind in Canterbury Busse das Transportmittel der Wahl. Sie verbinden die wichtigsten Orte, in weiter entlegene Gebiete fahren sie jedoch bisweilen unregelmäßig. Im Winter verkehren Busse auch in die größten Skigebiete.

0 — 100 km

Riverside Markets (S. 367), Christchurch

Perfekte Tage

Sich in Christchurch eine Dosis Kultur holen, typisch neuseeländische Städte entdecken und auf Wander- oder Radwegen, auf Skipisten oder auf dem Wasser die Natur erleben.

Bei wenig Zeit

- In **Christchurch** (S. 364) besucht man das historische **Arts Centre** (&. 366), speist in den **Riverside Markets** (S. 367) und genießt die weitläufigen Grünanlagen. Mit der Seilbahn geht es auf die **Port Hills** (S. 368) mit tollem Stadtpanorama. Dann steht ein Tagesausflug nach **Akaroa** (S. 372) auf der **Banks Peninsula** (S. 372) auf dem Programm, um durch das Meeresreservat und die Buchten zu schippern.

5 Tage

- Von Christchurch aus geht es durch die Weingärten des **Waipara Valley** (S. 373) nach **Kaikōura** (S. 376), um Wale zu beobachten. In **Hanmer Springs** (S. 380) stehen Abenteuer und Thermalbecken an, und in **Methven** (S. 374) locken alpine Action und ebenfalls Thermalquellen. Am türkisblauen **Lake Tekapo** (S. 388) und Twizel vorbei fahrt ihr dann zum **Aoraki/Mount Cook** (S. 384), Neuseelands höchstem Berg.

SAISONALE HIGHLIGHTS

FRÜHLING
Bei kühlem, regnerischem Wetter sind weniger Leute unterwegs. In den Bergen kann es noch schneien, im Tal blühen die Blumen.

SOMMER
Mit warmem, oft heißem Wetter und langen Tagen ist der Sommer (Dez.–Feb.) ideal zum Wandern, Radfahren, Mountainbiken und Wassersport.

HERBST
Das Laub leuchtet, die Temperaturen sind v. a. an der Küste angenehm, und die Attraktionen und Unterkünfte sind nicht überlaufen.

WINTER
Die Skipisten des **Mount Hutt** (S. 374) und anderer Berge öffnen, sobald Schnee liegt. An der Küste kann es sehr ruhig sein.

CHRISTCHURCH

Mit weitläufigen Gärten, Stechkähnen, die auf dem Fluss unterwegs sind, und alten Straßenbahnen, die zwischen historischen Bauten zuckeln, fühlt sich Christchurch eindeutig britisch an – das ist das Vermächtnis der „First Four Ships" der Church of England, die 1850 in Ōtautahi landeten, wo die Ngāi Tahu den Sommer am Fluss Ōtakaro verbrachte. Die Briten bauten am Fluss, den sie Avon nannten, Häuser und gründeten eine vornehme Gesellschaft wohlhabender Farmbesitzer. Ihre Siedlung wurde zur ersten offiziellen Stadt Neuseelands und entwickelte sich zur zweitgrößten des Landes.

Die Erdbeben von 2010 und 2011 sollten Christchurch für immer verändern. Sie zerstörten den historischen Kern der Stadt und fegten ganze Vororte von der Landkarte. Inzwischen zeigen die Wiederaufbaumaßnahmen beachtliche Resultate: Die Bewohnerschaft hat sich erholt und und eine Vielzahl an neuen Bauten, modernste Infrastruktur, eine Multifunktionsarena (Eröffn. 2026) sowie eine kreative Wirtschaft machen Christchurch zu einer der florierendsten Städte des Landes.

TOP TIPP

Altmodische Straßenbahnen aus dem frühen 20. Jh. rattern auf einem 50-minütigen Rundkurs mit 18 Haltestellen durch die Innenstadt, die Durchsagen unterwegs sind sehr unterhaltsam, und überall kann man zu- und aussteigen. Oder man bucht ein Abendessen im Tramway Restaurant – die Kombitickets von Christchurch Attractions gelten z.B. auch für Stocherkahn- und Gondelfahrten.

Botanic Gardens (S. 367)

SEHENSWERTES
1 Arts Centre
2 Botanic Gardens
3 Christchurch Art Gallery
4 Hagley Park
5 International Antarctic Centre
6 Mona Vale Garden Park
7 Orana Wildlife Park
8 Port Hills
9 Ravenscar House Museum
10 Riccarton House & Bush
11 Sumner Beach
12 Te Papa Ōtākaro/Avon River Precinct
13 Willowbank Wildlife Reserve

AKTIVITÄTEN
14 Antigua Boat Sheds

Antigua Boat Sheds (S. 367)

ERDBEBEN VON CHRISTCHURCH

Am 4. September 2010 um 4.35 Uhr morgens begannen die Beben mit einer Stärke von 7,1, und am 22. Februar 2011 folgte ein verhehrendes Nachbeben der Stärke 6,3, bei dem 185 Menschen ihr Leben verloren – ihre Namen sind auf dem **Canterbury Earthquake National Memorial** an der Oxford Terrace eingraviert. Die Narben dieser Katastrophen sind noch immer zu sehen, und in dem ergreifenden Museum **Quake City** erzählen Überlebende davon.

In den „roten Zonen" der östlichen Vororte hängen Stromleitungen schlaff über leeren Feldern. An den „Four Avenues" im Stadtzentrum wurden 80 % der Gebäude zerstört, und noch klaffen kahle Flächen zwischen den Neubauten. In der provisorischen **Cardboard Cathedral** in der Hereford Street finden Gottesdienste statt, solange der Wiederaufbau der **Christ Church Cathedral** am Cathedral Square andauert, der Ende 2027 abgeschlossen sein soll.

JON CHICA/SHUTTERSTOCK ©

Arts Centre (Te Matatiki Toi Ora)

Kunst & Architektur in der Innenstadt

KULTUR IM HERZEN CHRISTCHURCHS

Der perfekte Startpunkt für die florierende Kunstszene in Christchurchs Innenstadt ist das **Arts Centre** (Te Matatiki Toi Ora). In dem 1877 errichteten neugotischen Ensemble aus 23 Gebäuden war anfangs das Canterbury College (heute University of Canterbury) untergebracht. Nach den Erdbeben wurde es umfassend restauriert, heute präsentiert die Central Art Gallery in der ehemaligen Bibliothek zeitgenössische Kunst. Daneben gibt es weitere Ausstellungsflächen, Ateliers und Museen wie das Teece Museum of Classical Antiquities und das interaktive Wissenschaftsmuseum Rutherford's Den im Uhrenturm. In der spektakulären Great Hall mit Buntglasfenstern und viel Holz finden Konzerte und andere Events statt. Zudem sind ein Arthouse-Kino, Kunsthandwerksläden, Restaurants, eine Weinbar und Außenbereiche geboten.

Östlich vom Arts Centre erhebt sich die geschwungene Glas-Metall-Fassade der **Christchurch Art Gallery** (Te Puna o Waiwhetū). Eine weiße Marmortreppe verbindet ihre beiden Etagen, auf denen die ständig erweiterten Sammlungen und Wechselausstellungen präsentiert werden, von Gemälden und Skulpturen bis zu Fotografie und Medienkunst.

ÜBERNACHTEN IN CHRISTCHURCH

Observatory Hotel
Die 33 individuellen Zimmer im historischen Arts Centre schmücken Kunstwerke aus der Galerie gegenüber. **$$$**

Jailhouse Accommodation
Das Addington Prison (1874–1999) bietet heute Schlafsäle, Ein- und Zweibettzimmer und z.B. zwei Fernsehzimmer. **$**

Muse Christchurch Art Hotel
Die 40 Zimmer dieses hippen Hotels mit Rooftop-Bar sind mit Wandgemälden und anderer Kunst ausgestattet. **$$$**

Das **Ravenscar House Museum** an der Westseite des Arts Centre ist das Vermächtnis von Susan (1942–2022) und Jim (1933–2020) Wakefield, die ihr Wohnhaus, Ravenscar, extra für ihre Sammlung historischer und zeitgenössischer neuseeländischer Kunst gestalteten. Nachdem das Haus beim Erdbeben von 2011 zerstört worden war, konzipierten sie dieses nüchterne Museum aus Beton und Erdbebentrümmern.

Am **Te Papa Ōtākaro/Avon River Precinct** bilden 13 Pflasterkunstwerke – Ngā Whāriki Manaaki (Gewebte Fußabtreter) – einen Kulturpfad, und auf dem Victoria Square wurde 2019 das fast fünf Meter hohe Mana Motuhake – zwei aufrecht stehende *waka* neben Königin Victoria – enthüllt. Überall in der Stadt gibt es weitere Kunstwerke und Wandmalereien.

Hagley Park & Umgebung

PARKS, GÄRTEN UND STOCHERKÄHNE

Der 165 ha große **Hagley Park** am westlichen Stadtrand ist vom Avon River durchzogen und von Alleen gesäumt. Er ist Christchurchs Oase zum Spazierengehen, Joggen und für anderen Sport (im Süden des Parks liegt der heilige Cricket-Rasen Hagley Oval) sowie für Festivals wie das Great Kiwi Beer Festival im Januar und das South Island Wine & Food Festival im Dezember. Im Zentrum liegen die 30 ha großen **Botanic Gardens** mit üppigen Rasenflächen und im Frühjahr prächtig blühenden Narzissen, Azaleen und Rhododendren.

Am Parkeingang an der Cambridge Terrace verleihen die grün-weißen **Antigua Boat Sheds** von 1882 Ruderboote, Kanus und Kajaks (und auch Fahrräder). Hier beginnen auch die **Stocherkahnfahrten auf dem Avon** durch die Gärten, manövriert von Guides in edwardianischen Kostümen.

Im Nordwesten grenzen an den Hagley Park zwei weitere grüne Uferflächen mit historischen Gehöften und Restaurants, die Nachmittagstee servieren. Der **Mona Vale Garden Park** stammt aus der Wende zum 20. Jh., und im **Riccarton House & Bush** ist das 1856 errichtete Haus zu besichtigen, das von einer 12 ha großen Park- und Waldlandschaft mit bis zu 600 Jahre alten Kahikatea-Bäumen umgeben ist. Hier findet samstags der Christchurch Farmers Market statt.

Schutz des Planeten & seiner Bewohner

ANTARKTIS-ERFORSCHUNG, AFRIKANISCHE SAFARIS, KIWIS …

Wer sich für die Natur und ihre Erhaltung interessiert, sollte drei Attraktionen im Nordwesten besuchen. Neben dem Flughafen befindet sich auf dem Gelände des internationa-

ERLEBNIS-GASTRONOMIE IN CHRISTCHURCH

Riverside Markets
Frische Produkte, Dutzende von Imbissständen sowie Läden, Abende mit Live-Jazz und eine Kochschule.

Little High Eatery
Neun unterschiedliche Küchen (u.a. chinesische Teigtaschen, venezolanische Grillgerichte, Burger, Brathähnchen-Gin-Bar …) teilen sich hier die vielen Tische.

Welder
Lokale mit Roh-, Veggie- und Bio-Kost in einem umgestalteten Gewerbekomplex, der sich in eine herrlich grüne Stadtoase verwandelt hat.

The Tannery
In der ehemaligen Gerberei (19. Jh.) befinden sich heute Cafés, Restaurants, die Craftbrauerei Cassels & Sons, Kinos, Livemusik und Boutiquen.

Sumner Bay Motel
Freundliche, voll ausgestattete Motelzimmer mit Küche und Balkon oder Terrasse im Ferienort Sumner. **$$**

Golden Hotel
Das von einer Familie betriebene Hotel in Riccarton hat kostenlose Parkplätze und ein vietnamesisches Café. **$$**

Sherwood Lodge
Mitten in den heimischen Wäldern der Port Hills teilen sich diese drei B&B-Zimmer Badezimmer und eine Lounge. **$$**

DIE BESTEN BARS IN CHRISTCHURCH

Dux Central
Wiederauferstandene Christchurcher Institution mit eigenem Bier, Livemusik, Terrasse, smaragdgrüner Ginbar und Speakeasy.

Smash Palace
Auf dem urbanen Gelände finden Konzerte statt, und aus einem farbenfrohen Schulbus werden Burger und Biere verkauft.

Mr. Brightside Rooftop Bar
Ganz oben auf dem Public Trust Building von 1925 bietet die Bar mit einziehbarem Dach Cocktails und Rundumblick.

Astro Lounge
Durch eine blaue Tardis-Tür gelangt man in diese märchenhaft beleuchtete Gartenbar mit Pop-Memorabilien und Livemusik.

Beach
Auf der Terrasse direkt am Strand von Sumner nippen die Gäste unter Sonnenschirmen Frozen Margaritas und Daiquiris.

len Antarktis-Programms von Neuseeland, den USA, Italien und Südkorea das **International Antarctic Centre**. Zu verdanken ist das Christchurchs Rolle als eine der fünf „Gateway"-Städte (Ausfahrtshäfen in die Antarktis). Die holprige Fahrt in einem amphibischen Hägglund-Geländewagen vermittelt einen Eindruck vom Leben im Eis, in einer Sturmkuppel trotzt man −18 °C kalten Winden, es gibt Multimedia-Exponate, und man trifft auf Rettungs-Huskies und Zwergpinguine.

Der knapp 12 km nordwestlich gelegene **Orana Wildlife Park** ist eine ganz andere Welt: Dieser Zoo betreibt Zuchtprogramme für gefährdete Arten, insbesondere afrikanische. Besucher fahren (in sicheren Fahrzeugen) durch ein Löwenreservat, füttern Giraffen mit der Hand und sehen Nashörner, Zebras, Geparden, Gorillas und viele andere Tiere, auch bedrohte neuseeländische Vögel und Reptilien.

Die Mission des **Willowbank Wildlife Reserve**, 7 km nordöstlich des Flughafens, ist der Schutz einheimischer Arten. Es gibt ein Krankenhaus für Wildtiere und ein Nachtgehege für Kiwis (die hier gezüchtet werden), daneben leben hier Keas (Bergpapageien), Takahēs und andere gefährdete Vögel. Der Bauernhof hält seltene und bedrohte Arten wie Arapawa-Ziegen und Kunekune-Schweine; Schildkröten gehören zu den exotischeren Bewohnern.

Sommerlicher Spaß am Strand

SONNE, SAND UND SURFEN

Christchurchs beliebtester Strand ist **Sumner**, 12 km südöstlich vom Zentrum. Relaxte Cafés, Restaurants und Bars an Wakefield Avenue und Marriner Street (mit einem Kino von 1938) sorgen für lebhaftes dörfliches Flair. Am nördlichen Ende der 1 km langen **Promenade** befindet sich der natürliche **Cave Rock** (Tuawera), den man erklimmen oder durchqueren kann, wenn die Gezeiten es erlauben.

Am **Strand** bieten Surfschulen Kurse und Board-Verleih, die **Stoked Surf & Skate School** sogar auch Skateboard-Kurse. Erfahrene Surfer nehmen gern die 5,5 km lange Fahrt bzw. den 4,5 km langen Marsch um die Landzunge herum zum **Taylors Mistake Beach** in Kauf.

Ausflug auf die Port Hills

SEILBAHNFAHRT, ZIPLINING UND WANDERUNGEN

Die **Port Hills** (Te Poho o Tamatea) südlich von Christchurch trennen die Stadt von ihrem Hafen in Lyttelton – frühe europäische Siedler transportierten ihre Waren auf dem steilen Bridle Path nach Heathcote. Die Berge, die sich bis zu 573 m

KAFFEERÖSTEREIEN IN CHRISTCHURCH

Unknown Chapter
Im Industrie-Ambiente rösten und verarbeiten Baristas Kaffeebohnen aus ethischen Quellen (ganztags Frühstück).

C4
Durchs Fenster kann man in diesem Kaffee-Unternehmen bei der Röstung der Bohnen zusehen.

Underground Coffee Roasters
Einst in einem Keller untergebracht (daher der Name), heute mit Rösterei in Sydenham und einem Café im Zentrum.

AZAMI ADIPUTERA/SHUTTERSTOCK ©

Christchurch Gondola

hoch aus den flachen Canterbury Plains erheben, sind Überreste eines erloschenen Vulkans (einem von zweien, die vor 12 Mio. Jahren die Banks Peninsula bildeten).

Für einen fantastischen Rundumblick auf Hafen, Halbinsel und Ebenen bringen die viersitzigen Kabinen der Seilbahn **Christchurch Gondola** die Besucher in 10 Min. von Heathcote (an der nördlichen Einfahrt des Lyttleton Tunnel) auf den Mount Cavendish (448 m). Bei klarem Wetter sieht man bis zu den Südalpen. Vom Gipfel aus verlaufen Wanderwege wie der historische **Bridle Path** und der **Crater Rim Walkway**. Über die Hügel verzweigen sich weitere Pfade; die Website des Christchurch Council liefert Routenvorschläge und Karten.

Der **Christchurch Adventure Park** in Cashmere bietet vier Seilrutschen, u. a. Neuseelands höchste (150 m) und längste (1 km), 44 Mountainbike-Routen für alle Niveaus (Verleih von Mountainbikes und Quadbikes für Rollstuhlfahrer vor Ort), einen Sessellift auf den Gipfel und zwei Wanderwege.

Das Port-Hills-Weingut **Tussock Hill** offeriert in seinem Cellar Door Restaurant Bio-Weine und Canterbury-Gerichte zum Teilen sowie Boutique-Unterkünfte.

CHRISTCHURCH FÜR KINDER

Familien finden viele Angebote, um die Kids bei Laune zu halten. Hervorragende Spielplätze sind etwa der nach der neuseeländischen Kinderbuchautorin benannte **Margaret Mahy Family Playground** und einer in den **Botanic Gardens**, der im Sommer auch einen bunten Mini-Zug und ein Planschbecken bietet. Im Badeort **Sumner** gibt es am Südende der Promenade ein Planschbecken.

Der **Ferrymead Heritage Park**, ein nachgebautes Dorf aus dem frühen 20. Jh. in Heathcote am Fuß der Port Hills, bietet Dampfeisenbahn- und Tramfahrten und andere Aktivitäten.

Beim internationalen Festival für Straßenkünstler **Bread & Circus** im Januar steigt eine Comedy-Gala extra nur für Kids, und in den Winterferien im Juli findet das **KidsFest** statt.

UNTERWEGS VOR ORT

Christchurchs ebene, kompakte Innenstadt ist leicht zu Fuß zu bewältigen. Noch immer werden überall in der Stadt Radwege angelegt – schon jetzt sind es über 60 km. Leihräder gibt es z. B. bei Antigua Boat Sheds und Chill. In die Vororte weiter draußen fahren die effizienten Metro-Busse; Zone 1 umfasst den größten Teil der Stadt inklusive Flughafen. Tickets gibt es beim Fahrer, oder man kauft am Bus Interchange an der Ecke von Lichfield und Colombo Street eine wiederaufladbare Metrocard. Alle Busse verfügen über Fahrradträger.

Rund um Christchurch

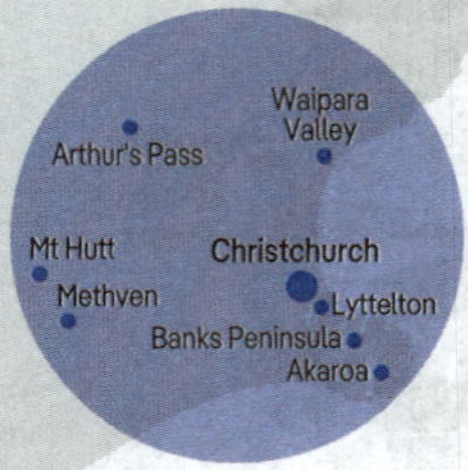

Ausflüge an die schöne Küste der Banks Peninsula, zu den Skipisten am Mount Hutt und in die Wildnis des Arthur's Pass National Park.

Die Landschaften rund um Christchurch sind sehr abwechslungsreich. Etwas südlich, jenseits der Port Hills, liegt **Lyttelton** mit dem Hafen der Stadt. Weiter im Süden fächert sich die vulkanische **Banks Peninsula** (S. 372) wie eine riesige Blume im Meer auf. Auf der Halbinsel mit Wandermöglichkeiten liegt das französisch anmutende Dorf **Akaroa** (S. 372). Nördlich von Christchurch erstrecken sich die Weinberge des **Waipara Valley** (S. 373), und den Horizont im Westen dominieren schneebedeckte Gipfel wie der Wintersportberg **Mount Hutt** (S. 374), für den **Methven** (S. 374) eine gute Ausgangsbasis darstellt. Die Fahrt gen Nordwesten zur West Coast führt durch den **Arthur's Pass National Park** (S. 375).

TOP TIPP

Wenn in Lyttelton und Akaroa Kreuzfahrtschiffe ankern, sind die Orte von Passagieren überlaufen – vorher die Fahrpläne checken, um den Menschenmassen zu entgehen.

Akaroa (S. 372)

GREG BALFOUR EVANS/ALAMY STOCK PHOTO ©

Bauernmarkt in Lyttelton

Ein Samstagvormittag in Lyttelton

MÄRKTE, GESCHICHTE UND HAFENFAHRTEN

Etwa 12 km südöstlich von Christchurchs Zentrum, hinter den Port Hills (ein 2 km langer Tunnel führt unter diesen hindurch) liegt Lyttelton mit einer ganz eigenen Identität und Bohème-Flair. Die Erdbeben von 2010 und 2011 hinterließen auch hier schwere Schäden, aber das Gemeinschaftsgefühl kurbelte den Wiederaufbau an. Am besten besucht man den Ort an einem Samstagmorgen, wenn auf dem **Lyttelton Farmers Market** in der London Street frische und handwerkliche Produkte, Snacks, Blumen, Kunst und Trödel angeboten werden. Cafés und Kneipen sind gut gefüllt, und für den Sound sorgen Straßenmusikanten.

Zudem kann nur am Samstagvormittag Lytteltons ältestes noch stehendes Wohnhaus (und eines der ältesten in ganz Canterbury), das **Grubb Cottage**, besichtigt werden. Das unmöblierte Haus, das sich der Schiffsbauer John Grubb im Jahr 1851 auf dem ersten in Neuseeland (und nicht vorab in Großbritannien) gekauften Grundstück baute, hat sich seither kaum verändert.

In Lytteltons Tiefwasserhafen legen viele internationale Kreuzfahrtschiffe an. Für einen Tagesausflug auf dem Wasser nimmt man die Fähre von **Black Cat Cruises** zum **Di-**

TOLLE LOKALE IN DER STADT LYTTELTON

Tina Troup ist Wissenschaftsjournalistin und lebt in Lyttelton.

Lyttelton Coffee Company
Super Frühstück (die Eier Benedict sind perfekt). Das bei Einheimischen beliebte Café hat eine Terrasse und einen eigenen DJ.

Spooky Boogie
Großartiger Kaffee und Kuchen für den süßen Kick am Vormittag.

Fisherman's Wharf
Kreisrundes Lokal mit bestem Blick auf Hafen und Hügel sowie leckere Meeresfrüchte.

Eruption Brewery & Bar
Lokale Biere und tolle Atmosphäre; vom Balkon aus ist das Geschehen auf der Straße zu beobachten.

Wunderbar
Lokal mit seltsamen und wunderbaren Elementen. Hier treten Neuseelands beste Musiker auf.

ESSEN IN AKAROA

The Common
Das moderne Café baut für seine Gerichte wie Feta-Avocado-Mus selbst Gemüse und Kräuter an. $

Ma Maison
Am Hafen mit Blick auf Daly's Wharf werden hier Canterbury-Produkte fachkundig zubereitet. $$

Aihe Restaurant
Kunstvolle Platten mit Austern, in Gin geschmorten Muscheln, Räucherlachs und ganzen Akaroa-Krebsen. $$$

VERSTECKTE JUWELE AUF DER BANKS PENINSULA

Matthew Rowley ist Naturliebhaber und wohnt in Pigeon Bay.

Akaroa's Eastern Bays Scenic Mail Run
Jede Bucht ist anders – und Jeff, der hiesige Postbote, nimmt auf seiner Tour gern Gäste mit.

Hickory Bay
Surfer sollten nach Hickory fahren – das ist ein naturbelassener, abgelegener Ort mit hohen Klippen.

Hinewai Reserve
Hinewai forstet den heimischen Busch wieder auf; das Vogelgezwitscher ist phänomenal.

Montgomery Park Scenic Reserve
An der Hilltop Tavern beginnt ein leichter Wanderweg mit Blick auf den Akaroa Harbour.

Ōtepatotu Scenic Reserve
Lavericks Peak ist eine kurze Wanderung mit 360-Grad-Panorama.

ROESEBECK PHOTOGRAPHY/SHUTTERSTOCK ©

Blick auf den Akaroa Harbour

amond Harbour (10 Min.), wo ihr den 920 m hohen Mount Herbert, den höchsten Punkt auf der Banks Peninsula, erklimmen könnt (hin & zurück 3 Std.).

Black Cat Cruises bieten auch eine zehnminütige Überfahrt nach **Quail Island** (Ōtamahua). Die Insel, die nach der inzwischen ausgestorbenen *koreke* (Schwarzbrustwachtel) benannt ist, diente einst als Quarantänestation – die Antarktisforscher Scott und Shackleton brachten vor ihren unglückseligen Expeditionen Huskys und Ponys hierher. Am Quail Island Walkway, der die Insel umrundet (hin & zurück 2 Std.), sind Eisvögel, Graumantel-Brillenvögel und Weißflügelpinguine zu sehen. Festes Schuhwerk und Badesachen mitnehmen! Auf der Insel gibt es Toiletten und Trinkwasser und eine DOC-Hütte zum Übernachten (im Voraus reservieren).

Akaroa & die Banks Peninsula

MEERESBEWOHNER UND FRANZÖSISCHES ERBE

Die von zerklüfteten Buchten gesäumte Banks Peninsula verdankt ihre einem Daumenabdruck ähnelnde Topografie zwei Vulkanausbrüchen vor 8–12 Mio. Jahren; die schöne Summit Road führt am Rand eines Originalkraters entlang. Einst bedeckte heimisches Buschwerk die Insel, das jedoch für die Landwirtschaft gerodet wurde; heute finden Wiederaufforstungen statt. Das 80 km von Christchurch entfernte Akaroa ist die beste Ausgangsbasis für die Erkundung der Halbinsel.

Die Halbinsel, Heimat der Ngāi Tahu, ist geschichtsträchtig: Als der britische Seefahrer James Cook sie 1770 erblickte, hielt er sie für eine Insel und nannte sie nach dem Naturforscher Sir Joseph Banks. 1831 und 1838 griff Ngāti-Toa-Häuptling Te

ÜBERNACHTEN IN AKAROA

Blythcliffe
Das B&B von 1857 in einem großen Garten mit Krocket und Pétanque bietet Zimmer mit Bad und frische Croissants. **$$**

Tree Crop Farm
Vier rustikale, kerzenbeschienene Hütten (2 mit Strom) mit Antiquitäten, Holzöfen und Badewannen im Freien. **$$**

Akaroa Waterfront Motel
Von den 14 zum Meer ausgerichteten Zimmern des Motels (24 Zi.) sind Delfine zu sehen. Rad- und Kajakverleih. **$$**

Rauparaha an. Der französische Walfangkapitän Jean Langlois kaufte den überlebenden Ngāi Tahu die Halbinsel ab, und 1840 kamen 63 von der französischen Regierung unterstützte Siedler. Tage zuvor schickten die Briten eilig ein eigenes Schiff, um ihren Anspruch deutlich zu machen, und veränderten dadurch Neuseelands Lauf der Geschichte. Die Franzosen siedelten sich zwar an, aber ihr Landanspruch wurde 1849 veräußert; 1850 kamen auch britische Siedler. Das **Akaroa Museum** im Langlois-Éteveneaux Cottage, dem einzigen verbliebenen französischen Gebäude, erzählt die Geschichte. Von Akaroas französischem Erbe zeugen Straßennamen, eine Trikolore am Hafen und das **Akaroa French Festival** (Okt. in ungeraden Jahren). Beim **International Akaroa Music Festival** im Januar steht klassische Musik auf dem Programm.

Im **Akaroa Marine Reserve** an der Hafenmündung sind Albatrosse, Weißflügelpinguine, die seltenen Neuseeland-Delfine und manchmal auch Orcas zu sehen. Zu den vielen Tourenangeboten gehören Fahrten entlang der Küste mit **Black Cat Cruises**; **Fox 2 Sailing** befördert die Passagiere auf einer gaffelgetakelten Ketsch von 1922; und das Unternehmen **Akaroa Guided Sea Kayak Safaris** bietet professionell geleitete Kajaktouren (z. B. zu Sonnenaufgang). **Pohatu Penguins** hat sich dem Naturschutz verschrieben und organisiert Touren zu Neuseelands größter Zwergpinguin-Kolonie auf dem Festland (auf Wunsch mit Übernachtung).

Für alle, die die Halbinsel auf zwei Rädern erkunden möchten, bietet die Agentur **Akaroa EBike Safaris** Küsten- und „Lava-Loop"-Touren auf E-Mountainbikes, die sie auch für individuelle Ausflüge verleiht. Auf der Website von **Banks Peninsula Walks** sind Wanderrouten – von Stadtspaziergängen bis zu Tagestouren – aufgelistet, samt aktuellen Zustandsmeldungen der Wege. Auf dem privaten, 31 km langen **Banks Peninsula Track** (2–3 Tage) um die Halbinsel herum wird in herrlich rustikalen Unterkünften übernachtet.

Am Ortsrand von Akaroa kann man fürs Picknick einkaufen, etwa im **Kingfisher Smoke House**, das geräucherten Lachs aus dem klaren heimischen Gewässer verkauft, bei **Barrys Bay Cheese**, wo man bei der Käseherstellung zusehen kann, oder im **Akaroa Butchery & Deli**. Akaroas **Farmers Market** findet jeden Samstag von Oktober bis April statt.

Weinproben im Waipara Valley

WEINBERGE UND -KELLER

Geschützt von den Teviotdale Hills im Osten und den Südalpen im Westen sorgen im Waipara Valley, 60 km nördlich von Christchurch am SH1, warme Sommer und geringer

SKIFAHREN IN SELWYN

Neben den gut besuchten bekannteren Pisten der Südinsel gibt es in Canterburys Selwyn District sechs Skigebiete – **Porters**, **Mount Olympus**, **Cheeseman**, **Broken River**, **Craigieburn** und, nahe dem Arthur's Pass, **Temple Basin** –, die alle von Christchurch in ein paar Stunden Fahrt durch grandiose Landschaften zu erreichen sind. Jedes dieser Skigebiete bietet ein einzigartiges Erlebnis (Porters etwa ist ideal für Anfänger, Cheeseman ist bei Familien beliebt, Broken River bietet Action abseits der Pisten, und Temple Basin bietet Nachtskilauf, Schlepplifte auf die Gipfel und eine Ski-in-Ski-out-Hütte). Der **Chill Pass** gilt für alle Selwyn-Skigebiete. Die Wintersport-Ausrüstung verleihen **Gnomes – The Ski Experts** in Darfield.

ÜBERNACHTEN IN METHVEN

Cedar Chalets
Die 8 Chalets in Methven sind mit Küchen, Waschmaschinen und Trockner ausgestattet. 4 haben Kaminöfen. $$

Ski Time
Lodge aus Holz und Flusssteinen (die oberen Etagen mit Bergblick); Apartments für Selbstversorger. $$

Methven Motel & Apartments
Renovierte Studios und Apartments mit Küchenzeilen, in Gehnähe zu den Thermalbädern. $$

TUSSOCKLANDS, KALKSTEINFORMATIONEN & HÖHLEN

Der 21000 ha große **Torlesse Tussocklands Park** (Korowai), von Christchurch 88 km gen Nordwesten auf dem Weg zum Arthur's Pass, ist ein klassisches Hochland mit windgepeitschten, von Grasbüscheln *(tussocks)* übersäten Hängen. Die unmarkierten Wege hier sind nur etwas für erfahrene Wanderer; Infos liefert das DOC.

Weitere 14 km nordwestlich erheben sich die bis zu 30 m hohen Kalksteinfelsen des **Castle Hill** (Kura Tawhiti). Vom Parkplatz führt ein guter, 1,5 km langer Wanderweg in 20 Min. zu den zinnengleichen Formationen.

2 km nördlich davon liegt das **Cave Stream Scenic Reserve**. Mit warmer, am besten wasserdichter Kleidung, einer Taschenlampe und einem gesunden Maß an Vorsicht kann man die 594 m lange, gruselige Höhle erkunden. Arthur's Pass Village befindet sich weitere 47 km nordwestlich.

Niederschlag für ideale Bedingungen für Riesling, Chardonnay, Pinot noir, Pinot gris und Gewürztraminer.

Viele der rund 30 Weingüter stehen Besuchern offen. Die **Pegasus Bay Winery**, die Mitte der 1980er-Jahre von der Familie Donaldson gegründet wurde, hat wunderbare Gärten (Hüte, Sonnencreme und Kissen werden gestellt) fürs Picknick aus Käse, Cracker und anderen Produkten aus dem eigenen „Mini-Deli". Das **Black Estate** bietet tolle Aussicht über das Tal voller Weinreben, Verkostungen seiner Bio-Weine und ein erstklassiges Restaurant. Bei **Greystone** gibt's zu den Bio-Weinen ein wöchentlich wechselndes Vier-Gänge-„Long-Lunch"-Menü. **Torlesse Wines** verleiht Fahrräder für Touren durchs Waipara Valley. Bierliebhabern bietet **Brew Moon** 16 Hopfensäfte wie Czech Please (Pilsner), Dark Side of the Moon (Stout) und Long White Cloudy (trübes Helles).

Methven & Mount Hutt

SKIPISTEN UND THERMALBÄDER

Methven, 95 km westlich von Christchurch, ist die meiste Zeit des Jahres ein relaxtes Bergdorf, aber von Anfang Juni bis Mitte Oktober kommt es als Wintersportort am **Mount Hutt** (2086 m) in Schwung. Dies ist eines der größten Skigebiete Neuseelands mit einer Fläche von 365 ha und einem Höhenunterschied von 683 m, mit Pisten in allen Schwierigkeitsgraden, vier Funparks sowie Kursen, Skiverleih, Bars und Restaurants. Methven liegt 26 km (30–40 Automin., Schneeketten erforderlich) vom Mount Hutt entfernt; von Methven und Christchurch verkehren in der Saison Skibusse. **Methven Heliskiing** fliegt Off-Pisten-Skifahrer zur Arrowsmiths Range. Im August steigt Methvens Musikfestival **White Out**.

Außerhalb der Skisaison bietet der **Mt. Hutt Bike Park** – an den unteren Hängen, 13 km nordwestlich von Methven – über 40 km Mountainbike-Trails. In der nahen **Rakaia Gorge** kann man wandern und radeln. Leihräder gibt es in Methven.

Ganzjährig lockt ein Bad in Methvens solarbetriebenen **Ōpuke Thermal Pools & Spa**. Die Discovery-Pools für alle Altersstufen sind 34–37 °C warm und haben Höhlen, einen „Crazy River" und ein Tauchbecken, während die Tranquility-Pools (38,5 °C) nur für Erwachsene eine Swim-up-Bar bieten.

Keas in Arthur's Pass

WILDE TIERE UND WANDERUNGEN IN DER NATUR

Die Māori überquerten Ka Tiritiri o Te Moana („Steiler Gipfel aus gleißendem Weiß", die Südalpen) über diesen Pass schon lange vor Arthur Dobson im Jahr 1864. Vom Westland-

ÜBERNACHTEN IN ARTHUR'S PASS

Wilderness Lodge Arthur's Pass
Die Schaffarm bietet Zimmer mit Bergblick, 2 km Wanderwege und ein Restaurant. **$$$**

Mountain House YHA
Schlafsäle mit Gemeinschaftsbad sowie Privatzimmer, Küche (für alle), Lounge und Waschküche; ideal für Wanderer. **$**

Arthur's Pass Alpine Motel
Mit Bad und Küchenzeile, Terrasse, Heizdecken und Brettspielen ausgestattete Hütten für bis zu 5 Personen. **$**

SIMON FERGUSSON/GETTY IMAGES ©

Mount Hutt

Goldrausch angekurbelt wurde die Kutschenstraße schnell fertiggestellt, und ab 1923 transportierte eine Eisenbahn Kohle und Holz. Die Fahrt auf der Straße (und auf der TranzAlpine-Eisenbahn) durch die Berge und Täler ist atemberaubend. Knapp 4 km südlich des Passes liegt auf 900 m Neuseelands höchste Ortschaft, Arthur's Pass Village. Freche Keas begrüßen die Besucher vor **Arthur's Pass Café & Store** (die Papageien bitte nicht füttern!). Weil es hier kaum Läden gibt, sollte man vorher Proviant einkaufen.

Das Dorf ist das Tor in den 1185 km² umfassenden, im Jahr 1929 gegründeten **Arthur's Pass National Park**. Für viele Wege in dieser Bergwildnis ist Erfahrung im Routenfinden und im Überqueren von Flüssen erforderlich, Tipps erteilt das **DOC Visitor Centre**. Kurze, leichte Pfade sind z. B. der **Arthur's Pass Walkway** (vom Dorf zum Dobson Memorial auf dem Gipfel des Passes; hin & zurück 2½ Std.) und zum Wasserfall **Devils Punchbowl** (hin & zurück 1 Std.). Unbedingt Regensachen mitnehmen, denn es wird sehr wahrscheinlich nass werden. Im Winter kann man in Temple Basin (S. 373) Ski fahren.

UNTERWEGS MIT DEM TRANZ-ALPINE

Der **TranzAlpine**, eine der schönsten Bahnverbindungen der Welt, führt vom Pazifik über die Südalpen zur Tasmansee. Panoramafenster (und ein offener Aussichtswaggon) gewähren Blick auf die bei jedem Wetter spektakuläre Landschaft, vom flickwerkartigen Farmland der Canterbury Plains über zerklüftete Schluchten, Täler mit Buchenwäldern und hohen Brücken bis zu verzweigten Flussläufen und Seen – mit GPS-gesteuerten Audiokommentaren und einem Café-Wagen.

Der Zug fährt am frühen Morgen an der Christchurch Railway Station im Vorort Addington los und hält in Springfield, Arthur's Pass und Moana (Lake Brunner) und schließlich in Greymouth. Da die Fahrt nur knapp fünf Stunden dauert, ist es möglich, am selben Tag nach Christchurch zurückzufahren.

UNTERWEGS VOR ORT

Wie überall in Canterbury ist man mit einem Mietwagen am flexibelsten. Zu den wichtigsten Destinationen außerhalb von Christchurch verkehren Busse, die auch Fahrräder mitnehmen (Klappräder gelten übrigens als Gepäckstück; nicht zusammenklappbare Räder kosten eine zusätzliche Gebühr und können nur dann befördert werden, sofern dafür noch ausreichend Platz zur Verfügung steht). Eine atemberaubende Erfahrung ist die Bahnfahrt mit dem TranzAlpine von Christchurch über Arthur's Pass bis nach Greymouth.

KAIKŌURA

Auf halbem Weg zwischen Picton (163 km nördl.) und Christchurch (180 km südl.) entlang dem SH1 bietet sich Kaikōura für einen Zwischenstopp an. Das Dorf liegt am Rand einer Halbinsel, die sich in den Pazifik erstreckt, die Kulisse bilden schneebedeckte Berge. Die Māori, die hier schon vor gut 1000 Jahren siedelten, benannten den Ort nach *kai* (essen) and *kōura* (Krebs) – noch immer eine lokale Delikatesse. 1842–1922 war Kaikōura ein Walfangzentrum und später ein verschlafenes Bauern- und Fischerdorf, ehe in den 1980er-Jahren mit Wildnistouren der Tourismus Einzug hielt. Ein schweres Erdbeben der Stärke 7,8 traf den Ort am 14. November 2016 mit solcher Wucht, dass ganze Küstenabschnitte um 8 m und Teile des Meeresbodens 2 m angehoben wurden. Die Infrastruktur hat sich inzwischen erholt. Hier sind Wale, Delfine, Seebären, Pinguine, Sturmtaucher und Albatrosse zu sehen.

TOP TIPP

Am viel befahrenen SH1 gibt es einen großen New-World-Supermarkt und Tankstellen sowie Unterkünfte und Speiselokale. Die meisten Restaurants und Cafés befinden sich jedoch abseits des Highways in der lebhaften Hauptstraße des Ortes, West End. Ruhige Motels sind an der Esplanade zu finden.

SEHENSWERTES
1 Fyffe House
2 Kaikoura Museum
3 Marina

AKTIVITÄTEN
4 Dave's Diving
5 Dolphin Encounter
6 Kaikoura Fishing Tours
7 Seal Kayak

ALEXUM5/SHUTTERSTOCK ©

Walbeobachtung bei Kaikōura

Tiere beobachten in & um Kaikōura

ZU WASSER, AN LAND UND IN DER LUFT

Wegen des 2000 m tiefen unterseeischen Canyons in Küstennähe lebt vor Kaikōura einen Vielzahl an Meerestieren. Hier vermischen sich warme und kalte Strömungen und befördern Nährstoffe an die Oberfläche, die für eine produktive Nahrungskette – von Plankton bis zu Pottwalen – sorgen. Die beliebten Beobachtungstouren sind im Voraus zu buchen.

Vom modernen, nach dem Erdbeben von 2016 gebauten Hafen starten Touren z. B. von **Dolphin Encounter**, auf dessen Bootsfahrten und Schnorchelausflügen Schwarz- und Hector-Delfine sowie Große Tümmler und Orcas zu sehen sind; **Dave's Diving** bietet Tauch- und Schnorcheltouren (auch Ausrüstungsverleih und Kurse). Angelausflüge mit Unternehmen wie **Kaikōura Fishing Tours** beginnen ebenfalls an der Marina. **Seal Kayak** außerhalb der Ortschaft bietet Touren mit Tandem-Trekkajaks, unter anderem bei Sonnenuntergang.

Die hier heimischen Pottwale sowie durchziehende Buckel-, Blau-, Südliche Glatt- und Pilotwale sind am besten aus der Luft auszumachen. **Wings Over Whales** bietet 30- bis 45-minütige Flüge in siebensitzigen Maschinen und **South Pacific Helicopters** 45-minütige Walbeobachtungsflüge. Beide Firmen haben einen Shuttle-Service zum 8 km entfernten Flughafen.

An der Küste bei Kaikōura sind viele Seebären zu sehen. Die der Ortschaft nächstgelegene **Seebärenkolonie** befindet sich am Ende der Kaikōura Peninsula (4,5 km südöstl.), hinter dem historischen **Fyffe House**, das zur Waiopuka-Walfangstation gehörte (das Fundament aus Walknochen wurde 1844 gelegt).

Kaikōuras Meeresleben und den Auswirkungen des Erdbebens widmet sich die Dauerausstellung des **Kaikōura Museum** im auffälligen Craypot-Gebäude.

ÜBERNACHTEN IN KAIKŌURA

Kaikōura Boutique Hotel
Der älteste Teil dieses stilvoll renovierten Anwesens stammt von 1880; die neueren Zimmer liegen rund um einen sonnigen Innenhof. **$$**

Sudima Kaikōura
Das 2022 eröffnete Hotel hat 120 Zimmer mit Meer- oder Bergblick, Fitnessstudio, Pool und ein hervorragendes Restaurant mit Bar. **$$$**

The Point B&B
Die Rinder- und Schaffarm bietet zwei Queen-Zimmer und einen Campingplatz für Wohnmobile. **$$**

Dolphin Lodge Backpackers
Das Hostel mit Schlafsälen und Doppelzimmern hat einen Grill und einen Whirlpool im Garten. **$**

UNTERWEGS VOR ORT

Kaikōuras Zentrum ist zu Fuß gut zu bewältigen. Für Sehenswürdigkeiten weiter draußen wie etwa die Seebärenkolonie bieten sich Fahrräder an, die bei Coastal Sports zu mieten sind. Oder man kontaktiert Kaikōura Shuttles & Taxis. Der Coastal-Pacific-Zug, der an der Küste zwischen Picton und Christchurch verkehrt, macht auch in Kaikōura Halt.

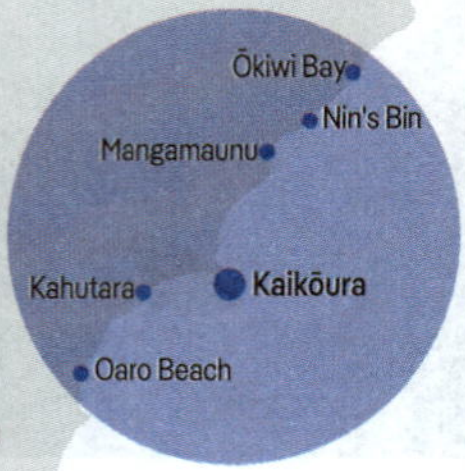

Rund um Kaikōura

An der Küste nördlich und südlich von Kaikōura kann man wunderbar surfen und frische Krustentiere genießen.

Die Küste ober- und unterhalb von Kaikōura bietet viele Möglichkeiten, Meerestiere zu beobachten, etwa die Kolonien verspielter Seebären mit ihren Jungen, die auf den Felsen faulenzen und in flachen Becken schwimmen (am SH1 gibt es viele Parkbuchten mit guter Aussicht).

Echte Leckerbissen sind die namensgebenden Krebse (auch als Neuseeländische Langusten bekannte stachelige Krustentiere mit langen Fühlern), besonders in ein paar bekannten Lokalen an der Küste nördlich der Ortschaft.

Die Gegend eignet sich auch hervorragend, um sich aktiv zu betätigen, ob bei Wanderungen in die Berge oder an den großartigen Surfspots nördlich wie südlich von Kaikōura.

TOP TIPP

Die Inland Road (Route 70; 130 km) ist eine extrem schöne (wenngleich sehr kurvige) Route von Kaikōura nach Hanmer Springs.

Südliche Seebären, Kaikōura Peninsula

Karaka Lobster

Seafood-Picknick an der Küste

DIE BERÜHMTEN KRUSTENTIERE PROBIEREN

Der blau-weiße Wohnwagen **Nin's Bin** steht seit den 1970er-Jahren 23 km nördlich von Kaikōura. An Picknicktischen am Meer lässt sich die Kundschaft die Krebse – entweder kalt mit Zitronenspalten oder vom Grill mit Knoblauchbutter – schmecken. In der Saison gibt es auch Whitebait-Pfannkuchen. Die Krebse gibt es auch roh zu kaufen. In Ōkiwi Bay, 30 km nördlich von Kaikōura, steht das Gebäude des **Karaka Lobster** mit einem riesigen Krebs auf dem Dach sowie Tischen davor. Es gibt Krebse mit Salat und Knoblauchbrot sowie Fischsuppe, Whitebait-Pfannkuchen, herzhaftes Gebäck und Kuchen. Krebse zum Mitnehmen werden in Eis verpackt. Auf der Kaikōura Peninsula, 4 km außerhalb vom Dorf, bietet **Kaikōura Seafood BBQ** auch Meeresfrüchte und Tische im Freien.

Wellenreiten bei Kaikōura

TOLLE SURFSPOTS

Die Küste bei Kaikōura ist felsig und besteht meist aus Kiesstränden, es gibt aber sehr gute Surfspots. Zuvor in Kaikōura bei **Coastal Sports** Boards und Neoprenanzüge ausleihen!

Kiwi Surf Experience, 15 km nördlich, bietet auf sanfter Brandung Gruppen- und Einzelkurse für Erwachsene und Kinder. Der bekannteste Surfstrand ist **Mangamaunu**, ein langer Righthand-Pointbreak 1 km weiter nördlich am SH1. Er ist für Neulinge wie Profis geeignet. Weitere 16 km nördlich schwappt die Brandung an die schwarzsandige **Ōkiwi Bay**.

Erfahrene Surfer nehmen es mit dem Righthand-Pointbreak an der Flussmündung bei der Brücke von **Kahutara** auf, 9 km südwestlich von Kaikōura. Der sandige **Oaro Beach** bietet Left- und Righthand-Breaks aller Schwierigkeitsgrade.

ÜBERNACHTEN BEI KAIKŌURA

Sleepers Vineyard
Die Hütten in Canterburys nördlichstem Weingut haben ein Schlafzimmer, eine voll eingerichtete Küche, Holzofen und ein Jacuzzi unterm Sternenhimmel. **$$**

Hapuku Lodge & Treehouses
Architektonisch gestaltete Lodge-Suiten und „Baumhäuser", die nach neuseeländischen Vögeln benannt sind. Es gibt auch ein Restaurant mit regionaler Küche und ein Swimmingpool mit Bergblick. **$$$**

Camp Kekerengu
Stromnetzunabhängige Glamping-Zelte in Hanglage auf einer Schaf- und Rinderfarm mit Holzöfen und Blick auf die Küste. **$$**

Middle Hill MTB
Jurtenähnliche Rundzelte oberhalb eines Mountainbike-Parks mit 20 Routen; unten gibt es auch Zeltplätze. **$**

UNTERWEGS VOR ORT

Für die Gegend rund um Kaikōura ist ein eigenes Fahrzeug empfehlenswert. An vielen Küstenabschnitten gibt es Rad- und Wanderwege, die irgendwann zusammen den Whale Trail bilden werden, der Picton mit Kaikōura verbindet – aktuelle Infos über dieses Projekt liefert die Website. Man kann natürlich auch mit dem Taxi von Kaikōura aus die Gegend erkunden.

HANMER SPRINGS

Das Zentrum des malerischen Bergdorfs Hanmer Springs im Hinterland von Canterburys Küste bilden seine von Bäumen gesäumte Hauptstraße und ein Komplex aus Thermalpools, dahinter erstreckt sich dichter Wald mit Wander- und Mountainbike-Routen. Wer den Nervenkitzel sucht, kann sich beim Bungee-Jumping, Rafting und Jetboot-Fahren durch die engen Schluchten, Stromschnellen und Untiefen des verzweigten Waiau River am südlichen Ortsrand vergnügen.

Das Dorf ist in jeder Jahreszeit schön. Im Frühjahr blühen überall Blumen, im Sommer füllen sich Straßencafés und Gastgärten mit Besuchern, Waldwanderungen bieten etwas Abkühlung. Im Herbst leuchten die Bäume golden, rot und rostfarben. Im Winter, wenn Schnee fällt und der Betrieb in den nahen Skigebieten in Fahrt ist, ist Hanmer ein alpines Wunderland, v.a. während des Alpine Winter Festival im Juli.

TOP TIPP

Hanmer Springs, 130 km (ca. 90 Automin.) nördlich von Christchurch, ist für die Städter ein beliebtes Ziel für den Wochenendausflug. Dann und in den Sommerferien im Januar, zu Ostern und in den Winterferien im Juli sollte man Unterkünfte im Voraus reservieren. Am wenigsten los ist wochentags in der Nebensaison.

Baden in Hanmer Springs' Thermalbecken

HEISSE QUELLEN, WASSERRUTSCHEN UND ENTSPANNUNG IM SPA

Herzstück von Hanmer sind die Thermalquellen, die laut Māori-Legende aus den herabstürzenden Flammen und Asche des Vulkans Ngauruhoe (Nordinsel) entstanden. Nachdem Europäer sie im Jahr 1859 entdeckt hatten, bauten sie 1871 ein Umkleidehäuschen und 1883 ein Badehaus. Heute besteht der Komplex **Hanmer Springs Thermal Pools & Spa** aus 22 unterschiedlich warmen Freiluft-Thermalbädern, darunter Wasserfälle, Felsenpools und Schwefelbecken. Kids lieben die Wasserrutschen wie die spiralförmige SuperBowl und den 13,5 m hohen Conical Thrill, und das Spa bietet Sauna, Dampfbad, private Pools und Verwöhnprogramme. Dazu gehören ein Picknickbereich und ein Café.

Abenteuer im Hanmer Forest

WANDERN UND MOUNTAINBIKEN

An das Dorf grenzt der 130 km² große **Hanmer Forest Park**. Der leichte Forest Amble (hin & zurück 30 Min.) führt an aus Rotholz geschnitzten Skulpturen wie einem Falken, einer Tuatara (Brückenechse) und einem Hund, vorbei. Länger ist beispielsweise der Waterfall Track (hin & zurück 3 Std.) zum 41 m hohen Dog Stream Waterfall.

Mountainbiker aller Niveaustufen kommen auf einem ausgedehnten Wegenetz (hauptsächlich Cross Country) auf ihre Kosten. Auf der Website von **Trailforks** ist der aktuelle Zustand der Routen angegeben. Das **Hanmer Springs Adventure Centre** bietet Leihräder und Touren.

Spaß am Waiau River

RAFTING, JETBOOT-FAHREN, BUNGEE-JUMPING …

Am und auf dem Waiau River werden Schlauchbootfahrten durch die Stromschnellen, Jetboot-Touren, Quad- und Buggy-Fahrten sowie Bungee-Jumping angeboten. **Hanmer Springs Attractions** an der Ferry Bridge, 8,5 km südlich des Dorfs, hat all das im Angebot. **Amuri Jet**, rund 450 m südlich davon, bietet ebenfalls Rafting, Jetboot-Fahrten und andere rasante Abenteuer.

ESSEN IN HANMER SPRINGS

PJ's Pies
Die Pasteten in diesem Kiosk – mit Pulled Pork und Äpfeln, mit Hühnchen, Cranberrys und Brie … – gehören zu den besten in Canterbury. **$**

No. 31
Moderne Neuseelandküche und lokale Weine in einem zauberhaften Cottage und einem schattigen Garten. **$$$**

Powerhouse Cafe
Das Gebäude von 1926 ist ein beliebtes Speiselokal. **$$**

Salt N Pepper
Café/Restaurant/Bar mit sonnigem Garten, ideal für Frühstück und Mittagessen sowie gehobene Abendmahlzeiten. **$$**

Hanmer Springs Thermal Pools & Spa

UNTERWEGS VOR ORT

Hanmer Connection betreibt einen täglichen Shuttle-Service zwischen Christchurch und Hanmer Springs. Das Dorfzentrum ist zu Fuß zu bewältigen. Im Hanmer Springs Adventure Centre kann man Fahrräder und „Hanmer Rockets" (überdachte Fahrräder für mehrere Personen) ausleihen, zudem bietet es einen Shuttle-Service zu abgelegeneren Gebieten und Skipisten.

Rund um Hanmer Springs

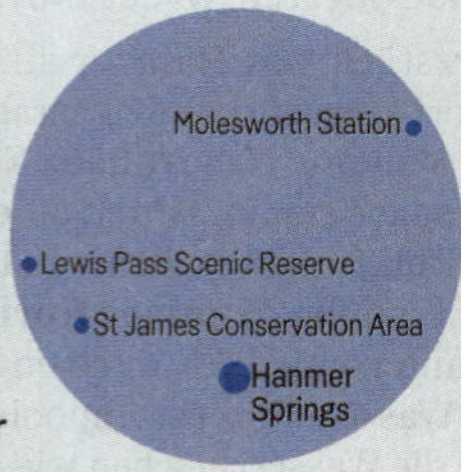

In der abgeschiedenen Umgebung von Hamner Springs lässt es sich hervorragend wandern, Rad fahren und in der Saison Ski laufen.

Wer Hamner Springs hinter sich lässt, begibt sich auf abgelegenes Terrain. In diesem Hochland gibt es kaum Einrichtungen, aber reichlich Outdoor-Aktivitäten für alle, die den Weg nicht scheuen. Hier liegen auch die riesige Molesworth Station, Neuseelands größte Farm, und eine weitere ehemalige Farm, die heute als St James Conservation Area unter Naturschutz steht – der St James Cycle Trail verläuft auf einer alten Māori-Route durch landwirtschaftliches und bergiges Gebiet. Der Buchenwald im Lewis Pass Scenic Reserve ist der ideale Ort, um die Fahrt zwischen Ost- und Westküste zu unterbrechen. Hier kann man herrlich wandern, und im Winter (Juni/Juli–Sept.) geht's auf die Pisten.

TOP TIPP

Vor Wanderungen in diesem einsamen Gebiet unbedingt jemanden über die geplante Route informieren und Proviant sowie ein Ortungsgerät mitnehmen!

Molesworth Station

Molesworth, Neuseelands größte Farm besuchen

RINDERZUCHT IM HOCHLAND

Die **Molesworth Station** mit der größten Rinderherde Neuseelands erstreckt sich auf 1807 km² mit Geröllbergen, von Grasbüscheln bewachsenen Hügeln und wilden Flusstälern zwischen Hamner Springs und Blenheim. Die Farm wird vom DOC verwaltet, das über die Wanderwege und Campingmöglichkeiten informiert. Durch die Farm verläuft die 207 km lange Acheron Road, die nur von Oktober bis Anfang April (7–19 Uhr) offen ist. **Molesworth Heritage Day Tours** bietet Touren von Hanmer Springs und zurück sowie Ausflüge, die in Hanmer beginnen und in Blenheim enden.

Wander- und Radwege in der St. James Conservation Area

TOUREN DURCH SPEKTAKULÄRE LANDSCHAFTEN

Die vom DOC verwaltete **St. James Conservation Area**, früher die Viehfarm St. James Station, erstreckt sich zwischen Hanmer Springs und Lewis Pass auf 780 km² über drei Bergketten mit vergletscherten Hängen, kristallklaren Bächen, Feuchtgebieten und Seen. Das Highlight für viele ist der fünftägige **St. James Walkway** (einfach 66 km) über Weideland, Buchenwälder und subalpines Terrain. Der **St James Cycle Trail** (64 km; 1–2 Tage) gehört zu den „Great Rides" Neuseelands. Bei weniger Zeit: Der 15 km lange **Homestead Run Loop** ist in zwei bis drei Stunden bewältigt.

Das Lewis Pass Scenic Reserve

BERGSZENERIEN UND WALDMÄRSCHE

Der auf 864 m ansteigende Lewis Pass zwischen der Ost- und der Westküste der Südinsel ist eine spektakuläre Route. Das rund 60 km² große **Lewis Pass Scenic Reserve** bietet unterschiedliche Wanderwege, vom 20-minütigen Alpine Nature Walk bis zum **Lake Daniell Track** (einfach 3 Std.) vom DOC-Campingplatz Marble Hill durch Rotbuchenwald über den Maruia River, mit Thermalquellen ganz in der Nähe.

WINTERSPORT BEI HANMER SPRINGS

Die **Hanmer Springs Ski Area** von 1957 liegt nur 17 km nordwestlich des Dorfs und hat Lifte/Schlepplifte und elf Pisten und einen Anfängerbereich. Das Hanmer Springs Adventure Centre betreibt saisonale Shuttles und verleiht Ausrüstung (direkt am Berg gibt es keinen Skiverleih). Da es nicht überlaufen ist, ist das Skigebiet bei Anwohnern beliebt.

Die **Mt Lyford Ski Area** 82 km nordöstlich von Hanmer Springs hat fünf Lifte, 15 Pisten und einen Ausrüstungsverleih. Dank der Südost-Ausrichtung gibt es öfter Schnee als in anderen Skigebieten. Im Sommer kann man auf einem 27 km langen Wegenetz wandern. Übernachten kann man z.B. in der Mt. Lyford Lodge.

St. James Walkway

UNTERWEGS VOR ORT

Für diese Gegend ist ein Mietwagen erforderlich. In Hanmer Springs können jedoch Shuttle-Fahrten und Touren zu einigen Orten organisiert werden.

AORAKI/ MOUNT COOK

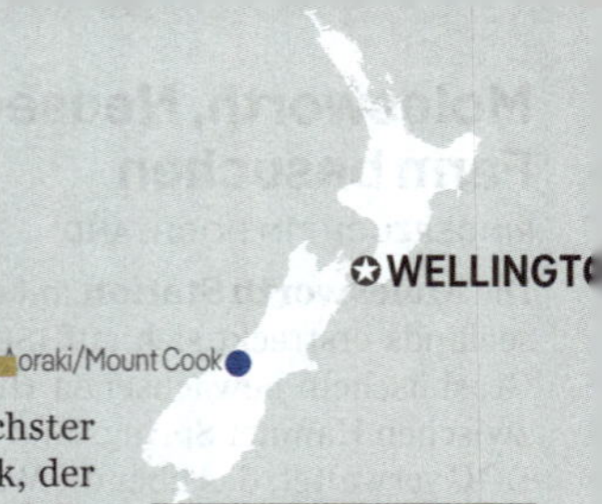

Der Aoraki/Mount Cook, mit 3724 m Neuseelands höchster Berg, erhebt sich im Aoraki/Mount Cook National Park, der über 700 km^2 der majestätischen Southwest New Zealand (Te Wāhipounamu) World Heritage Area zwischen Westlands Cook River (Weheka) und Fiordland (Te Rua-o-te-moko) einnimmt. Etwa 40 % der Fläche wird von Gletschern wie z. B. Neuseelands größtem, dem Tasman (Haupapa), sowie mehr als 150 kleineren Gletschern bedeckt. Wanderungen sind hier besonders schön, von kurzen, leichten Märschen beim Mount Cook Village (mit dem Hermitage Hotel) über Tagestouren zu Seen, Eisbergen und Gletschern bis hin zu Expeditionen für erfahrene Bergsteiger. Zu den saisonalen Gletschertouren (S. 386) gehören Bootsfahrten, Kajakausflüge und Skitouren. „Flightseeing"-Flugzeuge und -Helikopter bieten tolle Ausblicke aus der Vogelperspektive.

TOP TIPP

In Mount Cook Village gibt es Unterkünfte und Speiselokale, aber (außer Selbstbedienungs-Tankstellen) kaum Einrichtungen. Twizel, 66 km südlich, bietet mehr Hotels, Cafés und Restaurants, Geldautomaten, Tankstellen, eine Apotheke, zwei Four-Square-Supermärkte sowie Touren und andere Aktivitäten.

SEHENSWERTES
1 Mueller Hut
2 Sir Edmund Hillary Alpine Centre
3 Tasman/Haupapa Glacier

AKTIVITÄTEN
4 Alpine Guides
5 Glacier Kayaking

SCHLAFEN
6 Hermitage

INFORMATION
7 Aoraki/Mt. Cook National Park Visitor Centre

TRANSPORT
8 Glacier Explorers
9 Mt. Cook Aerodrome

Hooker Valley Track

Wandern im Aoraki/Mount Cook National Park

MONUMENTALE BERGE UND SPEKTAKULÄRE TÄLER

Wer die alpine Pracht wirklich würdigen möchte, schnürt die Wanderschuhe und macht sich auf den Weg. Start ist am markanten **Aoraki/Mount Cook National Park Visitor Centre** des DOC. Dort gibt es Infos, Karten und Ausstellungen über die Natur- und Kulturgeschichte des Parks, u. a. über die Flora und Fauna.

Der **Kea Point Track** (hin & zurück 2 Std.) bietet grandiose Sicht auf den Aoraki/Mount Cook und das Hooker Valley. Von diesem Weg zweigen der **Sealy Tarns Track** (hin & zurück 3–4 Std.) und der anstrengende Pfad zur **Mueller Hut**.

Der beliebte **Hooker Valley Track** (hin & zurück 3 Std.) beginnt am DOC White Horse Hill Campground und führt über drei Seilbrücken (bei der ersten ist der Mueller Glacier zu sehen; nach der zweiten blickt man auf den Aoraki/Mount Cook und manchmal auf Eisberge im Hooker Lake) zum Stocking Stream (und zur Hooker Hut) und zum Hooker Glacier.

Der an der Schutzhütte im Mount Cook Village beginnende steile **Red Tarns Track** (hin & zurück 2 Std.) bietet herrliche Sicht auf Berge und Täler. Die Schutzhütte markiert

LAKE PUKAKI: AUSBLICKE (& LACHS)

Das **Punatahu Visitor Centre** am Ufer des wunderbar türkisblauen Lake Pukaki, 10 km nördlich von Twizel in Richtung Lake Tekapo (47 km nordöstl.), informiert über den historischen, geologischen und kulturellen (Māori-) Hintergrund der Region. Riesige Fenster rahmen den spektakulären Blick auf den Aoraki/Mount Cook ein.

Nebenan befindet sich der Laden von **Mt. Cook Alpine Salmon**, der weltweit höchstgelegenen Lachsfarm. Hier gibt es Lachssalat, Sandwiches und Sushi fürs Picknick.

Oder man angelt selbst Lachse aus dem Gletscherwasser bei **High Country Salmon**, etwa 3 km südlich von Twizel (Ausrüstung wird gestellt; der Fang wird nach Gewicht bezahlt). Es gibt auch einen Laden mit vakuumverpacktem Lachs sowie ein Café.

ÜBERNACHTEN IN AORAKI/MOUNT COOK

Hermitage
Die Mount-Cook-Village-Ikone bietet Bergblick aus den meisten Zimmern sowie mehrere Restaurants und Bars. **$$$**

Aoraki Court Motel
Geräumige Moteleinheiten im Mount Cook Village mit Kingsize-Betten, Küchenzeile und Fußbodenheizung im Bad. **$$**

Lakestone Lodge
Moderne Zimmer mit See- und Bergblick, geführte Touren zum Sternegucken und E-Bike-Verleih; 14 km von Twizel. **$$$**

ICH LIEBE AORAKI/MT COOK

Catherine Le Nevez, Autorin

In einem Land, das so sehr von seinen Bergen definiert wird, fühlt sich der Ausflug in den Nationalpark mit dem mächtigsten aller Gipfel immer wie eine Pilgerreise an. Nicht nur die Berge sind hier höher, auch die Farben wirken intensiver, die Luft reiner, und der Anblick der Gletscher ist ein Privileg. Der Nachthimmel, der von Sternen übersät ist, der wie ein Portal in eine andere Existenz wirkt, ist faszinierend und lässt einen demütig werden. Der Spruch am Sichtfenster des Punatahu Visitor Centre am Lake Pukaki sagt alles: *Ki te tūohu koe, me he mauka teitei, ko Aoraki anake* („Wenn du dein Haupt beugen musst, dann vor dem hohen Berg Aoraki").

auch den Beginn des **Governors Bush Walk** (hin & zurück 1 Std.), der sich durch schönes Buschland schlängelt und sich mit dem zehnminütigen **Bowen Bush Walk** verbinden lässt.

Der **Glencoe Walk** (hin & zurück 30 Min.) führt vorbei an Farnen und Tōtara-Bäumen zu einem Aussichtsplatz mit Blick auf das Dorf, den Hooker Glacier und den Aoraki/Mount Cook. Er beginnt hinter dem riesigen Hotel **Hermitage** - dort kann man man Freizeitaktivitäten buchen und sich mit dem Nötigsten eindecken - und das **Sir Edmund Hillary Alpine Centre** (mit Multimedia-Ausstellungen und Filmvorführungen über den neuseeländischen Bergsteiger).

Der Tasman Glacier

WANDERN, BOOT UND KAJAK FAHREN ODER SKI LAUFEN

Momentan ist Neuseelands größter Gletscher, der **Tasman/Haupapa**, ungefähr 22 km lang, im Schnitt 1,6 km breit und an der dicksten Stelle etwa 600 m mächtig, bei einer Oberflächenbewegung von 35–40 cm am Tag, doch er schrumpft jedes Jahr um 450–800 m. Die Blue Lakes, die ursprünglich vom Gletscher gespeist wurden, füllt inzwischen Regenwasser (daher die grünliche Farbe).

Gletscher sind auf dem **Blue Lakes and Tasman Glacier View Track** (hin & zurück 40 Min.) und dem **Tasman Lake Track** (hin & zurück 1 Std.) zu sehen, die beide am Blue-Lakes-Parkplatz 8 km nordöstlich von Mount Cook Village beginnen. Außerhalb der Winterzeit bietet **Glacier Explorers** Fahrten in kleinen Booten an, **Southern Alps Guiding** organisiert Kajaktouren zu den Gletschern. Von Ende Juni bis Mitte Oktober fliegen Unternehmen wie **Alpine Guides** Besucher auf die Gletscher zu Neuseelands längsten Skipisten (8–10 km, je nach Schneelage) oder zu blauen Eishöhlen mit unwirklich anmutenden Eisgebilden.

Aoraki/Mount Cook aus der Luft

GRANDIOSE FLUGZEUG- UND HELIKOPTERTOUREN

Am besten begreift man das schiere Ausmaß des Gebirges aus der Vogelperspektive. Die Hubschrauber- und Kleinflugzeugtouren reichen von 20-minütigen Schnupperflügen bis zu längeren Ausflügen samt Zwischenlandungen.

Sightseeing-Flüge zahlreicher Unternehmen starten am **Mount Cook Aerodrome**, 6 km südöstlich von Mount Cook Village, am **Glentanner Aerodrome**, 23 km südlich vom Dorf, und am **Pukaki-Twizel Airport**, 5 km nordöstlich von Twizel.

UNTERWEGS VOR ORT

Am besten lässt sich der Nationalpark mit dem eigenen Fahrzeug erkunden. Fahrräder verleiht das Hotel Hermitage. Täglich verkehrt ein Shuttle-Bus zwischen Aoraki/Mount Cook, Twizel und Lake Tekapo. Dieser Service wurde zum Zeitpunkt unserer Recherche überarbeitet; aktuelle Infos werden auf www.cookconnect.co.nz veröffentlicht. Da die InterCity-Busse auf der Route Christchurch–Queenstown nicht direkt zum Aoraki/Mount Cook fahren, muss man in Twizel oder Lake Tekapo ein Shuttle nehmen oder einen privaten Transport organisieren.

Rund um Aoraki/ Mount Cook

Am Fuß des Aoraki/Mount Cook glitzern Seen, das Geraldine umgeben Wälder und Flüsse, in der Hafenstadt Timaru gibt es Kunst und Gärten.

Rund um den Aoraki/Mount Cook sind die Landschaften ebenfalls spektakulär: Im Osten bilden schneebedeckte Gipfel die Kulisse für den helltürkis leuchtenden Lake Tekapo (S. 388) mit Thermalquellen und Sternegucken – ob draußen oder im hochmodernen Astronomiezentrum. Weiter östlich liegt Geraldine (S. 389), eine reizvolle Kleinstadt und Sitz zahlreicher Lebensmittel- und Getränkeproduzenten. Nördlich von Geraldine befinden sich der schöne Peel Forest (S. 389) und der verwilderte Rangitata River, und südlich lockt die kleine Hafenstadt Timaru (S. 390) mit einem bemerkenswert intakten edwardianischen Zentrum und dem exzellenten Te Ana Māori Rock Art Centre. Im Sommer blühen überall Rosen.

TOP TIPP

Geraldine liegt recht zentral und bietet sich als Basis für Ausflüge an, zudem ist es ideal, um sich mit Proviant einzudecken.

Geraldine Historical Museum (S. 389)

AORAKI MACKENZIE INTERNATIONAL DARK SKY RESERVE

Sternen funkeln am gewaltigen Nachthimmel über dem Aoraki/Mount Cook National Park und dem Mackenzie Basin. Weil sie praktisch frei von künstlicher Lichtverschmutzung ist, gehört die Region zu den weltweit besten Gegenden für die Sternenbeobachtung, und 2012 ernannte die International Dark-Sky Association das gesamte große 4367 km² Gebiet zum **Aoraki Mackenzie International Dark Sky Reserve** – dem ersten und größten Himmelpark auf der Südhalbkugel.

In wolkenlosen Nächten (v.a. bei Neumond) sollte man sich warm kleiden, Campingstuhl und Thermoskanne einpacken und die Sterne betrachten. Das Dark Sky Project von Lake Tekapo organisiert Observatoriumsbesuche; viele Veranstalter bieten Touren für Sterngucker an.

SANKA VIDANAGAMA/NURPHOTO/GETTY IMAGES ©

Milchstraße über der Church of the Good Shepherd

Der wunderschöne Lake Tekapo

THERMALQUELLEN UND STERNENHIMMEL

Der von schneebedeckten Gipfeln umgebene Lake Tekapo (immer häufiger mit seinem Māori-Namen, Takapō, bezeichnet) hat erstaunlich türkisfarbenes Wasser und ist besonders bezaubernd, wenn im November und Dezember am Ufer rosa, lila, gelbe und weiße Lupinen blühen,

Die gleichnamige Stadt am Südufer, 104 km südöstlich vom Aoraki/Mount Cook, entwickelte sich aus dem 1951 fertiggestellten Wasserkraftwerk, das ein beliebter Zwischenstopp auf der Fahrt von Christchurch nach Queenstown ist. Die **Church of the Good Shepherd** von 1935 ist ein perfektes Fotomotiv.

Die herrliche Natur lässt sich z. B. beim Paddleboarding, Kajakfahren, Wandern und Pferde-Trekking erleben und im Winter beim Skifahren (auf den Pisten von **Mount Dobson** und **Roundhill** oder auf den Loipen der **Two Thumb Range**) sowie beim Eislaufen und Snowtubing in **Tekapo Springs**, wo man sich das ganze Jahr in 28–40 °C warmen Open-Air-Pools direkt am Seeufer entspannen kann.

Nach Einbruch der Dunkelheit liefert der Sternenhimmel ein magisches Spektakel. Das **Dark Sky Project** bietet Touren zum Mt. John Observatory und zum Cowan's Private Observatory in einem eigens errichteten Krater. Wer nur einen Tagesausflug plant, sollte sich auf keinen Fall den 45-minü-

ÜBERNACHTEN IN LAKE TEKAPO

Galaxy Boutique Hotel
Suiten mit einem oder zwei Schlafzimmern; die oberen haben über den Betten Oberlichter zum Sternegucken. **$$$**

Lakes Edge Holiday Park
Hier gibt es Zeltplätze, Backpacker-Lodge, Hütten, Motelzimmer mit Bad, Grillabende am See und mehr. **$$**

Grand Suites Lake Tekapo
Geräumige Apartments mit Küche, Fahrradraum und kostenlosem Parkplatz; einige haben Balkone zum See hin. **$$$**

tigen Streifzug durch die Māori-Astronomie *(tatai aroraki)* im Gebäude des Dark Sky Project entgehen lassen – Multimedia-Exponate und die Erzählungen der passionierten Führer sorgen für ein unvergessliches Erlebnis.

Geraldines Kleinstadt-Charme

KULINARISCHES UND OLDTIMER

Das hübsche Städtchen Geraldine, das über den Starlight Highway via Lake Tekapo (88 km westlich) mit dem Aoraki/Mount Cook (193 km nordwestlich) verbunden ist, liegt inmitten von Obstplantagen unterhalb der Four Peaks Range. Am nordwestlichen Stadtrand befindet sich der **Talbot Forest**, und hinter der Hauptstraße erstreckt sich der blühende **River Garden Walk**.

In den urigen Museen ist der Gemeinschaftsgeist des Ortes spürbar. Das reizende Town Board Office von 1885 beherbergt das **Geraldine Historical Museum**, das **Geraldine Vintage Car & Machinery Museum** präsentiert in sieben Gebäuden eine fantastische Sammlung von Oldtimern, alten Motorrädern und landwirtschaftlichen Geräten. Das **Geraldine Cinema** stammt von 1924.

Lokale Produkte findet man samstagmorgens auf dem **Bauernmarkt** (September bis April) und im **Geraldine Farm Shop**. Alles fürs Picknick gibt es auch bei **Barker's of Geraldine** (selbst gemachte Fruchtsirupe, Schorlen, Konfitüren, Chutneys, Relishes und Saucen z. B. aus Rhabarber, Himbeeren und Baumtomaten), **Talbot Forest Cheese** (durchs Sichtfenster kann man bei der Käseproduktion zusehen; zu den preisgekrönten Sorten gehören Schafmilch-Feta, Ziegenmilch-Havarti und gereifter Hirschmilch-Gouda), in der Brennerei **Humdinger Gin** (in einer alten Autowerkstatt; Gins mit Canterbury-Schlehen, Hagebutten, schwarzen Johannisbeeren etc.) sowie in der Brauerei **House of Hop** (10 km westl.).

Erkundung des Peel Forest

WANDERUNGEN ZU WASSERFÄLLEN UND FLUSSFAHRTEN

Rund 25 km nördlich von Geraldine erstreckt sich der Peel Forest (773 ha). Kurze Wanderungen unter dem Blätterdach führen zu drei Wasserfällen: **Acland Falls** (hin & zurück 1 Std.), **Emily Falls** (hin & zurück 90 Min.) und **Rata Falls** (hin & zurück 2 Std.). 500 m südlich des Peel Forest Campground ist der **Big Tree Walk** (hin & zurück 30 Min.) zu einem 1000 Jahre alten, 31 m hohen Totara-Baum ausgeschildert.

Den Besuch lohnen zwei hübsche Kirchen mit schönen Buntglasfenstern: die hölzerne **St. Stephen's Church** von 1885

ESSEN IN LAKE TEKAPO

T.L.V. Restaurant & Bar
Im Gastraum mit offenem Kamin und auf der Terrasse gibt es Seeblick und Gerichte aus lokalen Zutaten wie z. B. Lachs in Haselnusskruste. **$$$**

Blue Lake Eatery & Bar
Elegante Küche mit japanischem Touch, Tische im Innenhof (im Winter überdacht) und Biere der dazugehörigen Burke's Brewing Company. **$$$**

The Greedy Cow
Das Café ist für Frühstück, Brunch und Mittagessen beliebt; zum Mitnehmen gibt es Pasteten, Gebäck und belegte Brötchen. **$$**

ÜBERNACHTEN IN GERALDINE

Ngā Whare Mānatu
Die Unterkunft bietet Hütten mit Oberlichtern, Fensterfronten und Open-Air-Badewannen zum Sternegucken. **$$$**

Vicarage
Das ehemalige Pfarrhaus (frühes 20. Jh.) hat sechs individuell gestaltete Zimmer mit schönen Tapeten. **$$$**

Four Peaks Motel
Makelloses Motel am River Garden Walk mit sechs komfortablen Einheiten. Super Preis-Leistungs-Verhältnis. **$$**

ESSEN IN GERALDINE

Barker's Foodstore & Eatery
Im luftigen Café oder auf der überdachten Terrasse kann man die berühmten Chutneys und Konfitüren von Barker's probieren. **$$**

Verde Cafe Deli
Inmitten blühender Gärten speisen die Gäste hier Gerichte wie Kartoffelpuffer, Falafel-Bowls oder Muscheln in Kokos-Koriander-Brühe. **$$**

The Running Duck
In diesem Lokal, das einem typisch neuseeländischen Retro-Ferienhaus gleicht, werden Käse- und Bacon-Sandwiches, Brathähnchen, Burger und Shakes serviert. **$$**

LUKIPIX/SHUTTERSTOCK ©

Trevor Griffiths Rose Garden

und die **Church of the Holy Innocents**, die 1868 aus Flusssteinen (Grauwacke) errichtet wurde.

Der verwilderte Rangitata River markiert die westliche Grenze des Waldes. Von Oktober bis Mai bietet hier **Hidden Valleys** halbtägige Raftingtouren an.

Kunst & Gärten in Timaru

FELSENKUNST DER MĀORI UND ROSEN

In der **Caroline Bay**, 38 km südlich von Geraldine, ist die Geschichte von Timaru nachzuvollziehen: Der Name der Stadt an der einzigen geschützt gelegenen Stelle zwischen der Banks Peninsula und Nord-Otago geht auf den Māori-Begriff Te Maru, „geschützter Ort", zurück. Die dauerhafte Besiedelung begann Mitte des 19. Jh., als eine Walfangstation und der Hafen gebaut wurden. Pinguine und Robben bevölkern den Strand, hinter dem sich Dünen und der **Caroline Bay Park** mit dem **Trevor Griffiths Rose Garden** (Anfang Dez. **Timaru Festival of Roses**) erstrecken. Zwischen November und Juli blühen auch die viele Rosen in den **Botanic Gardens** (19 ha).

Gleich südlich vom Hafen bilden edwardianische Gebäude mit Läden und Cafés Timarus historischen Kern. Das Timaru Landing Service Building (1871–76) beherbergt heute das hervorragende **Te Ana Māori Rock Art Centre**. Hier erklären einheimische Ngāi-Tahu-Führer anhand von Multimedia-Exponaten die Felsenkunst der Südinsel und organisieren Ausflüge an abgelegene Plätze, um sie an Ort und Stelle anzusehen. Das **South Canterbury Museum** widmet sich der Natur- und Kulturgeschichte der Region.

In der **Aigantighe Art Gallery** vermischen sich Kunst und Gartenbau. In der Villa, die aus dem frühen 20. Jh. stammt, und in ihrem Skulpturengarten wird neuseeländische und internationale Kunst ausgestellt.

UNTERWEGS VOR ORT

Am besten kommt man zwar mit einem eigenen Fahrzeug voran, es gibt allerdings auch Busverbindungen nach Lake Tekapo, Geraldine und Timaru. Nach Peel Forest verkehren keine Linienbusse, aber man kann in Geraldine alternativ ein Taxi nehmen.

Church of the Good Shepherd (S. 388), Lake Tekapo

Links: Taiaroa Head (S. 403); rechts: Seebär, Otago Peninsula (S. 404)

DIE WICHTIGSTEN ZIELE

DUNEDIN
Die Hauptstadt der Region.
S. 398

OTAGO PENINSULA
Wilde Landschaft & wilde Tiere.
S. 402

ŌAMARU
Skurriler Ort mit Pinguinen.
S. 406

DUNEDIN & OTAGO

SKURRILE ORTE, WILDE TIERE & WEIN

Die Ostküste der Südinsel bietet erstaunlich leichten Zugang zu Wildtieren und in Central Otago werden einige der besten Pinots noirs der Welt produziert.

Eine fantastische Gegend für aktive Entdecker mit etwas Zeit. Dunedin, das im Jahr 1848 von schottischen Auswanderern besiedelt wurde, ist Sitz der Otago University und besitzt eine lebendige Studenten- und Kunstszene. Während des Semesters ist hier viel los, in den Sommerferien ist es dagegen viel ruhiger. Und selbstverständlich gibt es in der Studentenstadt erstklassige Brauereien. Die Innenstadt mit ihrer Fülle an historischen Gebäuden konzentriert sich um einen achteckigen Platz, The Octagon. Nur wenige Kilometer entfernt befindet sich die steilste Straße der Welt.

Die nahe gelegene Otago Peninsula bietet die Möglichkeit, Albatrosse, Pinguine, Seehunde und Seelöwen ganz nah zu beobachten, dazu kommen schöne Strandspaziergänge und Schiffstouren. Ōamaru lohnt einen Stopp – und sei es nur, um abends die Pinguine der Blue Penguin Colony zurückkommen zu sehen. Der Ort besitzt auch imposante historische Gebäude und einen faszinierenden viktorianischen Bezirk, der als Drehort für den mit einem Regie-Oscar ausgezeichneten Film *The Power of the Dog* (2021) diente. Die schrullige Seite zeigt sich als „Steampunk-Hauptstadt der Welt“. Weiter im Landesinneren lockt das Waitaki Valley mit fantastischen Felsformationen wie den „Elephant Rocks“. Zwischen Dunedin und Queenstown und Wanaka, den Ferienorten der Southern Lakes, bietet Central Otago Radwege, Obstplantagen und Weinberge, aus denen ein erstklassiger Pinot noir gekeltert wird.

WAITAKI VALLEY
Faszinierende Felsformationen.
S. 409

CROMWELL & LAKE DUNSTAN
Weingüter & Obst.
S. 413

CLYDE
Historische Altstadt.
S. 417

Erste Orientierung

Dunedin liegt an der Küste, genau so wie das 113 km nördlich gelegene Ōamaru. Central Otago liegt im Landesinneren zwischen Dunedin und Queenstown und Wanaka, den Ferienorten in den Southern Lakes.

Cromwell & Lake Dunstan, S. 413

Die boomende Stadt Cromwell am Lake Dunstan in Central Otago besitzt eine interessante Altstadt, Weingüter, Obstplantagen und Wege für Mountainbiker.

Clyde, S. 417

Historische „Altstadt" mit Steinhäusern, alt und neu, beliebt bei Besuchern der Weingüter und Obstplantagen sowie bei Mountainbikern.

AUTO

Die Region eignet sich gut für Fahrten mit einem Leihwagen; Autovermietungen gibt es in Dunedin, aber die meisten Reisenden kommen aus dem Norden hierher. Gute, wenig befahrene Straßen in der ganzen Region

BUS

Zwischen Dunedin und Ōamaru verkehren täglich Linienbusse, die weiter nach Christchurch fahren. Außerdem sind Busse von Dunedin Richtung Süden nach Invercargill unterwegs, ebenso von Central Otago nach Queenstown und Wanaka.

FAHRRAD

Central Otago ist Fahrradland und es gibt ausgezeichnete Radwege in der ganzen Region, so auch den 152 km langen Otago Central Rail Trail. Irgendwann wird es mal einen Radweg zwischen Queenstown und Dunedin geben.

Waitaki Valley, S. 409

Gut zu erreichen von Ōamaru, tolle Felsformationen, ungewöhnliche Landschaft und der „Alps 2 Ocean", ein beliebter neuer Mountainbike-Trail.

Ōamaru, S. 406

Stadt der Kontraste: filmreifes viktorianisches Viertel, der Anspruch, die Hauptstadt des Steampunk zu sein und die Ōamaru Blue Penguin Colony.

Dunedin, S. 398

Die zweitgrößte Stadt der Südinsel, im „Edinburgh des Südens" gibt es Brauereien, die Otago University und die steilste Straße der Welt.

Otago Peninsula, S. 402

Wilde Landschaft, segelnde Albatrosse, Pinguine, Seehunde, Seelöwen, Wandern im Sand und ein skurriles Schloss – alles in Sichtweite von Dunedin.

Perfekte Tage

Ein Besuch in Dunedin und Ōamaru auf einem Trip entlang der Ostküste. Cromwell und Clyde in Central Otago liegen näher an den Ferienorten Queenstown und Wanaka als an Dunedin.

RENATOK/SHUTTERSTOCK ©

Otago Central Rail Trail (S. 418)

Kurztrip

Eine eintägige Tour führt von Dunedin auf die **Otago Peninsula** (S. 402). Die Fahrt geht zur **Sandfly Bay** (S. 405), wo ein Spaziergang zum Strand lockt, dann weiter nach Weller's Rock Wharf; bei einer einstündigen **Monarch-Bootsfahrt** (S. 405) kann man Seevögel und Meeressäuger sehen. Weiter zum **Royal Albatross Centre** (S. 403) am Taiaroa Head, um die fliegenden Riesen zu beobachten. Auf der Rückfahrt kann man **Larnach Castle** (S. 404) besichtigen oder besucht den Hoiho (Gelbaugenpinguin) am **Penguin Place** (S. 404).

UNTEN VON LINKS NACH RECHTS: RUDMER ZWERVER/SHUTTERSTOCK ©, TRABANTOS/SHUTTERSTOCK ©, TOMAS LESA/SHUTTERSTOCK ©

Beste Reisezeit

Wanderer und Radfahrer genießen die warmen Monate Oktober bis April; Dunedin schläft während der Semesterferien im Sommer (November bis Februar). Der Winter kann kalt sein, besonders in Central Otago.

JANUAR

Betriebsame Ferienzeit überall, die Temperaturen sind hoch und alle genießen die freie Natur.

FEBRUAR

Die Schule beginnt wieder; bei der Orientation Week an der **Otago University** (S. 398) herrscht Partystimmung.

MÄRZ

Perfekte Zeit zum Radfahren; das Wetter ist beständig, es ist relativ warm und die Herbstfärbung der Blätter setzt ein.

Richtung Süden nach Dunedin

● Wer von Christchurch nach Dunedin fährt, sollte sich mindestens eine Nacht in **Ōamaru** (S. 406) gönnen. Man sollte frühzeitig ankommen, sodass man Zeit hat das **Viktorianische Viertel und Steampunk HQ** (S. 408) zu besuchen. Gegessen wird bei **Scotts Brewing Co** (S. 408) vor oder nach dem Besuch in der **Blue Penguin Colony** (S. 407; man muss seinen Zeitplan nach der erwarteten Ankunft der Pinguine richten). Vor der Weiterfahrt nach Dunedin, fährt man am nächsten Morgen zu den **Elephant Rocks** (S. 410) und besucht auf der Fahrt noch die **Moeraki Boulders** (S. 410).

Radtour durch Central Otago

● Mountainbike-Fans werden begeistert sein, wenn es endlich den Radweg von Queenstown durch „Central“ nach Dunedin gibt. Es wird jedoch noch ein paar Jahre dauern bis die Strecke ab Queenstown fertig ist, aber man kann jetzt schon in **Cromwell** (S. 413) beginnen und den **Lake Dunstan Trail** (S. 415) bis **Clyde** (S. 417) fahren. Nach einer Übernachtung geht es auf dem **Otago Central Rail Trail** (S. 418) mit Stopps in Omakau und Ranfurly weiter nach Middlemarch. Von dort braucht man einen Transport nach **Dunedin** (S. 398) oder zurück nach Clyde. Den Transport von Queenstown nach Cromwell und Middlemarch nach Dunedin organisiert Trail Journeys.

MAI

Es wird kalt und viele Einheimische bleiben zu Hause, aber die Wildtiere auf der **Otago Peninsula** (S. 402) kennen kein schlechtes Wetter.

OKTOBER

Es wird wärmer, überall sind Lämmer, die Radfahrer sind unterwegs und es gibt jede Menge Pinguine in **Ōamaru** (S. 407).

NOVEMBER

Die Studenten beenden ihre Prüfungen und in **Dunedin** (S. 398) nimmt während des Sommers die Einwohnerzahl ab.

DEZEMBER

Die Sommerferien und Weihnachten bringen Massen von Familien; in **Central Otago** (S. 416) ist Kirschernte.

DUNEDIN

Dunedin, die Hafenstadt am Berg, eignet sich gut für einen Kurzurlaub. Neuseeländer denken bei dem Wort „Dunedin" an zwei Sachen: Schottland und Studenten.

Das „Edinburgh des Südens" ist unendlich stolz auf sein schottisches Erbe und präsentiert bei jeder Gelegenheit Haggis und Dudelsäcke. Ab 1848 kamen als erste europäische Siedler hart arbeitende Schotten. Zu ihnen gehörte auch der Neffe des berühmten schottischen Dichters Robert Burns, seine Statue dominiert das bürgerliche Zentrum der Stadt, das Octagon. Dunedin besitzt sogar ein eigenes Schottenkaro.

Otago University ist die älteste Universität des Landes. Ein Gerücht besagt, dass Dunedins Einwohnerzahl während des Semesters bei 120 000 liegt, in den Sommersemesterferien jedoch nur bei 90 000. „Couch-burning" im Studentenviertel wird mittlerweile aktiv verhindert, aber die „Studentenecke" im Rugbystadion ist immer noch als der „Zoo" bekannt.

TOP TIPP

Günstig essen kann man in der George Street und rund um die Universität. Scarfies (Studenten) essen und trinken schon seit Jahrzehnten billig in Dunedin und es gibt viele Lokale für Gäste mit kleinem Budget, besonders nördlich des Octagon. Nudeln in rauen Mengen!

Otago University

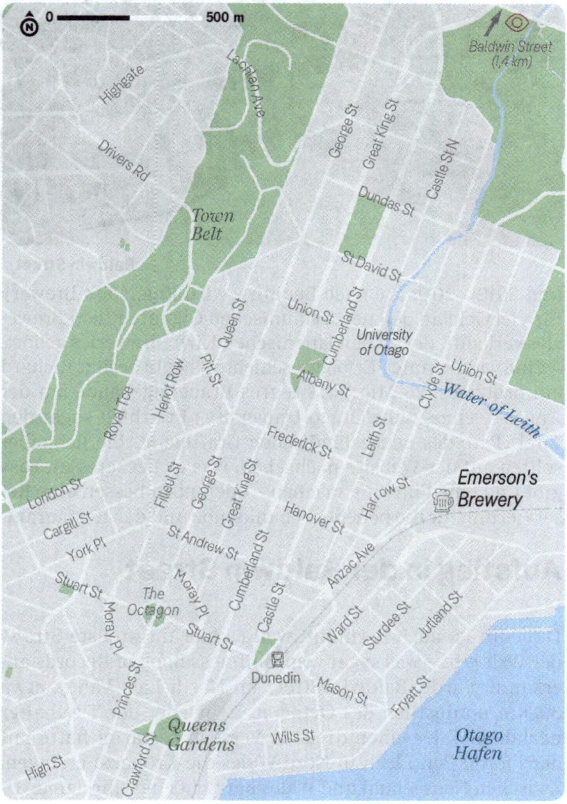

Emersons glänzende Brauerei

EINE TOLLE BIERGESCHICHTE

Eine Geschichte, die man gerne hört – junger Typ aus Dunedin, Richard Emerson, taub, Liebhaber von hausgebrautem Bier, verliert seinen Job und fährt nach Europa, um Biersorten kennenzulernen. Er erfährt alles, was er braucht und kommt mit *dem* Erfolg versprechenden Rezept zurück. Aber Richard hat kein Geld, deswegen fängt er an, in der Küche Bier zu brauen. Sein Vater trommelt Familie und Freunde zur Unterstützung zusammen, sammelt Geld und Richard beginnt 1992 mit der Brauerei. Sein erster Erfolg ist London Porter, dann kommt der Durchbruch mit Bookbinder Session Ale. Der nächste Erfolg ist Emerson's Pilsner. Die Brauerei wird ein großer Erfolg

SPEIGHT'S BREWERY

Schon lange als „Stolz des Südens" bekannt – Speight's braut bereits seit 1876 in diesem Ziegelgebäude an der Rattray Street Bier. Während Emerson's der Neuling in Dunedin ist, gehört Speight's zur Geschichte des Südens. Es gibt Führungen (90 Min.) durch die Brauerei mit Verkostung, dazu herzhafte Kost im Wirtshaus und dem Restaurant. Die Brauerei ist so populär, dass überall im Land Speight's Ale Houses aus dem Boden schießen. Speight's ist ein Sponsor der Highlanders, einer Mannschaft der Super-Rugby-Liga; im Wirtshaus kann man die Spiele ansehen. Das bekannteste Bier ist Gold Medal Ale, es gibt auch einen beliebten Apfel-Cider.

ESSEN IN DUNEDIN

Bacchus
Restaurant mit gehobener Küche und Weinbar am Octagon. **$$$**

The Perc Cafe
Erstklassiges Frühstück und Mittagessen an der Stuart Street, nahe Octagon. **$$**

Prohibition Smokehouse
Tipp für Fleischliebhaber, direkt am Octagon; fantastisches T-Bone Steak. **$$$**

MEHR SPASS IN DER HALLE

Die Zuschauer in Dunedins altem Stadion Carisbrook waren schlechtem Wetter ungeschützt ausgesetzt, deswegen wurde es immer seltener genutzt. 2011 wurde „the Brook" geschlossen und das moderne Hallenstadion Forsyth Barr wurde zum Start des Rugby World Cup eröffnet. Christchurch wurden im selben Jahr von einem Erdbeben zerstört, Stadien und Hallen geschlossen. Somit ist Dunedin über Nacht zum Event-Center der Südinsel geworden. Die Spiele der All Blacks fanden hier statt, ebenso Konzerte mit Stars wie Elton John, Rod Stewart, Ed Sheeran und Aerosmith. Jeder wollte in Dunedin auftreten – sehr zum Ärger von Christchurch, das immer noch auf ein neues Hallenstadion wartet. Einfach mal schauen, was so in Dunedin los ist.

SUPERJOSEPH/SHUTTERSTOCK ©

Baldwin Street

und 2012 – 20 Jahre nach Beginn – wird Emerson's Brewery für viel Geld an den neuseeländischen Giganten Lion Breweries verkauft, der zu den japanischen Kirin Breweries gehört.

Eine wahnsinnige Erfolgsgeschichte – heute besitzt Richard ein protziges, 25 Mio. NZ$ teures Brauereigebäude (an der Anzac Avenue, nahe Otago University.) Er erhielt sogar den Titel „Pate des neuseeländischen Craftbiers". Bierliebhaber sollten auf der Website nachsehen, was es Leckeres im Fass gibt und eine Führung machen – oder, noch besser, eine Reservierung für die beliebte Schankstube und das Restaurant.

Aufstieg in der Baldwin Street

STEILSTE STRASSE DER WELT

Dunedin ist auch berühmt, weil es hier die steilste Straße der Welt gibt – was sogar vom Guinness Book of Records anerkannt wurde. Baldwin Street im North East Valley, etwa 3,5 km nordöstlich des Octagon, ist wieder der Titelhalter nachdem Wales einen dreisten Versuch gestartet hatte mit der Ffordd Pen Llech in Nord-Wales die Krone zu erringen. Zwischen Neuseeland und Wales herrscht eine jahrelange Rivalität – Neuseeland betont gerne, dass das walisische Rugby-Team die All Blacks seit 1953 nicht mehr geschlagen hat. Als Wales 2019 offiziell den Titel „steilste Straße der Welt" errang, unternahm Dunedin alles, um diesen zurückzuholen! Nach ausführlichen Messungen und Prüfungen gab Guinness diesen Titel 2020 wieder an die Baldwin Street.

Die Steigung der Baldwin Street war nicht geplant. Wie in vielen Teilen Neuseelands wurden die Straßen in einem Gittermuster angelegt, ohne dass das Gelände beachtet wurde – meistens von Planern in London auf der anderen Seite der Welt. Die Baldwin Street hinaufzugehen ist ein beliebter Sport bei Touristen. Die Teilnehmer des jährlichen Baldwin Street Gutbuster rennen sogar hoch! 2001 versuchten zwei Studenten mit einer Mülltonne hinunterzufahren – einer starb.

UNTERWEGS VOR ORT

Dunedin Airport liegt 27 km südwestlich der Stadt und bietet Flugverbindungen in alle größeren Städte Neuseelands. Busse verbinden Dunedin mit Christchurch, Queenstown und Invercargill. Die Innenstadt kann man bequem zu Fuß erkunden, aber für das Umland benötigt man unbedingt einen eigenen fahrbaren Untersatz.

RUNDGANG DURCH DUNEDINS ZENTRUM

Los geht's im Octagon an der beeindruckenden **1 Statue des schottischen Dichters Robert Burns**, die 1887 enthüllt wurde. Das **2 Octagon** ist ein achteckiger Platz von 1846, der zum Zentrum von Dunedins Café- und Restaurant-Szene wurde. Durch das Octagon geht es links auf das untere Ende der Stuart Street. Auf keinen Fall darf man den **3 The Scottish Shop** verpassen – hier spart man eine Reise nach Schottland. Am Ende der Stuart Street steht die 1906 gebaute **4 Dunedin Railway Station**, eines der architektonischen Wahrzeichen der Stadt. Die weißen Verkleidungen aus Ōamaru-Stein auf schwarzem Basalt schaffen den charakteristischen „Lebkuchenhaus"-Anblick. Sehenswert ist auch das im Jahr 1895 errichtete **5 Police Station Historic Building**, wenn man nach Süden zum **6 Toitū Otago Settlers Museum** geht. Das tolle interaktive Museum lohnt einen Besuch. Weiter geht es durch **7 Queens Gardens**, hier steht das 28 m hohe Dunedin Cenotaph Kriegerdenkmal. Am ANZAC Day (25. April) finden hier Gedenkgottesdienste statt. Man biegt rechts in die Rattray Street. Das im Jahr 1883 erbaute **8 Bank of New Zealand Gebäude** steht an der Ecke Rattray und Princes Street. Nur einen Block weiter auf der Rattray Street steht das Ziegelgebäude der **9 Speight's Brewery** (1876). Hier werden Führungen und Verkostungen angeboten sowie Speisen und Getränke im Speight's Ale House. Der Weg bis zur **10 St Joseph's Cathedral** ist steil; die Straße macht schließlich eine Rechtskurve bis zur oberen Stuart Street. Dann geht es auf der Stuart Street rechts bis **11 St Paul's Cathedral** und im Anschluss wieder zurück zum Ausgangspunkt – zu Robert Burns.

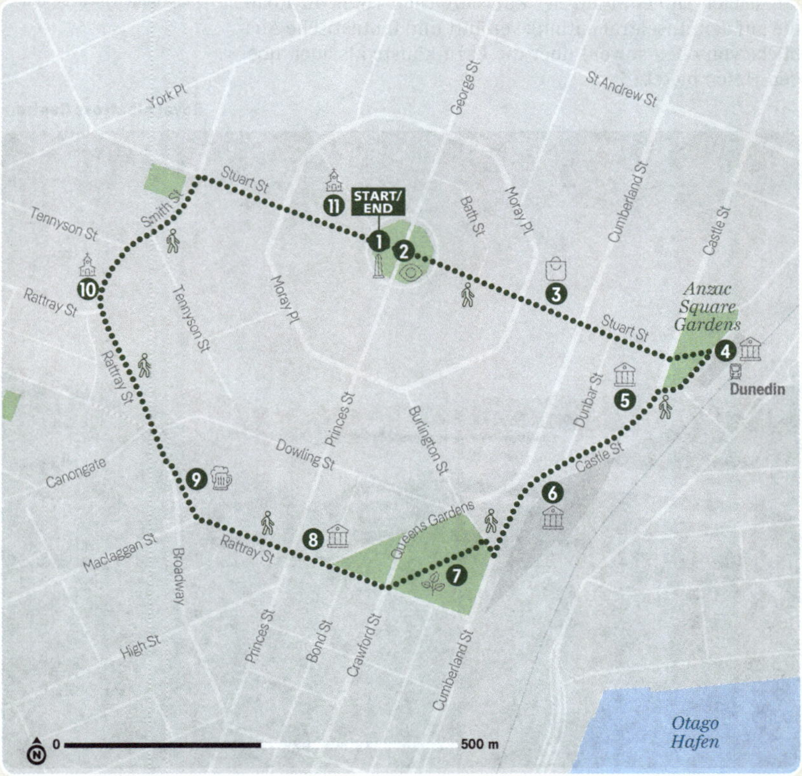

Rund um Dunedin

Dunedin ist ein guter Standort, um die Halbinsel Otago zu erkunden, die eine vielfältige, gut zugängliche Tierwelt bietet.

Trotz der vielen Besucher, die die felsige Landschaft, Pfade, Strände und historischen Orte besuchen, um Wildtiere wie Albatrosse, Pinguine, Seebären und Seelöwen beobachten, hat die Halbinsel ihr ruhiges, ländliches Aussehen behalten. Kaum zu glauben, dass die zweitgrößte Stadt der Südinsel so nahe liegt. Man kann sich einer geführten Tour anschließen, aber viel besser ist die Fahrt mit dem eigenen Fahrzeug. Die Hinfahrt führt über die Portobello Road am Hafen, Rückfahrt nach Dunedin auf der kurvenreichen Highcliff Road, die auf dem Inselgrat entlang verläuft und fantastische Ausblicke von oben sowohl über die Pazifikküste als auch über den Hafen bietet.

TOP TIPP

Albatrosse lieben windige Tage, besonders Südwind; Seehunde, Seelöwen und Pinguine lassen sich auch durch Regen nicht stören.

Royal Albatross Centre

ERIK_V/GETTY IMAGES ©

Albatross-Küken, Royal Albatross Centre

Ein Besuch bei den Albatrossen

DIE RIESEN VON TAIAROA HEAD

An der Nordspitze der Otago Peninsula, nur 30 km von Dunedin-Zentrum entfernt, befindet sich die weltweit einzige Albatroskolonie auf dem Festland. Die Riesen mit einer Flügelspanne von bis zu 3,5 m, haben einen Brutzyklus von 11 Monaten und so haben Besucher fast immer etwas zu sehen. Das **Royal Albatross Centre** bietet eine einstündige Führung mit einem faszinierenden Film über Albatrosse und einen Besuch in einem Glasobservatorium, von dem aus man die Vögel beim Brüten und Fliegen beobachten kann. Royal Cam ist ein 24-stündiger Livestream eines Albatrosnestes, außerdem zeigt eine Tracking-Karte die unglaublichen Flugrouten von in Taiaroa Head aufgezogenen Albatrossen. Den Flug der Riesenalbatrosse zu sehen ist wirklich atemberaubend, besonders an windigen Tagen. Meistens frischt der Wind nachmittags auf. Das Segeln der Albatrosse kann man auch bei einer Monarch Wildlife Cruise (S. 405) erleben: Man sieht sie tief von der See einfliegen, dann nutzen sie die Aufwinde der Berge, um hoch aufzusteigen und bei ihren Nistplätzen zu landen.

WARUM ICH DIE OTAGO PENINSULA LIEBE

Craig McLachlan,
Autor

Vielleicht liegt es an meiner schottischen Abstammung, denn ich kann gut verstehen, dass sich Schotten in Dunedin zu Hause fühlen und die Otago Peninsula bereisen – eine wilde Gegend. Raue Landschaften, einsame Strände, donnernde Brandung (wenn jemals ein Meer den falschen Namen erhielt, ist es der Pazifik!), manchmal heulender, kalter Wind und dazu die Geschichte der Einwanderer, die in einem neuen Land ein neues Leben suchten. Ich liebe die Steinmauern entlang der Highcliff Road, die aussehen, als kämen sie aus Schottland. Und ich liebe den Spitznamen des Otago Rugby-Teams – „Highlanders"! Hier ist noch echter Pioniergeist.

ESSEN AUF DER OTAGO PENINSULA

1908 Restaurant
Beliebtes Restaurant in einem historischen Gebäude in Portobello. **$$**

Toroa Cafe
Leckere Köstlichkeiten aus der Vitrine und von der Speisekarte im Royal Albatross Centre. **$**

Ballroom Cafe
Das Café in Larnach Castle bietet High Tea, aber auch eine umfangreiche Speisekarte. **$$**

Gelbaugenpinguine, Otago Peninsula

LARNACH CASTLE

Das auf einem Hügel thronende neugotische Herrenhaus wurde 1871 von dem aus Dunedin stammenden Bankier und Abgeordneten William Larnach erbaut. Er wollte damit seine Frau, eine französische Adlige, beeindrucken. Die Innenräume sind mit Holzarbeiten und antiken Möbeln ausgestattet; vom mit Zinnen versehenen Turm bietet sich eine fantastische Sicht über die Halbinsel und den Hafen. Man kann das Haus und den Park besichtigen und im Café High Tea genießen. Auch übernachten ist möglich. Das Haus diente als Drehort für den Netflix-Film *The Royal Treatment* (2022) und war der Wohnsitz von Lavanias royaler Familie.

Penguin Place

SELTENE HOIHO IN FREIER NATUR

Das auf privatem Farmland gelegene **Penguin Place** bietet 90-minütige Führungen mit Pinguinbeobachtungen. Versteckte Unterstände ermöglichen es, sich den Pinguinen ganz dicht zu nähern. Nach einer Einführung zum gefährdeten Gelbaugenpinguin folgt ein Besuch der Aufzuchtstation (einer Art Pinguin-Krankenhaus), anschließend geht es per Bus zum nahe gelegenen Pipikaretu Beach an der Pazifikküste. Hier kann man den Hoiho (Gelbaugenpinguin) in freier Natur sehen, aber man weiß nie, wie viele Tiere da sind. Zu den Highlights gehören auch andere Vogelarten, Seebären, die sich am Strand sonnen, und brütende oder mausernde Zwergpinguine. Ein

AM STRAND TIERE BEOBACHTEN

Harrington Point Beach
Seelöwen entspannen sich am Strand; unweit von der Straße, hinter Weller's Rock Wharf.

Pilots Beach
Hier chillen Zwergpinguine und Seebären; dicht an der Straße, unterhalb von Taiaroa Head.

Tomahawk Beach
Nahe Dunedin, am Fuß der Halbinsel, hauptsächlich Seelöwen und Pinguine.

Spaziergang führt durch „Tunnel“ zu Unterständen und mit Glück trifft man einen Hoiho auf seinem Weg nach Hause. Die hilfsbereiten Führer haben viel Erfahrung und wissen genau, was in der Kolonie vor sich geht, man hat eine gute Chance, einen Hoiho in freier Natur zu sehen.

Monarch Wildlife Cruise

AUSFLÜGE AB WELLER'S ROCK WHARF

Eine Schiffstour ist immer schön – besonders wenn dabei viele Wildtiere beobachtet werden können. Die einstündige **Wildlife Cruise** von Monarch beginnt an Weller's Rock Wharf auf der Otago Peninsula, 26 km von Dunedin City entfernt. Das robuste kleine Boot fährt durch den Außenhafen in den offenen Pazifik, immer auf der Suche nach Meeressäugern und Seevögeln, wie segelnde Albatrosse. Natürlich gibt es keine Garantie, aber man könnte sonnende Seelöwen auf einsamen Stränden sehen, schwimmende Seehunde, Zwergpinguine, Schwarz- und Hector-Delphine und, natürlich, jede Menge laut schreiende Seevögel. Über 10 000 Seevögel leben auf Taiaroa Head und brüten in großer Zahl auf den Klippen, man sieht auf jeden Fall Vögel.

Der historische Leuchtturm Taiaroa Head thront ganz oben und man erkennt gut, wie bedeutsam er war, um die Schiffe bei der Einfahrt in Otago Harbour vor den Klippen zu warnen. Und keine Angst vor Wind oder Kälte – die zeigen die Tiere auch nicht.

Wandern an der Sandfly Bay

STRANDWANDERUNG & WILDE TIERE

Die schöne, kurze Wanderung – gut geeignet für Familien – führt hinunter zum Strand der **Sandfly Bay** an der Pazifikseite der Otago Peninsula. Der Strand mit Dünen lädt zu einem endlos langen Spaziergang ein. Der Weg beginnt am Parkplatz am Ende der Seal Point Road und führt durch Farmland zu einer Aussichtsplattform mit einem atemberaubenden Blick über die Sandfly Bay, die Küste und das wilde Meer. Weiter geht es durch steile Sanddünen hinunter zum Strand, an dem sich Wellen brechen und wo oft *kekeno* (Seebären) und *rāpoka* (Seelöwen) am Strand liegen. Sie sehen friedlich aus, sind aber kräftige, wilde Raubtiere, die durchaus gefährlich werden können, wenn sie sich angegriffen fühlen. Besser einen großen Bogen um sie machen.

Sandfly Bay ist auch Heimat für eine Kolonie der gefährdeten Hoiho. Wer das Glück hat, einen Hoiho zu sehen, sollte besser ausreichend Abstand halten – sie laufen den Strand hinauf in die Dünen.

TUNNEL BEACH WALK

Eine wunderbare familienfreundliche Wanderung an einem spektakulären Küstenabschnitt – hier hat der wilde Pazifik den Sandstein zu Bögen und ungewöhnlichen Formationen geformt. Der Weg beginnt am Parkplatz Tunnel Beach Road, 7 km südwestlich von Dunedin. Kinder lieben es, über den faszinierenden Bogen zu klettern und dann 72 Stufen hinab durch einen Tunnel zu einem einsamen Strand, umgeben von 30 m hohen Sandsteinklippen, zu gehen. Aber aufpassen, dass die Kinder nicht zu dicht an den Klippen sind oder in die starke Strömung gehen. Die jüngste Tochter von John Cargill, der 1876 den Tunnel erbauen ließ, ertrank hier. Beste Zeit für einen Besuch ist bei Ebbe.

UNTERWEGS VOR ORT

Von Dunedin aus gibt es viele geführte Touren zu den Sehenswürdigkeiten der Otago Peninsula, aber am schönsten erkundet man sie mit dem eigenen Fahrzeug. Es sind nur 30 km von Dunedin bis Taiaroa Head an der Spitze der Halbinsel, unterwegs gibt es viele interessante Punkte.

ŌAMARU

Ōamaru (14 000 Ew.), die größte Stadt in Nord-Otago, bietet einige faszinierende Attraktionen. Unter der Oberfläche der hübschen kleinen Stadt sprudelt viel Verschrobenheit. Mitte des 19. Jhs. war die Stadt sehr wohlhabend und noch heute stehen in der Thames Street eine Reihe großartiger Gebäude, die aus dem heimischen cremefarbenen Ōamaru-Stein errichtet wurden. Das Ōamaru Opera House (1907) ist besonders beeindruckend, ebenso das Waitaki District Council Building (1883) und die Forrester Gallery (1884). Die stimmungsvollen Gebäude in Ōamarus viktorianischem Viertel und der Hauptsitz des Steampunk sorgen dafür, dass hier die „Steampunk-Hauptstadt der Welt" ist. Einige Straßen dienten als Drehort für den Film *The Power of the Dog* (2021). Ganz anders ist es dagegen am Wasser – hier ist das Highlight die abendliche Rückkehr der Pinguine in die Ōamaru Blue Penguin Colony.

TOP TIPP

Mindestens eine Nacht in Ōamaru verbringen und den Abend rund um die Ankunft der Zwergpinguine planen (siehe penguins.co.nz). Sie kommen im Winter gegen 17.15, im Sommer gegen 21 Uhr. Je nach Jahreszeit sollte man das Abendessen in Scotts Brewing Co vorher oder nachher genießen.

Ōamarus viktorianisches Viertel

CRAIG PERSHOUSE/GETTY IMAGES ©

Rückkehr der Zwergpinguine

PINGUINKOLONIE MITTEN IN DER STADT

Das Highlight eines Besuchs in Ōamaru ist die Zwergpinguinkolonie. Fast mitten in der Stadt, am Ende der Waterfront Road, kommen jeden Abend Gruppen von 30 bis 50 Zwergpinguinen von einem Tag im Meer zurück. Die kleinen Pinguine warten auf See bis sich eine Gruppe (engl. *raft*, „Floß“) gefunden hat, die Sicherheit gibt und kehren dann zurück. Sie kündigen ihre Ankunft mit entenähnlichem Geschnatter an, landen sehr tollpatschig, watscheln zögernd den Strand hinauf (um die lästigen Seehunde herum) und rennen los, wenn sie das Land erreichen. Und das alles gut sichtbar von der Gästetribüne. Einige Pinguine watscheln sogar direkt über die Tribüne, mitten durch die aufgeregten Familien. Bevor sie ihre Nester betreten, trocknen sich die Vögel ab und putzen sich. Kaum zu Hause füttern sie die Küken und schnattern laut mit ihren Artgenossen. Nest Cam bietet immer aktuelle Fotos von der Kolonie.

Zwischen September und Februar ist der beste Zeitraum um sie zu beobachten; bis zu 400 Vögel kommen dann jeden Tag zurück, im Winter sind es dagegen manchmal nur ungefähr 20 Tiere. Auf der Website ist für jeden Tag die ungefähre Ankunftszeit aufgeführt.

LITTLE, BLUE, FAIRY ODER KORORĀ?

Nur etwa 30 cm groß und 1,5 kg schwer – die kleinsten Pinguine der Welt. In Māori heißen sie *Kororā*, auf Englisch *little penguin, little blue penguin* oder *fairy penguin*, auf Deutsch einfach Zwergpinguin. Sie sind eine andere Art als der australische Zwergpinguin und kommen an der gesamten neuseeländischen Küste vor. Die ausgewachsenen Tiere kommen an Land um das Nest vorzubereiten, dabei watscheln sie bis zu 1,5 km landeinwärts auf der Suche nach dem perfekten Platz. Obwohl sie geschützt sind, nimmt ihre Zahl ab. Zu den Fressfeinden an Land gehören Hunde und Katzen; im Meer müssen sich die Zwerge vor Haien und Seelöwen hüten.

GUT ESSEN IN ŌAMARU

Star & Garter
Beliebter Treffpunkt mit hausgemachter Küche; Nähe Victorian Precinct. **$$**

Last Post Pub & Restaurant
Herzhafte Gerichte in einem Haus aus Ōamaru-Stein an der Thames Street. **$$**

Fat Sally's
Lokal für Fleischfans in der Thames Street; Angebote auch für Vegetarier und Veganer. **$$**

Steampunk HQ

Bizarres & wunderbares Ōamaru

MORGEN WIE ES FRÜHER WAR

Das viktorianische Viertel besteht nur aus einigen Straßenzügen zwischen Hafen und Tyne Street, bietet aber einige der besterhaltensten viktorianischen Gewerbebauten Neuseelands. Es war ein Selbstläufer für die neuseeländische Regisseurin Jane Campion hier Szenen ihres preisgekrönten Films *The Power of the Dog* zu drehen; die Stadt spielte das fiktive Herndon, Montana. Das viktorianische Viertel ist nicht nur *der* Star des Films, sondern bietet auch Raum für alles Hippe, Coole und Freakige in Ōamaru. Wer einen Bummel macht, findet Geschäfte für alte Bücher, alte Möbel und alte Klamotten, Galerien, skurrile Souvenirläden, Ateliers, Süßwarenläden und Buchbindereien. Und abends öffnen nette kleine Bars.

Der Höhepunkt der Schrulligkeit ist jedoch Ōamarus Anspruch, die „Welthauptstadt des Steampunk" zu sein. Steampunk ist eine Art Science-Fiction, in der dampfgetriebene Technologie im Vordergrund steht. Sie spielt in einer futuristischen Version des viktorianischen Englands – eine „verrückt gewordene Welt". Im „Grain Elevator" (1883), am Eingang zum viktorianischen Viertel, bietet Steampunk HQ eine faszinierende Sammlung von retro-futuristischer Science-Fiction-Kunst, Filmen, Kultur und Klängen. Im Woolstore Complex befindet sich das „Gadgetorium"; das Science-Fiction-Warenhaus zeigt Geräte, Requisiten, Kuriositäten und Sammlerstücke von Zeitreisenden.

SCOTTS BREWING CO

In einem alten Eisenbahngebäude unweit vom Wasser, direkt südlich des Victorian Precinct, befindet sich Ōamarus beliebteste Craftbier-Brauerei mit Ausschank. Es gibt ein großes Angebot an Biersorten, dazu leckere Pizza und Pub-Gerichte. Besonders verlockend ist die sonnige Terrasse. Scotts füllt sich freitags- und samstagsabends mit Einheimischen und ist besonders beliebt bei Radfahrern, die gerade den Alps 2 Ocean Cycle Trail an der nahen Friendly Bay beendet haben. Extra für sie gibt es die Pizza mit Namen Alps 2 Ocean – mit Garnelen, Räucherlachs und Speck. Scotts bietet sich auch vor oder nach einem Besuch der Blue Penguin Colony an.

UNTERWEGS VOR ORT

Meistens reist man mit einem Mietwagen nach Ōamaru. Das Zentrum zwischen Thames Street, Victorian Precinct und Scotts Brewing Co lässt sich zu Fuß erkunden, aber für einen Besuch der Blue Penguin Colony ist ein Fahrzeug besser geeignet.

Rund um Ōamaru

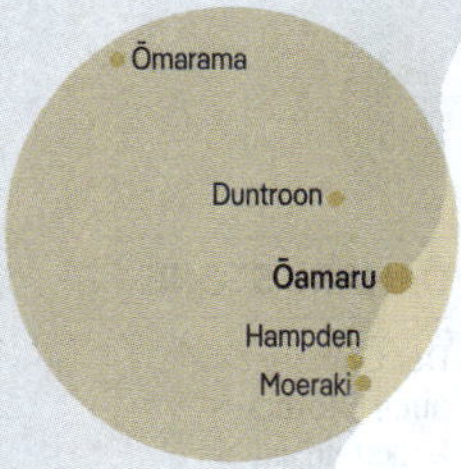

Die meisten Reisenden fahren auf der SH1 nach Christchurch im Norden oder nach Dunedin im Süden – besuchenswert ist das Waitaki Valley.

Ōamaru liegt 113 km nördlich von Dunedin und 247 km südlich von Christchurch. Die meisten Besucher fahren nur durch, manchmal mit einer Übernachtung in Ōamaru. Die Moeraki Boulders befinden sich 38 km südlich von Ōamaru nahe der SH1. Wer Zeit hat, sollte das Waitaki Valley besuchen. Die Kalksteinfelsen Elephant Rocks sind beliebt bei Groß und Klein und eine Fahrt über den entlegenen Danseys Pass ist eine tolle Route nach Central Otago. Im Waitaki Valley liegt der kleine Ort Kurow, Heimat des All-Blacks-Kapitäns und World-Cup-Gewinners Richie McCaw. Nahe Ōmarama befinden sich die beeindruckenden Clay Cliffs, Lindis Pass bietet eine einzigartige Tussock-Landschaft.

TOP TIPP

Ōmarama, Clay Cliffs und Lindis Pass liegen an der SH8, die Christchurch, Mount Cook und Queenstown verbindet.

Elephant Rocks (S. 410)

Moeraki Boulders

KUGELFÖRMIGE FELSEN ODER ALIEN-EIER?

Die ungewöhnlich großen, kugelförmigen **Findlinge** liegen am Koekohe Beach auf einem Abschnitt zwischen Moeraki und Hampden, 38 km südlich von Ōamaru am SH1, und sind eine Besucherattraktion. Wissenschaftlich erklärt sind die Findlinge Calcit-Verwaschungen, die vor 65 bis 13 Mio. Jahren entstanden, man könnte sie aber auch als Murmeln eines Riesenbabys sehen. Nach einer Māori-Legende sind sie die Überreste von Aalkörben und Kalebassen, die vom Wrack der *Arai-te-uru*, einem großen Segelkanu, an Land gespült wurden. Ganz Verrückte behaupten, dass sie Alien-Eier sind, die ausgebrütet werden müssen. Egal, was auch immer man glauben möchte, sie sind faszinierend – und bei Sonnenuntergang ein fantastisches Fotomotiv. Auf jeden Fall lohnt sich ein Halt auf der Fahrt zwischen Ōamaru und Dunedin. Zu den Findlingen führt ein 300 m langer Weg vom Park- und Rastplatz Moeraki Boulders/Kaihinaki Scenic Reserve.

ŌAMARU STONE

Der Ōamaru Stone, auch Ototara-Kalkstein, ist ein cremefarbener Kalkstein, der für viele öffentliche Gebäude im Süden der Südinsel Verwendung fand, besonders nach dem Goldrausch in Central Otago in den 1860er-Jahren. Er diente als Baumaterial für die großen Gebäude in Ōamaru und wurde zusammen mit dem harten Blaustein-Basalt zur Fassadengestaltung verwendet, so bei der Dunedin Railway Station und dem Christchurch Arts Centre. Er wird in Weston, 6 km westlich von Ōamaru, abgebaut; wer natürliche Kalksteinformationen sehen möchte, muss auf dem Weston-Ngapara Road und weiter Island Cliff-Duntroon Road bis Elephant Rocks fahren. Die 40 km lange Fahrt dauert ca. 40 Minuten.

Spaziergang durch die Elephant Rocks

VERWITTERTER KALKSTEIN AUF EINER WEIDE

Dieses erstaunliche **Blockfeld** aus verwitterten Kalksteinfelsen, 23 bis 25 Mio. Jahre alt, befindet sich auf einer Weide 5 km südlich von Duntroon im Maerewhenua Valley, 40 km nordwestlich von Ōamaru. Die massigen, runden, verwitter-

Elephant Rocks

ZENOBIA SOUTHCOMBE/SHUTTERSTOCK ©

ÜBERNACHTEN IM WAITAKI VALLEY & ŌMARAMA

The Old School Enfield
Liebevoll renovierte Schule, 10 Autominuten von Ōamaru entfernt. **$$$**

Kurow Hotel
Historisches Hotel mit Zimmern, Bar und Restaurant im Zentrum von Kurow. **$$**

Duntroon Hotel
Kultig renoviertes Country Pub von 1881; beliebt bei Radfahrern der Alps 2 Ocean Tour. **$$**

WIRESTOCK CREATORS/SHUTTERSTOCK ©

Danseys Pass

ten Findlinge sind sehr beeindruckend und lohnen den Weg. Sie sind ein großer Spaß für mutige Kinder und wirklich fotogen – so sehr, dass sie als Drehort für einige Szenen im ersten *Narnia*-Film dienten. Man erkennt sicherlich einen Elefanten, aber mit etwas Fantasie auch einen Pinguin, einen Hund, einen Adler und Winnie Puuh. In den Kalksteinfelsen gibt es auch **Fossilieneinschlüsse**. Für die Fahrt dorthin benötigt man ein Fahrzeug; Parken ist an der Straße möglich. Meistens grasen Schafe zwischen den Felsen. Die Elephant Rocks liegen am Alps 2 Ocean Cycle Trail.

Fahrt über den Danseys Pass

SCHOTTERPISTE DURCH DIE BERGE

Wer ein echtes Neuseeland-Abenteuer erleben möchte, muss über die **Danseys Pass Road**, die North Otago und Naseby in Central Otago verbindet, fahren. Die Schotterpiste führt durch die Kakanui Mountains. Ein Auto mit Allradantrieb ist nicht unbedingt nötig, aber die Strecke ist abgelegen führt bis auf 935 m Höhe. Man sollte besser nicht liegen bleiben oder unkonzentriert am Steuer sein. Vor dem Start den Straßenzustand checken; nicht bei Eis und Schnee fahren. Ein Highlight ist ein Halt im **Danseys Pass Hotel**, einer historischen Gaststätte von 1862 auf der Central Otago-Seite, die Verpflegung und Unterkunft bietet. Der Anfang der Danseys Pass Road ist auf der North Otago-Seite, nicht weit von Elephant Rocks.

RADWANDERWEG ALPS 2 OCEAN

Der 315 km lange Radweg, der längste der Great Rides, beginnt in Aoraki/Mount Cook und endet in Ōamaru. Man kann ihn alleine befahren oder auf einer geführten Tour. Der A2O besteht aus acht Abschnitten mit leichter bis mittlerer Schwierigkeit. Er ist sehr beliebt bei den Neuseeländern und ein bedeutender Wirtschaftsfaktor für Waitaki Valley, da er Touristen in kleine Orte wie Ōtematata, Kurow und Duntroon führt. Alte Hotels und Gasthöfe wurden renoviert und inzwischen blüht das Geschäft mit Touren, Autoüberführungen, Gepäcktransfer, Fahrradvermietung und Support. Die Tour fährt sich am besten in den wärmeren Monaten und mit einem Mountainbike. Nützlich ist die Great Rides App.

ESSEN IM WAITAKI VALLEY & ŌMARAMA

Wrinkly Rams
Kaffee, Snacks aus der Vitrine und Speisekarte am SH8 in Ōmarama. **$$**

Wild Sage Cafe
Beliebtes Lokal in Kurow mit Snacks aus der Vitrine; auch Frühstück und Lunch. **$$**

Duntroon Hotel
Neu umgebautes Café, Bar und Restaurant in Duntroon, im Waitaki Valley. **$$**

ÜBER DEN LINDIS PASS

Der Pass liegt auf 966 m Meereshöhe am SH8 auf der Inlandstrecke zwischen Christchurch, Mount Cook und Queenstown. Mit der beeindruckenden Berglandschaft mit hohen, baumlosen Gipfeln und wogendem braunen Tussockgrasland wird regelmäßig in den Broschüren der Tourismuszentren geworben. Von der Passhöhe bietet sich eine grandiose Aussicht. Die 80 km lange Strecke zwischen Ōmarama und Tarras in Central Otago ist so abgelegen, dass es meistens keine Mobilfunk-Verbindung gibt. Unbedingt vorsichtig fahren, denn viele von der Aussicht überwältigte Fahrer achten nicht auf Straße und Geschwindigkeit, Unfälle sind nicht selten. Im Winter kann es auf dem Pass glatt sein.

BENJAWAN SITTIDECH/GETTY IMAGES ©

Clay Cliffs

Die Clay Cliffs

BIZARRE MONDLANDSCHAFT NAHE ŌMARAMA

Die aus einer anderen Welt stammende Landschaft 10 km westlich von Ōmarama gehört zu den unterschätzten Attraktionen des Landes. Keine Menschenmassen, keine vollen Parkplätze, nur ein paar handgemalte Schilder am Eingang und eine Kassenbox für die Parkgebühr (5 NZ$). Die **Klippen und Felsnadeln** sehen unglaublich spektakulär aus. Peter Jackson, Regisseur der Filmtrilogie *Der Herr der Ringe*, könnte sie als Kulisse entworfen haben, aber die außergewöhnliche Landschaft hat sich über Millionen Jahren natürlich gebildet. Schlick und Schotter, von Gletschern und Flüssen hier jahrhundertelang abgelagert, wurden zu hartem Fels gepresst und entlang einer Verwerfungslinie hochgedrückt. Die Erosion durch Wind und Wetter schuf eine Landschaft aus tiefen Schluchten und hohen Felsnadeln. Man benötigt mindestens eine Stunde für den Besuch. Ein einsamer Weg führt hoch auf die Felsnadeln. Wer frühmorgens oder abends kommt, dem gehören die Clay Cliffs (beinahe) ganz alleine.

UNTERWEGS VOR ORT

Die Gegend muss mit einem eigenen Fahrzeug erobert werden – egal, ob mit einem Leihwagen oder mit dem Mountainbike auf dem Radweg Alps 2 Ocean.

CROMWELL & LAKE DUNSTAN

Der am See liegende Ort Cromwell befindet sich im Herzen des Weinbaugebiets Central Otago. Aber Cromwell lag nicht immer am See. Als der Clyde Dam 1992 fertiggestellt wurde, überflutete er nicht nur das Tal (und schuf Lake Dunstan), sondern auch Cromwells historisches Zentrum. Viele alte Gebäude wurden abgebaut und oberhalb des Sees wieder errichtet, um eine „neue" historischen Fußgängerzone zu schaffen, mit Cafés, Galerien, Geschäften und einem tollen Bauernmarkt. Central Otago ist bekannt für seinen ausgezeichneten Pinot noir und, etwas weniger, für Pinot gris, Riesling und Chardonnay. Im Cromwell Basin, das sich von Bannockburn 5 km südwestlich von Cromwell bis nördlich vom Lake Dunstan zieht, gibt es über 30 Weingüter, viele mit Probierstuben und Restaurants. Rund um Cromwell findet man viele Plantagen mit Steinobst, vor allem Kirschen im Sommer.

TOP TIPP

Cromwell liegt dichter an Queenstown und Wanaka als an Dunedin: Beide sind weniger als eine Autostunde entfernt, nach Dunedin dauert es drei Stunden. Man kann gut in einem der Ferienorte an den Southern Lakes übernachten und die Weingüter und Radwege erkunden.

DIE BESTEN WEINGÜTER IN BANNOCKBURN

Am Südufer des Kawarau River, 5 km südlich von Cromwell, liegt Bannockburn mit heißen Sommern, großen Temperaturunterschieden zwischen Tag und Nacht und langen, kühlen Herbsttagen – perfekte Bedingungen für Pinot noir, Pinot gris, Riesling und Chardonnay.

Akarua
Progressives Weingut im Familienbesitz mit preisgekröntem Pinot noir und Sekt.

Te Kano Estate
Beeindruckende Weine und ein Tasting-Raum, der freitragend über der Landschaft schwebt, mit einem fantastischen Ausblick.

Felton Road
Die Reben an den warmen Nordhängen werden biodynamisch bewirtschaftet; es gibt nur minimale Eingriffe.

DAVID WALL/ALAMY STOCK PHOTO ©

Mt Difficulty

Mt Difficulty Tasting & Restaurant

AUSSERGEWÖHNLICHE WEINE, ESSEN & AUSSICHT

Hoch oben über der Felton Road in Bannockburn, etwa 6 km südlich von Cromwell, produziert Mt Difficulty unseren Lieblings-Pinot-Noir. Das gediegene Terrassenrestaurant mit Blick über das Tal eignet sich gut für ein entspanntes Mittagessen. Es gibt große Platten zum Teilen sowie köstliche Desserts – und natürlich Wein.

Die Geschichte von Mt Difficulty begann Anfang der 1990er-Jahre, als die Besitzer von fünf Weinbergen in Bannockburn beschlossen, zusammenzuarbeiten und ihren Wein unter einem Namen zu vermarkten. 1998 wurden die ersten Mt-Difficulty-Weine produziert. Namensgeber ist der Berg, der sich hoch über die Kawarau Gorge erhebt, an der einst Viehtreiber scheiterten, als sie 3000 Schafe durch die Schlucht in das Wakatipu Basin treiben wollten.

Der erste Pinot noir (1998) gewann eine Goldmedaille bei den Air New Zealand Wine Awards und machte Mt Difficulty bekannt. Seitdem geht es bergauf. Heute steht Mt Difficulty auf der Route der Weinreisen ab Queenstown und Wanaka, die beide nur eine Stunde entfernt sind. Für das Restaurant muss man frühzeitig reservieren; der Tasting-Raum ist von 10.30 bis 16 Uhr geöffnet; für die Verkostung zahlt man 10 NZ$.

UNTERWEGS VOR ORT

Cromwell ist von Dunedin, Queenstown, Wanaka und Christchurch mit dem Bus leicht erreichbar, aber besser ist es mit einem eigenen Fahrzeug – egal ob zwei oder vier Räder. Wer die Weingüter besucht, sollte einen abstinenten Fahrer haben oder eine Tour buchen.

AUF DEM LAKE DUNSTAN TRAIL

Central Otagos toller neuer Radwanderweg verbindet auf 41 km die beiden historischen Orte Cromwell und Clyde. Er macht viel Spaß, erfordert aber Erfahrung im Off-Road-Fahren. Lokale Veranstalter wie Trail Journeys bieten alles an – vom Fahrradverleih über Shuttleservice bis hin zu kompletten Touren.

Von **1 Cromwells Heritage Precinct** führt eine einfache Strecke am Kawarau Flussarm von Lake Dunstan bis zur **2 Bannockburn Bridge**. Hinter der Brücke kann man entweder zurück bis zum Bannockburn Hotel fahren oder die Felton Road abwärts, wo erstklassige Weingüter wie Mt. Difficulty liegen. Ab der Brücke führt der Weg zunächst zu den Weinbergen – z. B. Carrick als nette Pause für eine Verkostung mit Essen – und Olivenhainen vorbei bis **3 Cornish Point**. Nun folgt mit der felsigen Cromwell-Schlucht eine dramatische Änderung der Landschaft. Man fährt über den ersten Bohlenweg, der an die Felsen angebaut wurde, und dann unterhalb des beeindruckenden Cairnmuir Slide, einer Schutzmauer, die den Fluss vor Erdrutschen schützen soll. Das schwimmende Café Coffee Afloat mit köstlichem Kaffee und Snacks ist ein überraschendes Highlight in **4 Cairnmuir Gully**. Dann folgt ein 130 m langer Anstieg, die Cairnmuir Ladder, anschließend geht es bergab bis zur 85 m langen, 28 m hohen Hugo-Hängebrücke. Mehr Bohlenwege folgen, dazu Kurven und Steinmauern bis zur **5 Halfway Hut**. Auf der Fahrt zum **6 Dunstan Arm Rowing Club** kann man die Szenerie richtig genießen. Weiter zum Clyde Dam, der 1992 fertiggestellt wurde und den Lake Dunstan schuf. Der Uferweg führt entlang des Sees über die Clyde Bridge in den historischen Ort **7 Clyde**.

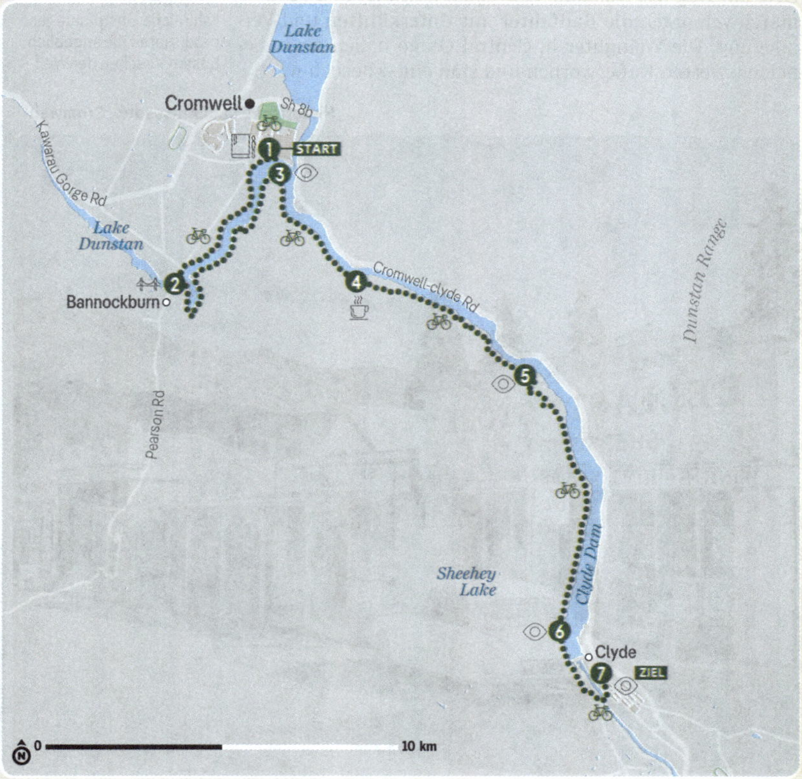

Rund um Cromwell & Lake Dunstan

Central Otago umfasst einen großen Bereich mit Tälern und Bergzüge wie Raggedy, Rock and Pillar und Old Man Ranges.

Während Cromwells Einwohnerzahl neuerdings gestiegen ist – viele Einwohner arbeiten in den Ferienorten Queenstown, weniger als eine Stunde Fahrzeit Richtung Westen entfernt, und Wanaka, weniger als eine Stunde Richtung Norden – schlagen andere kleine Orte in „Central“ Kapital aus dem Fahrrad-Boom. Das historische Clyde mit seiner attraktiven Altstadt profitiert davon, dass es am Ende des Lake Dunstan Trail und Beginn des Otago Central Rail Trail liegt, andere Orte am Weg wie Omakau, Oturehua, Ranfurly und Middlemarch versorgen die Radfahrer mit Unterkünften und Verpflegung. Die Weingüter in Central Otago haben einen beneidenswerten Ruf erworben und sind einen Besuch wert.

TOP TIPP

Sommer ist Kirschenzeit in Central Otago und zahlreiche Obstplantagen produzieren die angeblich besten Kirschen der Welt.

Historische Ladenfassaden, Cromwell

JESSICA PAGE PHOTO/GETTY IMAGES ©

JANICE CHEN/SHUTTERSTOCK ©

Otago Central Rail Trail (S. 418)

Clyde Old Town

FILMREIFER GOLDRAUSCH-ORT

Die Altstadt von Clyde am Ufer des smaragdgrünen Clutha River scheint aus einem Film über den Goldrausch im 19. Jh. zu stammen. Die Goldgräber von 1860 wären jedoch überrascht über den hydroelektrischen Clyde Dam flussaufwärts mit dem relativ neuen Lake Dunstan (1992) dahinter. Rund um die Stadt entstanden neue Vororte, aber die Altstadt ist entzückend und ein Paradies für Besucher der Weingüter, Obstplantagen und Radwege in Central Otago. Die Altstadt ist auch Endpunkt des neuen, absolut beliebten Lake Dunstan Trail (S. 415), der Startpunkt für den 152 km langen Otago Central Rail Trail (S. 418) ist am südöstlichen Rand der Stadt.

Die **Gebäude aus der Goldrausch-Zeit** an der Sunderland Street mit modernen Geschäften, Restaurants, Cafés und Unterkünften wurden ergänzt durch passende Neubauten an der Holloway Street; in den hübschen Häusern befinden sich Boutiquen, Galerien, Bars und ein Kino. Ein Highlight für Kunstliebhaber ist **Nigel Wilson Studio & Gallery** in einer kleinen Seitenstraße – hier befindet sich das offene Atelier des bekannten Künstlers aus Central Otago. **Olivers Restaurant** mit dem zugehörigen **Merchant of Clyde** (Café-Bäckerei-Deli und Gartenlokal) und die Victoria Store Brewery, in einer Reihe von Schieferhäusern an der Sunderland Street, sind seit Langem in Otago beliebt und lohnen eine Pause, um neue Energie für weitere Ausflüge zu sammeln.

ESSEN & AUSGEHEN IN CLYDE

Nigel Wilson, bekannter Künstler aus Central Otago, verrät seine Lieblingsrestaurants und -bars in seiner Heimatstadt Clyde. *nigelwilsonart.com*

Merchant of Clyde Cafe
Mein perfekter Tag beginnt mit Kaffee und Croissant im sonnigen Obstgarten im Merchant. Das Gebäck und die Kuchen hier sind einfach Spitze.

The Old Clyde Bank
Das Lokal in der alten Bank of New Zealand an der Hauptstraße bietet mittags und abends ausgezeichnetes Essen, besonders gut: gebratener Thunfisch.

Paulina's Bar
Das ist mein Lieblings-Pub. Wunderbar für ein kaltes Bier, Tapas und Pizza; Sitzplätze im Freien. Perfekt im Sommer.

UNTERWEGS VOR ORT

Man benötigt hier ein eigenes Fahrzeug – egal ob Auto oder Mountainbike. Täglich verkehren Busse zwischen Queenstown und Dunedin mit Halt in Cromwell, Clyde und Alexandra.

Otago Central Rail Trail

Drei Tage dauert die 152 km lange Schotterpiste, die Clyde mit Middlemarch verbindet – die ehemalige Strecke der Central Otago Railway (1892–1990). Gleise und Schwellen wurden abgebaut und ein beliebter, familienfreundlicher „rail trail" für Radfahrer und Wanderer geschaffen. Da Dampfloks nicht mehr als 2 % Steigung bewältigen konnten, steigt die Strecke nur sanft an. Beim Start in Clyde profitiert man vom Rückenwind; am schönsten von Oktober bis April.

1 Clyde Trailhead

Bei Trail Journeys, direkt am Start des Radwegs, mietet man ein Rad oder E-Bike und organisiert den Gepäcktransport, Fahrradtransport oder Shuttle zurück nach Clyde (oder weiter nach Dunedin). Auch ein Transport ab Queenstown zum Start ist möglich.

Die Strecke: Der Weg führt 25 km flussaufwärts im Tal des Manuherikia River bis zum Chatto Creek Pub, dann weiter 12 km bergauf und über Tiger Hill bis Omakau, dem Ziel des ersten Tages.

2 Omakau

Das Gebiet des früheren Goldrauschs ist ein guter Ort für die erste Übernachtung. Es gibt ein Café mit hausgemachten Pasteten, ein einladendes altes Landhotel und einen Friedhof jenseits der alten Abstellgleise und Güterschuppen.

Die Strecke: Die Strecke durch die Poolburn-Schlucht ist richtig spannend; auf der rund 30 km langen Fahrt bis Oturehua sieht man alte Haltestellen und fährt über Brücken und ebenso durch dunkle Tunnel.

Auf dem Otago Central Rail Trail

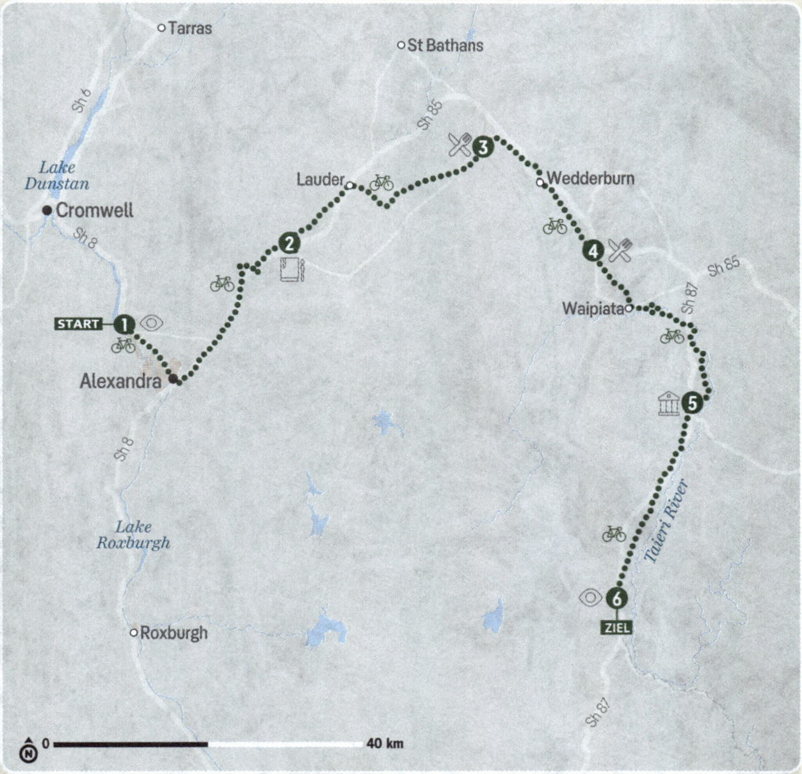

3 Oturehua

Der perfekte Haltepunkt zum Mittagessen am zweiten Tag. Das Oturehua Railway Hotel bietet Hausmannskost und kühle Getränke. Einen Besuch wert ist auch Gilchrists General Store gegenüber, der seit dem Jahr 1899 – beinahe unverändert – geöffnet ist.

Die Strecke: Es geht über den höchsten Punkt der Tour (618 m), dann abwärts bis zur einladenden Wedderburn Tavern; die Gesamtstrecke von Oturehua bis zum Tagesziel Ranfurly beträgt etwa 25 km.

4 Ranfurly

Das Art-déco-Städtchen ist das Zentrum des Maniototo Valley; es gibt Cafés, einen Pub, den alten Bahnhof, ein Museum, eine Buchhandlung und sogar einen Secondhand-Shop. Außerdem gibt es gute Unterkünfte für die zweite Übernachtung unterwegs.

Die Strecke: Am letzten Tag beträgt die Strecke gut 60 km. Es beginnt mit einer 33 km langen Fahrt nach Hyde, zuerst im Tal bis Waipiata, dann weiter im Taieri River Valley.

5 Hyde

Der alte Bahnhof Hyde (1894 gebaut) liegt 2 km südlich der Ortschaft; er wurde vom Otago Central Rail Trail Trust erworben und renoviert. Jetzt informiert ein Museum über alten Zeiten.

Die Strecke: Entspannte 27 km nach Süden bis Middlemarch, vorbei an einem steinernen Mahnmal zur Erinnerung an die 21 Personen, die 1943 beim Hyde-Eisenbahnunglück starben.

6 Middlemarch

Der Weg endet in Middlemarch im Strath-Taieri Valley, nördlich des alten Bahnhofs. Von hier führen Bahnstrecken durch die Taieri Schlucht bis Dunedin – leider verkehren keine Züge.

Links: Milford Track (S. 434); rechts: Kākā, Rakiua/Stewart Island (S. 444)

DIE WICHTIGSTEN ZIELE

TE ANAU
Tor nach Fiordland.
S. 426

PIOPIOTAHI/MILFORD SOUND
Bekanntester Fjord.
S. 429

PĀTEA/DOUBTFUL SOUND
Ein wenig besuchter Fjord.
S. 431

FIORDLAND & SOUTHLAND

LANDSCHAFTEN, VON DENEN REISENDE TRÄUMEN

Gemeint sind der tiefgrüne Süden mit endlosen Bergen und Wäldern in Fiordland, das entlegene Rakiura/Stewart Island sowie die zahllosen Farmen von Southland.

Diese Region ist wirklich etwas Besonderes. Im Westen erstreckt sich der Fiordland National Park mit der netten kleinen Ortschaft Te Anau, dem Tor zur Region. Fiordland beeindruckt mit zerklüfteten Gipfeln, schillernden Fjorden und unglaublicher Stille. Diese herrliche Abgeschiedenheit erlebt am besten, wer den berühmten Milford Track begeht, einen von zahlreichen Wanderwegen, die sich durch die dicht bewaldeten, von Gletschern geschaffenen Täler schlängeln, begrenzt von gewaltigen Gebirgszügen. Fiordland ist auch die Heimat des Piopiotahi/Milford Sound; er lässt sich im Rahmen einer der spektakulärsten Autofahrten der Welt erreichen – auf der Milford Road ab Te Anau. Eine Kreuzfahrt auf dem Fjord mit seinen beinahe senkrecht aus dem tiefblauen Wasser ragenden Felsen ist ein abolutes Muss.

Die wichtigste Stadt von Southland ist Invercargill. Sie ist ein Paradies für Fahrzeugfreaks dank ihrer Motorrad- und Automuseen. Im Osten von Southland führt ein Abzweig durch die Catlins. Hier tosen in den Wäldern Wasserfälle nieder, viele Wildtiere sammeln sich an der Küste.

Tief im Süden ist Rakiura/Stewart Island die entlegene Heimat von seltenen Vögeln, u. a. dem Nationalvogel Neuseelands, dem Kiwi. Der Rakiura National Park nimmt 85 % der Inselfläche ein.

Die 610 km lange Southern Scenic Route verbindet Queenstown mit Dunedin, via Te Anau und Fiordland, Invercargill und den Catlins – eine tolle Möglichkeit die Region kennenzulernen.

Te Anau, S. 426

Quirlige kleine Ortschaft am Ufer des Lake Te Anau und Tor nach Fiordland, zum Milford Sound und zu den Ausgangspunkten zahlreicher Wanderwege.

Rakiura/Stewart Island, S. 444

Die drittgrößte Insel Neuseelands ist ein Paradies für Wander- und Vogelfreunde; das Lokalkolorit verströmt etwas charmant Gestriges.

Erste Orientierung

Der Fiordland National Park erstreckt sich im Westen, Invercargill befindet sich so ziemlich in der Mitte der Südküste, und die Catlins liegen im Osten. Rakiura/Stewart Island befindet sich im Süden.

Invercargill, S. 436

Die größte Stadt der Region ist ein Verkehrsknotenpunkt und dank seiner Motorrad- und Automuseen plus Events ein Eldorado für Fahrzeugfreaks.

AUTO

Mit einem eigenen fahrbaren Untersatz kommt man mit Abstand am besten herum; zudem kann man nach Belieben anhalten und alles erkunden. Mietwagen stehen in Queenstown, Invercargill oder Dunedin zur Verfügung – und dann ab zur Southern Scenic Route.

BUS

Es verkehren zu den wichtigsten Ortschaften und Sehenswürdigkeiten Busse; Fahrpläne, Abfahrten und Haltestellen sind eher rar. Die Startpunkte der Tracks und Orte wie der Piopiotahi/Milford Sound sind bestens erreichbar.

FÄHRE

Nach Rakiura/Stewart Island gelangt man mit der Fähre ab Bluff. Die Fahrt dauert pro Strecke eine Stunde; Parkplätze sind am Fährhafen in Bluff vorhanden. Die Fähren verkehren ganzjährig morgens und nachmittags.

Perfekte Tage

In Fiordland und Southland werden die Träume eines jeden Wanderfans wahr. Hier verbringen alle eine herrliche Zeit, die gern auf Erkundungstour gehen, wandern und Wildtiere beobachten.

TOBIN AKEHURST/SHUTTERSTOCK ©

Gertrude Valley (S. 433)

Auf Kurzbesuch

● Wer eher wenig Zeit hat, sollte unbedingt den **Piopiotahi/Milford Sound** besuchen und einen **Schiffsausflug auf dem Fjord** (S. 430) unternehmen. Am besten bezieht man dazu in **Te Anau** (S. 426) Quartier und macht dann einen Tagesausflug mit dem Auto über die **Milford Road** (S. 432) zum Fjord und durch den Fiordland National Park wieder zurück. Bei akutem Zeitmangel bietet der Milford Sound auch einen spektakulären Anblick von oben; von **Queenstown** (S. 454) kommt man mit dem Hubschrauber oder Leichtflugzeug hin. Viele fliegen nach Milford, machen einen Schiffsausflug und fliegen dann wieder nach Queenstown zurück – es muss allerdings das Wetter mitspielen.

UNTEN VON LINKS RUSLANKPHOTO/SHUTTERSTOCK ©, KCEMPEROR/SHUTTERSTOCK ©, NUI RATTAPON/SHUTTERSTOCK ©

Beste Reisezeit

Von Ende Oktober bis April gleicht die Region einem Bienenschwarm; in diesem wärmeren Zeitraum sind viele Wanderer, Outdoor-Freunde und andere unterwegs.

JANUAR

Sommer-Hochsaison mit vielen Kiwi-Familien; viel los in **Fiordland** (S. 429), in den **Catlins** (Foto; S. 440) und auf **Rakiura/Stewart Island** (S. 444).

FEBRUAR

Das Wetter ist beständig, die Kiwi-Kids sind wieder in der Schule, und in Invercargill röhren die Motoren bei der **Burt Munro Challenge** (S. 437)!

APRIL

Es tritt eine Art Entschleunigung ein, denn die Wanderwege, Tourenveranstalter und Farmer bereiten sich auf die kalte Nebensaison im Winter vor.

Road Trip!

Ein wirklich außergewöhnlicher Roadtrip ist die Southern Scenic Route von Queenstown nach Dunedin über **Te Anau** (S. 426) und Fiordland, **Invercargill** (S. 436) und die **Catlins** (S. 440) – oder in die entgegengesetzte Richtung. Auf jeden Fall muss die Fahrt über die **Milford Road** (S. 432) zum Fjord auf dem Programm stehen, wo ein **Schiffsausflug** (S. 430) lockt. Einige Übernachtungen in **Te Anau** machen somit Sinn. Wer gerne Auto fährt, sollte vier oder fünf Tage für die komplette Southern Scenic Route einplanen; und wer gerne herumschaut und sich treiben lässt, genehmigt sich zehn Tage und lässt sich für die **Catlins** viel Zeit – das reinste Eldorado für Spontantrödler.

Zeit im Überfluss

Wenn Zeit kein Thema ist, macht es Spaß, die gesamte Southern Scenic Route zu fahren, und zwar mit einem zusätzlichen Abstecher ab **Invercargill** (S. 436) auf halber Strecke. Es geht von Invercargill nach Bluff, wo das Auto am Fährhafen geparkt werden kann, und dann mit der Fähre nach **Rakiura/Stewart Island** (S. 444) hinüber. Auf der Insel warten alle möglichen Aktivitäten. Unbedingt besuchen sollte man das **Ulva Island Sanctuary** (S. 445), ein Vogelreservat, um dann noch zum **Ackers Point** (S. 447) zu spazieren. Wandervögel zieht es vielleicht auf den 39 km langen, dreitägigen **Rakiura Track** (S. 446). Anschließend nimmt man die Fähre zurück nach Bluff und setzt die Fahrt auf der Southern Scenic Route fort.

MAI

Die Touristensaison ist vorüber, in Te Anau ist es ruhig. Doch dafür hält das **Bluff Oyster & Food Festival** (S. 438) die Einheimischen warm.

OKTOBER

Es ist Frühling, die Lämmer tollen auf den Farmen herum, die Wanderer juckt es in den Füßen, denn es wird wärmer.

NOVEMBER

Mehrtagestouren wie der **Milford**, **Routeburn** und **Kepler Track** (S. 434) nehmen den Betrieb auf; **Te Anau** (S. 426) kommt in Gang.

DEZEMBER

Te Anau richtet die **Kepler Challenge** (S. 426) aus, einen Berglauf; vor Weihnachten fangen in NZ die Sommerferien an.

TE ANAU

Das malerische Te Anau ist das Tor zum Fiordland National Park, zum Piopiotahi/Milford Sound und zu einigen der besten Wanderwege Neuseelands. Dieser quirlige kleine Ort liegt am Südende des Lake Te Anau – mit 66 km der zweitgrößte See des Landes. Im Osten erstreckt sich grünes Ackerland, im Westen beeindrucken die Berge und Wälder von Fiordland.

Man empfindet so eine Art Pioniergeist mit dieser weitläufigen Wildnis direkt vor den Toren Te Anaus. Und Wild auf vier Beinen gibt es hier auch. Die Hirschzucht nahm hier ihren Anfang – es wurden Hirsche mit Hubschraubern von den Bergen in dieses Agrarland gebracht. Als Topevent von Te Anau gilt die Kepler Challenge Anfang Dezember, ein zermürbendes, 60 km langes Bergrennen auf dem Kepler Track.

Von Oktober bis April geht in Te Anau die Post ab: Dann ist Wandersaison. Im Winter herrscht richtig Ruhe.

TOP TIPP

Wer im Sommer hierherkommt, sollte sein Quartier frühzeitig buchen. Es macht Sinn, in Te Anau alles zu kaufen, was auf den Tracks gebraucht werden könnte. Fresh Choice ist ein großer Supermarkt mitten im Ort; Outdoor-Läden gibt es zuhauf. Das Besucherzentrum des Fiordland National Park bucht Hütten und informiert über Tracks und Wetter.

Kepler Track **(S. 428)**

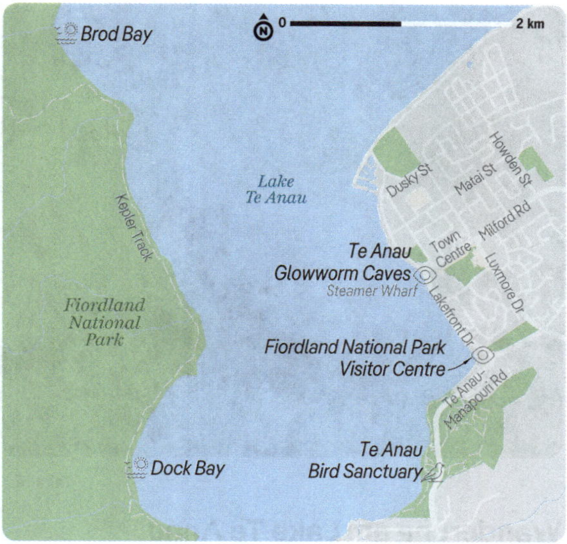

Te Anau Caves

GLÜHWÜRMCHEN ALLENTHALBEN

Te Anau bedeutet „Ort der rauschenden Wasser“, doch bis 1948 war das weitläufige Höhlensystem an der Westseite des Lake Te Anau nur eine Māori-Legende. Man glaubte, dass irgendwo dort Höhlen sein mussten, doch keiner wusste, wo. Die Entdeckung der Höhlen durch den Einheimischen Lawson Burrows 1948 katapultierte den kleinen Ort dann auf die Landkarte.

Heute unternehmen Interessierte eine 25 Min. lange Bootsfahrt von der Mole in Te Anau über den See, um die Höhlen und die Glühwürmchengrotte zu besichtigen. Die Höhlen sind geologischen Maßstäben zufolge sehr jung und werden noch immer durch den Fluss gestaltet, der durch das Höhlensystem fließt. Nach Erklärungen im Cavern House müssen die Besucher am niedrigen Höhleneingang den Kopf einziehen. Ein gängiger Witz ist, dass Leute, die sich nicht ducken, die sternartigen Glühwürmchen vor allen anderen zu sehen bekommen. In der Höhle geht es durch Kalksteinpassagen, vorbei an Becken und Felsformationen, über einen Fluss und an einem Wasserfall im Untergrund entlang. Tief in den Höhlen wartet dann das Highlight: eine Kahnfahrt in eine stille, versteckte Grotte hinein, in der Glühwürmchen leben. Das Funkeln ist faszinierend – als würden ständig Sterne leuchten.

EIN GROSSES JAHR

Es war ein großes Jahr für Te Anau: 1948 entdeckte Lawson Burrows ein Höhlensystem am Fuß der Murchison Mountains, die Te Anau Caves. Und hoch oben in just jenem Gebirgszug fand Dr. Geoffrey Orbell im Takahē Valley, wie es später genannt wurde, eine flugunfähige Vogelart, die 50 Jahre bereits für ausgestorben erklärt worden war: den Takahē. Von dem rund 50 cm großen Vogel mit grün-blauen Augen existieren nun wieder etwa 450 Exemplare, was dem Takahē-Programm des Department of Conservation zu verdanken ist. Im Vogelreservat in Te Anau kann man sie bestaunen. So groß wie die Takahē-Statue in der Hauptstraße von Te Anau am Meer sind sie aber nicht!

ESSEN IN TE ANAU

Redcliff Cafe
Fiordlands Lieblingsgerichte probieren wie Wild oder Wildhase. **$$$**

Sandfly Cafe
Leckeres Essen aus der Auslage oder von der Karte in Te Anaus Topcafé. **$$**

Ditto
„Süden trifft Osten“– asiatische Fusionsküche in neu eröffnetem Lokal. **$$**

TAGESTOUREN AB TE ANAU

Sky Lovill, Fiordlands Mann der Berge, verrät seine liebsten Tracks für Tagestouren. *@skys_9_lives*

Lake Marian Track
Ich liebe diese dreistündige Wanderung zum herrlichen Lake Marian hinauf. Der Bergsee liegt hoch oben in einem Hängetal, umgeben von hohen Gipfeln, ist nicht weit von der Milford Road entfernt.

Key Summit
Ein sagenhafter Rundblick über Berg und Tal eröffnet sich hoch über The Divide an der Milford Road. Für den Weg drei Stunden einplanen.

Shallow Bay
Einfache Wanderung (3 Std.) durch schönen Buchenwald von Rainbow Reach an der Te Anau-Manapōuri Road nach Shallow Bay am Lake Manapōuri. In der Kirche in Manapōuri gibt es Erfrischungsgetränke.

Takahē

Wanderung am Lake Te Anau

BOOT, BUCHENWALD & VÖGEL

Hinunter geht es zur Mole von Te Anau, wo das Kepler Wassertaxi über den See zur **Brod Bay** im Nationalpark fährt. Einstellen sollte man sich auf eine 10 km lange (3 Std.) Wanderung um das Südende des Sees herum und zurück in die Ortschaft. Unterwegs gibt es viel Interessantes zu sehen.

Zuerst verlocken Wasser und Sand bzw. Kiesel am Ufer der Brod Bay, dann geht es in den Wald hinauf zum Track. Hier biegt man links (gen Süden) ab und wandert ca. 3 km durch den Buchenwald mit Vögeln wie Piwakawakas (Neuseelandfächerschwanz) und Kakaruais (Langbeinschnäpper). Die **Dock Bay** bietet sich zum Schwimmen und für ein Picknick an.

Am südlichen Seeende hinter dem Wald überquert man die Kontrollschleusen des Lake Te Anau; sie regeln das Wasser, das den Waiau River hinunter zum Lake Manapōuri fließt. Hier befindet sich auch der Ausgangspunkt des viertägigen **Kepler Track** (60 km). Weiter führt der Weg am Ufer entlang bis zum **Te Anau Bird Sanctuary**. Es lohnt ein Blick auf die flugunfähigen Takahēs, Kākās (Waldpapagei) und Kākārikis (Ziegensittich).

Nächste Station ist das Besucherzentrum des Fiordland National Park, dann geht es an der Statue von Quintin MacKinnon vorbei, dem ersten Europäer, der den MacKinnon Pass entdeckte und 1888 den Milford Track etablierte. Von hier ist es ein kurzes Stück zurück zur Hauptstraße von Te Anau.

UNTERWEGS VOR ORT

Es verkehren von Te Anau Busse nach Queenstown, Invercargill, zum Milford Sound und zu vielen Ausgangspunkten der Wanderwege, doch ein Mietwagen bietet die Freiheit anzuhalten, wo und wann man Lust hat. Der Ort selbst ist klein und lässt sich zu Fuß erkunden.

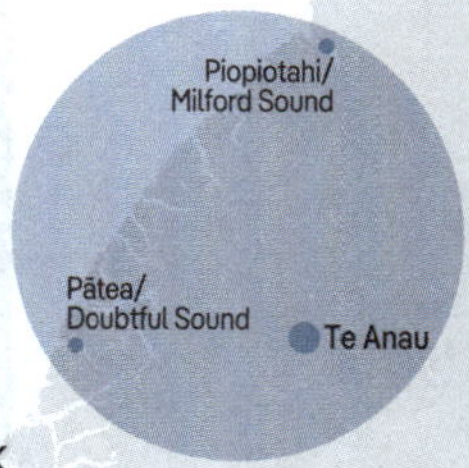

Rund um Te Anau

Te Anau fungiert als Tor und Verkehrsknotenpunkt zur Erkundung des Fiordland National Park und des Piopiotahi/Milford Sound.

Die Küste von Fiordland beheimatet 14 Sounds (Meerengen). Der Piopiotahi/Milford Sound lässt sich prima in Eigenregie erreichen – eine nette Autofahrt von 120 km ab Te Anau. Es ist auch möglich, den Pātea/Doubtful Sound zu besuchen, allerdings kommt man auf eigene Faust nicht so gut hin.

Der Fiordland National Park bietet einige der schönsten Wanderungen weltweit. Der Milford Track wurde schon vor über 100 Jahren vom *Spectator* als der schönste Weg überhaupt bezeichnet; der Routeburn Track, der Hollyford Track und der Kepler Track plus eine Fülle von Tagestouren und Wanderungen machen die Region zur besten Wanderdestination Neuseelands – alle Tracks sind ab Te Anau zugänglich.

TOP TIPP

Die Buchung von Great-Walks-Hütten erfolgt online über das Department of Conservation (DOC). Frühzeitig vor allem für den Milford, Routeburn und Kepler Track!

Milford Sound (S. 430)

Stirling Falls

Auf dem Piopiotahi/Milford Sound

SAGENHAFTE LANDSCHAFT AM FJORD

Wenn das Schiff den Hafen von Milford verlässt, lohnt ein Blick nach rechts: Gleich um die Ecke tosen die atemberaubenden **Bowen Falls** 160 m in die Tiefe, nach starkem Regen ein schäumendes Spektakel. Bei Regen empfiehlt sich eine Kreuzfahrt allerdings nicht. Milford verzeichnet pro Jahr etwa 6700 mm (!) Niederschlag, und wenn es schüttet, entstehen überall Wasserfälle, die über die Felswände am Fjord stürzen.

WELCHE ART SCHIFFSAUSFLUG?

Eine Schifffahrt auf dem Milford Sound zählt für viele zu den Highlights einer Neuseelandreise. Wer ausreichend Zeit hat, sollte sich unbedingt für eine Kreuzfahrt mit Übernachtung entscheiden. Dann besteht die Möglichkeit, den Fjord früh am Morgen oder spät am Abend zu bewundern, wenn weniger Touristen unterwegs sind. Meiden sollte man eine Fahrt um 13 oder 13.30 Uhr, wenn die Ausflugsbusse von Queenstown mit zahllosen Gästen eintreffen. Außerhalb der Stoßzeiten ist der Fahrpreis günstiger. Veranstalter mit kleinen und großen Booten fahren auf die Tasmanische See hinaus.

SCHIFFSBETREIBER AM MILFORD SOUND

Mitre Peak Cruises
Kleinere Boote, um Wasserfälle, Wildtiere und Landschaft tagsüber aus der Nähe zu betrachten.

RealNZ
Großer Veranstalter mit Kreuzfahrten mit oder ohne Übernachtung plus Bussen für die Anfahrt.

Rosco's Milford Kayaks
Unser Joker! Paddelabenteuer – eine tolle Möglichkeit, den Fjord zu erkunden.

Bei schönem Wetter sollte man aufs Deck gehen, wenn das Schiff den **Mitre Peak** passiert, der an der Westseite des Fjords 1690 m aufragt. Schon mal gesehen? Das Motiv wird gern in Werbebroschüren vermarktet. Wie die Vegetation es schafft, sich am fast nackten, senkrechten Felsen festzukrallen, kann man nur erraten. Mit etwas Glück sind **Pelzrobben** zu bestaunen, die gerade ein Sonnenbad auf den Klippen nehmen, auch **Delfine** tummeln sich gern im Fjord, und sogar **Fiordlandpinguine** lassen sich sehen. Der Kapitän des Ausflugsschiffs informiert seine Passagiere, was genau zum Thema Wildtiere geboten ist.

Nach einem Abstecher in die Tasmanische See hinaus – der bei starkem Wellengang kürzer ausfällt – fahren die Schiffe wieder in den Fjord und auf der Ostseite an den 155 m hohen **Stirling Falls** vorbei. Interessant sind die horizontalen Schrammen in den Felswänden, die einst von den Gletschern verursacht wurden. Dann geht es um die beschauliche **Harrison Cove** zurück zum Hafen.

Der „Ort der Stille", Pātea/Doubtful Sound

WO KAUM JEMAND HINKOMMT

Dass sich der Pātea/Doubtful Sound schwieriger erreichen lässt als der Piopiotahi/Milford Sound, hat seine positiven Seiten: Es ist kaum jemand da! Sogar Captain James Cook hatte 1770 seine Zweifel, von der Tasmanischen See in den Fjord hineinzusegeln, denn der vorherrschende Westwind hätte die Fahrt hinaus verhindern können. Er nannte seine Entdeckung dann Doubtful Harbour („zweifelhafter Hafen") und segelte weiter die Küste hinauf.

Die Schönheit des Pātea/Doubtful Sound liegt bis heute im Verborgenen. Man muss mit dem Boot von Pearl Harbour bei der Township Manapōuri eine Stunde über den Lake Manapōuri schippern, gefolgt von einer einstündigen Busfahrt über den 671 m hohen Wilmot Pass zur Deep Cove. Hier gibt es keine Siedlung, sondern nur Touristenschiffe und einige Fischerboote. Jedenfalls müssen **Schifffahrten** – mit oder ohne Übernachtung – im Voraus gebucht werden.

Mit einer Gesamtlänge von 40 km von Deep Cove bis zur Tasmanischen See ist der Pātea/Doubtful Sound der tiefste von Fiordlands 14 Fjorden – ein Ort, um den „Sound of Silence" zu genießen. Dort gibt es **Pelzrobben**, **Flaschennasendelfine**, **Tawaki** (Fiordlandpinguine) sowie allerlei Land- und Seevögel. Vorstellen kann man sich das dann so: Ein Chor aus Vogelrufe in einer dramatischen Landschaft mit hoch aufragenden Felswänden und tosenden Wasserfällen.

THE CHURCH BAR & EATERY

Der Ausgangspunkt für den Pātea/Doubtful Sound ist Manapōuri, etwa 21 km südlich von Te Anau gelegen. Ein tolles Lokal für Erfrischungsgetränke ist hier The Church, eine ehemalige Presbyterianerkirche aus dem Jahr 1898, die 2002 von ihrem ehemaligen Standort in den Catlins hierhergeschafft und zu einer Bar mit Restaurant umfunktioniert wurde. Das Lokal ist nichts Besonderes – einfach ein fröhliches Pub der Einheimischen mit ungewöhnlich herzlichen Mitarbeitern, erfrischend kaltem Bier und einer anständigen Auswahl an Snacks und Mahlzeiten. Sogar ein winziger, netter Hund mit dem Namen Mouse (wie in Kirchenmaus!) gehört mit dazu. Am besten macht man es sich in der Nische mit den Armsesseln gemütlich (dem „Beichtstuhl") und lässt sich die Meeresfrüchte-Suppe schmecken.

UNTERWEGS VOR ORT

Busse verbinden Te Anau mit dem Piopiotahi/Milford Sound, Manapōuri und den meisten Ausgangspunkten der Tracks; ein eigener fahrbarer Untersatz bietet mehr Freiheit.

ROADTRIP

Auf der Milford Road

Die Milford Road ist zweifellos eine der spektakkulärsten Straßen der Welt. Einige rasen hier einfach nur entlang, um ihr Schiff am Piopiotahi/Milford Sound nicht zu verpassen. Das ist schade, denn man sollte eigentlich die faszinierende Natur bewundern, die Landschaft genießen und unterwegs einige Wanderungen unternehmen. Bei knapper Zeit kann man das auch auf dem Rückweg nach Te Anau tun.

1 Te Anau

Hier sollte man auftanken, Snacks und Erfrischungsgetränke kaufen, die Wettervorhersage prüfen und sich darauf einstellen, sich die meiste Zeit außerhalb des Mobilfunks aufzuhalten. Das Wetter in Milford, auf der regnerischen Westseite der Berge, ist oft anders als in Te Anau.

Die Fahrt: Auf dem SH84 (am Ostufer des Lake Te Anau) 52 km aus dem Ort herausfahren. Am Kilometerstein 44 beginnt der Fiordland National Park.

2 Eglinton Valley

Es bieten sich atemberaubende Ausblicke auf das massive, von einem Gletscher geschaffene Tal, das direkt rechts neben der Straße beginnt. Im Westen ragt der Mount Eglinton (1854 m) auf.

Die Fahrt: Gen Norden 3 km das Tal hinauf.

3 Mirror Lakes

Ein 400 m langer Holzsteg-Track neben der Straße gibt eine nette Pause ab. Ein auf den Kopf gestelltes Mirror-Lakes-Zeichen

Mirror Lakes

FILIP FUXA/SHUTTERSTOCK ©

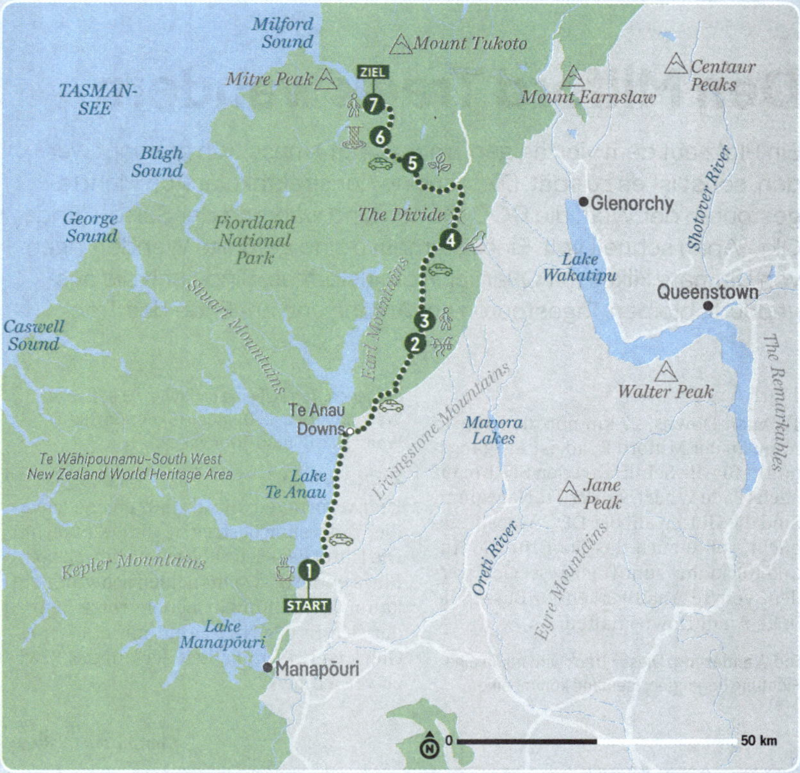

ist ein witziger Gag bei wenig Wind – dann ist das Spiegelbild im kleinen See perfekt.

Die Fahrt: Auf dem SH84 nach dem Schild, das den 45. Grad südlicher Breite kennzeichnet, noch 20 km weiterfahren; nach 7 km gibt es in Knobs Flat öffentliche Toiletten.

4 Lake Gunn Nature Walk

Am Südende des Lake Gunn ist dieser Rundkurs (45 Min.) durch alten Buchenwald ein Topspot, um heimische Vögel zu sichten. Einfach in den moosigen Wald mit den wuchtigen Rotbuchen hineingehen.

Die Fahrt: Die Straße führt über 23 km zu The Divide (534 m) hinauf, dem Ausgangspunkt des Routeburn Track, bevor sie zum Hollyford River hinabführt. Dann geht es wieder durch ein U-förmiges Tal nach oben.

5 Gertrude Valley

Links ranfahren und ein Stück zu Fuß gehen, und schon gibt es im Sommer eine Fülle blühender Blumen zu bewundern. Wer Zeit hat, macht den anspruchsvollen Track auf den Gertrude Saddle (hin und zurück 4–6 Std.).

Die Fahrt: Bis zum nächsten Halt sind es 12 km. Der Homer Tunnel (1,2 km) führt zur Westküste.

6 The Chasm

Hinter dem Tunnel führt die Straße steil ins Cleddau Valley hinunter vorbei an nackten Felswänden. The Chasm bezeichnet einen kurzen Spaziergang durch Buchenwald zu mehreren Wasserfällen.

Die Fahrt: Jetzt sind es nur noch 10 km, bis die Straße den Piopiotahi/Milford Sound auf Meereshöhe erreicht.

7 Piopiotahi/Milford Sound

Das Meer! Und auch wenn vermutlich das Schiffsterminal das Ziel ist, sollte man sich noch Zeit für den schönen Milford Foreshore Walk (20 Min.) nehmen.

WANDERUNG

Den Milford Track wandern

Ein Platz auf dem viertägigen Track (54 km) muss früh gebucht werden, sonst ist es zu spät. Dies ist eine der spektakulärsten Mehrtagestouren der Welt, die DOC-Hütten sind während der Saison (Ende Okt.–April) schnell voll. Eine Alternative sind geführte Wanderungen von Ultimate Hikes mit Quartier in Luxuslodges. Sind auch die ausgebucht, bleiben Tagestouren am Anfang und am Ende des Tracks.

1 Te Anau Downs

Te Anau Downs, 27 km nördlich von Te Anau an der Milford Road, ist Ausgangspunkt für die Schifffahrt den See hinauf nach Glade Wharf, wo der Track beginnt. Sind die Hütten auf der DOC-Website gebucht, sollte auch das Boot für die An- und Rückfahrt zum Track reserviert werden. Von Te Anau verkehren Busse, die in Te Anau Downs halten.

Die Wanderung: Dieser Track wird nur in eine Richtung begangen, niemand kommt einem entgegen. Tag 1 ist eine einfache, recht flache Wanderung von 1½ Stunden (5 km) von Glade Wharf zum Clinton River Valley.

2 Clinton Hut

Hier verbringen alle, die auf eigene Faust die Wanderung bestreiten, die erste Nacht. Die Hütte liegt sehr hübsch nicht weit vom Fluss entfernt, wo man auch schwimmen kann. Eine Glühwürmchengrotte befindet sich in der Nähe. Und mit ein wenig Glück ist bei Dunkelheit der Ruf des Kiwi zu vernehmen.

Clinton River Valley

MARTIN VLNAS/SHUTTERSTOCK ©

Die Wanderung: Tag 2 ist eine sechsstündige Tour (17,5 km) das Clinton Valley hinauf, das zunehmend steiler wird. Die Szenerie ist spektakulär, denn das u-förmige, von einem Gletscher geschaffene Tal wird immer schmäler.

3 Mintaro Hut

Die Hütte liegt unweit vom Lake Mintaro am Fuß des imposanten MacKinnon Pass. Während der Great Walks-Saison bieten die DOC-Hütten alle Stockbetten, Matratzen, Heizung, WC, einfache Kochgelegenheiten, elektrisches Licht, das aus Solarenergie gewonnen wird, und fließendes kaltes Wasser. Außerdem gibt es einen Ranger, der vor Ort wohnt.

Die Wanderung: Tag 3 ist ein Highlight. Der Aufstieg auf den 1154 m hohen MacKinnon Pass und der Abstieg zum Arthur Valley (13 km) von insgesamt sechs bis sieben Stunden ist grandios – aber das geht auch ganz ordentlich auf die Knie.

4 Dumpling Hut

Diese Hütte befindet sich im Arthur Valley auf der Westseite des Passes. Anstatt auf dem Weg ins Tal direkt zur Hütte abzusteigen, lohnt – bei ausreichend Zeit – ein Seitentrack zum Fuß der faszinierenden, dreistufigen Sutherland Falls; sie stürzen 580 m in die Tiefe.

Die Wanderung: Tag 4 ist eine sechsstündige, relativ flache Tour (18 km) aus dem Arthur Valley heraus nach Sandfly Point mit anschließender Bootsfahrt zum Piopiotahi/Milford Sound.

5 Piopiotahi/Milford Sound

Die meisten Tracker fahren am Nachmittag mit dem Schiff zum Besucherzentrum am Milford Sound. Viele nehmen am gleichen Tag den vorgebuchten Bus zurück nach Te Anau. Eine Alternative ist, noch eine Schifffahrt auf dem Fjord zu machen und in der Milford Sound Lodge zu übernachten (unbedingt vorab buchen).

INVERCARGILL

Die wichtigste Stadt Southlands (57 000 Ew.) löst bei ihren Gästen eher gemischte Gefühle aus, sieht man einmal von Keith Richards ab, der Invercargill beim Besuch der Rolling Stones 1965 sehr uncharmant als „Arsch der Welt" bezeichnete. Seitdem hat sich die Stadt weiterentwickelt und bietet nun alles, was das Herz begehrt, für einen Boxenstopp zwischen den Catlins, Rakiura/Stewart Island und Fiordland.

Die Stadt ist ein Eldorado für Drehzahlfanatiker, was u. a. dem einheimischen Motorradrennfahrer Burt Munro zu verdanken ist, der in den USA der 1960er-Jahre Geschwindigkeitsweltrekorde aufstellte und 2005 im Film *The World's Fastest Indian* (Mit Herz und Hand) verewigt wurde. Invercargill hat für PS-Freaks gleich drei Toplocations zu bieten. Wer also ein Faible für Motorräder und Autos hat, sollte einen Halt einplanen. Bleibt noch Zeit, lohnt eine Stippvisite bei Henry, einem 120 Jahre alten Tuatara (Brückenechse).

TOP TIPP

Der Flughafen von Invercargill liegt 3 km westlich vom Zentrum; es gibt Flüge zu den wichtigsten Städten von NZ. Wer nach Fiordland möchte, sollte nach Queenstown fliegen, nach Te Anau fahren und dann auf der Southern Scenic Route. Flüge nach Rakiura/Stewart Island starten am Invercargill Airport.

E. Hayes & Sons

DAVID WALL/ALAMY STOCK PHOTO ©

Der Mann der Rekorde

BAUMARKT MIT GEWISSEM ETWAS

Wir bezweifeln stark, dass sich die netten Anwohner von Invercargill groß darüber aufregen werden, wenn wir einen Baumarkt als Topsehenswürdigkeit bezeichnen. Schließlich wissen alle Einheimischen, dass sich in den Gängen mit Schrauben, Schippen und Schienen dieses klassischen Art-déco-Gebäudes, in dem **E. Hayes & Sons** zu Hause ist, mehr als 100 spannende Erinnerungsstücke aus der Welt des Motorsports befinden, darunter auch das Motorrad, auf dem Burt Munro 1967 den Geschwindigkeitsweltrekord brach. Das originale, legendäre Indian Scout Bike aus dem Jahr 1920, *The Munro Special*, ist in Dauerausstellung in einem Glaskasten recht weit hinten in diesem historischen, inhabergeführten Geschäft zu bestaunen, wo Burt höchstpersönlich es abgestellt hat. Zu den anderen Highlights zählen ein Buick 8 (1910), ein Ford Thunderbolt und mehrere glänzende Chevys. Der Eintritt ist frei, und niemand muss Schuldgefühle kriegen, wenn er oder sie stundenlang in dem weitläufigen Laden herumschaut ohne die geringste Absicht, etwas zu kaufen – das machen hier viele so! Angenehm ist eine Pause im zugehörigen **Columbus Coffee Cafe**, falls gewünscht.

DIE BURT MUNRO CHALLENGE

Nach dem Film über Burt Munros Leben, *Mit Herz und Hand (2005)*, rief der Southland Motorcycle Club die Burt Munro Challenge ins Leben, um Burts Liebe zum Motorradsport zu würdigen. Die Challenge besteht aus sieben Events, die an fünf Tagen im Februar stattfinden und auf der Rennbahn und am Sandstrand von Oreti Beach ausgetragen werden, wo Munro mit seinem Indian Scout Bike von 1920 einen Geschwindigkeitsrekord in NZ aufstellte.

ESSEN & AUSGEHEN IN INVERCARGILL

Tuatara Café & Bar
Diese Craftbier-Bar, Brauerei und Pizzeria ist auch gut für einen Cold-Brew-Kaffee. **$$**

Louies Café & Tapas Bar
Die innovative Speisekarte offeriert vielerlei Tapas für den gemeinsamen Genuss. **$$**

Amigo's Mexican Grill
Das fröhliche, gut besuchte Lokal bietet typische mexikanischen Gerichte. **$$**

AUSTERN AUS BLUFF

Windgepeitscht und ein bisschen öde wirkt Bluff, 27 km südlich von Invercargill; hier legen die Fähren nach Rakiura/Stewart Island ab. Fällt dieser Ortsname, denkt ein Kiwi jedoch sofort nur an eines: Austern. Bluffs pralle Muscheln sind enorm gefragt, sobald Ende März die Saison beginnt (und Ende August wieder aufhört). Toprestaurants im ganzen Land liefern sich einen Wettstreit, wer zuerst Austern auf seiner Speisekarte führt. Und diese Austern sind wahrlich riesengroß, die an den kalten Gestaden des Foveaux Strait, zwischen Bluff und Rakiura/ Stewart Island, geerntet werden. Zum beliebten und betriebsamen **Bluff Oyster & Food Festival** Ende Mai gehören Austernpulen und Esswettbewerbe. Hinzu kommen auch Livemusik und jede Menge Erfrischungen in – natürlich – flüssiger Form.

Henry der Tuatara

LEBENDES FOSSIL & NATIONALES KULTURGUT

Hinter dem Gebäude des Southland Museum & Art Gallery (geschlossen aufgrund mangelnder Erdbebensicherheit) am Queen's Park befindet sich das **Tuatarium** (Brückenechsengehege); hier erfreuen sich Tuataras in einem Gehege ihres Daseins, das ihren natürlichen Lebensraum nachempfunden ist. Tuataras sind eine seltene Reptilspezies, genau gesagt die einzigen verbliebenen Mitglieder der Ordnung *Sphenodontia*, von denen alle anderen Arten vor ca. 60 Millionen Jahren ausgestorben sind. Star des Tuatariums ist der behäbige, 120 Jahre alte Patriarch Henry. Ihm und seinen nicht minder behäbigen Kumpels darf man kostenlos einen Besuch abstatten.

Motorrad-Wunderland

ELDORADO FÜR MOTORRADFANS

Direkt in der Stadtmitte tut sich das Classic Motorcycle Mecca mit der größten und abwechslungsreichsten Ausstellung von Motorradklassikern in ganz Neuseeland hervor – mehr als 300 Maschinen, die ältesten sind von 1902. Zu bestaunen sind Sammlungen von amerikanischen, britischen, sonstigen europäischen und japanischen Motorrädern, dazu Motorräder und Erinnerungsstücke, die mit den Kiwi-Motorradlegenden John Britten, dem sechsfachen Speedway-Weltmeister Ivan Mauger und dem Lokalmatador Burt Munro zu tun haben – jenem mit Herz und Hand. Die Motorräder lassen sich sogar aus nächster Nähe bewundern, denn Glasvitrinen gibt es keine. Das Meccaspresso Café kommt gelegen, außerdem existiert noch eine Kunstgalerie mit – richtig geraten! – Gemälden und Postern von Motorrädern.

Bill Richardson Transport World

AUTOERLEBNIS VON WELTRANG

Weitere PS-Freuden warten am östlichen Stadtrand im angeblich größten privaten Automuseum seiner Art weltweit. Ausgestellt sind über 300 sagenhafte Oldtimer. Was einst in einem Schuppen begann, hat sich mittlerweile zur schier unglaublichen Bill Richardson Transport World entwickelt, die 2015 ihre Tore öffnete. Für Autofanatiker ist das Museum ein absolutes Muss, doch das ist längst noch nicht alles. Geboten sind auch eine Sammlung mit Vintageobjekten, Kunst zum Anziehen, das Grille Café, ein Kino sowie Toiletten mit individuellem Motto, die an sich schon eine Attraktion sind. Der Turbo Pass ermöglicht den Eintritt in dieses Museum und ins Classic Motorcycle Mecca.

UNTERWEGS VOR ORT

Busse verbinden Invercargill mit Queenstown, Dunedin, Te Anau und Bluff. Nach Rakiura/ Stewart Island gelangt man von Bluff mit der Fähre oder vom Invercargill Airport mit Stewart Island Flights. Ein Mietwagen ist sehr nützlich, um die Region zu erkunden.

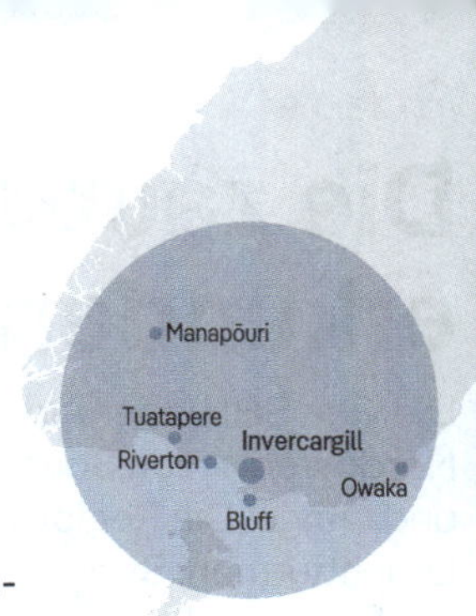

Rund um Invercargill

Ostwärts geht es durch die Catlins nach Dunedin, westwärts nach Te Anau und Fiordland.

Southland ist von der Landwirtschaft geprägt. Es gibt viele Schafe und Kühe, und zwar vor allem in der Mitte und im Norden der Region. Da viele hier sicher mit dem Auto unterwegs sind: Richtung Osten führt die Southern Scenic Route durch die Catlins mit Naturattraktionen und weiter durch Dunedin. Wer Richtung Westen will, nimmt die Southern Scenic Route durch Riverton mit seiner herrlichen Küste, dann geht es gen Norden an der Ostgrenze des Fiordland National Park entlang nach Manapōuri und Te Anau. Vor der Abfahrt könnte man noch einen Abstecher nach Bluff machen und die Fähre nach Rakiura/Stewart Island nehmen. Übrigens: Von Invercargill fährt man in zwei Stunden direkt nach Queenstown.

TOP TIPP

Unbedingt die kompletten 610 km der Southern Scenic Route fahren – entweder von Dunedin via Invercargill nach Te Anau und Queenstown oder anders herum.

Nugget Point (S. 441)

ROADTRIP

Die zauberhaften Catlins erkunden

Die vom SH1 unberührte, oft übergangene Catlin-Küste liegt in der Nordostecke von South Island an der Grenze zwischen Southland und Otago. Die Region ist reizend – ein Mix aus Ackerland, Wald, Leuchttürmen, Stränden; Buschwanderungen und Tierbeobachtung sind möglich. Bei schönem Wetter ist es herrlich, anders stellt sich die Sache dar, wenn der antarktische Südwind pfeift. Ein absolutes Highlight ist der versteinerte Wald von Curio Bay.

1 Invercargill

Vor der Abfahrt die Gezeiten checken; wer den versteinerten Wald von Curio Bay sehen möchte, sollte bei Ebbe eintreffen.

Die Fahrt: Auf der Southern Scenic Route Richtung Osten nach Fortrose fahren, dort rechts auf die Küstenstraße nach Curio Bay abbiegen.

2 Curio Bay

Bei dieser Siedlung am Strand befindet sich ein Wald aus versteinerten Bäumen – 180 Mio. Jahre sind sie alt. Das Beste daran ist, dass man bei Ebbe einfach auf eigene Faust auf den Felsplatten herumstreifen kann. Ausschau halten sollte man nach Gelbaugenpinguinen und Delfinen; schwimmen und surfen kann man hier auch.

Die Fahrt: Weiter geht es über Niagara Falls – einen Tick kleiner als die Wasserfälle in Nordamerika – auf die Hauptstraße und dann gen Osten über die Abzweigund zu den Cathedral Caves.

3 Cathedral Caves

Nach einer einstündigen Wanderung (hin & zurück) durch Busch und über den Strand

Curio Bay

FILIP FUXA/SHUTTERSTOCK ©

sind diese sagenhaften Meereshöhlen erreicht, die 30 m über dem Sand in den Himmel ragen. Auch hier die Gezeiten prüfen: Die Höhlen sind von Oktober bis Mai nur bei Ebbe für wenige Stunden zugänglich.

Die Fahrt: Einen Stopp am sagenhaften Aussichtspunkt Florence Hill einlegen auf dem Weg zur kleinen Ortschaft Papatowai.

4 Lost Gypsy Gallery

Blair Somervilles sagenhafte Sammlung von Krimskrams in einem umfunktionierten Bus am Straßenrand wird nur durch den Karneval der Kuriositäten übertroffen, der hinter dem Tor wartet.

Die Fahrt: Die Southern Scenic Route weiter nach Nordosten fahren.

5 Owaka

Der Hauptort der Catlins (300 Ew.) bietet einige Quartiere und Lokale. Wer an den Seelöwen vorbei zum Strand wandern will, besucht die Surat Bay gleich in der Nähe.

Die Fahrt: Der Beschilderung nach Kaka Point folgen, dann rechts nach Nugget Point abbiegen. Es geht an einsamen Stränden vorbei mit dösenden Robben und Seelöwen.

6 Nugget Point

Ein 900 m langer Weg führt zur Königin der Aussichtspunkte in den Catlins: der Leuchtturm von Nugget Point. Die von Wellen gepeitschten Klippen, die Eilande namens Nuggets, die auf den Felsen liegenden Robben und Seelöwen, die Seevögel in der Luft – einfach herrlich!

Die Fahrt: Nun geht es gen Norden durch Kaka Point nach Balclutha, dann auf dem SH1 nach Waihola. Hier ostwärts abbiegen und über die Hügel zur Mündung des Taieri River und über die Küstenstraße nordwärts nach Dunedin fahren.

7 Dunedin

Hier in der Hauptstadt der Halbinsel Otago (129 000 Ew.) ist das Ende der 610 km langen Southern Scenic Route ab Queenstown erreicht.

ROADTRIP

Richtung Westen auf der Southern Scenic Route

Sobald man unterwegs in den Westen die „Riviera des Südens", Riverton, verlassen hat, geht es auf der Southern Scenic Route gen Norden – wo sich die Frage aufdrängt, ob auf diesem Planeten wirklich 8 Mrd. Menschen leben. Hier sind jedenfalls kaum welche! Die Etappe von Tuatapere nach Manapōuri ist extrem dünn besiedelt, abgesehen von Schafen und Kühen. Lange gerade Straßen, grünes Ackerland, Berge im Westen ... Einfach die Fahrt und die Einsamkeit genießen.

1 Invercargill

Ein guter Start ist wichtig, deshalb sollte man sich für die Fahrt nach Te Anau einen Tag Zeit nehmen, auch wenn die Strecke in zwei Stunden zu bewältigen ist.

Die Fahrt: Richtung Norden aus Invercargill hinaus, dann der Beschilderung gen Westen nach Riverton folgen; es geht durch Ackerland.

2 Riverton

Mit tropischen Gestaden ist im beliebten Riverton nicht zu rechnen, das sich „Riviera des Südens" nennt. Hier gibt es Cafés, eine Kunstgalerie und Läden, etwas Hippie-Flair und Surfspaß in der Taramea Bay und in der Colac Bay etwas weiter westlich.

Die Fahrt: Weiter gen Westen nach McCracken's Rest fahren, einem sagenhaften Aussichtspunkt an der Te Waewae Bay. Die Straße führt dann landeinwärts gen Norden bis zum kleinen Tuatapere.

3 Tuatapere

Viel ist hier nicht geboten, der Dienstleistungsort bezeichnet sich jedoch als die

Clifden Suspension Bridge

GREG BALFOUR EVANS/ALAMY STOCK PHOTO ©

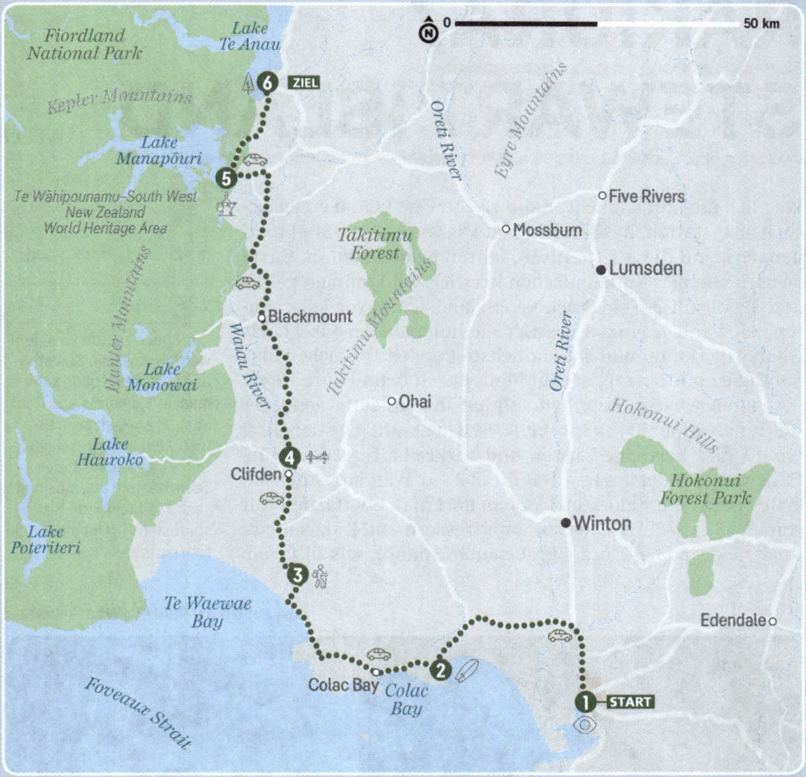

„Würstchenhauptstadt NZLs". Hier liegt auch der Startpunkt des Hump Ridge Track, ein beliebter, dreitägiger Rundweg (61 km) über die Berge und an der Südküste des nahen Fiordland entlang.

Die Fahrt: Gehofft, dass auf der Tour nicht so viele Leute unterwegs sind? Es wird besser!

4 Clifden Suspension Bridge

Für diese irre Brücke (1899), 12 km nördlich von Tuatapere, sollte man sich Zeit nehmen. Mit 111,5 m ist sie die längste Holzhängebrücke NZs. Einfach mal drübergehen und die riesigen Forellen unten im Waiau River bestaunen.

Die Fahrt: Farmen, Forste, Fiordland-Berge im Westen, kaum jemand da und sehr wenige Autos.

5 Manapōuri

Der Ort ist Ausgangspunkt für einen Ausflug zum Pātea/Doubtful Sound. Hier nahm die Öko-Bewegung NZs ihren Anfang, als Umweltaktivisten 1969 verhinderten, dass das Wasserniveau des Sees für ein Kraftwerk angehoben wurde. Die heitere Umgebung ist schön, dann macht noch eine Pause im The Church Spaß, einem fröhlichen Pub mit Essen.

Die Fahrt: Bis Te Anau sind es 21 km nordwärts. Unterwegs einen Halt am Rainbow Reach einlegen; Mutige überqueren den Waiau River auf einer Seilbrücke; der Buchenwald ist ein Erlebnis. Wer Zeit hat, geht zur Shallow Bay (3 Std. insg.).

6 Te Anau

Te Anau ist eigentlich nicht das Ende der Southern Scenic Route; es besteht noch die Möglichkeit, am Ufer des Lake Wakatipu entlang zwei Stunden durch Ackerland nach Queenstown zu fahren. Wer es in Te Anau gut sein lässt, sollte unbedingt den Piopiotahi/Milford Sound und den Fiordland National Park besuchen.

RAKIURA/ STEWART ISLAND

Wer sich die Mühe macht, Rakiura/Stewart Island einen Besuch abzustatten, hat den Kiwis etwas voraus – sie sind total neugierig auf die „dritte Insel“, fahren jedoch nie hin. Gäste werden von den Einheimischen herzlich willkommen geheißen; sie vermitteln ein Stück Neuseeland, wie es vor Jahrzehnten mal war. Die einzige richtige Siedlung auf der Insel heißt Oban. Hier kann man das südlichste Pub NZs besuchen, das South Sea mit nostalgischem Flair, gleich beim Fährhafen.

Abenteuerlustige kommen voll auf ihre Kosten, denn der Rakiura National Park nimmt 85 % der Landfläche der Insel ein. Es gibt herrliche Küsten und Landschaften sowie eine Fülle von Wandertracks – Rakiura ist für Wanderer und Vogelliebhaber ein Eldorado. In Oban hört man überall den Ruf von Vögeln wie Tuis, Glockenhonigfressern und Kākās. Beim Rugbyfeld sind bei Morgengrauen manchmal Kiwis zu sehen.

TOP TIPP

Der Besuch sollte so gelegt werden, dass ein Samstag dabei ist, denn dann kann man im Stewart Island Pub abends am Quiz teilnehmen – ein unvergessliches Stück Inselleben! Jedes Team besteht aus maximal sechs Teilnehmern. Bis spätestens 18 Uhr muss man sich eintragen.

Kiwi auf Ulva Island/Te Wharawhara

HARVEPINO/SHUTTERSTOCK ©

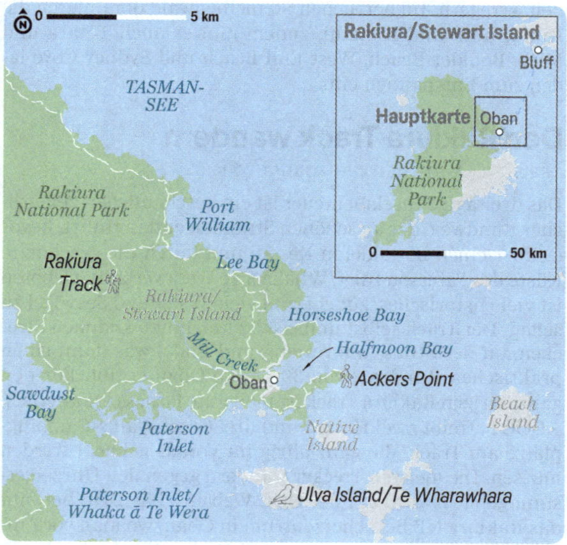

Die Vogelwelt auf Ulva Island/ Te Wharawhara

IN EINEM SCHUTZGEBIET OHNE NATÜRLICHE FEINDE LEBEN

Es ist ein Erlebnis, auf dem Ulva Island/Te Wharawhara, nur ein Stück mit dem Boot von Oban entfernt, die erstaunliche Fülle von Vögeln zu entdecken, darunter die flugunfähigen Kiwis und Wekas sowie Spezies wie den Tīeke (Sattelvogel) und den Mōhua (Gelbköpfchen), die auf der Insel wieder heimisch gemacht wurden.

Los geht es mit einer Bootsfahrt (10 Min.) von der Golden Bay Wharf über den Paterson Inlet zur Post Office Bay auf Ulva Island. Im Postamt trafen sich um 1870 die Einheimischen, wenn der Postvorsteher die Flagge hisste, um die Ankunft des Postschiffs anzuzeigen. In den 1880er-Jahren finanzierte das Tourismusministerium die Tracks auf der Insel, 1922 avancierte Ulva Island zum ersten Naturschutzgebiet des Landes.

Einstecken sollte man die Broschüre *Ulva: Self-guided Tour* an der Mole. Die Tracks sind in Bestzustand, gut ausgeschildert und einfach zu begehen. Der Ruf von zahllosen Vögeln erschallt – wie der Chor, der einst die ersten europäischen Siedler begrüßte, bevor dann Fressfeinde wie Ratten, Wiesel und Opossums eingeschleppt wurden, die die heimische Vogelwelt dezimierten. Ulva Island ist seit 1997 frei von Krank-

WESHALB ICH ULVA ISLAND MAG

Craig McLachlan,
Autor

Es ist ein besonderes Gefühl, wenn ein winziger Toutouwai (Langbeinschnäpper) sich aktiv für einen interessiert, nah herankommt, an den Schnürsenkeln pickt und dann auf den Stiefel springt. Erlebnisse dieser Art liebe ich, und sie ereignen sich auf Ulva Island, denn dort haben die Vögel keine natürlichen Feinde und sind deshalb angstfrei. Für so einen Ort braucht es Zeit. Hier hetzt man nicht über die Trails, macht wenig Lärm und auch keine abrupten Bewegungen. Wenn im Busch etwas scharrt, ist das vermutlich ein flugunfähiger Weka. Einfach still sein und abwarten.

ÜBERNACHTEN AUF RAKIURA/STEWART ISLAND

South Sea Hotel
Verschiedene Hotelzimmer und Moteleinheiten, dazu ein Cottage und Strandhaus. **$$**

Stewart Island Lodge
Attraktives B&B von RealNZ mit Aussicht, ein paar Schritte von Ort entfernt. **$$$**

Stewart Island Backpackers
Schlafsäle und einfache Zimmer in guter Lage in Oban. **$**

heitserregern. Im herrlichen Steineibenwald dominieren die Rimu, Rātā und Kāmahi, zudem gibt es auch Tōtara und Miro. Boulder Beach, West End Beach und Sydney Cove laden zum Entspannen ein.

EINEN KIWI SICHTEN

Der Tokoeka (Südlicher Streifenkiwi) ist eine ungewöhnliche Kiwiart, denn er ist tagaktiv. Diese Insel ist einer der wenigen Orte, wo man Kiwis in freier Wildbahn zu sehen bekommt und mit Sicherheit der einzige Ort auf Erden, wo das bei Tageslicht möglich ist. Der Tokoeka ist jedenfalls größer, hat einen längeren Schnabel und dickere Beine als seine nördlichen Vettern. Schätzungen sprechen von rund 15 000 Vögeln. Der Tokoeka lässt sich bei Sonnenaufgang und -untergang sehen, wenn er im Gras und an Stränden nach Futter sucht. Wer das Glück hat, einen zu sichten, sollte sich nicht bewegen und keinen Mucks von sich geben. Da die Vögel ein schlechtes Sehvermögen haben und auf die Futtersuche konzentriert sind, kommen sie oft sehr nah heran.

Den Rakiura Track wandern

DER SÜDLICHSTE DER ZEHN GREAT WALKS

Das dreitägige Inselabenteuer ist ein beschaulicher, gemütlicher Rundweg, der an schönen Stränden entlangführt, bevor er über einen bewaldeten Kamm und durch die geschützte Küste des Paterson Inlet/Whaka ā Te Wera verläuft. Geboten ist viel Historisches, zudem sind viele Wald- und Seevögel zu sehen. Der Track selbst umfasst 32 km, hinzu kommen Strecken auf der Straße am Anfang und Ende, was dann einen praktischen Rundweg von 39 km ab Oban ergibt. Für den ganzjährigen Rakiura Track ist moderate Fitness erforderlich.

DOC betreibt zwei Hütten und drei Great Walks-Campingplätze am Track, die ganzjährig im Voraus gebucht werden müssen. Die meisten Trecker wandern gegen den Uhrzeigersinn; gebucht wird auf der DOC-Website. Das DOC betreibt das Rakiura NP Besucherzentrum in Oban, wo man vor Aufbruch den Zustand der Wege und Wetterbericht checken kann. In Oban gibt es einen Four Square Supermarkt. Auch gute Ausrüstung ist erforderlich, denn das Wetter ist wechselhaft.

Nach der Tagestour auf dem Rakiura Track kann man das Wassertaxi von Rakiura Charters nach Port William nehmen und 12 km nach Oban zurückwandern, der ersten Etappe des Dreitagestracks.

Rakiura Track

ESSEN AUF RAKIURA/STEWART ISLAND

South Sea Hotel
Beliebtes Pub-Restaurant am Wasser. $$

KaiKart Takeaways
Leckere Fish & Chips und Burger gibt es an diesem Imbisswagen in Oban. $

Fin & Feather Eatery
Food Truck mit Gourmet-Speisen; die Kabeljau-Burger sind fantastisch. $$

MATTHEW MICAH WRIGHT/GETTY IMAGES ©

South Sea Hotel (S. 445), Oban

Zum Ackers Point wandern

NETTER SPAZIERGANG AB OBAN

Die einfache Wanderung auf einer breiten Straße und einem gepflegten Track zum Leuchtturm von Ackers Point und zurück dauert etwa drei Stunden. Ausgangspunkt ist das Besucherzentrum am Fährhafen. An der Meerespromenade von Oban geht es an Bootsschuppen vorbei und weiter auf der Küstenstraße, wo sich der **Lonnekers Beach** erstreckt. Der Weg führt weiter auf der Küstenstraße an der Leask Bay vorbei, bis er dann am Ende der Straße zum Ackers Point-Trail ansteigt.

Von hier verläuft ein kurzer Pfad durch Privatland zum **Ackers Cottage**, einem der ältesten Gebäude des Landes in der malerischen Harrold Bay. Das Steincottage wurde 1835 von Lewis Acker erbaut, einem in New York geborenen Walfänger, der mit seiner Māori-Frau hier lebte und neun Kinder großgezogen haben soll. Das Cottage zählt zum historischen Kulturerbe Neuseelands.

Auf dem Haupttrack wandert man nun weiter durch Küstenwald an Fisherman's Point vorbei bis zum Leuchtturm, wo sich ein weiter Blick über die Inseln und den Foveaux Strait eröffnet. Der Leuchtturm wies Schiffen bis 2006 den Weg, dann wurde er durch ein Leuchtfeuer mit Aussichtsplattform ersetzt. Von Mittsommer bis Sommerende sind hier in der Abenddämmerung **Zwergpinguine** und **Tītīs** (Sturmtaucher) zu sehen. Derselbe Weg führt wieder nach Oban zurück.

GLÜHENDER HIMMEL

In der Sprache der Māori heißt Stewart Island Rakiura – Glühender Himmel. Und man muss nur einen Blick auf einen roten Sonnenuntergang oder die Aurora australis werfen, dann sieht man gleich, warum. Es heißt, dass Aotearoa von den Māui aus dem Ozean gezogen wurde; sie verkündeten: „Lasst uns außer Sichtweite des Festlands gehen, weit hinaus ins offene Meer, und wenn wir kein Land mehr sehen können, lasst uns den Anker werfen." Die Nordinsel war der Fisch, den die Māui gefangen hatten, die Südinsel das Kanu und Rakiura der Anker des Kanus („Te Punga o te Waka o Māui"). Moa (Vogel)-Jäger gab es hier bereits im 13. Jh., Tītīs (Sturmtaucher) sind bis heute eine Nahrungsquelle der Māori.

UNTERWEGS VOR ORT

Wer Rakiura/Stewart Island besuchen möchte, nimmt in Bluff die RealNZ-Fähre oder am Invercargill Airport einen Flieger von Stewart Island Flights. Oban lässt sich problemlos zu Fuß erkunden. Es verkehren Wassertaxis nach Ulva Island und zu den Ausgangspunkten einige Tracks.

Links: Jetboot-Tour, Shotover River (S. 461); rechts: Snowboard-Fahren, The Remarkables (S. 459)

QUEENSTOWN & WĀNAKA

BERGE, SEEN UND UNENDLICHE ABENTEUER

Alpine Ausblicke, sanft geschwungene Weinberge und wagemutige Unternehmungen: Manche der schönsten Landschaften Neuseelands sind hier zu entdecken.

Tief in die Täler der Südlichen Alpen geschmiegt, bietet die Region um Queenstown und Wānaka eine Fülle von Möglichkeiten. In diesen kleinen Städten ist die Qualität des Aufenthalts mit einer Vielfalt von Läden, Restaurants und Weinen, die zu den besten des Landes zählen, überraschend groß.

DAJAHOF/SHUTTERSTOCK ©

Wānaka war eine Siedlung der Māori, die sich zu einem Industriestandort entwickelte. Queenstown und Arrowtown wurden während des Goldrausches im 19. Jh. gegründet; sie verfielen gegen Ende des Jahrhunderts. Alle drei Orte sind in den 1950er-Jahren durch den Tourismus wiederbelebt worden, zunächst nur als Ferienorte für Neuseeländer. Schließlich wurden die Naturlandschaften und ihre Möglichkeiten für Wander-, Abenteuer- und Wintersport bis an die Grenze ausgeschöpft.

Es ist ein Outdoor-Abenteuerland. Die Szenerie ist eindrucksvoll; es ist möglich, das Beste der natürlichen Schönheit Neuseelands zu erfahren und gleichzeitig den Annehmlichkeiten des modernen Lebens nahe zu sein. Eine exzellente touristische Infrastruktur rückt herausfordernde Erlebnisse und schwer erreichbare Ziele in greifbare Nähe.

Queenstown hat sich selbst zur Abenteuerhauptstadt erklärt, für adrenalinbetonte Aktivitäten gibt es viele Gelegenheiten – und das alles vor einer hinreißenden Kulisse naher Seen und Berge. Doch neben ihrer Popularität als Region des Outdoorsports ist hier Raum für Entspannung und Ruhe.

DIE WICHTIGSTEN ZIELE

QUEENSTOWN
Abenteuer in den Bergen.
S. 454

ARROWTOWN
Geschichte, Radfahren und gutes Essen.
S. 464

WĀNAKA
Ruhige Stadt am See mit Wanderwegen.
S. 472

Arrowtown, S. 464

In der schönen Stadt sind die lang vergangenen Tage des Goldrausches noch lebendig. Von Bäumen gesäumte Wander- und Radwege folgen dem Lauf des Arrow River.

Queenstown, S. 454

Am Ufer des Lake Wakatipu gelegen, verfügt der Ort über Geschäfte und Restaurants, die in einer Stadt dieser Größe zu erwarten sind, daneben aber auch Abenteuer in der Natur.

Erste Orientierung

Queenstown und Wānaka bilden ein relativ kompaktes Gebiet, die meisten Attraktionen liegen weniger als zwei Autostunden voneinander entfernt. Die beiden Städte sind eine gute Basis zur Entdeckung der vielen reizvollen Plätze dieser besonderen Gegend.

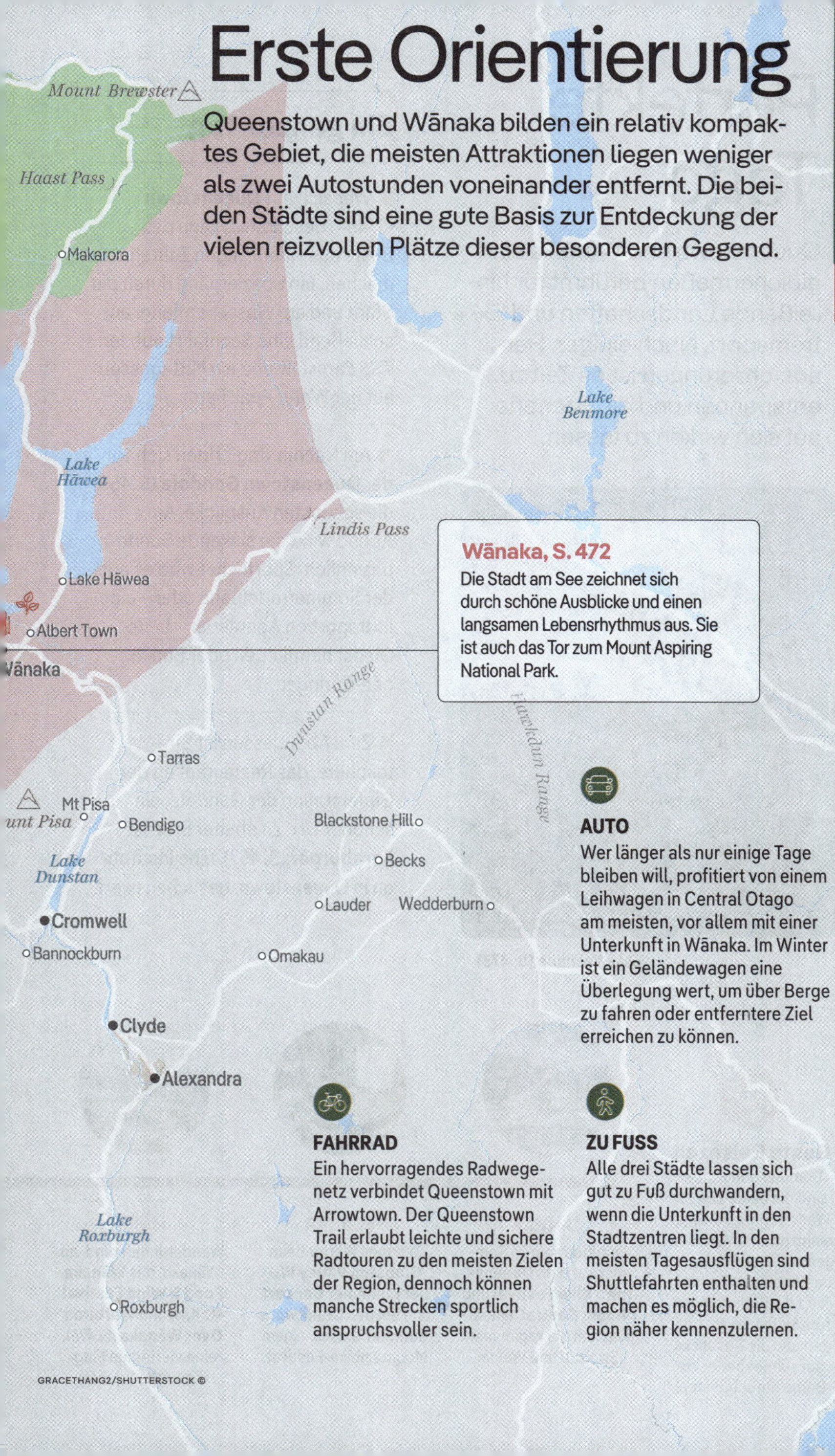

Wānaka, S. 472

Die Stadt am See zeichnet sich durch schöne Ausblicke und einen langsamen Lebensrhythmus aus. Sie ist auch das Tor zum Mount Aspiring National Park.

AUTO

Wer länger als nur einige Tage bleiben will, profitiert von einem Leihwagen in Central Otago am meisten, vor allem mit einer Unterkunft in Wānaka. Im Winter ist ein Geländewagen eine Überlegung wert, um über Berge zu fahren oder entferntere Ziel erreichen zu können.

FAHRRAD

Ein hervorragendes Radwegenetz verbindet Queenstown mit Arrowtown. Der Queenstown Trail erlaubt leichte und sichere Radtouren zu den meisten Zielen der Region, dennoch können manche Strecken sportlich anspruchsvoller sein.

ZU FUSS

Alle drei Städte lassen sich gut zu Fuß durchwandern, wenn die Unterkunft in den Stadtzentren liegt. In den meisten Tagesausflügen sind Shuttlefahrten enthalten und machen es möglich, die Region näher kennenzulernen.

Perfekte Tage

Queenstown und Wānaka sind gleichermaßen berühmt für hinreißende Landschaften und Extremsport. Nach einigen Herausforderungen ist es Zeit zu entspannen und die Szenerie auf sich wirken zu lassen.

Lake Wānaka (S. 473)

Ein ganzer Tag

- Wer sich auf **Queenstown** (S. 454) beschränkt, kann das Beste aus einem engen Zeitrahmen machen. Ein Spaziergang durch die Stadt und am Wasser entlang, anschließend eine Seenfahrt auf der *TSS Earnslaw* und ein Mittagessen auf der Water Peak Farm.

- Am Nachmittag öffnen sich von der **Queenstown Gondola** (S. 455) die schönsten Ausblicke. Am Abend wirkt die sinkende Sonne besinnlich. Sportlicher wird es auf der Sommerrodelbahn oder – eine Extraportion Abenteuer – beim Gleitschirmfliegen oder Bungee-Springen.

- Zum Abendessen ist Stratosphere, das Restaurant an der Gipfelstation der Gondola, ein schöner Ort. Zu ebener Erde ist **Fergburger** (S. 457), eine Institution in Queenstown, besuchenswert.

Beste Reisezeit

Sommer und Herbst sind die beste Zeit für Wassersport, Mittagsmahlzeiten in Weinbergen und Wanderungen. Im Winter und Frühling sind die Bedingungen fürs Skifahren am besten und die Ausblicke auf schneebedeckte Berge am schönsten.

JANUAR

Draußen sein im Sommer auf dem **Queenstown Bike Festival** und **Roam Central**, einem Festival der regionalen Speisen und Weine.

FEBRUAR

Warmes Wetter beim **Gibbston Valley Winery Summer Concert** und bei den **Crankworx Summer Series**, einem Mountainbike-Festival.

MÄRZ

Wanderungen rund um Wānaka, das **Wānaka Food & Wine Festival** (S. 476) und **Warbirds Over Wānaka** (S. 476), eine viertägige Flugshow (alle 2 Jahre).

Ein langes Wochenende

- Nach einem Tag in Queenstown ist es Zeit, die Berge zu entdecken, im Sommer auf einer Wanderung zum **Ben Lomond** (S. 458), im Winter beim Ski- oder Snowboard-Fahren am **Coronet Peak** (S. 456). Am Abend sorgen die **Onsen Hot Pools** (S. 457) für Entspannung.

- Am dritten Tag geht es nach **Arrowtown** (S. 464). Nach einem Spaziergang führt der Weg an den Fluss, um die chinesische Siedlung zu sehen. Über die Crown Range geht es nach **Wānaka** (S. 472) zum berühmten **Wānaka**-Baum.

- Die Rückfahrt führt über das **Gibbston Valley** (S. 471) mit Zwischenstopps zur Weinverkostung und an der **Kawarau Bridge** (S. 466), um den Bungee-Springern zuzusehen – oder selbst zu springen.

Eine Woche oder mehr

- Die Zeit kann gut zwischen **Queenstown** (S. 454) und **Wānaka** (S. 472) aufgeteilt werden, dann folgt eine Fahrt nach **Glenorchy** (S. 463), wo Schauplätze von *Der Herr der Ringe* zu sehen sind.

- Ein Tag kann dem **Lake Hayes** (S. 461) und **Arrowtown** (S. 464) gewidmet werden, dann Entspannung in den **Onsen Hot Pools** (S. 457). Am nächsten Tag wird die Fahrt nach Wānaka durch einen Besuch auf dem **Weingut Gibbston Valley** (S. 471) unterbrochen.

- Mindestens einen Tag sollte man beim Wandern im **Mount Aspiring National Park** (S. 478) verbringen – der Blue Pools Track ist eine kurze Wanderroute, der Rob Roy Trail ist länger. Eine Bootsfahrt führt über den See zur **Mou Waho Island** (S. 474).

APRIL
Das prachtvolle Herbstlaub bewundern und den Wechsel der Jahreszeiten beim **Arrowtown Autumn Festival** (S. 466) feiern.

JUNI
Die Skisaison beginnt, das **NZ Mountain Film & Book Festival** findet statt, und das **LUMA Southern Light Project** bringt Queenstown zum Leuchten.

AUGUST
Die **Winter Games** nehmen die Skigebiete von Queenstown und Cardrona in Besitz. **Winter Pride** bringt Farbe und Leben nach Queenstown.

DEZEMBER
Wildblumen kündigen den Frühling an. Der Jahreswechsel wird auf dem Festival **Rhythm & Alps** in Cardrona oder mit Feuerwerk in Queenstown gefeiert.

QUEENSTOWN

Die Māori nannten den Ort Tāhuna. Queenstown ist heute eine dynamische Stadt mit touristischen Angeboten von Weltklasse. Sie ist umgeben von einer beispiellos schönen Natur, doch brachte es ihre abgeschiedene Lage in den Bergen mit sich, dass der Ort bis um 1850 unbewohnt war. Die Māori wussten um das Gebiet, das sie nur in den Sommermonaten aufsuchten, um zu jagen und nach *pounamu* (Jade) zu suchen.

Europäer kamen 1860 in die Region, wenige Jahre später setzte der Goldrausch ein, der Menschen in großer Zahl anlockte. In dieser Zeit wuchs die Stadt und erhielt 1863 den Namen Queenstown. Als der Goldrausch zum Ende des Jahrhunderts verebbte, ging die Einwohnerzahl zurück.

Das erste Skigebiet Neuseelands wurde 1947 am Coronet Peak eröffnet. Der Tourismus wuchs mit dem weltweit ersten Jetboot und der ersten Bungee-Sprungstätte. Heute zählt die Stadt zu den beliebtesten Reisezielen in Neuseeland und bezeichnet sich selbst als Abenteuerhauptstadt der Welt.

TOP TIPP

Unterkünfte und Plätze in Restaurants sollten frühzeitig reserviert werden. Einrichtungen sind nicht immer besetzt, es kann daher schwierig sein, eine Reservierung am selben Tag zu bekommen. Bei den Sportangeboten ist etwas mehr Flexibilität möglich, doch sollte man auch hier rechtzeitig buchen, um Enttäuschungen zu vermeiden.

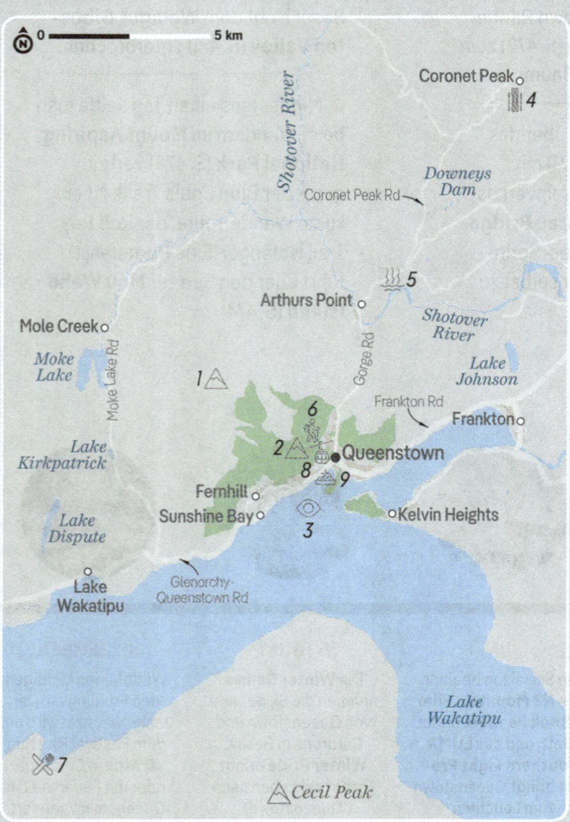

SEHENSWERTES
1 Ben Lomond
2 Bob's Peak
3 Lake Wakatipu

AKTIVITÄTEN
4 Coronet Peak
5 Onsen Hot Pools
6 Tiki Trail

ESSEN
7 Walter Peak High Country Farm

TRANSPORT
8 Queenstown Gondola
9 *TSS Earnslaw*

Stratosfare

Queenstown Gondola

DIE LANDSCHAFT VON OBEN SEHEN

Eines der zauberhaftesten Merkmale der Region um Queenstown ist ihre Landschaft. Hochragende Berge begrenzen den Lake Wakatipu, ihre Gipfel sind die meiste Zeit des Jahres mit Schnee bedeckt. Die Stadt selbst liegt zu Füßen der Berge am Rand des Sees und dehnt sich am Ufer entlang aus. An fast jedem Punkt der Stadt ist die Aussicht atemberaubend; der beste Blick über die Landschaft ergibt sich aber von einem höheren Standort.

Der am leichtesten zugängliche Ort, um einen postkartenschönen Blick über Queenstown zu gewinnen, ist **Bob's Peak**. Etwa 1½ Stunden sind nötig, um auf dem **Tiki Trail** zum Aussichtspunkt hinaufzuwandern. Viele nehmen die Gondola zum Gipfel.

RESTAURANTS MIT AUSSICHT

Nest Kitchen at Kamana Hotel
Ein Abendessen unter freiem Himmel mit Blick auf den See und die Berge. $$$

Stratosfare
Mit der Seilbahn hinauf zum Bob's Peak. Herrliche Ausblicke beim Essen. $$$

Attiqa
Mit einem Cocktail in einer Dachterrassenbar, vor der Naturkulisse der Remarkables. $

Boat Shed Café & Bistro
Kaffee und Brunch direkt am See. $$

The Grille at Eichardts
Feine Speisen und Aussichten durch hohe Fenster. $$$

AUSSICHTSPUNKTE JENSEITS DER SEILBAHNSTATION

Ein Aussichtspunkt aus größerer Höhe ist beim Aufstieg zum **Ben Lomond** (S. 458) von der Gipfelstation der Seilbahn zu erreichen. Die Anstrengung wird durch fantastische Ausblicke belohnt.

ÜBERNACHTEN IN QUEENSTOWN

Kamana Lakehouse
Eine zeitgemäße Unterkunft mit Ausblick auf Lake Wakatipu und die Remarkables, nur 5 Min.außerhalb der Stadt. $$

mi-pad Queenstown
Das zentral gelegene Hotel bietet eine Auswahl von Zimmern und eine gemeinschaftliche Dachterrasse. $$

Stoneridge Estate
Diese luxuriöse Lodge liegt auf einem Weingut und Gartengelände von 5 ha Größe mit Blick auf Lake Hayes. $$$

MEHR ABENTEUER

Einen berauschenden Adrenalinschub löst das weltweit größte Menschenkatapult aus. Das Nevis Catapult schleudert menschliche Geschosse rund 150 m weit über das Nevis Valley und erreicht dabei eine Geschwindigkeit von gut 100 km/h in nur 1½ Sekunden. Extrem schnell, berauschend und nur für Mutige!

Das Katapult steht auf einem Privatgelände; der Bungy-Bus-Geländewagen fährt aus der Stadtmitte von Queenstown die Kiesstraße hinauf zum Nevis Playground. Einen Versuch wert ist auch das 134 m hohe Nevis Bungy – das höchste in ganz Neuseeland mit einem freien Fall von 8½ Sekunden – oder Nevis Swing, bei dem man sich in einem 300 m weiten Bogen über das Tal hinweg schleudern lassen kann.

Queenstown Gondola

Die Queenstown Gondola schwebt 450 m über der Stadt und ist die steilste Seilbahn auf der Südhalbkugel. Leicht zugänglich an der Brecon Street im Stadtzentrum von Queenstown, ist sie täglich 9.30–20.30 Uhr in Betrieb. Von oben ist die Aussicht schlicht überwältigend – die beste Sicht, die ohne eine lange Bergwanderung zu haben ist. Die Gipfelstation wartet darüber hinaus mit einem Spaßprogramm auf. Wer im Sessellift höher hinauffährt, kann auf dem Queenstown Luge rasend schnell bergab sausen, ein Vergnügen vor allem für Familien mit Kindern; zwei Bahnen stehen zur Auswahl. Wer Herausforderungen sucht, kann ein Mountainbike in der Seilbahn mitnehmen und auf einer von 30 Strecken bergab radeln.

Wie überall in Queenstown wartet auch am Bob's Peak eine Fülle von Abenteuern: ein Bungee-Sprung 47 m in die Tiefe, ein Swing von einem Felsvorsprung hoch über den Seen oder ein Gleitschirmflug. Eine Seilbahnfahrt verkürzt die Zeit, die eine Wanderung zum **Ben Lomond** hinauf dauert.

Night-Skiing am Coronet Peak

SKIFAHREN UNTER DEM STERNENHIMMEL

Unvergessliche Erlebnisse im Schnee sind bei Nacht am Coronet Peak möglich. Der Gipfel ist nur eine kurze Busfahrt (20 Min.) von Queenstown entfernt. Beim Näherkommen ist

ÜBERNACHTEN IN QUEENSTOWN

Eichardt's Private Hotel
Ein historisches Hotel im Stadtzentrum mit luxuriösen Suiten, von denen sich weite Ausblicke eröffnen. **$$$**

Tahuna Pod Hostel
Eine gepflegte und behagliche Unterkunft im Herzen von Queenstown, perfekt für Reisende mit kleinem Budget. **$**

Driftaway Queenstown
Campingplätze und Hütten am See nahe Frankton mit einer ausgezeichneten Ausstattung. Für Wohnmobile geeignet. **$**

die Spannung deutlich wahrnehmbar: Die Bars sind geöffnet, Musik ist zu hören, und der Anblick des Sonnenuntergangs von der Höhe des Berges ist fesselnd.

Die Skipisten werden zwischen Tages- und Nachtbetrieb instandgesetzt, sodass eine weite Fläche von frischem, unberührtem Schnee vor einem liegt, die zum ersten Mal befahren werden kann. Die Pisten sind von Flutlicht beleuchtet und erstrecken sich hangabwärts. Ski- und Snowboard-Sportler finden geeignete Strecken in allen Schwierigkeitsstufen vor.

Wer noch nie bei Nacht draußen in einer Schneelandschaft war, wird es berauschend finden; eine Spannung liegt in der Luft, die alle Teilnehmer miteinander verbindet. Danach treffen sich die Schneesportler an der Bar auf dem Gipfel wieder.

Mit dem Bus kann man nach Queenstown zurückkehren, z. B. zu den Onsen Hot Pools in Arthur's Point. Dort ist es möglich, die müden Muskeln im wohltemperierten Wasser zu entspannen und dabei in den leuchtenden Sternenhimmel zu blicken.

Night-Skiing findet in der Regel an Mittwoch- und Freitagabenden von 17 bis 21 Uhr (in Schulferien auch Sa) statt.

Die alte Dame am See

REISE IN DIE VERGANGENHEIT

Ein Gletschersee, der von hohen Bergen begrenzt wird: Der Lake Wakatipu ist Dreh- und Angelpunkt von Queenstown. Die Stadt erstreckt sich am Seeufer, Restaurants und Hotels wetteifern um den schönsten Seeblick. Eine der beliebtesten und reizvollsten Arten, den See zu erleben, ist eine Fahrt auf der historischen *TSS Earnslaw*. Das Dampfschiff befährt den Lake Wakatipu seit mehr als 100 Jahren und war einst dazu bestimmt, Passagiere, Gold und Güter über den See zu transportieren. Die *Earnslaw* wurde liebevoll in ihrer ursprünglichen Gestalt wiederhergestellt.

An seinem Liegeplatz am Seeufer ist das alte Dampfschiff ein Wahrzeichen der Stadt. Gäste, die an Deck gehen, werden von einem Pianisten in der Café-Bar mit Musik begrüßt, kostbare Holztäfelungen verweisen auf den einstigen Glanz der Goldgräberzeit.

Passagiere können es sich in den großen Sitzbereichen bequem machen und den Ausblick auf den See und die umgebenden Berge genießen. Die Überfahrt dauert 1½ Stunden, sodass viel Zeit bleibt, um die Decks zu erkunden, den Maschinenraum mit seinen arbeitenden Kolben zu besichtigen und im winzig kleinen Schiffsmuseum alte Fotos zu betrachten.

Die Fahrt kann an der **Walter Peak High Country Farm** am westlichen Rand des Sees unterbrochen werden.

ABENTEUER-TOUREN AM LAKE WAKITIPU

Hydro Attack
In einem wie ein Haifisch geformten Boot über den See, dann unter Wasser dahinschnellen. Aufregend und ungewöhnlich!

Jetboot
Eine spannende Fahrt im Jetboot über den Lake Wakatipu. Hohe Geschwindigkeit und enge Drehungen von 360 Grad werden erreicht. Man wird ordentlich durchnässt.

Parasailing
Sanft über den See gleiten und hinreißende Ausblicke von oben genießen. Tandem- und Dreiersitze stehen zur Verfügung.

UNTERWEGS ZU FERNEN BERGEN

Die Gipfel des Mount Aspiring National Park, die von Ben Lomond zu sehen sind, sind auf Wanderwegen zu entdecken, die von **Glenorchy** (S. 463) und **Wānaka** (S. 472) ausgehen; sie zählen zu den besten Wanderwegen des Landes.

CAFÉS & IMBISSE

Bespoke Kitchen
Ein Lieblingscafé in der Nähe der Seilbahn mit einer guten vegetarischen Auswahl und einer Speisekarte für Kinder. **$$**

Boatshed Queenstown
Interessante Frühstücks- und Brunch-Auswahl mit saisonalen Zutaten und hervorragendem Kaffee. **$$**

Fergburger
Eine örtliche Institution mit den besten Burgern in weitem Umkreis, zu Recht heißgeliebt. **$$**

ORTE DER ENTSPANNUNG

Tom Heinricius, Betriebsleiter bei **Hydro Attack Queenstown**, verrät seine Lieblingsplätze zum Entspannen nach einem anstrengenden Tag.
@hydroattacknz

Perky's Floating Bar
Ein Cocktail in Perky's Floating Bar, dauerhaft am Seeufer von Queenstown festgemacht, ist mit nichts zu vergleichen. Lässige Atmosphäre und ein Rundblick von 360 Grad von der Aussichtsterrasse auf dem Oberdeck.

Fat Badgers Pizza
Eine Pizza zum Mitnehmen, ein Plätzchen am Seeufer, der Sonnenuntergang. Eine gute Art, mit Freunden zu entspannen.

Flame Bar & Grill
Mit einem Steak von Flame Bar & Grill kann man nichts falsch machen; dazu kommt eine schöne Lage direkt am Wasser.

Die Farm liegt vor einer bezaubernden Naturkulisse am Fuß des Walter Peak und ist von farbenprächtigen Gärten umgeben. Hier können Gäste eine Gourmetmahlzeit im hofeigenen **Restaurant** genießen, an einer Hofführung oder an einem **Pferde-Trekking** am Berghang teilnehmen.

Wanderung auf den Ben Lomond

AUSBLICK VOM GIPFEL

Queenstown ist von hochragenden Bergen umgeben, von deren Gipfeln sich Wanderer atemberaubende Ausblicke versprechen können. Am einfachsten zugänglich ist der Gipfel des **Ben Lomond**. Eine Tageswanderung zum Gipfel (6–8 Std. inkl. Rückweg) ist eine der schönsten Wanderungen in dieser Gegend, die Aussicht vom Gipfel ist außergewöhnlich. Bergwanderer, deren Zeit in Queenstown nur für eine einzige Wanderung reicht, sollten sich für diese entscheiden!

Die Wanderung beginnt am Tiki Trail, der sich am Bob's Peak hinauf durch heimischen Buchenwald windet. Es ist ein reizvoller Abschnitt des Weges; wer wenig Zeit (oder Ausdauer) hat, kann in der Seilbahn nach oben fahren und den Aufstieg zum Ben Lomond von dort beginnen. Danach kann man der Route zum **Ben Lomond Saddle** folgen.

Wanderung auf dem Ben Lomond

EIN BESONDERES ABENDESSEN

Sherwood Restaurant
Eine saisonale Speisekarte und Zutaten aus der Region. Das Überraschungsmenü („leave it to us") ist eine gute Wahl. **$$$**

The Bunker
Ein rustikaler Veranstaltungsort mit einem kleinen Restaurant mit Cocktailbar und Dachterrasse. **$$$**

Blue Kanu
Ein faszinierender und köstlicher Asien- und Pasifika-Mix, der sich perfekt für ein Gemeinschaftsessen eignet. **$$$**

JIRI FOLTYN/SHUTTERSTOCK ©

Gipfel des Ben Lomond

Der Weg ist deutlich markiert und führt stetig bergauf; häufig kommen See und Berge in Sicht und machen den Aufstieg abwechslungsreich. Es dauert etwa 1½ Stunden, den Bergsattel zu erreichen, von dort sind die gewaltigen Gipfel des Mount Aspiring National Park zu sehen. Ein perfekter Rastplatz, um zu Atem zu kommen und eine Kleinigkeit zu essen. Viele Wanderer entscheiden sich, besonders wenn sie mit kleineren Kindern unterwegs sind, den Aufstieg hier zu beenden.

Vom Bergsattel dauert es etwa eine Stunde zum Gipfel des Ben Lomond. Dieser Abschnitt der Strecke ist enger und steiler, dafür ist die Szenerie sogar noch schöner. Im Aufsteigen rücken der **Lake Wakatipu** und die Südlichen Alpen in den Blick, in der Ferne ist sogar der **Lake Moke** zu sehen.

Die Ankunft auf dem Gipfel ist berauschend; beim Heraufkommen liegt das gesamte Gebiet tief unten ausgebreitet. Man blickt auf den Lake Wakatipu, **The Remarkables** und den Mount Aspiring National Park. Genügend Zeit sollte zur Entspannung und Freude an der umgebenden Natur bleiben.

ICH MAG QUEENSTOWN

Roxanne de Bruyn, Autorin

Es gibt etwas an Queenstown, das mich anspricht. Draußen spazieren gehen, die Berge sehen, die sich um mich erheben, und daran denken, dass ich hier in ihrer Nähe bin – es ist erstaunlich.

Ich liebe die Übersichtlichkeit von Queenstown. Es ist eine relativ kleine Stadt in den Bergen, doch mit kurzen Wegen und allen Annehmlichkeiten einer Großstadt. Dennoch kann man von einer Hauptstraße abfahren und fünf Minuten später anhalten, wo es ruhig und ungestört ist, fern von der Hektik der Stadt.

UNTERWEGS VOR ORT

Das Stadtzentrum von Queenstown lässt sich gut zu Fuß erkunden. Es gibt viele Lokale, Läden und Cafés, außerdem Anlaufstellen für sportliche Aktivitäten. Mit der Bee Card (für 5 NZ$ beim i-SITE oder RealNZ-Kiosk in der Stadt) gibt es ermäßigte Bustickets; für 2 NZ$ kann das gesamte Busnetz genutzt werden. Die Busse verbinden die City von Queenstown mit den Vororten und Arrowtown, außerdem gibt es einen Intercity-Bus nach Wānaka. Eine Fähre verkehrt zwischen Queenstown, Frankton Marina und Kelvin Heights.

Rund um Queenstown

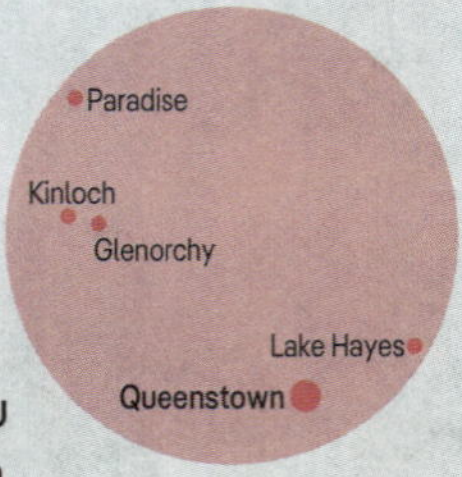

Wurden die Berge bisher nur aus der Ferne bewundert, ist es an der Zeit, sie von Nahem zu genießen. Am Rand des Stadtzentrums warten aufregende Erlebnisse.

Eine kurze Fahrt von Queenstown führt zum beeindruckenden Shotover River, berühmt für Jetboot-Touren, und zu dem der Stadt am nächsten liegenden Skigebiet am Coronet Peak. Die Berge stehen für Wintersport und weite Panoramablicke, der Fluss für Canyoning und Wildwasser-Rafting.

Wander- und Radwege sind zahlreich, der Queenstown Trail verläuft durch die Region. Der hinreißende Lake Hayes, die hübsche Stadt Arrowtown und noble Weingüter sind nur wenige Autominuten entfernt. In entgegengesetzter Richtung liegt das Dorf Glenorchy, ein Tor zum Mount Aspiring National Park. Es ist ebenso möglich, einfach eine ruhige Bucht am See zu suchen und sich zu einem Picknick niederzulassen.

TOP TIPP

Viele schöne Orte sind von der Straße aus zu sehen, doch die außergewöhnlichsten Anblicke und ruhigsten Plätze sind nur zu Fuß zu entdecken.

Lake Hayes

BOYLOSO/SHUTTERSTOCK ©

Jetboot-Tour, Shotover River

Berge, Ausblicke & Weine

UM DEN SPIEGELSEE WANDERN

Nur 15 Min. außerhalb von Queenstown (und ca. 5 Min. von Arrowtown) liegt der eindrucksvolle **Lake Hayes**. Viel kleiner als Lake Wakatipu, wird dieses stille Gewässer auch „Spiegelsee" genannt, weil es die umgebenden Berge und Wälder an ruhigen Tagen perfekt reflektiert. Wer an diesen See kommt, entdeckt eine ruhigere, weniger touristisch ausgerichtete Seite der Region und kann den Anblick ungestört genießen.

Eine Wanderung auf dem 8 km langen Weg um den See ist herrlich. Als Teil des Radweges des **Queenstown Trail** ist der leichte Wanderweg breit angelegt und wird regelmäßig begangen. So lassen sich Eindrücke vom See und von den Bergen bei der Wanderung entspannt aufnehmen, die in der warmen Jahreszeit überdies durch Blumenwiesen führt.

ABENTEUER AUF DEM FLUSS

Der blaue Shotover River durchströmt einen tiefen Canyon nur 10 Min. außerhalb von Queenstown. Er hat eine historische Bedeutung als einer der Flüsse der Erde mit dem reichsten Goldvorkommen, heute ist er als Wassersportgebiet unerschöpflich. Das berühmte Shotover Jet Boat ist seit 1964 auf dem Fluss unterwegs, schnellt dröhnend durch enge Felsschluchten und schockiert und begeistert seine Passagiere mit rasanten Drehungen um 360 Grad.

Wildwasser-Rafting wird für Wassersportler angeboten, die selbst einen aktiven Part übernehmen wollen. Beim Shotover Canyon Swing ist es sogar möglich, in einer Schaukel über der Schlucht zu schwingen. Fluss und Schlucht lassen sich auch auf beschauliche Art erleben, indem man bei den Onsen Hot Pools in Arthur's Point die Aussicht genießt.

ÜBERNACHTEN IN GLENORCHY

Blanket Bay
Eine luxuriöse Lodge, die schöne, ruhige Unterkünfte am Ufer des Lake Whakatipu bietet. **$$$**

Headwaters Eco Lodge
Wunderschön ausgestattet, Gärten mit heimischen Pflanzen, köstliches Essen und Ausblicke auf Berge. **$$$**

Little Paradise Lodge
Eine hübsche und entspannte Unterkunft mit einem großen, schönen Garten, 15 Min. außerhalb von Glenorchy. **$**

MEHRTÄGIGE WANDERUNGEN UM GLENORCHY

Routeburn Track (3 Tage)
Manche Wanderer halten diesen Track, der am Routeburn Shelter in Kinross beginnt, für den besten der Great Walks Neuseelands. Der 32 km lange Weg verbindet die Täler von Hollyford und Routeburn und führt zu Bergseen, Wasserfällen, moosbewachsenen Lichtungen und knorrigen Bäumen.

Rees-Dart Track (4–5 Tage)
Der 62 km lange Rundwanderweg schlängelt sich durch die Täler des Rees und des Dart River mit einem empfehlenswerten Abstecher zum Dart Glacier. Eine einzigartig schöne Gebirgslandschaft!

STANISLAV KACHYNA/SHUTTERSTOCK ©

Glenorchy

Auf dem Weg sind kleine Buchten und (für Hobbyfotografen) gute Motive zu entdecken. An windstillen Tagen ist das Landschaftsbild einzigartig; mehrere Berggipfel ergeben je nach Blickwinkel ein perfektes Abbild im Spiegel des Sees, der auch einfach ein Anblick mit Enten und Kajakfahrern sein kann.

Nach der Wanderung bietet sich ein Picknick am Seeufer oder ein Besuch in einem der kleinen Weingüter mit Kellereiverkauf und Restaurants am See an. Bei **Amisfield**, **Mora** (ehemals Akarua) und **Wet Jacket Wines** sind Weinproben möglich, auf den beiden erstgenannten Gütern werden auch Speisen angeboten. Amisfield bietet wunderbar fein zubereitete Mahlzeiten an (frühzeitig reservieren, um keine Enttäuschung zu erleben!), auf Mora ist die Frühstücks-, Brunch- und Mittagsauswahl eher nachlässig, dabei aber stilvoll, und wird vor einer hinreißenden Naturkulisse serviert.

ESSEN IN GLENORCHY

Glenorchy Hotel
Ein Pub im alten, historischen Hotel mit Kneipenkost sowie einer kleinen Speisenauswahl in Restaurantqualität. $$

Glenorchy Trading Post
Beliebtes Lokal mit gutem Kaffee und hausgemachtem Gebäck, dazu gehört ein kleiner Laden. $$

Queenies Dumplings
Den Zwillingsladen gibt es in Queenstown; Dumplings und Nudeln unweit vom See. $$

Die Straße nach Glenorchy

DIE WIRKLICHE WELT VON MITTELERDE

Umgeben von Bergen am nördlichen Rand von Lake Wakatipu, liegt das winzige Dorf **Glenorchy** inmitten einer majestätischen Landschaft. In der Nähe mehrerer Filmschauplätze der Filmreihe *Der Herr der Ringe* und nur 45 Autominuten von Queenstown ist Glenorchy zu finden – die Fahrt ist ein Highlight. Die Straße folgt dem Seeufer und eröffnet herrliche Ausblicke auf die Südalpen.

Auf dem Weg nach Glenorchy kann man bei **12 Mile Delta**, am Fuß von Mount Crichton, anhalten, dem Drehort für „Ithilien" in *Der Herr der Ringe*. Bei ausreichender Zeit ist eine Wanderung (2–3 Std.) auf dem **Mount Crichton Loop Track** reizvoll; Flüsse, ein Wasserfall, eine Goldgräberhütte und schöne Ausblicke bieten genug Abwechslung für Familien.

Bei der Ankunft in Glenorchy führt der erste Weg zum See hinunter, wo es ein herrliches Bergpanorama gibt. An stillen Tagen spiegeln sich Gipfel im Wasser. Die nordwestlichen Hänge des **Mount Earnslaw** sind hier zu bewundern, die als Kulisse für mehrere Szenen in *Der Herr der Ringe: Die zwei Türme* dienten. Die Isengard-Szenen entstanden unweit davon.

Glenorchy liegt am Rand des **Mount Aspiring National Park**, einer Welterbestätte der Unesco, als „Nebelgebirge" in den *Hobbit*-Filmen verewigt. Auf einer Jetboot-Fahrt in das Innere des Nationalparks folgt man dem Binnendelta des **Dart River** in den Nationalpark; es gibt vieles über die Geschichte und Legenden dieser wunderschönen Region zu lernen. Das **Dart Valley** war das „Tal des Zauberers" in der Filmtrilogie *Der Herr der Ringe*.

Von Glenorchy kommend folgen Autofahrer der Beschilderung nach **Paradise**, auf der Fahrt ist ein schöner Buchenwald zu sehen. Szenen die in „Lothlorien", dem Elbenreich, spielen wurden in diesem Wald gedreht. Auf dem Weg nach Paradise ist der **Diamond Lake** ein schöner Halteplatz zur Mittagszeit. Es ist ein zauberhafter Ort, an dem es kein Wunder wäre, wenn urplötzlich Elben auftauchen würden.

Vom Diamond Lake könnte man direkt nach Glenorchy zurückkehren oder am See entlang bis zum hübschen Ort **Kinloch** weitergehen. Obwohl Kinloch zur Abwechslung nicht in *Der Herr der Ringe* vorkommt, ist es doch der Ausgangspunkt des berühmten **Routeburn Track** sowie kürzerer Tageswanderungen im Mount Aspiring National Park, darunter der **Routeburn Nature Walk** und der Wanderweg zum **Lake Sylvan**.

AUS DER VOGELPERSPEKTIVE

Ist eine Landschaft in Augenhöhe (oder vom Gipfel eines Berges) betrachtet schon hinreißend, wirkt sie aus der Luft beinahe wie eine andere Welt. Auf einem Flug zwischen Berggipfeln werden entlegene Alpenseen und verborgene Wasserfälle sichtbar. Wer sich für einen Helikopterflug entscheidet, kann an wilden und wunderschönen Plätzen landen, die auf dem Landweg unerreichbar wären:

Eine Landung in alpinem Schnee, in der Nähe eines Gletschers oder zum Picknick auf einem Berggipfel. Es ist auch möglich, sportliche Aktivitäten mit einem Flug zu verbinden – rasante Fahrten auf dem Heli-Mountainbike oder Heli-Ski. Der wohl ultimative Tagesausflug ist ein Rundflug über dem Milford Sound mit Blick auf den Fjord aus großer Höhe.

UNTERWEGS VOR ORT

Viele Veranstalter im weiteren Umkreis bieten Fahrten aus dem Stadtzentrum von Queenstown und nahe gelegenen Städten an. Es ist außerdem möglich, an einem organisierten Tagesausflug nach Glenorchy teilzunehmen oder mit dem Bus nach Arrowtown zu fahren.

Um die Region richtig zu erleben, wann und wo auch immer zu halten, ist nur mit einem Mietwagen gegeben. Es gewährt die Flexibilität, die Region eigenständig zu entdecken und entlegenere Orte zu erreichen. Im Winter sollten Autofahrer mit vereisten Straßen rechnen.

ARROWTOWN

Arrowtown, eine Siedlung aus der Zeit des Goldrausches am Ufer des Arrow River, ist gut erhalten geblieben. In der Zeit um 1860 wurde Gold im Fluss gefunden, es kam zu einem massiven Zustrom von Goldsuchern. Rund um die kleine Siedlung wurden zahlreiche Häuser gebaut.

Das Erbe Arrowtowns ist noch heute deutlich sichtbar, Bauwerke aus dem 19. Jh. säumen die Hauptstraße. Unten am Fluss wurde eine abgesonderte Siedlung wiederhergestellt; sie wurde von zahlreichen chinesischen Minenarbeitern bewohnt, die in der Ära des Goldrausches nach Neuseeland kamen.

Etwa 70 historische Gebäude stehen in der kleinen Stadt, sie alle tragen zum nostalgischen Charme bei. Es gibt eine große Vielfalt von Läden, Restaurants und Bars an der Hauptstraße. Queenstown und die Skigebiete, Gibbston Valley und Lake Hayes, liegen nur eine kurze Autofahrt entfernt.

TOP TIPP

Viele Besucher kommen auf einem Tagesausflug nach Arrowtown und versäumen oft die hervorragende Restaurantszene der Stadt. Es gibt eine überraschend große Zahl ausgezeichneter Gaststätten für eine Stadt dieser Größe; ein Abendessen sollte daher unbedingt eingeplant und ein Tisch rechtzeitig reserviert werden – viele der Restaurants sind auch bei Einheimischen beliebt.

Arrowtown Autumn Festival (S. 466)

GRACETHANG2/SHUTTERSTOCK ©

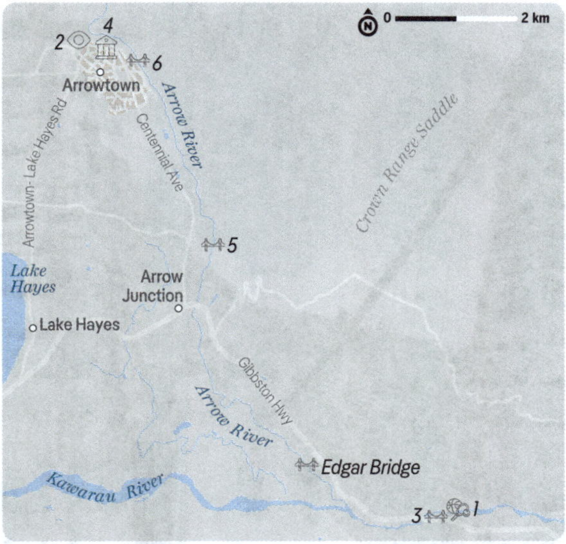

SEHENSWERTES
1 AJ Hackett Bungy Centre
2 Arrowtown Chinese Settlement
3 Kawarau Suspension Bridge
4 Lakes District Museum & Gallery
5 Southern Discoveries Suspension Bridge
6 Swain Family Bridge

Mit dem Rad auf dem Arrow River Trail

HÄNGEBRÜCKEN UND BERGAUSSICHTEN

Zahlreiche Radwege sind leicht von Arrowtown aus zugänglich, der **Arrow River Bridges Trail** gehört zu den schönsten. Er verläuft am Ufer des Arrow River entlang, überquert hoch über dem Boden schwebende Brücken und führt durch eine friedliche Szenerie. Die landschaftlich reizvolle, familienfreundliche 13 km lange Route erstreckt sich von Arrowtown bis zum Rand des **Gibbston Valley**, auf der Fahrt ergeben sich von den Brücken viele hinreißende Fotomotive.

Die Radtour beginnt beim Arrowtown Chinese Settlement und folgt dann einer gut gekennzeichneten Route am von Weiden gesäumten Arrow River entlang. Die erste Brücke, die man erreicht, ist die **Swain Family Bridge** – ideal für eine Pause mit Picknick.

Auf der Weiterfahrt kommt man an hübschen Dörfern, Pferden und dem beeindruckenden Anblick der **Arrow Gorge**

MEINE LIEBLINGSLÄDEN IN ARROWTOWN

Jane Peasey, Projektleiterin bei Lakes District Museum & Gallery, beschreibt einige ihrer Lieblingsläden in der Stadt. *@lakesdistrictmuseum*

Shop des Lakes District Museum & Gallery
Selbstverständlich ist dies ein Lieblingsgeschäft! Unser Spezialgebiet ist Neuseeland; wir führen Bücher zum Thema und verkaufen Werke von Künstlern aus der Region. Hier gibt es besondere Dinge als Erinnerung an die Reise.

Francis Patterson
In der Coachman's Hall an der Hauptstraße findet man eine liebenswürdige Zusammenstellung von Haushaltswaren, Kleidung, Babykleidung und Spielzeug.

Arrowtown Wine Store
Hier gibt es eine große Auswahl regionaler Weine und fachkundige Beratung.

ÜBERNACHTEN IN ARROWTOWN

Arrowfield Apartments
Apartments unterschiedlicher Größe. Perfekt für Gruppen und Familien. **$$**

Arrowtown House
Luxuriös ausgestattete Zimmer in einem friedlichen Boutiquehotel im Herzen von Arrowtown. **$$$**

Arrowtown Holiday Park
Plätze für Zelte und Wohnmobile sowie Hütten in Gehweite zur Stadt. Gute Wahl für Reisende mit kleinem Budget. **$**

DAVID WALL/ALAMY STOCK PHOTO ©

Kawarau Suspension Bridge

vorbei. Ein Highlight ist die **Southern Discoveries Suspension Bridge**, die die Schlucht hoch über dem Fluss überspannt, dessen blaues Band tief unten zu sehen ist. Vorsicht ist beim Überqueren geboten, da es eine Seilbrücke ist, die wegen ihrer Höhe merklich ins Schwingen geraten kann.

Die Radtour endet an der **Kawarau Suspension Bridge**, der Heimstätte des **AJ Hackett Bungy Centre**. Es ist spannend, den Wagemutigen zuzusehen – oder es selbst auszuprobieren. Von hier ist es möglich, eine Rückfahrt nach Arrowtown zu organisieren, mit dem Rad auf demselben Weg zurückzukehren oder weiter in das **Gibbston Valley** zu fahren.

GOLD WASCHEN

Den Spuren der Goldsucher kann man in Arrowtown folgen, wo die Abenteurer in der Vergangenheit ihr Glück am Arrow River suchten.

Nur einen kurzen Fußweg außerhalb der Stadt liegt Dudley's Cottage, wo auch Goldpfannen verliehen und kurze Einführungen gegeben werden. Dann gilt es, sein Glück am Fluss zu finden. Es gibt außerdem Goldwaschrinnen für eine Goldsuche – ohne nasse Füße zu bekommen.

Wer etwas Geschick erworben hat – Goldwaschen ist nicht so einfach, wie es aussieht! –, kann eine Goldpfanne für 5 NZ$ (und 10 NZ$ Pfand) ausleihen und ein paar Stunden oder einen ganzen Tag lang nach dem seltenen Edelmetall suchen.

In Arrowtown den Herbst feiern

UMZÜGE, AUFFÜHRUNGEN UND BUNTES LAUB

Wer das Glück hat, im Herbst (März–Mai) nach Arrowtown zu kommen, wird die Stadt in den schönsten Herbstfarben vorfinden. Und im April wird die Jahreszeit auf dem **Arrowtown Autumn Festival** gefeiert.

ESSEN IN ARROWTOWN

Millbrook
Eines der besten gehobenen Restaurants des Landes. Probiermenüs werden mit Zutaten aus der Region zubereitet. **$$$**

Slow Cuts
Die Spezialitäten sind langsam gegartes Fleisch, Burger und rauchige Ribs mit Salaten und Desserts. **$$**

La Rumbla
Eine elegante Speisekarte, die von der Kultur Kataloniens inspiriert ist. **$$**

HISTORISCHER SPAZIERGANG DURCH ARROWTOWN

Auf einem Spaziergang lässt sich der Charme und die Geschichte von Arrowtown am besten entdecken.

Startpunkt ist in der **1 Buckingham Street**. Auf der rechten Straßenseite kommt man am **2 alten Butcher's Shop**, am **3 General Store** (heute eine Apotheke) und an ehemaligen Stallungen vorbei, in denen sich das Restaurant **4 Bendix Stables** befindet.

Beim Überqueren der Straße fällt der Blick auf die **5 Athenaeum Hall**, dann erreicht man das **6 Lakes District Museum & Gallery**. Das Museum ist im Gebäude der ehemaligen Bank of New Zealand untergebracht, die 1875 gegründet wurde.

Ein Rundgang durch das Museum vermittelt auch eine Vorstellung, wie die Räume um 1860 ausgesehen haben mögen. Danach wechselt man wieder die Straßenseite und sieht das **7 alte Postmaster's Cottage & Post Office**, das Postamt, das 1915 eröffnete wurde. Der Weg führt weiter, bis die Straße in eine Allee übergeht. An der anderen Straßenseite sind die **8 Old Miners' Cottages** zu sehen, eines der berühmtesten Fotomotive von Arrowtown.

Auf demselben Weg führt der Spaziergang wieder zurück bis zum **9 The Fork and Tap**, einem Pub von 1874. An der Ramshaw Lane liegt das **10 New Orleans Hotel**. Treppenstufen führen zum **11 Butlers Green** hinunter; auf der anderen Straßenseite ist **12 Dudley's Cottage**, heute das Dishery Restaurant, zu sehen.

Nahe am Fluss findet man das **13 Historic Arrowtown Chinese Settlement**, eine historische Siedlung chinesischer Minenarbeiter, die wegen des Goldes nach Arrowtown kamen.

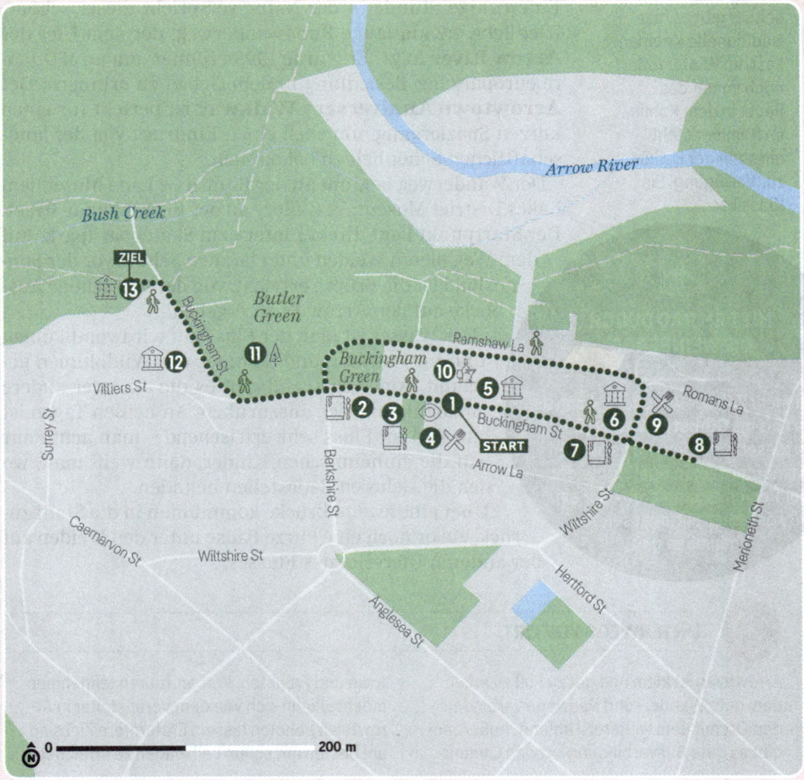

Umzüge sind zu sehen, die sich durch die Hauptstraße ziehen, in ihrem Gefolge Oldtimer, Künstler und Festwagen. Die Arbeiten regionaler Künstler werden in Ausstellungen im Lakes District Museum gezeigt, an Markttagen sind die Auslagen der Stände eine Augenweide. Genussvoll geht es auch beim Event „Pie, Pint and Pinot" zu, wo eine Gourmet-Pastete gut zu einem Craftbier oder einem Glas Wein passt. Natürlich gibt es auch Livemusik.

Das Festival findet seit 37 Jahren statt und feiert die Geschichte und die regionale Verbundenheit mit Arrowtown. Auf diesem Fest, das fünf Tage dauert, wird nicht nur die Stadt, sondern auch die Region gefeiert. Insgesamt werden rund 30 Events veranstaltet, darunter ein Umzug, Wettkämpfe im Goldwaschen, eine Hundeshow, Konzerte und viele Vergnügungen für Kinder.

Die Stimmung ist großartig, die Straßen füllen sich zur Festivalzeit mit Menschenmassen. Es gibt eine Überfülle von Speisen, Getränken, Musik, Spiel und Spaß – das Ereignis zieht Tausende Besucher aus Central Otago und von weiterher an. Arrowtown in Bestform.

RESTAURANTS IN HISTORISCHEN GEBÄUDEN

Bendix Stables
Auf dem Village Green gelegen, ist Bendix Stables ein sehr gutes Restaurant in einem Schieferbau von 1873. Einst waren es Stallungen im Besitz von Bendix Hallenstein, einem der ersten Bürgermeister von Queenstown und Textilfabrikant deutscher Herkunft.

New Orleans Hotel
Das frühere Pub wurde 1866 eröffnet, seither gibt es hier traditionelle Kneipenkost. Im Winter lodert noch immer das Feuer in dem Kamin, im Sommer steht ein sonniger Balkon zur Verfügung. Ein Klassiker.

Spaziergang am Arrow River

EIN SCHATTIGER RUNDWEG AM FLUSS

Eine ruhige Stunde in der Natur verspricht dieser schöne, friedliche 4,2 km lange Rundwanderweg, der dem Ufer des **Arrow River** folgt. Er wurde 1998 eröffnet, um an 150 Jahre europäischer Besiedlung in dem Gebiet zu erinnern. Der **Arrowtown Anniversary Walkway** ist perfekt für einen kurzen Spaziergang, um auch einen Eindruck von der landschaftlichen Schönheit zu bekommen.

Der Wanderweg beginnt an der Ramshaw Lane hinter dem Lakes District Museum & Gallery an der Buckingham Street. Der Startpunkt liegt direkt hinter dem Skateboardpark. Auf dem Weg bieten Weiden und Platanen Schutz vor der Sonne. Bald ist die Brücke erreicht, von der sich schöne Ausblicke auf den Arrow River ergeben.

Das Wasser ist klar, der Flusslauf wird von Bäumen und im Frühling und Sommer von Wildblumen gesäumt. Am Wegesrand gibt es die ein oder andere Sitzbank, um sich auszuruhen. An heißen Tagen ist ein Bad im Fluss sehr erfrischend – man achte nur auf die einheimischen Kinder, dann weiß man, wo sich die sicheren Badestellen befinden.

Über eine zweite Brücke kommt man in die Stadt zurück, zuvor noch eine kurze Pause unter den Weiden auf der anderen Uferseite des Flusses.

MIT DEM RAD DURCH DIE WEINBERGE

Steht mehr Zeit zur Verfügung, kann die Fahrt bis ins **Gibbston Valley** (S. 471) fortgesetzt werden, wo es auf den Weingütern einen Spätburgunder der Region zu probieren oder ein köstliches Mittagessen zu genießen gibt.

UNTERWEGS VOR ORT

Arrowtown ist klein und gut zu Fuß zu erkunden, gute Wander- und Radwege verbinden den Ort mit dem weiteren Umland. Außerdem gibt es gute Busverbindungen nach Queenstown und Frankton. Wer an Touren teilnehmen möchte, kann sich von dem Veranstalter in Arrowtown abholen lassen. Entferntere Ziel sind am besten mit einem Leihwagen zu erreichen.

Rund um Arrowtown

Radwege unter Bäumen, hoch aufragende Berge und Weine von Spitzenklasse.

Das historische Arrowtown ist als Basis zum Erkunden der weiteren Umgebung gut geeignet. Hier führen von Bäumen gesäumte Radwege durch die ländliche Umgebung an rauschenden Flüssen und tiefen Schluchten entlang. Hoch in den Bergen führen alte Goldminenpfade zu einsam gelegenen Zeltplätzen hinauf. Das Gebiet ist mit Mountainbike-Strecken, Wanderwegen und nahen Skipisten ein Paradies für Outdoor-Fans.

Die berühmte Absprungrampe der Bungee-Springer, die Kawarau Bridge, liegt in der Nähe, die Straßen führen nach Queenstown oder weit in das Weinanbaugebiet von Central Otago hinein. Im Gibbston Valley und am Lake Hayes liegen Weingüter und Kellereien, einige verfügen über exzellente Restaurants. Im Millbrook Resort ist Golf angesagt.

TOP TIPP

Die Fahrt auf den Radwegen des Queenstown Trail ermöglich die herrliche Region besser kennenzulernen.

Millbrook Resort

DAVID WALL/ALAMY STOCK PHOTO ©

Eine Fahrt nach Macetown

EIN RAUER WEG IN DIE VERGANGENHEIT

Eine Fahrt in die Bergwildnis oberhalb von Arrowtown ist eine gute Möglichkeit, den Menschenmassen zu entfliehen. Gegen Ende der Goldära entstand die Bergbausiedlung **Macetown**, nur 11 km von Arrowtown, aber tief in den Bergen gelegen. Heute ist der Ort verlassen, jedoch wurden einige der Gebäude restauriert, Relikte der Bergbaugeschichte sind noch zu sehen.

Die eigentliche Herausforderung ist die Fahrt nach Macetown selbst. Eine raue Geländepiste ist der einzige Weg von Arrowtown. Der Weg kann begangen (Hinweg 3–4 Std.) oder mit einem Mountainbike (Hinweg 2–3 Std.) bzw. mit dem Geländewagen befahren werden. Es ist eine schwierige Fahrt mit Flussdurchquerungen und jähen Abhängen. Die Gegend ist sehr abgelegen, es ist möglich, den ganzen Weg nach Macetown zurückzulegen, ohne einem anderen Menschen zu begegnen.

Dies ist zweifellos der Reiseplan für die wärmeren Monate; wer die Fahrt zwischen November und Januar unternimmt, wird farbenprächtige Lupinen und andere Wildblumen vorfinden. Ein Leihwagen (selbst mit Allradantrieb) ist nicht geeignet, eventuelle Autopannen fallen nicht unter den Versicherungsschutz. Es ist aber möglich, sich einer Geländewagentour anzuschließen – dabei erfährt man viel über die hiesige Geschichte und die Menschen, die einst hier lebten.

Wenn das Ende der Wegstrecke erreicht ist, kann man die alten Häuser begehen. Eine kurze, aber mühsame Wanderung führt zur **Homeward Bound Stamper Battery**, einem eisernen Stampfwerk, das dazu diente, Quarzbrocken zu zertrümmern, aus denen Gold gewonnen wurde.

Macetown

4 SEASON BACKPACKING/ALAMY STOCK PHOTO ©

GOLF MIT KUNST UND ALPENLANDSCHAFT

Arrowtown ist das ultimative Ziel für Golf-Begeisterte, die Stadt besitzt drei der 15 Spitzenplätze in Neuseeland.

Der Arrowtown Golf Club wurde 1937 gegründet und bietet einen herausfordernden und malerischen Parcours vor dramatischer Naturkulisse.

Das Millbrook Resort, weltberühmt als Austragungsort der New Zealand Golf Open, besitzt drei 9-Loch-Plätze nach Entwürfen von Sir Bob Charles und Greg Turner.

Der Hills Golf Club ist sowohl für seinen schönen Parcours, als auch für überdimensionale Skulpturen bekannt, die vereinzelt auf seinen Fairways stehen. Eine begrenze Zahl von Buchungen von auswärtigen Gästen ist möglich.

WEINGÜTER IM GIBBSTON VALLEY

Gibbston Valley Winery
Das populärste Weingut mit Führungen, Verkostungen und einem Gutsrestaurant. **$$$**

Rockburn Wines
Eine kleine Kellerei mit Verkauf bei der Gibbston Tavern; Weinproben und leichte Speisen werden angeboten. **$$**

Chard Farm
Wer die tückische Straße hinauf bewältigt, genießt exzellente Weine und die hinreißende Sicht auf das Tal. **$$$**

Weingut Gibbston Valley

Pinot noir aus dem Gibbston Valley

WEINBERGE UND BERGAUSSICHTEN

Die berühmte Kawarau Bridge, die bekannteste Bungee-Sprungrampe Neuseelands, markiert den Beginn des **Gibbston Valley**, eine der bedeutendsten Weinbauregionen von Central Otago. Im Tal gibt es etliche Weingüter mit Kellereiverkauf, wo Besucher den berühmten neuseeländischen Spätburgunder aus Central Otago probieren können.

Die samtige Rotweinsorte dieses Gebiets wird in aller Welt geschätzt, die Gegend ist ideal, um sich selbst ein Urteil zu bilden. Ein ganzer Tag kann bei Besichtigungen und Verkostungen vergehen – Führungen und Radtouren werden angeboten. Gäste können sich auch auf ein einzelnes Weingut beschränken und dort zur Weinprobe und zum Mittagessen bleiben.

Mount Rosa ist ein kleineres, renommiertes Weingut mit einer hübschen, von Weinreben bewachsenen Kellerei. Die ganze Palette der Rot- und Weißweine des Gutes kann für 15 NZ$ probiert werden – im Sommer unter freiem Himmel, im Winter vor dem Kamin.

Zu jeder Jahreszeit sollten Gäste genügend Mußestunden zur Verfügung haben, um auf einem Weingut die Spezialitäten des Hauses und einige edle Tropfen der Region kennenzulernen.

MIT DEM E-BIKE DURCHS GIBBSTON VALLEY

Die schöne Weinbauregion Gibbston Valley lässt sich auf dem 8,7 km langen Gibbston River Trail erleben. Mehrere Stunden können bei der Verkostung der regionalen Weine vergehen. Die erste Station ist das renommierte Gut Gibbston Valley Winery, wo die Gäste Weine und köstlichen Käse bekommen.

Der Radweg führt bis zum Gut Peregrine Winery, dann geht es zur Cargo Brewery und zur Gibbston Tavern (falls ein frisches Bier bevorzugt wird). Der Weg endet in der Nähe der Mount Rosa Winery sowie bei Brennan Wines.

Der Startpunkt der Route liegt beim Bungee-Parkplatz an der Kawarau Bridge. Radler können von dort dem Arrow River Bridges Trail folgen oder sich vom Fahrradverleih dorthin bringen und wieder abholen lassen.

UNTERWEGS VOR ORT

Bei einer Tour auf dem Queenstown Trail mit dem Rad oder E-Bike ist das Umland von Arrowtown gut zu erkunden. Von Arrowtown ist es eine leichte Radtour zum Lake Hayes, Millbrook, Arthur's Point bis ins Gibbston Valley und nach Queenstown. Wer nach Wānaka oder Cromwell fahren möchte, sollte sich besser einen Leihwagen nehmen.

WĀNAKA

Viele Reisende betrachten Wānaka als eine ruhigere Alternative zu Queenstown, fernab der touristischen Hektik. Historisch gesehen war Wānaka jedoch von größerer Bedeutung. Das Gebiet war schon vor über 700 Jahren besiedelt.

Māori haben in der Gegend gesiedelt; Manuhaea – unterhalb des Neck (der Landstreifen zwischen Wānaka und Lake Hāwea) gelegen – war eine Stätte von spiritueller Bedeutung. Die Europäer kamen um 1850 in diese Region und gründeten große Schaffarmen, die es heute noch rund um den Upper Clutha River gibt.

Während des Goldrausches um 1860 entstand Cardrona und entwickelte sich zur größten Stadt der Region. Wānaka erreichte seine Blütezeit um 1870 mit der Gründung von Sägewerken in den Tälern. In den 1950er-Jahren etablierte sich Wānaka als beliebter Ski- und Ferienort.

Wanderer sollten für Bergtouren rund um Wānaka gut vorbereitet sein. Wetterbedingungen in den Bergen können von denen im Flachland sehr verschieden sein, und einige Wege sind für unerfahrene Wanderer nicht geeignet. Im Besucherzentrum des Mount Aspiring National Park in der Stadt sind Informationen und hilfreiche Ratschläge zu den Routen erhältlich.

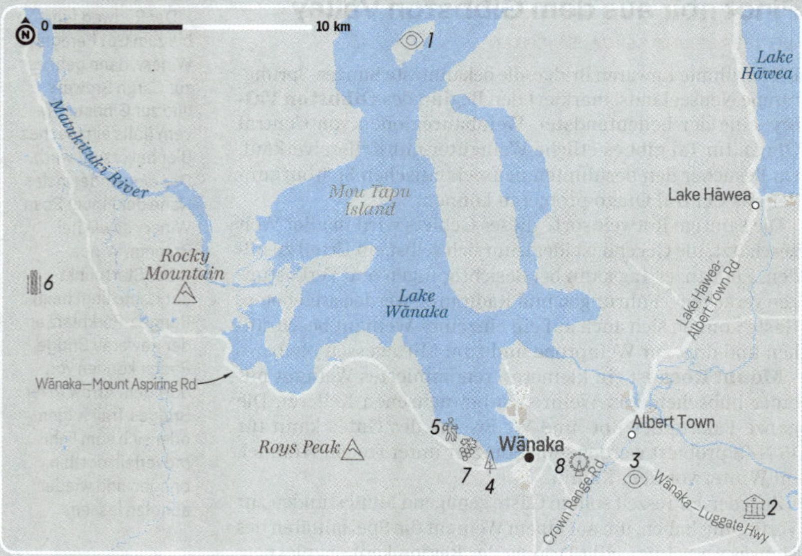

SEHENSWERTES
1 Mou Waho
2 National Transport & Toy Museum
3 Wānaka Lavender Farm
4 Wānaka Station Park

AKTIVITÄTEN
5 Glendhu Bay Track
6 Treble Cone

AUSGEHEN
7 Rippon

UNTERHALTUNG
8 Puzzling World

Treble Cone (S. 475)

Am See entlang

WEIN, SEEBLICKE UND EIN BERÜHMTER BAUM

Die Seeufer von Wānaka sind attraktiv, die blaue Wasserfläche und die hohen Berge bilden die reizvolle Kulisse für die Stadt. Nach einem Spaziergang durch das Stadtzentrum führt ein Weg direkt zum Wasser hinunter. Hier werden auch Wassersportmöglichkeiten und Fahrten zu den Inseln im See angeboten. Familien mit kleinen Kindern finden einen Spielplatz mit einer tollen Dinosaurierrutsche!

Am Westufer des Sees verläuft der **Glendhu Bay Track**. Es ist eine leichte Wanderung mit schönem auf Blick See und Berge. Nach etwa 15 Min. ist der wunderbare Wānaka Station Park erreicht, in dem ein berühmtes Instagram-Fotomotiv steht, der **Wānaka-Baum**. Nach dem obligatorischen Foto sollte man einige Zeit verweilen, um die wunderschönen großen Bäume und die Pflanzen des Parks zu bewundern.

Vom Park setzt sich der Glendhu Bay Track fort; der vollständige Wanderweg führt weiter zur **Glendhu Bay** (3–4 Std.). Er ist auch für eine Mountainbike-Tour geeignet. Nach 20–30 Min. biegt man beim Hinweisschild zum Waterfall Creek Track in die Ruby Island Road ein.

Wenige Häuserzeilen vom See entfernt, erreicht man das historische Weingut Rippon und kann an einer Weinverkostung

SCHÖNE BARS IN WĀNAKA

b.social
In dieser Brauerei werden Craftbiere, Weine und Gemeinschaftsgerichte („shared plates") serviert. An sonnigen Tagen im Biergarten.

Cork Bar
Lebhafte Bar im Herzen von Wānaka mit einer Riesenauswahl an Spirituosen, Craftbieren und Weinen. Freitags und samstags treten Bands und DJs auf.

LaLaLand Wānaka
Beliebte Loungebar mit exzellenten Cocktails. Gute Wein- und Bierauswahl.

ÜBERNACHTEN IN WĀNAKA

Limetree Lodge
Boutiqueunterkunft mit herrlichem Bergblick; das weite Gelände ist 10 Autominuten von Wānaka entfernt. **$$$**

Archway Motels & Chalets
Abgeschlossene Wohneinheiten, umgeben von schönen Gärten, in der Nähe des Sees und der Stadt. **$$**

Wānaka Top 10 Holiday Park
Unterkünfte aller Arten, darunter Zeltplätze, Standplätze für Wohnmobile, Familienwohneinheiten und Hütten. **$**

DIE BESTEN RESTAURANTS IN WĀNAKA

Francesca's Italian Kitchen
Gutes und herzhaftes italienisches Essen mitten in der Stadt. $$

Tititea Steak House
Wundervoll zubereitete und präsentierte Gerichte; zu den Spezialitäten gehören Steaks und Lammfleisch. $$$

Big Fig Wānaka
Schonend gegarte Gerichte nach Art des Hauses; gute Biere und Weine. $$

Kika
Tapas von hoher Qualität aus regionalen Zutaten. Auf der Speisekarte steht das empfehlenswerte Überraschungsmenü namens „feed me". $$

Bistro Gentil
Französisches Bistro mit Gerichten à la carte und einem Probiermenü mit sieben Gängen, außerdem gibt es Weine und Cocktails. $$

Mou Waho

teilnehmen. Allerdings muss man sich dafür vorher angemeldet haben; auf dem Gut wird kein Essen angeboten. Zum Abendessen muss man nach Wānaka zurückkehren.

Aussicht von Mou Waho

EIN SEE AUF EINER INSEL IN EINEM SEE

Einer der schönsten Orte in Wānaka (und vielleicht in ganz Neuseeland) liegt mitten im Lake Wānaka verborgen. **Mou Waho** ist eine von vier Inseln im See und liegt am weitesten von der Stadt entfernt – ihr Name kann am passendsten mit „die äußere Insel" übersetzt werden.

Die Insel ist unbewohnt und von dichten Gebüsch bedeckt. Die Natur wirkt ungezähmt, die Ausblicke sind überwältigend. Das Highlight von Mou Waho ist jedoch der **Arethusa Pool**, ein kleiner See auf der Insel.

ÜBERNACHTEN IN WĀNAKA

Wānaka Stonehouse
Komfortable Zimmer in einem ruhigen Bed & Breakfast in der Nähe des berühmten Wānaka-Baumes. $$

Lakeside Apartments
Moderne 5-Sterne-Unterkunft mit Blick auf den See und die Berge im Herzen Wānakas. $$$

Fairway Motel & Apartments
Unterkünfte mit einem Swimmingpool, nur 10 Min. zu Fuß von der Stadt entfernt. $$

Die meisten Gäste kommen auf einem Tagesausflug oder mit einem Wassertaxi auf die Insel. Von Wānaka führt eine Bootsfahrt von 30 Min. nach Mou Waho, die Wasserfahrzeuge reichen von kleinen Booten bis hin zu großen Katamaranen. Bereits die Bootsfahrt eröffnet einen einzigartigen Panoramablick auf den Lake Wānaka und die Südalpen. Der Kapitän teilt auf der Fahrt zumeist einige spärliche Informationen mit, sodass die Passagiere etwas Wissenswertes über Wānaka und die Inseln erfahren können.

An einem kleinen Kiesstrand geht man dann von Bord. Wenige Schritte führen zu einem äußerst einfachen Campingplatz mit Toiletten; es gibt Informationen zur Insel. Um zum Arethusa Pool zu gelangen, folgt man mitten auf der Insel einem bergauf führenden Pfad. Dieser ist relativ kurz, jedoch steil, und verläuft vorbei an Horoeka-Bäumen und hübschen *kōtukutuku* (Fuchsien) mit ihren pinkfarbenen Blüten. Mit etwas Glück kreuzt eine Wekaralle den Weg.

Der Arethusa Pool ist tief, dunkelblau und sehr kalt, manche lassen sich davon nicht abhalten, im Sommer in dem Gletschersee zu schwimmen. Es ist ein friedlicher, heiterer Ort, am Rand des Sees finden sich gute Plätze für eine Mittagsmahlzeit. Hoch oben befindet sich eine vorspringende Klippe – der perfekte Standort für einen beeindruckenden Ausblick.

Der Weg zum Aussichtspunkt ist steiler als der vorherige Wegabschnitt, doch dauert es nur ein paar Minuten, ihn zu erreichen. Wer den steinigen Weg bewältigt hat, sieht die Landschaft vor sich ausgebreitet: das winzige Eiland in einem See auf einer Insel in einem See ... umgeben von den majestätischen Südalpen.

MEHR INSELN IM LAKE WĀNAKA

Drei weitere nennenswerte Inseln liegen im Lake Wānaka, sie alle sind besuchenswert.

Die winzige Te Peka Karara diente bis in die 1990er-Jahre hinein als Brutgebiet für die Wekarallen (flugunfähige Vögel). Sie hat einen schönen Strand und bietet eine hinreißende Aussicht. Einfache Campingeinrichtungen sind vorhanden.

Mou Tapu, ein Schutzgebiet unter der Verwaltung des DOC, ist die zweitgrößte Insel im See. Ein schönes Ziel für einen Tagesausflug, doch ohne touristische Einrichtungen.

Ruby Island ist ein beliebtes Kajakrevier. Zelten ist hier nicht erlaubt, aber es gibt Grillplätze und eine Toilette.

An den Hängen von Treble Cone

AUSBLICKE, SCHNEE UND ABENTEUER

Im Winter sind die Berge um Wānaka verschneit, die den Beginn der Skisaison markieren. Die Zeit zwischen Ende Juni und September ist die Hochsaison fürs Ski- und Snowboard-Fahren in den Bergen der Neuseeländischen Alpen. Das Skigebiet Treble Cone liegt Wānaka am nächsten, es ist von dort auf einer landschaftlich schönen Fahrt (30 Min.) zu erreichen. Wer nicht selbst fahren will, nimmt den Shuttlebus oder parkt am Fuß des Berges und fährt mit einem kostenlosen Bus hinauf.

Treble Cone ist das größte Skigebiet auf der Südinsel. Skifahren und Snowboarden ist hier ein unbeschreibliches Erlebnis. Schon bei der Ankunft im Sessellift wirkt der Anblick des Lake Wānaka und der

MEHR SCHNEEHÄNGE

Eine andere Art des Wintersports kann in Cardrona an den Hängen der Crown Range erprobt werden: Skilanglauf in der **Snow Farm** (S. 481). Das historische Cardrona Hotel bietet eine schöne Atmosphäre zum Essen und Trinken nach dem Skifahren.

IMBISS IN WĀNAKA

Big Fig
Gute Auswahl von schonend gegarten warmen Gerichten und köstlichen Salaten. **$$**

The Catch Wānaka
Eine Portion vom Blauen Sandbarsch mit Pommes frites mitnehmen und ein Plätzchen am See suchen. **$**

Pembroke Patisserie
Eine französisch inspirierte Bäckerei in Albert Town mit wunderbaren Backwaren, Kuchen und Pasteten. **$$**

schneebedeckten Berge rund um den See respekteinflößend. Auch der steile 700 m hohe Abhang des Treble Cone verdient Aufmerksamkeit. Es gibt geeignete Gelände für den Ski- und Snowboard-Sport in allen Schwierigkeitsgraden, ein Anfängergebiet liegt nahe der Basisstation. Erfahrene Sportlerinnen und Sportler können die steileren Hänge und das legendäre Terrain abseits der Pisten in Angriff nehmen und einen unvergesslichen Tag im Schnee erleben.

Treble Cone besitzt auch einige der längsten instandgehaltenen Pisten des Landes; das Skigebiets ist etwa 550 ha groß. Besondere Herausforderungen stellen die offenen Pulverschneeflächen und natürlichen Halbtunnel des **Saddle Basin** dar. Steile Hänge und anspruchsvolles Gelände finden sich auch an den **Summit Slopes** und **Motatapu Chutes**.

Erholung sowie gutes Essen und Trinken gewährt **Apres** unter der Leitung des Teams von Treble Cone und Cardrona auf dem Rückweg nach Wānaka. In diesem Treffpunkt finden sich viele Wintersportler ein. Zur Entspannung bieten sich behagliche Plätze im Innenraum oder – bei bei geeignetem Wetter – im Freien an.

FESTE IN WĀNAKA

Ripe – The Wānaka Food & Wine Festival
Weinverkostungen, Livemusik, Kochveranstaltungen und regionale Lebensmittel werden im März am Seeufer von Wānaka präsentiert.

Festival of Colours
Tanz, Theater und Livemusik erfüllen die Stadt im April beim Festival der darstellenden Künste in Wānaka (alle 2 Jahre mit ungeraden Jahren).

Warbirds Over Wānaka
Alle zwei Jahre (mit geraden Jahren) findet zu Ostern diese sehr beliebte internationale Flugshow statt. Mehr als 50 000 Besucher kommen hierher.

Wheels at Wānaka
Alle zwei Jahre, im Wechsel mit der Flugshow „Warbirds over Wānaka“, kommen an Ostern Vintage-Karossen auf dieser Oldtimer-Show zusammen.

Familienspaß in Wānaka

ILLUSIONEN, LABYRINTHE UND LAVENDELFELDER

Die Dinosaurierrutsche auf dem Spielplatz am See bildet nur den Auftakt in Wānaka, denn Spiel und Spaß für Kinder sind in dieser Gegend in Fülle vorhanden und oft nur wenige Minuten außerhalb der Stadt zu finden.

Nur wenige Minuten außerhalb des Ortes liegt auch **Puzzling World** am SH6. Diese kuriose Attraktion ist für ein imposantes Heckenlabyrinth und faszinierende optische Täuschungen berühmt. Besucher können sich selbst beim Schrumpfen zuschauen, Wasser aufwärts fließen sehen oder Fotos voneinander in unmöglichen Situationen machen. Vorab buchen – die rätselhafte Welt ist gut besucht.

Etwas weiter an derselben Straße weist ein Schild auf die **Wānaka Lavender Farm** hin. Diese schöne und ungewöhnliche Farm ist ein Lieblingsziel von Besuchern jeden Alters. Das wunderschöne Gelände lässt sich gut auf eigene Faust erkunden. Gäste spazieren durch Lavendelfelder (sie blühen im Sommer), können innehalten, um heimische Pflanzen und Bäume zu bewundern, und die freundlichen Hoftiere über den Zaun hinweg streicheln. Man kann Dame auf einem riesigen Spielfeld spielen oder den Gärtnern zusehen. Erfrischungen gibt es in einer Teestube, z. B. Lavendel- und Honigeis.

Wer noch genügend Energie hat, kann dem **National Transport & Toy Museum** einen Besuch abstatten. Hier ist eine

DRAUSSEN ESSEN IN WĀNAKA

Hello Ranger
Kaffee, Mittagsgerichte und Pizza mit Musik (samstags) in einer Gartenatmosphäre. **$$**

Apres
Pizza aus dem Holzofen, Bier und Wein in einer hinreißenden Atmosphäre mit offenen Räumen. **$$**

Hook Wānaka
Die Gäste teilen sich die Speisen oder genießen den eigenen Fang in diesem Lokal mit Fischteichen. **$$**

GRACETHANG2/SHUTTERSTOCK ©

Puzzling World

Welt der Nostalgie in Gestalt einer der größten privaten Spielzeugsammlungen der Welt zu entdecken. In vier Gebäuden untergebracht, birgt das Museum u. a. etwa 600 Fahrzeuge, 20 Flugzeuge und eine Fülle von Spielzeugen.

Diese Schatztruhe ist aus der lebenslangen Leidenschaft ihres Gründers hervorgegangen und ist für alle Altersgruppen sehenswert. Zur Sammlung gehören Oldtimer, Feuerwehrautos, Militärfahrzeuge, Traktoren, Trucks, Motorräder, Baumaschinen, Busse, Boote usw. Die Spielzeugsammlung ist eine Augenweide, darunter sind Spritzgussmodelle, Metallbaukästen, Puppen und Teddybären sowie Zinnfiguren und Spielzeuge zum Aufziehen. Zudem ist hier die größte Ausstellung Neuseelands aus der Welt von Barbie und *Star Wars* zu sehen.

RADFAHRSTRASSEN IN WĀNAKA

Treble Cone Return
Eine klassische Strecke (45 km, 2 Std.), die am See entlang und zum Treble Cone hinaufführt. Die Aussicht auf den See und den Berg ist sensationell.

Lake Hāwea Loop
Diese familienfreundliche Strecke (50 km, 2 Std.) folgt dem Ufer des schönen Lake Hāwea, überquert dann den Clutha River und führt zurück nach Wānaka.

The Neck
Eine der schönsten Straßenradstrecken Neuseelands (80 km, 3 Std.) führt am Lake Hāwea entlang zum Neck, dem schmalen Landstreifen zwischen den Seen.

UNTERWEGS VOR ORT

Das Kerngebiet Wānakas lässt sich gut zu Fuß bewältigen, für die weitere Umgebung ist ein Auto oder Fahrrad am besten geeignet. Gute Radwege verbinden die Stadt mit den benachbarten Vororten, viele Tourveranstalter bieten Fahrten ab Wānaka an. Außerdem führen Busse und Shuttles von der Stadt in die nahen Skigebiete. Ein Leihwagen ist eine gute Wahl für Fahrten in die weitere Umgebung oder zum Wandern im Mount Aspiring National Park.

Rund um Wānaka

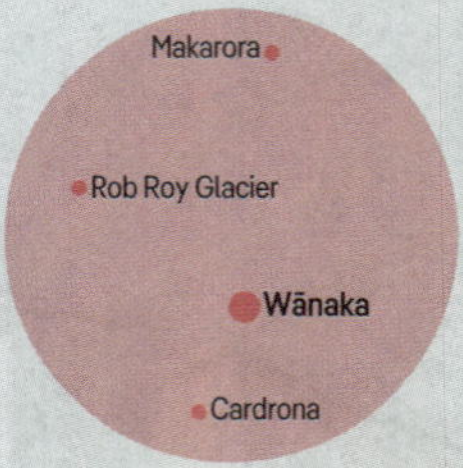

In den Bergen allein sein, die unglaubliche Aussicht genießen und in der rauen Natur Neuseelands an seine Grenzen gehen.

Direkt außerhalb Wānakas beginnt das Paradies aller Outdoor-Begeisterten. Der Mount Aspiring National Park liegt weniger als eine Autostunde von der Stadt entfernt; Reisende können zwischen mehrtägigen Trekking-Touren, herausfordernden Tageswanderungen mit Panoramasicht und überraschend erlebnisreichen Kurzwanderungen wählen.

In Stadtnähe warten Herausforderungen wie Canyoning, Radwege von insgesamt rund 700 km Länge oder sogar die Besteigung eines Wasserfalls. Der Lake Hāwea erlaubt Entspannung fern vom Gedränge, Surfen lässt sich auf der Hāwea Wave am Stadtrand üben. In Cardrona sind Mountainbike-Touren im Sommer und Schneesport im Winter möglich.

TOP TIPP

Einen überwältigenden Blick über die Region gewinnt man aus der Luft. Ein unvergessliches Erlebnis ist ein Rundflug über dem Mount Aspiring National Park.

Gipfel des vergletscherten Rob Roy Peak

NARUEDOM YAEMPONGSA/SHUTTERSTOCK ©

TAKUYA TOMIMATSU/SHUTTERSTOCK ©

Rob Roy Track

Wandern auf dem Rob Roy Track

BLICK AUF DIE GLETSCHER IM MOUNT ASPIRING NATIONAL PARK

Oft als eine der besten Tageswanderungen auf der Südinsel beschrieben, gewährt der **Rob Roy Track** Wanderern unvergleichliche Ausblicke auf Berge und Gletscher in nur drei bis vier Stunden. Es ist eine leichte Wanderung zum Gletscheraussichtspunkt mit dramatischer Szenerie, die man erst auf einer längeren und strapaziöseren Wanderung erwartet.

Der Weg beginnt beim Parkplatz Raspberry Creek, es ist eine Stunde Fahrt von Wānaka durch das Matukituki Valley. Die Fahrt durch das Tal ist kurvenreich und führt über eine Brücke, bevor sie durch einen Buchenwald auf 400 m ansteigt.

Ist der Talschluss erreicht, findet man sich von einer alpinen Landschaft umgeben. An mehreren Aussichtspunkten kommen Schneefelder, Gletscher, Wasserfälle und steile Felsenklippen ins Blickfeld. Schließlich endet die Fahrt direkt unterhalb des **Rob Roy Peak and Glacier** – manchmal kann man Eissplitter herabfallen hören. In der Nähe befindet sich ein **Wasserfall**, der annähernd 300 m tief herabstürzt.

Im Winter und Frühling ist auf Lawinenwarnungen zu achten, Gefahr droht vor allem wegen der Steilwände auf dem Weg jenseits des unteren Aussichtspunkts.

DIE HĀWEA-WELLE

Die Faszination des Wassersports lässt sich gut im Hāwea Whitewater Park erleben, der 2012 an der Camphill Bridge am Hāwea River angelegt wurde. Die Hāwea Wave, ein perfektes Übungsfeld für Kajak-, Bodyboard- und Surfsportler, ist kostenlos zugänglich. Zwei Gefällehöhen sorgen für unterschiedliche Schwierigkeitsgrade.

Die kleinere der beiden Wellen erlaubt eine weiche, federnde Fahrt, ideal für kürzere Boote und Bretter, um Drehungen und Tricks auszuführen. Näher an der Brücke befindet sich die größere Welle, die steiler und extrem energiegeladen ist, sie ermöglicht erfahrenen Surfern eine schnellere Fahrt. Einige Erfahrung im Kajakfahren ist jedoch absolut notwendig, um die größere Welle zu bewältigen, da sie hohe Anforderungen stellt, aber um so größer ist schließlich auch die Begeisterung!

ESSEN & AUSGEHEN IN CARDRONA

Cardrona Hotel
Ein Biergarten und ein preisgekröntes Restaurant in einem der ältesten Hotels Neuseelands. **$$**

Cardrona Distillery
Cocktails und Tischgerichte („sharing plates“) in einer Brennerei. Zum Angebot gehören auch Führungen. **$$**

The Mezz Cafe
Gutes Essen mit Zutaten aus regionalen Quellen am Cardrona Alpine Resort. **$$**

MOUNTAINBIKEN RUND UM WĀNAKA

Jennie Taylor von Bike Wānaka gibt Empfehlungen fürs Mountainbike-Fahren für alle Schwierigkeitsgrade.
@bikewanaka

Hāwea River Track
Für Anfänger ist diese Kiesstrecke der ersten Stufe am Fluss entlang gut geeignet. Am Lake Hawea zum Eisessen anhalten!

Sticky Forest
Einige Übung verlangt der Kooza Mountain Bike Trail mit netten Berms und Jumps. Ein Trail, der viel Spaß macht! Für erfahrene Sportlerinnen sind alle blau/schwarz markierten Trails geeignet – Yumpts und GBH bieten anspruchsvolle Jumps und Lines.

Kirimoko
Bei Sticky Forest liegt die Strecke für geübte MTB-Sportler mit drei Trails, einer Jump Line, einem Flow/Jump Trail und einer Flow Line.

PURIPAT LERTPUNYAROJ/SHUTTERSTOCK ©

Blue Pools

Blue Pools Track in Makarora

SEILBRÜCKEN UND LEUCHTENDE FELSENBECKEN

Nur 20 km vom Haast-Pass entfernt liegt **Makarora** mit einem der beliebtesten Kurzwanderwege Neuseelands – aus gutem Grund. Der 3 km lange Blue Pools Track (mit Rückweg) führt zu leuchtenden **Blue Pools**, wo der Makarora River und der Blue River zusammenfließen. Wanderer kommen durch alten Buchen- und Steineibenwald, auf dem Weg sind Vögel zu beobachten. Kurze Wegstrecken sind frei von Bäumen und öffnen die Sicht auf die majestätischen Berge. Meist führt der Weg durch den Wald und ist schattig und angenehm, begleitet vom Rauschen des Flusses.

Beim Überqueren der Seilbrücke fällt der Blick auf das leuchtende Wasser. Es ist so klar, dass die Steine auf dem Grund und jeder einzelne Fisch deutlich erkennbar sind. Es ist möglich, an den Felsen herunterzuklettern und am Rand des Wassers zu rasten, eine Runde zu schwimmen oder ein Picknick an diesem besonderen Ort zu machen. Dabei sind tollkühne Besucher zu beobachten, die von einer zweiten Seilbrücke in die Pools springen.

Der Aussichtspunkt über den Pools befindet sich direkt gegenüber der zweiten Brücke. Die Farbe und Klarheit des Wassers sind erstaunlich! Von hier führt die Wanderung auf demselben Weg zurück oder kann bis zur Mündung des Young River (3–4 Std. hin und zurück) fortgesetzt werden.

ESSEN AM LAKE HAWEA

Albie Tavern
Klassische Kneipenkost und eine gute Bierauswahl im Nachbarort Albert Town. **$$**

Mo's
Großartiger Kaffee, Scones und Kuchen aus einem Anhänger nahe bei der Tankstelle. **$**

The Camp Food Truck & Bar
Kaffee, Gebäck, Burger und mehr am Ufer des Lake Hawea. Perfekt für Familien. **$**

Klettertour am Wasserfall

HINTER DAS GEHEIMNIS DES WASSERFALLS KOMMEN

Wer sich schon einmal gefragt hat, wie es wäre, an einem Wasserfall emporzuklettern, findet hier die Antwort. **Twin Falls**, ein 60 m hoher Wasserfall, liegt nur 20 Autominuten von der Stadt entfernt. **Wildwire** macht es möglich, den Wasserfall aus nächster Nähe zu erleben, indem er mit Hilfe eines Klettersteigs bestiegen und erklettert wird. Durch Leitersprossen und Brücken werden unzugängliche Areale des Wasserfalls erreichbar.

Der erste Teil der Wanderung führt in das Innere des Wasserfalls. Dieser Abschnitt ist für unerfahrene Bergsteiger und für Kinder ab zehn Jahren geeignet. An dieser Stelle ist es möglich, umzukehren oder zur zweiten Stufe überzugehen, d. h. eine Hängebrücke und eine Dreiseilbrücke zu überqueren und den Fuß des imposanten Wasserfalls zu erreichen.

Wer eine größere Herausforderung sucht, einen vollen Tag Zeit hat und sich in großer Höhe wohlfühlt, kann den Aufstieg bis zur obersten Stelle des Wasserfalls fortsetzen. Die Route führt über weitere Hängebrücken und schließlich hinter den Wasserfall, wo man an Sprossen nach oben klettert. An diesem Punkt weiß man das Gurtzeug zu schätzen! Die Ausblicke von dieser Höhe sind unfassbar schön, das Bewusstsein des bewältigten Aufstiegs ist unvergleichlich, und – vielleicht das beste – nach unten geht es mit einem Hubschrauber.

Schnee & gutes Essen im historischen Cardrona

ALPINE FERIENORTE UND EIN BERÜHMTES HOTEL

Der historische Ort **Cardrona**, an der berühmten Crown Range Road zwischen Wānaka und Queenstown gelegen, ist nur eine 20-minütige Fahrt von Wānaka entfernt. Sie führt durch malerische Berglandschaften.

Unbedingt sehenswert ist das **Cardrona Hotel**, eines der am häufigsten fotografierten Gebäude Neuseelands. Im Winter gewähren die Skigebiete Cardrona Alpine Resort und Snow Farm, das einzige Langlaufgebiet des Landes, unbegrenzte Möglichkeiten zum Ski- und Snowboard-Fahren.

Im Sommer ist der **Cardrona Bike Park** das beste Revier für alpine MTB-Touren. Die Bergstrecken sind im Sessellift erreichbar und durchqueren wunderbare Naturlandschaft mit Felsengärten, Geröllhalden und Schieferhänge. Das gebirgige Terrain kann relativ anspruchsvoll sein.

DIE GESCHICHTE DES CARDRONA HOTEL

Das Cardrona Hotel ist ein geschichtsträchtiges Haus. Es geht auf die Zeit des Goldrausches von Otago um 1860 zurück und ist eines von nur zwei erhalten gebliebenen Gebäuden aus jener Zeit. In jenen Tagen blühte die Stadt auf. Das Cardrona Hotel war eines von vier Hotels der Gegend, die Unterkünfte, Stallungen und Verpflegung für Minenarbeiter und Reisende bereithielten. In den 1960er-Jahren wurde es geschlossen, in den 1980ern restauriert und als Restaurant neueröffnet; seit 2002 stehen auch Zimmer zur Verfügung. Das Cardrona Hotel wirkt mit seinem einzigartigen Mix aus historischem Charme und modernen Annehmlichkeiten so anziehend auf seine Gäste wie damals während des Goldrauschs.

UNTERWEGS VOR ORT

Um die Region Wānaka zu entdecken, ist ein Leihwagen die beste Wahl. Manche Ziele, darunter Lake Hāwea, Albert Town und Cardrona, lassen sich zwar gut mit dem Rad erreichen, viele andere sind dazu aber zu weit entfernt. Im eigenen Auto ist auch der Mount Aspiring National Park mit seinen Wanderwegen am leichtesten zugänglich.

Links: Fox-Gletscher (S. 504); rechts: Hokitika-Schlucht (S. 501)

WEST COAST

GLETSCHER, BERGBAURELIKTE, EINSAME STRÄNDE

Ursprüngliche Natur, berühmte Gletscher und die abgelegensten Siedlungen des Landes machen die Westküste zu einem lohnenden Reiseziel.

Einst stand die Westküste der Südinsel im Mittelpunkt der politischen und wirtschaftlichen Entwicklung Neuseelands, heute wird sie oft als Fußnote behandelt – ein abgelegenes Gebiet, schwer zu erreichen und rauer Witterung ausgesetzt. Aber auch hier scheint die Sonne, und die Frische der Sudden Alps – so bezeichnet von der neuseeländischen Autorin Eleanor Catton, die mit *Die Gestirne* Hokitika auf die internationale Landkarte setzte – ist atemberaubend. Wenige Straßen führen an die Küste, die landschaftlich reizvoll und gut zu befahren sind. Die postkoloniale Geschichte der Region – sie hat Premierminister aufsteigen, politische Parteien entstehen und Neuseelands Wohlfahrtsstaat beginnen sehen – ist bis heute greifbar. Der Ruf der West Coast als Wet Coast ist allerdings gerechtfertigt. Über die Ufer tretende Flüsse überfluten regelmäßig ganze Ortschaften, unterspülen Straßen und Brücken und lösen Evakuierungen und den Ruf nach Verlegung ganzer Siedlungen aus. Und dann ist da der Klimawandel. Kaum irgendwo sonst in Neuseeland sind die Auswirkungen der Erwärmung so deutlich wie an den Gletschern Franz Josef und Fox. Sie schwinden rapide, und wenn der Trend sich fortsetzt, wird bald kaum noch etwas von ihnen da sein. Also gilt: jetzt an die West Coast reisen. Aber egal ob Sonnenschein oder Wolken, sie ist großartig.

DIE WICHTIGSTEN ZIELE

WESTPORT
Herzstück des Buller-Distrikts.
S. 488

HOKITIKA
Goldrauschgeschichte am Strand.
S. 497

WESTLAND TAI POUTINI NATIONAL PARK
Eisströme stoßen auf Küstenebenen.
S. 503

HAAST WORLD HERITAGE AREA
Primärer Regenwald am südlichen Ende der Straße.
S. 508

Erste Orientierung

Die Region West Coast erstreckt sich vom Kahurangi National Park und Karamea im Norden bis Haast und dem Welterbegebiet Te Wāhipounamu im Süden und fasst Gebirge, Bergbaugeschichte und ziemlich nasses Wetter in einem spektakulären Paket zusammen.

Hokitika, S. 497

Das hübsche Städtchen Hokitika, mit Bergen auf der einen und einem Strand auf der anderen Seite, ist faktisch das touristische Zentrum der Westküste.

Haast World Heritage Area, S. 508

In dieser großartigen, kaum besiedelten Gegend, gibt es so ziemlich alle Naturwunder, die man sich vorstellen kann.

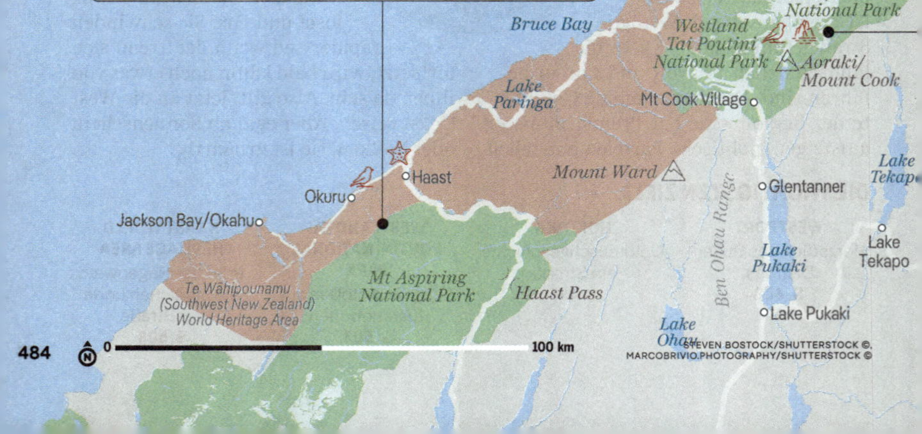

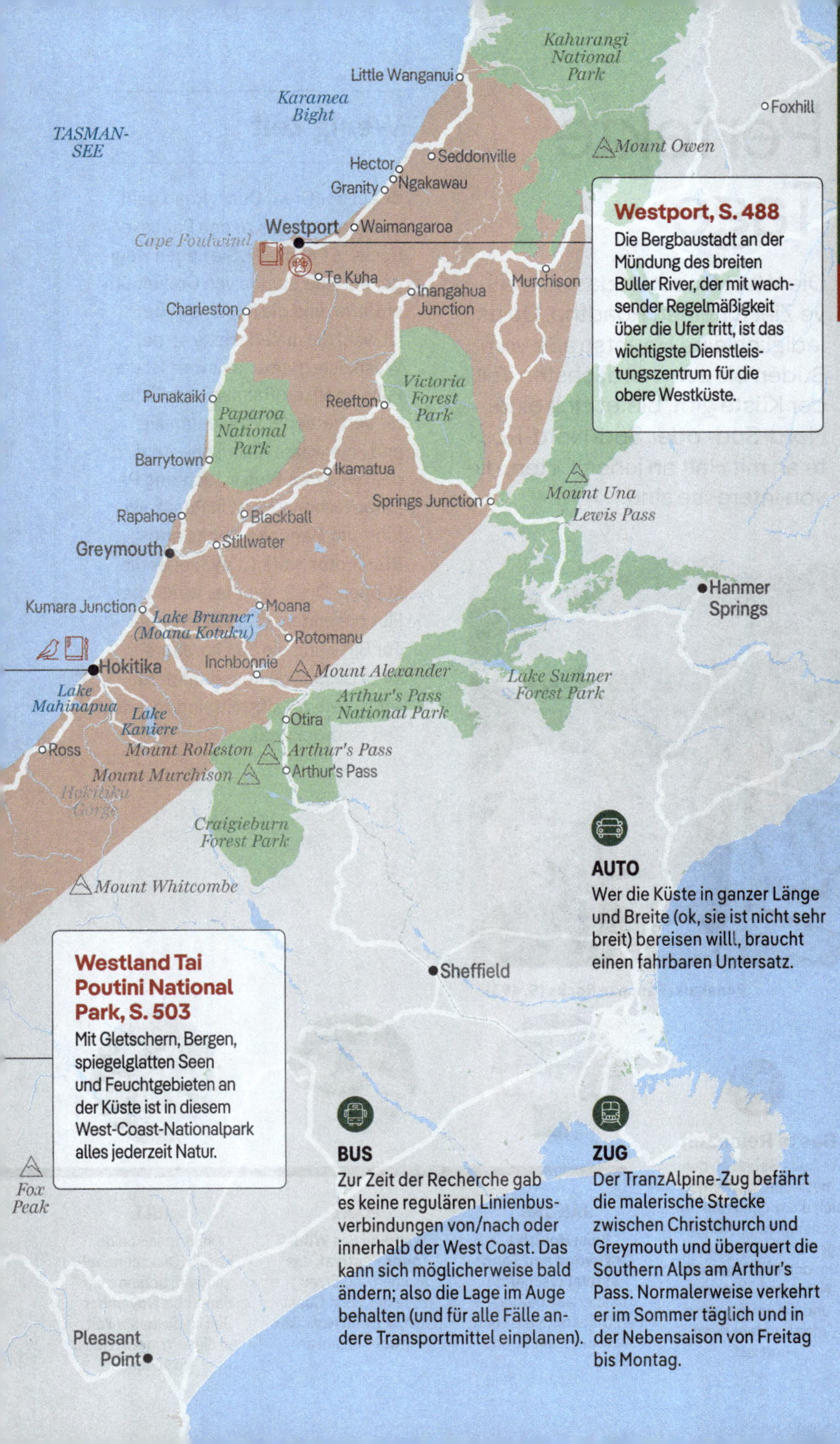

Westport, S. 488

Die Bergbaustadt an der Mündung des breiten Buller River, der mit wachsender Regelmäßigkeit über die Ufer tritt, ist das wichtigste Dienstleistungszentrum für die obere Westküste.

Westland Tai Poutini National Park, S. 503

Mit Gletschern, Bergen, spiegelglatten Seen und Feuchtgebieten an der Küste ist in diesem West-Coast-Nationalpark alles jederzeit Natur.

AUTO

Wer die Küste in ganzer Länge und Breite (ok, sie ist nicht sehr breit) bereisen willl, braucht einen fahrbaren Untersatz.

BUS

Zur Zeit der Recherche gab es keine regulären Linienbusverbindungen von/nach oder innerhalb der West Coast. Das kann sich möglicherweise bald ändern; also die Lage im Auge behalten (und für alle Fälle andere Transportmittel einplanen).

ZUG

Der TranzAlpine-Zug befährt die malerische Strecke zwischen Christchurch und Greymouth und überquert die Southern Alps am Arthur's Pass. Normalerweise verkehrt er im Sommer täglich und in der Nebensaison von Freitag bis Montag.

Perfekte Tage

Die West Coast ist das ultimative Ziel für einen Roadtrip. Da es lediglich eine Hauptstraße vom Süden bis zum nördlichsten Teil der Küste gibt, bietet sich eine Nord-Süd- oder Süd-Nord-Route an mit Halt an jenen Orten, die von Interesse sind.

MARIDAV/SHUTTERSTOCK ©

Punakaiki Pancake Rocks (S. 493)

Wenig Zeit

● Auf der Great Coast Road geht es schnurstracks zu den Pancake Rocks in Punakaiki. Sie liegen weniger als eine Stunde von Greymouth entfernt, und die Küstenstraße ist wohl die malerischste an der Westküste. Bemerkenswert ist die Fülle an Nīkau-Palmen – südlichster Vertreter der Palmenfamilie und eine wahre Kiwi-Ikone – auf dem weiteren Weg in Richtung Paparoa National Park. In Punakaiki führt der **Pancake Rocks and Blowholes walk** (S. 493) über die Klippen. Die Blowholes wirken bei Flut besonders dramatisch, aber der Blick und die 30 Mio. Jahre alten Lagen von übereinandergeschichtetem Kalkstein sind zu jeder Zeit eindrucksvoll.

UNTEN, VON LINKS: COUPEK MARTIN/SHUTTERSTOCK ©, OLIVER STREWE/GETTY IMAGES ©, BOB HILSCHER/SHUTTERSTOCK ©

Beste Reisezeit

Weil das Gebiet so dünn besiedelt ist, drehen sich die wichtigsten saisonalen Veranstaltungen an der Westküste um den Rhythmus von Natur und Tierwelt – und die Frage, wann man Letztere fängt und isst.

JANUAR

Beim **Hokitika Driftwood and Sand Festival** erschaffen Künstler aus gefundenen Objekten Kunst und Skulpturen am Strand.

MÄRZ

Während des **Wildfoods Festival**, das Aromen und Erzeugnisse der West Coast feiert, schwillt Hokitikas Einwohnerzahl an.

JULI

Die Brutsaison der Tawaki (Dickschnabelpinguin) beginnt; sie dauert bis November. Juli ist die beste Zeit, um diese Vögel in Haast zu sehen.

Drei Tage an der West Coast

● In drei Tagen lassen sich viele Highlights der West Coast abdecken. Ab Christchurch fährt der TranzAlpine-Zug nach **Greymouth** (S. 500) und durchquert Arthur's Pass National Park. Nach einer Nacht in **Hokitika** (S. 497) geht es zur Hokitika Gorge, zum Treetops Walk und zum Sonnenuntergang an den Strand. Am nächsten Tag steht die Autofahrt zum **Franz Josef Glacier** (S. 504) an; während der Brutsaison lohnt sich ein Halt in Whataroa für eine Führung zu den Kōtuku, auch eine Kajaktour in der Ōkārito-Lagune bietet sich an. Spektakulär ist der Helikopterflug über den Franz-Josef- oder Fox-Gletscher. Am dritten Tag geht's nach **Haast** (S. 508), in der **Jackson Bay** (S. 509) gibt's frische Meeresfrüchte. Die Fahrt über den **Haast Pass** (S. 510) nach Wānaka in Otago bildet den Abschluss .

Länger Zeit

● Innerhalb einer Woche oder zehn Tagen kannn man die Westküste fast in voller Länge von **Westport** (S. 488) bis **Haast** (S. 508) bereisen, mit Übernachtungen in **Punakaiki** (S. 493), **Hokitika** (S. 497) und **Franz Josef Glacier** (S. 504). Unterwegs offenbart sich die Vielfalt der Landschaften und Klimate angefangen beim Bergbauplateau rund um Westport über die mit Nīkau-Palmen bewachsenen Felsen des **Paparoa National Park** (S. 493) und die stürmischen Strände zwischen Greymouth und Hokitika bis zu den mit Gletschern und Bergen des **Westland Tai Poutini National Park** (S. 503) und Straßen, die den uralten, dichten Regenwald rund um Haast durchschneiden.

SEPTEMBER

Die Whitebait-Saison an der West Coast beginnt am 1. September und dauert bis Ende Oktober.

OKTOBER

Die Brutzeit der Kōtuku (Silberreiher) in Whataroa beginnt, dem einzigen Ort in Neuseeland, an dem diese eleganten Vögel nisten.

ENDE OKTOBER

Das **Westport Whitebait Festival** steigt am Labour Weekend (4. Wochenende im Okt.), damit es sich mit dem Höhepunkt der „Saison der kleinen Fische" überschneidet.

WESTPORT

Im Gebiet um Westport, das an der *Pounamu*-(Jade-)Handelsroute der West Coast liegt, haben Menschen jahrhundertelang ihr Lager aufgeschlagen, die Stadt selbst nahm erst Gestalt an, als 1859 im Buller River Gold gefunden und 1860 im nahen Denniston Kohlenflöze entdeckt wurden. Westport wurde 1861 gegründet, um die wachsende Bevölkerung zu bewältigen, doch die Lage erwies sich als problematisch – einige zerstörerische Fluten gaben Anlass, die Stadt 1873 weiter nach Süden zu verlegen. Die Küstenlinie zog sich in den folgenden 150 Jahren weit zurück, und der Klimawandel tut dem zur Überflutung neigenden Buller River keinen Gefallen. Wieder einmal wird die Verlegung Westports diskuttiert. Die Zukunft der Stadt mag ungewiss sein, aber die natürliche Schönheit der Umgebung bleibt. Eine präeuropäische Stätte Neuseelands findet sich in Carter's Beach (6 km westl. von Westport).

TOP TIPP

Wer sich für Industriegeschichte interessiert, wird von den Relikten der Denniston Historic Coalmining Area auf dem Denniston Plateau beeindruckt sein. Allen anderen bietet der Umweg die beste Panoramaaussicht auf die Küstenlinie des Buller District, die ohne mühevolle Bergwanderung zu haben ist.

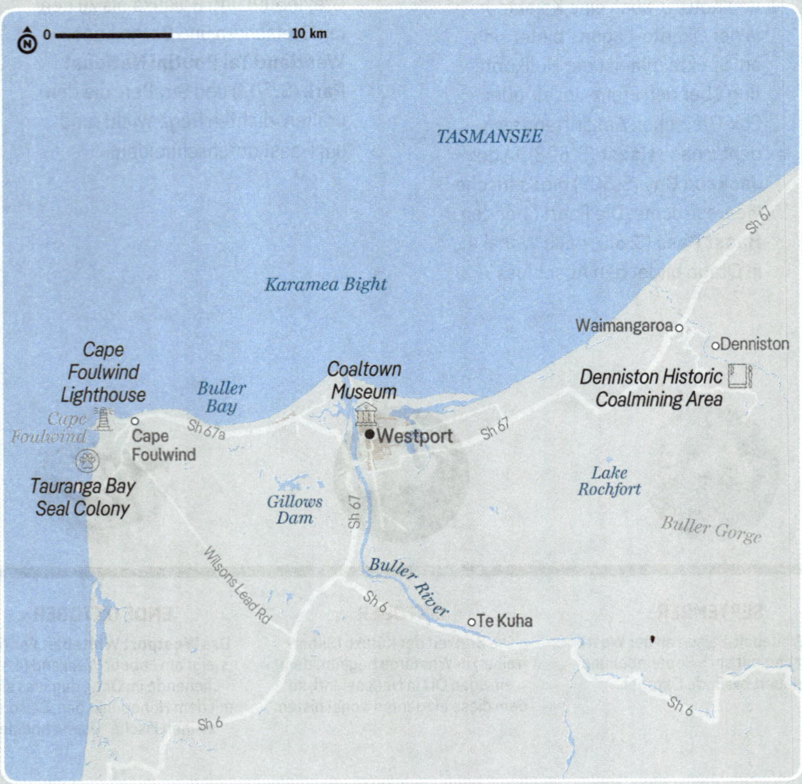

LOUIELEA/SHUTTERSTOCK ©

Seebärenkolonie Tauranga Bay

Robben beobachten am Cape Foulwind

ROBBENKOLONIE UND EINE KURZE WANDERUNG

Nur 16 km von Westport entfernt gibt es zwei Naturattraktionen, die **Seebärenkolonie in Tauranga Bay** und Cape Foulwind. Vom Parkplatz Tauranga Bay dauert es 10 Gehminuten bis zum Aussichtspunkt auf einer Felskuppe. Von dort oben blickt man nach unten auf die *kekeno* (Neuseeländische Seebären) mit ihren Jungen. Wer dem Pfad weiter folgt, erreicht nach etwa einer Stunde den **Leuchtturm am Cape Foulwind**. Der Blick auf die Felsen und den Ozean in der Tiefe ist beeindruckend. Die Strecke ist hügelig mit einigen steilen Abschnitten. Tauranga Bay ist auch ein populäres Surfrevier.

Geschichte des Kohlebergbaus

COALTOWN MUSEUM UND DENNISTON

Westports Coaltown Museum vermittelt eine interessante, interaktive Lektion über den Kohlebergbau in dem Gebiet – mithilfe moderner Exponate, Videos mit mündlich tradierter Geschichte, Arbeitskleidung der Bergleute zum Anprobieren und einer 8-Tonnen-Lore, die am Denniston-Hang eingesetzt wurde.

Den Abhang selbst bekommt man in der **Denniston Historic Coalmining Area** zu sehen. In Waimangaroa, 15 Min. nördlich von Westport, zweigt die kurvige Straßen hinauf zum Denniston Plateau in der Papahaua Range vom SH67 ab. Vom Plateau auf 600 m Höhe eröffnen sich wunderbare Ausblicke auf Westport und die Küste (wenn es nicht gerade neblig ist). Einige Wege führen durch das Bergbaugebiet, das bis in die späten 1960er-Jahre Neuseelands ergiebigstes Kohlerevier war. Zu sehen gibt es verrostete Originalausrüstung, darunter Q-Wagons am Rand der steilen Gleise am Hang.

DIE DENNISTON-ROSE

Lange bevor Eleanor Cattons *Die Gestirne* die West Coast (insbesondere Hokitika) auf die literarische Landkarte setzte, brachte Jenny Pattricks Bestseller, der historische Roman *The Denniston Rose* (2002), den Neuseeländern, die sonst nie von diesem abgelegenen Ort an der West Coast gehört hätten, die trostlose Welt des Kohlebergbaus im Denniston des 19. Jhs. näher. Besucher der Denniston Historic Coalmining Area können dem Denniston Literary Trail folgen, der Schauplätze und Ereignisse aus dem Roman präsentiert. Es ist ein Weg in Eigenregie mit zugehöriger App – einfach auf die Symbole (rote Rosen) an den Straßenbaken achten.

UNTERWEGS VOR ORT

Die meisten Traveller kommen im eigenen Auto nach Westport, aber es besteht auch eine Flugverbindung nach/von Wellington mit Sounds Air (soundsair.com; Flugdauer 50 Min.) mehrmals pro Woche in einer kleinen Maschine mit Platz für neun Passagiere.

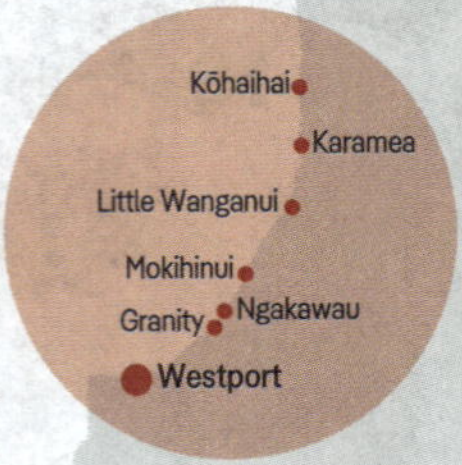

Rund um Westport

Eine vielfältige Auswahl an Kultur-, Natur- und historischen Attraktionen warten im Buller District, dem nördlichsten Teil der West Coast.

Der Buller District rund um Westport erstreckt sich nach Süden bis Punakaiki, im Norden bis Karamea und zum Kahurangi National Park und landeinwärts bis zum Lewis Pass Scenic Reserve. Er ist zwar nicht der größte Bezirk an der West Coast, aber ein abwechslungsreicher. Hier kann man im Küstenregenwald oder im gebirgigen Buschland wandern oder Mountainbike fahren, die spektakuläre Great Coast Road entlangfahren, sich in den heißen Quellen am Fuß der Southern Alps aalen oder gut erhaltene Zeugnisse der Goldrausch- und Bergbaugeschichte begutachten. Diese Ecke der West Coast wird im Vergleich zu den Publikumsmagneten im Süden oft übersehen, aber sie hat viel zu bieten – nur keine Menschenmassen.

TOP TIPP

Die Highways im Buller-Bezirk führen nach Norden und Süden, Osten und Westen. Das eröffnet mehr Optionen für Fahrten ins Binnenland und entlang der Küstenstraße.

Heaphy Track

HOT PIXELS PHOTOGRAPHY/SHUTTERSTOCK ©

Heaphy Track in Angriff nehmen

NEUSEELANDS LÄNGSTER GREAT WALK

Der gewaltige **Heaphy Track** führt 78 km weit durch den Kahurangi-Nationalpark, er beginnt in Kōhaihai und endet in Brown Hut, unweit von Collingwood an der Golden Bay – oder umgekehrt, da es kein Rundweg ist. Die drei- bis fünftägige Wanderung verläuft auf einem gut angelegten Trail ohne riesige Höhenunterschiede; damit eignet sie sich gut für fitte Wandernde jeden Alters und zu jeder Jahreszeit sowie im Winter für fortgeschrittene Mountainbiker. Die Hütten liegen in gutem Abstand zueinander, sodass kein Wandertag zu lang ist. Das gibt Gelegenheit, die Umgebung und das Lauferlebnis zu genießen. Die landschaftliche Vielfalt entlang des Weges erhöht noch den Reiz: Die Route verläuft von den von Regenwald gesäumten **Stränden** der West Coast zur Tussockgras-Landschaft der **Gouland Downs**, die von Kalksteinaufschlüssen und Birkenwäldern durchsetzt ist. Möglicherweise sind der Großen Fleckenkiwi und andere **seltene Vogelarten** zu entdecken: die gefährdete Blauralle (*takahē*) und die Südinsel-Lappenkrähe (*kōkako*), die als ausgestorben gilt (einige Exemplare existieren im Kahurangi National Park). Ausschau halten sollte man auch nach der **Powelliphanta-Schnecke**, einer der größten Schnecken der Erde. Sie ist Fleischfresserin – allerdings bevorzugt sie Regenwürmer.

Zum Zeitpunkt der Recherche war der Heaphy Track zwischen Heaphy Hut und James Mackay Hut gesperrt. Die Wiedereröffnung hängt von der Reparatur dreier Brücken ab, die ein Sturm 2022 zerstört hat. Wer vorhat, die ganze Strecke zu erwandern, sollte beim DOC den Zustand des Tracks erfragen oder sich auf kürzere Abschnitte beschränken.

Wanderungen ab Kōhaihai

WALD, STRAND UND AUSSICHTSPUNKTE

Von Karamea, 94 km nördlich von Westport, führt die Straße weiter nach Kōhaihai, wo sie endet. Dort gibt es einen DOC-Campingplatz und Infos zum Heaphy Track und anderen kurzen Wanderungen in dem Gebiet. Der **Nīkau Walk** ist ein leichter 40-minütiger Rundweg vom Parkplatz und beginnt hinter der Hängebrücke, die den Anfang des Heaphy Track markiert. Er führt durch eine kühle Lichtung mit Nīkau-Palmen, Baumfarnen und Südinsel-Eisenholz (*rata*) und ist sehr flach. Um einen Eindruck von den Stränden zu gewinnen, die den West-Coast-Abschnitt des Heaphy Track prägen, empfiehlt sich der Spaziergang zum **Scott's Beach** (hin & zurück 2 Std.). Der Track klettert zum niedrigen Kōhaihai

HEAPHY-HIGHLIGHTS

Karen Mackenzie-Howe ist der Betreiber des Shuttle-Service Scrambled Legs. *@scrambledlegsltd*

Gouland Downs Hut & Saxon Hut
Ich wandere am liebsten während der ruhigeren Wintermonate auf dem Heaphy. Diese Hütten sind meine Lieblingsplätze zum Übernachten. Ich bleibe gern möglichst lange wach, vor allem wenn das Wetter gut ist und ich zelte, um zu hören, wie die Nacht mit dem Geraschel im Busch und dem Ruf des Kiwis lebendig wird.

Nīkau-Palme & Rātā-Baum
Ich mag diese Pflanzen. Wenn es regnet, riecht alles anders – erdig und frisch – und besser. Wegen der unterschiedlichen Landschaften ist jeder Tag auf dem Heaphy einzigartig.

ESSEN IN KARAMEA

Vinnie's Café
Hier bekommt man Sandwiches oder Bagels für ein Picknick, wenn man die Gegend rund um Karamea erkundet. **$**

Karamea Village Hotel
Im Garten abhängen oder eine Runde Pool spielen bei leckeren Fish & Chips. **$$**

The Last Resort
Köche von den Fidschis und aus Indien tischen hier ausgezeichnetes Tandoori-Huhn mit Reis auf. **$$**

RADELN AUF DER OLD GHOST ROAD

Mark Knight, begeisterter Mountainbiker und Mitbesitzer der Unterkunft Maitai Whare Iti in Nelson, gibt Tipps, wie man die Old Ghost Road angeht. *@maitai_whare_iti*

Gipfelblick einprägen
Das hier ist eine anspruchsvolle zwei- bis viertägige Mountainbike-Tour. Die gut postierte Gipfelhütte lässt dir Zeit zu begreifen, was du gerade geleistet hast. Die Abfahrt vom Gipfel enttäuscht ebenfalls nicht: Meile auf Meile des Tracks bringen dich ins Grübeln, wie er überhaupt angelegt werden konnte.

Mehrmals fahren
Möglicherweise musst du die Route öfter abfahren, bevor sich der Blick von der Skyline Ridge öffnet, weil das Wetter oft nicht mitspielt.

Ghost-Road-Wanderung
Als mittelschwere Wanderung dauert die Tour fünf Tage.

Ōpārara Arches

Saddle hinauf (mit Aussicht auf die Küste; man kann auch von hier zurückgehen, dann dauert die Wanderung insg. 1 Std.) und führt dann durch Küstenwald zum weißen Sandstrand.

Big Rimu Walk

KURZER SPAZIERGANG ZU EINEM SEHR GROSSEN BAUM

Der **Big Rimu** ist eine 36 m hohe Rimu-Harzeibe mit 2 m Durchmesser, deren Alter auf etwa 1000 Jahre geschätzt wird. Ein leichter Spazierweg (hin & zurück 30 Min.) zum Baum beginnt einige Kilometer östlich von Karamea.

Abenteuer in der Buller-Schlucht

JETBOOT FAHREN, EINE HÄNGEBRÜCKE UND LOKALGESCHICHTE

Knapp auf der Murchison-Seite der Grenze zwischen West Coast und Tasman, 82 km landeinwärts von Westport, bietet der **Buller Gorge Swingbridge Adventure & Heritage Park**, an einer Biegung des Buller River gelegen, unterhaltsame Aktivitäten wie den Gang über Neuseelands längste **Hängebrücke**, 110 m lang und 171 m über dem Fluss. Außer **Jetboot fahren** auf dem Buller, Schweben mit der Comet Line (wie Zip-Lining) und einem „Supaman"-Flug können Besucher Spaziergänge durch den Busch und am Fluss unternehmen,

ORTE ZUM GOLDWASCHEN

Shantytown
Shantytown (S. 501) vor den Toren von Greymouth bietet beim Kauf eines Extra-Tickets Goldwaschen in Trögen an.

Reefton
Bei i-SITE eine Goldpfanne leihen und im Slab Hut Creek oder an der Bearded Miners Hut (S. 494) schürfen.

Ross
Goldwaschen in den Ross Historic Goldfields (S. 501) oder Goldschürfen im Jones Creek.

Gold waschen und über die Geschichte der Region erfahren. Interessant anzusehen ist das Schild, dass die Höhe von Land und Fluss nach dem Murchison-Erdbeben von 1929 anzeigt.

Der Straße zu den Ōpārara Arches trotzen

KALKSTEINHÖHLEN UND WHISKYFARBENER FLUSS

Am Ende der wohl schlechtesten Straße von Neuseeland stehen die **Ōpārara Arches** aus Kalkstein (120 km von Westport entfernt) – sie lohnen die Reise, jedenfalls mit einem geeigneten Fahrzeug, das die Bodenwellen und den Schotter auf einer 15 km langen, engen und steilen Straße verkraftet. Am schnellsten durchquert man das oberirdische Kalksteinhöhlensystem auf dem Fünf-Minuten-Weg (einfach) zu Crazy Paving und Box Canyon Caves. Einfach die Stufen in die **Box Canyon Cave** hinuntersteigen und nach Glowworms (Pilzmückenlarven) Ausschau halten. Ein 50-minütiger Spaziergang (hin & zurück) führt zum Ōpārara Arch am Ufer des Ōpārara River. Die Ganztageswanderung auf dem **Ōpārara Valley Track** (einfach 5 Std.) führt durch einen Rimu- und Kahikatea-Wald am Ōpārara River. Der Weg ist mit dem **Fenian Track** verbunden, einem lohnenden Track im Kahurangi National Park. Vor dem Start zu den Ōpārara Arches sollte man im Informationszentrum in Karamea nachfragen, weil die Höhlen manchmal wegen Instandhaltung geschlossen sind.

Punakaikis Blowholes

STAPELWEISE NATURGESCHICHTE

Der 1 km lange **Rundweg Punakaiki Pancake Rocks and Blowholes** beginnt gegenüber dem Besucherzentrum des Paparoa National Park in Punakaiki, 56 km südlich von Westport. Er führt durch Busch voller Nīkau-Palmen und über Felskuppen mit Blick auf den Ozean. Der Anblick der Felsen ist sehr beeindruckend. Sie entstanden vor ca. 30 Mio. Jahren als Ablagerungen auf dem Meeresboden und gelangten durch eine Landhebung an die Oberfläche. Bei Flut bekommt man noch die Blowholes und Schwallwellen zu sehen. Die Holzstege und Pfade sind weit oberhalb des Geschehens angelegt.

Pororari River Track erwandern

EIN KURZER SPAZIERGANG IM PAPAROA-NATIONALPARK

Passionierten Wanderern bieten sich im Paparoa National Park einige Langstreckenoptionen, darunter **Paparoa Track** und **Pike29 Track**. Für einen kurzen Eindruck vom

NERVTÖTENDE SANDMÜCKEN

Sandmücken (*sandflies*) sind in weiten Teilen der Südinsel eine Plage, aber nirgends ist es so schlimm wie an der West Coast. Wie ein erfahrener West-Coast-Wanderer es ausdrückt: „Die Sandmücken der West Coast sind so groß wie Pferde, und sie sind genauso hungrig." Um fair zu sein: Nicht alle Sandmücken sind Blutsauger, nur die weiblichen New Zealand blackflies *(Austrosimulium australense)* und die weiblichen West Coast blackflies *(Austrosimulium ungulatum)*. Sie übertragen zwar keine Krankheiten, hinterlassen aber juckende Stiche, deren Wirkung einige Tage anhalten kann. Ohne Hochleistungs-Mückenschutz in den Busch der West Coast? Daran sollte niemand auch nur zu denken wagen!

NÖRDLICHE BULLE-STRÄNDE

Carters Beach
Ein guter Platz für Fish & Chips und bei ruhigen Bedingungen auch zum Schwimmen; 6 km westlich von Westport.

Mokihinui
Wassersport auf dem Fluss und am Strand rund um Mokihinui und Gentle Annie Camping Ground genießen.

Little Wanganui
Auch für Anfänger geeignete sanfte Brandung; südlich von Karamea.

GOLDRAUSCH-SPAZIERGANG IN REEFTON

Reefton, 79 km südöstlich von Westport, erlebte in den 1860er- und 1870er-Jahren einen Goldrausch, der seine Spuren in den Schaufenstern und Artefakten der Stadt hinterlassen hat. Startpunkt ist das **1 Reefton Besucherzentrum** mit Schaukästen zu Geschichte und Geologie und der Bergbauausstellung Quartzopolis, die einer Mine nachempfunden ist. Auf dem Broadway geht es nach Osten und rechts in die Walsh Street. Wer mit Kindern unterwegs ist, kann im **2 Reefton Roller Park** eine Pause einlegen. Geradeaus steht die **3 Fairlie R28**, eine Lokomotive von 1878, die die Berge und Schluchten bewältigen konnte. Zurück auf dem Broadway führt der Weg an **4 Broadway Tearooms & Bakery** vorbei, die es seit 1874 gibt. Ein Stück weiter befindet sich die **5 Reefton Coffin Co** neben der Reefton Gallery. Heutzutage sind hier eher Antiquitäten zu sehen; früher war hier ein Sargschreiner, der Name blieb. Auf der anderen Straßenseite geht es links in die Bridge Street zur Ecke Church Street: Dort steht das einstige **6 Gerichtsgebäude**. Zurück auf dem Broadway und Richtung Westen kommt die **7 Bearded Miners Hut** in Sicht, ein Nachbau der Unterkünfte während des Goldrauschs, dann rechts in die Smith Street, um bei der **8 Reefton Distilling Co** (S. 496) neben der Inangahua County Library vorbeizuschauen. Nach einer Kostprobe geht es wieder auf den Broadway. Auf der rechten Seite ist das Wandbild **9 Trucks of Quartz** von Jean Davidson zu sehen. Sie malte es 2021 zum 150-jährigem Bestehen von Reefton. Der Spaziergang endet beim **10 Dawson's Hotel**, das sich in einem Gebäude aus dem Jahr 1874 befindet.

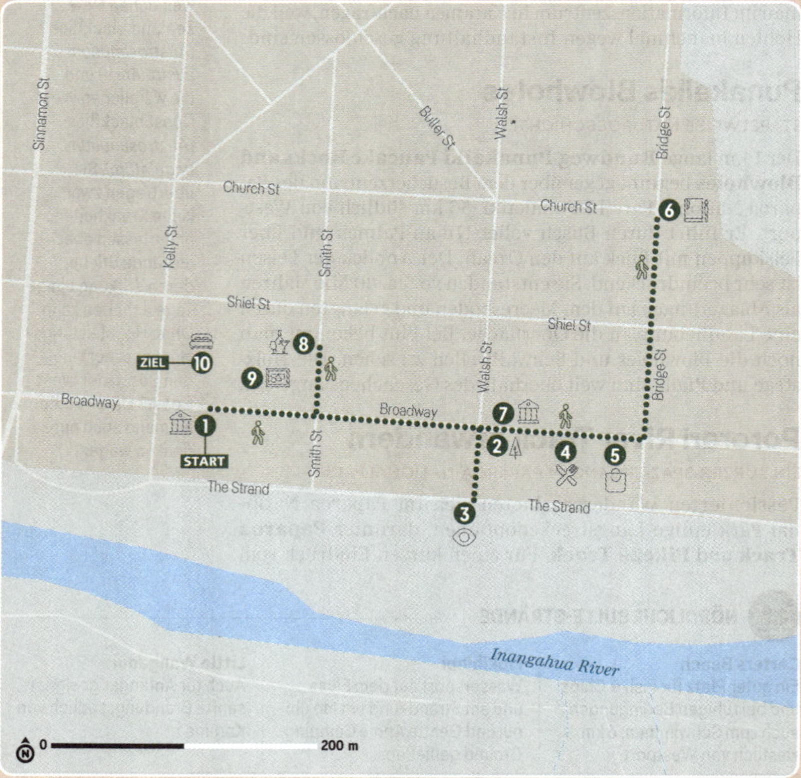

Maruia Hot Springs

Primärregenwald und den Kalksteinfelsen des Parks eignen sich die ersten 7 km des Paparoa Track auf dem **Pororari River Track**, 56 km südlich von Westport. Der eher flache Weg führt am klaren und haselnussfarbenen Pororari River entlang, der von senkrechten Schluchtwänden und hoch aufragenden Nīkau-Palmen flankiert wird. Nach etwa 1 km (20 Min.) kann man an einem Aussichtspunkt über dem Fluss Halt machen oder einem bergauf führenden Pfad zum zweiten Schlucht-Ausblick und der Hängebrücke folgen (insgesamt 45 Min.). Zurück geht es auf demselben Weg. Die Paparoa Hut liegt weitere rund 3½ Stunden Fußweg entfernt an diesem Track.

Eintauchen im Bergschutzgebiet

NATÜRLICHE OUTDOOR-BECKEN

Das hier kommt auf der Südinsel wahrscheinlich dem Bad in einem japanischen Onsen am nächsten – aber die Badesachen anlassen! **Maruia Hot Springs**, 138 km südöstlich von Westport, besteht aus drei von Quellen gespeisten Felsbecken im Lewis Pass National Reserve. Auf dem Weg hinauf zum Lewis Pass (oder von dort hinunter) kann man einen Tagespass erwerben oder auch in Zimmern oder Hütten oder auf Campingplätzen übernachten. Alle Übernachtungsgäste haben im Resort vollen Zugang zu den Bädern, Saunen usw.

STERNE AN DER WEST COAST

Naomi Arnold, Autorin des Astronomiebuchs *Southern Nights*, gibt Tipps für Sterngucker. *@naomiarnold*

Der richtige Ort
Mit Hilfe von lightpollutionmap.info ein Gebiet finden, das eine möglichst geringe Lichtverschmutzung aufweist. Eine hoch gelegenen Stelle oder eine mit weitem Blick auf den Himmel aufsuchen, z. B. Karamea (S. 490) oder Farewell Spit (S. 537).

Die richtige Zeit
Eine klare, mondlose Nacht abwarten. Warm anziehen und eine Taschenlampe mit rotem Licht mitnehmen, damit nicht blau-weißes Licht die Nachtsicht beeinträchtigt.

Bereit für die Show
Zuschauen, wie die Sterne aufgehen, mit einer App wie Star Walk 2 erfährt man, was man sieht. Hier kann man sich an dem herrlichen südlichen Sternenhimmel erfreuen.

STRÄNDE AN DER GREAT COAST ROAD

Motukiekie Beach
Große Felsstapel und ein Strandspaziergang (nur bei Ebbe zugänglich).

Punakaiki Beach
Breit, wild und von dramatischen Klippen umrahmt.

Rapahoe Beach
Beliebter Strand zum Surfen und Baden, wenn die Bedingungen stimmen.

REEFTON DISTILLING COMPANY

Die Reefton Distilling Co gibt es in dieser Stadt, die vom Goldbergbau geprägt ist, erst seit 2017. Pflanzen aus den Wäldern der West Coast aromatisieren die Gins, Liköre, Wodkas und Whiskys, die hier gebrannt werden. Hinter der Kellertür im Zentrum von Reefton können die Gäste Gewürzapfel-Gin, Taybeer- oder Heidelbeerlikör verkosten oder einen guten altmodischen G&T mit köstlichen botanischen Zwischentönen probieren.

ELENA YAKUSHEVA/SHUTTERSTOCK ©

Lewis Pass

Campen ist deshalb teurer als im Durchschnitt. Kochstellen oder Feuer sind nicht erlaubt, aber das **Restaurant** serviert Gourmet-Menüs (Reservierung!). Auch ein Cocktail mit Gin der örtlichen Reefton Distilling Co ist eine gute Idee.

DIE GREAT WALKS

Der Paparoa Track ist einer von Neuseelands zehn Great Walks. Dazu zählen u. a. **Heaphy Track** (S. 491) an der West Coast, **Abel Tasman Coast Track** (S. 530), **Milford Track** (S. 434) im Fiordland, **Tongariro Northern Circuit** (S. 246) und **Whanganui Journey** (S. 225) auf der Nordinsel sowie **Rakiura Track** (S. 446) auf Rakiura/Stewart Island.

Natur & Aussicht am Lewis Pass

KURZER SPAZIERGANG MIT BERGBLICK

145 km südöstlich von Westport bietet der **Lewis Pass Alpine Nature Walk** (Rundweg 20 Min.) eine gute Gelegenheit, die Fahrt über den 907 m hohen Lewis Pass zu unterbrechen, um bei klarer Sicht den Blick auf die Spenser Mountains genießen. Ein kurzer Umweg führt zu einem malerischen kleinen Bergsee. Der Fünf-Tages-Track **St. James Walkway** beginnt an derselben Stelle, längere mehrtägige Wanderungen führen zum Nelson Lakes National Park.

UNTERWEGS VOR ORT

Im Gegensatz zu anderen Teilen der West Coast durchqueren verschiedene größere Highways den Buller District, sodass in diesem Gebiet Rundfahrten möglich sind. Das ist eine gute Nachricht für alle, die gern auf einem anderen Weg zurückfahren möchten.

HOKITIKA

Unweit der Mündung des Hokitika River an einem wilden Küstenabschnitt, an dem schon viele Schiffe gescheitert sind, liegt Hokitika, eine für Reisende attraktive Kleinstadt mit Blick auf die Southern Alps und Aoraki/Mount Cook, spektakulären Sonnenuntergängen, einem mit Treibgut übersäten Strand und einer schönen Auswahl an Cafés, Restaurants und Kunsthandwerkläden. Sie hat eine typische West-Coast-Geschichte: 1864 als Goldgräbersiedlung gegründet, war Hokitika – für eine kurze Zeit während des Goldrauschs – eine der beliebtesten Ortschaften in Neuseeland. Heute leben hier weniger als 3000 Menschen, immer noch einer der größten Ortschaften an der West Coast. Es lohnt sich, ein bis zwei Tage in „Hoki" zu verbringen, bevor es weitergeht nach Norden oder Süden zu den noch dünner besiedelten Küstenabschnitten.

TOP TIPP

Obwohl Hokitika größtenteils eben ist und auf Meereshöhe liegt, empfiehlt sich eine Unterkunft auf einem Hügel (z. B. in der Flughafengegend) wegen der großartigen Sicht auf die Berge und der Sonnenuntergänge.

SEHENSWERTES
1 National Kiwi Centre

AKTIVITÄTEN
2 Bonz 'N' Stonz

ESSEN
3 Fat Pipi Pizzas
4 Hokitika Sandwich Company
5 Korath Thai Cuisine

SHOPPEN
6 Hokitika Craft Gallery
7 Hokitika Glass Studio
8 Ngai Tahu Pounamu

HOKITIKA: HISTORISCHER SPAZIERGANG

Dieser Spaziergang rund um das Stadtzentrum vermittelt einen guten Eindruck von Hokitika. Er beginnt vor dem **1 i-SITE** Besucherzentrum an der Weld Street mit Blick auf das Meer. Etwas weiter in einem Rondell in der Straßenmitte steht Hokitikas berühmter **2 Glockenturm** (1903), das massiv-elegante **3 Regent Theatre** im Art-déco-Stil (1936; heute ein Kino) befindet sich auf der linken Seite der Straße. Am nächsten Kreisverkehr ist das **4 Westland Pioneers Memorial** zu sehen, das 1914 an einer anderen Stelle enthüllt wurde. Geradeaus geht es auf dem als Beach Access gekennzeichneten Weg, wo man auf beiden Seiten lokale Kunstwerke und die Buchbank bewundern kann. Den Strand betritt man in der Nähe des **5 Hokitika-Schilds** aus Treibholz, und dann links ab, um an der Promenade entlangzulaufen – oder am Strand. Weiter geht es bis zum **6 Nachbau des Wracks der Tambo** (der aus einiger Entfernung besser aussieht); er erinnert an die vielen Schiffe, die vor der Küste untergegangen sind. Der Rückweg verläuft über den Gibson Quay vorbei am **7 Zollhaus**, einer alten Kanone und den Informationstafeln für den Whitebaiters' Walk. Kurz vor dem Ende der Straße geht es links in die Sewell Street, vorbei an der **8 Statue von „King Dick" Richard Seddon**, Neuseelands Premierminister mit der längsten Amtszeit (1893–1906), der in den 1860er-Jahren an die West Coast kam. Sie steht vor dem maroden Regierungsgebäude Seddon House, das heute dem DOC gehört. Linkerhand führt die Hamilton Street am **9 Hokitika Museum** (in der Carnegie Library von 1908) vorbei. Rechts führt die Tancred Street zurück zum Pioneers Memorial.

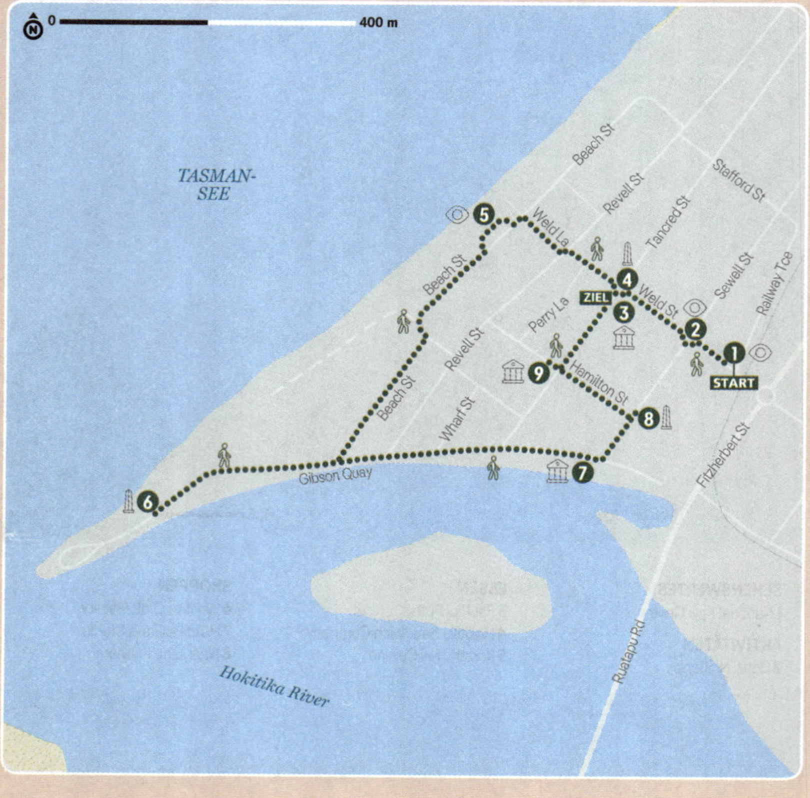

Pounamu-Anhänger

Pounamu-Anhänger schnitzen

IM BONZ 'N' STONZ CARVING STUDIO

Das sehr begehrte *pounamu* (ein Jadestein) spielt in der Kultur der Māori der West Coast seit Jahrhunderten eine große Rolle. Besonders reichlich ist es im Arahura Valley bei Hokitika zu finden. In vielen Läden in Hokitika gibt es Anhänger oder Ohrringe zu kaufen (**Ngai Tahu Pounamu** und die Hokitika Craft Gallery haben besonders stilvolle Showrooms), aber wer selbst ein solches Stück anfertigen möchte, kann sich für einen Bonz'N'Stonz-Workshop anmelden (2–6 Std.).

Glasbläsern bei der Arbeit zusehen

IM HOKITIKA-GLASATELIER

In dieser Kombination aus Galerie, Geschäft und Werkstatt Kunsthandwerkern dabei zusehen, wie sie Glaspokale, -schüsseln und -ornamente fertigen.

Einheimische Vögel & Meereslebewesen entdecken

HOKITIKAS NATIONALES KIWI-ZENTRUM

Im National Kiwi Centre werden sich besonders Kinder für die Aquarien mit großen und kleinen Tieren begeistern, u. a. Axolotl und riesige Aale, von denen einige 110 Jahre alt sind. Kiwis leben in einem dunklen Gehege (weil nachtaktiv), man kann in einem Indoor-Teich *koura* (Krebse) fangen und sie dann ins Wasser zurücksetzen. Dreimal täglich ist Fütterungszeit für Kiwis und Aale – die Zeiten werden angekündigt.

WILDFOODS FESTIVAL

1990 wollte ein örtlicher Winzer – einer von der Rosenknospen- und Stechginstersorte – die einzigartigen Aromen der West Coast feiern. Das erste Wildfoods Festival lockte etwa 1800 leidenschaftliche Feinschmecker und Ortsansässige an, seitdem ist dieses Event immer beliebter geworden. Jedes Jahr im März strömen die Besucher wegen der zahlreichen Essens- und Getränkestände hierher. Auch Musiker aus aller Welt finden den Weg nach Hokitika. Das Festival ist wohl vor allem für seine eigenartigen kulinarischen Angebote bekannt – z. B. Schafshoden und Bockkäferlarven –; weniger abenteuerlustige Esser finden viele Alternativen, um ihren Hunger zu stillen. Unterkunft lange im Voraus buchen!

UNTERWEGS VOR ORT

Obwohl es nicht die größte Stadt an der West Coast ist, besitzt Hokitika den größten Flughafen der Region. Von dort gibt es regelmäßige Verbindungen mit Air New Zealand von/nach Christchurch. Dadurch ist Hokitika die beste Wahl für alle, die nicht durch die Berge fahren wollen.

Die Stadt ist kompakt und lässt sich leicht zu Fuß erkunden. Die Annahme, man könnte ganz einfach zur Hokitika Gorge spazieren, ist allerdings falsch: Diese heißt zwar so, liegt aber etwa 33 km südöstlich von Hokitika; für die Fahrt dorthin benötigt man ein Auto.

Rund um Hokitika

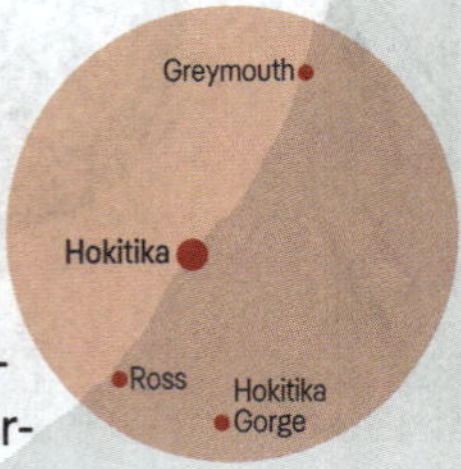

Einige Attraktionen liegen außerhalb von Hokitika. Wer sich für ein paar Tage in Hokitika einquartiert, kann Ausflüge ins Umland machen.

Hokitika mag klein sein, aber seine Umgebung ist reich an historischen Siedlungen und Naturwundern. Der Goldrausch 1864–67 konzentrierte sich nicht allein auf die Stadt: Auch andere Orte in der Nähe erlebten durch das Gold einen immensen Aufschwung. Greymouth/Māwhera, mit 8000 Einwohnern die größte Stadt an der West Coast, liegt 37 km nördlich von Hokitika. Bis 1860 war es eine Siedlung der Poutini Ngāi Tahu, dann verkauften lokale Stammesführer die gesamte West Coast (mit Ausnahme einiger Enklaven) für eine lächerlich geringe Summe an die britische Regierung. Greymouth wuchs in den 1860er-Jahren durch den Kohlebergbau; bis heute wird in der Region Kohle abgebaut.

TOP TIPP

Greymouth und Hokitika liegen nur 37 km voneinander entfernt, deshalb übernachten viele Traveller lieber im attraktiveren Hokitika und unternehmen Tagesausflüge nach Greymouth und Umgebung.

Hokitika-Schlucht

ROBERT HAANDRIKMAN/SHUTTERSTOCK ©

In der türkisfarbenen Hokitika-Schlucht

ES LIEGT AM GLETSCHERMEHL

Ein lohnender Abstecher durch Farmland führt zur herrlich blauen **Hokitika-Schlucht**, 33 km von der Stadt Hokitika entfernt. Vom Parkplatz geht es auf einem etwas hügeligen Weg zum ersten Aussichtspunkt, von dem aus das markante, matt türkisfarbene Gewässer zu sehen ist. Auch ohne blauen Himmel schillert das Wasser: Seine Farbe rührt von den zermahlenen Felspartikeln („Gletschermehl“) her, die es auf dem Weg von seiner Quelle im Gebirge mitnimmt. Bergab erreicht man eine Hängebrücke und einen zweiten Aussichtspunkt; dieser zweite Wegabschnitt ist für Rollstühle und Kinderwagen ungeeignet. Abhängig vom Wasserstand kann man über die Felsen und näher ans Wasser klettern. Der gesamte Rundweg nimmt maximal eine Stunde in Anspruch.

Durch die Baumwipfel spazieren

HÄNGENDE PLATTFORMEN IM WALD

Höhenangst darf man beim Besuch des **West Coast Treetop Walk**, 17 km südlich von Hokitika, nicht haben. Zwischen Rimu- und Kamahi-Bäumen sind in 20 m Höhe über dem Waldboden Baumwipfelpfade gespannt, die 450 m lang sind. Von gesicherten Stegen blickt man auf den Wald und die Southern Alps; überall sind Infotafeln zu finden. Vom 47 m hohen Turm sieht man den nahen Lake Mahinapua. Laufstege und Turm schwanken ein wenig, aber alles ist sicher.

Geschichte des Goldschürfens

MODELLDÖRFER UND DER REAL DEAL

Gold prägte die frühe Kolonialgeschichte an der West Coast; mehr über technische, ökologische, kulturelle und den Lebensstil betreffende Aspekte des Goldschürfens erfährt man in **Shantytown**, dem Modell einer Goldgräberstadt vor den Toren von Greymouth (34 km nördlich von Hokitika), und in **Ross** (26 km südlich von Hokitika), einer Kleinstadt mit vielen Relikten aus dieser Zeit. Fans von Themenparks sollten Shantytown ansteuern: Dort gibt es eine Dampfeisenbahn und Vorführungen, z. B. wie man Gold wäscht. Authentischer ist die historische Atmosphäre in Ross – dort wurde 1909 der größte Goldklumpen Neuseelands gefunden, der 2,81 kg schwere „Honourable Roddy“. Ross Historic Goldfields bietet alte Gebäude, einen einstündigen Spaziergang und Aktivitäten rund ums Goldwaschen.

SEEN RUND UM HOKITIKA

Die vielen Seen der West Coast sind von den Flüssen und Gletschern geformt worden. Es sind malerische Orte zum Spazierengehen, Baden, Boot- oder Kajakfahren, Angeln oder Zelten.

Der landeinwärts gelegene **Lake Brunner** ist der größte der West-Coast-Seen. Besonders beliebt ist er bei Wochenendausflüglern aus Christchurch; am Nordufer liegt das kleine Dorf Moana.

Lake Mahinapua bietet freie Sicht auf die Southern Alps. Silberreiher machen auf dem Weg nach Whataroa hier Rast.

Der schöne **Lake Kaniere** ist bis zu 200 m tief; besuchenswert sind die Dorothy Falls am Ostufer, vor allem nach Regen.

Lake Ianthe, zwischen Ross und Hari Hari gelegen, ist bei Forellenanglern beliebt.

ESSEN IN GREYMOUTH

Monteith's Brewery
Die West-Coast-Institution bietet Bierverkostung, Brauereiführungen und klassische Kneipengerichte. **$$**

Sevenpenny
Whitebait-Pattys, dekonstruierte Sushi-Bowls und nette Sitzgelegenheiten an der Straße. **$**

Buccleugh's on High
Reichlich Fisch und Meeresfrüchte, Fleisch und vegetarische Optionen und eine Bar mit 17 Biersorten vom Fass. **$$**

VON KÜSTE ZU KÜSTE MIT DER BAHN

Die West Coast gilt heute vielen als abgelegen, aber wie muss das erst im 19. Jh. gewesen sein. Waren und Menschen mussten von der Ostküste hauptsächlich per Schiff hierher transportiert werden, was problematisch war, weil die Westküste keinen natürlichen Hafen besitzt. Der Bau von Straßen durch die Southern Alps half kaum, denn die Fahrt war langsam, und die Pferdewagen konnten nur kleine Ladungen transportieren. Die Bahnstrecke durch die Southern Alps wurde erst 1923 vollendet (und der geplante Abzweig nach Nelson nie verwirklicht). Passagiere des TranzAlpine-Zuges zwischen Christchurch und Greymouth durchfahren auch heute noch den letzten fertiggestellten Abschnitt, den 8,5 km langen Otira Tunnel.

LEONARD ZHUKOVSKY/SHUTTERSTOCK ©

Monteith's Bier

Auf ein Bier bei Monteith's

PROBE, SCHLUCK, FÜHRUNG ODER ESSEN

Bevor Craftbier in den Bars der Städte in den schickeren Teilen Neuseelands zum Thema wurde, gab es schon die **Monteith's Brewery Company**. Es ist eins der bekanntesten neuseeländischen Biere. Monteith's wird in Greymouth (37 km nördlich von Hokitika) gebraut – und das bereits seit dem Jahr 1868, kurz nach Gründung der Stadt. Das zeigt, welche Prioritäten die frühen Siedler setzten. Die große Brauerei, die Bar, das Verkostungszentrum und das Restaurant (alles in einem) laden ein, eine Proberunde, ein Bier oder eine Mahlzeit zu genießen. Außerdem finden jeden Nachmittag geführte Besichtigungen statt.

UNTERWEGS VOR ORT

Wer die langen Autofahrten durch die Berge zur West Coast vermeiden willl, kann den TranzAlpine von Christchurch nach Greymouth besteigen. Der Zug fährt durch den Arthur's Pass National Park und am Lake Brunner vorbei. Fahrpläne variieren je nach Jahreszeit, aber normalerweise verkehrt der TranzAlpine in der Hochsaison täglich und im übrigen Jahr von Freitag bis Montag.

WESTLAND TAI POUTINI NATIONAL PARK

Willkommen bei den berühmten Gletschern Fox und Franz Josef. Neuseelands fünftgrößer Nationalpark, Westland Tai Poutini, deckt einen Großteil von Central Westland ab, z.B. die hohen Gipfel der Southern Alps, Wälder, Flüsse, Küstenfeuchtgebiete und die Gletscher Fox und Franz Josef. Sie sind nur die dritt- bzw. viertgrößten Gletscher des Landes. Wozu also der ganze Rummel? Die Erreichbarkeit! Fox und Franz Josef Glacier reichen beide weit hinunter bis auf etwa 300 m über dem Meeresspiegel. Im Vergleich dazu enden Gletscher in ähnlichen Breiten in Europa und Nordamerika auf etwa 2000 m Höhe. Dadurch sind sie sehr viel schwerer zu erreichen, genauso wie die meisten anderen Gletscher in den Southern Alps. Siedlungen am Franz Josef und Fox sind zu Servicezentren für den Gletschertourismus mit Tourangeboten, Unterkünften, Lokalen und Freizeitaktivitäten geworden.

TOP TIPP

Das Wetter an der West Coast ist bekanntermaßen unbeständig (und nass). Um einen schönen Blick auf Franz Josef oder Fox sicherzustellen, sollte man in den zugehörigen Orten und deren Umgebung viel Zeit einplanen und den Reiseplan ändern, falls das Wetter nicht mitspielt.

Wandern auf dem Fox-Gletscher (S. 504)

DIE QUAL DER WAHL RUND UM FRANZ JOSEF

Poppy Gordon, Pilotin und Inhaberin von Glacier Country Helicopters, gibt Tipps für einen perfekten Tag rund um den Franz Josef Glacier.

Helikopterflüge
Flüge in die Berge sind der Höhepunkt, aber es gibt noch viele andere faszinierende Dinge zu tun.

Wasserspaß
Wir fahren immer raus aufs Wasser, ob mit dem Boot, dem Kajak, zum Schwimmen oder Fischen. Unsere Lieblingsplätze sind der Whataroa River, die Ōkārito Lagoon sowie Beach oder Lake Mapourika, wo die Wassertemperatur im Sommer auf über 20° C ansteigt. Wir sind von der Natur verwöhnt!

Dinner
Zur Krönung des Tages geht es mit der Hummer-Limousine des Blue Ice Restaurant zum Abendessen.

WESTLAND TAI POUTINI NATIONAL PARK

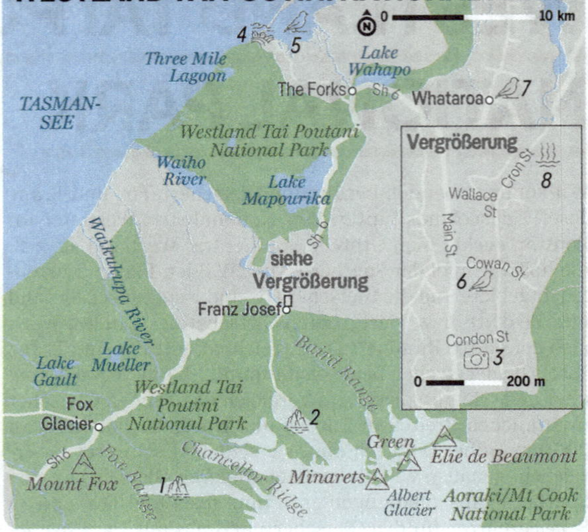

SEHENSWERTES
1 Fox Glacier
2 Franz Joseph Glacier
3 Glacier Country Helicopters
4 Ōkārito
5 Ōkārito Lagoon
6 West Coast Wildlife Centre
7 White Heron Sanctuary Tours

AKTIVITÄTEN
8 Waiho Hot Tubs

Gletscherwanderung

FRANZ JOSEF, FOX UND UMGEBUNG

Die Stars des Gletscherlands an der West Coast, Franz Josef und Fox Glacier, gleiten – sehr langsam – von den Schneefeldern in etwa 2500 m Höhe herab. Weil die Gletscher so nah am Meeresspiegel und mitten im gemäßigtem Regenwald enden, können die Besucher durch den üppigen Wald spazieren, um so die besten Aussichtspunkte zu erreichen.

Erdrutsche am früheren Zugang zum **Fox Glacier** und der veränderte Lauf des Waiho River am **Franz Josef Glacier** – beides durch schwere Stürme hervorgerufen – haben Wanderungen nahe an die Gletscher in den letzten Jahren unmöglich gemacht. Kurze Spaziergänge an diesen tiefer endenden Gletschern führen jetzt zu Aussichtspunkten, die 2–3 km vom Gletscher entfernt liegen. Vom Parkplatz am Franz Josef Glacier besteht die Wahl zwischen mehreren kurzen Routen, am Fox gibt es allerdings nur eine: Diese zweistündige Wanderung (hin & zurück) führt zu einem Aussichtspunkt oben im Tal.

ESSEN BEI DEN GLETSCHERN

The Landing Restaurant & Bar, Franz Josef
Herzhafte Speisen und Tische im Freien, um die Hubschrauber zu beobachten. **$$**

SnakeBite Brewery & Restaurant, Franz Josef
Craftbiere von der Südinsel kombiniert mit südostasiatischer Küche. **$$**

Cafe Nevé, Fox
Verlässliches Frühstück und Mittagssnacks einschließlich Wedges und Nachos. **$**

Eine Alternative zu Wanderungen näher am Gletscher ist der **Lake Matheson/Te Ara Kairaumati Walk**, ein 90-minütiger Rundweg durch den Wald vorbei am dunklen, spiegelglatten (mit etwas Glück) Lake Matheson/Kairaumati, vom Ort Fox Glacier eine kurze Fahrt entfernt. Es ist eins von Neuseelands ikonischen Panoramen: Der schneebedeckte Aoraki/Mount Cook, Mount Tasman sowie Mount Fox und sein Gletscher spiegeln sich im See. Wie bei allen Spaziergängen in tieferen Lagen muss auch hier das Wetter mitspielen.

Wer über ein großzügiges Budget verfügt, kann sich von einem **Heli-Hiking**-Anbieter im Hubschrauber für eine 2½-stündige geführte Wanderung auf einem Gletscher fliegen lassen. Heli-Hikes sind angeblich sicherer als Spaziergänge in tieferen Lagen, weil das Eis stabiler ist. Es gelten Altersbeschränkungen, und die Wanderungen haben eine mittlere Schwierigkeit. Das Gefälle auf Fox ist tendenziell weniger stark als auf Franz Josef, das Wandern also etwas weniger anstrengend.

Flightseeing-Tour

ZUM GLETSCHER FLIEGEN ODER DORT LANDEN

Flightseeing-Touren mit dem **Hubschrauber** dauern zwischen 20 und etwa 40 Min. Dazu gehört, wenn die Bedingungen stimmen, eine Landung auf dem Gletscher mit 5–10 Min. Aufenthalt; Flugzeuge mit festen Tragflächen können dort nicht landen. Viele Traveller halten sich an die „großen Namen" Franz Josef oder Fox, aber einige Anbieter (z. B. Glacier Country Helicopters) dürfen auch auf anderen Gletschern landen. Das erweitert die Optionen, wenn die Wetterlage eine Landung auf den „Bestsellern" nicht zulässt. Zu den Highlights dieser Flüge zählt neben der Gletscherlandung der Blick auf versteckte Seen und Wasserfälle, den gewaltigen Tasman-Gletscher im Aoraki/Mount Cook-Nationalpark, Aoraki/Mount Cook selbst und viele weitere Gletscher, die versteckt hoch oben in den Southern Alps liegen und die die meisten Besucher des Westland Tai Poutini National Park nicht zu Gesicht bekommen.

Es werden auch **Heli-Hiking-Touren** (S. 505) angeboten.

Hot Tub im Regenwald

MIT HOLZFEUER BEHEIZTE TUBS IN FRANZ JOSEF

Waiho Hot Tubs bietet Waldbaden für alle an, die sich ein körperliches Verwöhnprogramm zur mentalen Entspannung wünschen. Günstig gegenüber vom DOC-Besucherzentrum in Franz Josef gelegen und von schattigem Wald voller Farn umgeben, werden die vier mit Flusswasser gefüllten Hot Tubs durch Holzfeuer erwärmt. Umkleideräume sind

GLETSCHER AUF DEM RÜCKZUG

Der Franz-Josef- und der Fox-Gletscher sind geschrumpft. Natürlicherweise rücken Gletscher vor und ziehen sich zurück, doch die West-Coast-Gletscher ziehen sich inzwischen nur noch zurück. Vor 2008 reichte Franz Josef fast bis zum Talgrund, seither hat er etwa 800 m verloren, und er ist 3 km kürzer als in den 1880er-Jahren. Ähnlich ist die Lage beim Fox.

Besucher sollten ihre Erwartungen nicht zu hoch schrauben, und sich auf diese Situation einstellen. Zudem sollte man auf den Wanderwegen das zu schätzen wissen, was zu sehen ist – Flora, Gewässer und Vögel. Aus der Luft hat man den besten Blick.

Fox-Gletscher

ÜBERNACHTEN AM FRANZ-JOSEF-GLETSCHER

Rainforest Retreat
Zentral gelegen und doch mitten im Busch. Von Stellplätzen mit Stromanschluss bis zu Luxuszimmern. **$$$**

Aspen Court Franz Josef
Geräumige Motelzimmer mit wirklich gutem Preis-Leistungs-Verhältnis. **$$**

Ribbonwood Retreat Bed and Breakfast
Gemütliche Hütten und eine Suite; herzhaftes Frühstück. **$$$**

STRÄNDE JENSEITS DER GLETSCHER

Die West-Coast-Gletscher reichen bis dicht an die Küste, das bedeutet, dass es in der Nähe herrliche Strände gibt.

Ōkārito Beach
Sand-/Kieselstrand an dem man schön entlanglaufen kann.

Gillespie's Beach
Kiesstrand mit einem kleinen DOC-Campingplatz unten an einem schmalen Feldweg, zugänglich von Fox Glacier.

Bruce Bay
Regenwald trifft auf Sand an diesem Strand südlich des Fox-Gletschers an der Straße nach Haast.

NATURE PICTURE LIBRARY/ALAMY STOCK PHOTO ©

Kiwi, Ōkārito

MOTUARA ISLAND

Motuara Island im Queen Charlotte Sound dient als Kinderstube des Rowi-Kiwis; es ist ein sicherer Ort für Jungvögel, bis sie kräftig genug sind, um wieder in ihren natürlichen Lebensraum in Westland ausgesetzt zu werden.

vorhanden. Man bucht eine Wanne für eine Stunde Freiluftglück – das Wasser wird automatisch abgelassen, wenn die Zeit um ist. Vor 18 Uhr sind Kinder willkommen.

Infos zum Schutz der Kiwis

WEST COAST WILDLIFE CENTRE, FRANZ JOSEF

Obwohl sie das Nationalsymbol des Landes sind, werden alle fünf Kiwi-Arten als gefährdet geführt. Der **Rowi Kiwi**, auch Ōkārito-Kiwi genannt, ist nur im South Ōkārito Forest – 15 km von Franz Josef – heimisch. Es gibt noch etwa 600 Exemplare von ihm. Zu sehen sind sie im West Coast Wildlife Centre in einem abgedunkelten Raum, damit sich die nachtaktiven Vögel wohl fühlen. In einem separaten Gehege sind auch

ÜBERNACHTEN AM FOX GLACIER

Distinction Fox Glacier Te Weheka Hotel
Zimmer im Stil einer Skihütte; einige mit Sicht auf die Berge und alle mit Balkons. **$$$**

Fox Glacier Top 10 Holiday Park
Gute Wahl mit Stellplätzen und Motelzimmern. Besser als das Franz Josef Top 10. **$$**

Heartland Hotel Fox Glacier
Großes Hotel im Stadtzentrum. Das denkmalgeschützte Gebäude stammt aus dem Jahr 1928. **$$**

Brückenechsen zu besichtigen; überall im Zentrum kann man sich über die Kiwis sowie über die Umwelt und Geologie des Franz-Josef-Gebiets informieren.

Einziges Kōtuku-Brutgebiet in Neuseeland

IM WAITANGIROTO-SCHUTZGEBIET BEI WHATAROA

Auf der 2-Dollar-Münze ist ein anmutiger fliegender Vogel abgebildet, ein *kōtuku* (Silberreiher). Die seltenen Vögel bekommt man in verschiedenen Gegenden Neuseelands zu Gesicht, aber sie brüten nur im **Waitangiroto Nature Reserve**, einem 30 m breiten mit Bäumen und Büschen bewachsenen Streifen am Ufer des Waitangiroto River, gleich nördlich der Ōkārito-Lagune unweit der Siedlung Whataroa. Man weiß nicht, warum sie nur in diesem Gebiet nisten, fest steht aber, dass sie aus ihren Winterquartieren hierher zurückkehren.

In der Paarungszeit bildet der Vogel (Männchen und Weibchen sehen gleich aus) lange, weiße Schulterfedern aus, so dass sie sich Besuchenden des Schutzgebiets zwischen Oktober und März in dieser eleganten saisonalen Erscheinung präsentieren; dann sind auch Küken zu sehen. Aufgrund der großen Nachfrage nach dem schönen Gefieder wären die *kōtuku* beinahe ausgerottet worden, denn die Federn waren in den 1930er- und 1940er-Jahren ein beliebtes Accessoire der Damenmode; 1944 wurden hier nur noch vier Nester registriert. Aus diesem Grund wurde ein Naturschutzgebiet gegründet. Seither haben sich die Bestände ein wenig erholt, allerdings existieren nur etwa 200 Exemplare dieser Vogelart. Die in Whataroa ansässigen White Heron Sanctuary Tours sind der einzige Veranstalter, der mit Erlaubnis der Naturschutzbehörde Ausflüge ins Waitangiroto-Reservat organisieren darf.

Ōkārito-Lagune erkunden

NEUSEELANDS GRÖSSTES UNVERÄNDERTES FEUCHTGEBIET

Der nördliche Rand der **Ōkārito Lagoon** liegt im Zentrum eines ausgedehnten Feuchtgebiets mit Seen, Lagunen, Flüssen und Sümpfen (32,4 km^2). Mit den Southern Alps auf der einen Seite und der Tasmansee auf der anderen weist das Gebiet eine enorme Biodiversität auf: Wasser-, Wat- und Zugvögel und sogar der sehr seltene Rowi-Kiwi sind hier zu sehen. Das Dorf **Ōkārito** ist Ausgangspunkt für Spaziergänge sowie Kajak- und Bootsfahrten. Empfehlenswert ist der kurze **Wetland Walk** (hin & zurück 20 Min.), um durch das sumpfige Feuchtgebiet zu wandern.

DER BESCHEIDENE WHITEBAIT

Wer die West Coast zwischen dem 1. September und dem 30. Oktober bereist, wird viele Angler bemerken, die mit feinmaschigen Fischernetzen bis zu den Knien in Flüssen und Mündungsgebieten stehen oder sich um temporäre Plattformen versammeln. Sie fangen die 2,5–5 cm großen, durchsichtigen Jungfische von verschiedenen Fischarten, die als Whitebait bezeichnet werden. An vielen Orten kann man Whitebait angeln, die gute Wasserqualität an der West Coast schafft ideale Bedingungen. Üblicherweise wird eine Handvoll Whitebait in Backteig gemischt, gebraten und mit Zitronenspalten serviert. Der Whitebaiter's Walk an der Uferpromenade in Hokitika präsentiert auf Stellwänden Fotos und Fakten.

UNTERWEGS VOR ORT

In dieser Region kommt man nur mit einem Mietwagen voran; man wird daher viel Zeit hinterm Steuer verbringen, das muss man wissen. Allerdings sollte man nicht von Ort zu Ort hetzen: Angesichts der vielen Seen, Strände, Aussichtspunkte und Spazierwege, die sich oft ganz in der Nähe des Highways befinden, lohnt es sich etwas Zeit für Umwege einzuplanen.

HAAST WORLD HERITAGE AREA

Geschützte Landschaften dominieren diesen Teil Neuseelands, aber Haast ist etwas ganz Besonderes. Für die Unesco ist diese Region ein bedeutender Naturschatz – denn die Landschaften haben ihren Ursprung auf dem alten Großkontinent Gondwana. Haast umfasst eine Fläche von etwa 2000 km^2 – aber es leben hier nur 200 Menschen. Der Name Haast steht für sehr Vieles: die kleinen Siedlungen der Haast Junction, Haast Beach und Haast Township sowie die Siedlungen an der Jackson Bay, den 562 m hohen Haast Pass (der niedrigste in den Southern Alps), den Haast Pass Highway, der zwischen Haast Junction und Lake Hāwea (und weiter) in Otago verläuft, und den Haast-Teil der von der Unesco als Weltnaturerbe gelisteten Te Wāhipounamu (Southwest New Zealand) World Heritage Area, die aus vier Nationalparks der Südinsel gebildet wird.

TOP TIPP

Weite Teile der ausgedehnten Haast-Region sind für spontane Kurzzeitbesuche nicht zu empfehlen. Jetboot-Ausflüge auf den Flüssen Haast und Waiatoto führen tief in die Wildnis an Orte, die man als Wanderer erst nach Tagen erreichen würden.

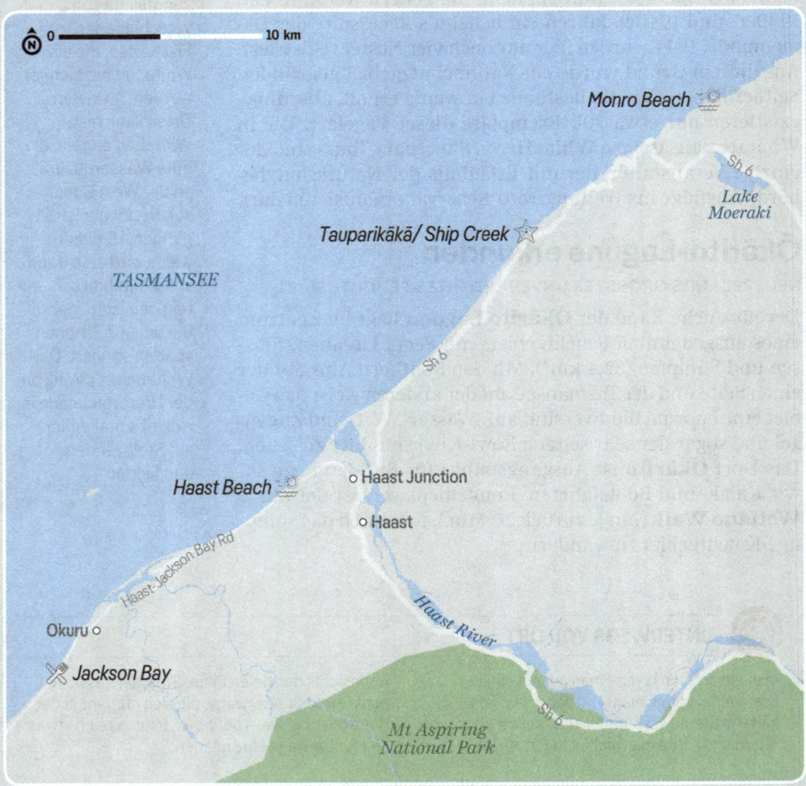

Jackson Bay

Fahrt zum südlichen Ende der Küstenstraße

AN DER KLITZEKLEINEN JACKSON BAY

Während der SH6 in Haast landeinwärts abbiegt und die Southern Alps überquert, führt die Haast-Jackson Bay Road hinunter zur kleinen Siedlung **Jackson Bay** – und endet dort. Die Tiefwasserbucht ist ein funktionierender Fischereihafen, und abgesehen von einigen eher kurzen Spazierwegen, die hier beginnen, sind die Hauptattraktionen Angeln (besonders Krebse) und mittags Fisch und Meeresfrüchte in **The Craypot** verspeisen, einem leuchtend orangefarbenen Schuppen, der trotz seiner unglaublich abgeschiedenen Lage sehr gut läuft. Allein die Fahrt nach Jackson Bay ist den Umweg wert; sie führt durch Küstenregenwald, über eisblaue, felsige Flüsse und vorbei an Stränden mit sehr viel Treibgut.

Wildtiere an einsamen Stränden beobachten

DELFINE UND PINGUINE

An den Stränden rund um Haast besteht die Chance, den seltenen **Hector-Delfin** – Tauparikākā/Ship Creek ist ein Hotspot – oder den landesweit gefährdeten **Tawaki** (Dickschnabelpinguin) – **Monro Beach** unweit des Lake Moeraki ist hierfür besonders geeignet – zu sehen. Pinguine zeigen sich meistens am Abend, wenn sie aus dem Meer zurückkehren, besonders zwischen Juli und November. Auch am **Haast Beach** sind mit etwas Glück Wildtiere zu beobachten.

WARUM ICH HAAST LIEBE

Elen Turner, Autorin

Die Haast-Region ist trügerisch. Auch nachdem du die West Coast bereist und deine Vorstellung von einer Stadt neu justiert hast, erscheint Haast Township winzig. Dafür explodiert hier die Natur in großem Maßstab, und sie ist so alt, dass man es kaum glauben kann. Angesichts der großartigen Natur kommt man sich recht unbedeutend vor. Nie vergesse ich den Tag, an dem meine Tochter Rosa und ich morgens in Tauparikākā/Ship Creek ankamen und Hector-Delfine in der Brandung vorbeischwimmen sahen. Die fünfjährige Rosa sagte, es sei der beste Tag ihres Lebens.

UNTERWEGS VOR ORT

Mit wenig Kraftstoff im Tank in Haast anzukommen, ist keine gute Idee! An der West Coast wird das Benzin immer teurer, je weiter man nach Süden kommt und südlich von Hokitika sind die Preise extrem hoch. Angesichts der großen Distanz zwischen den einzelnen Tankstellen lässt sich das Tanken im Westland leider nicht vermeiden, allerdings sollte man am besten vorab in Hokitika oder Wānaka volltanken, denn das würde die Reisekasse ziemlich entlasten.

FAHRT AUF DEM HAAST PASS/TIORIPATEA HIGHWAY

Der 140 km lange Highway, der Haast und Wānaka über den niedrigsten Pass der Southern Alps (562 m) verbindet, kann in beide Richtungen befahren werden. Er ist die Fortsetzung des SH6, der die West Coast der Länge nach durchquert. Nach dem Start in **1 Haast Township** folgt man dem Südufer des verwilderten Haast River, wo zahlreiche Wasserfälle von den Bergen herabstürzen, besonders nach Regen. Sehenswert sind die **2 Roaring Billy Falls**, 10 Gehminuten vom Parkplatz entfernt auf der Nordseite des Flusses. Von dieser Stelle ist der Blick auf die Berge und den Fluss besonders schön. Nächster Halt sind die **3 Thunder Creek Falls**. Nur wenige Meter vom Parkplatz entfernt stürzt der Thunder Creek 28 m tief in den Haast River. Hier unbedingt großzügig Insektenschutzmittel auftragen! Ein Stück weiter kann man von einer Straßenbrücke auf die gigantischen Stromschnellen **4 Gates of Haast** blicken. Achtung: Hier ist fotografieren verboten! Als Nächstes kommen die **5 Fantail Falls**, die kleiner als die Thunder Creek Falls sind. Auf der Passhöhe, an der Grenze zwischen West Coast und Otago, lockt der **6 Haast Pass Lookout**, eine einstündige Wanderung (hin & zurück) durch den Busch zu einer Lichtung mit guter Sicht auf die Umgebung und den 2516 m hohen Mount Brewster. In Otago verändert sich die Landschaft von üppigem Regenwald hin zu trockenem, felsigem Terrain. Auf dem **7 Blue Pools Track** (S. 480; 1 Std hin & zurück) passiert man verschiedene Aussichtspunkte, beispielsweise **8 The Neck**, der sich zwischen dem Lake Hāwea und dem Lake Wānaka befindet. Schließlich ist **9 Wānaka** erreicht.

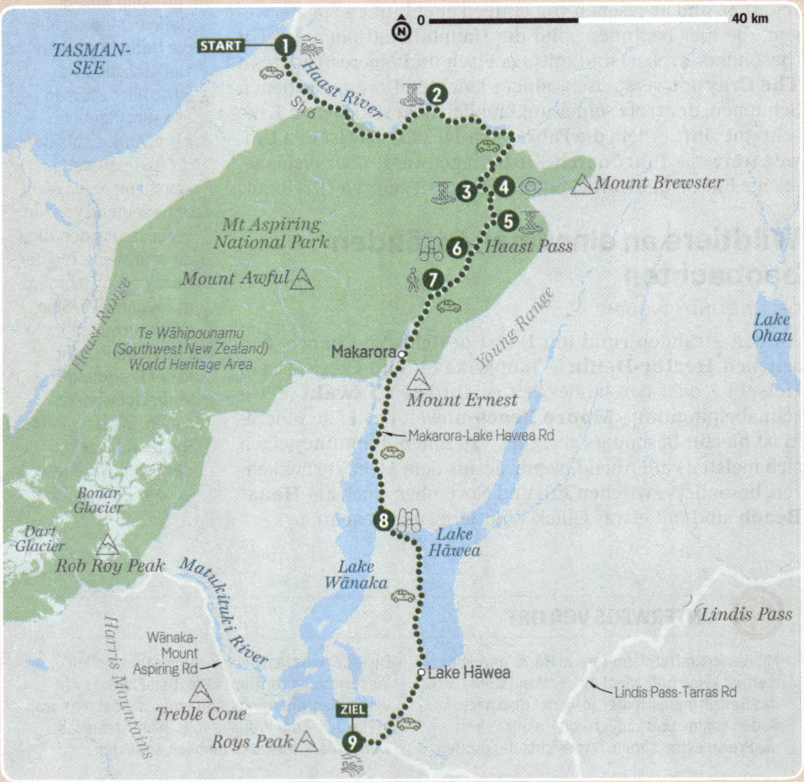

Thunder Creek Falls

Links: Pelorus Bridge Scenic Reserve (S. 540); rechts: Weinanbau, Blenheim (S. 543)

NELSON & MARLBOROUGH

STRÄNDE, NATIONALPARKS & GUTER WEIN

Strände, Berge, Flüsse, Seen, Nationalparks sowie Obst und Gemüse und guter Wein: Nelson und Marlborough sind ein Mikrokosmos all dessen, was an Neuseeland begeistert.

Die Regionen Nelson-Tasman und Marlborough im nördlichsten Teil der Südinsel liegen ziemlich genau im geografischen Zentrum Neuseelands. Und in vielerlei Hinsicht ist „Top of the South" ein wesentlicher Teil der neuseeländischen Identität. Es ist die Südinsel, aber nicht so ländlich wie „down south". Es ist von der Nordinsel per Flugzeug oder Autofähre leicht erreichbar. Es ist das mit Früchten beladene Äquivalent eines Brotkorbs. Es besitzt weiße Sandstrände und schneebedeckte Berggipfel, unberührte Flüsse und Seen, Fisch und Meeresfrüchte, Obst und Wein, geflutete Flusstäler und alpine Plateaus sowie drei Nationalparks des Landes.

Seit etwa dem 12. Jh. haben verschiedene *iwi* (Māori-Stämme) in der Region gesiedelt oder sie durchquert, und Nelson – gegründet 1841 – ist die älteste Stadt der Kolonialzeit. Heute ist das verschlafene Städtchen ein wichtiges Verwaltungszentrum. Das kleinere Blenheim ist die Hauptstadt der Weinregion Marlborough. Rund um diese beiden Zentren liegen die Golden Bay, die ihrem Namen alle Ehre macht, der sehr beliebte Abel Tasman National Park, die herrlichen Marlborough Sounds und landeinwärts die nördlichen Ausläufer der Southern Alps. Was immer man sucht, findet man im Top of the South – außer vielleicht das Getöse des Großstadtlebens.

DIE WICHTIGSTEN ZIELE

NELSON
Kleinstadtleben.
S. 518

ABEL TASMAN NATIONAL PARK
Küstennaher Nationalpark.
S. 528

GOLDEN BAY
Unkonventionelle Hippie-Oase.
S. 534

MARLBOROUGH SOUNDS
Geflutete Flusstäler.
S. 538

BLENHEIM
Bedeutendstes Weinbaugebiet.
S. 543

Abel Tasman National Park, S. 528

Neuseelands kleinster Nationalpark ist auch der beliebteste und einer der am besten zugänglichen. Wer die Strände sieht, weiß warum.

Golden Bay, S. 534

Milchviehbetriebe, Vogelbeobachtung und alternative Hippie-Kultur sorgen für Vielfalt. Die Nationalparks Abel Tasman und Kahurangi sind von hier aus zugänglich.

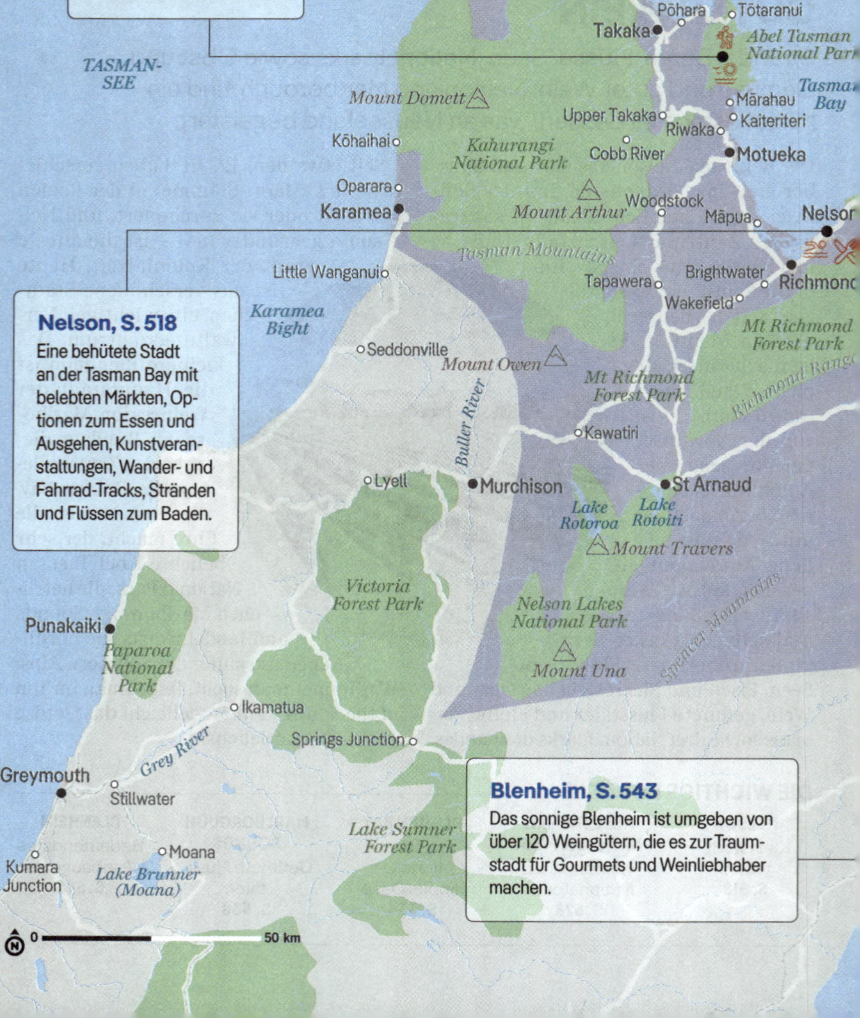

Nelson, S. 518

Eine behütete Stadt an der Tasman Bay mit belebten Märkten, Optionen zum Essen und Ausgehen, Kunstveranstaltungen, Wander- und Fahrrad-Tracks, Stränden und Flüssen zum Baden.

Blenheim, S. 543

Das sonnige Blenheim ist umgeben von über 120 Weingütern, die es zur Traumstadt für Gourmets und Weinliebhaber machen.

Erste Orientierung

Nelson und Marlborough nehmen den nördlichsten Teil der Südinsel ein, von der vorgelagerten Sandbank Farewell Spit bis zu den äußeren Marlborough Sounds und den Bergen, Seen und Tälern der nördlichen Southern Alps.

Marlborough Sounds, **S. 538**

Mit etwa 4000 km Küstenlinie, aber weniger als 2000 Einwohnern sind die Berge und Wasserwege hier reif für eine Erkundung.

AUTO

Am günstigsten lassen sich Nelson und Marlborough mit dem eigenen Auto erkunden; damit ist es möglich, Schotterstraßen zu befahren, Abstecher zu zahllosen Weingütern zu unternehmen und von Strand zu Strand zu hüpfen.

BUS

Privatbusse und Shuttle-Services verkehren in begrenztem Umfang zwischen Nelson und Blenheim sowie Blenheim und Picton und zu den beliebten Touristenzielen wie dem Tasman National Park. Öffentliche Busse fahren im Stadtgebiet von Nelson bzw. Blenheim.

ZUG

Der Museumszug *Marlborough Flyer* verkehrt unregelmäßig auf der kurzen, malerischen Strecke zwischen Picton und Blenheim. Der Fernzug *Coastal Pacific* verbindet Picton und Christchurch über Kaikōura im nördlichen Canterbury. In der Region Nelson und Marlborough gibt es keine regulären Nahverkehrszüge.

Perfekte Tage

In einem der sonnigsten Landstriche Neuseelands gelegen, sind Nelson und Marlborough im Sommer einfach herrlich. Wer Outdoor-Aktivitäten plant, findet im Frühling und Herbst gemäßigtere Temperaturen vor – und weniger Besucher.

GUAXINIM/SHUTTERSTOCK ©

Abel Tasman National Park (S. 528)

Wenig Zeit

● Wer nur einen oder zwei Tage im Top of the South verbringt, sollte sich auf den **Abel Tasman National Park** (S. 528) konzentrieren. **Kaiteriteri** ist eine praktische Ausgangsbasis zur Erkundung des Parks. Von hier fahren den ganzen Tag über Boote die Küste hinauf und herunter mit passenden Routen für jeden Traveller. Eifrige Wanderer können einen Tagesmarsch vollenden, Familien steigen vielleicht lieber unterwegs an einem Strand aus und haben Spaß in der Sonne. Mit einer Campingausrüstung kann man einen Platz auf einem der Zeltplätze des Parks buchen, um die Strände zu genießen, nachdem die Tagesausflügler verschwunden sind.

UNTEN LINKST: HEIKE RICHTER/SHUTTERSTOCK ©, ANDREW PEACOCK/GETTY IMAGES ©, STANISLAV FOSENBAUER/SHUTTERSTOCK ©

Beste Reisezeit

Im Sommer geht es in Nelson und Marlborough vor allem darum, draußen zu sein, allerdings werden viele Events im Frühjahr und Herbst veranstaltet, wenn es kühler ist.

FEBRUAR

Das **Marlborough Wine and Food Festival** ist Neuseelands ältestes Festival dieser Art; seit 1990 macht es die Besucher glücklich.

MÄRZ

Kajakfahrer zieht es nach Murchison zum **Buller Festival**; Fisch und Meeresfrüchte gibt es in Havelock beim **Mussel & Seafood Festival**.

APRIL

Beeindruckt sein von den fliegenden Oldtimern am Himmel über Blenheim während der **Classic Fighters Omaka Airshow**.

Mini-Road-Trip

● Wer in Picton mit der Fähre auf der Südinsel ankommt, sollte unbedingt noch etwas Zeit in den **Marlborough Sounds** (S. 538) verbringen. Der **Queen Charlotte Drive** (S. 541) zwischen Picton und Havelock ist eine landschaftlich sehr viel reizvollere Option als der State Highway. Unterwegs macht man Halt an Aussichtspunkten, um den Blick auf den **Queen Charlotte Sound** (S. 538) zu bewundern. Auch sind Delfinen häufig vom Auto oder vom Strand aus zu sehen. Wer mit Campingausrüstung oder Van reist, kann für die Nacht auf dem Campingplatz in Momorangi Bay (S. 539) parken, wo im Dunkeln Glowworms zu bewundern sind.

Mehr Zeit

● Vom Start in Picton geht es nach Westen in Richtung **Nelson** (S. 518) mit Halt unterwegs am **Pelorus Bridge Scenic Reserve** (S. 540). Sehenswert sind die Galerien, Märkte und Restaurants in Nelson, danach fährt man westwärts zum **Abel Tasman National Park** (S. 528). Mit dem Boot geht es die Küste entlang, unterbrochen von Landausflügen für eine kurze Wanderung oder Relaxen am Strand. Über den Tākaka Hill erreicht man die **Golden Bay** (S. 534), wo ein Ausflug zum Vogelbeobachten an der **Farewell Spit** (S. 537) möglich ist. Anschließend geht es landeinwärts nach **St. Arnaud** (S. 524) im **Nelson Lakes National Park** (S. 525), bevor man die Binnenlandroute nach **Blenheim** (S. 543) durch das Wairau Valley einschlägt. Absolut empfehlenswert ist der Besuch eines Weinguts – oder auch zwei oder drei.

JULI

Nelsons Festival **Te Ramaroa** erhellt alle zwei Jahre die Winternächte; die nächsten Veranstaltungen sind für 2023 und 2025 geplant.

SEPTEMBER

Pfuhlschnepfen treffen nach ihrer faszinierenden Reise um die halbe Welt an der **Farewell Spit** (S. 537) ein. Sie bleiben bis Anfang April.

OKTOBER

Innovative Theater-, Kunst- und Musikveranstaltungen genießen während des elftägigen **Nelson Arts Festival**.

NOVEMBER

Angesichts der vielen Obstplantagen rund um Nelson ist es nur natürlich, dass die Stadt zum **New Zealand Cider Festival** einlädt.

NELSON

Nelson (auf Māori Whakatū) war die erste europäische Stadt auf der Südinsel, 1841 gegründet durch die New Zealand Company. Aber schon viel früher lebten in diesem Gebiet verschiedene *iwi*. Das heutige Nelson erstreckt sich am Südostufer der Tasman Bay, südöstlich der Stadt erheben sich dieRichmond Ranges, dem nördlichen Ende der Southern Alps. Nelson ist die bei Weitem größte Stadt im Top of the South mit knapp 50 000 Einwohnern. In den Sommermonaten strömen zahlreiche Besucher hierher, um das sonnige Wetter zu genießen; die Stadt gilt außerdem als eine ideale Ausgangsbasis für Ausflüge und Touren in der Umgebung. Mit diversen Unterkünften und Restaurants, Märkten, Kunstgalerien und dem größten umzäunten Wildtierschutzgebiet der Südinsel weist Nelson zahlreiche urbane, ländliche und naturlandschaftliche Attraktionen auf.

TOP TIPP

Wer Nelson im Sommer besuchen will, besonders während der Schulferien (Mitte/Ende Dezember bis Anfang Februar), bucht Unterkunft, Verkehrsmittel und Aktivitäten am besten so früh wie möglich. Nelson ist ein sehr beliebter Urlaubsort; wer zu dieser Zeit ungeplant anreist, wird Probleme bekommen.

Founders Heritage Park (S. 522)

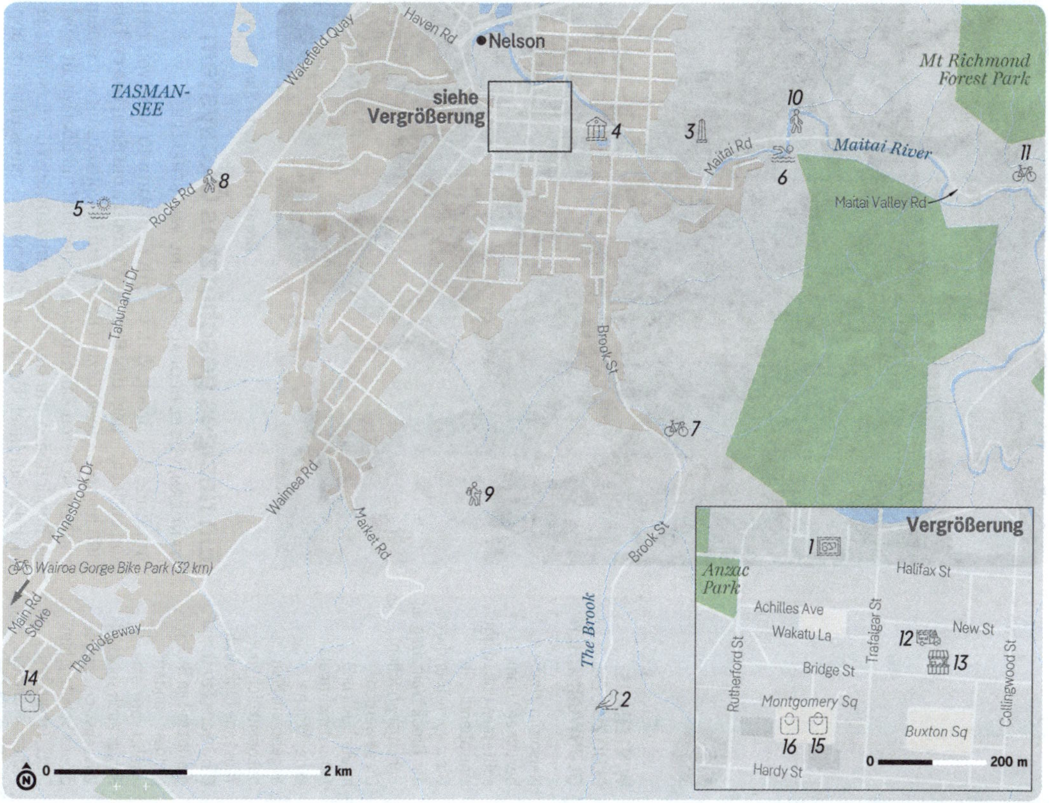

SEHENSWERTES
1 All Along the Heaphy Highway
2 Brook Waimārama Sanctuary
3 Centre of New Zealand Monument
4 Suter Art Gallery
5 Tahunanui Beach

AKTIVITITÄTEN
6 Black Hole
7 Codgers Trails
8 Days Track
9 Grampians
10 Maitai River Walk
11 Sharlands Creek Mountain Bike Park

ESSEN
12 Kirby Fridays food-truck event
13 Nelson Farmer's Market

SHOPPEN
14 Isel Twilight Market
15 Monty's Market
16 Nelson Market

Tahunanui Beach (S. 523)

TIM CUFF/ALAMY STOCK PHOTO ©

Brook Waimārama Sanctuary

WINTERAUSFLUG ZU DEN GLÜHWÜRMCHEN

Nelson im Winter besuchen? Dann sollte man unbedingt eine abendliche Glowworm-Tour durch das Brook Waimārama Sanctuary buchen. Diese werden im Juni, Juli und August mehrmals in der Woche angeboten. Man bekommt nicht nur Tausende funkelnde Glowworms zu sehen, die überall im Busch hängen, sondern erfährt von dem Führer auch sehr viel Wissenswertes über dieses Schutzgebiet. Trotz der großen Nähe zu Nelson ist der Nachthimmel hier außergewöhnlich klar.

Ein riesiges geschütztes Ökosystem

WANDERN, VÖGEL BEOBACHTEN UND WASSERFÄLLE

Am Ende des Brook Valley – mit dem Auto 10 Min. von Nelson entfernt – liegt das **Brook Waimārama Sanctuary**. Das 690 ha große geschützte Ökosystem ist vollständig von einem raubtiersicheren Zaun umgeben, der laufend überwacht wird. Es handelt sich um das größte umzäunte Wildtierschutzgebiet der Südinsel. Um hineinzukommen, muss man ein doppeltes Eingangstor passieren.

Warum solche Sicherheitsmaßnahmen? Eingeschleppte Tier- und Pflanzenarten haben viele der endemischen Arten Neuseelands dezimiert. Schätzungsweise 2800 neuseeländische Spezies sind entweder bedroht oder gefährdet, und jedes Jahr werden 25 000 Vögel durch eingeschleppte Raubtiere getötet.

CAMPING IN NELSON

Tahuna Beach Holiday Park
Ein riesiger Campingplatz mit einfachem Strandzugang und verschiedenen Spielplätzen für Kinder. $$

Brook Valley Holiday Park
Ein friedlicher Ort am Ende des Brook Valley vor dem Eingang zum Brook Waimārama Sanctuary. $

Maitai Valley Motor Camp
Zugang zur Badestelle am Maitai River und zu nahe gelegenen Mountainbike-Tracks. $

Das Brook Waimārama Sanctuary ist eins von mehreren ökologischen Projekten überall im Land, die zu dramatischen – aber erfolgreichen – Mitteln greifen, der Einzäunung gegenüber der Außenwelt. Das Naturschutzgebiet ist die Heimat vieler endemischer Arten wie *karearea* (Maorifalke), *kākāriki karaka* (Malherbesittich), *korimako* (Maori-Glockenhonigfresser) und *kererū* (Maorifruchttaube).

Besuchende können im Informationszentrum am Eingang mehr über das Naturschutzgebiet erfahren. Dort gibt es eine Karte zum Mitnehmen, die verschiedene Spazierwege ausweist, angefangen bei 30-minütigen Rundwegen bis hin zu ganztägigen Wanderungen. Der einfache Loop Track ist ideal für Erstbesucher, Familien und alle, die wenig Zeit haben. Der 40-minütige Bummel führt über einen Damm, durch Wald und vorbei an einem kleinen, aber eindrucksvollen Wasserfall.

Das Naturschutzgebiet ist während der Schulferien täglich geöffnet, zu anderen Zeiten des Jahres nur an den Wochenenden.

Kunstgalerie im Freien durchstöbern

LOKALE KUNST AN DEN MAUERN DER STADT

Nelsons Suter Art Gallery ist einen Besuch wert; ein ganz anderes Kunsterlebnis beschert die Kunst am **ArtWalk**. Mehr als 20 Arbeiten von Nelsons gefeiertsten Künstlern werden in Farbe auf den Mauern gewöhnlicher Gebäude überall in der Stadt reproduziert. Bill Hammonds **All Along the Heaphy Highway**, an der Halifax Street, ist ein besonderes Highlight.

Einkaufen auf dem Markt

FRISCHES OBST & GEMÜSE, FERTIGGERICHTE, KUNSTHANDWERK

Der Nelson Market auf dem Montgomery Square am Samstagvormittag ist ein Ereignis. Lebensmittel, Hauptpflegeprodukte in Kleinserie und handgearbeitetes Wohndekor zählen zu den Highlights. Am Sonntagvormittag ist am selben Ort der Secondhandmarkt **Monty's Market** zu finden. Selbstversorger können am Mittwochvormittag auf dem Farmers Market neben der Elma Turner Library einkaufen. In Richmond gibt es am Mittwochabend auf dem Sundial Square den **Sundial Social** und in Nelson am Donnerstagabend den **Isel Twilight Market** sowie das **Kirby Fridays Food-Truck-Event** an der Kirby Lane (beides nur im Sommer).

Kurze Wanderungen rund um Nelson

DIE BEINE VERTRETEN UND DEN BLICK GENIESSEN

Am Botanical Hill östlich des Stadtzentrums locken attraktive Kurzwanderungen. Ein einfacher (auch wenn es bergauf

GUTE RESTAURANTS IN NELSON

Nahm
Erstklassiges Thai-Restaurant mit Hafenblick; im Gebäude des Yacht Clubs. **$$**

Urban Oyster Bar & Eatery
Gerichte im Tapas-Stil, die zum Teilen gedacht sind und aus lokalen Erzeugnissen zubereitet werden. **$$$**

Boat Shed Café
Beliebtes Fischrestaurant direkt am Wasser. Das vielfältige Auswahlmenü des Küchenchefs ist relativ erschwinglich. **$$$**

Nicola's Cantina
Frische und köstliche mexikanische Küche im farbenfrohen Dekor. **$$**

ÜBERNACHTEN IN NELSON

Maitai Whare Iti
Hütten im Tiny-House-Stil in friedlicher Waldlage im Maitai Valley. **$$**

Pihopa Retreat
Luxuriöse Boutique-Unterkunft in einer alten Bischofsresidenz im Vorort von Bishopdale. **$$$**

Grand Arden Monaco Nelson
Resort mit Pool auf einer Halbinsel nahe dem Nelson Airport. Neben dem Pub Honest Lawyer. **$$$**

geht) 30-minütiger Weg führt zum **Centre of New Zealand Monument** (147 m) mit weitem Blick über die Stadt, das Maitai Valley, Tasman Bay und die Berge dahinter. Entweder geht es auf demselben Weg zurück oder weiter den Hang hinunter durch offene landwirtschaftliche Flächen, bis man am Atawhai Drive herauskommt (das tatsächliche geografische Zentrum Neuseelands liegt in der Spooner Range, wenn es nach der Landmasse oberhalb des Wassers geht, oder der Tararua Range, wenn man den ganzen Festlandsockel einbezieht).

Das **Grampians Reserve** hat anspruchsvollere Tracks zu bieten; einige führen hinauf zum markanten Summit Transition Tower (390 m), der von überall in der Stadt zu sehen ist. Die Hauptzugänge zum Naturschutzgebiet in Bishopdale (Market Rd.), The Brook (Blick Tce.) und Collingwood Street sind die leichtesten Wege; auf ihnen ist der Gipfel in weniger als einer Stunde zu erreichen. Unterwegs sollte man die Aussicht genießen, denn auf dem Gipfel selbst gibt es weder Aussichtsplattform noch eine Lichtung.

Der **Days Track** verbindet die Rocks Road mit den Tahuna Hills; er führt durch hügelige Wohnstraßen. Die von Mosaiken bedeckte steinerne Couch ist der perfekte Ort, um auszuruhen und den Blick über die Bucht schweifen zu lassen. Ein Schild an der Rocks Road markiert auf den Start.

Der **Maitai River Walk** ist an vielen Stellen entlang des Flusses zugänglich; ein günstiger Startpunkt ist der Parkplatz gegenüber dem Branford Park. Der Rundweg führt durch landwirtschaftliche Flächen und an Badestellen vorbei. Bei schönem Wetter bietet sich eine Pause zum Schwimmen an – an der Badestelle **Black Hole** gibt es Umkleidekabinen.

Tracks für Mountainbiker

VON ANFÄNGER BIS FORTGESCHRITTEN

Die **Codgers Trails** (Brook St.) sind vom Zentrum von Nelson gut erreichbar und bieten eine Auswahl an Single Tracks, oft mit Sicht auf die Tasman Bay. Biker werden hier etwas finden, das ihnen zusagt, von Flowy Trails bis Jump Tracks. Für den Park braucht man einen (kostenlosen) Erlaubnisschein, erhältlich beim Nelson City Council (join.hivepass.app/codgers).

Der **Sharlands Creek Mountain Bike Park** (Maitai Valley) liegt mitten in einem Wald. Manchmal ist er wegen Holzfällen geschlossen, deshalb vorher den Status checken. Auch hier braucht man einen Erlaubnisschein; dafür den Nelson Mountain Bike Club (NMTBC; nelsonmtb.club) kontaktieren.

Hinter Richmond hat der **Wairoa Gorge Bike Park** Tracks für erfahrene Biker von Grad 3 bis 6. Shuttles ermöglichen den Zugang zu mehr als 70 km Single Tracks. Wem man län-

NELSON FÜR KINDER

Junge Gäste finden in Nelson reichlich Abwechslung.

Im pfiffigen **Natureland** leben einheimische Vögel, Erdmännchen, Kaninchen, Reptilien, ein Stachelschwein und Alpakas.

Der **Founders Heritage Park** hat eine Windmühle, eine Eisenbahn, ein altes Flugzeug, Retrobusse und einen Wissenschaftsraum.

Rollschuhe oder Inlineskates ausleihen für ein paar Runden auf der Indoor-Bahn von **Skate Nelson**.

Der **Tahunanui Spielplatz** am Strand lockt mit Rutschen, Klettergerüsten und einem Karussell.

Te Pa Harakeke ist ein Spielplatz, wo sich die Gräben bei großer Flut mit Meerwasser füllen. Toll für ein Picknick.

Mehr als 150 Fahrzeuge vom Ford Model T bis zum DeLorean sind im **Nelson Classic Car Museum** zu sehen.

TOP-CAFÉS IN NELSON

Le Posh Patisserie
Croissants, Baguettes und originelle Kuchen wie in Frankreich. **$**

Melrose House Café
Köstliche Kuchen, Limonaden, Mahlzeiten und High Tea im historischen Wohnhaus mit Blumengarten. **$$**

Little Dove Café
Orientalisch inspirierte Snacks und Gerichte am Maitai River. **$$**

Maitai River Walk

ger bleiben möchte, dann kann man in einer der beiden Hütten auf dem Gelände übernachten. Infos zu den Trail-Pässen gibt es unter mtbtrails.nz.

Paddeln & Segeln in Tahunanui

FREIE BOOTSWAHL

Das ruhige Wasser am Tahunanui Beach – besonders herrlich an einem frühen Sommermorgen – bietet die idealen Bedingungen, um eine neue Wassersportart auszuprobieren oder eine bekannte zu trainieren. Verschiedene Firmen verleihen Boards fürs Stand-up-Paddling, Kajaks, Ausrüstungen für Kite- und Windsurfen sowie Segelboote (Optimisten-Jollen). Im Sommer werden Anfängerkurse angeboten. Regelmäßig gibt es auch Paddelausflüge auf dem Maitai River.

ABENTEUER AUF ZWEI RÄDERN

Tania Knight, leidenschaftliche Mountainbikerin und Mitbesitzerin der Erlebnishütte Maitai Whare Iti, gibt Tipps für ein Mountainbike-Abenteuer rund um Nelson. *@maitai_whare_iti*

Coppermine Trail
Knapp 40 km, eine tolle Halbtagesfahrt. Du startest in The Brook oder im Maitai Valley und folgst der alten Dun Mountain Railway. Das war eine der ersten Bahnstrecken in Neuseeland. Die Fahrt ist auch historisch und geologisch interessant, weil Du durch den Mineral Belt radelst. Die Ausblicke sind spektakulär.

Coppermine mit wenig Zeit
Wenn Du wenig Zeit hast, kannst Du am dritten Haus umdrehen und auf demselben Weg zurückkehren.

UNTERWEGS VOR ORT

Viele Ziele in Nelson sind mit dem Bus zu erreichen. In den Schulsommerferien fährt ein öffentlicher Doppeldeckerbus vom Stadtzentrum zum Tahunanui Beach. Auch zum Brook Waimārama Sanctuary verkehrt ein Bus. Andere Ziele im Zentrum von Nelson sind gut zu Fuß erreichbar.

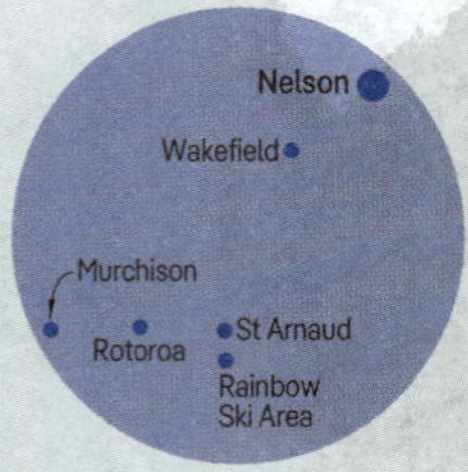

Rund um Nelson

Das Gebiet rund um Nelson bietet eine Vielfalt an natürlichen und kulinarischen Attraktionen, die man am besten im Freien erkundet.

Nelson liegt am Ostufer der Tasman Bay, aber die weitere Region Nelson – verwaltungstechnisch Tasman District – erstreckt sich weit nach Westen und Süden über Küste und Berge. Das Gebiet lässt sich auf Tagesausflügen von Nelson aus erkunden oder man übernachtet in folgenden Orten: Māpua und Motueka liegen an der Küste, dort gibt es viele Weingüter und Restaurants mit gehobener Küche; St. Arnaud und Murchison im Binnenland bieten zu jeder Jahreszeit Outdoor-Abenteuer. Trotz der am dichtesten besiedelten Region im Norden der Südinsel sind rund um Nelson Wildnis und Einsamkeit zu finden. Für diese Region sollte man mehrere Tage einplanen.

TOP TIPP

Viele Aktivitäten rund um Nelson lassen sich am besten außerhalb der heißen Sommermonate verwirklichen. Auch die Besucherzahlen sind in den anderen Jahreszeiten niedriger.

Mount Robert, Nelson Lakes National Park

Lake Rotoroa

Nelson Lakes zu Fuß oder mit dem Paddelboot

ROTOITI UND ROTOROA, DIE GRÖSSTEN SEEN DER REGION, BESUCHEN

Der Nelson Lakes National Park umfasst 16 Seen, darunter sind zwei, die größer und zugänglicher sind: Rotoiti und Rotoroa. Am **Lake Rotoiti** liegt das kleine Dorf St. Arnaud (111 Ew.), 81 km von Nelson entfernt. Sein Gegenstück am **Lake Rotoroa**, 40 Autominuten entfernt, weist nur einer Handvoll Häuser auf. An beiden Seen hat man eine grandiose Sicht auf die Berge, es gibt kurze Spazierwege sowie längere Ausflüge in den Nationalpark, u. a. per Wassertaxi. Wer nur Zeit für einen See hat, sollte den Lake Rotoiti wählen. Das DOC-Besucherzentrum Nelson Lakes in St. Arnaud bietet eine Fülle an Infos. Kajaks und Kanus können ganzjährig ausgeliehen werden, es gibt mehrere Plätze (u. a. die **Alpine Lodge**), um sich mit Proviant oder einer Mahlzeit zu versorgen. Die Fahrt zum Aussichtspunkt am Mount Robert ist ein lohnender Umweg.

Sternegucken in Wai-iti

DEN KLAREN, DUNKLEN HIMMEL BESTAUNEN

Die **Wai-iti Domain** in Wakefield (22 km von Nelson) wurde Ende des 19. Jhs. als Park angelegt, 2020 erhielt sie die International-Dark-Sky-Akkreditierung. Obwohl er nur 16 km von Richmond und 30 km von Nelson entfernt liegt, hat der Wai-iti International Dark Sky Park in einer mondlosen Nacht einen nahezu idealen Messwert als Lichtschutzgebiet. Im Som-

WANDERN IM NELSON LAKES

Becky Carruthers, freiwillige Hüttenbetreuerin im Nelson Lakes National Park, empfiehlt schöne Mehrtageswanderungen. *@beckygcnz*

Lake Angelus Hut
Meine Top-Empfehlung ist die Wanderung zu dieser Hütte (1650 m); am besten zwei Nächte bleiben. Nachdem die Übernachtungsgäste gegangen sind und noch vor der Ankunft der nächsten Gruppe, hat man den ganzen Berg für sich allein, um zu baden, die Gegend und Aussicht zu genießen.

Travers-Sabine Circuit
Auf dem Rundweg zu den Highlights von Nelson Lakes gibt es Seen, Wälder, Pässe und viele Vögel. Bei einer zusätzlichen Übernachtung am Blue Lake, glaubt man diese hektische Welt hinter sich gelassen zu haben.

IN EINEM TASMAN-WEINGUT DINIEREN

Gravity Winery, Mahana
Riesige Platten zum Teilen und grandiose Aussicht auf die Tasman Bay. **$$$**

Siefried Estate, Appleby
À la carte auswählen und neben den Weinstöcken speisen. **$$$**

Forsters Moutere Hills
Die kreative Speisekarte passt zum Wein: Chardonnay ist das Aushängeschild hier. **$$$**

DIE GEBURT DER MARUIA FALLS

Etwa 15 Autominuten südlich von Murchison, am SH65, liegen die Maruia Falls, ein mächtiger 10 m hoher Wasserfall im Maruia River; ein schöner Platz für ein Picknick oder für einen Spaziergang. Aber vor dem 17. Juni 1929 existierte der Wasserfall nicht. An diesem Tag erschütterte ein verheerendes Erdbeben der Stärke 7,3 das Gebiet um Murchison, löste Erdrutsche aus und hinterließ Verwerfungen. Die Maruia Falls entstanden, als der von Geröllmassen blockierte Fluss sich einen neuen Verlauf suchte. Weitere Info-Tafeln, auf denen der Höhenunterschied vor und nach dem Beben dargestellt ist, sind im Buller Gorge Swingbridge Adventure & Heritage Park (S. 492) am SH6 aufgestellt.

ROBERT CHG/SHUTTERSTOCK ©

Moturoa/Rabbit Island

mer dominiert das Sternbild des Orion, im Winter das des Skorpions sowie die Milchstraße. Der Park ist jederzeit geöffnet – idealerweise besucht man ihn in einer klaren, wolkenlosen Nacht. Dark Skies Tasman und die Nelson Astronomical Society (NAS) veranstalten bis zu achtmal im Jahr **„Sternpartys“**: Bei diesen Events bringen Astronomen für die Besucher Teleskope mit. Die Daten werden auf der NAS Facebook-Seite (facebook.com/NelsonAstroSoc) veröffentlicht. Mitnehmen sollte man warme Kleidung, einen Klappstuhl und eine Taschenlampe mit rotem Licht (besser für die Augen, die Nachtsicht wird dadurch weniger beeinträchtigt).

An den Flüssen in Murchison

WILDWASSER NACH WAHL

Am Zusammenfluss der Flüsse Buller und Matakitaki und in der Nähe der Flüsse Gowan, Mangles, Matiri, Glenroy und Maruia ist der kleine Ort **Murchison** (119 km von Nelson) ein Zentrum für Wildwasser-Rafting im Norden der Südinsel. Wegen des kalten Wassers (Neoprenanzüge sind ratsam) sind die Sommermonate die beliebtere und auch besser geeignete Zeit für einen Besuch.

UNTERWEGS VOR ORT

Um die Region rund um Nelson besser zu erkunden, braucht man ein Auto. Außerhalb der Stadt gibt es keine öffentlichen Busverbindungen, und zur Zeit der Recherche war der Intercitybus zwischen Nelson und der West Coast, der durch viele Teile des Tasman District und auch durch Murchison fuhr, eingestellt; das kann sich ändern. Touren mit Hop-on-Hop-off-Bussen, die in Nelson starten, führen zu verschiedenen Sehenswürdigkeiten in den Regionen Nelson und Tasman.

DER GREAT TASTE TRAIL

Tasmans 174 km langer Great Taste Trail führt zu kulinarischen Destinationen. Ein Großteil der Strecke wird als leicht eingestuft (Grad 1 und 2) und folgt ausgewiesenen Fahrradtracks oder ruhigen Nebenstraßen mit wenigen Kreuzungen.

Tag 1 (34 km) beginnt am **1 Nelson i-SITE**. Dann geht's durch **2 Richmond** und die Weingärten der **3 Waimea Estates** und am **4 Waimea River** entlang. Als Nächstes wird **5 Brightwater** – bekannt für Töpferwaren und Kunsthandwerk – passiert. Es ist der Geburtsort des Physikers Ernest Rutherford, der als Vater der Atomphysik gilt. Der Tag endet in **6 Wakefield**.

Am nächsten Tag (31 km) führt der Weg am **7 Wai-iti Domain** (International Dark Sky Reserve) vorbei und durch den **8 Spooners Rail Tunnel** (1,4 km). Weiter geht es durch **9 Kohātu** am Zusammenfluss von Motueka und Motupiko und an Hopfenfeldern vorbei, bevor **10 Tapawera** erreicht ist.

Tag 3 (63 km; Grad 3, mittelschwer) ist der anspruchsvollste: Ein großer Teil der Route verläuft auf Straßen, und die Versorgungsstationen liegen weit auseinander, also Proviant mitnehmen! Nach dem Start in Tapawera geht es 15 km bergauf zum **11 Baton Saddle**, dann hinunter und über die Fahrradbrücke am Baton River. Auf der Straße radelt man nach **12 Woodstock** und **13 Riwaka**, am Rand des Kahurangi National Park, vorbei an Obstplantagen, Hopfenfeldern und Farmen.

Am Tag 4 (64 km) bietet sich von Riwaka ein Umweg zum **14 Kaiteriteri Beach** an oder direkt nach **15 Motueka**. Um den Highway zu meiden, geht es landeinwärts durch **16 Lower Moutere**, dann zurück an die Küste bei **17 Tasman**, **18 Ruby Bay** und **19 Māpua**. In Māpua nimmt man die Personenfähre nach **20 Moturoa/Rabbit Island**, wo man ein Bad nehmen kann. Die Rundfahrt endet in **21 Richmond**.

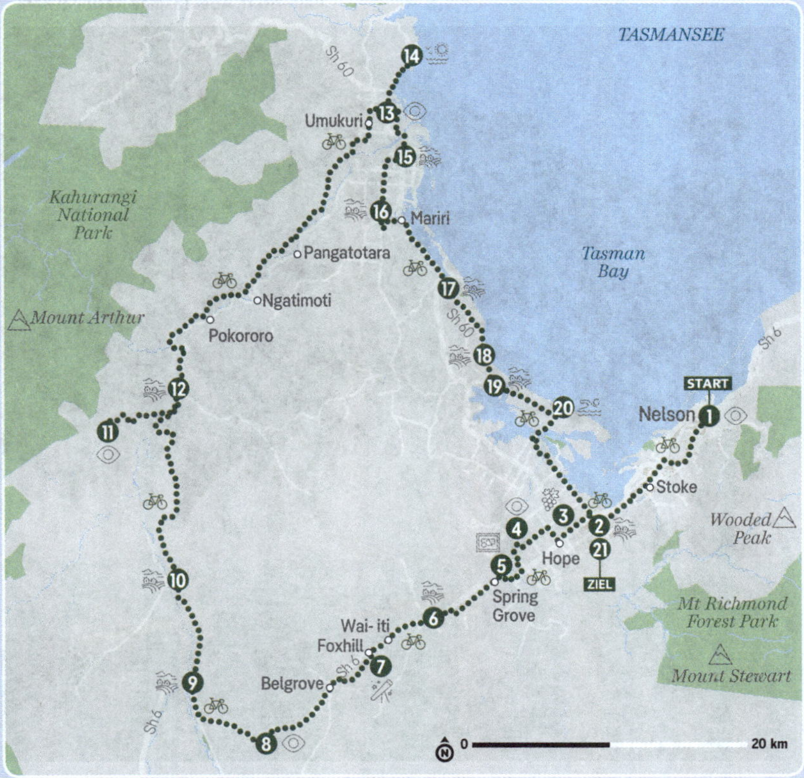

ABEL TASMAN NATIONAL PARK

Abel Tasman ist Neuseelands kleinster Nationalpark (22 530 ha), der Fiordland National Park ist 1,2 Mio. ha groß. Aber er ist auch der beliebteste, nach Schätzungen der DOC kamen vor der Covid-Pandemie jährlich etwa 250 000 Besuchende. Den hübschen Park betritt man am Westufer der Tasman Bay und am östlichen Rand der Golden Bay (von Kaiteriteri, Mārahau, Motueka und den Gemeinden in Golden Bay). Der Nationalpark ist ganzjährig zum Wandern und für Tagesausflüge geeignet. Die höchste Erhebung ist der Mt. Evans mit 1156 m. Pluspunkte sind nicht nur die Wanderwege, sondern auch die Strände und die einfachen, aber sauberen Zeltplätze. Wunderschön ist es an einem warmen Tag, wenn der Sand so golden schimmert wie die Sonne und das türkisfarbene Meer nach einer schweißtreibenden Wanderung (oder einer minimal anstrengenden Bootsfahrt) lockt.

TOP TIPP

Im nördlichen Teil jenseits von Tōtaranui, der über Golden Bay zugänglich ist, wird es in der Hochsaison weniger voll. Oder man besucht den Abel Tasman NP zu einer anderen Jahreszeit. Dank der geringen Höhe über dem Meeresspiegel und des warmen Klimas ist es hier auch in der Nebensaison mild.

Kaiteriteri, Abel Tasman National Park

SEHENSWERTES
1 Anchorage Beach
2 Bark Bay Falls
3 Cleopatra's Pool
4 Mārahau
5 Medlands Beach
6 Pitt Head Lookout
7 Split Apple Rock
8 Te Pukatea Bay
9 Tonga Quarry Beach

AKTIVITÄTEN
10 Bark Bay
11 Fisherman Island
12 Kaiteriteri Mountain Bike Park
13 Motuareronui/Adele Island

ESSEN
14 Awaroa Lodge

Cleopatra's Pool (S. 533)

WANDERUNG

Den Abel Tasman Coast Track erwandern

Drei bis fünf Tage dauert die Wanderung auf der 60 km langen Küstenroute über bewaldete Hügel, Hängebrücken, vorbei an Wasserfällen und Badestellen und mit Pausen zum Schwimmen an unberührten Stränden. Es ist eine leichte Strecke ohne große Steigungen. Dieser Great Walk ist kein Rundwanderweg, man kann in Mārahau oder an der Wainui-Bucht starten. Wichtig ist es, die Gezeiten zu beachten.

1 Mārahau

Am Beginn der Wanderung durchquert man die geschnitzten Māori-Tore am Parkeingang. Der erste Teil des Tracks (12 km/4 Std.) zählt zu den meistfrequentierten, da viele Tagesausflügler diese Strecke gehen und in Anchorage Wassertaxis anlegen.

Der Weg: Nach dem Start am Mārahau-Eingang zum Park durchquert der Weg das Mündungsgebiet und bleibt nah an der Küste, bevor er dann landeinwärts und über die Hügel zur Anchorage Bay führt.

2 Anchorage Bay

Am zweiten Tag (11,5 km/3 Std.) wird der Torrent Bay Estuary bei Ebbe gequert (oder man schlägt den bei Flut vorgesehenen Wanderweg ein; das sind 3 km/1 Std. zusätzlich). Reizvoll sind auch kurze Abstecher zum Cleopatra's Pool oder zu den Cascade Falls. In der grandiosen Bark Bay ist etwas Zeit, um zu baden.

Der Weg: Der Falls River wird auf einer 47 m langen Hängebrücke überquert, dann führt der Weg durch Küstenwald zur Bark Bay.

Anchorage Bay

ROBERT CHG/SHUTTERSTOCK ©

3 Bark Bay

Tag 3 (13,5 km/4½ Std.) beginnt mit der Durchquerung des Bark Bay Estuary oder man nimmt den Weg bei Flut. Auf der Strecke durch den Wald wird der Track steiler; beim Aufstieg an die herrliche Aussicht in Richtung Süden denken. Am Tonga Quarry ist wieder die Küste erreicht; dann dem Sandstreifen an der Onetahuti Bay folgen.

Der Weg: Über den Tonga Saddle geht es hinunter zur Awaroa Bay. Wassertaxis können hier die Leute abholen, die nur eine dreitägige Wanderung machen wollen.

4 Awaroa Bay

Da viele Wandernde nur die ersten drei Tage dieses Tracks absolvieren, sind die Tage vier und fünf viel ruhiger. Sie sind ideal für alle, die eine klassische Kiwi-Wanderung erleben wollen. Am Tag 4 (7 km/3 Std.) beginnt mit der Überquerung des Awaroa Inlet bei Ebbe; einen Umweg bei Flut gibt es hier nicht, sodass die Gezeiten weitgehend die Zeitplanung für diese Tageswanderung bestimmen. In der kleinen Bucht sind viele Vögel zu sehen.

Der Weg: Von hier geht es weiter zur Whariwharangi Bay am nördlichsten Zipfel des Parks, oder man macht eine Viertageswanderung daraus, die in Tōtaranui endet.

5 Whariwharangi Bay

Das letzte Teilstück (5 km/2 Std.) von der Whariwharangi Bay zur Wainui Bay bietet tolle Aussichten auf die kleine Wainui-Bucht. Alternativ kann man von Whariwharangi nach Tōtaranui zurückkehren (9 km/3 Std.) und sich dort vom Wassertaxi abholen lassen.

Der Weg: Wenn man sich der Wainui Bay nähert, ist eine Pause zum Schwimmen möglich; danach geht es weiter zur Golden Bay.

6 Wainui Bay

Von Wainui muss man sich auf dem Landweg von der Golden Bay abholen lassen.

ABEL TASMANS GEISTERHÜTTE

Wanderer auf dem Abel Tasman Coast Track können in der Whariwharangi Hut am nördlichsten Ende des Parks übernachten. Aber Vorsicht: Einige sagen, dass es hier spukt. Die Holzhütte wurde 1896 als Bauernhaus erbaut. Dort soll der Geist eines Matrosen herumspuken, der bei einer Auseinandersetzung an der Küste getötet wurde. Die DOC-Website für die Whariwharangi Hut erwähnt deren gruseligen Ruf nicht, aber viele Wandernde haben von seltsamen Erscheinungen berichtet, von merkwürdigen Geräuschen bis hin zu Lichterscheinungen.

ROBERT CHG/SHUTTERSTOCK ©

Wassertaxi, Medlands Beach

Abel Tasman Tageswanderungen

VON 30 MINUTEN BIS ZU EINEM GANZEN TAG

Für eine Wanderung im Abel Tasman NP muss man nicht den gesamten Coast Track absolvieren. Ein Netzwerk von Wassertaxis und Booten ermöglicht kurze Touren von bis zu einem Tag. Preisgünstig ist es, ab **Mārahau** den Anfang des Coast Track so weit entlangzulaufen, wie man möchte, und auf demselben Weg zurückzukehren oder von der Golden Bay (S. 537) den kurzen Wainui Falls Track zu absolvieren.

Boote und Wassertaxis, die von Kaiteriteri und Mārahau aus operieren, lassen Passagiere für eine Tageswanderung tiefer in den Park vordringen. Ein Ganztagesausflug startet mit einer morgendlichen Bootsfahrt zum **Tonga Quarry Beach**. Die Wanderung beginnt mit einem steilen Anstieg, später belohnt der Blick von oben auf den türkisfarbenen Ozean. In zwei Stunden kann man zum **Medlands Beach** wandern und sich dort nachmittags abholen lassen. Der DOC-Zeltplatz an der **Bark Bay** gibt unterwegs einen idealen Picknickplatz ab. Eine kürzere Variante: sich am Medlands Beach absetzen und dort wieder abholen lassen; zwischenzeitlich lohnt ein kurzer Spazier-

FÜR KREUZFAHRTFANS

Wer gerne auf dem Wasser auf Entdeckungsreise geht, sollte die **Marlborough Sounds** (S. 538) ansteuern; dort gibt es mehr Sightseeing- und kulinarische Kreuzfahrten, insbesondere auf dem Queen Charlotte Sound und dem Pelorus Sound.

CAMPEN IM ABEL TASMAN NATIONAL PARK

Tōtaranui Campground
Camping am Nordende des Parks, erreichbar per Wassertaxi von Kaiteriteri oder über die Straße von Golden Bay. $

Bark Bay Campsite
Am Coast Track; den Zeltplatz am Strand erreicht man zu Fuß und per Wassertaxi zum nahe gelegenen Medlands Beach. $

Anchorage Campsite
Passende Basis für kurze Spaziergänge im Park, da Wassertaxis in Anchorage halten. $

gang (hin & zurück ca. 45 Min.) zu den **Bark Bay Falls**. **Anchorage Beach** bietet ebenfalls Zugang zu einigen kurzen Tracks, z. B. zum **Pitt Head Lookout**, der überwältigenden **Te Pukatea Bay** und zu **Cleopatra's Pool**, alle auch für aktive Kinder geeignet (oder Eltern mit Tragen).

Mountainbiken in Kaiteriteri

TRACKS FÜR ALLE ERFAHRUNGSSTUFEN

Ortsansässige Mountainbiker singen ein Loblied auf den Kaiteriteri Mountain Bike Park. Aufregende Tracks verschiedener Schwierigkeitsgrade führen durch ursprüngliches Buschland mit Aussicht auf die türkisfarbene Tasmansee. Nach der Fahrt kann man sich am Strand mit einem Bad abkühlen.

Paddeln im Park

MODERNE WAKA-AUSFLÜGE UND SEEBÄREN

Abel Tasman ist nicht der einzige Nationalpark in Neuseeland mit einer Küstenlinie, aber er ist ideal für Touren und Ausflüge mit dem Kajak. Veranstalter mit Sitz in Kaiteriteri, Mārahau und Golden Bay bieten geführte Touren und verleihen Kajaks. Lohnende Kurztrips führen von Kaiteriteri zum Split Apple Rock sowie von Mārahau zur **Motuareronui/Adele Island** und **Fisherman Island**, um **Neuseeländische Seebären** zu sehen. Eine Extradosis Kultur vermittelt ein Ausflug auf einem **modernen Ausleger-Waka (Māori-Kanu)** ab Kaiteriteri; dabei erfahren die Passagiere etwas über die *tikanga* (Gebräuche) und Geschichte der Māori, außerdem genießt man die sportliche Herausforderung.

Tageskreuzfahrten

EINE ANDERE ART DEN PARK ZU SEHEN

Schiffsfahrten entlang der Küste machen den Abel Tasman National Park sind ein Erlebnis. In Kaiteriteri und Mārahau legen die Boote ab, verschiedene Veranstalter bieten Fahrten an der Küste bis nach Tōtaranui an. In Richtung Norden kann die See rau werden. Zu den Highlights zählen **Split Apple Rock** und die **Neuseeländischen Seebären**, die sich auf den Felsen von Motuareronui/Adele Island aalen.

An einigen Stellen können sich Passagiere am Strand absetzen und später wieder abholen lassen. Empfehlenswert ist am grandiosen weißen Sandstrand von Awaroa Beach an Land zu gehen und in der nahen **Awaroa Lodge** zu essen. Im Sommer gibt es dort eine Pizzeria unter freiem Himmel.

RÜCKKEHR DER VOGELWELT

Abel Tasman ist vielleicht der am wenigsten wilde oder „natürliche" unter Neuseelands Nationalparks, denn in dem Gebiet wurde im 19. Jh. Holz geschlagen, es wurde als Steinbruch und Weideland genutzt und besiedelt, bevor man es 1942 zum Nationalpark erklärte. Der Park ist nach dem niederländischen Seefahrer Abel Janszoon Tasman benannt, der als erster Europäer nach Neuseeland gelangte; deshalb trägt ein größeres Projekt, das die Schäden im Park revidieren soll, Tasmans mittleren Namen. Das Projekt Janszoon, eine Kooperation aus privaten Philanthropen, dem DOC, den *iwi* und sonstigen Interessenvertretern, arbeitet daran, die ökologische Balance des Parks wiederherzustellen. Dadurch konnten bedrohte Vogelarten wie *kākā*, *kākāriki* und Seevögel wiedereingeführt werden.

UNTERWEGS VOR ORT

Der Abel Tasman National Park ist von der Tasman Bay (Kaiteriteri oder Mārahau) oder Wainui Bay in Golden Bay zu erreichen. Der Zugang mit dem Auto ist sehr eingeschränkt: Die einzigen Straßen innerhalb des Parks sind Tōtaranui Road von Wainui Bay und Awaroa Road (die von der Tōtaranui Rd. abzweigt); sie sind sehr holprig, oft unpassierbar und nicht zu empfehlen. Wandern oder Bootsfahrten (ob mit dem Schiff oder Kajak) sind dem vorzuziehen.

GOLDEN BAY

Von der Tasman Bay geht es über den Tākaka Hill zur Golden Bay, die sich wesentlich von ihrer östlichen Nachbarin unterscheidet. Weinbau und Obstplantagen weichen Milchfarmen, die Ortschaften werden kleiner und liegen weiter auseinander. Flankiert vom Kahurangi National Park im Südwesten und dem Abel Tasman National Park im Osten und mit der wunderschönen Farewell Spit, die im Norden in die Tasmansee ragt, ist Golden Bay ebenso geschützt wie exponiert. Die lokalen Ngāti Tūmatakōkiri waren die ersten Māori, die 1642 mit Europäern in Kontakt kamen. Die Engländer siedelten hier ab den 1840er-Jahren. Ab den 1970er-Jahren zogen Hippies ein, und besonders Tākaka ist immer noch eine Welt für sich. Indie-Kunstgalerien, Trancepartys und Meditationsrefugien treffen auf das traditionelle ländliche Neuseeland. Es lohnt sich also hier auf unbekanntes Terrain zu begeben.

TOP TIPP

Man sollte genau überlegen, was man in der Golden Bay unternehmen möchte, bevor man eine Unterkunft sucht. Die Fahrt auf dem SH60 zwischen Tākaka und Collingwood ist unproblematisch, aber 25 km lang. Wenn man z. B. frühmorgens Vögel auf der Farewell Spit beobachten will, ist es nicht unbedingt ratsam, am anderen Ende der Bucht zu übernachten.

SEHENSWERTES
1 Cape Farewell
2 Farewell Spit
3 Hawkes Lookout
4 Ngarua Caves
5 Riuwaka Resurgence
6 Tākaka Hill
7 Tākaka Hill Walkway
8 Te Waikoropupū (Pupu) Springs

AKTIVITÄTEN
9 Puponga Farm Park
10 Pupu Hydro Walkway
11 Wainui Falls Track

Hawkes Lookout

Über den Tākaka Hill

DER EINZIGE WEG NACH GOLDEN BAY

Es gibt nur eine Straße in die Region Golden Bay: die **Tākaka Hill** (SH60). Hinter Riwaka steigt die Straße in einer raschen Abfolge von Haarnadelkursen steil an. Oben verläuft sie gerade, bevor sie im Zickzack zur Golden Bay hinunterführt. Die reine Fahrzeit über den Berg ist kürzer als eine Stunde, allerdings laden rund um den Gipfel mehrere Stellen zum Anhalten ein. Am **Hawkes Lookout**, einen kurzen Fußweg vom Parkplatz entfernt, kann man sich die Beine vertreten. Von hier genießt man den Blick auf die Tasman Bay – der Aussichtspunkt befindet sich über der Riuwaka Resurgence (S. 536). Ein längerer Spaziergang (bis zu 3 Std.) startet am **Tākaka Hill Walkway**, der durch eindrucksvolle Karstformationen führt. Die ausgeschilderten Ngarua Caves sind im Sommer geöffnet. Dort sind Stalaktiten, Stalagmiten, Glowworms und Knochen des ausgestorbenen Moa zu bewundern.

HARWOOD'S HOLE

Ein Abzweig von der Tākaka-Hill-Straße führt zum Harwood's Hole, einem 357 m tiefen senkrechter Höhlenschacht im Abel Tasman National Park (zum Vergleich – der Sky Tower in Auckland ist 328 m hoch). Es ist Teil eines riesigen Höhlensystems, das größtenteils im Kahurangi-National Park liegt. Viele Kilometer an unterirdischen Gängen sind nie erkundet worden. Es gibt einen holprigen Weg zum Harwood's Hole Track – hin und zurück eine 1½-stündige Wanderung durch den Wald – aber nur sehr erfahrene Höhlenkletterer sollten sich in den Trichter und das eindrucksvolle Höhlensystem im Karst vorwagen: Große Erfahrung im vertikalen Höhlenklettern und eine Spezialausrüstung sind ein Muss.

ESSEN IN GOLDEN BAY

Mussel Inn, Ōnekakā
Eine Golden-Bay-Institution: frische lokale Muscheln, eigenes Bier und häufig Livemusik. **$$**

Courthouse Café, Collingwood
Ein stilvoller Ort im winzig kleinen alten Gerichtsgebäude von Collingwood, neben dem Sue Dasler Pottery Studio. **$$**

Wholemeal Café, Takaka
Geräumiges Café in einem ehemaligen Kino mit lokaler Kunst und einem tollen Essensangebot. **$$**

SASAPEE/SHUTTERSTOCK ©

Cape Farewell

KUNST AN DER GOLDEN BAY

Sue Dasler Pottery
Schlichte, stilvolle Gefäße und Vögel, neben Collingwoods Courthouse Café.

EarthSea Gallery & Studio
Das Atelier des Landschaftskünstlers Peter Green, unweit des inspirierenden Pōhara Beach.

Estuary Arts
Glaskunst und Gemälde von Rosie Little und Bruce Hamlin; in der Nähe des Parapara Inlet.

Angenehme kalte Quellen

RIUWAKA RESURGENCE UND TE WAIKOROPUPŪ (PUPU) QUELLEN

Während einige Orte Neuseelands für ihre heißen Quellen berühmt sind, ist Tasman eine Region mit ungewöhnlichen kalten Quellen. Am Fuß des Tākaka Hill auf der Seite der Tasman Bay und innerhalb des Kahurangi-Nationalparks liegt die **Riuwaka Resurgence**, wo das kalte Wasser des Riuwaka River aus einer Quelle im Berg wieder austritt. Statt den SH60 hinaufzufahren, um den Tākaka zu überqueren, folgt man der Straße nach links 7 km bis zum Parkplatz. Von dort sind es zu Fuß etwa 10 Min. bis zur Austrittsstelle. Manche Leute baden hier, aber das ist respektlos gegenüber den lokalen Māori, für die dieser Ort *wahi tapu* (heilig) ist.

Auf der anderen Seite des Berges in Golden Bay, etwa 6 km von Tākaka entfernt, weisen die Te Waikoropupū (Pupu) Springs (die größten Kaltwasserquellen der südlichen Hemisphäre, wie der Blue Lake im Nelson Lakes National Park, S. 525) mit das sauberste Wasser der Erde auf. Vom Parkplatz führen Laufstege durch den Wald zu einer Plattform neben der Quelle. Man darf das – heilige – Wasser nicht berühren.

Kurze Wanderungen in Golden Bay

WASSERFÄLLE UND EIN WASSERLAUF

Von den Pupu Springs weiter auf der Pupu Road erreicht man den Pupu Hydro Walkway, einen zweistündiger Rundweg in den Bergen des Kahurangi National Park. Ein schmaler Laufsteg folgt einem Wasserlauf aus der Goldgräberzeit und führt an einem alten Wasserkraftwerk vorbei. Man kann den Weg in die eine oder die andere Richtung ablaufen, es empfiehlt

ÜBERNACHTEN AN DER GOLDEN BAY

The Shady Rest, Tākaka
Opulente Zimmer in einem charmanten alten Herrenhaus; tolles Frühstück und Badewanne im Freien. **$$$**

Zatori, Collingwood
Saubere Zimmer und Schlafsäle; die Lounge und einige Zimmer haben Aussicht auf den Ruataniwha Inlet. **$$**

Top 10 Holiday Park, Pōhara
Zeltplätze und Hütten wenige Schritte vom Pōhara Beach, der für seine Sonnenuntergänge berühmt ist. **$$**

sich aber, gegen den Uhrzeigersinn zu starten, weil man dann für die Talfahrt die weniger interessante Schotterstraße nehmen kann. Der Spaziergang eignet sich auch für Kinder, aber Vorsicht auf den Holzstegen.

Am Nordwestrand des Abel Tasman National Park führt der 1½-stündige **Wainui Falls Track** zu den 20 m hohen Wainui Falls. Die Wasserfälle sind nach einem Regen besonders eindrucksvoll. Der Weg verläuft durch einen Wald mit Nīkau-Palmen, Rātā-Bäumen und Farnen. Es gibt einige steile Felsabhänge. Die Anfahrt erfolgt über den Abel Tasman Drive nach Pōhara Beach und weiter.

Die äußerste Spitze des Südens

AUSSICHT UND SPAZIERGÄNGE AM CAPE FAREWELL

Das Ende des SH60 in Collingwood ist nicht das Ende der Straße: Wer die Fahrt etwa 30 Min. auf der Collingwood-Puponga Main Road fortsetzt, erreicht **Cape Farewell**, den nördlichsten Punkt der Südinsel. Der Ausguck über Felsen, die Archway Islands und die Tasmansee ist vom Parkplatz einen kurzen Fußweg über Koppeln entfernt. Verschiedene Spaziergänge führen über die Felsen und durch den **Puponga Farm Park**, eine öffentlich zugängliche Farm. Der längste ist der 8 km lange, stellenweise sehr exponierte Puponga Hill Top Track; der 1 km lange Weg durch Farmland zum Wharariki Beach ist kürzer, aber sehr empfehlenswert.

Vogelbeobachtung an der Farewell Spit

GEFÜHRTE TOUR ZUM SANDBANK-SCHUTZGEBIET

Die schmale Landzunge, die sich im Norden der Golden Bay erstreckt, ist die **Farewell Spit**. Die 35 km lange Nehrung ist ein Vogelschutzgebiet und, seit den 1970er-Jahren, ein Ramsar-Gebiet: eine Schutzzone für Feuchtgebiete. Außer heimischen Vögeln besuchen auch Zugvogelarten Farewell Spit im Südsommer, z. B. Pfuhlschnepfen, Mongolenregenpfeifer, Rost- und Zwergbrachvogel und etwa 90 andere Spezies. Die ersten 4 km der Spitze sind öffentlich zugänglich; bis zur Spitze geht es nur mit einer Führung von **Farewell Spit Tours** (Collingwood). Am Strand sind auch Neuseeländische Seebären zu sehen. Zur ganztägigen Farewell Spit Tour gehört auch eine Tasse Tee am Leuchtturm.

DER FLUG DER PFUHLSCHNEPFE

Der bemerkenswerteste Vogel der Farewell Spit ist wohl die Pfuhlschnepfe. Jeder Jahr zieht dieser kleine Watvogel von Alaska nach Neuseeland, auch auf die Farewell Spit, um dem harten Nordwinter zu entfliehen. Für die Reise braucht sie ganze neun Tage. Als ob das nicht beeindruckend genug wäre, ist die Pfuhlschnepfe kein Meeresvogel, sodass sie sich unterwegs nicht ernähren kann. Glücklicherweise gibt es an der Farewell Spit reichlich Würmer und Muscheln, damit sie sich nach ihrer Ankunft so richtig sattfressen kann. Das hat sie sich zweifellos verdient.

BRÜTENDE SILBERREIHER

In **Whataroa** (S. 507) an der West Coast, in der Nähe des Franz Josef Glacier, gibt es einen bemerkenswerten Vogel zu sehen: Der *kōtuku* (Silberreiher) brütet hier im Frühjahr, im Rest des Jahres kann man ihn auch in der **Ōkārito Lagoon** (S. 507) beobachten.

UNTERWEGS VOR ORT

Der Tākaka Hill hat einen Ruf als besonders schwierige Straße, aber sie ist gut asphaltiert, und erfahrene Autofahrende werden sie nicht als große Herausforderung empfinden. Man muss sich einfach Zeit lassen, besonders wenn der Beifahrer an Reisekrankheit leidet. Das Tempolimit liegt bei 80 km/h, aber die meisten, die auf der Strecke zum ersten Mal unterwegs sind – besonders mit einem Wohnmobil – werden sich bei geringerer Geschwindigkeit wohler fühlen.

MARLBOROUGH SOUNDS

Mit 4000 km Küstenlinie bilden die Marlborough Sounds etwa ein Viertel der gesamten Küste Neuseelands. Der halbe Spaß einer Reise hierher besteht darin, zu den Stränden und vom Busch gesäumten Buchten zu gelangen. Jeder der vier Sunde – Queen Charlotte, Pelorus, Kenepuru und Mahau – hat einen etwas anderen Charakter mit unterschiedlichen Vorzügen; sogar die Farbe des Wassers variiert. Queen Charlotte Sound ist eher eine Wasserstraße, weil hier die Fähren von Wellington nach Picton hindurchfahren, während die anderen Sunde abgeschiedener sind. Wenige Straßen führen bis zu den äußeren Sunden, und diese wenigen sind meist nicht befestigt. So sind Bootsfahrten hier praktisch eine Notwendigkeit, wie das schon für die Māori-Bevölkerung, vor der Ankunft der Europäer, war. Heute sind die Marlborough Sounds ein wahres Paradies mit vielen Freizeitaktivitäten.

TOP TIPP

Von Wellington mit dem Schiff auf der Südinsel angekommen? Aber man sollte nicht einfach nach der Ankunft von Picton süd- bzw. westwärts fahren. Die Stadt am Queen Charlotte Sound ist eine gute Ausgangsbasis, um für einige Tage in den Marlborough Sounds zu wandern und Kajak oder Boot zu fahren.

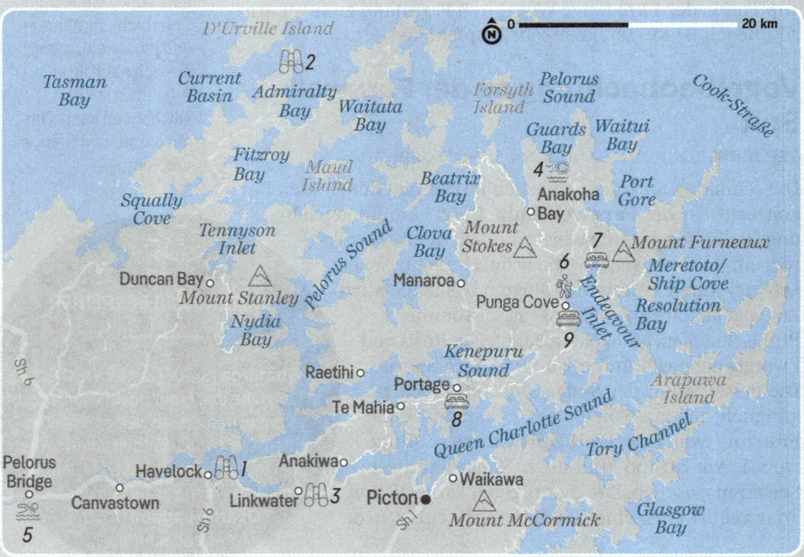

SEHENSWERTES
1 Cullen Point Lookout
2 French Pass
3 Queen Charlotte Drive
4 Titirangi Beach

AKTIVITÄTEN
5 Pelorus Bridge Scenic Reserve
6 Queen Charlotte Track

SCHLAFEN
7 Furneaux Lodge
8 Portage
9 Punga Cove

URSULA PERRETEN/SHUTTERSTOCK ©

Queen Charlotte Track

Der Queen Charlotte Track

ROBUST ODER WIE DIE KÖNIGE SCHLAFEN

Eine mehrtägige Wanderung mit der Möglichkeit, am Ende des Tages in einem bequemen Bett zu schlafen, eine warme Mahlzeit und ein kaltes Bier zu genießen? Solche Träume können in den Marlborough Sounds wahr werden. Im Unterschied zu vielen Mehrtageswanderungen in Neuseeland verläuft der **Queen Charlotte Track** nicht durch einen Nationalpark, sodass die Wandernden nicht nur zelten oder in einfachen, vom DOC verwalteten Hütten schlafen können (obwohl Campen auch hier eine Option ist). Man kann sogar auf Booten übernachten, die über Nacht vor der Küste festmachen. Der Nachteil: Die Fauna ist nicht so vielfältig und deshalb weniger interessant.

Im Ganzen braucht man für den Queen Charlotte Track fünf Tage, aber viele wandern nur 3–4 Tage, dank Wassertaxis ist man flexibel. Der Weg verläuft zwischen **Ship Cove** am Ausgang des Queen Charlotte Sound und **Anakiwa**, das tief in der Bucht liegt, nur eine kurze Fahrt von Linkwater entfernt. Wanderer werden per Wassertaxi zum Ship Cove gebracht. Die Strecke ist als einfacher Wanderweg klassifiziert, allerdings sind einige Abschnitte anstrengend. Vielfach geht es

DIE BESTEN CAMPINGPLÄTZE IN DEN MARLBOROUGH SOUNDS

Momorangi Bay
Großer Campingplatz, vorne mit Blick auf den Queen Charlotte Sound, hinten ein Glowworm-Tal. **$**

Pelorus Bridge
Zeltplätze mit guter Ausstattung und Blick auf Wiesen und den Fluss, gegenüber dem malerischen Schutzgebiet. Das angrenzende Café ist eine Abwechslung zu den Camping-Mahlzeiten. **$**

Kenepuru Head
Ein einfacher Platz neben einem Sumpfgebiet am Ende des Kenepuru Sound. Wenige Reisende riskieren den Landweg hierher. **$**

French Pass
Ein kleiner Campingplatz am Wasser und in der Nähe des einzigen Lebensmittelladens im Dorf gelegen.

FRISCHE MEERESFRÜCHTE IN DEN MARLBOROUGH SOUNDS

Mills Bay Mussels Tasting Room & Eatery
Imbiss in der Havelock Marina; die Muscheln kommen frisch auf den Tisch. **$$**

Mussel Pot
Unbedingt mittags oder abends köstliche Meeresfrüchte essen. Reservierung erforderlich. **$$$**

Furneaux Restaurant & Bar
Wegen der leckeren Meeresfrüchte zum abgelegenen Endeavour Inlet des Queen Charlotte Sound fahren. **$$$**

WARUM ICH DIE MARLBOROUGH SOUNDS LIEBE

Elen Turner, Autorin

Die Schönheit der Marlborough Sounds nimmt mir jedes Mal den Atem, wenn ich hierher komme – also ziemlich oft. An einem Wintertag auf der Fahrt von Nelson nach Havelock hielt ich zum ersten Mal am Pelorus Bridge Scenic Reserve. Ich freute mich riesig, an einem so unberührten Ort ohne andere Menschen zu sein. Um so größer war die Verblüffung, als ich im Sommer zurückkehrte und realisierte, dass das eine unglaublich beliebte Badestelle ist. Sie taucht sogar in einem *Herr der Ringe*-Film auf. Aber viele Orte in den Marlborough Sounds liegen versteckt. Um sie zu finden, braucht man ein gutes Näschen.

Pelorus Bridge Scenic Reserve

bergauf, einige Tage sind lang, besonders angesichts des Terrains. Beispiel, Tag 3: 24 km von Camp Bay–Totea Saddle (ca. 8 Std.). Die Wanderstrecke für jeden Tag kann aber neu geplant werden, weil es unterwegs Unterkünfte und (vorab gebuchte) Wassertaxis gibt. Der Lohn für die Kletterei ist die Aussicht auf den Queen Charlotte Sound und den Kenepuru Sound. Für alle, die das Wandern auf einen Tag beschränken wollen: Der **Abschnitt von Ship Cove bis Endeavour Inlet** (Tag 1) gilt als der landschaftlich reizvollste.

Der Queen Charlotte Track kann auch als dreitägige **Mountainbike-Strecke** zurückgelegt werden, vorzugsweise im Winter – der Abschnitt von Ship Cove bis Camp Bay ist für Mountainbiker nur vom 1. März bis 30. November geöffnet.

Baden in Pelorus Bridge

UNTEN AM FLUSS

Das **Pelorus Bridge Scenic Reserve** ist zu jeder Jahreszeit ein ansprechender Ort, um die Fahrt von Nelson nach Blenheim oder Picton zu unterbrechen, im Sommer ist der Pelorus River als frische Alternative zum Baden im Meer aber besonders verlockend. Der klare, saubere Fluss wird von Kieselstränden, Felsbecken und Felsvorsprüngen gesäumt. Im Allgemeinen können hier auch Kinder baden, denn das Wasser ist zunächst flach, die Strömung ist gering und die Sichttiefe gut – außer nach heftigem Regen. Während der Ferienwochenenden im Sommer ist der Strand an der Pelorus Bridge sehr voll.

KUNST IN DEN MARLBOROUGH SOUNDS

The Gallery Havelock
Die gemeinnützige Kunstgalerie präsentiert auf zwei Etagen eine Auswahl an Kunst von Kiwi-Künstlern.

Sirpa's Art
Das Kiwiana-inspirierte Gemälde am Eingang von Ngakuta Bay stammt von der Finnin Sirpa Elise Alalääkkölä.

Diversion Gallery
Diese Galerie am Hafen von Picton zeigt und verkauft Kunst von sehr talentierten Künstler Neuseelands.

Queen Charlotte Drive

MALERISCHE ROUTE

Für die Fahrt von Picton nach Havelock bietet sich statt des State Highway der herrliche, 35 km lange **Queen Charlotte Drive** an. Hinter Picton steigt die Straße in langsamen Serpentinen an, und bald öffnet sich die Aussicht auf den Queen Charlotte Sound. Beim Stopp in Ngakuta Bay oder Momorangi Bay kann man nach **Delfinen** Ausschau halten, die oft vom Strand oder von der Straße zu sehen sind. Die Straße verläuft nun gerade durch Linkwater, wo man nach Anakiwa (zum Outward Bound), Mahau Sound oder Kenepuru Sound abbiegen kann. Entlang vom Mahakipawa-Arm des Pelorus Sound windet sie sich erneut bergauf, bevor sie den Cullen Point Lookout erreicht. Von hier schaut man in auf Mahau und die Pelorus Sounds sowie auf Havelock. Der kurze, etwas steilen Fußweg zum Aussichtspunkt lohnt sich.

Kreuzfahrt durch die Sounds

ZURÜCKLEHNEN UND RELAXEN

Bei einer Bootsfahrt durch die Marlborough Sounds ab Havelock oder Picton kann man wunderbar die Aussicht genießen. Zur **Greenshell Mussel Cruise** ab Havelock gehört der Besuch einer Muschelfarm, inkl. Verköstigung von frischen Muscheln und Marlborough-Wein. Ebenfalls in Havelock startet die **Pelorus Mail Boat Cruise**, ein seit 1918 bestehender Service, heute mit modernem Schiff. Auf der **Seafood Odyssea Cruise** (ab Picton) gibt es Muscheln, Lachs und Wein. **E-Ko Tours** veranstaltet Ausflüge zum Thema Wildtiere auf dem Queen Charlotte Sound; die Motuara Island Sanctuary and Dolphin-Watching Tour ist ein Muss für Tierfreunde.

Entspannen im abgelegenen Resort

ANREISE PER BOOT, AUF NEBENSTRASSEN ODER WANDERWEGEN

Ein paar Tage lang in einem abgelegenen Resort in den Marlborough Sounds den Stecker ziehen ... In Endeavour Inlet nahe dem Ende des Queen Charlotte Sound liegt die **Furneaux Lodge** an einer der wenigen seichten Stellen am Wasser. Im Zentrum des Resorts steht das Howden Homestead von 1903, sind strahlenförmig einzelne Hütten und Cottages angeordnet. Die Furneaux Lodge ist nur mit dem Wassertaxi ab Picton oder zu Fuß zu erreichen: Der Queen Charlotte Track führt weiter zur **Punga Cove**, einer Ferienanlage mit zwei Restaurants auf der anderen Seite

WIEDERANSIEDLUNG DES ROWI-KIWI

Fast am Ende des Queen Charlotte Sound, 32 km von Picton entfernt, liegt das kleine Landschaftsschutzgebiet Motuara Island. Seitdem die Ratten 1992 ausgerottet wurden, erholen sich die heimischen Vogelarten. Das Schutzgebiet dient als Kinderstube für den Rowi, der seltensten Kiwi-Art. Der auch Ōkāritokiwi genannte Vogel, kommt nur im South Ōkārito Forest in der Nähe von Franz Josef an der West Coast vor. Rowi-Küken werden auf die Insel gebracht, wo sie gefahrlos aufwachsen können. Rowi-Kiwis sind auch im West Coast Wildlife Centre (S. 506) in Franz Josef zu sehen.

FÜR MUSCHELFREUNDE

Wenn man Grünschalmuscheln mag, dann sollte man das Mussel Inn in **Ōnekakā** (S. 535) besuchen, eine Golden-Bay-Institution auf halbem Weg zwischen Takaka und Collingwood.

AUSSICHTSPUNKTE IN DEN MARLBOROUGH SOUNDS

Cullen's Point Lookout
Am Anfang des Queen Charlotte Drive eröffnet der kurze Spazierweg den Blick auf den Pelorus und den Mahau Sound.

Tirohanga Track
Den Hügel hinter Picton erklimmen für tolle Ausblicke auf die Stadt und den Queen Charlotte Sound.

Saddle Hill
An der Straße zum French Pass, der Tasmansee und D'Urville Island; umwerfende Aussicht bei Sonnenuntergang.

DAS LOS DER FRAUEN ERLEICHTERN

Mit der Fertigstellung der Croisilles-French Pass Road 1957 wurde das Gebiet am French Pass als eines der letzten in Neuseeland durch Straßen erschlossen. Das Leben jenseits von Landstraßen und Einkaufszentren zu romantisieren, fällt leicht – tatsächlich ist das der Grund, warum manche Menschen sich für ein Leben in den äußeren Bereichen der Marlborough Sounds entschieden haben. Als die Straße fertiggestellt war, revolutionierte sie das Leben hier. Die ortsansässige Zoe Webber 1957 sagte: „Man hat uns gesagt, dass eine Straße die Atmosphäre des French Pass zerstören wird. Wir haben dies satt. Für uns bedeutet die Straße Sicherheit. Wir müssen nicht mehr, wenn wir in die Stadt wollen, aufs Meer schauen, um zu sehen, wie rau es ist. Die Straße ist ein großer Segen für die Frauen."

RICARD MC/SHUTTERSTOCK ©

French Pass

des Endeavour Inlet. Die Hütten und Suiten am Hang haben einen tollen Blick auf die schmale Bucht und viel Punga (Silberfarn). Zu erreichen ist Punga Cove per Wassertaxi, zu Fuß oder über die Straße vom Kenepuru Sound. Etwas besser zugänglich ist **The Portage**, direkt am Kenepuru Sound. Gäste können kostenlos Kajaks benutzen, und das Büfett mit Fisch und Meeresfrüchten ist ebenso spektakulär wie die Aussicht. The Portage kann man mit dem Wassertaxi von Picton, zu Fuß (es liegt nah am Queen Charlotte Track) oder von Linkwater über die Kenepuru Road erreichen (50 Min.).

Durch die Marlborough Sounds

DIE WENIGER BEFAHRENE STRASSE NEHMEN

Das Straßennetz in den Fjorden ist sehr dünn, es macht Spaß hier zu fahren, aber mit dem Wohnmobil ist es nicht immer leicht. Eine schöne Fahrt beginnt an der Rai-Valley-Abzweigung. Von dort folgt man etwa zwei Stunden lang der Croisilles–French Pass Road bis zum **French Pass**, einer 500 m breiten Meerenge zwischen dem Festland und der Insel D'Urville Island – die Gezeitenströmung ist hier sehr mächtig. Hinter der Elaine-Bay-Abzweigung ist die Straße nicht mehr asphaltiert, und oft befinden sich Schafe auf dem Weg.

Alternativ kann man in Linkwater auf die Kenepuru Road abbiegen vorbei am Mahau Sound und Kenepuru Sound und so weit fahren, wie man möchte. Unbefestigte Straßen führen bis zum weißsandigen **Titirangi Beach**, wo das Land endet. Ein schöner Tagesausflug führt am Kenepuru Head Campsite vorbei und dann über den Berg zum Punga Cove Resort am Endeavour Inlet.

UNTERWEGS VOR ORT

Man benötigt ein Auto, um die Marlborough Sounds zu erkunden – und auch ein Boot ist oft sehr hilfreich. Straßen erreichen nur begrenzte Abschnitte der Fjorde, Einheimische fahren mit dem Boot zur Arbeit, Schule und zum Supermarkt und zu ihren Freunden in der nächsten Bucht.

Zwar kann man mit dem Auto auf asphaltierten oder unbefestigten Straßen und Wegen an einige wunderbare Plätze gelangen, aber Wassertaxis, Schiffe und private Mietboote erweitern den Zugang zur großen Wasserwelt der Marlborough Sounds enorm.

BLENHEIM

Wenige Gebiete in Neuseeland sind so fruchtbar wie die Marlborough-Region, besonders rund um die kleine Stadt Blenheim. Der Sauvignon Blanc ist Neuseelands am häufigsten angebaute Rebsorte, und drei Viertel (über 22 000 ha) der hiesigen Weingüter, die diese Traube anbauen, liegen in Marlborough. Die Tagestemperaturen, die hohe Zahl an Sonnenstunden und eine kühle Brise schaffen ideale Bedingungen; sanfte Hügel, tiefe Täler und die Ebenen dahinter fördern auch den Ackerbau. Die sanfte Kulturlandschaft rund um Blenheim unterscheidet sich stark von den Marlborough Sounds. Blenheims Landwirtschaft ist vielfältig und produktiv; deshalb sind Speisen und Getränke nach dem Motto „von der Weide auf den Teller“ und „vom Weinberg ins Glas“ die verlockendste Option. Egal ob man Weinkeller besucht oder ein Weingut aussucht, wo man auch mit leckeren Speisen verköstigt wird: Wer Essen und Wein liebt, ist in Blenheim gut aufgehoben.

TOP TIPP

Man muss nicht auf Sauftour gehen, um die Zeit in Blenheim zu genießen. Auch Nichttrinker, Familien und alle, die lieber etwas anderes trinken als Wein, können die Angebote rund um Blenheim und im Wairau Valley genießen.

SEHENSWERTES
1 Omaka Aviation Heritage Centre

ESSEN
2 Arbour Restaurant
3 Gramado's
4 Herb & Olive
5 Karaka Kitchen
6 Little Amigos
7 Noodle Corner
8 Wairau River Wines
9 Wither Hills

SCHLAFEN
10 Clos Henri
11 Cloudy Bay
12 Greywacke
13 Nautilus Estate
14 No. 1 Family Estate
15 Wine Station

MARLBOROUGH FLYER

Eine tolle Möglichkeit, um von Picton nach Blenheim (oder umgekehrt) zu gelangen, ohne selbst fahren zu müssen, ist der *Marlborough Flyer*, ein Dampfzug von 1915 mit nostalgischem Flair. Die Reise von Picton Railway Station nach Blenheim Railway Station dauert etwa eine Stunde, also länger als die Fahrt mit dem Auto, aber die Strecke folgt nicht immer dem State Highway. Man hat eine Stunde Zeit, um Blenheim zu erkunden – der Degustationsraum Wine Station liegt am Bahnhof. Die Abfahrten des *Marlborough Flyer* von Picton sind mit der Ankunft der Kreuzfahrtschiffe abgestimmt – der Zug fährt also nicht täglich.

DAVID WALL/ALAMY STOCK PHOTO ©

Weingut Wither Hills

Weinkeller besuchen

EDLE TROPFEN IN BLENHEIM UND UMGEBUNG

Mit etwa 120 Weingütern und 30 Weinkellern, die Verkostungen anbieten, stehen in und um Blenheim viele Optionen offen. Man kann selbst fahren, eine Hop-on-hop-off-Bustour wählen oder die 6 km lange Golden Mile zwischen Weingütern in Rapaura und Renwick per Fahrrad zurücklegen. Highlights unter den Weingütern sind u. a. Cloudy Bay mit seinem fotogenen Hängesessel in Eiform, Clos Henri in einer umgebauten Kapelle, **Nautilus Estate**, das Sekt nach der *méthode traditionnelle* (Flaschengärung) erzeugt, Greywacke (Anmeldung erforderlich) und der No. 1 Family Estate, das einzige Weingut in Marlborough, das ausschließlich Sekt produziert.

Für alle, die wenig Zeit haben oder deren Verkehrsmittel begrenzt sind , ist die **Wine Station** am Bahnhof von Blenheim eine ausgezeichnete Wahl. Eine eindrucksvolle Auswahl an Weinen aus Marlborough und darüber hinaus gibt es im Selfservice: Man wählt die Menge, die man probieren möchte und zahlt entsprechend.

NELSONS WEINGÜTER

Westlich von Blenheim besitzt auch die **Region Tasman** (S. 527) rund um Nelson einige wunderbare Weinkeller und Weingüter mit Restaurants.

IN BLENHEIM FELDFRISCH EINKAUFEN

Hedgerows
Erdbeeren aus Hydrokultur und echtes Fruchteis von September bis Januar.

Windsong Orchard
Blaubeeren, Pflaumen, Tafeltrauben und Feijoas aus Bio-Anbau.

Old Road Estate
Frische Feijoas und Feigen von März bis Mai, und in der Nebensaison kandierte Feigen.

Speisen auf dem Weingut

GUTER WEIN, GUTES ESSEN

Lust auf eine Mahlzeit, die den ausgezeichneten Wein der Region komplettiert? Glück gehabt: Eine Reihe von Weingütern in der Gegend um Blenheim betreibt auch Restaurants. **Wither Hills** bietet ausgezeichnetes Essen und von seinem Glockenturm eine tolle Aussicht über das Wairau Valley. **Wairau River Wines** serviert köstlich leichte Blauschimmelkäse-Soufflés und hat interessante Skulpturen im Garten. Das preisgekrönte **Arbour Restaurant** ist wohl eines der besten Restaurants in Blenheim; ein herausragendes Erlebnis beschert das siebengängige Auswahlmenü des Küchenchefs. Eine Reservierung ist absolut empfehlenswert, aber wer Blenheim und Umgebung nur ganz lässig erkunden möchte, sollte auf Lokale achten, in denen leckere Speisen in einem zwangloseren Ambiente angeboten werden.

Die Besten vom Rest

TOLLE RESTAURANTS, DIE NICHT ZU WEINGÜTERN GEHÖREN

Manchmal möchte man einfach nur ohne viel Tamtam eine Kleinigkeit essen, aber in Blenheim muss sich auch jenseits der Weingüter niemand mit mittelmäßigem Essen zufrieden geben. Zum Brunch oder Lunch serviert **Herb & Olive** Cafésnacks aus frischen lokalen Zutaten. Eine weitere Option ist **Karaka Kitchen** mit vorzüglichen Fertigsnacks für Leute, die es eilig haben. Fürs Abendessen stehen z. B. **Little Amigos** für leckeres mexikanisches Essen und Margaritas, Gramado's für authentisch brasilianische Küche (selten in dieser Gegend) und Caipirinhas sowie die **Noodle Corner** für preiswerte, leckere Pad Thai und andere thailändische, südostasiatische und ostasiatische Gerichte zur Wahl.

Alte Maschinen besichtigen

FLUGZEIGE AUS DEN WELTKRIEGEN

In Blenheims Außenbezirken beschäftigt sich das Omaka Aviation Heritage Centre mit Flugzeugen aus dem Ersten und Zweiten Weltkrieg. Aber man sollte keine Maschinen in einem Hangar erwarten: Die Ausstellungen präsentieren das Flugzeug „holistisch", ganzheitlich, indem sie es zwischen Artefakten und Erläuterungstafeln stellen, die die Geschichte von Neuseelands Beteiligung an den Weltkriegen erzählen. Interessierte können *WW1 Knights of the Sky* und *WW2 Dangerous Skies* separat oder mit einem Kombiticket besuchen.

OFF-ROAD-TOUR IN MOLESWORTH STATION

Krupesh Desai, Off-Roader und YouTuber aus Nelson, erzählt, warum er schon zehnmal durch Nelsons abgelegene Molesworth Station gefahren ist. *@newzealand-roadtrips4737*

Ein einfaches, holpriges Abenteuer
Molesworth Station zählt zu den größten Privatbetrieben Neuseelands. Es wirkt abgelegen, eignet sich aber gut für einen Tagesausflug, oder man zeltet dort oder übernachtet in einem Cottage.

Einen Abstecher zu den Seen machen
Die Landschaft ist sehr schön, besonders der mineralreiche Lake Tennyson gleich hinter der Grenze in Canterbury.

Es ist relativ sicher
Molesworth ist nur von Weihnachten bis Ostern öffentlich zugänglich. Hilfe ist, im Falle eines Falles, in nur einer halben Stunde da.

UNTERWEGS VOR ORT

Angesichts der vielen Attraktionen rund um Blenheim, bei denen es um Wein geht, ist ein Shuttle die ideale Möglichkeit für den Transport zwischen Weinverkostungen, Restaurants und anderen Attraktionen. Der Hop-on-hop-off-Bus startet am Blenheim i-SITE und hält an 19 Haltestellen, darunter 13 Weingüter und das Omaka Aviation Heritage Centre. An jedem Halt kann man so lange bleiben, wie man möchte, oder auch Stopps auslassen, die einem nicht zusagen.

HSE667

PRAKTISCHES

Die wichtigsten Informationen für die perfekte Reise nach Neuseeland im Überblick. Nützliche Tipps, Tricks und Hintergründe zur Orientierung und Vorbereitung.

Lake Pukaki (S. 385)

NATWICK/SHUTTERSTOCK ©

Ankunft

Auckland ist für viele Urlauber das Eingangstor nach Neuseeland. Der Flughafen befindet sich 20 km südlich des Stadtzentrums und hat Terminals für internationale und Inlandsflüge. Es gibt Cafés, Restaurants, Geschäfte und Mietwagenstationen. Im Zentrum der Stadt gibt es einen Hafen für Kreuzfahrtschiffe. Internationale Flughäfen findet man auch in Wellington, Christchurch und Queenstown.

Sim-Karten

Im internationalen Terminal sind SIM-Karten für entsperrte Handys in Vodafone- und Spark-Läden erhältlich . Im Stadtzentrum und den Shopping Malls gibt es Filialen dieser Handy-Läden.

Geldautomaten

Geldautomaten gibt es in der Ankunftshalle des internationalen und auch nationalen Terminals im Auckland International Airport.

Duty Free

Im internationalen Terminal befinden sich Duty-free-Läden. Besucher können auf manche Waren zollfreie Freimengen erhalten, darunter Alkohol und Zigaretten für Leute ab 17.

WLAN

Es gibt freies, unbegrenztes WLAN in beiden Terminals im Netzwerk Auckland Airport. Der WLAN-Bereich reicht bis zum Abholpunkt für die Rideshare-Dienste.

Öffentliche Verkehrsmittel ins Stadtzentrum

	Auckland	Wellington	Christchurch
BUS	30 Min.-1hr 17 $	30 Min. 5 $	35 Min. 8,50 $
SHUTTLE	1 Std. 30 $	4 Min. 18 $	40 Min. 18 $
FAHRDIENST	30 Min.-1 Std. 50 $	20-30 Min. 35-40$	20 Min. 35 $
TAXI	30 Min.-Std. 80$	20-30 Min. 40 $	20 Min. 45-65$

BIOSECURITY IN NEUSEELAND

Neuseeland ist ein Inselstaat mit einer einzigartigen Vielfalt an seltenen Pflanzen und Bäumen. Zum Schutz der Natur gelten im Land strenge Umweltschutzregeln. Reisende müssen bei der Einreise alle Gegenstände angeben, die eine Gefahr für die Umwelt darstellen könnten, darunter Lebensmittel, Pflanzen, tierische Produkte und Outdoor-Ausrüstung.

Um eine reibungslose Einreise zu haben, sollten Reisende sich schon im Vorhinein mit den Regularien vertraut machen und im Zweifelsfall das Grenzpersonal befragen.

Unterwegs vor Ort

Neuseeland ist ein beliebtes Ziel für unabhängiges, flexibles Autofahren, daher sind Mietwagen verbreitet. Reisen mit einem Wohnmobil ist ein tolles Erlebnis.

REISEKOSTEN

Mietwagen
Ab 70 $/Tag

Benzin
Ca. 2,60 $ pro Liter

Ladestation
Ca. 10 $ pro 100 km (Schnellladen)

Bus-Pass für South Island Intercity
350 $

Auto & Wohnmobil

In großen und touristischen Städten gibt es meist Mietwagenfirmen. Die Kosten werden in der Regel pro Tag angegeben, und die lokalen Firmen bieten oft etwas bessere Preise als die internationalen Ketten. Oftmals müssen Fahrer unter 25 einen Aufpreis zahlen.

Fähre

Zwischen der North- und South Island reist man per Fähre. Interislander und Bluebridge fahren mehrfach am Tag. In den Schulferien, vor allem in den Oster- und Weihnachtsferien, sollte man im Voraus einen Platz buchen. Die Fähren nehmen auch Mietwagen (oder Wohnmobile) mit – am besten im Vorfeld mit der Mietwagenfirma absprechen.

TIPP

Die Fahrt dauert häufig länger als erwartet: Die Straßen sind oft schmal und kurvenreich; der Straßenzustand kann sich schnell ändern.

PREISWERTER BEI FAHRZEUGTRANSFER DURCH DEN KUNDEN

Autos oder Wohnmobile an einen gewünschten Ort zu transferieren, ist eine erschwingliche Option für preisbewusste Urlauber. Dieses Angebot kommt zum Tragen, wenn eine Mietwagenfirma Fahrzeuge von einem Ort zum anderen bewegen muss. In dem Fall bieten sich Besucher für einen reduzierten Preis und einen bestimmten Zeitraum, das Fahrzeug an den gewünschten Ort zu fahren. Siehe transfercar.co.nz für gratis Einwegmieten.

UNBEDINGT BEACHTEN

Bitte links fahren: Das Lenkrad befindet sich in Neuseeland auf der rechten Seite.

Einspurige Brücken sind recht häufig. Wenn der größere weiße Pfeil in Fahrtrichtung weist, kann man vorsichtig weiterfahren.

0,5 Promille

Die Promillegrenze liegt bei 0,5 %, oder 0 für Fahrer unter 20 Jahren.

Flugzeug

Air New Zealand bietet ein gutes Netzwerk an Inlandsflügen. Sie verbindet über 20 regionale Ziele. Die Flugpreise können steigen, je näher der Abflug rückt. Auf Grabaseat (grabaseat.co.nz) gibt es Rabatte. Der Billigflieger Jetstar steuert auch einige Inlandsziele an.

Bus

Intercity-Busse sind ein verlässliches Verkehrsmittel, um zwischen größeren Städten hin- und herzufahren. Intercity ist die bekannteste nationale Busgesellschaft. Die Busse haben WLAN und manchmal auch Toiletten. Sie bieten auch Flexi-Preise auf vorgegebenen Routen.

Zug

Great Journeys of New Zealand bietet drei malerische Strecken an: TranzAlpine (Christchurch–Greymouth), Northern Explorer (Auckland–Wellington) und Coastal Pacific (Picton–Christchurch). Auf allen gibt es spektakuläre Aussichten und Zwischenstopps.

Geld

WÄHRUNG: **NEW ZEALAND DOLLAR ($)**

Kreditkarten

Visa- und MasterCard werden für die meisten Transaktionen wie Freizeit-Aktivtäten, Unterkunft, Restaurants und Shops akzeptiert. Geschäfte und Hotels nehmen auch in ländlichen Regionen Kreditkarten, aber manche „*dairies*" (kleinere Läden) nehmen nur Debitkarten. Diners Club und American Express sind nicht weit verbreitet.

Kontaktlos zahlen

Bei vielen Händlern kann man auch immer öfter kontaktlos zahlen, auch in kleineren Städten. Apple Pay und Google Pay funktionieren in der Regel bei kontaktlosen Eftpos-Terminals. An Obstständen am Straßenrand oder auf Märkten könnte Bargeld wichtig sein, aber elektronisches Bezahlen wird auch hier immer beliebter.

Trinkgeld

Kiwis geben in der Regel kein Trinkgeld, und es wird in Restaurants auch kein Bedienungsgeld aufgeschlagen. Bei Kartenzahlung wird das Trinkgeld direkt aufgeschlagen. Man kann das aber ablehnen. Besucher können bei gutem Service ein kleines Trinkgeld hinterlassen, aber es wird nicht erwartet.

WIE VIEL KOSTET …

ein Besuch im Museum
120 $

eine Wal- oder Delfin-Tour
150 $

eine Zugfahrt mit der Travel Card
$2

ein Fährticket von Interislander
20 $

WIE MAN… die Rechnung bezahlt

Auch wenn in Restaurants oder Cafés am Tisch bedient wird, zahlt man die Rechnung normalerweise an der Theke, wenn man das Lokal verlassen möchte. Wenn man um die Rechnung bittet, wird sie zum Tisch gebracht, aber bei Kartenzahlung geht man meist direkt zur Theke.

STEUERN & LÖHNE

Neuseeland erhebt spezielle Steuern auf Waren, die schlecht für die Umwelt oder für das soziale Zusammenleben sind. Somit sind Alkohol, Zigaretten und Benzin recht hoch besteuert. Sie können also hier teurer sein als in anderen Ländern.

Der Mindestlohn wurde jährlich in Anpassung an die Preissteigerung angehoben. Das ist einer der Gründe, warum Trinkgeld wenig verbreitet ist, führt aber auch dazu, dass serviceorientierte Berufe oft teuer sind, gerade auch mit Blick auf das Durchschnittsgehalt im Land.

LOCAL TIPP

Viele Attraktionen bieten reduzierte Preise für Kinder, Studenten und ältere Leute. Es gibt Kombi-Karten oder Online-Angebote für Freizeitaktivitäten. Tipps für ermäßigte Preise siehe bookme.co.nz.

Übernachten

DOC-Campingplätze & Hütten

Das Department of Conservation (DOC) betreibt einfache Campingplätze an wunderschönen und entlegenen Orten, besonders in Nationalparks. Insbesondere auf mehrtägigen Wanderungen, stellen sie auch Hütten zur Verfügung. Zur Ausstattung der Campingplätze gehören in der Regel Küchenräume, Duschen und Toiletten. Die meisten kann man online auf doc.govt.nz buchen, aber auf manchen einfachen Plätzen geht es nach dem Prinzip: „Wer zuerst kommt, mahlt zuerst."

Holiday Parks

Neuseelands Holiday Parks sind ideal für preisbewusste Urlauber und bieten in der Regel verschiedene Übernachtungsarten, wie etwa Campingplätze für Zelte oder Wohnmobile mit oder ohne Strom, Hütten und in sich abgeschlossene Wohneinheiten. Die sanitären Anlagen sind oft nur gemeinschaftlich zu nutzen. Holiday Parks sind familienfreundlich, bieten Unterhaltung und Spielplätze für Kinder und liegen oft an idyllischen Stränden, Seen oder in Nationalparks.

Glamping

Wer sich ganz auf die Natur einlassen möchte, aber dennoch den Komfort wie Zuhause möchte, sollte sich für Glamping entscheiden. Glamping wird immer populärer, mit ganz skurrilen Schlaforten (darunter Jurten, Kuppelbauten und Glashäuser) in wunderschöner Umgebung, die überall im Land aus dem Boden schießen. Es ist allerdings keine preiswerte Option: Glamping ist in etwa so teuer wie ein gutes Hotel oder eine Luxus-Lodge.

WAS KOSTET EINE NACHT IN ...

einem DOC-Platz
25 $ pro Nacht

einem *„bach"*
ab 180$ pro Nacht

einer Luxus-Lodge
ab 350 $ pro Nacht

OBEN RECHTS: POND THANANAT/SHUTTERSTOCK © BUNTEN LINKS MATHISA/SHUTTERSTOCK ©

Wohnmobile

Wohnmobile sind extrem populär und können in allen größeren Städten gemietet werden. In Holiday Parks und auf Campingplätzen gibt es Stellplätze, und in manchen Gegenden ist auch freies Campen möglich. Wohnmobile sind oft nur so groß wie ein ganz normaler Kleintransporter. Manche sind auch nicht komplett ausgestattet, sodass man einen Campingplatz mit sanitären Anlagen ansteuern muss.

„Baches"

Der Inbegriff von Urlaub ist für die Kiwis ein *„bach"* (Ferienhäuschen) am Strand. Das sind in der Regel in sich eigenständige Häuschen für mehrere Personen und ideal für Familien und Gruppen. Viele *„baches"* haben auch Grillplätze und Kajaks oder Fahrräder für die Gäste. Man kann sie über bachcare.co.nz, bookabach.co.nz oder Airbnb buchen.

FREIES CAMPEN

Freies Campen ist mancherorts erlaubt, aber es bedeutet nicht, dass man überall über Nacht stehen kann. Die Regeln dazu variieren in den verschiedenen Regionen. Manche Stadtverwaltungen bieten sichere Wohmobil-Stellplätze. Genauere Infos und Tipps gibt es auf freedomcamping.org. Gut sind auch die Apps CamperMate und Camping NZ, denn dort finden sich Stellplätze, die von Stadtverwaltungen geprüft sind. Freies Campen geht nur, wenn man eine eigene Toilette an Bord hat. Daher sollten Urlauber mit kleineren Wohnmobilen eher auf DOC-Campingplätzen oder in Holiday Parks übernachten.

Reisen mit Kindern

Neuseeland ist ein tolles Reiseziel für Familien, die Outdoor-Aktivitäten lieben. Es gibt nur wenige Attraktionen, die nur für Kinder sind (wie z. B. Freizeitparks), aber viele Aktivitäten sind mit interaktiven und kinderfreundlichen Elementen ausgestattet, die den Kleinen Freude machen. Die Natur ist für Eltern und Kinder gleichermaßen faszinierend.

Babys & Kleinkinder

In den meisten Shopping Malls findet man Elternräume mit Stillecken und oft auch Wickelräume. Die meisten Hotels und viele andere Unterkünfte können Gitterbettchen und Hochstühle für die jüngeren Kinder bereitstellen; Stillen in der Öffentlichkeit ist kein Problem. Infant formula, Windeln und andere nützliche Dinge gibt es in Supermärkten, Apotheken und kleineren Lebensmittelläden. Die Wege in den Städten kann man problemlos mit dem Kinderwagen bewältigen.

Essen gehen

In vielen Cafés, Restaurants und Pubs gibt es extra Kindermenüs und auch Hochstühle. Manche bieten Spielsachen und Malbücher. Das Essen für Kinder besteht oft aus Fish and Chips, Pizza und Burgern; wer es gesünder möchte, bestellt daher besser eine Beilage oder eine Vorspeise von der regulären Karte. In Cafés gibt es oft *„fluffies“* (aufgeschäumte Milch in einer Espresso-Tasse) für die Kleinen.

Unterwegs vor Ort

Kinder unter sieben müssen im Kindersitz oder mit einer Sitzerhöhung im Auto sitzen. Die meisten Mietwagenfirmen verleihen solche Sitze. In Taxis brauchen Kinder keinen Kindersitz, müssen aber angeschnallt werden, sofern dies möglich ist.

Familienaktivitäten

Kinder können in die meisten beliebten Attraktionen hinein und bekommen oftmals Ermäßigungen oder kommen unter fünf Jahren sogar gratis hinein. Überall im Land gibt es viele Spielplätze und freie Flächen, wo sich Kinder austoben können.

KINDERFREUNDLICH

Sky Tower (S. 60)
Kinder haben besonders viel Spaß daran, den Sky Tower zu erklimmen und dann auf dem Glasboden umherzuspringen. In den Schulferien lockt ein Kinderprogramm.

Hot Water Beach (S. 178)
Grab ein Loch in den Sand und schau, wie es sich mit heißem Wasser füllt – wenn man es mit dem kalten Meerwasser mischt, hat es auch für Kinder die richtige Temperatur.

Luge (S. 456)
Den Parcours hinunterzusausen, und das mit Blick auf Queenstown, ist ein Highlight für jedes Alter.

DRAUSSEN IN DER NATUR

Die schönsten Ecken Neuseelands liegen in Nationalparks und sind nicht mit dem Auto erreichbar. Lange Wanderungen sind mit kleineren Kindern oft nicht möglich, aber es gibt auch viele kürzere Wanderungen, die teils sogar mit einem Buggy machbar sind. Auf doc.govt.nz finden sich für jede Region familienfreundliche Wanderwege.

Mehrere Wasserfälle liegen direkt an Hauptstraßen und sind somit ohne große Trekkingtouren erreichbar. Kinder lieben Wasserfälle! Aber Achtung: Es gibt dort manchmal Klippen, die für kleinere Kinder eine Gefahr darstellen können.

Gesundheit & Sicherheit

Wandern

Man sollte sich vor den Wandertouren immer gut vorbereiten, besonders wenn man in die Berge möchte. Am besten holt man sich Tipps beim örtlichen DOC-Center und leiht sich einen PLB („*personal locator beacon*", einen persönlichen Notsender) aus. Auch sollte man irgendwo sein Wanderziel melden. In der Höhe kann das Wetter schnell umschlagen, daher immer im Zwiebellook losgehen. Proviant, Wasser, Sonnenschutz und Regenkleidung mitnehmen!

Schwimmen

In Neuseeland gibt es viele schöne Strände und Stellen zum Schwimmen, aber Vorsicht im Wasser vor Strömungen und Sogwirkungen an Surfstränden. Immer im mit Fahnen markierten Bereichen schwimmen, wo die Rettungsschwimmer patrouillieren. Die Strände von Auckland sind nach schweren Regenfällen oft nicht zum Schwimmen geeignet. Besondere Vorsicht gilt beim Schwimmen in Seen, Flüssen und an Wasserfällen.

Diebstahl aus Fahrzeugen

Obwohl Neuseeland ein sichereres Land ist, kommt es immer wieder zu Diebstählen aus Mietwagen und Wohnmobilen, besonders auf Parkplätzen in Nationalparks, an Stränden und touristischen Hotspots. Bitte das Fahrzeug immer abschließen und Gegenstände unsichtbar im Wagen verstauen. Nie Ausweise, Geld und Wertgegenstände im Wagen lassen.

Geothermische Zonen

In geothermischen oder vulkanischen Zonen sollte man die Reisewarnungen verfolgen, auf den Wegen bleiben und an heißen Quellen Vorsicht walten lassen.

WALDBRANDGEFAHR

Grün	Blau	Gelb	Orange	Rot
Niedrig	Mittel	Hoch	Sehr hoch	Extrem

Autofahren

Viele Straßen im Land sind eng und kurvenreich. Für viele Besucher ist das Fahren auf der linken Seite ungewohnt. Man sollte vorsichtig fahren, besonders bei langen Strecken. Immer auch vor der Fahrt die Wetterwarnungen und Straßensperrungen beachten. Nach Ankunft mit einem Langstreckenflug sollte man eine Nacht ausruhen, bevor man startet.

SONNENSCHUTZ

Die Sonne kann unbarmherzig sein. In wenigen Minuten kann die Haut verbrannt sein, selbst wenn es bewölkt und nicht so heiß ist. Immer vor dem Aufenthalt im Freien Sonnencreme mit hohem Lichtschutzfaktor verwenden und dies wiederholen. Hüte, Sonnenbrillen und langärmelige Kleidung tragen. Kinder sollten mit UV-abweisenden T-Shirts schwimmen.

Essen, Trinken & Feiern

Wann?

Frühstück (7–9 Uhr): besteht oft nur aus einem Kaffee mit Muffin unterwegs.

Brunch (9.30–11.30 Uhr) ist am Wochenende beliebt.

Mittagessen (12–14 Uhr) gibt es in vielen Restaurants und Pubs in der zweiten Wochenhälfte.

Abendessen (18–20 Uhr) ist etwas teurer als ein Mittagessen. Viele Restaurants schließen gegen 22 Uhr.

Die Internetplattform firsttable.co.nz bietet Rabatte, wenn man außerhalb dieser Zeiten einen Tisch bucht.

KULINARISCHES

Auf den meisten Speisekarten stehen Vorspeisen, Hauptspeisen und Nachspeisen. In der Regel kann ein Hauptgericht auch in Vorspeisengröße bestellt werden oder eine Vorspeise als Hauptgericht dienen. Zum Hauptgericht gibt es normalerweise einige Beilagen, und weitere kann man dazubestellen. Ein Nachtisch darf auch geteilt werden; der Kellner bringt gerne einen zweiten Löffel.

„Sharing plates" sind auch sehr beliebt. Es gibt kleinere Teller mit weniger und größere mit viel Essen. Man darf auch gerne den Kellner fragen, wie groß ein Menü ist.

Feinere Restaurants bieten oft auch ein Degustationsmenü an, manchmal auch mit verschiedenen zugehörigen Weinoptionen. Dieses gibt es oftmals zusätzlich zum Menü à la carte. *„Trust the chef"*-Menüs bestehen aus Spezialitäten des Hauses und sind in größeren Städten recht beliebt.

Wo?

Restaurant Ein breites Angebot von lässig bis vornehm. Am besten im Vorhinein buchen!

Café Guter Kaffee; geöffnet zum Frühstück, Brunch und Mittagessen. Hervorragend für Kinder geeignet.

Takeaway and fast food Hier gibt's Fish and Chips, Pizza, Burgers und ein breites Angebot an asiatischen Gerichten. Es gibt auch die internationalen Fast-Food-Ketten.

Pub Gastropubs servieren verschiedenste Gerichte, darunter traditionelle Pub-Meals, Gourmetburger und vornehme Tapas.

Bäckerei Beliebt für einen Snack zwischendurch,.

WIE MAN ... einen Kaffee bestellt

Neuseeland ist stolz auf seinen Kaffee. Am beliebtesten ist der *„flat white"*, der aus einem Schuss Espresso mit aufgeschäumter Milch besteht und eine cremige Konsistenz hat. Ein *„flat white"* ist im wesentlichen eine Mischung aus einem Cappuccino und einem Latte und wird oft mit einer künstlerischen Note auf der Milch serviert.

In den meisten Cafés gibt es viele weitere Kaffee-Varianten, wie etwa den *„short black"* (Espresso), *„long black"* (Espresso mit einem Spritzer Wasser), Latte, Mochaccino (Kaffee mit Schokolade) und Cappuccino. Filterkaffee ist eher unüblich. Es gibt verschiedene Milchtypen (*skim* (fett), *trim* (fettarm) etc.), aber auch milchfreie Varianten wie Soja, Mandel, Kokos und Hafer (gegen Aufpreis). Cafés schließen in der Regel gegen 15 Uhr, aber danach gibt es auch noch Kaffee in Restaurants und einigen Pubs.

WAS KOSTET …

ein Bier an der Bar
12 $

ein Glas Wein
13 $

ein Kaffee
5,50 $

eine *„steak and cheese pie“*
7 $

ein Gericht im guten Restaurant
150 $ für zwei, plus Getränke

eine Portion *„fish and chips“*
10 $

ein *„pub meal“*
25 $

Eis in der Waffel
6 $

WIE MAN … Getränke bestellt

In den meisten Restaurants und Bars des Landes gibt es Bier, Wein und Spirituosen. Ein Glas Wein hat in der Regel 100 bis 150 ml, in manchen Pubs fassen die Gläser auch mehr (rund 200 ml). In manchen lockereren Restaurants darf man seine eigene Flasche Wein konsumieren. In dem Fall zahlt man eine Korkengebühr pro Person – die sollte man im Vorhinein herausfinden.

Gezapftes Bier gibt es in einem Standardglas – in der Regel als *„pint“*. Allerdings ist es eigentlich etwas kleiner. In einigen Pubs kann man auch Bier in Krügen bestellen. Sie fassen normalerweise die Menge von etwa fünf Gläsern. Flaschenbier besteht in der Regel aus 330 ml. Neuseeland hat eine blühende Craftbier-Szene, sodass die meisten Lokale, die Bier ausschenken, zusätzlich zu den Hauptbiersorten verschiedene Craftbiere im Angebot haben. Ausgehen ist recht teuer. Craftbier kostet oftmals nur einen oder zwei Dollar mehr als das normale Bier und ist vergleichsweise gut für den Preis.

Spirituosen kommen im Regelfall als Mixgetränke daher, es sei denn man bestellt einen guten Whisky. Man muss sagen, wie man sein Getränkt haben möchte: *„neat“* (pur) oder *„on the rocks“* (mit Eis). In den meisten Pubs, Bars und Clubs gibt's auch Cocktails. Man kann oft auch welche bestellen, die gar nicht auf der Karte stehen. Heutzutage werden auch nichtalkoholische Biere und Cocktails ausgeschenkt, gelegentlich auch nichtalkoholischer Wein.

Spirituosenläden

Wer Spirituosen kaufen möchte, geht am besten in ein Spirituosengeschäft. Supermärkte verkaufen nur Bier, Wein und Cider. Eine Ausnahme ist West Auckland, wo Supermärkte überhaupt keinen Alkohol verkaufen.

AUSGEHEN & FEIERN

Ein typischer Abend beginnt mit Getränken ab 17 Uhr, besonders freitags nach der Arbeit. Im Sommer sind die Plätze draußen sehr begehrt. Viele Leute bestellen dann ihr Essen in einer Bar, einem Pub oder gehen in ein Restaurant.

Nach dem Essen geht's dann an die Theke. Überall ist viel los, egal ob es die gemütliche Bar um die Ecke oder eine trendige Cocktail-Lounge ist. Freitag-, samstag- und sonntagabends gibt es in manchen Lokalen Livemusik.

Viele Bars und Pubs schließen gegen Mitternacht, besonders in Wohngebieten. Wer also noch länger feiern möchte, muss dann in einen Nachclub gehen. Diese öffnen in der Regel gegen 22 Uhr und es wird gegen 23 Uhr so richtig voll. Sie schließen dann früh zwischen 3 und 4 Uhr morgens. Viele Clubs haben nur freitag- und samstagabends geöffnet, sodass man in der Woche keine wilden Feiernächte erwarten kann.

Man kleidet sich leger. Also muss man für einen Abend keine extra Kleidung mitbringen, es sei denn, man möchte es gerne. Die Gesetze sind in Neuseeland streng: Alkohol ist erst ab 18 erlaubt. Bars und Nachtclubs verlangen einen Altersnachweis, wenn man unter 25 aussieht. Also immer einen Pass dabei haben! Zudem ist das Rauchen in Bars und Clubs untersagt, und an manchen Stränden und öffentlichen Orten darf Alkohol nur sehr eingeschränkt konsumiert werden.

Verantwortungsbewusst reisen

Klimawandel & Reisen

Beim Reisen hinterlassen wir unweigerlich ökologische Fußabdrücke, die es möglichst zu vermeiden gilt. Lonely Planet bittet alle Reisenden darum, das zu bedenken. Es gibt im Internet viele CO_2-Rechner, mit denen man den CO_2-Ausstoß einer geplanten Reise ausrechnen kann, so etwa resurgence.org/resources/carbon-calculator.html. Viele Fluggesellschaften und Unterkünfte bieten die Möglichkeit an, den Ausstoß von Treibhausgasen durch Spenden für klimafreundliche Projekte auszugleichen. Wir werden weiterhin alle Reisen unserer Mitarbeiter ausgleichen, wissen jedoch, dass das allenfalls eine Schadensminderung und keine Lösung ist.

Unterwegs vor Ort

Wer ein E-Auto mietet, mindert schon seinen klimaschädlichen Fußabdruck. Bei Britz kann man Elektro-Wohnmobile mieten mit eingebauten Navis, die auch die Ladestationen gespeichert haben. In den Holiday Parks kann man immer das E-Auto laden. Zudem spart man auch Benzin, wenn die Schmutzwasserbehälter regelmäßig geleert werden.

Community Meals

In Everybody Eats (everybodyeats.nz) in Auckland und Wellington kann man sich unter die Einheimischen mischen und das leckere Essen probieren. Es handelt sich dabei um eine gemeinnützige lokale Organisation, die ihre Gerichte mit Zutaten zubereitet, die sonst weggeworfen würden. Gezahlt wird als Spende.

Beachte *Rāhui*!

Manchmal sind Strände, Schwimmstellen oder Wälder mit einem *rāhui* (zeitweiliges Verbot) durch die ortsansässigen Māori belegt. Meist geschieht das aus Naturschutzgründen oder kulturellen Gründen. Es ist ganz wichtig, sich unbedingt daran zu halten.

Heilige Stätten respektieren

Wāhi tapu sind heilige Stätten, wie etwa Friedhöfe, Befestigungsanlagen und Schlachtfelder. Achte diese Orte, indem du sie so verlässt, wie du sie vorgefunden hast. Halte dich an die Regeln, wie etwa nicht essen oder leise sein.

Besuch eines *Marae*

Unterwegs trifft man vielleicht auf ein *marae* (einen Versammlungsort der Māori). Außen darf man sich alles anschauen, hineingehen kann man nur im Rahmen einer Einladung. Fotos sind mit einer Erlaubnis gestattet. Der Gastgeber wird alle nötigen Verhaltensregeln erläutern.

Kaitiakitanga (das Māori-Prinzip von Schutzgebung) ist die Basis, auf der Tourism NZ's Tiaki Promise arbeitet: Sie gibt Reisenden Hinweise, wie sie Neuseelands Natur und Kultur achten sollten. Mehr Infos dazu auf tiakinewzealand.com.

Schuhe und Ausrüstung säubern, bevor du in eine andere Gegend des Landes gehst! Krankheiten wie „*kauri dieback*“ und „*didymo*“ können sich leicht verbreiten: Ein einziger Tropfen Wasser oder ein Körnchen Dreck kann eine neue Region infizieren.

Regional kaufen

Auf Bauernmärkten gibt es frische Produkte, Selbstgemachtes und leckere Food-Truck-Gerichte. Siehe auch farmersmarkets.org.nz.

Nachhaltig angeln

Beachte bitte die täglichen Fangquoten und achte Meeresschutzgebiete.

Bitte keine heimischen Vögel füttern

Bitte keine heimischen Vögel füttern, denn das kann zu Krankheit oder gar Tod führen und die natürliche Nahrungssuche stören. Halte eigene Speisen von neugierigen Vögeln wie den Keas und Wekas fern.

Halte Abstand von Tieren

Halte einen Sicherheitsabstand von mindestens 20 m von Robben, Seelöwen, Delfinen und heimischen Vögeln ein.

Bitte keine Drohnen

Genieße die atemberaubende Landschaft nur von unten! Der Einsatz von Drohnen ist in Neuseeland zum Schutz der Tiere, der Kultur, der Sicherheit und Privatsphäre sehr reglementiert. Um eine Drohne auf öffentlichem Land einsetzen zu dürfen, muss oft eine schwer zu bekommende Erlaubnis eingeholt werden.

Einen Baum pflanzen

Beim Pflanzen einheimischer Bäume oder bei einer der Reinigungsaktionen von Wasserläufen, die regelmäßig von Sustainable Coastlines (sustainablecoastlines.org), Million Metres Project und Trees that Count durchgeführt werden, kann man sich an der Schönheit und einsamen Lage der Einsatzorte erfreuen.

Waldbrände haben eine zestörerische Wirkung auf Wälder und den Lebensraum der Tiere; 99 % der Brände sind auf menschliche Tätigkeiten zurückzuführen. Die Regularien für offenes Feuer aus Campingkochern oder Gaskochern finden sich auf checkitsalright.nz.

WEITERE INFOS

tiakinewzealand.co.nz
Informationen zum Schutz des Landes.

maoritourism.co.nz
Eine Datenbank mit Māori-Touranbietern.

doc.govt.nz
Aktuelle Tipps zu Outdoor-Aktivitäten

LGBTIQ+

Gleichgeschlechtliche Beziehungen und Transsexualität sind kein Problem, aber die Schwulenszene ist weniger verbreitet und lebendig als andernorts. Das liegt darin begründet, dass LGBTIQ+ Menschen sich nicht nur in Schwulenbars, sondern überall wohlfühlen. Gesetze zum Schutz gleichgeschlechtlicher Eheschließungen und zur Gleichstellung gleichgeschlechtlicher Paare gibt es seit 2013.

Pride Festivals

Pride-Festivals finden in den größeren Städten statt. Es herrscht meist lustige, ausgelassene Partystimmung und geht inklusiv und familienfreundlich zu.
Die Auckland Pride ist im Februar. Überall in der Stadt leuchten die Regenbogenfarben auf. Zu den Highlights gehören das Musik-Event Big Gay Out und der alljährliche Pride March auf der Ponsonby Road.
In Queenstown gibt's die Winter Pride im August/September. Dazu gehören Events im Schnee, ausgefallenes Essen und wilde Partys.
Die meisten anderen Städte feiern ihre Pride-Festivals im März: mit Paraden, Partys und anderen Veranstaltungen.

SCHWULENBARS IN AUCKLAND

In Auckland wohnen die meisten Schwulen des Landes, aber es gibt, gemessen an der Größe der Stadt, nur wenige Schwulentreffs. Sie liegen an der K Road. Empfehlenswert sind die Family-, Eagle- und GAY-Bar oder die normalen Partys in der Urge Bar (für Ü-30). Caduzzi und Phoenix bieten auch Transvestiten-Dinner-Shows, die auch andere Zuschauer anziehen.

RAINBOW YOUTH

RainbowYOUTH unterstützt gender-diverse Leute zwischen 13 und 28. Es gibt für jüngere LGBTIQ+ Reisende sogar Möglichkeiten, freiwillig an deren Events mitzuarbeiten. Mehr Infos dazu gibt es auf ry.org.nz or facebook.com/rainbowyouth. Sie teilen dort auch Events und News für Jugendliche.

LGBTIQ-Communities

In Auckland und Wellington gibt es die größte LGBTIQ+-Community des Landes und die ein oder andere passende Location. Bars und Clubs sind sehr offen und Besucher sind unabhängig von ihrer sexuellen Orientierung willkommen. Daher hör am besten auf deine innere Stimme und verhalte dich, falls nötig und in ländlichen Regionen, eher zurückhaltend.

Schwul in Wellington

Die Cuba Street in Wellington ist ideal zum Ausgehen und Feiern. Hier gibt es Schwulenbars, wie etwa S&Ms, Ivy und Vinyl. Restaurants und Bars in der Gegend heißen LGBTIQ+-Gäste in der Regel willkommen. Besucher können hier ganz sie selbst sein.

WEITERE INFOS FÜR LGBTIQ-REISENDE

Es gibt viele nützliche Webseiten für LGBTIQ+. Da wäre beispielsweise das überregionale monatliche Magazin Express (erhältlich bei gay venues oder gayexpress.co.nz) zu nennen (aktuelle Happenings, Besprechungen und Veranstaltungshinweise für Schwule). Siehe ebenso lesbian.net.nz, um einen Überblick über bevorstehende Events zu bekommen. New Zealand Awaits (newzealandawaits.com) ist ein regionaler Anbieter von Touren für LGBTIQ+.

Reisen mit Handicap

Inklusiver Tourismus bedeutet, Hindernisse und Unsicherheiten beiseite schaffen und die Barrierefreiheit für Reisende mit Behinderung verbessern. In Neuseeland gibt es Richtlinien, die dafür sorgen, dass Orte und Attraktionen für Reisende mit Behinderungen barrierefrei sind.

Am Flughafen

Die internationalen Flughäfen Neuseelands sind barrierefrei. Das Personal ist dafür ausgebildet, Rollstuhlfahrern oder Menschen mit eingeschränktem Seh- oder Hörvermögen zu helfen. Unterrichte deine Airline vor dem Flug über notwendige Hilfestellungen.

Übernachten

Die meisten Unterkünfte nehmen Reisende mit Bewegungseinschränkungen ins Visier. Die meisten Hostels und Hotels haben Rampen und einige rollstuhlgerechte Zimmer. B&Bs müssen keine barrierefreien Zimmer bieten, aber einige haben sie dennoch.

WEITERE INFOS

Firstport (*firstport.co.nz*) gibt Tipps für Verkehrsmittel für Bewegungseingeschränkte Reisende.

Ability Adventures (*abilityadventures.co.nz*) bietet barrierefreie Touren an.

NZ Relay (*nzrelay.co.nz*) hilft Menschen mit Hör- oder Sprachproblemen beim Kommunizieren. Es gibt auch eine App.

Making Trax Foundation (*makingtrax.co.nz*) vermittelt Reisende an inklusive Abenteuerveranstalter und gibt Tipps für eigene Abenteuer. Stöbere auf ihren Seiten und nutze die Vorteile für den Ausrüstungsverleih und die Pauschalangebote.

ABENTEUERSPORT

Making Trax (makingtrax.co.nz) hilft Menschen mit Behinderungen dabei, an Aktivitäten wie Bungee-Springen, Rafting, Fallschirmspringen und mehr teilzunehmen.

Öffentliche Verkehrsmittel

Die meisten öffentlichen Verkehrsmittel bieten Zugangsmöglichkeiten für Rollstuhlfahrer. Die Haltestellen werden durchgesagt, damit Seheingeschränkte orientiert sind. In Intercity Bussen gibt es Hilfestellungen. Taxis können Rollstühle mitnehmen, wenn man sie vorher bucht.

Outdoor-Aktivitäten

DOC hat einige seiner kürzeren Wanderwege, die auf der Webseite (doc.govt.nz). als *easy access short walks* eingestuft sind, rollstuhlgerecht ausgebaut. Barrierefreie Winteraktivitäten findet man im Abschnitt *Adaptive* auf snowsports.co.nz.

AUTOFAHREN

Spezielle Verleihfirmen wie Freedom Mobility und Disability Rentals haben barrierefreie Fahrzeuge, darunter mit den Händen bedienbare, rollstuhlgerechte Fahrzeuge, Linksfußpedale und herausklappbare Sitze. Ein Parkausweis für gehbehinderte Besucher kann über ccsdisabilityaction.org.nz besorgt werden.

DURCH DIE BLUME

Solltest du oder dein Begleiter eine versteckte Behinderung haben, kannst du eine Sonnenblume *„Hidden Disability“*-Umhängeband tragen, um anzuzeigen, dass du eventuell Hilfe benötigen könntest. Diese Idee wird von immer mehr Flughäfen, Attraktionen und Unterkünften unterstützt.

Great Walks in Neuseeland

Neuseelands Great Walks verlaufen durch einige absolut magische Regionen. Obwohl sie durch wilde, einsame Gegenden führen, sind sie gut angelegt und werden sorgfältig gepflegt. Sie sind für Wanderer mit guter Fitness gedacht. Unterwegs gibt es DOC-Hütten oder Campingplätze.

Reisezeit

Die Wanderstrecken sind ganzjährig begehbar, aber die Saison für die Great Walks geht von Oktober bis Ende April. Zwischen Mai und Oktober sind die Herausforderungen größer: Einige Trails sind in den Wintermonaten nur für erfahrene und gut vorbereitete Wanderer geeignet.

Die Tracks

Abel Tasman Coast Track (60 km, 3–5 Tage) Neuseelands beliebtester Wanderweg durch Wälder und Buchten im Abel Tasman National Park.

Heaphy Track (78 km, 4–6 Tage) Der Weg führt über Strände, Karstformationen und Wälder des Kahurangi National Park.

Kepler Track (60 km, Rundweg, 3–4 Tage) Ein wunderschöner Rundweg vorbei an Seen, dramatischen Schluchten und Buchenwäldern des Fiordland National Park.

Lake Waikaremoana Track (46 km, 3–4 Tage) Abseits der Touristenpfade geht es durch die Landschaften von Te Urewera.

Milford Track (54 km, 4 Tage) Tauche in eine Märchenwelt aus Regenwäldern, Wasserfällen und der Southern Alps des Fiordland National Park ein.

Paparoa Track (55 km, 2–4 Tage) Auf diesem malerischen Trail über Berggipfel, Kalksteinlandschaften und Regenwälder kann man viele Ausblicke genießen, darunter den atemberaubenden Ausblick auf die Paparoa Range.

Rakiura Track (32 km, Rundweg, 3 Tage) An Stränden und in den Wäldern der Rakiura/Stewart Island kann man der Welt entfliehen und vielleicht sogar unterwegs einen Kiwi sehen.

Routeburn Track (32 km, 2–4 Tage) Vermutlich der schönste Great Walk mit atemberaubender Gebirgslandschaft im Mount Aspiring und Fiordland National Park.

Tongariro Northern Circuit (43 km Rundweg, 3–4 Tage) Mit dieser anspruchsvollen Wanderung durch die Vulkanlandschaft im Tongariro National Park erlebt man mehr als bei der eintägigen Durchquerung.

Whanganui Journey (87/145 km, 3/5 Tage) Mit dem Kanu oder Kajak auf dem eindrucksvollen Whanganui River: der einzige Great Walk, auf dem man nicht zu Fuß wandern muss.

BUCHEN

Wanderer müssen einen für den jeweiligen Track passenden Pass von der DOC-Webseite (doc.govt.nz) erwerben, der die vorgebuchte Unterkunft oder den Campingplatz beinhaltet. Bei der Buchung sieht man, ob Campingplätze oder Hütten für den anvisierten Zeitraum verfügbar sind und wie weit die einzelnen Übernachtungsmöglichkeiten voneinander entfernt sind. Die Preise variieren je nach Jahreszeit erheblich: Im Sommer sind sie deutlich teurer. Man sollte frühzeitig planen, denn die beliebtesten Tracks – wie der Heaphy- oder Milford Track – sind meist schnell ausgebucht.

GUT VORBEREITET

Recherchiere gut und entscheide dann, welcher der Great Walks am besten zu deiner Fitness passt. Detaillierte, aktuelle Infos zu den einzelnen Wanderungen, was dort auf dich wartet und was mitzunehmen ist, findet sich auf doc.govt.nz.

Kurz & knapp

ÖFFNUNGSZEITEN

Die meisten Einrichtungen sind an Weihnachten und am Karfreitag geschlossen.

Cafés 7 bis 15 Uhr

Geschäfte 9 bis 17.30 Uhr

Pubs und Bars 12 Uhr bis spät in die Nacht

Restaurants 12 bis 14 Uhr und 17 bis 22 Uhr

Rauchen

Rauchen und Vaping ist in Restaurants, Cafés, in allen Geschäften und an einigen öffentlichen Orten verboten. Auch in öffentlichen Verkehrsmitteln oder in einem Fahrzeug mit Kindern unter 18 ist das Rauchen verboten. Zigaretten oder Vaping-Utensilien darf man erst ab 18 kaufen.

Weihnachtszeit

Viele Restaurants und Cafés haben kurz vor Weihnachten bis Mitte Januar geschlossen.

Alkohol

In Neuseeland darf man ab 18 Alkohol trinken..

GUT ZU WISSEN

Zeitzone
MEZ plus 12 Stunden

Ländervorwahl
64

Notruf
111

Bevölkerung
5 Millionen

Strom 230V/50Hz

Type I
230V/50Hz

FEIERTAGE & FERIEN

Es gibt 11 Feiertage in Neuseeland. Wenn sie auf ein Wochenende fallen, werden sie am folgenden Montag gefeiert. Jede Region hat zudem noch eigene Gedenktage, dessen Datum von Region zu Region variiert. Manche Behörden und Geschäfte schließen an solchen Tagen, und Restaurants nehmen einen Aufpreis.

Neujahr
1. Januar

Tag nach Neujahr
2. Januar

Waitangi Day
6. Februar

Karfreitag März/April

Ostermontag der Montag nach Ostern

ANZAC Day 25. April

Geburtstag des Königs Erster Montag im Juni

Matariki Juni/Juli

Tag der Arbeit 4. Montag im Oktober

Weihnachten
25. Dezember

Boxing Day
26. Dezember

MASONIC
2

STORYBOOK

Mit sechs Reportagen tief in den neuseeländischen Alltag eintauchen.

Art-Deco Masonic Hotel (S. 293), Napier

DIE GESCHICHTE NEUSEELANDS IN 15 ORTEN

Neuseeland war lange nicht von Menschen bewohnt; Ende des 14. Jhs. siedelten sich Māori an, europäische Siedler folgten im 18. Jh. und brachten große Veränderungen auf die Insel. Diese Geschichte formte Neuseeland zu einem multikulturellen und sozial fortschrittlichen Land mit einer starken nationalen Identität.

In Neuseelands Geschichte können Siedlungen etwa 800 Jahre zurückverfolgt werden. Die ersten Bewohner dieses Landes waren Māori, die Ende des 14., Anfang des 15. Jhs. aus Polynesien kamen und eine eigene Kultur und Lebensweise entwickelten. Die europäische Erkundung Neuseelands begann Ende des 18. Jhs.; 1840 wurde der Vertrag von Waitangi von Māori-Häuptlingen und der Britischen Krone unterzeichnet. Das begründete die britische Herrschaft über Neuseeland, obwohl die Unterschiede zwischen der Māori- und der englischen Version des Vertrags sehr umstritten waren.

Ende des 19., Anfang des 20. Jhs. wurde Neuseeland eine selbstverwaltete britische Kolonie, dann ein Dominion im britischen Empire. Heute ist Neuseeland immer noch Teil des British Commonwealth und besitzt eine multikulturelle Bevölkerung.

Im Verlauf seiner Geschichte war Neuseeland mit vielen Herausforderungen konfrontiert, darunter die Auswirkungen der britischen Kolonisierung auf die Māori. Andererseits besitzt das Land eine starke Tradition gesellschaftlicher und politischer Progressivität; als erstes Land der Welt gewährte es 1893 den Frauen das Wahlrecht. Nachfolgend werden wichtige Orte und historische Ereignisse präsentiert.

1. Palliser Bay

EINE DER FRÜHESTEN SIEDLUNGEN NEUSEELANDS

Zwischen 1300 und 1600 lebten die Menschen an der Palliser Bay in Dörfern ebenso wie in den ostpolynesischen Siedlungen. Steine, die weggeräumt wurden, um Platz für Häuser zu schaffen, friedeten Gärten ein, die Grenzen markierten. Einige dieser Mauern sind in Küstennähe noch zu sehen. Die Dörfer wurden zwischen 1550 und 1625 verlassen. Zu den möglichen Gründen zählen Klimawandel, Naturkatastrophen und menschliche Tätigkeiten, die zu Bodenerosion und Reduzierung der jagdbaren Vögel führten. Heute kennt man Palliser Bay wegen des Leuchtturms aus dem 19. Jh. und der Robbenkolonie am Cape Palliser.

Mehr über Cape Palliser siehe Seite 353

2. Golden Bay

FRÜHER KONTAKT MIT EUROPÄERN

Als die Europäer eintrafen, hatten die Māori sich schon in Neuseeland angesiedelt und Stammesgruppen etabliert. Abel Tasman war der erste europäische Seefahrer, der 1642 Neuseeland erreichte, doch sein kurzer Besuch endete mit einem gewalttätigen Treffen mit den Māori, das zum Tod von vier aus Tasmans Mannschaft führte. Zur Vergeltung feuerte Tasmans Mannschaft auf die Māori, und als Tasman einige Wochen später wieder wegfuhr nannte er den Ort Moordenaers' (Mörder) Bay. Es gibt kaum Māori-Aufzeichnungen über Tasmans Besuch.

Mehr über Golden Bay siehe Seite 534

3. Tairāwhiti/Gisborne

DIE ERSTEN LANDUNGEN DER EUROPÄER

Captain James Cook landete im Oktober 1769 in Tairāwhiti. Das Treffen zwischen den örtlichen Māori und Cooks Leuten verlief nicht gut: Neun Māori wurden getötet. Das National Historic Reserve von Puhi Kai Iti erinnert an Cooks ersten Landeplatz, außerdem an die Horouta und Te Ikaroa-a-Rauru *waka* (Kanus), die im 13./14. Jh. die Māori in den Bezirk brachten. Heute hat man schöne Ausblicke vom Platz neben dem Obelisken (Foto) und den neun *pou* (Stangen), die zur Erinnerung an die gefallenen Māori errichtet wurden. Die Geschichten über die polynesische Navigation und Cooks Ankunft werden durch Skulpturen, Monumente und Tafel vor Ort erzählt.

MICHAEL WILLIAMS/ALAMY STOCK PHOTO ©

Mehr über Puhi Kai Iti (Cook Landing Site Memorial Reserve; Foto) siehe Seite 306

4. Kāpiti Island

EIN WALFANGZENTRUM DES 19. JHS.

In den 1830er-Jahren war Kāpiti Island ein Zentrum des neuseeländischen Walfangs. Der Stamm der Ngāti Toa, angeführt von Häuptling Te Rauparaha, sah in den europäischen Schiffen, die durch die Cook Straße fuhren, eine Chance, um Waren zu erhalten, und baute eine für beide Seiten günstige Beziehung mit den Walfängern auf. Für Land, Rohstoffe und Frauen boten die Walfänger Gewehre, Tabak und Alkohol. In den 1840er-Jahren ging der Walfang zurück und Te Rauparaha kehrte aufs Festland zurück. Heute ist Kapiti Island ein Vogelschutzgebiet; Besucher können noch Relikte der Vergangenheit sehen.

Mehr über Kāpiti Island siehe Seite 347

5. Waitangi

NEUSEELANDS GRÜNDUNGSURKUNDE

1840 landete William Hobson in Neuseeland mit dem Auftrag der britischen Regierung, einen Vertrag mit den Māori zu schließen. Der Vertrag von Waitangi wurde am 6. Februar 1840 von etwa 540 Häuptlingen unterzeichnet. Die Differenzen zwischen dem englischen und dem Māori-Text führten zu Unzufriedenheit und letztendlich zu den Neuseelandkriegen. Bis 1867 hatten die Māori einen großen Teil ihres Landes verloren. Viel später, 1975, regelte der Treaty of Waitangi Act, alle mit dem Vertrag verbundenen Probleme und Ansprüche in Neuseeland. Das Waitangi Tribunal wurde eingerichtet, um Ansprüche zu klären, was sich bis heute hinzieht.

Mehr über die Treaty Grounds siehe Seite 130

6. Arrowtown Chinese Settlement

EINE AUSGEGRENZTE GEMEINSCHAFT

Arrowtown entstand während des Goldrauschs Mitte der 1860er-Jahre, als Hunderte von Glücksrittern – einschließlich chinesischer Einwanderer – in das Gebiet strömten. Die chinesischen Bergleute wurden in Neuseeland nicht gut aufgenommen und Arrowtown bildete keine Ausnahme. In Arrowtown bauten die Chinesen ihre eigene Siedlung am Fluss, abseits des

Hauptteils der Stadt. Die Siedlung wurde als Open-Air-Museum restauriert; Ah Lum's Store zeigt am besten, wie das Leben damals war – er ist gleichzeitig Laden, Bank/Büro, Küche und Schlafzimmer. .

Mehr über die Arrowtown Chinese Settlement, siehe Seite 467

7. Wellington

DAS REGIERUNGSZENTRUM

Von 1840 bis 1854 wurde Neuseeland von einem Gouverneur regiert, der Queen Victoria repräsentierte. Aber britische Siedler wollten direkter repräsentiert werden und 1856 wurde eine Regierung aus einer Mehrheit des House of Representatives gebildet. 1865 zog das Parlament von Wellington nach Auckland um. Ab 1868 durften männliche Māori ihre Parlamentsmitglieder wählen, 1893 bekamen Frauen das Wahlrecht. Die Regierungsgebäude von 1876 sind heute ein Teil der Juristischen Fakultät der Victoria University, einige Räume sind zugänglich. Seit 1977 hat das Parlament seinen Sitz in einem runden Gebäude (Spitzname Bienenkorb).

Mehr über Wellingtons Parlamentsgeschichte siehe Seite 326

8. Quail Island

FRÜHZEITIGE ISOLIERUNG

Einst war Quail Island – von den Māori Ōtamahua genannt – ein Platz, an dem die Eier von Seevögeln gesammelt wurden; ab 1874 war es eine Quarantänestation. Zu jener Zeit gab es viele Einwanderer: Neuseelands europäische Bevölkerung wuchs von 60.000 im Jahr 1860 bis 1881 auf 470.000. Quail Island diente für die Quarantäne von Menschen mit Gesundheitsproblemen, für Vieh und für Opfer der Grippeepidemie 1918. Zwischen 1906 und 1925 gab es auch eine Kolonie für Leprakranke. „Ships' Graveyard" (Schiffsgrab) auf der Westseite der Insel lohnt einen Besuch.

Mehr über Quail Island siehe Seite 372

9. Lake Rotomahana

ZERSTÖRUNG EINES NATIONALEN DENKMALS

Die Pink and White Terraces an den Ufern des Lake Rotomahana galten einst als achtes Weltwunder und waren eine Touristenattraktion. Diese Formationen entstanden in mehr als 500 Jahren, weil kieselsäurereiches Wasser den Hang hinabfloss, abkühlte und in Terrassen und Pools kristallisierte. Doch 1886 brach der Mount Tarawera aus, zerstörte die Terrassen, begrub den Ort Te Wairoa und kostete rund 150 Menschen das Leben. 2011 erklärten Wissenschaftler, dass sie möglicherweise Teile der Pink Terraces unter dem Wasser des Lake Rotomahana entdeckt hatten.

Mehr über Lake Rotomahana siehe Seite 272

10. Waihi

GEWERKSCHAFTEN UND PROTESTE

1912 streikten die Arbeiter der Waihi Trade Union, um gegen die Gründung einer rivalisierenden Gewerkschaft zu protestieren, von der sie glaubten, dass sie von der Waihi Goldmining Company unterstützt würde. Der Streik dauerte sechs Monate. Schließlich wurden 80 Polizisten nach Waihi gesandt. Die Streikführer wurden verhaftet und die Minen wurden ohne Gewerkschafter wiedereröffnet. Die Gewalt eskalierte und bei einer Auseinandersetzung wurde das Gewerkschaftsmitglied Fred Evans von einem Polizeibeamten erschossen. Die Gewerkschaftsproteste gingen in den nächsten Jahren weiter und 1913 brachte der Great Strike Neuseelands Wirtschaft fast vollständig zum Stillstand.

Mehr über Waihi siehe Seite 169

11. Napier

EINE VINTAGE-STADT

1931 führte ein Erdbeben in Napier zu 256 Toten, Tausenden von Verletzten und großer Zerstörung. Danach unternahm die Stadt Anstrengungen beim Wiederaufbau und schaffte es, eines der architektonisch interessantesten Ziele Neuseelands zu werden. Die Art-déco-Bauten in Napier mit ihren Formen, Mustern und Pastellfarben zählen heute zu den besterhaltenen in der Welt. Der Stil zeigt sich auch in anderen Elementen der Stadt wie Straßenlampen und Parkbänken. Viele der Art-déco-Gebäude wurden als historische Denkmale unter Schutz gestellt.

Mehr über Napier siehe Seite 290

12. Maungauika/North Head

VORBEREITUNG AUF EINEN ANGRIFF, DER NIE ERFOLGTE

Ein vulkanischer Hügel nahe der Einfahrt zu Aucklands Hafen, Maungauika/North Head, spielte eine entscheidende Rolle in

Cardboard Cathedral (S. 366), Christchurch

Neuseelands Vorbereitung für den Zweiten Weltkrieg. Er diente als Küstenschutzbatterie, der den Hafen mit Geschützstellungen, Bunkern und Tunneln für Kasernen und Truppenaufmärsche befestigte. In den Befestigungen waren Artillerie- und Flugabwehrwaffen untergebracht. Der Einsatz von Maungauika/North Head zum Küstenschutz war Teil von Neuseelands größerer Verteidigungsstrategie, eine Antwort auf die potenzielle Bedrohung durch Japan im Pazifik. Heute ist der Ort ein historisches Denkmal, das sehr beliebt ist.

Mehr über Maungauika/North Head siehe Seite 90

13. Greymouth

ERFOLGREICHER VERBRAUCHERBOYKOTT

1947 erhöhten die Hotels in Greymouth den Bierpreis von sechs auf sieben Pence. Dies führte zu einem Verbraucherboykott, der vom West Coast Trades Council angeführt wurde, dem die meisten gewerkschaftlich organisierten Arbeiter der Gegend angehörten. Die Arbeiter boykottierten die Hotels und mieden jeden, den sie dort beim Trinken erwischten. Es gab mehrere Vorfälle, bei denen Arbeiter sich weigerten mit jemandem zu arbeiten, der beim Trinken in einem „Sevenpenny"-Pub gesehen worden war. Nach vier Monaten griff die Regierung ein und schuf Arbeiterclubs, die im Gemeinschaftsbesitz waren und selbst die Preise festsetzten. Als die neuen Clubs öffneten, wurde der Bierpreis in den Hotels stillschweigend wieder gesenkt.

Mehr über die Geschichte des Biers in Greymouth siehe Seite 502

14. Bastion Point

EIN SYMBOL FÜR DIE MĀORI-LANDFRAGE

Über Aucklands Tāmaki Drive, erhebt sich der Bastion Point, den die Krone 1885 vom örtlichen *iwi* (Stamm) Ngāti Whātua zur Nutzung als Verteidigungsstandort bekommen hatte, als man einen russischen Angriff befürchtete. 1977 kündigte die Regierung ein Wohnbauprojekt auf dem Land des ehemaligen Ngāti-Whātua-Reservats an, das durch Enteignungen immer kleiner geworden war. Gegen das Projekt Protestierende besetzten Bastion Point 506 Tage lang. Polizei und Armee vertrieben mehr als 220 Menschen. Mitte der 1980er-Jahre wurde nach einer Untersuchung des Waitangi Tribunal ein Großteil des Landes den Ngāti Whātua zurückgegeben.

Mehr über Bastion Point siehe Seite 96

15. Christchurch

WIEDERAUFBAU AUS RUINEN

Einst war Christchurch für seine Gebäude aus britischer Zeit bekannt, doch ein großer Teil des Stadtzentrums wurde 2011 durch ein Erdbeben zerstört. Das war zwar weniger stark als ein früheres Erdbeben, doch das Beben von 2011 verursachte schwere Schäden sowohl in Christchurch als auch in Lyttelton und kostete 185 Menschenleben. Seit der Zerstörung hat sich Christchurch wieder erholt; es gibt lebendige Plätze, neue Parks und eine sich entwickelnde Street Art im Zentrum. Obwohl der Wiederaufbau ein langer Prozess war, hat Christchurch es geschafft.

Mehr über Christchurch siehe Seite 364

TRIFF DIE NEUSEELÄNDER

Mit einer Bevölkerung von über 5 Millionen ist Neuseeland ein kleines Land. Doch die Bevölkerung besteht aus Menschen mit verschiedensten Identitäten. ROXANNE DE BRUYN stellt ihre Mitbürger vor.

Historisch betrachtet, stammt Neuseelands Identität aus einer Mischung der Kulturen der Māori und der Europäer, die ihren Anfang im Vertrag von Waitangi von 1840 nahm. Heute stammen die meisten Kiwis von Europäern ab, 18,5 % sind von Māori-Abstammung. Die Kultur der Māori hat die Weltanschauung und gesellschaftlichen Einstellungen der Neuseeländer durchdrungen. Identität und Ort sind in Neuseeland untrennbar miteinander verbunden; das ist ein typisches Māori-Konzept. Wer das Land besucht, sollte damit rechnen nach seinem Herkunftsort und seiner Abstammung befragt zu werden.

Eine multikulturelle Nation

Mehr als eine Million Neuseeländer wurden in Übersee geboren, in immer mehr verschiedenen Ländern – das ist laut der Volkszählung von 2018 mehr als ein Viertel (27,4 %) der Bevölkerung.

Neuseeland ist auch ein Land des Commonwealth. Das Bewusstsein für das britische Erbe ist stark und lässt sich auch bei einigen der Lieblingsspeisen erkennen – Fish and Chips, Pies, Marmite … In vielerlei Hinsicht besitzt Neuseeland engere Bindungen ans Vereinigte Königreich als an die anderen Länder des Pazifischen Raums.

Die Bevölkerung Neuseelands altert, der größte Teil des Bevölkerungswachstums ist nicht auf die Geburtenrate, sondern auf Zuwanderung zurückzuführen. So hat Neuseeland eine kosmopolitische Bevölkerung; mehr als ein Viertel aller Kiwis wurde in einem anderen Land geboren, sie kommen aus Asien, dem Vereinigten Königreich und Irland sowie von den Pazifischen Inseln.

Auckland ist eine der vielfältigsten Städte der Welt; mehr als 40 % der Auckländer wurden in einem anderen Land geboren. Seinen Beinamen Welthauptstadt Polynesiens verdankt Auckland der Tatsache, dass mehr als 300 000 Polynesier hier leben, von denen viele in Neuseeland geboren wurden. Es gibt eine große Pasifika-Gemeinschaft in South Auckland und der Einfluss der Pasifika-Kultur ist überall zu sehen. Wer ein Festival Pasifika oder CultureFest besucht, bekommt einen Eindruck von der speziellen Kultur auf Neuseelands Inseln.

Mehr als ein Viertel der Bewohner von Auckland stammen von Asiaten ab, darunter Chinesen, Inder, Koreaner und Filipinos. Zu dieser Gruppe zählen sowohl Leute, die nach Neuseeland gezogen sind, als auch solche, die hier geboren wurden.

Neuseelands Schmelztiegel von Kulturen wird in der lebhaften Gastronomieszene deutlich, bei den Festivals und in den vielen Sprachen, die von den Menschen hier gesprochen werden. Neuseeländische Statistiken gehen davon aus, dass die Vielfalt weiter wachsen wird; 2043 werden Asiaten ein Viertel der Gesamtbevölkerung ausmachen. Die europäischstämmige Bevölkerung wird schrumpfen, alle anderen ethnischen Gruppen werden wachsen.

Diese demografischen Veränderungen werden für einige Neuseeländer eine Herausforderung darstellen. Doch schließlich bringt eine größere kulturelle Vielfalt viele Vorteile mit sich, darunter bessere Problemlösungen, mehr Empathie und Mitleid und die Fähigkeit, die Welt aus verschiedenen Perspektiven zu betrachten.

VOM KAPBEWOHNER ZUM KIWI

Wie viele Neuseeländer wurde ich in Übersee geboren. Ich komme aus Südafrika, meine Vorfahren stammen aus Europa, Südafrika und Südostasien. Ich wurde in Kapstadt geboren, habe in Johannesburg gelebt und bin mit meiner Familie nach Neuseeland gezogen, als ich in der High School war. Damals war das Land noch nicht so vielfältig wie heute. Ich lebe seit mehr als 20 Jahren hier und ich freue mich zu sehen, wie ganz verschiedene Menschen aus unterschiedlichen Orten in dieser Zeit nach Neuseeland gezogen sind. Die Menschen sind mit den Jahren kulturell bewusster und sensibler geworden. Auckland ist besonders multikulturell und ich hatte das Privileg für verschiedene der Gemeinschaften in Neuseeland zu arbeiten. Mit Menschen aus ganz verschiedenen Welten den Zeit zu verbringen hat mir viele Einblicke in verschiedene Kulturen und Handlungsweisen gebracht, außerdem ein differenzierteres Verständnis für die Ansichten der Menschen, die hier leben.

ZEIT FÜR EINEN „KONTROLLIERTEN RÜCKZUG"

Da mehr Naturkatastrophen die „wackeligen Inseln" erschüttern, bedenkt die Regierung den nächsten Schritt. Von CRAIG MCLACHLAN.

Gerade als Auckland sich auf das Anniversary-Day-Wochenende vorbereitete, kam es am 27. Januar 2023 in der Stadt und den oberen Teilen der Nordinsel zu Starkregen und katastrophalen Überflutungen. Laut dem National Institute of Water and Atmospheric Research (NIWA) war der Januar 2023 der regenreichste Monat seit Beginn der Aufzeichnungen. Der Sturm am 27. verdoppelte die Menge in einem einzigen Tag. Das NIWA beschrieb die Flutkatastrophe als ein Ereignis, wie es nur einmal in 200 Jahren vorkommt. Doch diese „seltenen" Ereignisse scheinen in jüngerer Zeit mit Regelmäßigkeit aufzutreten. Tausende mussten ihre Häuser verlassen, Erdrutsche verursachten Verwüstungen, Straßen verschwanden und der Auckland International Airport wurde überflutet.

Kurz danach fegte der Zyklon Gabrielle aus den Tropen herab. Warnungen vor Starkregen und Wind wurden für die Nordinsel ausgegeben, der Notstand in Auckland und auf der Coromandel-Halbinsel, der noch vom Januar in Kraft war, wurde verlängert. Gabrielle schlug vom 12. bis zum 16. Februar zu. Die oberen Teile der Nordinsel waren schwer betroffen, doch am schlimmsten traf es die Ostküste um Gisborne und Hawke's Bay. Die Stadt Waiaroa war abgeschnitten, und als in Hawke's Bay der Esk River über die Ufer trat, kam

Von oben links: Überschwemmung in Hawke's Bay und Auckland; Vulkanausbruch auf Whakaari/White Island; eingestürzte Kathedrale, Christchurch

es zu einer Springflut, die Grundstücke bis zu 7 m hoch unter Wasser setzte und Häuser bis zum Dach mit Schlamm bedeckte. Neuseelands Finanzminister bezifferte die Kosten für die Wiederherstellung auf 13 Billionen NZ$, doch Wirtschaftswissenschaftler warnen, dass die Instandsetzung eines Großteils der Infrastruktur von Aotearoa Hunderte von Billionen kosten würde. Ende Februar sprach die Regierung von einem „kontrollierten Rückzug", der koordinierten Verlagerung von Menschen und Gebäuden aus risikoreichen Gebieten. Es war ein Begriff, den nur wenige Kiwis zuvor gehört hatten, doch er traf einen Nerv in einem Land, dass sich der Effekte des Klimawandels bewusst wurde.

„Die wackeligen Inseln"

Aotearoa New Zealand trug lange den Spitznamen „die wackeligen Inseln", weniger im Land selbst, als bei den Nachbarn in Australien. Ein zutreffender Spitzname: Aotearoa liegt auf dem pazifischen Feuerring, einem hufeisenförmigen Gürtel um den Pazifik, in dem die tektonischen Platten kollidieren. Das Land erlebt viele Erdbeben und Vulkanausbrüche. Das Institute of Geological and Nuclear Sciences (GNS) registriert mehr als 20.000 Erdbeben im Jahr, allerdings sind nur 100 bis 150 davon stark genug, um gespürt zu werden.

Erdbeben mit dem Zentrum Christchurch forderten 2010 und 2011 181 Menschenleben und verursachten große Schäden. Nach dem Erdbeben wurden einige der am stärksten betroffenen Gegenden aufgrund von Bodenverflüssigung, seitlicher Ausbreitung und Felsrutschen zu Residential Red Zones – hier wieder zu bauen wurde für unmöglich erklärt. In einem Beispiel für „kontrollierten Rückzug" mussten rund 20.000 Menschen aus diesen Gebieten wegziehen und wurden entschädigt. Eine schwierige Frage tauchte auf: Wer zahlt für einen „kontrollierten Rückzug"?

Durch seine Lage auf dem pazifischen Feuerring ist Neuseeland auch anfällig für Vulkanausbrüche. Im November 2019 gab es auf Whakaari/White Island einen Ausbruch, als sich 47 Menschen, vor allem Touristen, auf der Insel befanden. Es war kein besonders heftiger Ausbruch – Dampf und vulkanische Gase führten zu einer Explosion, die Steine und Asche in die Luft schossen. Hätte der Ausbruch um 2.11 Uhr statt um 14.11 Uhr stattgefunden, wäre vermutlich niemand betroffen gewesen, doch so wurden 22 Menschen getötet und 25 schwer verletzt.

Ein Problem mit dem sich die „wackeligen Inseln" in Zukunft auseinandersetzen müssen ist der 600 km lange Alpine Fault, der die Südinsel auf ganzer Länge durchzieht und die Landgrenze des Zusammenstoßes zwischen der pazifischen und der australischen Platte bildet. In der Vergangenheit kam es bei Brüchen an dieser Linie zu Erdbeben der Stärke 8.0.

Ein Problem für die größte Stadt Aotearoas ist, dass sie auf dem Auckland Volcanic Field liegt. Die Stadt ist gesprenkelt mit 50 kleinen Vulkanen; der letzte, der ausbrach, war vor etwa 600 Jahren der Rangitoto, die Insel im Waitemata Harbour. Während die bestehenden Vulkane in Auckland wohl kaum wieder zum Leben erwachen werden, ist das Vulkanfeld jung und noch aktiv. In naher Zukunft ist ein Ausbruch unwahrscheinlich

Klimawandel

Während Leugner des Klimawandels betonen, dass in Aotearoa auch früher schon Zyklone zuschlugen – 1968 führte der Zyklon Giselle zu Überflutungen, zerstörerischen Winden und dem schwersten Schiffsunglück des Landes, als die Inselfähre *Wahine* im Hafen von Wellington sank und 51 Menschen ums Leben kamen –, doch das NIWA betont, dass voraussichtlich die Zyklone, die sich im Südwestpazifik bilden, sich verstärken werden. Das Institut warnt auch, dass der Klimawandel vermutlich bis zum Ende zu einer Steigung des Meeresspiegels um einen Meter führen wird; das würde zu mehr Erosion an der Küste und zu Überflutungen im Land führen, die Häuser und Infrastruktur wie Rohre und Straßen beschädigen würden. Es ist zu erwarten, dass größere Regenmengen zu Überschwemmungen führen. Und wer möchte schon in einem Überschwemmungsgebiet bauen, wenn eine Jahrhundertflut alle paar Jahre geschieht. Die Probleme, denen die Regierung jetzt gegenübersteht, sind wie weit der „kontrollierte Rückzug" gehen sollte und wie er finanziert werden soll.

Protestierende Māori am Waitangi Day

JOSHUADANIEL/SHUTTERSTOCK ©

DIE MĀORI-RENAISSANCE

Im 21. Jh. haben Māori-Sprache, -Kultur und -Stolz einen Höhepunkt erreicht, nach der Lösung einer Reihe von Schwierigkeiten, die aus dem Vertrag von Waitangi ressultierten. Von CRAIG MCLACHLAN.

WIE VIELE INDIGENE VÖLKER in aller Welt, litten auch die Māori unter den kolonisierenden Europäern. Der Unterschied in Neuseeland war jedoch, dass die Kolonialherren, die britische Krone, 1840 den Vertrag von Waitangi mit Māori-Häuptlingen schlossen, der eine Partnerschaft zwischen Māori und der Krone schaffen sollte. Aber natürlich kam es nicht so.

Das Land

Ein Hauptproblem war die Diskrepanz im unterschiedlichen Verständnis der Māori und der Briten von dem, was sie unterzeichneten. Die englische Version versprach den Māori vollständige Gleichheit als britische Untertanen im Gegenzug für umfassende Regierungsrechte. Die Māori dachten, dass ihnen der Besitz ihres Landes, der Wälder, der Fischerei zugesichert wurde. Māori sahen die Bestimmungen des Vertrags als gebrochen an, sobald er unterzeichnet war. Vor allem während der Neuseelandkriege von 1845 bis 1872 wurde Land der Māori konfisziert und in die Hände landhungriger europäischer Immigranten gegeben.

Nach dem Zweiten Weltkrieg, in dem ein Māori-Bataillon sich einen großen Ruf erwarb und mehr einzelne Tapferkeitsauszeichnungen bekam als jedes andere neuseeländische Bataillon, drang der negative Einfluss der Kolonisation auf die Māori mehr ins Bewusstsein. In den 1960er-Jahren kam es, vor dem Hintergrund der Bürgerrechtsbewegungen in den USA und der Anti-Vietnamkriegs-Bewegungen, zur Bildung von Protestgruppen der Māori. In den 1970er-Jahren wurden die Proteste über den Verlust des Landes und der Kultur der Māori heftiger. 1975 wurde das Waitangi Tribunal eingerichtet, um die Forderungen der Māori bezüglich moderner Vertragsverletzungen zu prüfen. Neuseeland bemühte sich um mehr Gleichstellung der zwei Kulturen. 1985 wurden die Rechte des Tribunals erweitert, um Forderungen aufzunehmen, die bis 1840 zurückgehen.

Das war der Wendepunkt. Die Krone akzeptierte ihre „Verantwortung, eine Vorgehensweise zur Lösung der aus dem Vertrag resultierenden Probleme zu ermöglichen" und es begannen Verhandlungen mit den *iwi* (Stämmen) über historische Forderungen.

Die Sprache: te reo Māori

Bei ihrer ersten Ankunft brachten die Europäer Krankheiten, wie Grippe oder

TO SAVE

Masern, mit, gegen welche die Māori keine Immunität besaßen. Während die Nicht-Māori-Bevölkerung bis zur Volkszählung 1896 auf 700.000 angewachsen war, hatte sich die Māori-Bevölkerung durch Krankheit und Kriege ums Land auf wenig mehr als 42.000 verringert.

Zur gleichen Zeit sorgte die Bildungspolitik dafür, dass Māori-Kinder ihre Erziehung auf Englisch erhielten. Das hatte eine verheerende Wirkung auf *te reo Māori*. Während 1913 90 % der Māori-Schulkinder *te reo Māori* sprechen konnten, waren es 1953 nur noch 26 %. Radiosendern, (ab 1920) und später auch Fernsehen sendete in Englisch. Ende der 1960er-Jahre, als die Protestgruppen der Māori entstanden, wuchs die Bewegung zur Wiederbelebung von *te reo Māori*. *Kōhanga reo* (vorschulische Sprachnester) wurden eingerichtet, sodass die Älteren und *whanau* (Familien) ihre Sprache und ihr Wissen an die Kinder weitergeben konnten.

Nach einem Antrag beim Waitangi Tribunal machte der *Māori Language Act* 1987 *te reo Māori* zu einer offiziellen Landessprache Neuseelands. Damit begann die Krone zur Wiederbelebung von *te reo Māori* beizutragen und in Radio und Fernsehsendungen kam die Sprache vermehrt vor. Die erste dauerhafte Māori-Radiostation wurde 1988 eingerichtet, Māori Television startete 2004. In jüngster Zeit hört man *te reo Māori* verstärkt auch in Sendungen der Mainstream-Sender. Seit den 1990ern wird die Nationalhymne, „God Defend New Zealand", zuerst in der Māori-Sprache, dann auf Englisch gesungen.

Kulturelle Wiederbelebung

Der Verlust der Māori-Sprache spiegelte den Niedergang des allgemeinen Wohlergehens der Māori. Eine Regierungsuntersuchung von 1961 stellte fest, dass die Lebenserwartung von Māori um 15 Jahre geringer war als die von Nicht-Māori und dass bei Māori die Wahrscheinlichkeit von Arbeitslosigkeit dreifach so hoch lag; die Untersuchung fand auch heraus, dass sie auf Universitäten und bei Ausbildungen unterrepräsentiert waren.

Zwei Jahrzehnte später gab es zusammen mit der Wiederbelebung der Māori-Sprache auch eine Renaissance der Māori-Kunst und -Kultur. *Te Māori* war eine große Ausstellung von Māori-Kunst, die zwischen 1984 und 1987 international gezeigt wurde. Und als die Tourismusindustrie von Aotearoa in den 1980ern wuchs, wurde die Kultur der Māori weltweit vermarktet.

Prominente Māori-Schriftsteller wie Witi Ihimaera, Patricia Grace, Keri Hulme und Alan Duff wurden weltweit bekannt. Ihimaeras *Whale Rider* und Duffs *Once Were Warriors* wurden mit großem Erfolg verfilmt, während Grace sowohl zu Hause als auch im Ausland mit Preisen geehrt wurde. Hulmes *The Bone People (Unter dem Tagmond)* erhielt 1985 den Booker Prize. In der Filmindustrie fand der Regisseur und Drehbuchautor Taika Waititi internationale Anerkennung für Filme wie *Boy* und *Hunt for the Wilderpeople (Wo die wilden Menschen jagen)*.

Seit 1972 ist Te Matatini ein alle zwei Jahre stattfindendes Festival mit Wettbewerb der darstellenden Künste für *kapa haka* Darsteller aus ganz Aotearoa. Seine wichtige Rolle bei der Förderung der Māori-Kultur ist anerkannt, es zieht rund 40.000 Teilnehmer und Zuschauer an. *Kapa haka*-Teams konkurrieren beispielsweise in *haka* (Zeremonialtanz), *poi* (Aufführungen mit einem Ball am Band) und *mōteatea* (traditionelle Māori-Lieder) .

Stolz der Māori

Seit den 1980ern wurden die Māori in allen Aspekten des Lebens in Aotearoa sichtbarer, sie waren offen über und stolz auf ihre kulturelle Identität. Obwohl viele der Probleme aus dem Vertrag von Waitangi geregelt wurden, sind auch noch viele ungelöst. Das Thema „co-governance" ist ein heißes Eisen im heutigen politischen Aotearoa.

Am 24. Juni. 2022 feierte Aotearoa New Zealand zum ersten Mal Matariki als offiziellen Staatsfeiertag. Das Auftreten des Sternhaufens der Plejaden kennzeichnet den Beginn des Neuen Jahres bei den Māori. Die Tatsache, dass dies der neueste offizielle Feiertag des Landes ist, zeigt, wie weit die Māori-Renaissance vorangekommen ist.

Das Land wird heute meist als Aotearoa New Zealand bezeichnet und dieser Name wird wahrscheinlich in nicht allzu ferner Zukunft auch zum offiziellen Staatsnamen werden.

DER FAHRRAD-BOOM

Während der Pandemie waren die Kiwis darauf beschränkt, ihren eigenen Hinterhof zu erkunden, jetzt sind sie mit dem Rad im ganzen Land unterwegs wie noch nie zuvor. Von CRAIG MCLACHLAN.

WÄHREND DIE MENSCHEN in der Pandemie Schlange standen, um Lebensmittel zu kaufen, trugen in Aotearoa New Zealand die Einheimischen ihre Namen in Listen ein, um importierte E-Bikes zu kaufen. Das Angebot kam der Nachfrage nicht nach. Kiwis, die normalerweise bei jeder Gelegenheit nach Übersee reisen, saßen nun zu Hause fest. Und sehr viele setzten darauf, Abenteuer und Training auf den Straßen zu finden. Baby-Boomers und Menschen mittleren Alters, von denen viele seit 10 oder 20 Jahren nicht mehr auf einem Rad gesessen hatten, aber mit Geld gesegnet waren, das sie jetzt nicht im Ausland ausgeben konnten, kauften ein neues E-Bike und holten das Beste aus der wachsenden Anzahl von Radwegen heraus.

Ngā Haerenga New Zealand Cycle Trails

Dieser von der Pandemie inspirierte Radfahrboom wurde auch durch den „Jobs Summit" der Regierung von 2009 begünstigt, bei dem die Idee entstand ein Netzwerk von Weltklasse Rad-Trails in Aotearoa zu bauen. Diese Trails böten eine sichere

Im Uhrzeigersinn von oben links: Otago Central Rail Trail (S. 418), Lake Taupō (S. 242), Great Taste Trail (S. 527), Otago Central Rail Trail

und nachhaltige Art, das Land zu erkunden und außerdem „für die umgebenden Gemeinden einen dauerhaften wirtschaftlichen, gesellschaftlichen und ökologischen Nutzen generieren".

Nach der Stilllegung der Otago Central Railway 1990 wurden die Gleise und Schwellen abgebaut und ein Radweg wurde konstruiert. Im Jahr 2000 wurde der Otago Central Rail Trail eröffnet, Aotearoas erste größere Offroad-Fahrradstrecke. Sie führt durch eine Reihe von Kleinstädten, die sofort den Nutzen der Verpflegung von hungrigen, durstigen, müden Fahrern sahen. Sie brauchten auch Leihräder und Transportmöglichkeiten. Auf einmal erwachten die Städtchen in Central Otago wieder zum Leben, und das in einer Gegend, deren Einkommen fast ausschließlich aus der Landwirtschaft stammte.

Ursprünglich war die Idee, ein durchgehendes Off-Road-Radwegenetz zu schaffen, das durch das ganze Land führt. Doch davon kam man bald ab, weil viele der interessantesten Orte von Aotearoa abseits gelegen hätten. Man beschloss, dass es für alle besser wäre, bestehende Wege bei Orten von historischer oder kultureller Bedeutung oder mit herausragenden Landschaften wiederherzurichten. Viele dieser Wege waren historische Pfade der Māori, so wurde die Bezeichnung *Ngā Haerenga* (Die Reisen) Teil des offiziellen Namens: Ngā Haerenga New Zealand Cycle Trails, bekannt als the Great Rides. Es gibt jetzt 23 beliebte Great Rides, die sich über mehr als 2800 km erstrecken, meist abseits der Straße und die Aotearoas Landschaft, Umwelt, Erbe und Kultur präsentieren.

Tour Aotearoa

Während der Plan eines landesweiten Offroad-Radweges von 2009 erst einmal ad acta gelegt wurde, gibt es eine anerkannte Strecke, die als einer der großen Radwanderwege der Welt betrachtet wird. Er erstreckte sich über 3000 km von Cape Reinga nach Bluff. Er folgt einer Kombination aus Radwegen, Pfaden und Landstraßen und umfasst auch Teile von einigen der Great Rides. Es gibt sogar einen Event Tour Aotearoa Brevet, bei dem viele Radfahrer versuchen, die ganze Länge von Aotearoa in 30 Tagen oder weniger zu durchqueren.

Die Fahrradstadt Clyde

In Central Otago herrscht in dem einst verschlafenen Städtchen Clyde (1270 Einwohner) jede Menge Radfahr-Action. In Clyde gab es schon früher Booms: In den 1860er-Jahren brachten Goldfunde Bergleute nach Clyde und zu den Goldfeldern von Central Otago. Ihnen sind die gut erhaltenen Bauten im historischen Viertel zu verdanken. In den 1980er-Jahren war für die meisten Kiwis der Name Clyde ein Synonym für den Damm, der den Lake Dunstan schuf. Er wurde Aotearoas drittgrößter hydroelektrischer Damm. Zwischen diesen Perioden war Clyde ein ruhiger Ort. Doch heute nicht. Es gab Hinweise, was kommen würde, als der Otago Central Rail Trail 2000 eröffnet wurde, mit dem Ausgangspunkt am Schienenende in Clyde. Doch der eigentliche Wendepunkt war 2021 die Eröffnung des 41 km langen Lake Dunstan Trail, der Cromwell und Clyde verbindet. Die Fahrt fasziniert mit Holzstegen, die an Felswänden klammern, mit einer 86 m langen Hängebrücke und einem schwimmenden Café auf dem See. Kiwis kommen in Scharen nach „Central", um den Weg zu fahren. Der Bürgermeister von Central Otago wird zitiert, dass er in Anbetracht der goldenen Vergangenheit der Gegend sagte: „Das Wachstum, dass der Lake Dunstan Trail zwischen Clyde und Cromwell gebracht hat, ist phänomenal .... Es ist ein Strom von Gold, der in die Gegend kommt."

Clyde hat heute viele Fahrradverleihfirmen und ist zu einer echten Fahrradstadt geworden. Viele Anbieter setzen auf einen Shuttle-Service. Der Central Otago Rail Trail ist immer noch beliebt, die neue Attraktion ist der Lake Dunstan Trail.

Heute besteht der Plan die Radwege in Central Otago zu verbinden, sodass Radfahrer von Queenstown und Wānaka an den Southern Lakes bis nach Dunedin an Otagos Ostküste fahren können. Das wäre der längste Radweg der südlichen Hemisphäre. Ein hartes Stück Arbeit wird ein 35 km langer Abschnitt, der in der Kawarau Gorge gebaut werden muss, um den Gibbston River Trail aus dem Wegenetz von Queenstown an den Lake Dunstan Trail in Bannockburn anzubinden. Enthusiasten sind optimistisch, dass sie diesen Abschnitt Ende 2025 befahren können.

FILME AUS NEUSEELAND

Entdecken Sie den herausragenden und eigenwilligen Einfluss Neuseelands auf die Welt des Films. Von BRETT ATKINSON.

In Neuseeland entstandene internationale Blockbuster, wie *Avatar*, *Der Hobbit* und die *Herr der Ringe*-Trilogie, sind für viele Reisenden die Bezugspunkte zu Neuseelands Filmindustrie, aber hinter den Megaspektakeln mit dem großen Budget, die von Regisseuren wie Sir Peter Jackson und James Cameron geschaffen werden, gibt es eine reiche Kinogeschichte. Die Themen und Probleme, die behandelt werden, sind moderner und relevanter als die Abenteuer von Bilbo Baggins oder Pandoras Na'vi-Volk.

Unabhängige Filmproduktion

In den 1970er-Jahren waren die meisten in Neuseeland produzierten Filme Dokumentarfilme, die von der National Film Unit bezahlt wurden. Doch die Einrichtung der New Zealand Film Commission 1978 erleichterte es unabhängigen Filmemachern, lokale Produktionen zu finanzieren. Lange bevor er in den *Jurassic Park*-Filmen von Dinosauriern gejagt wurde, spielte der neuseeländische Schauspieler Sam Neill seine erste Rolle in Roger Donaldsons *Sleeping Dogs* (*Schlafende Hunde*, 1977), einem Politthriller über eine totalitäre Regierung und einen Guerillakrieg in Neuseeland. Ebenso dystopisch ist Geoff Murphys *The Quiet Earth* (1985), Science-Fiction über die Zeit nach einer atomaren Apokalypse. Ein Gegengewicht stellt *Goodbye Pork Pie* dar, ein unterhaltsamer Roadmovie von 1981. *Murphy's Utu* (1983) greift auf Western-Elemente zurück, um die Geschichte der Rache der Māori an den britischen Soldaten während der Neuseelandkriege in den 1870ern zu erzählen. Lee Tamahoris *Once Were Warriors* (*Die letzte Kriegerin*, 1994) befasst sich auch mit den dunkleren Seiten der neuseeländischen Gesellschaft, ein herausforderndes Porträt der städtischen Vereinsamung und häuslichen Gewalt in den Vororten von Auckland. Trotz des Schwerpunkts auf diesen umstrittenen Themen der neuseeländischen Gesellschaft war *Once Were Warrior*s ein großer Erfolg.

Jane Campions *The Piano* (1993) gewann die Palme d'Or beim Festival in Cannes und drei Oscars, darunter ging der für die beste Nebendarstellerin an die neuseeländische Schauspielerin Anna Paquin. Campion nützte die zerklüftete Küstenlandschaft an Auckland's Westküste, um ein bedrohliches Ambiente für den Film zu schaffen. Bevor Sir Peter Jackson sich mit J. R. R. Tolkien befasste, erzählte er in *Heavenly Creatures* (1994) die Geschichte eines berüchtigten Mordfalles 1954 in Christchurch, der Stadt im südlichen Neuseeland. Es ist eine Zeit düsterer, oft gespenstischer neuseeländischer Filme, eine Reaktion auf die geografische Isolation und den traditionellen gesellschaftlichen Konservatismus des Landes; Sam Neill untersucht das in seinem Dokumentarfilm *Cinema of Unease.* Der Dokumentarfilm ist online unter nzonscreen.com zu sehen.

Komödie und Schwarzer Humor

Doch Kiwi-Filmemacher bringen auch Leichtigkeit in die Dunkelheit von Neuseelands Problemfilmen, manchmal auch

hinterhältiges Gelächter oder dezenten Humor. Doch stellen Sie sich auch darauf ein, dass manche einheimische Komödien so schwarz sind wie die schwarzen Trikots der All Blacks, des führenden Rugby-Teams des Landes. Zu den ersten Filmen von Sir Peter Jackson zählen das wild unterhaltsame *Bad Taste* (1987), *Meet the Feebles* (1989) und *Braindead* (1992). Ähnlich ist Jonathan Kings *Black Sheep* (2006), das zeigt, wie ein genetisches Experiment schiefgeht und aus braven Gras fressenden Schafen Killer-Fleischfresser werden. In einem wesentlich von der Landwirtschaft geprägten Land, in dem es etwa fünfmal so viel Schafe wie Menschen gibt, lassen sich auf der Prämisse von *Black Sheep* jede Menge Späße aus der Horrorecke machen.

Die Arbeiten von Taika Waititi besitzen Humor, aber auch Wärme und Selbstironie – ein wesentlicher Bestandteil der neuseeländischen Psyche. Nachdem Waititis *Two Cars, One Night* 2005 für einen Oscar nominiert wurde, schuf er im selben Jahr seinen ersten Spielfilm *Eagle vs Shark*. Die Hauptrolle in der schrägen Komödie/Romanze spielte Jemain Clement, der gemeinsam mit Bret McKenzie Neuseelands Comedy-Duo Flight of the Conchords bildet. Den internationalen Durchbruch schaffte Taika Waititi dann mit *Boy* (2010), einer Coming-of-Age-Komödie, die in einer isolierten Māori-Gemeinschaft in der entlegenen Ostküstenregion Neuseelands angesiedelt ist, in der Waititi aufwuchs. Jemaine Clement war 2014 Co-Autor und Co-Regisseur von *What We Do in the Shadows*, ein Mockumentary über Vampire, die sich ein altes Haus im heutigen Wellington teilen. Aus dem Film entstand eine populäre Comedy-Serie im Fernsehen, bei der das lustige Haus der Untoten nach Staten Island, New York verlegt wurde.

2016 kehrte Waititi mit dem anrührenden *Hunt for the Wilderpeople (Wo die wilden Menschen jagen)* mit Sam Neill in der Hauptrolle zu einer Geschichte aus dem ländlichen Neuseeland zurück. Waititi führte auch Regie bei Filmen aus dem Blockbuster-Universum von Marvel – darunter die Filme *Thor: Ragnarok* (2017) und *Thor: Love and Thunder* (2022) – und er gewann im Jahr 2020 einen Oscar für *Jojo Rabbit*. Das machte ihn zu einem er vielseitigsten Regisseure. Laut der aktuellen Hollywood-Gerüchteküche gilt es auch als recht wahrscheinlich, dass er bei einem zukünftigen Star-Wars-Film Regie führen wird.

Māori-Filme & -Filmemacher

Māori-Geschichten zu präsentieren ist ein Kernaspekt der neuseeländischen Filmindustrie. Merata Mita war die erste Māori-Frau, die einen dramatischen Spielfilm schrieb und dabei Regie führte – *Mauri* (1988) – und sie machte auch *Patu!* (1983), einen wichtigen Dokumentarfilm über die Anti-Apartheid-Proteste, als Südafrikas Springbok-Rugbyteam 1981 in Neuseeland unterwegs war. Der Dokumentarfilm ist auf nzonscreen.com zu sehen. Auf einem Bestsellerroman von Witi Ihimaera unter der Regie von Niki Caro kombiniert *Whale Rider* (2002) Māori-Spiritualität und Stammesmythen; angesiedelt ist die Geschichte in Neuseelands entlegener Ostküstenregion. Ihimaeras *Bulibasha: King of the Gypsies* ist die Vorlage für *Mahana* (2016), ein Drama über rivalisierende Farmerfamilien an der Ostküste unter der Regie von Lee Tamahori. Vollständig in *te reo Māori*, Neuseelands indigener Sprache, wurde *The Dead Lands* (2014) von Toa Fraser gedreht, spannende Action-Szenen aus einem Stammeskonflikt der Māori.

Zu Filmen aus jüngerer Zeit, die sich mit Geschichte und Kultur der Māori beschäftigen, zählt *Whina* (2022), Regie Paula Whetu Jones und James Napier Robertson; das bemerkenswerte Leben der Māori „Land Rights"-Aktivistin Whina Cooper. Auf einer wahren Geschichte über eine Razzia der neuseeländischen Polizei bei der Tūhoe-Gemeinschaft in der entlegenen Urewera-Region im Jahr 2007 – angeblich wegen Terrorismusbekämpfung – basiert *Muru* (2022); der Regisseur Tearepa Kahi hat einen faszinierenden Thriller geschaffen. Für *Cousins* (2021), die Geschichte einer Māori-Familie über sechs Jahrzehnte, nahmen die Regisseure Ainsley Gardiner und Briar Grace-Smith einen Roman von Patricia Grace als Vorlage.

In Neuseeland ist NZ Film ONDEMAND (ondemand.nzfilm.co.nz) eine ausgezeichnete Quelle für Filme, darunter *Sleeping Dogs, Utu, The Quiet Earth, Once Were Warriors, The Dead Lands, Boy, Cousins* und *Hunt for the Wilderpeople*.

Hobbiton-Filmkulisse (S. 185)

REGISTER

H

I

J

K

L

M

Karten **000**

N

Karten **000**

Karten **000**

Z

„Heute erinnern die Waitangi Treaty Grounds mit zahlreichen Exponaten an jenen Vertrag, in welchem die Einheit aus Kolonisten und indigenen Bewohnern besiegelt wurde – auch wenn das Zusammenleben nicht immer frei von Konflikten verlief."

NICOLE MUDGWAY

„Als zugänglichster und spektakulärster unter den 14 Fjorden des Landes gilt Milford als wahres Juwel in der Tourismuskrone Neuseelands."

CRAIG MCLACHLAN

LINKS: TRABANTOS/SHUTTERSTOCK ©, SHOWN COURTESY OF WAITANGI TREATY GROUNDS. RECHTS: WOOTTHISAK NIRONGBOOT/GETTY IMAGES ©

ÜBER DIESES BUCH

Lonely Planet Global Limited
Digital Depot, Roe Lane (off Thomas Street)
Digital Hub
Dublin 8
D08 TCV4
Ireland

Verlag der deutschen Ausgabe:
MAIRDUMONT
Marco-Polo-Str. 1
73760 Ostfildern
www.lonelyplanet.de, www.mairdumont.com, lonelyplanet-online@mairdumont.com

Titel deutsche Ausgabe
8. deutsche Auflage Dezember 2023 übersetzt von *New Zealand (Aotearoa)*, September 2023, Lonely Planet Global Limited

Deutsche Ausgabe © Lonely Planet Global Limited, Dezember 2023
Fotos © wie angegeben 2023

Printed in Poland

Redaktion und technischer Support: CLP Carlo Lauer & Partner, Valley

Übersetzer: Beatrix Gehlhoff, Dr. Martin Goch, Christiane Gsänger, Eva Hochrath, Dr. Annegret Pago, Dr. Thomas Pago, Christiane Radünz, Jutta Ressel M.A., Manuela Schomann, Beatrix Thunich, Renate Weinberger, Linde Wiesner

MIX
Papier | Fördert gute Waldnutzung
FSC® C018236
FSC www.fsc.org

Dieses Buch wurde auf FSC® zertifiziertem Papier gedruckt. FSC® ist ein internationales Zertifizierungssystem für nachhaltigere Waldwirtschaft. Das Holz für diese Papier kommt aus Wäldern, die verantwortungsvoller bewirtschaftet werden.

NOTIZEN